Ihre Arbeitshilfen zum Download:

Die folgenden Arbeitshilfen stehen für Sie zum Download bereit:

Muster:
- Jahresabrechnung
- Gesamt- und Einzelwirtschaftsplan
- Einladung zur Eigentümerversammlung
- Stimmrechtsvollmacht
- Beschlusssammlung

Gesetze:
- Wohnungseigentumsgesetz
- Heizkostenverordnung
- Trinkwasserverordnung

Den Link sowie Ihren Zugangscode finden Sie am Buchende.

Wohnungseigentümer-Lexikon

Melanie Sterns-Kolbeck, Detlef Sterns, Florian Wies

Wohnungseigentümer-Lexikon

Melanie Sterns-Kolbeck
Detlef Sterns
Florian Wies

1. Auflage

Haufe Gruppe
Freiburg · München

Bibliographische Information der Deutschen Nationalbibliothek
Die Deutsche Nationalbibliothek verzeichnet diese Publikation in der Deutschen Nationalbibliografie; detaillierte bibliografische Daten sind im Internet über http://dnb.dnb.de abrufbar.

Print: ISBN: 978-3-648-07081-9 Bestell-Nr. 16022-0001
EPUB: ISBN: 978-3-648-07082-6 Bestell-Nr. 16022-0100
EPDF: ISBN: 978-3-648-07083-3 Bestell-Nr. 16022-0150

Melanie Sterns-Kolbeck, Detlef Sterns, Florian Wies
Wohnungseigentümer-Lexikon
1. Auflage 2016

Redaktionsanschrift: Fraunhoferstraße 5, 82152 Planegg/München
Telefon: (089) 895 17-0
Telefax: (089) 895 17-290
Internet: www.haufe.de
E-Mail: online@haufe.de
Produktmanagement: Jasmin Jallad
Lektorat: Cornelia Rüping, 81245 München
Satz und Druck: Beltz Bad Langensalza GmbH, Bad Langensalza
Umschlag: RED GmbH, 82152 Krailling

Vorwort

Dieses Buch soll eine Hilfestellung für die alltägliche Praxis im Wohnungseigentumsrecht für Eigentümer, Verwalter und Anwender sein und einen schnellen Zugriff auf praxisrelevante und häufig auftauchende Fragestellungen bieten. Aufgrund der Besonderheit dieser Form des Wohnens und der damit verbundenen Komplexität der rechtlichen und wirtschaftlichen Einordnung des Wohnungseigentumes ist es für alle diejenigen, die sich damit befassen, von besonderer Bedeutung, sich über faktische, rechtliche und wirtschaftliche Zusammenhänge zu informieren und über die sich aus dem Wohnungseigentum ergebenden Rechte und Pflichten Kenntnis zu verschaffen.

Der mittlerweile auch bei der jüngeren Generation vermehrt vorhandene Wunsch nach den „eigenen vier Wänden" hat in den letzten Jahren dazu geführt, dass Eigentumswohnungen auf dem Wohnungsmarkt stark an Bedeutung gewonnen haben. Auch ist der Erwerb von Eigentumswohnungen im Bereich der Kapitalanlage insbesondere in Zeiten niedriger Zinsen sehr beliebt geworden, da diese Anlageform eine solide Wertsteigerung bieten kann. Daher wird das Thema Wohnungseigentumsrecht mehr und mehr an Bedeutung gewinnen.

Die Autoren sind allesamt Praktiker mit langjähriger Berufserfahrung als Rechtsanwälte im Bereich der Rechtsberatung und Prozessvertretung. Bei der Darstellung und Gewichtung der einzelnen Themen wurde aus der beruflichen Praxis heraus insbesondere darauf Wert gelegt, häufig auftretende Fragen und Problemstellungen zu behandeln.

Da in wohnungseigentumsrechtlichen Fragen oft kurzfristig Informationsbedarf besteht, soll dieses Lexikon einen schnellen Überblick anhand von Stichwörtern, Verweisen und einzelnen in sich abgeschlossenen Themenblöcken mit Blick auf den Gesamtzusammenhang ermöglichen, um unnötige Konfliktsituationen und Rechtsstreite zu vermeiden.

Die Autoren

Abkürzungsverzeichnis

II. BV	Verordnung über wohnungswirtschaftliche Berechnungen (Zweite Berechnungsverordnung)
a. A.	anderer Ansicht
a. a. O.	am angegebenen Ort
Abs.	Absatz
AG	Amtsgericht
AGB	Allgemeine Geschäftsbedingungen
AGBGB	Gesetz zur Ausführung des Bürgerlichen Gesetzbuchs und anderer Gesetze
AktG	Aktiengesetz
Alt.	Alternative
AO	Abgabenordnung
Art.	Artikel
AVA	Allgemeine Verwaltungsvorschrift für die Ausstellung von Bescheinigungen
BAnz	Bundesanzeiger
BauGB	Baugesetzbuch
BayObLG	Bayerisches Oberstes Landesgericht
BayObLGZ	Sammlung des BayObLG in Zivilsachen
BayVBl	Bayerische Verwaltungsblätter
BDSG	Bundesdatenschutzgesetz
BetrKV	Betriebskostenverordnung — Verordnung über die Aufstellung von Betriebskosten
BeurkG	Beurkundungsgesetz
BeWG	Bewertungsgesetz
BGB	Bürgerliches Gesetzbuch
BGBl.	Bundesgesetzblatt
BGH	Bundesgerichtshof
BGHZ	Entscheidungen des BGH in Zivilsachen
BImSchV	Bundes-Immissionsschutzverordnung
BReg	Bundesregierung
BTDrucks.	Bundestags-Drucksache
BVerfG	Bundesverfassungsgericht
DWW	Deutsche Wohnungswirtschaft (Zeitschrift, herausgegeben von Haus und Grund, Verlag und Service GmbH Berlin)
EGZPO	Einführungsgesetz zur Zivilprozessordnung
EnEG	Energieeinsparungsgesetz
EnEV	Energieeinsparverordnung
f., ff.	folgende
FGG	Gesetz über die Angelegenheiten der freiwilligen Gerichtsbarkeit
GBO	Grundbuchordnung
GbR	Gesellschaft bürgerlichen Rechts
GBV	Verordnung zur Durchführung der Grundbuchordnung
GewO	Gewerbeordnung
GG	Grundgesetz
ggf.	gegebenenfalls
GmbH	Gesellschaft mit beschränkter Haftung
GmbHG	GmbH-Gesetz
GNotKG	Gerichts- und Notarkostengesetz
GVBl.	Gesetz- und Verordnungsblatt
GVG	Gerichtsverfassungsgesetz
HeizkV	Heizkostenverordnung
HGB	Handelsgesetzbuch
i. S. d.	im Sinne des
i. S. v.	im Sinne von
i. V. m.	in Verbindung mit
KG	Kommanditgesellschaft
KG Berlin	Kammergericht Berlin

kWh/qm	Kilowattstunde pro Quadratmeter
LG	Landgericht
m. w. N.	mit weiteren Nachweisen
qm	Quadratmeter
MaBV	Makler- und Bauträgerverordnung
MessEG	Mess- und Eichgesetz
MessEV	Mess- und Eichverordnung
MittBayNot	Mitteilungen des Bayrischen Notarvereins, der Notarkasse und der Landesnotarkammer Bayern (Zeitschrift)
ModEnG	Modernisierungs- und Energieeinsparungsgesetz
n. F.	neue Fassung
NdsRpfl	Niedersächsische Rechtspflege
o. Ä.	oder Ähnliches
OHG	Offene Handelsgesellschaft
OLG	Oberlandesgericht
OVG	Oberverwaltungsgericht
PartGG	Gesetz über Partnerschaftsgesellschaften
Rn.	Randnummer
RVG	Rechtsanwaltsvergütungsgesetz
S.	Seite
SchfHwG	Gesetz über das Berufsrecht und die Versorgung im Schornsteinfegerhandwerk
StGB	Strafgesetzbuch
TOP	Tagesordnungspunkt
usw.	und so weiter
UWG	Umwandlungsgesetz
VG	Verwaltungsgericht
vgl.	vergleiche
VOB	Vergabe- und Vertragsordnung für Bauleistungen
VV RVG	Rechtsanwaltsvergütungsgesetz, Anlage 1 Vergütungsverordnung
VVG	Versicherungsvertragsgesetz
WEG	Wohnungseigentumsgesetz
WHG	Wasserhaushaltsgesetz
WoVermRG	Gesetz zur Regelung der Wohnungsvermittlung
WuM	Wohnungswirtschaft und Mietrecht (Zeitschrift)
ZMR	Zeitschrift für Miet- und Raumrecht, Werner Verlag, Düsseldorf
ZPO	Zivilprozessordnung
ZVG	Zwangsversteigerungsgesetz
ZwVwV	Zwangsverwalterverordnung

Literaturverzeichnis

Bärmann, Kommentar WEG, 12. Auflage 2013

Bärmann-Seuß, Praxis des Wohnungseigentums, 6. Auflage 2013

Bielefeld, GE 2002, 306 ff.

Göhmann, RNotZ 2012, 251, 262

Krick, MittBayNot 2014, 401

Merle, DWE 2001, 46

Münchener Kommentar zum BGB, 6. Auflage 2013

Niedenführ/Kümmel/Vandenhouten, Kommentar und Handbuch zum WEG, 11. Auflage 2015

Suilmann, ZWE 2012, 111

Wenzel, ZWE 2001, 226—237

Stichwort-Übersicht

Wohnungseigentümer-Lexikon

Abberufung des Verwalters

„Bestellung des Verwalters“

Inhaltsübersicht

Die Wohnungseigentümer können über die Abberufung des Verwalters wie über seine Bestellung durch Stimmenmehrheit mit Wirkung für die Zukunft beschließen. Die Abberufung an sich kann nur durch die Wohnungseigentümer durch einen Beschluss erfolgen. Im Fall der eigenverwalteten Wohnungseigentümergemeinschaft ist zwischen der ordentlichen Abberufung und der außerordentlichen Abberufung zu unterscheiden. Wird die Wohnungseigentümergemeinschaft von einem Mitglied selbst verwaltet, darf diese Person an der Abstimmung über ihre ordentliche Abberufung mit Stimmrecht mitwirken, nicht aber bei einer Abberufung aus wichtigem Grund.

Wenn die ordnungsmäßige Herbeiführung eines Beschlusses zu Abberufung aus diversen Gründen scheitert und nicht im regulären Beschlusswege möglich ist, kann die Abberufung auch im Rahmen eines klagestattgebenden Urteils erfolgen. Ein Rechtsschutzbedürfnis besteht für den einzelnen Miteigentümer in der Regel aber nur dann, wenn die Herbeiführung eines Beschlusses auf dem regulären Wege endgültig gescheitert ist. Zudem ist Voraussetzung, dass die Abberufung des Verwalters einen Beschluss der ordnungsmäßigen Verwaltung darstellt und ein wichtiger Grund vorliegt. Dabei muss der Ermessensspielraum, den die Wohnungseigentümergemeinschaft grundsätzlich hat, ausgeschöpft sein. Ein solches Urteil ersetzt dann den Abberufungsbeschluss. Gegen ein erstinstanzliches Urteil sind Rechtsmittel möglich. Falls in der Zwischenzeit durch Zeitablauf die Bestellung abgelaufen ist, erledigt sich die darauf gerichtete Klage.

1 Ordentliche Abberufung

Grundsätzlich ist es jederzeit im Rahmen einer Beschlussfassung bei einer Eigentümerversammlung möglich, den Verwalter abzuberufen, sofern keine abweichende Vereinbarung in der Gemeinschaftsordnung besteht. Eine ordentliche Abberufung des Verwalters kann sogar mit einer Frist verknüpft werden, sodass erst mit deren Ablauf die Verwalterstellung endet.

2 Kündigung des Verwaltervertrags

Zu unterscheiden ist zwischen einer Kündigung des Verwaltervertrags und einer Abberufung des Verwalters durch Beschlussfassung. Mit der wirksamen Kündigung des Verwaltervertrags endet nur der schuldrechtliche Vertrag zwischen der Wohnungseigentümergemeinschaft und dem Verwalter. Auf die wohnungseigentumsrechtliche Bestellung durch Beschluss hat sie aber keinen Einfluss, da der Beschluss der Wohnungseigentümergemeinschaft bis zur Fassung eines neuen Beschlusses Bestand hat. Mit dem bestandskräftigen Abberufungsbeschluss endet die Bestellung zum Verwalter. Bei einer außerordentlichen Kündigung des Verwaltervertrags in der Eigentümerversammlung kann der entsprechende Beschluss aber dahingehend auszulegen sein, dass damit eine Abberufung des Verwalters bezweckt worden sei.

3 Außerordentliche Abberufung

Nach § 26 Abs. 1 Satz 3 WEG kann die Abberufung des Verwalters eingeschränkt werden, sodass diese nur bei Vorliegen eines wichtigen Grundes im Rahmen einer außerordentlichen Abberufung möglich ist. Während die Gemeinschaftsordnung dies so vorsehen kann, ist ein Ausschluss der Abberufung aus wichtigem Grund nicht möglich. Allerdings bedarf die außerordentliche Abberufung des Verwalters immer eines wichtigen Grundes. Ob ein solcher vorliegt oder nicht, muss durch Abwägen aller Umstände des Einzelfalls ermittelt werden.

Nach dem Gesetz ist gemäß § 26 Abs. 4 Satz 1 WEG regelmäßig dann ein wichtiger Grund gegeben, wenn zum Beispiel der Verwalter die Beschlusssammlung nicht ordnungsmäßig führt. Ebenso liegt ein wichtiger Grund vor, wenn den Wohnungseigentümern die Fortsetzung einer Zusammenarbeit nicht mehr zumutbar ist, da das notwendige Vertrauensverhältnis zwischen Wohnungseigentümern und Verwalter nicht mehr gegeben ist. Was als wichtiger Grund gelten soll, kann im Verwaltervertrag festgelegt werden.

Als wichtige Gründe für eine Abberufung sind insbesondere schwere Pflichtverletzungen des Verwaltervertrags durch den Verwalter zu sehen. Neben der im Gesetz bereits erwähnten nicht ordnungsmäßigen Führung der Beschlusssammlung ist im Einzelfall zu prüfen, ob die jeweilige Pflichtverletzung unter Würdigung der Gesamtumstände dazu geeignet ist, das Vertrauensverhältnis zwischen Eigentümergemeinschaft und Verwalter nachhaltig zu stören. Außerdem können folgende Umstände zu einer außerordentlichen Abberufung führen:

- Fehlende Information der Eigentümergemeinschaft i. S. d. Pflicht gemäß § 27 Abs. 1 Nr. 7 WEG über einen Rechtsstreit gemäß § 43 WEG (AG Bonn, 3.11.2009, 27 C 44/09)
- Übertragung von Aufgaben des Verwalters auf Dritte in unzulässiger Art und Weise (BGH, 21.2.2014, V ZR 164/13)
- Bevorzugung eigener Interessen gegenüber den Interessen der Wohnungseigentümergemeinschaft (LG Berlin, 23.9.2014, 55 S 302/12)
- Pflichtwidrige Verweigerung der Einladung zur Eigentümerversammlung, insbesondere um die Abberufung zu verhindern (LG Hamburg, 8.6.2001, 318 S 149/10)
- Veruntreuung von Geldern der Wohnungseigentümergemeinschaft, beispielsweise in Form einer unberechtigten Vergütung an sich selbst oder Entnahme von Geldern aus der Rücklage ohne Ermächtigung (LG Frankfurt/Main, 20.3.2014, 2-13 S 165/13)
- Vermischung eigenen Vermögens mit dem der Wohnungseigentümergemeinschaft aufgrund nicht getrennter Bankkonten (OLG Rostock, 20.5.2009, 3 W 181/08)

Ein wichtiger Grund liegt immer nur dann vor, wenn der Verwalter seinen Pflichten zuwiderhandelt und die Pflichtwidrigkeiten so immens sind, dass bei objektiver Betrachtung eine vertrauensvolle Zusammenarbeit in Zukunft nicht mehr möglich erscheint. So gibt es viele Gründe, die zwar wichtig erscheinen, allerdings die sofortige Beendigung der Verwalterstellung durch Abberufung mangels Schwere des Vorwurfs nicht erlauben. Dazu gehören unter anderem:

- Fehlerhaft geführtes Protokoll und/oder dessen verspätete Versendung
- Verweigerung der Belegeinsicht aufgrund persönlicher Meinungsverschiedenheiten zwischen Miteigentümer und Verwalter
- Kleinere Verfahrensfehler speziell am Anfang der Verwalterzeit; allerdings kann eine Vielzahl von solchen kleineren Verfehlungen durchaus einen wichtigen Grund darstellen (siehe oben)

Abgeschlossenheit

Inhaltsübersicht

Voraussetzung für die Bildung von Wohnungs- und/oder Teileigentum ist gemäß § 3 Abs. 2 Satz 1 WEG, dass die Wohnungen oder sonstigen Räume in sich abgeschlossen sind. Im Wohnungseigentumsgesetz (WEG) wird der Begriff der Abgeschlossenheit selbst nicht erläutert, er bezieht sich daher auf die tatsächlichen, bautechnischen Verhältnisse. Eine Einheit gilt dann als baulich abgeschlossen, wenn eine eindeutige Trennung zu anderen Raumeinheiten oder zum Grundstück der Wohnanlage besteht. Dies ist letztendlich bautechnisch zu prüfen. In der Praxis ergeben sich die bautechnischen Anforderungen für die Abgeschlossenheit aus Nr. 5 der Allgemeinen Verwaltungsvorschrift zu § 7 Abs. 4 Nr. 2 WEG vom 19.3.1975 (BAnz Nr. 58, 23.3.1974, Allgemeine Verwaltungsvorschrift für die Ausstellung von Bescheinigungen [AVA]).

1 Abgeschlossenheit von Wohnungen

Für die Abgeschlossenheit von Wohnungen gilt Folgendes: Zunächst muss das Raumprogramm der betroffenen Räume die Kriterien einer Wohnung erfüllen. Die Anforderungen dafür sind in Nr. 4 AVA festgelegt. Die Räumlichkeiten müssen die Führung eines Haushalts ermöglichen, insbesondere über eine Küche bzw. einen Raum mit Kochgelegenheit sowie über eine Wasserversorgung, ein WC und einen Stromanschluss verfügen. Ein Bad, eine Dusche oder eine Heizung müssen nicht vorhanden sein. Sprechen diese Kriterien für eine Wohnung, gilt sie als abgeschlossen, wenn sie baulich vollkommen von fremden Wohnungen und Räumen abgegrenzt ist, zum Beispiel durch Wände und Decken, die den Anforderungen der Bauaufsichtsbehörden an Wohnungstrennwände und Wohnungstrenndecken entsprechen, und wenn sie unmittelbar aus dem Freien, zum Beispiel über das Treppenhaus oder einen Vorraum zugänglich sind.

Zu abgeschlossenen Wohnungen können zusätzliche Räume außerhalb des Wohnungsabschlusses gehören. Jedoch müssen die Wasserversorgung, der Ausguss und das WC innerhalb der Wohnung liegen. Zusätzliche Räume, die außerhalb des Wohnungsabschlusses liegen, müssen verschließbar sein. Da es also nicht erforderlich ist, dass die Räume einer Wohnung auf dem gleichen Stockwerk liegen, kann sich eine abgeschlossene Wohnung über mehrere Stockwerke hinweg erstrecken, soweit die Räume zum Beispiel durch eine Treppe miteinander verbunden sind.

Wird dieses Raumprogramm nicht erfüllt und werden die Räumlichkeiten dennoch zum Wohnen genutzt, sind diese nicht Wohnungs-, sondern Teileigentum (Nr. 4 Satz 2 AVA).

2 Abgeschlossenheit von Teileigentum

Gemäß Nr. 5b AVA gelten für die Abgeschlossenheit von Teileigentum die gleichen Erfordernisse wie für Wohnungen. Allerdings muss je nach Art der Zweckbestimmung des Teileigentums, zum Beispiel wenn er als Kellerraum dient, keine Toilette vorhanden sein.

3 Abgeschlossenheit von Garagen/ Garagenstellplätze

Eine Sonderstellung nehmen die Garagen ein. Handelt es sich um ein eigenständiges Garagengebäude, zum Beispiel um eine Fertiggarage auf einem Hofgrundstück, ist dieses sondereigentumsfähig. Nach den Kriterien der AVA ergibt sich die räumliche Abgeschlossenheit durch die Decke, das Fundament, die Seitenwände und das Garagentor, die den verschließbaren Zugang sicherstellen.

An der räumlichen Abgeschlossenheit fehlt es jedoch bei einzelnen Garagenstellplätzen, zum Beispiel innerhalb einer Tiefgarage. Sie weisen regelmäßig nicht die von § 3 Abs. 2 Satz 1 WEG geforderte räumliche Abgeschlossenheit auf. Daher sieht § 3 Abs. 2 Satz 2 WEG vor, dass Garagenstellplätze als abgeschlossene Räume gelten, wenn ihre Flächen durch dauerhafte Markierungen erkennbar sind. Bautechnisch ist dazu erforderlich, dass die Erfordernisse in Nr. 6 AVA erfüllt sind, indem entweder der Stellplatz in einer Garage farblich dauerhaft markiert ist oder in den Fußboden eingelassene Markierungssteine vorhanden sind. § 3 Abs. 2 Satz 2 WEG unterstellt bei diesen Voraussetzungen für Garagenstellplätze die Abgeschlossenheit.

Nach Nr. 5a AVA können solche Garagenstellplätze als zusätzlicher Raum zum Sondereigentum einer Wohnung bestimmt werden und damit zum Wohnungseigentum gehören. Außerdem können sie selbstständig als Sondereigentum mit einem Miteigentumsanteil zum Teileigentum werden. Dazu müssen sich die Garagenstellplätze jedoch innerhalb eines Raums befinden, zum Beispiel in einer Tiefgarage, die nach außen hin abgeschlossen sein muss. Kfz-Stellplätze außerhalb eines Gebäudes können nicht zu Sondereigentum werden, auch wenn es sich um dauerhaft markierte Flächen handelt, da es an einem Raum fehlt. Wohnungseigentum kann nur an Räumen in einem Gebäude begründet werden, das wesentlicher Bestandteil des Grundstücks ist (§ 3 Abs. 1 WEG).

In der Praxis wird häufig an im Freien errichteten Kfz-Stellplätzen ein Sondernutzungsrecht begründet, wodurch die ausschließliche Nutzung einzelner Stellplätze bestimmten Wohnungseigentumseinheiten zugeordnet ist. Sondereigentum soll gemäß § 3 Abs. 2 Satz 1 WEG zwar nur dann eingeräumt werden, wenn die Wohnungen oder sonstigen Räume in sich abgeschlossen sind. Nachdem es sich dabei aber um eine Sollvorschrift handelt, kann Sondereigentum auch dann wirksam entstehen, wenn die Abgeschlossenheit tatsächlich nicht vorliegt (BGH, 22.12.1989, V ZR 339/87; BGH, 18.7.2008, V ZR 97/07, Luftschranken; OLG München, 30.7.2008, 34 Wx 49/08).

Hinweis: Wird durch eine spätere bauliche Maßnahme die Abgeschlossenheit i.S.d. § 3 Abs. 2 WEG beseitigt, führt dies ebenfalls nicht zum Verlust des Sondereigentums. Nach BGH (21.12.2000, V ZB 45/00) wird dadurch auch der Grundbucheintrag nicht unrichtig, weil die Abgrenzung der Sondereigentumseinheiten voneinander unangetastet bleibt (OLG Köln, 10.1.1994, 2 Wx 51/93). In der Praxis tragen die Grundbuchämter die Teilungserklärung im Grundbuch aber erst dann ein, wenn eine Abgeschlossenheitsbescheinigung vorliegt, da diese gemäß § 7 Abs. 4 Satz 1 Nr. 2 WEG Voraussetzung für die Eintragung ist.

Abgeschlossenheitsbescheinigung

Inhaltsübersicht

Neben dem Aufteilungsplan ist der Eintragungsbewilligung für das Grundbuchamt noch die sogenannte Abgeschlossenheitsbescheinigung beizufügen (§ 7 Abs. 4 Nr. 2 WEG). Dabei handelt es sich um eine Bescheinigung der Baubehörde, die bestätigt, dass die dem Sondereigentum zugeordneten Räume abgeschlossen sind (§ 3 Abs. 2 WEG).

1 Prüfungsrecht des Grundbuchamts

Um die Voraussetzungen der Abgeschlossenheit zu klären, muss gemäß § 7 Abs. 4 Nr. 2 und § 32 Abs. 2 Nr. 2 WEG die AVA herangezogen werden. Das Grundbuchamt prüft nach Eingang der Unterlagen, ob der Antrag auf Aufteilung in Wohnungseigentum vollständig ist und keine offensichtlichen Unrichtigkeiten enthält.

Die eingereichte Abgeschlossenheitsbescheinigung ist für das Grundbuchamt nicht bindend; sie soll nur die Entscheidung, ob die Voraussetzungen für den Eintrag durch das Grundbuchamt vorliegen, erleichteRn. Das Grundbuchamt muss prüfen, ob der der Teilungserklärung zugrunde liegende Aufteilungsplan mit dem der Abgeschlossenheitsbescheinigung beigefügten Aufteilungsplan übereinstimmt. Dabei kann das Grundbuchamt in eigener Zuständigkeit die Kriterien der räumlichen Abgeschlossenheit des Sondereigentums und die Eindeutigkeit der Aufteilungspläne überprüfen (Münchner Kommentar, WEG § 7 Rn. 8).

2 Bausachverständiger

Der Gesetzgeber hat es den Bundesländern in § 7 Abs. 4 Satz 3 WEG ermöglicht zu bestimmen, ob und in welchen Fällen ein Bausachverständiger anstelle der Baubehörde den Aufteilungsplan ausfertigen und die Abgeschlossenheit bescheinigen kann. Dabei muss sich der Bausachver-

Verfahren der Abstimmung der Versammlungsvorsitzende nach pflichtgemäßem Ermessen.

Der Versammlungsvorsitzende ermittelt das Abstimmungsergebnis durch Auszählen der abgegebenen Ja- und Nein-Stimmen sowie Enthaltungen. Bei der Feststellung des Abstimmungsergebnisses kommt es nur auf die abgegebenen Ja- und Nein-Stimmen an (BGH, 8.12.1988, V ZB 3/88), Stimmenthaltungen haben keinen Einfluss. Damit ein Beschlussantrag angenommen ist, muss die Anzahl der abgegebenen Ja-Stimmen die der Nein-Stimmen übersteigen. Oftmals holt der Vorsitzende die Zustimmung oder Ablehnung eines Beschlusses so ein, dass er zur Ermittlung des Ergebnisses in der offenen Abstimmung zunächst nach der zu erwartenden Minderheit fragt und dann eine Rückrechnung auf die verbliebene Mehrheit erfolgt. Diese sogenannte Subtraktionsmethode darf zwar grundsätzlich angewendet werden (BGH, 19.9.2002, V ZB 37/02), solange ein Abstimmungsergebnis sicher festgestellt werden kann, sie ist jedoch nicht unbedenklich. Denn hierbei werden Stimmrechtsverbote und Enthaltungen meist nicht berücksichtigt, zudem wagen es einzelne sich in der Minderheit befindliche Wohnungseigentümer oftmals nicht, ihr Handzeichen abzugeben und ihre Stimme gegen die Mehrheit abzugeben. Bei schwierigen und bedeutsamen Beschlussfassungen kann es von großer Bedeutung sein, das Abstimmungsverhalten der Wohnungseigentümer namentlich zu protokollieren, so zum Beispiel bei baulichen Veränderungen (siehe dort) im Hinblick auf die Kostenfrage (§ 21 Abs. 1, 6 WEG).

Hinweis: Ist sich der Verwalter unschlüssig, zu welcher Entscheidung die Teilnehmer der Eigentümerversammlung neigen, kann er zunächst eine Probeabstimmung durchführen. Das ist auch dann sinnvoll, wenn ein Beschluss nur mit qualifizierter Mehrheit festgestellt werden kann. Der Verwalter sollte vorab aber ausdrücklich feststellen, dass es sich lediglich um eine Probeabstimmung handelt, um Unklarheiten zu vermeiden.

Abweichende Bauausführung

Häufig kommt es vor, dass von dem Aufteilungsplan, der bereits vor Baubeginn erstellt und im Grundbuch eingetragen wurde, während der Errichtung des Gebäudes abgewichen wird. Unter diesen Umständen stimmen die Teilungserklärung und der Aufteilungsplan überein, während die bauliche Ausführung vom Aufteilungsplan abweicht. Vorstellbar sind zum Beispiel Fälle, in denen das Sondereigentum oder das gemeinschaftliche Eigentum vergrößert, der Grundriss im Bereich einer Sondereigentumseinheit verändert oder ein Gebäude an einer anderen Stelle des Grundstücks errichtet wird.

Andere Position des Gebäudes auf dem Grundstück der Wohnungseigentümergemeinschaft

Ausgangsbasis für die Begründung von Sondereigentum sind nicht die tatsächlich vor Ort geschaffenen räumlichen Verhältnisse, sondern die Eintragung des Sondereigentums durch Teilungserklärung und Aufteilungsplan im Grundbuch. Daher gilt: Wird das Gebäude der Wohnungseigentümergemeinschaft an einer anderen Position auf dem Grundstück der Wohnungseigentümergemeinschaft errichtet als ursprünglich im Aufteilungsplan vorgesehen, hat dies keinerlei Auswirkungen auf die Bildung des Sonder- und Gemeinschaftseigentums, solange sich der Grundriss des Gebäudes nicht verändert (BGH, 5.12.2003, V ZR 447/01). In natura wird also das Gebäude verschoben, es wird an einer anderen Stelle des Grundstücks errichtet.

Errichtung zusätzlicher Räumlichkeiten

Werden zuvor im Aufteilungsplan nicht vorgesehene Einheiten errichtet, zum Beispiel zusätzliche Kellerabteile, entsteht daran, weil es keine Zuordnung zu einem Sondereigentum gibt, Gemeinschaftseigentum (§ 5 Abs. 1 WEG). Aus dieser Bestimmung lässt sich ableiten, dass alle Gebäudeteile, die nicht im Sondereigentum oder im Eigentum eines Dritten stehen, zum Gemeinschaftseigentum gehören (OLG München, 34 Wx 038/05; BayObLG 15.12.1989, BReg. 2 Z 130/89). Die zusätzlichen Räume können nur mit Zustimmung aller Wohnungseigentümer und der Eintragung ins Grundbuch durch Auflassung gemäß § 925 BGB in Sondereigentum überführt werden. Diese Fallgestaltungen machen einen neuen Aufteilungsplan und eine neue Abgeschlossenheitsbescheinigung erforderlich.

Nicht errichtete Räumlichkeiten

Sind Räume in natura nicht errichtet worden, wie sie eigentlich im Aufteilungsplan und der Teilungserklärung vorgesehen waren, entsteht kein Sondereigentum. Es ist jedoch möglich, dass an einem Raum Sondereigentum entsteht, wenn die Begrenzung nach dem Aufteilungsplan eindeutig ist und die Bauausführung dem entspricht, es aber an einer tatsächlichen Abgrenzung des Raums gegen fremdes Sondereigentum fehlt. Nach der Auffassung des BGH reicht es aus, wenn bloße Luftschranken bestehen; entscheidend zur Begründung von Sondereigentum ist, dass es eindeutig abgrenzbar ist (BGH, 18.7.2008, V ZR 97/07). Aufgrund dieser Rechtsauffassung kann unterschiedliches Sondereigentum innerhalb eines Raums entstehen, wenn die Außengrenzen der im Aufteilungsplan vorgesehenen Trennwand das Sondereigentum vom Gemeinschaftseigentum bzw. anderem Sondereigentum abgrenzen (BGH, 21.12.2000, V ZB 45/00).

Abweichung innerhalb der Sondereigentumseinheit
Bei Änderungen innerhalb der betroffenen Sondereigentumseinheit bleibt eine vom Aufteilungsplan abweichende bauliche Ausführung ohne Folgen, solange seine Außengrenzen nicht betroffen sind. Das ist zum Beispiel bei Änderungen des Grundrisses innerhalb der Wohnung der Fall, da Sondereigentum nicht an einzelnen Räumen, sondern aus der aus mehreren Räumen zusammengesetzten Sondereigentumseinheit besteht.

Trennung und Zusammenlegung von Sondereigentumseinheiten
Gleiches gilt für die räumliche Trennung oder Zusammenlegung von Sondereigentumseinheiten, solange dadurch kein Gemeinschaftseigentum verändert wird, wie auch für eine abweichende Nutzung einzelner Räume innerhalb der Sondereigentumseinheit. Auch hier ist das gemeinschaftliche Eigentum von der Änderung nicht betroffen.

Abweichungen bei Sondereigentum mit Auswirkungen auf das Gemeinschaftseigentum
Wenn das Gebäude der Wohnungseigentümergemeinschaft in anderer Form errichtet wird, entsteht dennoch Sondereigentum, sofern Gemeinschafts- und Sondereigentum voneinander eindeutig abgrenzbar sind. Solange sich die einzelnen Sondereigentumseinheiten eindeutig identifizieren lassen, sind die Gegenstände von Sonder- und Gemeinschaftseigentum hinreichend bestimmt. Das Sondereigentum entsteht immer gemäß dem Aufteilungsplan und nicht entsprechend der tatsächlichen Bauausführung.

Allgemeine Geschäftsbedingungen

Inhaltsübersicht

Allgemeine Geschäftsbedingungen umfassen eine Vielzahl vorformulierter Vertragsbedingungen (Formularverträge), die der sogenannte Verwender dem Vertragspartner bei Abschluss eines Vertrags vorgibt.

1 Voraussetzungen für AGB

Die mit der Schuldrechtsreform übergeleiteten Vorschriften des früheren Gesetzes zur Ausführung des Bürgerlichen Gesetzbuchs und anderer Gesetze (AGBGB) sind in den §§ 305 ff. in das BGB aufgenommen worden. Ziel dieser Vorschriften, die dem Verbraucherschutz dienen ist, dass die Gestaltungsfreiheit von Verwendern, die im Massenverkehr Vertragsbedingungen vorgeben, darauf geprüft wird, ob die Interessen des Vertragspartners angemessen berücksichtigt werden.

Voraussetzungen dafür, dass AGB vorliegen, ist die Vorgabe der Vertragsklauseln durch den Verwender, ohne dass der Vertragspartner durch individuelles Aushandeln Einfluss auf die Ausgestaltung des Vertrags nehmen kann, und dass die Vertragsbedingungen für eine Vielzahl von Vertragsabschlüssen verwendet werden sollen. Von einer Vielzahl solcher Verwendungen ist schon dann auszugehen, wenn der Verwender beabsichtigt, die Klauseln mehr als dreimal zu verwenden (BGH, 26.9.1996, VII ZR 318/95).

2 Anwendungsbereiche im Wohnungseigentumsrecht

Relevant werden die AGB im Wohnungseigentumsrecht in zweierlei Hinsicht.

2.1 Teilungserklärung/ Gemeinschaftsordnung

Bei der Prüfung einer Gemeinschaftsordnung ist strittig, ob die Regelungen der Gemeinschaftsordnung einer Kontrolle nach den AGB gemäß § 305 ff. BGB unterliegen. Die herrschende Meinung nimmt an, dass die Regelungen in der Gemeinschaftsordnung keine Vertragsbedingungen in einem Vertragsverhältnis, sondern Inhalt des Sondereigentums sind. Sie wirken daher kraft Gesetzes gegen den Erwerber einer Wohnungseigentumseinheit. Der BGH hat bisher noch nicht darüber entschieden, ob die Vereinbarungen in einer Teilungserklärung/Gemeinschaftsordnung AGB darstellen, jedoch angedeutet, dass er dazu tendiert, dass die §§ 305 ff. BGB nicht anwendbar sind (BGH, 2.12.2011, V ZR 74/11).

Unabhängig von der Einordnung dieser Regelungen als AGB ist nach Auffassung des BGH eine Angemessenheitsprüfung und Inhaltskontrolle der Gemeinschaftsordnung gemäß § 242 BGB möglich (BGH, 24.2.1994, V ZB 43/93; BayObLG, 23.5.1990, BReg. 2 Z 46/90), was in der Praxis häufig zu einem ähnlichen Ergebnis führt.

2.2 Verbrauchereigenschaft der Wohnungseigentümergemeinschaft

Anders ist die Rechtslage zu beurteilen, wenn die Wohnungseigentümergemeinschaft, das heißt der Verband, nach außen auftritt und mit Dritten Verträge abschließt; es kann sich hierbei zum Beispiel um Verträge mit Lieferanten, Handwerkern, Dienstleisten und dem Verwalter handeln. Bei diesen Vertragskonstellationen werden häufig Formularverträge benutzt, dabei gelten die

§ 305 ff. BGB, es ist also die Klauselkontrolle über die Wirksamkeit der verwendeten AGB anzuwenden.

Geht es um den Umfang der Prüfung der Wirksamkeit verwendeter Formularklauseln bei vertraglichen Vereinbarungen, kommt es entscheidend darauf an, ob die Wohnungseigentümergemeinschaft als Verbraucher i. S. d. § 13 BGB oder als Unternehmer i. S. d. § 14 BGB zu qualifizieren ist, denn wegen § 310 BGB fällt die Prüfung der verwendeten Formularklauseln gegenüber Unternehmern weniger streng aus. In seiner Entscheidung vom 25.3.2015 (VIII ZR 243/13) hat der BGH diese Rechtsfrage geklärt.

Der BGH ist der Auffassung, dass eine teilrechtsfähige Wohnungseigentümergemeinschaft gemäß § 10 Abs. 6 WEG dem Verbraucher i. S. d. § 13 BGB gleichzustellen ist, wenn der Wohnungseigentümergemeinschaft mindestens ein Verbraucher angehört und das Rechtsgeschäft zu einem privaten Zweck abgeschlossen wird, also weder einer gewerblichen noch selbstständigen Tätigkeit dient. Dies wird regelmäßig dann der Fall sein, wenn die Wohnungseigentümer ihr Sondereigentum selbst bewohnen.

Der Abschluss von Rechtsgeschäften mit Dritten, zum Beispiel mit einem Energieversorgungsunternehmen zur Deckung des Energiebedarfs der Wohnungseigentümergemeinschaft, erfolgt regelmäßig zum Zweck der privaten Vermögensverwaltung der Wohnungseigentümer und damit nicht zu gewerblichen Zwecken. Dabei spielt es keine Rolle, ob die Wohnungseigentümergemeinschaft bei Vertragsabschluss durch eine gewerbliche Hausverwaltung vertreten wird, denn für die Abgrenzung von unternehmerischen und privaten Handeln i. S. d. § 13 und § 14 BGB kommt es im Fall einer solchen Stellvertretung grundsätzlich nicht auf den Vertreter, sondern auf die Person des Vertretenen an.

2.3 Verwalterverträge

Auch bei Verwalterverträgen, die die Wohnungseigentümergemeinschaft mit ihrem Hausverwalter abschließt, ist daher der verbraucherfreundliche, engere Prüfungsmaßstab der §§ 305 ff. BGB bezüglich der Wirksamkeit der vom Hausverwalter regelmäßig als Verwender benutzten Formulare für Hausverwalterverträge anzulegen. Es genügt bereits, dass der Verwender das Musterformular beispielsweise eines Verwaltervertrags nur einmal verwendet (BGH, 17.2.2010, VIII ZR 67/09). Häufig werden daher Versuche des Verwalters, als Verwender des Vertragsformulars seine Haftung zu begrenzen oder auszuschließen – zum Beispiel eine Verkürzung der dreijährigen Verjährung des Verwalters für Schadensfälle oder eine Einschränkung seiner Haftung zu erreichen –, wegen § 307 Abs. 2 Nr. 2 und § 309 Nr. 7a, b BGB unwirksam sein.

Anfechtung von Beschlüssen

Inhaltsübersicht

Werden bei einer Eigentümerversammlung Beschlüsse gefasst, können sich Wohnungseigentümer, die der Meinung sind, diese seien fehlerhaft, durch Anfechtung dagegen wehren. Anfechtungsberechtigt ist jeder Wohnungseigentümer, der als solcher im Grundbuch eingetragen ist, unabhängig davon, ob er an der Eigentümerversammlung teilgenommen hat oder nicht. Ein Wohnungseigentümer verliert seine Beschlussanfechtungsbefugnis nicht schon deshalb, weil er in der Versammlung für den von ihm angefochtenen Beschluss gestimmt hat, da aus einer solchen Zustimmung nicht auf einen rechtsgeschäftlichen Verzichtswillen geschlossen werden kann (LG Dortmund, 28.2.2013, 11 S 232/12). Auch der Verwalter ist berechtigt, Beschlüsse anzufechten, zum Beispiel den Beschluss über seine Abberufung. Ein Beschluss wird vom Gericht dann für ungültig erklärt, wenn er formell oder materiell rechtswidrig ist. Solange dies nicht erfolgt ist, bleibt er gültig und muss vom Verwalter vollzogen werden. Das bedeutet, dass die Erhebung einer Anfechtungsklage keine aufschiebende Wirkung hat.

Hinweis: Im Verfahren vor dem Amtsgericht in erster Instanz besteht keine Anwaltspflicht, jedoch in zweiter Instanz vor dem Landgericht als Berufungsgericht.

Der Verwalter ist Zustellungsvertreter der Wohnungseigentümer, wenn diese Beklagte sind (§ 45 Abs. 1 WEG). Ist der Verwalter selbst Gegner in einem entsprechenden Verfahren oder besteht die Gefahr, dass der Verwalter die Wohnungseigentümer nicht sachgerecht unterrichten wird, haben die Wohnungseigentümer einen Ersatzzustellungsvertreter (siehe dort) durch Mehrheitsbeschluss zu bestellen (§ 45 Abs. 2 WEG). Führen die Eigentümer keinen entsprechenden Mehrheitsbeschluss herbei, kann das Gericht einen Ersatzzustellungsvertreter bestellen (§ 45 Abs. 3 WEG).

Beschlüsse können nur binnen einer Frist von einem Monat (§ 46 Abs. 1 Satz 2 HS 1 WEG) durch Erhebung einer Anfechtungsklage beim zuständigen Amtsgericht (Wohnungseigentumsgericht) angefochten werden, um sie auf ihre Ordnungsmäßigkeit hin überprüfen zu lassen. Örtlich und sachlich ausschließlich zuständig ist das Amtsgericht des Belegenheitsorts der Wohnanlage. Eine Anfechtungsklage muss stets gegen die „übrigen" Wohnungseigentümer und nicht etwa gegen die teilrechtsfähige Wohnungseigentümergemeinschaft gerichtet werden. Wird die Frist von einem Monat nicht eingehalten, werden die in der Eigentümerversammlung gefassten Beschlüsse bestandskräftig und es kann nicht mehr gegen sie vorgegangen werden.

Insbesondere wichtig ist die Einzahlung des Gerichtskostenvorschusses. Grundsätzlich kann die klagende Partei den Eingang der gerichtlichen Kostenvorschussanforderung abwarten. Bleibt die Anforderung allerdings aus, darf der Kläger bzw. sein Prozessbevollmächtigter nicht länger als eine angemessene Zeit untätig bleiben, sondern muss die gerichtliche Berechnung und Anforderung des Vorschusses zumindest in Erinnerung bringen. Eine erteilte Ermächtigung zur Einziehung der Gerichtskosten entbindet den Kläger bzw. seinen Prozessbevollmächtigten nicht von der erforderlichen Nachfragepflicht. Bleibt die klagende Partei länger als drei Wochen ab Ablauf der einzuhaltenden Anfechtungsfrist untätig, so ist die Klage wegen Fristversäumnis unzulässig. Eine demnächstige Zustellung i. S. v. § 167 ZPO kommt nicht in Betracht (LG Frankfurt/Main, 3.12.2014, 2-13 S 143/13).

Weiter gilt, dass die Anfechtungsklage innerhalb einer weiteren Frist von zwei Monaten nach der Beschlussfassung zu begründen ist. Wird die Frist zur Klagebegründung versäumt, muss die Anfechtungsklage ohne weitere sachliche Prüfung als unbegründet abgewiesen werden (§ 46 Abs. 1 Satz 2 HS 2 WEG). Die Anfechtungsfrist beginnt mit dem Tag der Beschlussfeststellung in der Wohnungseigentümerversammlung ohne Rücksicht darauf, ob der Kläger an dieser teilgenommen oder sonst Kenntnis von dem Beschluss erlangt hat (LG München I, 13.1.2014, 1 S 1817/13). Nur in Ausnahmefällen kann bei unverschuldetem Fristversäumnis die sogenannte Wiedereinsetzung in den vorigen Stand gewährt werden (§ 233 ff. ZPO). Als Wiedereinsetzungsgründe wurden anerkannt:

- Plötzliche Erkrankung, wenn wegen der Krankheit die Fristwahrung nicht möglich war, insbesondere wenn der Eigentümer wegen Krankheit nicht in der Lage war, sich an einen Anwalt oder an das Gericht zu wenden
- Versagen der Post/des Briefzustellers

Der Antrag auf Wiedereinsetzung in den vorigen Stand ist beim zuständigen Wohnungseigentumsgericht zu stellen. Dies muss binnen zwei Wochen nach Beseitigung des Hindernisses geschehen. In dem Antrag müssen die Tatsachen, die die Wiedereinsetzung begründen, glaubhaft gemacht werden. Zudem muss innerhalb der Antragsfrist von zwei Wochen die versäumte Prozesshandlung nachgeholt werden. Dies bedeutet, dass innerhalb der zweiwöchigen Frist auch die Anfechtungsklage erhoben und zumeist schon begründet werden muss. Stellt das Gericht fest, dass das Fristversäumnis unverschuldet war, so gewährt es dem Eigentümer Wiedereinsetzung in den vorigen Stand, die Anfechtungsklage wird dann trotz vormaliger Verfristung durchgeführt. So ist zum Beispiel Wiedereinsetzung zu gewähren, wenn der WEG-Verwalter trotz Beschlussfassung dem monierenden Eigentümer eine in seinem Sinne abgeänderte Einzelabrechnung übersendet und damit suggeriert, es bedürfe keiner Beschlussanfechtung (AG München, 14.8.2013, 482 C 14260/12).

Für die Einhaltung dieser Fristen ist dringend zu beachten, dass die Ausschlussfrist für die Anfechtung von einem Monat und die Klagebegründungsfrist von zwei Monaten ab der Beschlussfassung in der Eigentümerversammlung läuft und nicht etwa erst mit Übersendung des Protokolls der Versammlung.

BEISPIELE

1. Die Eigentümerversammlung findet am 9.10.2015 statt. Die Beschlüsse können durch Klageerhebung bis 9.11.2015 angefochten werden, bis zum 9.12.2015 muss die Anfechtung begründet werden.
2. Die Eigentümerversammlung findet am 8.10.2015 statt. Die Beschlussanfechtungsfrist läuft am 9.10.2015 ab, da der 8.11.2015 ein Sonntag ist. Die Anfechtung muss bis zum 8.12.2015 begründet werden. Fällt das Fristende auf einen Sonntag, einen Feiertag oder einen Sonnabend, so läuft die Frist erst mit dem Ende des nächsten Werktags ab (§ 193 BGB).

In der Praxis kommt es häufig vor, dass das Protokoll der Eigentümerversammlung den Eigentümern erst nach Ablauf der Anfechtungsfrist zugeht. Dies ist kein Grund, die Beschlüsse rein vorsorglich anzufechten (LG Stuttgart, 15.1.2013, 19 T 295/12; LG München I, 6.2.2008, 1 T 22613/07). Der Verwalter ist gemäß § 27 Abs. 7, 8 WEG verpflichtet, eine sogenannte Beschlusssammlung (siehe dort) zu führen. Sie dient der Information und der besseren Übersicht der in einer Wohnungseigentümergemeinschaft gefassten Beschlüsse. Jedem Wohnungseigentümer steht das Recht auf Einsichtnahme (siehe „Einsichtsrecht“) in die Beschlusssammlung zu, sodass er sich rechtzeitig vor Ablauf der Anfechtungsfrist über die in der Eigentümerversammlung gefassten Beschlüsse informieren kann. Das Recht zur Einsichtnahme in die Beschlusssammlung können Wohnungseigentümer auch auf Dritte übertragen. Die Einsichtnahme hat regelmäßig in den Geschäftsräumen des Verwalters stattzufinden. Bei Bedarf können auch Ausdrucke oder Kopien vom Verwalter verlangt werden.

Beschlüsse können dann angefochten werden, wenn ihnen formelle oder materielle Fehler anhaften. Zu den formellen Beschlussmängeln zählen zum Beispiel diese:

- Die Ladungsfrist zur Eigentümerversammlung von zwei Wochen wird nicht eingehalten.

- Ein Eigentümer oder mehrere wurden nicht zur Versammlung eingeladen.
- Beschlussunfähigkeit.
- Es wird ein Beschluss gefasst, obwohl der Beschlussgegenstand nicht auf der Tagesordnung angekündigt wurde.
- Ein wichtiger Beschluss wird unter dem Punkt „Verschiedenes/Sonstiges" gefasst.
- Stimmrechtsausschlüsse (siehe „Stimmrecht") wurden nicht berücksichtigt oder zu Unrecht vorgenommen.
- Es lag ein Verstoß gegen den Grundsatz der Nichtöffentlichkeit der Versammlung wegen Teilnahme dritter Personen vor.

Bei den formellen Beschlussmängeln ist zu beachten, dass eine Anfechtungsklage in der Regel keinen Erfolg haben wird, wenn feststeht, dass der Beschluss bei ordnungsgemäßer Handhabung genauso gefasst worden wäre (siehe „Eigentümerversammlung", Abschnitt 1.8 „Einberufungsmangel/Kausalität").

Anfechtbar sind auch sogenannte Negativbeschlüsse (siehe „Beschluss", Abschnitt 9). Ein Negativbeschluss liegt vor, wenn die Mehrheit den Beschlussantrag abgelehnt hat oder aber die erforderliche Mehrheit bei der Abstimmung nicht erreicht wurde. Er entfaltet keine Sperrwirkung für die Zukunft, das heißt, die Wohnungseigentümer können über denselben Gegenstand erneut beschließen. Deshalb kann es an einem Rechtsschutzbedürfnis in Hinblick auf die Anfechtung eines Negativbeschlusses fehlen, wenn die Eigentümer durch die Ablehnung des Beschlusses in ihren Rechten nicht beeinträchtigt sind. Die Anfechtung eines Negativbeschlusses ist aber zum Beispiel dann möglich, wenn der Verwalter in der Eigentümerversammlung ein ablehnendes Beschlussergebnis feststellt, obwohl der Beschluss in Wirklichkeit angenommen wurde. Ebenso kann der Beschluss angefochten werden, wenn der Wohnungseigentümer geltend machen kann, dass die Ablehnung ordnungsmäßiger Verwaltung widerspricht und er einen Anspruch auf eine positive Beschlussfassung hat (LG Hamburg, 23.7.2014, 318 S 78/13). Nicht anfechtbar sind hingegen sogenannte Geschäftsordnungsbeschlüsse (siehe „Beschluss", Abschnitt 12), die lediglich die Organisation der konkreten Eigentümerversammlung betreffen, zum Beispiel das Vorziehen eines Tagesordnungspunkts (TOP). Geschäftsordnungsbeschlüsse sind mit dem Ende der Versammlung gegenstandslos, sie können daher nicht gesondert angefochten werden.

Materielle Beschlussmängel können vorliegen, wenn der Beschluss nicht dem ordnungsgemäßen Gebrauch oder der ordnungsgemäßen Verwaltung entspricht, aber auch wenn er gegen ein Gesetz oder eine Vereinbarung verstößt. Grundsätze der ordnungsgemäßen Verwaltung sind insbesondere:

- Aufstellung eines Wirtschaftsplans und einer Jahresabrechnung
- Ansparung einer angemessenen Instandhaltungsrücklage
- Ordnungsgemäße Instandhaltung und Instandsetzung des gemeinschaftlichen Eigentums
- Aufstellen einer Hausordnung

BEISPIELE

Für eine kostenträchtige Instandsetzungsmaßnahme, zum Beispiel eine Dachsanierung, den Fensterkomplettaustausch oder die Fassadensanierung, holt der Verwalter lediglich ein Angebot ein und lässt die Wohnungseigentümergemeinschaft über die Vergabe der Instandhaltungsmaßnahme beschließen. Diese Vorgehensweise entspricht nicht ordnungsgemäßer Verwaltung. Der Verwalter ist verpflichtet, bei größeren Instandsetzungsvorhaben Konkurrenzangebote einzuholen. Der Beschluss ist anfechtbar.

Die Rechtsfolge bei erfolgreicher Anfechtung ist, dass das Gericht den Beschluss für ungültig erklärt. Eine Ausnahme gilt für sogenannte nichtige Beschlüsse. Nichtig ist ein Beschluss, der gegen eine Rechtsvorschrift verstößt, auf deren Einhaltung rechtwirksam nicht verzichtet werden kann (§ 23 Abs. 4 WEG). Solche Beschlüsse entfallen per se keine Rechtswirkung und müssen nicht erst angefochten werden. Häufig ist es schwierig zu entscheiden, ob ein Beschluss nur anfechtbar oder bereits nichtig ist. Zur Vermeidung von Rechtsverlusten ist es in solchen Zweifelsfällen sinnvoll, den entsprechenden Beschluss innerhalb der Anfechtungsfrist vorsorglich anzufechten. Beschlüsse können insbesondere unter folgenden Umständen nichtig sein:

- Sie verstoßen gegen unabdingbare Vorschriften und Prinzipien des WEG.
- Es liegt keine Beschlusskompetenz vor.
- Ein Beschluss ist zu unbestimmt oder unverständlich.
- Ein Beschluss verstößt gegen gesetzliche Verbote oder sonstige gesetzliche Vorschriften des privaten und öffentlichen Rechts, zum Beispiel bei Sittenwidrigkeit, Verstößen gegen das Baurecht oder Strafgesetze.

1 Verstöße gegen unabdingbare Vorschriften und Prinzipien des WEG

- § 5 Abs. 2 WEG: Gegenstand des Sondereigentums können nicht Teile des Gebäudes sein, die für dessen Bestand oder Sicherheit erforderlich sind, sowie Anlagen und Einrichtungen, die dem gemeinschaftlichen Gebrauch der Wohnungseigentümer dienen.

- § 6 WEG: keine Trennung von Miteigentumsanteilen am Grund und Boden und Sondereigentum.
- § 11 WEG: Unauflösbarkeit der Gemeinschaft; kein Wohnungseigentümer kann die Aufhebung der Gemeinschaft verlangen.
- § 12 Abs. 2 WEG: Die Zustimmung zur Veräußerung des Wohnungseigentums darf nur aus einem wichtigen Grund versagt werden.
- § 12 Abs. 4 Satz 2 WEG: Befugnis der Wohnungseigentümergemeinschaft, eine Veräußerungsbeschränkung gemäß § 12 Abs. 1 WEG aufzuheben; diese Befugnis darf nicht eingeschränkt werden.
- § 16 Abs. 5 WEG: keine Erschwerung oder Einschränkung der Beschlusskompetenz der Wohnungseigentümergemeinschaft zur Änderung der Kostenverteilung gemäß § 16 Abs. 3, 4 WEG n. F.
- § 18 Abs. 1, 4 WEG: Der Anspruch auf Entziehung des Wohnungseigentums bei schweren Pflichtverletzungen eines Wohnungseigentümers kann nicht eingeschränkt werden, ebenso nicht das Recht auf Beschlussfassung nach § 18 Abs. 3.
- § 20 Abs. 2 WEG: kein Ausschluss der Bestellung eines Verwalters. Eine Vereinbarung, durch die das Verwalterhonorar der Höhe nach für die Zukunft unabdingbar festgelegt wird, verstößt gegen die unabdingbare Vorschrift des § 20 Abs. 2 WEG und soll daher nichtig sein.
- § 21 Abs. 7 WEG: keine Erschwerung der Regelungen von Zahlungsmodalitäten durch Beschluss.
- § 22 Abs. 2 Satz 2 WEG: keine Einschränkung der Beschlusskompetenz zur Durchführung von Modernisierungen.
- § 24 Abs. 2 Satz 2 WEG: keine Einschränkung des Rechts auf Einberufung einer Eigentümerversammlung, sofern dies von einem Viertel aller Wohnungseigentümer verlangt wird.
- § 24 Abs. 7 WEG: Führung einer Beschlusssammlung.
- § 26 Abs. 1 WEG: Beschränkungen der Verwalterbestellung über den im Gesetz niedergelegten Rahmen hinaus.
- § 27 Abs. 4 WEG: keine Einschränkung der Aufgaben und Befugnisse des Verwalters gemäß § 27 Abs. 1–3 WEG.
- § 28 WEG: Abrechnung, Wirtschaftsplan, Rechnungslegung.
- §§ 43 ff. WEG: Zuständigkeit und Verfahren in Wohnungseigentumssachen, zum Beispiel das Recht eines Miteigentümers, Beschlüsse der Wohnungseigentümergemeinschaft anzufechten.

2 Fehlende Beschlusskompetenz

Nach herrschender Auffassung führen Verstöße gegen sogenannte unabdingbare Prinzipien des Wohnungseigentumsrechts zur Nichtigkeit des jeweiligen Beschlusses. Der Wohnungseigentümerversammlung steht in diesen Fällen keine Beschlusskompetenz zu. Diese allgemeinen Prinzipien des Wohnungseigentumsrechts ergeben sich jedoch lediglich daraus, dass die Wohnungseigentümer eine Gemeinschaft bilden. Welche Prinzipien dazu zählen, ist noch nicht endgültig geklärt, sodass derzeit nur der Rückgriff auf die Rechtsprechung möglich ist. Demnach gilt vor allem Folgendes:

- Beschluss der Wohnungseigentümergemeinschaft bei einer absoluten Unzuständigkeit dieser.
- Eingriff eines Beschlusses in Sondereigentumsrechte oder Sondernutzungsrechte.
- Umwandlung von Gemeinschaftseigentum in Sondereigentum.
- Eingriff in die einheitliche Ausübung der Verwaltung.
- Die Verwaltung kann nur einer einzelnen Person übertragen werden; Beschlüsse, die die Verwaltung auf mehrere Personen übertragen, sind nichtig.
- Das Amt des Verwalters kann nicht mit einem Mitglied des Verwaltungsbeirats besetzt werden.
- Der Anspruch des einzelnen Wohnungseigentümers auf ordnungsgemäße Verwaltung kann nicht ausgeschlossen werden.
- Das Mitwirkungsrecht des einzelnen Wohnungseigentümers an der Verwaltung darf nicht beschränkt oder vereitelt werden.
- Die Minderheitsrechte der einzelnen Wohnungseigentümer dürfen nicht beeinträchtigt werden.
- Dem Verwalter dürfen keine Rechte zugewiesen werden, die das Sondereigentum betreffen.

3 Verstoß gegen gesetzliche Vorschriften

Aus § 23 Abs. 4 WEG ergibt sich, dass sämtliche allgemeinen zivil- und öffentlich-rechtlichen Verbotsnormen zu beachten sind. Grundsätzlich gilt: Werden diese bei einem Beschluss missachtet, so ist der Beschluss nichtig. Zu den zivilrechtlichen Verbotsnormen zählen folgende.

- Verstoß gegen ein gesetzliches Verbot (§ 134 BGB): Zu dieser Gruppe gehören insbesondere Beschlüsse, die ein durch ein Strafgesetz sanktioniertes Verhalten gestatten oder den Verwalter zu einem derartigen Verhalten verpflichten, zum Beispiel die Vergabe von Instandsetzungsarbeiten in Schwarzarbeit.
- Sittenwidrigkeit (§ 138 BGB): Gemäß § 138 BGB ist ein Beschluss nichtig, der gegen die guten Sitten verstößt. Ob ein Sittenverstoß vorliegt, ist wertend nach dem Anstandsgefühl aller billig und gerecht Denkenden zu ermitteln. Dabei ist nicht nur auf den objek-

tiven Gehalt des Beschlusses, sondern auch auf die Motive des Wohnungseigentümers und den Zweck der Regelung abzustellen.

BEISPIELE

- Vollständiges Verbot des Musizierens in der Wohnung
- Ein Beschluss, der das Abstellen eines Rollstuhls im Treppenhaus verbietet, verstößt gegen die guten Sitten, wenn es keine andere Abstellmöglichkeit für den Rollstuhl gibt
- Ausnutzung einer Stimmenmehrheit in sachwidriger Art und Weise auf Kosten der Gemeinschaft; dies kann je nach Einzelfall gegen die guten Sitten verstoßen und ausnahmsweise nach § 138 Abs. 1 BGB nichtig sein
- Verstoß gegen zwingende Vorschriften des öffentlichen Rechts oder Strafgesetze
- Sämtliche Regelungen der Zivilprozessordnung (ZPO), des Gerichtsverfassungsgesetzes (GVG) und des Zwangsversteigerungsgesetzes (ZVG)
- Wertentscheidungen der Verfassung, die sich aus dem Grundgesetz (GG) und den Länderverfassungen ergeben
- Regelungen des Baurechts, der Energieeinsparverordnung (EnEV) und der Heizkostenverordnung (HeizkV), soweit sich aus diesen Gesetzen ein zwingender Charakter ergibt
- Beschluss mit dem Inhalt, eine gerichtliche Entscheidung abzuändern oder aufzuheben
- Verstoß gegen eine Baumschutzverordnung
- Verstoß gegen öffentlich-rechtliche Ruhezeiten

Anwesenheitsliste

Zu Beginn der Eigentümerversammlung ist festzuhalten, welche Eigentümer an der Versammlung teilnehmen bzw. sich vertreten lassen. Anhand dieser Anwesenheitsliste kann der Versammlungsvorsitzende ermitteln, ob die Versammlung beschlussfähig ist, das heißt, ob gemäß § 25 Abs. 3 WEG die erschienenen stimmberechtigten Wohnungseigentümer mehr als die Hälfte der Miteigentumsanteile vertreten.

Lässt sich ein Wohnungseigentümer durch eine dritte Person vertreten, so sollte dies vermerkt und die Vollmacht der Anwesenheitsliste beigefügt werden. Ferner ist in der Anwesenheitsliste unter Angabe des Zeitpunkts zu vermerken, wenn ein Teilnehmer die Versammlung vorzeitig verlässt. In diesem Fall muss der Versammlungsvorsitzende vor der nächsten Beschlussfassung erneut die Beschlussfähigkeit (siehe dort) der Versammlung feststellen. Wird ein Beschluss gefasst, unterstützt die Anwesenheitsliste den Versammlungsvorsitzenden bei der exakten Feststellung des Abstimmungsergebnisses.

Antenne

„Digitales Fernsehen“
„Parabolantenne“

Aufbewahrung von Unterlagen

Die handels- und steuerrechtlichen Vorschriften zur Dauer der Aufbewahrungspflichten in Bezug auf Belege und Buchhaltungsunterlagen sind auf Wohnungseigentümer entsprechend anzuwenden, um die entsprechenden Vorgänge noch eine gewisse Zeit zurückverfolgen zu können. Der Verwalter ist daher verpflichtet, sämtliche Unterlagen, die im Zusammenhang mit der Verwaltung des gemeinschaftlichen Eigentums stehen, aufzubewahren. Insoweit gilt für Jahresabrechnungen, Wirtschaftspläne, Buchungsbelege und Kontounterlagen eine Aufbewahrungspflicht von zehn Jahren, für Schriftverkehr, Geschäftspost und sonstige Verwaltungsunterlagen von sechs Jahren (§ 257 HGB, § 147 Abgabenordnung [AO]). Diese Fristen betreffen die Wohnungseigentümergemeinschaft, aber nicht zwingend den Verwalter. Ein Mehrheitsbeschluss, der zugunsten des Verwalters eine kürzere Aufbewahrungsfrist einräumt, kann dahin ausgelegt werden, dass nach deren Ablauf die Unterlagen an die Gemeinschaft auszuhändigen sind. Wird der Verwalter hingegen durch Beschluss ermächtigt, die Unterlagen vorzeitig zu vernichten, ist dieser Beschluss wegen Verstoßes gegen zwingendes Recht nichtig (OLG München, 20.3.2008, 34 Wx 46/07, 34 Wx 046/07). Soweit die gesetzlichen Aufbewahrungsfristen beachtet werden, können die Wohnungseigentümer über die Dauer der Aufbewahrung durch mehrheitliche Beschlussfassung entscheiden.

Wichtige Unterlagen, darunter zum Beispiel Teilungserklärung, Gemeinschaftsordnung, Abgeschlossenheitsbescheinigung, Aufteilungspläne, Versammlungsprotokolle, Beschlusssammlung sowie alle Unterlagen, die auf Dauer für die Verwaltung des gemeinschaftlichen Eigentums von Bedeutung sind, müssen unbefristet aufbewahrt werden.

Aufgaben und Befugnisse des Verwalters

Inhaltsübersicht

Aufgrund der Bestellung zum Verwalter durch die Eigentümergemeinschaft hat der Verwalter eine herausgehobene Position, die eine Vielzahl von Aufgaben und Pflichten, aber auch Rechten mit sich bringt. Die Aufgaben und Befugnisse des Verwalters sind insbesondere in § 27 WEG bestimmt. Auch wenn der Gesetzgeber den Verwalter mit vielen Rechten und Pflichten ausgestattet hat, bedeutet dies nicht, dass er automatisch eine allgemeine Vertretungsmacht nach außen hat. Vielmehr handelt es sich nach dem Willen des Gesetzgebers um eine nach § 27 WEG sachlich beschränkte Geschäftsführungsbefugnis. Ergänzt werden die Aufgaben des Verwalters in § 24, § 25 und § 28 WEG.

Die sich aus § 27 WEG ergebenden Rechte und Pflichten ergeben sich aus der Bestellung zum Verwalter im Rahmen der Beschlussfassung durch die Wohnungseigentümergemeinschaft und nicht aus dem Verwaltervertrag. Der Verwalter erhält aufgrund der Bestellung nach dem Wohnungseigentumsgesetz durch Beschlussfassung gemäß § 27 WEG eine Doppelstellung sowohl durch seine Befugnisse und Verpflichtungen im Rahmen der Verwaltung der teilrechtsfähigen Eigentümergemeinschaft nach außen hin als auch im Verhältnis zu den Wohnungseigentümern im Innenverhältnis.

1 Innenverhältnis

Dem Verwalter obliegen im Innenverhältnis insbesondere der Vollzug der Beschlüsse der Eigentümer, die Verwaltung gemeinschaftlicher Gelder, die Erstellung eines Wirtschaftsplans, der Jahresabrechnung und der jeweiligen Einzelabrechnungen, Veranlassung von Maßnahmen der ordnungsmäßigen Instandhaltung und Instandsetzung des Gemeinschaftseigentums, Führen der Beschlusssammlung und Weiteres. Gemäß § 27 Abs. 1 WEG ergeben sich lediglich schuldrechtliche Rechte und Pflichten des Verwalters im Innenverhältnis.

Vollzug von Beschlüssen

Der Verwalter muss gemäß § 27 Abs. 1 Nr. 1 WEG die Beschlüsse der Wohnungseigentümer durchführen, sie vollziehen und für die Durchführung der ggf. in der Gemeinschaftsordnung angelegten Hausordnung Sorge tragen. In welchem Umfang dies zu geschehen hat, bestimmen die Wohnungseigentümer durch entsprechende Beschlussfassung oder den Beschluss der entsprechenden Hausordnung. Die Pflichten ergeben sich direkt aus dem Gesetz. Sie gelten selbst dann, wenn die Beschlüsse bei Vorliegen der Beschlusskompetenz der Wohnungseigentümergemeinschaft fehlerhaft und/ oder unwirksam zustande gekommen sind, und dennoch nach Ablauf der Anfechtungsfrist gemäß § 46 Abs. 1 Satz 2 WEG bestandskräftig wurden oder aber gerichtlich angefochten wurden und das Verfahren noch nicht rechtskräftig abgeschlossen ist. Der Verwalter ist entsprechend gehalten, im Rahmen der Beschlussfassung in der Eigentümerversammlung die Eigentümer auf mögliche Fehlerquellen und eine mögliche Anfechtbarkeit von Beschlüssen hinzuweisen, wenn die Umstände offenkundig kritisch sind und sich bereits daraus ergibt, dass Beschlüsse im krassen Widerspruch zu geltendem Recht stehen. Kommt der Verwalter dieser Pflicht nicht nach, macht er sich ggf. schadenersatzpflichtig; ein Nichtvollzug bereits getätigter Beschlüsse kann unter Umständen auch einen wichtigen Grund zur Abberufung des Verwalters darstellen.

Besteht die Pflicht zur Durchführung der Hausordnung, ist dies nicht so zu verstehen, dass den Verwalter eine unbedingte und höchstpersönliche Überwachungspflicht in Hinblick darauf trifft, dass die Regelungen der Hausordnung eingehalten werden; es geht lediglich darum, dass er die Durchführung dieser Regelungen soweit organisiert.

Instandhaltung und Instandsetzung

Gemäß § 27 Abs. 1 Nr. 2 WEG ist der Verwalter für die ordnungsmäßige Instandhaltung und Instandsetzung des gemeinschaftlichen Eigentums verantwortlich und muss entsprechende Maßnahmen treffen. Dies umfasst zum Beispiel das Einholen von Kostenvoranschlägen und deren Prüfung, ggf. in Zusammenarbeit mit dem Verwaltungsbeirat. Unter anderem hat er in diesem Zusammenhang folgende Aufgaben:

- Feststellung und Ermittlung von Mängeln am gemeinschaftlichen und ggf. am Sondereigentum (siehe auch Instandhaltung und Instandsetzung)
- Einholen von Angeboten zur Durchführung von Instandhaltungs- und Instandsetzungsmaßnahmen; der Verwalter hat die Pflicht, diese auf ihre technische Realisierungsmöglichkeit zu prüfen und festzustellen, ob sie dazu geeignet sind, die beschlossenen Maßnahmen umzusetzen

Eine Verpflichtung zur Ausschreibung i. S. d. Verdingungsordnung für Bauleistungen (insbesondere VOB/B) beinhaltet dies nicht.

Nach herrschender Meinung gehört es zu den Aufgaben des Verwalters, im Hinblick auf das wirtschaftliche Handeln und die „Schonung" der Gemeinschaftskasse vor der Auftragsvergabe alternative Angebote einzuholen, wobei das Einholen von ggf. nur zwei Alternativangeboten anstelle von dreien nicht zwingend eine Pflichtverletzung darstellen muss (BayObLG, 11.4.2002, 2Z BR 85/01).

Falls der Verwalter im Rahmen von Instandsetzungsmaßnahmen einen Architekten oder ein Ingenieurbüro beauftragt, haftet er nur für die ordnungsgemäße Auswahl der beauftragten Personen oder Unternehmen, nicht aber für Fehler, die diese im Rahmen der ihnen obliegenden Durchführungsverpflichtungen begehen. So kann dem Verwalter ein Architektenverschulden nicht grundsätzlich über § 278 BGB zugerechnet werden (BayObLG, 11.4.2002, 2Z BR 85/01). Vor der Vergabe solcher Aufträge muss der Verwalter die ihm vorliegenden Angebote auch auf ihre Wirtschaftlichkeit hin überprüfen und im Hinblick auf die zur Verfügung stehenden Geldmittel ggf. gesonderte Beschlüsse herbeiführen. Zudem hat er vorab die Frage zu klären, ob die beabsichtigten Maßnahmen geeignet sind, ein Ergebnis herbeizuführen, dass ordnungsmäßiger Instandhaltung und Instandsetzung entspricht, und ob sich die geplanten Beschlüsse durch einfache Mehrheit mit Zustimmung der betroffenen Miteigentümer oder ggf. durch doppelt qualifizierter Mehrheit i. S. d. § 22 Abs. 1, 2 WEG herbeiführen lassen. Der Verwalter muss darüber hinaus auf Art, Umfang und Kosten der beabsichtigten Maßnahme sowie deren zeitliche Realisierung und die Kostenverteilung hinweisen.

Nach § 27 Abs. 1 Nr. 3 WEG ist der Verwalter ermächtigt, in dringenden Fällen sonstige zur Erhaltung des gemeinschaftlichen Eigentums erforderlichen Maßnahmen anzustoßen; ggf. muss er dies im Rahmen der ordnungsmäßigen Verwaltung nachträglich von der Eigentümergemeinschaft genehmigen lassen (siehe auch Auftragsvergabe).

Finanzverwaltung

Ferner zählt es zu den Aufgaben des Verwalters, gemäß § 27 Abs. 1 Nr. 4, 5, 6 WEG Lastenbeiträge und Kostenbeiträge, Tilgungsbeträge und Hypothekenzinsen anzufordern, in Empfang zu nehmen und abzuführen, soweit es um die Verwaltung gemeinschaftlicher Angelegenheiten geht. Insofern handelt er hier gesetzlich als Vertreter im Namen der Wohnungseigentümergemeinschaft. Nach § 27 Abs. 1 Nr. 6 WEG muss der Verwalter im Rahmen der ordnungsmäßigen Buchführung auch sämtliche eingenommenen Gelder verwalten, zum Beispiel Wohngeld, Beiträge zur Instandhaltungsrückstellung sowie Zinsen aus möglicherweise vorhandenen Geldanlagen; zudem muss er im Rahmen der kaufmännischen Buchführungspflicht nicht benötigte Gelder ggf. sinnvoll zu marktüblichen Zinsen anlegen (OLG Celle, 14.4.2004, 4 W 7/04).

Informationen über Rechtsstreite

Gemäß § 27 Abs. 1 Nr. 7 WEG hat der Verwalter die Pflicht, die Wohnungseigentümergemeinschaft über eine anhängige bzw. rechtshängige Rechtsstreitigkeiten unverzüglich zu informieren. Das hat damit zu tun, dass die Wohnungseigentümer in der Regel in rechtshängigen Verfahren Parteistellung innehaben und damit von prozessualen Rechten und Pflichten betroffen sind, die ggf. im Wege der Beschlussfassung abgestimmt werden müssen.

2 Außenverhältnis: Rechte des Verwalters – gesetzliche Vertretung der Wohnungseigentümer

Nach § 27 Abs. 2 Nr. 1 WEG ist der Verwalter berechtigt, im Namen aller Wohnungseigentümer und mit Wirkung für diese, aber auch gegen diese Willenserklärungen und Zustellungen entgegenzunehmen, soweit sie an alle Wohnungseigentümer in dieser Eigenschaft (!) gerichtet sind. § 27 Abs. 2, 3 regeln die Vertretungsmacht des Verwalters für die Wohnungseigentümer und die Wohnungseigentümergemeinschaft gesetzlich. Dies bedeutet, dass Willenserklärungen an die Wohnungseigentümergemeinschaft bei Zustellung an den Verwalter als zugegangen gelten. Hierbei ist insbesondere an die Zustellung von Klagen aus Beschlussanfechtungen, die gegen die übrigen Wohnungseigentümer und nicht gegen den Verband gerichtet sind, zu denken (§ 46 Abs. 1 WEG).

Gemäß § 27 Abs. 2 Nr. 2, 3, 4, 5 WEG hat der Verwalter zudem alle Maßnahmen zu treffen, die zur Wahrung einer Frist oder zur Abwendung eines sonstigen Rechtsnachteils erforderlich sind. Das gilt insbesondere bei einem gegen die Wohnungseigentümergemeinschaft gerichteten Rechtsstreit i. S. d. § 43 Nr. 1 WEG bei Uneinigkeit über die Rechte und Pflichten der Wohnungseigentümer untereinander im Innenverhältnis des Verbandes, über die Gültigkeit von Beschlüssen (§ 43 Nr. 4 WEG) oder bei Klagen außenstehender Dritter Personen gegen die Wohnungseigentümergemeinschaft (§ 43 Nr. 5 WEG) im Erkenntnisverfahren oder Vollstreckungsverfahren. Da dem Verwalter diese Berechtigung kraft Gesetzes zusteht, ist für diese Fälle keine gesonderte Beschlussfassung nötig. Zu den in § 27 Abs. 2 Nr. 2 WEG genannten Maßnahmen gehört also auch, dass der Verwalter zur Fristwahrung ggf. Klage beim zuständigen Amtsgericht einreicht, eventuelle Rechtsmittel ergreift, zum Beispiel Berufung einlegt nebst der dazugehörigen Mindestbeauftragung eines Rechtsanwalts oder sonstiger Rechtsbehelfe, oder, falls der Verlust von Tatsachen droht, ggf.

ein selbstständiges Beweissicherungsverfahren durchführt. Bei Rechtsstreitigkeiten dieser Art ist der Verwalter kraft Gesetzes ermächtigt, die Wohnungseigentümer in einem gegen die Wohnungseigentümer geführten Prozess (Passivprozess) als Beklagte zu vertreten. Im Fall der Beschlussanfechtung vertritt der Verwalter kraft Gesetzes sodann die „übrigen" Wohnungseigentümer in ihrer Gesamtheit. In der Regel lädt das Gericht den Verwalter bei (§ 48 Abs. 1 Satz 3 WEG).

Wurde der Verwalter im Rahmen der Beschlussfassung mit Stimmenmehrheit dazu ermächtigt, kann er gemäß § 27 Abs. 2 Nr. 3 und 4 WEG Ansprüche gerichtlich und außergerichtlich geltend machen und mit einem Rechtsanwalt wegen eines Rechtsstreits i. S. d. § 43 Nr. 1, 4, 5 WEG vereinbaren, dass sich die Gebühren nach einem höheren als dem gesetzlichen Streitwert bemessen, höchstens aber nach einem im Gerichts- und Notarkostengesetzes (GNotKG) bestimmten Streitwert.

3 Eigener Wirkungskreis des Verwalters

Wie bereits erwähnt, ist der Verwalter generell gemäß § 27 Abs. 2, 3 WEG schon allein von Gesetzes wegen berechtigt, im Namen der Wohnungseigentümergemeinschaft Willenserklärungen und Zustellungen entgegenzunehmen. Dementsprechend hat der Gesetzgeber eine Empfangsvollmacht bereits im Gesetz verankert, sodass dies nicht gesondert beschlossen werden muss (§ 27 Abs. 1 WEG). Zudem gilt:

- Auch einseitig empfangsbedürftige Willenserklärungen fallen darunter, zum Beispiel Kündigungen von Dauerschuldverhältnissen wie Mietverträgen oder Arbeitsverträgen mit angestellten Hausmeistern.
- Der Verwalter ist berechtigt, gemäß § 27 Abs. 3 Satz 1 Nr. 2 WEG Maßnahmen zu treffen, die zur Wahrung einer Frist oder zur Abwendung eines sonstigen Rechtsnachteils erforderlich sind, insbesondere einen gegen die Gemeinschaft gerichteten Rechtsstreit gemäß § 43 Nr. 2 oder Nr. 5 WEG im Erkenntnisverfahren und Vollstreckungsverfahren zu führen.
- Laufende Maßnahmen der erforderlichen ordnungsmäßigen Instandhaltung und Instandsetzung darf der Verwalter gemäß § 27 Abs. 3 Satz 1 Nr. 3 WEG eigenständig treffen.
- Gemäß § 27 Abs. 3 Satz 1 Nr. 4 WEG darf der Verwalter im Namen der Gemeinschaft der Wohnungseigentümer und mit Wirkung für und gegen sie in dringenden Fällen sonstige zur Erhaltung des gemeinschaftlichen Eigentums erforderlichen Maßnahmen treffen.
- Er muss die Lastenbeiträge und Kostenbeiträge, Tilgungsbeiträge und Hypothekenzinsen anfordern, in Empfang nehmen und abführen, soweit es sich um gemeinschaftliche Angelegenheiten der Wohnungseigentümergemeinschaft handelt. Darüber hinaus hat er alle Zahlungen und Leistungen zu bewirken und entgegenzunehmen, die mit der laufenden Verwaltung zusammenhängen.
- Gemäß § 27 Abs. 3 Satz 1 Nr. 5 WEG hat der Verwalter das Recht, im Rahmen der ordnungsmäßigen Verwaltung eingenommener Gelder i. S. d. § 27 Abs. 1 Nr. 6 entsprechende Bankkonten einzurichten und zu führen, diese zu eröffnen oder auch zu schließen. Diese Konten sind als sogenannte Anderkonten zu führen, es darf keine Vermischung mit dem Betriebsvermögen des Verwalters stattfinden.
- Nach § 27 Abs. 3 Satz 1 Nr. 6 WEG ist der Verwalter berechtigt, ggf. Sonderregelungen mit Rechtsanwälten über die Vertretung der Wohnungseigentümergemeinschaft entsprechend § 27 Abs. 2 Nr. 4 WEG zu treffen. Darüber hinaus darf der Verwalter nach § 27 Abs. 3 Nr. 7 WEG sonstige Rechtsgeschäfte und Rechtshandlungen vornehmen, soweit er hierzu durch Vereinbarung oder Beschluss der Wohnungseigentümergemeinschaft mit Stimmenmehrheit ermächtigt wurde.

Hinweis: Gibt es keinen Verwalter oder ist er zur Vertretung nicht berechtigt, so vertreten alle Wohnungseigentümer gemäß § 27 Abs. 3 Satz 2, 3 WEG die Gemeinschaft selbst. Die Wohnungseigentümer können durch Beschluss mit Stimmenmehrheit einen oder mehrere Wohnungseigentümer zur Vertretung ermächtigen.

4 Ausschluss und Einschränkung der Aufgaben und Befugnisse des Verwalters durch Vereinbarung

Gemäß § 27 Abs. 4 WEG lassen sich die dem Verwalter i. S. d. oben genannten Abs. 1, 2, 3 zustehenden Aufgaben und Befugnisse weder durch Vereinbarung der Wohnungseigentümer noch durch Beschlussfassung einschränken oder ausschließen. Entsprechende Beschlüsse, auch wenn sie einstimmig gefasst wurden oder vereinbarungsersetzenden Charakter haben, sind wegen Verstoßes gegen gesetzliche Normen nichtig.

5 Finanzverwaltung

Der Verwalter ist gemäß § 27 Abs. 5 WEG verpflichtet, die eingenommenen Gelder von seinem Vermögen gesondert zu halten (siehe oben). Die Verfügung über solche Gelder kann durch Vereinbarung oder Beschluss der Wohnungseigentümer mit Stimmenmehrheit von der Zustimmung eines Wohnungseigentümers oder sogar eines Dritten abhängig gemacht werden. Insofern lässt sich hier eine Beschränkung der Kontoverfügungsgewalt des Verwalters durch die Wohnungseigentümergemeinschaft herbeiführen.

6 Vollmachtsurkunde

Gemäß § 27 Abs. 6 WEG kann der Verwalter von der Wohnungseigentümergemeinschaft verlangen, dass sie ihm eine Urkunde aushändigt, in der seine Vertretungsrechte explizit benannt sind, um im Rechtsverkehr nach außen hin kraftvoll auftreten zu können. Dabei sollte die Vollmacht inhaltlich so ausführlich sein, dass sie alle gebotenen und unter Umständen nötigen Handlungen deckt und ihr Umfang auch von dritten nicht rechtskundigen Personen eindeutig erfasst werden kann.

7 Weitere Rechte und Pflichten

Ferner hat der bestellte Verwalter eine Aufbewahrungspflicht für sämtliche Unterlagen, die mit seiner Tätigkeit zusammenhängen. Sie ist gesetzlich nicht gesondert geregelt, ergibt sich aber aus der Pflicht zur ordnungsgemäßen Buchführung und ordnungsmäßigen kaufmännischen Verwaltung i. S. d. handelsrechtlichen und steuerrechtlichen Vorschriften. Weiterhin ist der Verwalter in der Regel verpflichtet, den Wohnungseigentümern im Rahmen ihres berechtigten Interesses als Miteigentümer Auskunft über die Vorgänge innerhalb der Wohnungseigentümergemeinschaft zu geben. Diese Pflicht beschränkt sich im Einzelfall auf das Bereithalten der jeweils erforderlichen Unterlagen (siehe auch „Einsichtsrecht"). Insbesondere ist hier die Beschlusssammlung i. S. d. § 24 Abs. 7 WEG zu nennen, sie ist unabdingbarer Bestandteil zur Wahrung der Rechte des einzelnen Miteigentümers bei einer möglichen gerichtlichen Überprüfung von Beschlüssen (siehe auch Beschlusssammlung).

Weitere Pflichten des Verwalters ergeben sich in der Regel aus der Teilungserklärung/Gemeinschaftsordnung sowie dem Verwaltervertrag. Auch können besondere Informationspflichten des Verwalters gegenüber der Wohnungseigentümergemeinschaft bestehen, etwa wenn sich die Rechtslage ändert oder Neuregelungen eingeführt werden, die die Gemeinschaft unmittelbar und direkt betreffen, wie zum Beispiel die Einführung der Anzeigepflichten für Wasseruhren nach der Trinkwasserverordnung (TrinkwV) oder Neuerungen bei der Energieeinsparverordnung (siehe dort).

Des Weiteren sieht das Gesetz vor, dass der Verwalter gemäß § 24 WEG die Eigentümerversammlung einzuberufen, deren Vorsitz zu führen und eine Niederschrift über die Versammlung zu erstellen hat (§ 24 Abs. 1, 2 WEG; siehe auch „Eigentümerversammlung").

Auflassung

„Begründung von Wohnungseigentum"

Aufrechnung beim Wohnungseigentum

Die Wohnungseigentümergemeinschaft ist aus wirtschaftlichen Gründen darauf angewiesen, dass sämtliche Wohnungseigentümer ihr Wohngeld pünktlich und vollständig bezahlen. Denn nur mit einer ausreichenden Finanzausstattung des Verbandes der Wohnungseigentümer lässt sich eine ordnungsgemäße Verwaltung realisieren. Gesetzlich geregelt ist die Aufrechnung nicht im Wohnungseigentumsrecht, sondern in §§ 387 ff. BGB. Nach den Tatbestandsvoraussetzungen des BGB ist Voraussetzung für eine Aufrechnung, dass die eigene Forderung in voller Höhe wirksam und fällig ist. Zudem muss ein Gegenseitigkeitsverhältnis vorliegen, das heißt, es muss eine eigene Forderung des Aufrechnenden vorhanden sein, die gegen die Forderung des Gläubigers, hier dem Verband der Wohnungseigentümer, geltend gemacht wird. Darüber hinaus müssen sich die Forderungen gleichartig, zum Beispiel in Form von Geldforderungen, gegenüberstehen (§ 387 BGB).

Einschränkung der Aufrechnungsmöglichkeiten

Um die Liquidität der Wohnungseigentümergemeinschaft zu erhalten, ist selbst bei Vorliegen dieser Voraussetzungen nach herrschender Meinung in der Rechtsprechung im Wohnungseigentumsrecht die Aufrechnung eines Wohnungseigentümers gegen die Wohngeldansprüche des Verbandes nur sehr eingeschränkt zulässig (BayObLG, 9.6.2004, 2Z BR 032/04; OLG Hamm, 3.3.2009, 15 Wx 298/08)

Die Aufrechnungseinschränkungen des Wohnungseigentümers werden auf § 242 BGB (Grundsatz von Treu und Glauben) gestützt. Als zulässig erachtet die Rechtsprechung eine Aufrechnung gegen solche Zahlungsansprüche der Wohnungseigentümergemeinschaft nur dann, wenn die Gegenforderung vom Verband anerkannt oder rechtskräftig festgestellt ist.

Hinweis: Unabhängig davon ist es regelmäßig sinnvoll, in der Gemeinschaftsordnung die Aufrechnungsmöglichkeiten des Wohnungseigentümers auszuschließen bzw. das Verbot eines Zurückbehaltungsrechts des Wohnungseigentümers vorzusehen. Eine solche Regelung ist nach der Rechtsprechung zulässig (OLG Frankfurt/Main, 30.3.2006, 20 W 189/05; BayObLG, 27.6.2001, 2Z BR 24/01).

Die Einschränkung der Aufrechnung umfasst nicht nur den Zahlungsanspruch des Verbands, der auf einem Beschluss über eine Sonderumlage basiert (BayObLG, 20.11.2002, 2Z BR 144/01), sondern auch die Nachforderungen aus einer Beschlussfassung über die Jahresabrechnung (BayObLG, 28.9.2000, 2Z BR 102/00); ebenso gilt sie in einer Zweiergemeinschaft (LG München I, 2.2.2009, 1 S 10225/08).

Ausnahme: Notmaßnahmen
Eine Ausnahme gilt, wenn die Aufrechnung auf einer Maßnahme der Notgeschäftsführung beruht (§ 21 Abs. 2 WEG, § 683 Abs. 2 BGB). Damit sind Ansprüche des Wohnungseigentümers angesprochen, der ohne Zustimmung der anderen Wohnungseigentümer Maßnahmen vornimmt, die zur Abwendung eines dem gemeinschaftlichen Eigentum unmittelbar drohenden Schadens notwendig sind, zum Beispiel die Beauftragung eines Handwerkers, einen Wasserrohrbruch zu beseitigen, oder eines Dachdeckers, Notreparaturen nach einem Sturmschaden durchzuführen.

Da grundsätzlich jedoch der Verwalter für die Durchführung von Notmaßnahmen zuständig ist, kommt eine entsprechende Aufrechnung nur in wirklichen Notfällen infrage. Das heißt, sie greift nur, wenn unmittelbarer Handlungszwang bestand, also wenn die Wohnungseigentümergemeinschaft über die notwendigen Maßnahmen nicht zeitnah beschließen konnte oder der Verwalter nicht umgehend tätig wurde (OLG Celle, 20.12.2001, 4 W 286/01).

Aufteilungsplan

Voraussetzung für die Eintragung von Wohnungseigentum ist, dass dem Grundbuchamt der Aufteilungsplan vorgelegt wird. Dabei handelt es sich um die von der Baubehörde mit Unterschrift und Siegel oder Stempel versehene Bauzeichnung (§ 7 Abs. 4 Satz 1 WEG).

Anforderungen
Der Aufteilungsplan zeigt die Aufteilung des Gebäudes sowie Lage und Größe der im Sonder- und Gemeinschaftseigentum stehenden Einheiten und Gebäude. Häufig werden die bereits bestehenden Baupläne, die für die Baugenehmigung erstellt wurden, als Aufteilungspläne verwendet. Sie sind dazu geeignet, wenn sie Grundrisszeichnungen, Ansichten und Schnitte der Gebäude in einem Maßstab von 1 : 100 umfassen (Nr. 2 AVA). Im Plan müssen außerdem alle Einzelräume, die zu einem Wohnungseigentum gehören, mit der jeweils gleichen Nummer gekennzeichnet sein (Nr. 3 AVA).

Der Aufteilungsplan ist Bestandteil der Teilungserklärung (siehe dort). In ihm sind Sonder- und Gemeinschaftseigentum exakt voneinander abgegrenzt, um dem Bestimmtheitsgrundsatz des Sachen- und Grundbuchrechts Rechnung zu tragen. So wird sichergestellt, dass genau erkennbar ist, welcher Raum zu welchem Sondereigentum gehört und wo jeweils die Grenzen zwischen Sondereigentum und Gemeinschaftseigentum verlaufen (BGH, 30.6.1995, V ZR 118/94).

Bezeichnungen
Grundsätzlich stellen die Bezeichnungen, die der planende Architekt im Aufteilungsplan verwendet, zum Beispiel „Laden", keine Beschränkungen der Nutzungsmöglichkeiten dar. Der Aufteilungsplan ist nach § 7 Abs. 4 Nr. 1 WEG dazu da, die Aufteilung des Gebäudes sowie Lage und Größe der im Sondereigentum und gemeinschaftlichen Eigentum stehenden Gebäudeteile ersichtlich zu machen, und nicht dazu, die Rechte der Wohnungs- und Teileigentümer über die Bestimmung der Grenzen des jeweiligen Eigentums hinaus zu erweitern oder zu beschränken (BGH, 16.11.2012, V ZR 246/11). Etwas anderes gilt ausnahmsweise nur dann, wenn sich im Wege der Auslegung ergibt, dass es sich bei den Bezeichnungen nicht lediglich um Nutzungsvorschläge, sondern um bindende Beschränkungen des Sondereigentums handeln soll. Gibt es unterschiedliche Auffassungen über die zulässige Nutzung einer Einheit, muss der Streit gerichtlich geklärt werden.

Abweichung von der Teilungserklärung
Der Gegenstand des Sondereigentums, zum Beispiel eine Wohnung, wird durch den Eintragungsvermerk und die darin in Bezug genommene Eintragungsbewilligung gemäß § 7 Abs. 3 WEG definiert. Daraus wird der Schluss gezogen, dass der Aufteilungsplan nicht den Inhalt der Teilungserklärung verdrängt, auch wenn er eingetragen wird (Niedenführ/Kümmel/Vandenhouten, WEG § 7 Rn. 27).

Weicht die wörtliche Beschreibung einer Wohnung im Text der Teilungserklärung von den Angaben im Aufteilungsplan ab, ist deswegen grundsätzlich keiner der sich widersprechenden Erklärungsinhalte vorrangig; es entsteht dann kein Sondereigentum an den Räumen, sondern gemeinschaftliches Eigentum (OLG München, 27.6.2012, 34 Wx 71/12; BGH, 30.6.1995, V 118/94). Findet sich in der Teilungserklärung keine Beschreibung für Räume, die im Aufteilungsplan mit einer Ziffer gekennzeichnet sind, entsteht ebenfalls kein Sondereigentum.

Auftragsvergabe

Die Vergabe von Aufträgen zur Durchführung von Instandhaltungsmaßnahmen erfolgt in der Regel nach erfolgter Beschlussfassung der Eigentümergemeinschaft in der Eigentümerversammlung. Sodann ist der Verwalter aufgrund seiner Pflicht zum Vollzug von Beschlüssen gehalten, entsprechende Aufträge an dritte Personen oder Unternehmen zu vergeben. Lediglich bei kleineren und untergeordneten Maßnahmen im Rahmen der laufenden Verwaltung ist eine vorherige Beschlussfassung entbehrlich. Darunter fällt zum Beispiel die Beschaffung von kleineren Arbeitsgeräten, Kleinteilen oder Betriebsmitteln, zum Beispiel Putzmittel für die Hausreinigung. Die Kosten hierfür können der Instandhaltungsrücklage entnommen werden.

Größere Aufträge

Außergewöhnliche und nicht dringliche Aufträge größeren Umfangs im Namen der Wohnungseigentümergemeinschaft bedürfen stets der Beschlussfassung (BGH, 21.10.1976, VII ZR 193/75; OLG Hamm, 19.10.1994; 12 U 47/94). Bei dringenden Instandhaltungs- oder Instandsetzungsmaßnahmen, die keinen Aufschub dulden, ist der Verwalter aber gemäß § 27 Abs. 1 Nr. 3 und § 27 Abs. 3 Nr. 4 WEG verpflichtet, diese auch ohne vorherige Beschlussfassung zu veranlassen (BGH, 21.10.1976, VII ZR 193/75). Um dringende Fälle handelt es sich, wenn aufgrund der Eilbedürftigkeit eine vorherige Einberufung und Ladung zur Eigentümerversammlung und Beschlussfassung nicht möglich ist (BayObLG, 27.3.1997, 2Z BR 11/97). Im Rahmen der grundsätzlichen Verkehrssicherungspflicht der Wohnungseigentümergemeinschaft und i. S. d. Gefahrenabwehr treffen den Verwalter hier unter Umständen gesonderte Pflichten, entsprechende Maßnahmen und Vorkehrungen ggf. selbstständig und in eigener Regie zu beauftragen und zu verantworten.

Vertragspartner

Grundsätzlich wird bei der Auftragsvergabe der Verband der Wohnungseigentümergemeinschaft i. S. d. § 10 Abs. 6 WEG Vertragspartner des jeweiligen Auftragnehmers. Vergibt der Verwalter einen Auftrag ohne entsprechende Beschlussfassung der Eigentümergemeinschaft, tritt er in der Regel im eigenen Namen auf und trägt damit nach den Regelungen der Geschäftsführung ohne Auftrag das Risiko der persönlichen Haftung in vollem Umfang, sofern die Wohnungseigentümergemeinschaft eine größere Maßnahme nicht beschlossen hat und auch nicht nachträglich genehmigt (BGH, 21.10.1976, VII ZR 193/75). In solchen Fällen wird der Verwalter unter Umständen gegenüber der Wohnungseigentümergemeinschaft bzw. den betroffenen Sondereigentümern schadenersatzpflichtig. Allerdings kann hier ein Anspruch des Verwalters auf nachträgliche Genehmigung bestehen, sofern er nach den Regeln der Geschäftsführung ohne Auftrag im berechtigten Interesse der jeweils Betroffenen gehandelt hat (BayObLG, 10.4.2002, 2Z BR 70/01).

Überwachung

Nach erfolgter Auftragsvergabe ist der Verwalter nicht gleichzeitig Bauleiter oder Aufsichtsperson, da er vordergründig nur für die wirtschaftlichen Belange der Gemeinschaft zuständig und eben gerade kein technischer Sachverständiger ist. Allerdings ergibt sich aus § 27 WEG dann die Verpflichtung zur Überwachung der beauftragten Firmen sowie zur Abnahme der entsprechenden Gewerke, wenn der Verwalter hierfür entweder vertraglich oder durch besondere Beschlussfassung der Wohnungseigentümergemeinschaft extra verpflichtet wurde (KG Berlin, 19.10.1998, 24 W 4300/98).

Aufzug

Aufzugsanlagen zählen zum Gemeinschaftseigentum, da sie dem gemeinschaftlichen Gebrauch der Wohnungseigentümer dienen. Ausnahmsweise kann ein Aufzug dem Sondereigentum zugeordnet sein, wenn er sich innerhalb der zum Sondereigentum gehörenden Räume befindet und nur von dessen Eigentümer genutzt werden kann.

Nach der gesetzlichen Regelung gemäß § 16 Abs. 2 WEG müssen die Betriebskosten und die Instandhaltungs-/Instandsetzungskosten für den Aufzug von allen Wohnungseigentümern entsprechend ihrer Miteigentumsanteile getragen werden. Dies gilt vorbehaltlich anderweitiger Regelungen in der Gemeinschaftsordnung auch für Erdgeschossbewohner oder Eigentümer von Mehrhausanlagen, selbst wenn das eigene Gebäude keinen Aufzug besitzt. Hiervon abweichende Vereinbarungen in der Teilungserklärung sind zulässig, zum Beispiel können Wohnungseigentümer, die eine Wohnung im Erdgeschoss besitzen, von der Kostenbeteiligung ausgeschlossen werden. In Mehrhausanlagen, in denen nicht jedes Haus einen Aufzug besitzt, ist die Aufteilung der Betriebskosten nach Häusern und Stockwerken zulässig (LG Nürnberg-Fürth, 25.3.2009, 14 S 7627/08). Der Kostenverteilungsschlüssel kann darüber hinaus auf Grundlage der Beschlusskompetenzen der § 16 Abs. 3 und 4 WEG verändert werden. Nach § 16 Abs. 3 WEG können die Betriebskosten durch einen einfachen Mehrheitsbeschluss abweichend verteilt werden, wenn es einen sachlichen Grund dafür gibt, keine willkürliche Entscheidung getroffen wird und der Beschluss ordnungsmäßiger Verwaltung entspricht.

Geht es um Instandhaltungs- oder Instandsetzungsmaßnahmen, sind jedoch die strengen Voraussetzungen des § 16 Abs. 4 WEG zu beachten. Ein Beschluss zur Veränderung des Kostenverteilungsschlüssels kann hiernach gefasst werden, wenn die jeweilige Maßnahme einen konkreten Einzelfall darstellt, der abweichende Umlageschlüssel dem Gebrauch oder der Möglichkeit des Gebrauchs Rechnung trägt und eine sogenannte doppelt qualifizierte Mehrheit vorliegt. Das bedeutet, dem Beschluss müssen drei Viertel aller stimmberechtigten Wohnungseigentümer zustimmen. Dabei ist zu beachten, dass die Abstimmung nach dem gesetzlichen Kopfprinzip gemäß § 25 Abs. 2 WEG zu erfolgen hat, zusätzlich müssen diese Wohnungseigentümer mehr als die Hälfte aller Miteigentumsanteile repräsentieren.

Ebenfalls mit der doppelt qualifizierten Mehrheit kann beschlossen werden, dass in einer Wohnanlage erstmals ein Lift eingebaut wird, denn beim nachträglichen Einbau eines Aufzugs handelt es sich um eine Modernisierungsmaßnahme nach § 22 Abs. 2 WEG (a. A. LG München I, 23.6.2014, 1 S 13821/13; AG Konstanz, 13.3.2008, 12 C 17/07, wenn mit dem Einbau ein massiver Eingriff in die Gebäudesubstanz verbunden ist, der zu einer erheblichen nachteiligen Änderung des optischen Gesamteindrucks und damit zu einer Veränderung der Eigenart der Wohnanlage führt). Dagegen handelt es sich um eine bauliche Veränderung (siehe dort), der alle Wohnungseigentümer zustimmen müssen, wenn ein vorhandener Aufzug in einer Wohnanlage stillgelegt werden soll.

Wohnungseigentümer können darüber hinaus die Benutzung des Fahrstuhls durch Mehrheitsbeschluss regeln, so kann zum Beispiel Kleinkindern die Benutzung des Fahrstuhls ohne Aufsichtsperson untersagt werden. Ebenso ist das Verbot der Tierbeförderung im Aufzug gegenüber einem Wohnungsmieter wirksam (LG Karlsruhe, 12.12.2013, 5 S 43/13).

Ausgeschiedener Wohnungseigentümer

„Eigentümerwechsel“

Auskunftspflicht des Verwalters

Den Verwalter treffen gegenüber der von ihm aufgrund seiner Bestellung vertretenen Wohnungseigentümergemeinschaft Auskunftspflichten i. S. d. § 666 BGB aus dem Verwaltervertrag. Die entsprechenden Auskünfte sind in der Regel im Rahmen der Eigentümerversammlung zu erteilen. Das gilt vor allem für Angelegenheiten, über die die Wohnungseigentümer durch Beschluss entscheiden können (§ 23 Abs. 1 WEG). Das bedeutet, dass der Verwalter grundsätzlich nur gegenüber der Wohnungseigentümergemeinschaft, die sich zur Willensbildung in der Eigentümerversammlung trifft, an sich rechenschaftspflichtig ist. Die Auskunftspflicht des Verwalters ist im Wohnungseigentumsgesetz nicht gesondert oder näher geregelt.

Neben den allgemeinen Auskunftsansprüchen der Wohnungseigentümergemeinschaft kommt ein Individualanspruch der Miteigentümer auf Auskunft durch den Verwalter in Betracht, wenn dies nach Treu und Glauben angesichts der Umstände des Einzelfalls geboten erscheint und der einzelne Wohnungseigentümer ein berechtigtes Interesse und nachweisbares individuelles Bedürfnis hat. Daher besteht ein individueller Auskunftsanspruch eines jeden Miteigentümers gegenüber dem Verwalter, wenn es sich um Angelegenheiten handelt, die ausschließlich den Miteigentümer selbst betreffen (BGH, 11.2.2011, V ZR 66/10). Dies umfasst insbesondere Auskünfte über Namen und Anschriften sämtlicher übriger Wohnungseigentümer, darüber hat der Verwalter wahrheitsgemäß Auskunft zu geben (OLG Saarbrücken, 29.8.2006, 5 W 72/06).

Gegenüber sonstigen Dritten, zum Beispiel Mietern oder Kaufinteressenten, ist der Verwalter grundsätzlich nicht zur Auskunft über Angelegenheiten der Wohnungseigentümer und damit der Wohnungseigentümergemeinschaft verpflichtet und auch nicht berechtigt. Etwas anderes gilt, wenn der veräußernde oder vermietende Miteigentümer den Verwalter ausdrücklich dazu ermächtigt hat, dem Mieter oder Kaufinteressenten Einsicht in die Unterlagen zu geben. Das gilt sogar für den Fall, dass die Teilungserklärung einen Vorbehalt der Verwalterzustimmung zur Veräußerung von Teileigentum enthält.

Wenn der Verwalter Auskunft erteilt, hat er sich an die Vorschriften des Bundesdatenschutzgesetzes (BDSG) zu halten, das gemäß § 1 Abs. 2 BDSG auch im nichtöffentlichen Verkehr gilt, soweit dort Daten in Dateien oder aus Dateien im Geschäftsbetrieb für berufliche/gewerbliche Zwecke verarbeitet oder genutzt werden (siehe auch „Datenschutz“).

Außerordentliche Eigentümerversammlung

Neben der ordentlichen Eigentümerversammlung, die nur einmal jährlich stattfindet, kann bei besonderen Verwaltungsbelangen und eilbedürftigen Entscheidungsprozessen eine außerordentliche Versammlung erforderlich werden. Dies entscheidet der Verwalter nach den Grundsätzen ordnungsmäßiger Verwaltung nach § 21 Abs. 4 WEG.

BEISPIELE

Unter anderem kann unter folgenden Umständen eine außerordentliche Eigentümerversammlung einberufen werden:

- Probleme bei einer beschlossenen und aktuell stattfindenden Reparaturmaßnahme, die einen erheblichen Kostenmehraufwand bewirken
- Dringende Sonderumlage
- Anstehende Entscheidung, ob ein Rechtsmittel eingelegt oder ob ein gerichtlicher Vergleich geschlossen werden soll
- Abschluss von Verwalter- oder Hausmeisterverträgen nach Kündigung

Es ist üblich und zulässig, dass dem Verwalter bei Durchführung einer außerordentlichen Eigentümerversammlung eine Sondervergütung zugebilligt wird. Allerdings hat er hierauf nur Anspruch, wenn dies im Verwaltervertrag so vorgesehen ist oder durch einen entsprechenden Beschluss genehmigt wurde. Ruft der Verwalter die Versammlung grundlos ein, so riskiert er, für die nutzlos entstandenen Kosten aufkommen zu müssen (BayObLG, 4.11.1993, 2Z BR 89/93).

Bäume

„Garten, Rasenflächen“

Balkon

Balkone sind grundsätzlich sondereigentumsfähig, sofern sie in den Aufteilungsplänen der Abgeschlossenheitsbescheinigung einer bestimmten Wohnung numerisch zugeordnet sind und mit einer bestimmten Raumeinheit für abgeschlossen erklärt werden. Das Sondereigentum erstreckt sich nur auf den Luftraum, den Innenanstrich und den Bodenbelag. Die übrigen konstruktiven und solchen Teile, die ohne Veränderung der äußeren Gestalt des Gebäudes nicht verändert werden können, stehen im Gemeinschaftseigentum, zum Beispiel Brüstungen und Geländer (BayObLG, 25.9.1996, 2Z BR 79/96), Bodenplatten einschließlich der Isolierschicht, Decken und Gitter (OLG München, 30.1.2007, 34 Wx 116/06; BayObLG, 20.6.1974, BReg. 2 Z 22/74), Abdichtungsanschlüsse zwischen Gebäude und Balkon, Außenwände, Stützen und Türen (BGH, 15.1.2010, V ZR 114/09; 25.1.2001, VII ZR 193/99).

Die Instandhaltung und Instandsetzung der Balkone obliegt grundsätzlich der Wohnungseigentümergemeinschaft, es sei denn, es handelt sich nur um eine Instandsetzung an den sondereigentumsfähigen Bestandteilen, etwa dem Bodenbelag oder dem Innenanstrich. Für die zwingend im Gemeinschaftseigentum stehenden Bestandteile bleibt es im Fall einer Sanierung bei der gesetzlichen Kostenverteilung gemäß § 16 Abs. 2 WEG, und zwar auf alle Eigentümer entsprechend ihren Miteigentumsanteilen. Dies gilt auch für diejenigen Eigentümer, deren Wohnung keinen Balkon hat (OLG Düsseldorf, 12.1.1998, 3Wx546/97; OLG Düsseldorf, 21.12.1998, 3 Wx 418/98). Die Gemeinschaft kann jedoch die Wohnungseigentümer nach erfolgter Sanierung nicht durch einen Mehrheitsbeschluss verpflichten, einen von ihr bestimmten Bodenbelag wieder herzustellen (OLG Düsseldorf, 27.2.2002, 3 Wx 348/01).

Bei einem nachträglichen Anbau von Balkonen ist die Begründung von Sondernutzungsrechten (siehe dort) gemäß § 15 Abs. 1 WEG und § 10 Abs. 3 WEG für jeden Sondereigentümer, dessen Sondereigentum einen Balkonanbau oder Balkonvorbau erhält, geboten, um den Begünstigten eine unentziehbare Rechtsposition zu verschaffen. Für die Einräumung der Sondernutzungsrechte ist eine allstimmige Vereinbarung notwendig, sofern nicht die Teilungserklärung den nachträglichen Anbau vorsieht und eine entsprechende Ermächtigung zum Anbau enthält. Bei Begründung dieser Sondernutzungsrechte können die Kosten der Errichtung, Unterhaltung, Instandhaltung und Erneuerung der angebauten Balkone allein den jeweiligen Sondernutzungsberechtigten auferlegt werden.

Nach bisher herrschender Meinung waren Rechtsnachfolger erst ab der Eintragung der Sondernutzungsrechte im Grundbuch an die Begründung und Zuordnung der Sondernutzungsrechte für die neuen Balkone gebunden. Sollten die Balkone ins Sondereigentum überführt werden, musste bislang ein Nachtrag zur Abgeschlossenheitsbescheinigung beantragt werden, der die Balkone für abgeschlossen erklärt. Neuerdings wird von der Rechtsprechung unter Heranziehung der „natürlichen Anschauung“ die Entstehung von Sondereigentum an nachträglich angebauten Balkonen ohne weitere Ergänzung der Teilungserklärung dann bejaht, wenn die Balkone allein über das betreffende Sondereigentum zugänglich sind (OLG München, 23.9.2011, 34 Wx 247/11).

Ob es sich bei einem nachträglichen Balkonanbau um eine Modernisierungsmaßnahme nach § 22 Abs. 2 WEG handelt, für die ein Mehrheitsbeschluss mit doppelt qualifizierter Mehrheit ausreicht, oder aber um eine bauliche Veränderung gemäß § 22 Abs. 1 WEG mit dem Erfordernis der Allstimmigkeit, das wurde bislang noch nicht höchstrichterlich entschieden. Nach Ansicht des LG Lüneburg (31.5.2011, 9 S 75/10) ist jedoch ein Mehrheitsbeschluss über die Berechtigung der Wohnungseigentümer zum nachträglichen Anbringen von Balkonen an der Ständerkonstruktion eines Altbaus unwirksam. Demnach bedarf es eines einstimmigen Beschlusses aller Wohnungseigentümer, denn der Anbau von Balkonen sei eine bauliche Veränderung, die das äußere Erscheinungsbild der Fassade erheblich verändere und die Nutzbarkeit der darunter liegenden, im Gemeinschaftseigentum stehenden Flächen einschränke. Vom Grundsatz der Einstimmigkeit nach § 22 Abs. 1 Satz 1 WEG könne nicht deshalb abgewichen werden, weil der Balkonanbau als Modernisierung i. S. d. § 22 Abs. 2 Satz 1 WEG anzusehen sei. Denn diese Maßnahme bedeute eine Änderung der Eigenart der Wohnanlage, weil im Hinblick darauf, dass den Eigentümern das Anbringen eines Balkons freigestellt ist (so im konkret entschiedenen Fall) und nicht an allen Wohneinheiten Balkone angebracht werden, ein uneinheitlicher optischer Gesamteindruck des Gebäudes entstehen könne. Auch führe die Berechtigung zum Balkonanbau zu einer unbilligen Benachteiligung der Eigentümer, die keinen Balkon anbringen möchten, weil es durch die über oder unter ihrer Wohnung angebrachten Balkone zu Mietminderungen wegen des entstehenden Baulärms und einer Verdunklung der betroffenen Wohnungen kommen kann. So entschied auch das AG Konstanz (13.3.2008, 12 C 17/07) bezüglich der Errichtung von Wintergärten auf Balkonflächen und von Außenaufzügen. Das AG Hannover (26.10.2010, 483 C 3145/10) hingegen erachtet das nachträgliche Setzen einer Balkonkonstruktion als Maßnahme, die den Gebrauchswert des Gebäudes nachhaltig erhöht und die allgemeinen Wohnverhältnisse auf Dauer verbessert, also als Modernisierungsmaßnahme i. S. v. § 559 Abs. 1 BGB.

Bauliche Veränderung

Inhaltsübersicht

Eine bauliche Veränderung ist jede Umgestaltung des Gemeinschaftseigentums, die vom Aufteilungsplan oder früheren Zustand des Gebäudes nach Fertigstellung abweicht und über die ordnungsgemäße Instandhaltung und Instandsetzung hinausgeht. Dies setzt eine auf Dauer angelegte gegenständliche Veränderung des Gemeinschaftseigentums voraus, was jedoch nicht bedeutet, dass zwingend eine feste Verbindung mit dem Grundstück oder einem Bauteil vorhanden sein muss. Erforderlich ist allein, dass der Gegenstand dauerhaft in seiner Position verbleiben soll, zum Beispiel auf Balkon oder Terrasse.

Eine bauliche Veränderung i. S. v. § 22 Abs. 1 WEG kann erst nach Entstehen der Wohnungseigentümergemeinschaft vorgenommen werden, weil § 22 Abs. 1 WEG das Vorhandensein einer Wohnungseigentümergemeinschaft voraussetzt. Es muss also wenigsten eine werdende Wohnungseigentümergemeinschaft existieren. Werden bauliche Maßnahmen bereits vor diesem Zeitpunkt, zum Beispiel noch vom teilenden Eigentümer in Abweichung von der Teilungserklärung durchgeführt, können die Wohnungseigentümer die erstmalige Herstellung eines ordnungsgemäßen Zustands verlangen oder, nachdem keine bauliche Veränderung i. S. d. Gesetzes vorliegt, mit Mehrheit über diesen geänderten Status quo entscheiden. Veränderungen oder Umbauten im Sondereigentum, zum Beispiel die Entfernung von Innentüren, der Durchbruch einer nicht tragenden Innenwand, die Entfernung oder Änderung des Bodenbelags (ohne Estrich), stellen keine bauliche Veränderung dar, da sie sich ausschließlich auf das Sondereigentum beziehen.

Schließlich muss die bauliche Maßnahme die ordnungsgemäße Instandhaltung oder Instandsetzung des gemeinschaftlichen Eigentums gemäß § 21 Abs. 3 WEG überschreiten. Wenn eine wesentliche Baumaßnahme geplant ist, die zur Umgestaltung des gemeinschaftlichen Eigentums führt, liegt dennoch keine bauliche Veränderung i. S. v. § 22 Abs. 1 WEG vor, wenn sich diese Maßnahme im Rahmen einer ordnungsgemäßen Instandhaltung und Instandsetzung des Gemeinschaftseigentums bewegt. Für die Abgrenzung der baulichen Veränderung von Maßnahmen der Instandsetzung und Instandhaltung ist darauf abzustellen, ob der ursprüngliche Zustand erhalten oder wiederhergestellt oder ob darüber hinausgehend ein neuer und geänderter Zustand geschaffen werden soll.

BEISPIELE FÜR BAULICHE VERÄNDERUNGEN

- Anbau eines Aufzugs (BayObLG, 23.7.1992, 2Z BR 39/92; AG Konstanz, 13.3.2008, 12 C 17/07; LG München I, 23.6.2014, 1 S 13821/13, jedoch Abgrenzung zur Modernisierung gemäß § 22 Abs. 2 WEG)
- Anbau eines Balkons (LG Lüneburg, 31.5.2011, 9 S 75/10, bei unbilliger Benachteiligung; BayObLG 10.3.1994, 2 Z BR 125/93). Verglasung von Balkonen oder Loggien (BayObLG, 4.11.1993, 2 Z BR 89/93; OLG Düsseldorf, 20.1.1995, 3 Wx 483/94, ggf. jedoch Abgrenzung zur Modernisierung gemäß § 22 Abs. 2 WEG; so auch AG Hannover, 26.10.2010, 483 C 3145/10).
- Anbringen einer Parabolantenne am Gemeinschaftseigentum
- Anbringen von Außenrollläden/Außenjalousien (BayObLG, 14.3.1991, BReg. 2 Z 168/90; OLG Düsseldorf, 10.7.1995, 3Wx 99/95, ggf. aber Abgrenzung zur Modernisierung nach § 22 Abs. 2 WEG, wenn an sämtlichen Fenstern der Wohnanlage Außenrollläden/Außenjalousien angebracht werden sollen)
- Ausbau eines Speichers zu Wohnzwecken
- Errichtung Außenkamin (OLG Köln, 11.2.2000, 16 Wx 9/00)
- Beseitigen von Bäumen, wenn sie den Gesamteindruck der Wohnanlage prägen (OLG Düsseldorf, 30.4.2003, 3 Wx 97/03)
- Aufstellen von Blumentrögen auf gemeinschaftlichen Flächen (BayObLG, 12.9.2002, 2Z BR 21/02)
- Bohrungen durch gemeinschaftliche Außenwände
- Errichtung eines Carports (BayObLG, 14.11.2002, 2 Z BR 107/02)
- Dachfenster, nachträglicher Einbau (OLG Karlsruhe, 14.1.1985, 11 W 102/84)
- Funkantenne auf dem Dach (BGH, 24.1.2014, V ZR 48/13; BayObLG, 23.5.1996, 2Z BR 19/96)

- Fassadenneuanstrich, der das Gesamterscheinungsbild des Gebäudes verändert (LG München I, 20.9.2012, 36 S 1982/12)
- Garten- oder Gewächshäuser (BayObLG, 17.12.1987, BReg. 2 Z 84/87; OLG Oldenburg, 11.3.1997, 5 W 18/97, BayObLG, 26.7.2001, 2 Z BR 73/01; LG Düsseldorf, 9.10.2001, 24 S 203/91)
- Errichtung eines Grillplatzes
- Anschluss eines Kamins oder Kaminofens an einen gemeinschaftlichen Schornstein (BayObLG, 7.8.1997, 2 Z BR 62/97)
- Katzennetz auf einem Balkon (OLG Zweibrücken, 9.3.1998, 3 W 44/98)
- Aufstellen einer Kinderschaukel (strittig; siehe auch Kinderspielplatz)
- Anbringung einer Parabolantenne (BGH, 22.1.2004, V ZB 51/03)
- Anbau einer Markise oder Pergola (LG Frankfurt/Main, 30.4.2014, 2-13 S 38/13; BayObLG, 11.9.1985, BReg. 2 Z 63/85, KG Berlin, 1.4.1987, 24 W 5286/86; a.A. OLG Düsseldorf, 6.9.1989, 3 Wx 191/89, wenn sich die Markise unauffällig in die Optik des Gesamtgebäudes einpasst)
- Verlegung einer Mülltonnenanlage
- Die Anlage einer Terrasse sowie die Erweiterung eines Plattenbelags (BayObLG, 25.11.1997, 2 Z BR 99/97; OLG Celle, 28.11.2001, 4 W 203/01)
- Terrassenüberdachung (BGH, 7.2.2014, V ZR 25/13)
- Verglasung einer Loggia oder von Balkonen
- Errichtung von Sandkasten und Schaukel (LG Frankfurt/Main, 12.6.2014, 2-9 S 79/13)
- Einbau eines Treppenhauslifts, jedoch ggf. Duldungspflicht, um den barrierefreien Zugang für behinderte Wohnungseigentümer zu gewährleisten (OLG München, 12.7.2005, 32 WX 051/05)
- Anbringung einer Videokamera (OLG München, 11.3.2005, 32 Wx 002/05; a.A. KG Berlin, 26.6.2002, 24 W 309/01, im Klingeltableau)
- Errichtung eines Wintergartens (BayObLG, 5.11.1993, 2 Z BR 83/93; OLG Düsseldorf, 2.9.1992, 3 Wx 175/92)

Die Regelung in der Teilungserklärung „Jeder Wohnungseigentümer ist berechtigt, (...) sein Wohnungseigentumsrecht nebst Sondernutzungsrechten nach seinen Wünschen um- oder auszubauen, und zwar auch dann, wenn dadurch in das Gemeinschaftseigentum eingegriffen wird, sofern die übrigen Wohnungseigentümer hierdurch nicht unzumutbar auf Dauer beeinträchtigt werden“ ist dahingehend auszulegen, dass nur solche baulichen Maßnahmen bzw. Veränderungen von dieser Regelung gedeckt sind, die an oder innerhalb der vorhandenen Gebäudehülle vorgenommen werden, nicht aber solche, die durch den Abbruch nebst Neuerrichtung von Außenmauern eine neue Form des Baukörpers schaffen (LG Hamburg, 29.2.2012, 318 S 236/10).

Gemäß § 22 Abs. 1 WEG können bauliche Veränderungen und Aufwendungen, die über die ordnungsmäßige Instandhaltung und Instandsetzung des gemeinschaftlichen Eigentums hinausgehen, beschlossen oder verlangt werden, wenn jeder Wohnungseigentümer zustimmt, dessen Rechte durch die Maßnahme über das in § 14 Nr. 1 WEG bestimmte Maß hinaus beeinträchtigt werden. Zunächst ist daher eine klare Abgrenzung zwischen Maßnahmen der ordnungsmäßigen Instandhaltung und Instandsetzung, die der mehrheitlichen Beschlussfassung unterliegen, und darüber hinausgehende Maßnahmen, bei denen ausdrücklich auf das Erfordernis der Zustimmung der beeinträchtigten Eigentümer abzustellen ist, erforderlich. Im Weiteren müssen bauliche Veränderungen von Modernisierungsmaßnahmen und Anpassungen des Gemeinschaftseigentums an den Stand der Technik (siehe „Modernisierung“, Abschnitt 4 „Anpassung an den Stand der Technik“) nach § 22 Abs. 2 WEG abgegrenzt werden. Maßnahmen, die eine Modernisierung darstellen, können durchaus auch eine bauliche Veränderung bedeuten. Umgekehrt werden einige Maßnahmen, die zwar eine bauliche Veränderung darstellen, als Modernisierungsmaßnahme zu qualifizieren sein.

Die Art der Maßnahme entscheidet darüber, welche Mehrheit für den Beschluss erforderlich ist. Bei einem Beschluss über eine Modernisierungsmaßnahme nach § 22 Abs. 2 WEG reicht die sogenannte doppelt qualifizierte Mehrheit (siehe „Beschluss“, Abschnitt 3 „Qualifizierter Mehrheitsbeschluss“) aus. Dahingegen kann bei baulichen Veränderungen durchaus die Zustimmung aller Eigentümer erforderlich sein, wenn die Maßnahme sämtliche Eigentümer beeinträchtigt. Grundsätzlich reicht für eine bauliche Veränderung nach § 22 Abs. 1 WEG jedoch ein einfacher Mehrheitsbeschluss aus, wenn diejenigen Eigentümer zustimmen, die durch die Maßnahme beeinträchtigt werden. Handelt es sich beispielsweise um eine Maßnahme an der Außenfassade und verändert diese den optischen Gesamteindruck des Anwesens, so sind regelmäßig die Interessen aller Eigentümer betroffen und alle müssen zustimmen. Soll eine bauliche Veränderung durchgeführt werden, die nur einem Wohnungseigentümer ausschließlich oder überwiegend zugutekommt, ist dieser grundsätzlich nicht von seinem Stimmrecht ausgeschlossen (BayObLG, 25.9.2003, 2Z BR 161/03).

Stimmen dem Beschluss nicht alle Eigentümer zu, zum Beispiel weil der ein oder andere bei der Versammlung gar nicht anwesend ist, dann kommt dennoch ein Mehrheitsbeschluss zustande, der in Bestandskraft erwächst, wenn er nicht binnen Monatsfrist gerichtlich angefochten wird. Das bedeutet: Hat ein Wohnungseigentümer einer ihn benachteiligenden baulichen Veränderung nicht zugestimmt und ist ein Mehrheitsbeschluss dennoch zustande gekommen, muss er den Beschluss gerichtlich anfechten, da dieser anderenfalls wirksam wird und auch den benachteiligten Wohnungseigentümer bindet (§ 10 Abs. 5 WEG). In diesem Fall kann eine Beseitigung der baulichen Veränderung nicht mehr verlangt werden. Dies gilt auch für den Rechtsnachfolger eines Wohnungseigentümers, er ist ebenfalls an den Beschlussinhalt gebunden.

Hinweis: Ob die Zustimmung zu einer baulichen Veränderung formlos, also nicht im Beschlusswege, erfolgen kann, ist strittig und wurde auch in letzter Entscheidung des BGH (7.2.2014, V ZR 25/13, m. w. N.) nicht abschließend geklärt.

Kommt bei einem Beschlussantrag über eine bauliche Veränderung zwar ein Mehrheitsbeschluss zustande, stimmen aber nicht alle beeinträchtigten Wohnungseigentümer zu, so ist der Versammlungsleiter nicht verpflichtet, den Beschluss positiv zu verkünden (LG München I, 27.4.2009, 1 S 19129/08; a. A. AG Oberhausen, 22.12.2009, 34 C 55/09). Das Mehrheitserfordernis ist nicht erfüllt, wenn bei baulichen Veränderungen und erforderlicher Allstimmigkeit Gegenstimmen beeinträchtigter Wohnungseigentümer gegeben sind. Nur bei Allstimmigkeit darf der Verwalter als Versammlungsvorsitzender einen Positivbeschluss verkünden. Es ist anderenfalls nicht ermessensfehlerhaft, dem Verwalter die Kosten des Verfahrens im Fall einer Anfechtungsklage (anteilig) aufzuerlegen (LG Bamberg, 16.4.2015, 11 T 8/15).

Sieht die Gemeinschaftsordnung vor, dass bauliche Änderungen der Zustimmung des Verwalters bedürfen, ist diese Regelung regelmäßig dahin auszulegen, dass dieses Erfordernis zusätzlich zur und nicht anstelle der Zustimmungspflicht der Eigentümer nach § 22 Abs. 1 und § 14 Nr. 1 WEG besteht (LG München I, 20.6.2011, 1 S 23256/10).

Nach dem Gesetzeswortlaut können bauliche Veränderungen nicht nur beschlossen, sondern auch verlangt werden, zum Beispiel wenn ein Eigentümer einen Anspruch auf Zustimmung zu einer baulichen Veränderung geltend macht. Dieser kann gegeben sein, wenn die konkrete Maßnahme die übrigen Wohnungseigentümer nicht beeinträchtigt oder eine Verpflichtung zur Duldung der baulichen Veränderung besteht, etwa bei Maßnahmen, die behinderten Menschen barrierefreies Wohnen ermöglichen. In einem solchen Fall kann der Wohnungseigentümer einen entsprechenden Antrag zur Tagesordnung stellen, um die erforderliche Beschlussfassung herbeizuführen. Wird der Beschlussantrag abgelehnt, liegt ein sogenannter Negativbeschluss (siehe „Beschluss", Abschnitt 9) vor, der angefochten werden kann. Im gerichtlichen Anfechtungsverfahren wird dann überprüft, ob der jeweilige Eigentümer einen Anspruch auf Zustimmung zur baulichen Veränderung hat. Die Vorbefassung in einer Eigentümerversammlung ist jedoch grundsätzlich erforderlich und nur dann entbehrlich, wenn sie dem die Zustimmung verlangenden Eigentümer nicht zugemutet werden kann, weil im konkreten Fall zweifelsohne keinerlei Nachteil i. S. v. § 14 Nr. WEG vorliegt, oder wenn davon auszugehen ist, dass die übrigen Wohnungseigentümer die Zustimmung in der Versammlung verweigern werden (LG München I, 16.11.2009, 1 S 4964/09).

1 Nachteile und Beeinträchtigungen

Wurde die Maßnahme zunächst als bauliche Veränderung qualifiziert, ist in einem weiteren Schritt zu überprüfen, ob für die übrigen Wohnungseigentümer hieraus Nachteile (siehe dort) oder Beeinträchtigungen i. S. v. § 14 Nr. 1 WEG resultieren. § 14 WEG regelt, dass jeder Wohnungseigentümer von seinem Sondereigentum und dem gemeinschaftlichen Eigentum nur in solcher Weise Gebrauch machen darf, dass dadurch keinem der anderen Wohnungseigentümer über das bei einem geordneten Zusammenleben unvermeidliche Maß hinaus ein Nachteil erwächst. Einwirkungen der Miteigentümer hat ein Wohnungseigentümer jedoch dann zu dulden, wenn sie Folge des zulässigen Gebrauchs des Sonder- oder Gemeinschaftseigentums sind.

Ob ein Nachteil i. S. v. § 14 Nr. 1 WEG vorliegt, hängt nicht allein davon ab, ob es sich um eine erhebliche Beeinträchtigung oder Gefährdung handelt. Es genügt, wenn die Beeinträchtigung nicht ganz unerheblich sowie konkret und objektiv feststellbar ist. Als Maßstab dient hierbei die Verkehrsanschauung. Einen objektiven Nachteil bewirkt eine Maßnahme, durch die sich ein Wohnungseigentümer nach der Verkehrsanschauung verständlicherweise beeinträchtigt fühlen kann. Eine nur subjektiv als störend empfundene Veränderung oder eine geringfügige Beeinträchtigung reicht nicht aus. Die Frage der nachteiligen Beeinträchtigung ist regelmäßig im Rahmen baulicher Veränderungen zu überprüfen. Als Nachteile gemäß § 14 Nr. 1 WEG gelten insbesondere die folgenden Faktoren.

Beeinträchtigungen der konstruktiven Stabilität und Sicherheit der gemeinschaftlichen Gebäudeteile, Anlagen und Einrichtungen

Bei Eingriffen in konstruktive, tragende Gebäudeteile, zum Beispiel bei einem Wand- oder Deckendurchbruch, handelt es sich um bauliche Veränderungen. Wird durch den Eingriff der Bestand, die Standsicherheit und die Sicherheit der Wohnungseigentumsanlage beeinträchtigt, liegt ein Nachteil i. S. v. § 14 Nr. 1 WEG vor. Öffentlich-rechtliche Genehmigungen können die wohnungseigentumsrechtlich erforderliche Zustimmung der Eigentümer nicht ersetzen. Wird allerdings die Statik nicht beeinträchtigt und werden die baulichen Maßnahmen auf Basis fachkundiger technischer Planung und nach den anerkannten Regeln der Baukunst durchgeführt, stellt nicht jeder Mauerdurchbruch einer tragenden Wand einen maßgeblichen Eingriff im Sinne eines Nachteils gemäß § 14 Nr. 1 WEG dar (BGH, 20.12.2000, V ZB 45/00); Gleiches gilt für den Umstand, dass sich nach einem Mauerdurchbruch die Zahl oder die Größe der Wohnungen verändern.

Veränderungen der architektonischen Gestaltung und des optischen Gesamteindrucks der Wohnanlage

Ein Nachteil liegt vor, wenn es sich um eine optisch wahrnehmbare Veränderung des architektonisch-ästhetischen Gesamteindrucks handelt, der das optische Bild des Gebäudes in ästhetischer Hinsicht tatsächlich verschlechtert oder gar verunstaltet. Entscheidend für die Beurteilung ist dabei, ob sich nach der Verkehrsanschauung ein Wohnungseigentümer in entsprechender Lage verständlicherweise beeinträchtigt fühlen kann (BGH, 14.12.2014, V ZR 224/11; BGH, 19.12.1991, V ZB 27/90; BayObLG, 30.3.2000, 2Z BR 2/99).

Über die Frage, ob tatsächlich eine erhebliche Beeinträchtigung vorliegt oder nicht, wird häufig Uneinigkeit bestehen. Bei dieser Beurteilung ist ein strenger Maßstab anzulegen, um die grundrechtlich geschützten Interessen aller Eigentümer an der Beibehaltung des äußeren Erscheinungsbilds ihrer Wohnanlage angemessen zu berücksichtigen. Dies gilt auch vor dem Hintergrund, dass verständige Wohnungseigentümer das Vorliegen eines Nachteils durch eine erhebliche optische Veränderung der Gebäudeansicht im Regelfall auch unterschiedlich bewerten können, selbst wenn die Veränderung dem gängigen Zeitgeschmack entspricht (BGH, 14.12.12, V ZR 224/11). Im Streitfall entscheidet hierüber das Gericht.

Beschränkungen oder Entzug des Mitgebrauchs

Allen Wohnungseigentümern steht ein Recht am Mitgebrauch des gemeinschaftlichen Eigentums zu (§ 13 Abs. 2 WEG). Wird dieses Recht beeinträchtigt oder die Ausübung unmöglich gemacht, zum Beispiel durch eine bauliche Veränderung oder durch die dauerhafte ausschließliche Überlassung gemeinschaftlicher Flächen an einen Miteigentümer, so liegt ein Nachteil i.S.v. § 14 Nr. 1 WEG vor. Bei der Beurteilung der Beeinträchtigung ist auf den bestimmungsmäßigen Gebrauch der Anlagen und Einrichtungen abzustellen, sodass nicht jede Gebrauchsbeeinträchtigung bereits einen Nachteil darstellt (vgl. BGH, 18.1.1979, VII ZB 19/78; OLG Stuttgart, 17.8.1979, 8 W 270/79).

Ermöglichen einer intensiveren oder zweckbestimmungswidrigen Nutzung

Wird eine Sonder- oder Teileigentumseinheit nicht gemäß ihrer in der Teilungserklärung festgelegten Zweckbestimmung genutzt, zum Beispiel Nutzung von Wohneigentum zu gewerblichen Zwecken, so kann ein Nachteil i.S.v. § 14 Nr. 1 WEG vorliegen. Eine von der Zweckbestimmung abweichende Nutzung muss jedoch dann geduldet werden, wenn sie andere Wohnungseigentümer überhaupt nicht oder nicht mehr stört als eine der Zweckbestimmung entsprechende Nutzung. Grundsätzlich ist zum Beispiel eine freiberufliche Tätigkeit in einer gemäß der Teilungserklärung festgelegten Wohneinheit zulässig. Geht die konkrete Art der Nutzung im Einzelfall jedoch über eine übliche Wohnnutzung hinaus, liegen also Störungen oder Beeinträchtigungen vor, die bei einer „normalen" Wohnnutzung nicht entstehen, zum Beispiel erheblicher Parteiverkehr, ist ein Nachteil i.S.d. § 14 Nr. 1 WEG gegeben und jeder einzelne Eigentümer kann einen Unterlassungsanspruch geltend machen.

Immissionen

Lärm-, Schmutz- und Geruchsbelästigungen stellen zumindest dann einen Nachteil i.S.v. § 14 Nr. 1 WEG dar, wenn es sich um langfristige Beeinträchtigungen handelt, die nicht geduldet werden müssen. Hierbei gelten kurzfristige, bei der Vornahme baulicher Veränderungen auftretende Lärm- oder Schmutzbelästigungen in der Regel nicht als Nachteil. Hingegen bedeuten dauerhafte und anhaltende, nicht auszuschließende Lärmbeeinträchtigungen einen Nachteil, der von den übrigen Wohnungseigentümern nicht geduldet werden muss.

Gefährdung von Wohnungseigentümern

Nimmt ein einzelner Wohnungseigentümer Maßnahmen vor, die die Sicherheit und Gesundheit von Miteigentümern beeinträchtigen können, zum Beispiel den Durchbruch einer Brandmauer, die Entfernung von Sicherheitseinrichtungen, die Verwendung gesundheitsgefährdender Materialien oder das Aufstellen einer Mobilfunkantenne (OLG Hamm, 3.1.2002, 15 W 287/01), liegt ein Nachteil i.S.v. § 14 Nr. 1 WEG vor.

2 Kosten

Im Hinblick auf bauliche Veränderung gilt grundsätzlich § 16 Abs. 2 WEG, wonach die anfallenden Kosten auf alle Wohnungseigentümer gemäß ihren Miteigentumsanteilen zu verteilen sind. § 16 Abs. 6 WEG sieht jedoch eine Kostenbefreiung vor: Hiernach sind diejenigen Eigentümer von den Kosten befreit, die der baulichen Veränderung nicht zugestimmt haben. Sie dürfen jedoch auch keinerlei Nutzungen aus der Maßnahme ziehen. Umso wichtiger ist es daher, dass der Versammlungsleiter bei der Beschlussfassung eine genaue namentliche Dokumentation der Abstimmung durchführt. Auch an Folgekosten muss sich der nicht zustimmende Eigentümer nicht beteiligen (BGH, 11.11.2011, V ZR 65/11).

Die Verteilung der Kosten einer beschlossenen baulichen Veränderung können die Wohnungseigentümer mit der qualifizierten Mehrheit gemäß § 16 Abs. 4 WEG anders regeln, als es der gesetzliche oder vereinbarte Kostenverteilungsschlüssel vorgibt. Eine solche Abweichung muss jedoch den Grundsätzen ordnungsmäßiger Verwaltung entsprechen und dem Gebrauch oder der Möglichkeit des Gebrauchs durch die Wohnungseigentümer Rechnung tragen. Wird ein solcher Beschluss nach § 16 Abs. 4 WEG gefasst, greift die Kostenbefreiung nach § 16 Abs. 6 WEG nicht mehr.

3 Beseitigung

Jeder nachteilig betroffene Wohnungseigentümer kann auch ohne ermächtigende Beschlussfassung der Wohnungseigentümerversammlung die Beseitigung der baulichen Veränderung und die Wiederherstellung des ursprünglichen ordnungsmäßigen Zustands verlangen (§ 1004 Abs. 1 Satz 1 BGB i.V.m. § 14 Nr. 1 und § 15 Abs. 3 WEG). Jedoch kann auch die Wohnungseigentümergemeinschaft durch Vereinbarung oder Beschluss der Wohnungseigentümerversammlung den Beseitigungsanspruch an sich ziehen (gekorene Ausübungsbefugnis) und sodann in gesetzlicher Prozessstandschaft geltend machen. Hat die Gemeinschaft den Beseitigungsanspruch durch mehrheitliche Beschlussfassung an sich gezogen, begründet sie damit ihre alleinige Zuständigkeit für die gerichtliche Geltendmachung. Der einzelne Eigentümer ist dann nicht mehr prozessführungsbefugt und kann seinen individuellen Beseitigungsanspruch nicht mehr geltend machen. Dies gilt unabhängig davon, ob der einzelne Eigentümer seine Klage vor oder nach der Klageerhebung durch den Verband erhoben hat. Eigentümer, die nicht mit dem Vorgehen der Wohnungseigentümergemeinschaft einverstanden sind, können den Beschluss, mit dem die Gemeinschaft den Beseitigungsanspruch an sich gezogen hat, im Wege der Beschlussanfechtung überprüfen lassen (BGH, 5.12.2014, V ZR 5/14).

Anders als die Geltendmachung von Beseitigungs- oder Unterlassungsansprüchen fällt die Geltendmachung von Schadenersatz- sowie Wiederherstellungsansprüchen grundsätzlich als gemeinschaftsbezogener Anspruch in die ausschließliche Ausübungsbefugnis der Wohnungseigentümergemeinschaft (sogenannte geborene Ausübungsbefugnis gemäß § 10 Abs. 6 Satz 3 HS 1 WEG; BGH, 7.2.2014, V ZR 25/13; BGH, 5.12.2014, V ZR 5/14).

Für die rechtswirksame und erfolgreiche Geltendmachung des Beseitigungsanspruchs spielt es grundsätzlich keine Rolle, ob und welche Kosten der betreffende Eigentümer für die Herstellung bereits aufgewendet hat und für die nachträgliche Beseitigung bzw. Wiederherstellung des ursprünglichen Zustands noch aufwenden muss. Er muss die Kosten insgesamt tragen. Für Beseitigungsansprüche bei eigenmächtig vorgenommenen baulichen Veränderungen gilt gemäß § 195 BGB die Regelverjährungsfrist von drei Jahren (LG Hamburg, 6.2.2013, 318 S 57/12). Der Lauf der Verjährungsfrist beginnt mit der Kenntniserlangung bzw. der fahrlässigen Nichtkenntniserlangung des Beseitigungsanspruchs. Spätestens tritt die Verjährung nach zehn Jahren ein (OLG Hamm, 4.12.2008, 15 Wx 198/08). Ist der Anspruch auf Beseitigung der baulichen Veränderung zwar verjährt, nimmt aber der betreffende Wohnungseigentümer eine Veränderung an der baulichen Maßnahme vor, so entsteht mit jedem Eingriff erneut ein Beseitigungsanspruch (LG Frankfurt/Main, 30.4.2014, 2-13 S 38/13).

Bei einem Eigentümerwechsel hat der neue Eigentümer (als Zustandsstörer) die Beseitigung der vom Voreigentümer vorgenommenen baulichen Veränderungen am gemeinschaftlichen Eigentum zu dulden. Die Kosten gehen zulasten der Gemeinschaft, der neue Eigentümer muss sich nur anteilig in Höhe seines Miteigentumsanteils beteiligen. Im konkreten Einzelfall kann aber auch der neue Eigentümer als Zustandsstörer auf eigene Kosten zur Beseitigung der Störung (bauliche Veränderung) verpflichtet sein (BGH, 4.3.2010, V ZB 130/09). Wird die dreijährige Verjährungsfrist zur Geltendmachung der Beseitigung versäumt, braucht die Gemeinschaft den nicht genehmigten Zustand dennoch nicht auf Dauer hinzunehmen. Zwar muss der jeweilige Eigentümer den Rückbau selbst nicht veranlassen, aber er hat eine Duldungspflicht für den Fall, dass die Gemeinschaft beschließt, den Rückbau selbst vorzunehmen. Ein derartiger Rückbau wird als ordnungsmäßige Instandsetzung angesehen und ist vom Eigentümer zu dulden, ohne dass er sich auf die Verjährung berufen kann (BGH, 28.1.2011, V ZR 141/10). Zudem gilt, dass im Fall einer Instandhaltung bzw. Instandsetzung des Bauteils, an dem zuvor die bauliche Veränderung vorgenommen wurde, der betroffene Sondereigentümer keinen Wiederherstellungsanspruch gegen den Verband hat. Wenn die Entfernung der baulichen Veränderung nötig ist, um eine Instandsetzungsmaßnahme durchzuführen, besteht – anders als bei einer genehmigten baulichen Veränderung – keine Verpflichtung der Gemeinschaft, den vor der Instandhaltungsmaßnahme herrschenden Zustand wiederherzustellen (LG Lüneburg,12.2.2008, 9 S 77/07).

Baumängel

„Mängel an Gemeinschaftseigentum"

Bauträgerkauf/Erwerb vom Bauträger

Inhaltsübersicht

Der Bauträgervertrag ist im BGB nicht explizit geregelt. Da in ihm eine Vielzahl gesetzlich vorgesehener Vertragstypen enthalten ist, zum Beispiel Kaufvertrag, Werkvertrag über die Errichtung des Gebäudes und Geschäftsbesorgungsverträge über die Baubetreuung, spricht man hier von einem sogenannten atypischen gemischten Vertrag oder auch typengemischten Vertrag (BGH, 18.9.2014, VII ZR 58/13).

1 Beurkundung

Da es auch um den Erwerb einer Immobilie geht, bedarf der Bauträgervertrag der notariellen Beurkundung gemäß § 311b Abs. 1 BGB. Die Beurkundungspflicht umfasst sämtliche Vereinbarungen, die nach dem Willen der Vertragsparteien wesentlich sind. Auch der Abschluss einer sogenannten Reservierungsvereinbarung ist aufgrund der möglichen dinglichen Rechtsänderung zwingend zu beurkunden, da nur dies bindende Wirkung zwischen den Vertragsparteien auslöst (BGH, 23.9.2010, III ZR 21/10). Auch wenn für das gesamte Geschäft mehrere Vertragsurkunden erstellt werden, etwa um die Grunderwerbsteuer sowie die Kosten niedrig zu halten, müssen dennoch alle Dokumente (Kaufvertrag über Grundstück und Vertrag über Errichtung des Objekts) notariell beurkundet werden.

Die Grunderwerbsteuer wird allerdings aufgrund der wirtschaftlichen Einheit aus der Summe dieser Verträge gebildet. Diese Voraussetzung ist immer dann gegeben, wenn nach dem Willen der Vertragsparteien das eine eigentlich formfreie Geschäft (Bauerrichtungsvertrag) in unabdingbarem Zusammenhang mit dem anderen formpflichtigen Vertrag (Grundstückserwerb) steht (zur Konstellation der fehlenden Verpflichtung zur Beurkundung, falls der Bauträgervertrag unabhängig vom Grundstückskaufvertrag ist, siehe BGH, 13.6.2002, VII ZR 321/00).

2 Zahlung des Kaufpreises, Sicherungsmittel, MaBV

Wenn der Erwerber die Immobilie direkt vom Bauträger erwirbt, finanziert er durch seine Zahlungen und Teilzahlungen die Errichtung des Gebäudes. In der Regel findet erst mit Zahlung der Schlussrate die Eigentumsübertragung durch Eintragung in das Grundbuch statt. Durch die in den Kaufverträgen in der Regel enthaltene Auflassungsvormerkung ist zwar der Eintragungsanspruch grundsätzlich gesichert. Vertraglich kann auch geregelt werden, dass die volle Kaufpreissumme erst nach Fertigstellung geleistet werden muss. Allerdings kann im Fall der Insolvenz des Bauträgers die endgültige Fertigstellung und Herstellung der vertraglich vereinbarten Leistung nicht abgesichert werden.

Absicherung des Erwerbers

Das Ausfallrisiko des Bauträgers lässt sich in der Regel nur durch eine sogenannte Fertigstellungsbürgschaft absicheRn. Die Makler- und Bauträgerverordnung (MaBV) enthält aber diverse Schutzvorschriften für den Käufer. Diese sollten stets zur Grundlage des Erwerbsvertrags gemacht werden.

Zahlungen des Erwerbers

§ 3 MaBV erlegt dem Bauträger besondere Sicherungspflichten auf. Er als Unternehmer darf nur unter folgenden Bedingungen Zahlungen i. S. v. Vermögenswerten des Auftraggebers zur Ausführung des Auftrages entgegennehmen oder sich zu deren Verwendung ermächtigen lassen:

- Wenn der Vertrag zwischen den Gewerbetreibenden und dem Auftraggeber rechtswirksam ist und die für seinen Vollzug erforderlichen Genehmigungen vorliegen, diese Voraussetzung durch eine schriftliche Mitteilung des Notars bestätigt und den Gewerbetreibenden keine vertraglichen Rücktrittsrechte eingeräumt sind.
- Zur Sicherung des Anspruchs des Auftraggebers auf Eigentumsübertragung der Bestellung oder Übertragung eines Erbbaurechts, an dem vertragsgemäß eine Vormerkung an der vereinbarten Rangstelle im Grundbuch eingetragen ist; bezieht sich der Anspruch auf Wohnungs- oder Teileigentum oder ein Wohnungs-oder Teilerbbaurecht, muss außerdem die Begründung dieses Rechts im Grundbuch vollzogen sein.
- Wenn die Freistellung des Vertragsobjekts von allen Grundpfandrechten, die der Vormerkung im Rang vorgehen oder gleichstehen und nicht übernommen werden sollen, gesichert ist, und zwar auch für den Fall, dass das Bauvorhaben nicht vollendet wird.
- Wenn die Baugenehmigung erteilt wurde oder, wenn eine Baugenehmigung nicht oder nicht zwingend vorgesehen ist, von der zuständigen Behörde bestätigt wurde, dass die Baugenehmigung als erteilt gilt oder nach den baurechtlichen Vorschriften mit dem Vorhaben begonnen werden darf.
- Wenn der Gewerbetreibende, falls eine derartige Bestätigung nicht vorgesehen ist, bestätigt hat, dass die Baugenehmigung als erteilt gilt oder nach den baurechtlichen Vorschriften mit dem Bauvorhaben begonnen werden darf und nach Eingang dieser Bestätigungsaufträge mehr Zeit als mindestens ein Monat vergangen ist.

Fälligkeiten von Teilzahlungen

In welchen Schritten die Teilzahlungen zu leisten sind, regelt § 3 Abs. 2 MaBV: Der Gewerbetreibende darf in den Fällen des § 3 Abs. 1 MaBV die Vermögenswerte in bis zu sieben Teilbeträgen entsprechend dem Bauablauf entgegennehmen oder sich zu deren Verwendung ermächtigen lassen. Die Teilbeträge können aus den nachfolgenden Vomhundertsätzen (Prozent) nach freier Wahl (maximal 100 %) zusammengesetzt werden:

- 30 % der Vertragssumme in den Fällen, in denen Eigentum an einem Grundstück übertragen werden soll
- Oder: 20 % der Vertragssumme in den Fällen, in denen ein Erbbaurecht bestellt oder übertragen werden soll, nach Beginn der Erdarbeiten von der restlichen Vertragssumme
- 40 % nach Rohbaufertigstellung einschließlich Zimmererarbeiten
- 8 % für die Herstellung der Dachflächen und Dachrinnen
- 3 % für die Rohinstallation der Heizungsanlagen
- 3 % für die Rohinstallation der Sanitäranlagen
- 3 % für die Rohinstallation der Elektroanlagen
- 3 % für den Fenstereinbau einschließlich Verglasung
- 6 % für den Innenputz ohne Beiputzarbeiten
- 3 % für den Estrich
- 4 % für die Fliesenarbeiten im Sanitärbereich
- 12 % nach Bezugsfertigkeit und Zug um Zug gegen Besitzübergabe
- 3 % für die Fassadenarbeiten
- 5 % nach vollständiger Fertigstellung

Je nachdem, welche der in § 3 Abs. 2 MaBV genannten Bauleistungen anfallen, sind diese in ihrer Gesamtheit von 100 % nach den oben genannten Anteilen aufzuteilen. Dabei wird der jeweilige Vomhundertsatz (Prozentsatz) anteilig auf die übrigen Raten verteilt. Betrifft das Bauvorhaben einen Altbau, so gelten die in § 3 Abs. 2 Satz 1, 2 MaBV genannten Regelungen entsprechend mit der Maßgabe, dass der Bauträger den hiernach zu errechnenden Teilbetrag für schon erbrachte Leistungen mit Vorliegen der Voraussetzungen in § 3 Abs. 1 MaBV bereits entgegennehmen kann (§ 3 Abs. 2 MaBV).

Begründung von Wohnungseigentum

Inhaltsübersicht

Wohnungseigentum kann auf unterschiedliche Weise gebildet werden, es entsteht dadurch echtes Eigentum i. S. v. § 903 BGB (BGH, 1.10.2004, V ZR 210/03). Wohnungseigentum wird entweder durch einen Teilungsvertrag gemäß § 3 WEG oder durch eine Teilungserklärung nach § 8 WEG gebildet. Dabei dient die Teilungserklärung bzw. der Teilungsvertrag der Bestimmung der Miteigentumsanteile sowie der Unterscheidung und Abgrenzung von Gemeinschafts- und Sondereigentum. Zusammen mit der Gemeinschaftsordnung legen sie die Zweckbestimmung des Wohnungs- und Teileigentums fest.

1 Teilungsvertrag gemäß § 3 WEG

Sind mehrere Miteigentümer eines (Haus)Grundstücks vorhanden, können sie durch einen (Teilungs)Vertrag gemäß § 3 WEG Wohnungseigentum begründen. Der Teilungsvertrag setzt also voraus, dass mindestens zwei Miteigentümer i. S. d. § 1008 BGB beteiligt sind, und ihnen das Eigentum an einem selbstständigen Grundstück zusteht. Mit der Aufteilung müssen mindestens zwei Sondereigentumsanteile verbunden mit zwei unterschiedlichen Miteigentumsanteilen entstehen. So begründet sich Sondereigentum an einer bestimmten Wohnung oder Teileigentum an bestimmten, nicht zu Wohnzwecken dienenden Räumen, die einem Miteigentümer nach der Begründung zugewiesen werden (§ 3 Abs. 1 WEG).

Der Teilungsvertrag ist ein dinglicher Vertrag, der das Formerfordernis des § 4 Abs. 2 WEG erfüllen muss. Das bedeutet, dass für die Begründung von Eigentum in dieser Fallgestaltung die dingliche Einigung durch die gleichzeitig anwesenden Miteigentümer regelmäßig vor dem Notar erfolgen muss (§ 925 Abs. 1 BGB). Die Vorgabe des § 925 Abs. 1 BGB verlangt nicht eine gleichzeitige Anwesenheit der Beteiligten in Person, eine Stellvertretung oder auch eine spätere Genehmigung sind zulässig (§§ 164 ff., § 185 BGB).

Zusätzlich zur dinglichen Einigung muss als Entstehungsvoraussetzung für das Wohnungseigentum die Eintragung in das Grundbuch erfolgen, weil mit der Begründung von Sondereigentum eine Eigentumszuordnung der jeweiligen Wohnungseigentumseinheiten, eine Auflassung i. S. v. § 925 BGB, erfolgt. Gemäß § 29 Grundbuchordnung (GBO) muss diese dingliche Einigung dem Grundbuchamt nachgewiesen werden. Eine Eintragungsbewilligung in Form der § 19 und § 20 GBO reicht dazu nicht aus.

Weiter ist zu beachten, dass die Einigung unter einer Bedingung – sowohl aufschiebende als auch auslösende – wegen § 4 Abs. 2 WEG nicht zulässig ist. Bei einem Verstoß dagegen ist der Teilungsvertrag nichtig.

Zu diesem Zeitpunkt muss sich noch kein Gebäude auf dem Grundstück befinden, es genügt, wenn die zu verteilenden Räume eindeutig den jeweiligen Eigentümern zugewiesen werden können. Das WEG nennt zwar diese Variante der Bildung von Wohnungseigentum zuerst, in der Praxis ist die Entstehung von Wohnungseigentum durch Teilungsvertrag jedoch die Ausnahme.

2 Vorratsteilung gemäß § 8 WEG

Im Regelfall erfolgt die Bildung von Wohnungseigentum dadurch, dass der alleinige Eigentümer eines Grundstücks durch Erklärung gegenüber dem Grundbuchamt das Wohnungseigentum begründet (§ 8 WEG). Der Eigentümer legt in einer Teilungserklärung fest, dass das Eigentum an dem Grundstück in Miteigentumsanteile so aufgeteilt werden soll, dass jeder Anteil mit dem Sondereigentum an einer bestimmten Wohnung oder an nicht zu Wohnzwecken dienenden Räumen in einem bereits errichteten oder noch zu errichtenden Gebäude verbunden wird. Es handelt sich dabei um einseitige schriftliche Willenserklärung gegenüber dem Grundbuchamt gemäß § 13 Abs. 1 Satz 1 GBO, verbunden mit der Eintragungsbewilligung nach § 19 GBO. Die Formanforderungen des § 4 WEG gelten für die Teilung nach § 8 WEG nicht, sodass die Erklärung zwar formfrei möglich wäre; sie muss jedoch gemäß § 29 GBO öffentlich beglaubigt werden. Es handelt sich dabei um die sogenannte Vorratsteilung.

Hinweis: Wohnungseigentum kann nur gemäß einer der oben genannten Vorgaben gebildet werden. Gemeinschafts- oder Sondereigentum lässt sich zum Beispiel nicht durch Beschluss der Wohnungseigentümergemeinschaft begründen. Die Änderung der Verteilung von Gemeinschafts- oder Sondereigentum kann nur durch Vereinbarung mit allen Miteigentümern und Eintrag in das Grundbuch erfolgen.

Beschluss

Inhaltsübersicht

§ 23 Abs. 1 WEG bestimmt, dass die Angelegenheiten, über die die Wohnungseigentümer nach dem Wohnungseigentumsgesetz oder nach einer Vereinbarung durch Beschluss entscheiden können, durch Beschlussfassung in einer Eigentümerversammlung geordnet werden. Beschlüsse können nur in der ordentlichen sowie außerordentlichen Eigentümerversammlung und im schriftlichen Verfahren (sogenanntes Umlaufverfahren) gefasst werden. In seiner Rechtsnatur ist der Beschluss ein mehrseitiges Rechtsgeschäft eigener Art, ein sogenannter Gesamtakt (BGH, 19.9.2002, V ZB 37/02; BayObLG, 2.8.2001, 2Z BR 144/00). Er ist kein Vertrag, sondern das in Worte gefasste Ergebnis der internen, kollektiven Willensbildung der Wohnungseigentümer.

Aus der Rechtsnatur des Beschlusses ergibt sich, dass ein solcher nur gefasst werden kann, wenn mindestens eine aus zwei Wohnungseigentümern bestehende Gemeinschaft – auch die werdende Wohnungseigentümergemeinschaft – vorliegt. „Ein-Mann-Beschlüsse“ des teilenden Eigentümers oder seines Rechtsnachfolgers im gesamten Eigentum sind unbeachtlich und können Wohngeldansprüche nicht begründen. Eine werdende Eigentümergemeinschaft kann erst entstehen, wenn der Anspruch mindestens eines Erwerbers auf Eigentumsverschaffung an einzelnen Einheiten durch Auflassungsvormerkung gesichert ist. Sie entsteht nicht, wenn das in Wohnungseigentum aufgeteilte Eigentum insgesamt an einen Erwerber übertragen wird (OLG München, 9.1.2006, 34 Wx 089/05).

1 Abgrenzung Vereinbarung/Beschluss

Zwischen einer Vereinbarung i. S. d. § 10 WEG und Beschlüssen gemäß § 23 WEG ist zu unterscheiden. Beschlüsse beruhen auf gleichgerichteten Willenserklärungen, Vereinbarungen haben gegenseitige korrespondierende Verpflichtungen zum Gegenstand. Bedeutung gewinnt die Frage der Abgrenzung dann, wenn ein einstimmiger Beschluss vorliegt. Ob nun eine von den Wohnungseigentümern einstimmig getroffene Regelung einen Beschluss oder eine Vereinbarung darstellt, ist im Wege der Auslegung zu ermitteln. Hierbei ist nicht entscheidend wie die Regelung bezeichnet ist, beispielsweise als „Beschluss“, sondern maßgeblich ist ihr Inhalt.

Hinweis: Als Faustformel gilt: Was zu vereinbaren ist, kann nicht beschlossen werden, außer es liegt eine Vereinbarung vor, die den Wohnungseigentümern Beschlusskompetenz zuweist.

Eine Vereinbarung ist regelmäßig dann anzunehmen, wenn der Gegenstand einer Regelung durch Mehrheitsbeschluss nicht möglich ist und damit eine Beschlusskompetenz der Wohnungseigentümer nicht vorliegt. Eine Vereinbarung kann mündlich oder schriftlich geschlossen werden. Jedoch wirkt sie aufgrund ihres schuldrechtlichen Charakters gegenüber in die Wohnungseigentümergemeinschaft neu eintretenden

Wohnungseigentümern (sogenannte Sonderrechtsnachfolger) nur dann, wenn sie in das Grundbuch eingetragen ist (§ 10 Abs. 3 WEG). Wirksame Beschlüsse der Wohnungseigentümer gemäß § 23 WEG und gerichtliche Entscheidungen in einem Rechtsstreit gemäß § 43 WEG dagegen binden den Sonderrechtsnachfolger eines Wohnungseigentümers auch ohne Grundbucheintragung (§ 10 Abs. 4 Satz 1 WEG).

BEISPIELE FÜR BESCHLÜSSE

- Bei Änderungen der Gemeinschaftsordnung, zum Beispiel bei Einführung einer Eventualeinladung zu einer Zweitversammlung
- Begründung oder Entzug von Sondernutzungsrechten
- Veränderung der Zweckbestimmung von Gemeinschaftseigentum, zum Beispiel Bestimmung der Nutzung des Fahrradkellers als Hobbyraum
- Festlegung, in welcher Weise Stimmenthaltungen zu zählen sind
- Einführung einer Ladungsfiktion
- Abänderung des Stimmkraftprinzips, zum Beispiel vom Kopf- zum Wertprinzip

2 Einfacher Mehrheitsbeschluss

Angelegenheiten des Gebrauchs des Gemeinschaftseigentums und der laufenden Verwaltung können grundsätzlich mit einfacher Mehrheit beschlossen werden. Ein einfacher Mehrheitsbeschluss kommt dann zustande, wenn für einen Beschlussantrag mehr Ja- als Nein-Stimmen abgegeben werden. Hierfür maßgeblich sind allein die in der Eigentümerversammlung abgegebenen Stimmen. Eine nachträglich zu einem Beschluss erklärte Zustimmung ist ohne Belang (BayObLG, 22.5.1998, 2Z BR 38/98). Bei der Feststellung des Abstimmungsergebnisses kommt es nur auf die abgegebenen Ja-Stimmen und Nein-Stimmen an. Stimmenthaltungen bleiben hierbei außer Betracht, sie sind bei der Bestimmung der Mehrheit nicht mitzuzählen (BGH, 8.12.1988, V ZB 3/88; OLG Köln, 16.2.2001, 16 Wx 4/01).

BEISPIEL BEI GELTUNG DES KOPFPRINZIPS

Bei der Eigentümerversammlung sind 16 von 20 Wohnungseigentümern erschienen. Zwei sind nicht stimmberechtigt und dürfen bei der Abstimmung zur Genehmigung der Jahresabrechnung nicht mitwirken. Von den restlichen 14 Wohnungseigentümern stimmen acht mit Ja, vier mit Nein und zwei enthalten sich der Stimme.

Abstimmungsergebnis: acht Ja-Stimmen, vier Nein-Stimmen und zwei Enthaltungen.

Verkündung des Beschlussergebnisses: Der Antrag ist mehrheitlich angenommen.

Allerdings kann durch Vereinbarung abweichend geregelt werden, dass Stimmenthaltungen grundsätzlich als abgegebene Stimmen zu berücksichtigen und als Nein-Stimmen zu werten sind. Wird ein Beschlussantrag angenommen, so liegt ein sogenannter positiver Beschluss vor, wird er abgelehnt, so handelt es sich um einen sogenannten negativen Beschluss.

Durch einfachen Mehrheitsbeschluss können insbesondere folgende Angelegenheiten geregelt werden:

- Wirtschaftsplan, Genehmigung der Jahresabrechnung und Rechnungslegung des Verwalters (§ 28 Abs. 5 WEG)
- Verlangen nach Rechnungslegung durch den Verwalter (§ 28 Abs. 4 WEG)
- Maßnahmen zur ordnungsgemäßen Instandhaltung und Instandsetzung des Gemeinschaftseigentums (§ 21 Abs. 3 WEG)
- Beschlüsse über die Kostenverteilung von Betriebs- und Verwaltungskosten (§ 16 Abs. 3 WEG)
- Einleitung eines Verfahrens zur Entziehung des Wohnungseigentums (§ 18 Abs. 3 WEG)
- Gebrauchsregeln bezüglich des Sondereigentums und des Gemeinschaftseigentums, wenn die Gemeinschaftsordnung keine entgegenstehende Regelung enthält (§ 15 WEG)
- Bestellung des Verwaltungsbeirats (§ 29 Abs. 1 Satz 1 WEG)
- Maßnahmen ordnungsgemäßer Verwaltung des Gemeinschaftseigentums, zum Beispiel Aufstellung der Hausordnung, Abschluss von Sach- und Haftpflichtversicherungen der Wohnungseigentümer
- Bildung, Höhe und Anlage einer Instandhaltungsrücklage
- Bestellung und Abberufung des Verwalters (§ 26 Abs. 1 Satz 1 WEG)
- Beschlüsse zur Geschäftsordnung in der Eigentümerversammlung
- Beschlüsse über die Verfolgung und Durchsetzung von Baumängelgewährleistungsansprüchen bezüglich des Gemeinschaftseigentums

3 Qualifizierter Mehrheitsbeschluss

Anders als der einfache Mehrheitsbeschluss erfordert der qualifizierte Mehrheitsbeschluss eine bestimmte, entweder durch Gesetz oder Vereinbarung geregelte Mehrheit. Die Gemeinschaftsordnung kann auch qualifizierte Mehrheitserfordernisse bestimmen, dann ist der sogenannte qualifizierte Mehrheitsbeschluss nötig. Ist solch eine qualifizierte Mehrheit für das Zustandekommen eines Beschlusses erforderlich, reicht die einfache Mehrheit nicht aus.

Das Gesetz sieht Beschlusskompetenzen vor, bei denen eine sogenannte doppelt qualifizierte Mehrheit erforderlich ist.

- § 22 Abs. 2: Modernisierungsmaßnahmen oder Anpassung an den Stand der Technik des Gemeinschaftseigentums
- § 16 Abs. 4 WEG: Kostenverteilung bei Instandhaltungs-, Instandsetzungs-, Modernisierungsmaßnahmen und baulichen Veränderungen im konkreten Einzelfall.

Bei der qualifizierten Beschlussfassung gemäß § 16 Abs. 4 und § 22 Abs. 2 WEG ist zwingend zu beachten, dass nicht nur eine Dreiviertelmehrheit der in der Eigentümerversammlung erschienenen bzw. vertretenen Wohnungseigentümer ausreicht, sondern vielmehr eine Dreiviertelmehrheit sämtlicher im Grundbuch eingetragenen und stimmberechtigten Wohnungseigentümer erforderlich ist (LG Hamburg, 29.12.2010, 318 S 206/09; LG Köln, 4.10.2012, 29 S 91/12). Diese müssen gleichzeitig mehr als die Hälfte der Miteigentumsanteile repräsentieren.

Darüber hinaus muss die Abstimmung zwingend nach dem Kopfprinzip des § 25 Abs. 2 WEG erfolgen. Auch wenn die Gemeinschaftsordnung das Objektprinzip beim Stimmrecht regelt, ist wegen § 16 Abs. 5 WEG die doppelt qualifizierte Mehrheit nach § 16 Abs. 4 WEG mit 75 % nach Köpfen und mehr als 50 % nach Miteigentumsanteilen zu berechnen (LG Köln, 4.10.2012, 29 S 91/12; LG Stuttgart, 29.6.2011, 10 S 19/10). Ist ein Eigentümer vom Stimmrecht ausgeschlossen, berechnet sich die qualifizierte Mehrheit aus den „verbleibenden" Köpfen.

Erfordert eine bestimmte Beschlussfassung die (doppelt) qualifizierte Mehrheit, sollte der Verwalter in der Eigentümerversammlung vor der Abstimmung darüber aufklären, welche Mehrheit für das Zustandekommen vorausgesetzt wird. Kann die erforderliche Mehrheit nicht erreicht werden, liegt ein negativer Beschluss vor. Das Beschlussergebnis lautet dann zum Beispiel: „Ein nach § 16 Abs. 3 WEG erforderlicher qualifizierter Mehrheitsbeschluss ist nicht zustande gekommen". Wurde die qualifizierte Mehrheit nicht erreicht, der Beschluss dennoch positiv verkündet, so ist der Beschluss nicht nichtig, sondern lediglich binnen Monatsfrist anfechtbar (LG München, 13.1.2014, 1 S 1817/13; BT-Drucks. 16/887, S. 25). Gleiches gilt, wenn entgegen § 25 Abs. 2 WEG nicht nach dem Kopfprinzip abgestimmt, vom Versammlungsvorsitzenden aber dennoch ein positiver Beschluss festgestellt und verkündet wurde. Hingegen wäre ein selbst mit qualifizierter Mehrheit zustande gekommener Beschluss nichtig, der die Kostenverteilung von Modernisierungsmaßnahmen, baulichen Veränderungen oder Instandsetzungsmaßnahmen dauerhaft abweichend vom Gesetz oder einer Vereinbarung regeln würde. Eine Beschlussfassung nach § 16 Abs. 4 WEG darf immer nur für einen konkreten Einzelfall erfolgen (BGH, 9.7.2010, V ZR 202/09; BGH, 25.9.2009, V ZR 33/09; LG München I, 13.2.2012, 1 S 8790/11).

Neben den gesetzlichen Beschlusskompetenzen kann das Erfordernis einer qualifizierten Mehrheit zu bestimmten Beschlussgegenständen durch Vereinbarung in der Gemeinschaftsordnung in Form einer sogenannten Öffnungsklausel (siehe dort) enthalten sein. Öffnungsklauseln sind in der Teilungserklärung/Gemeinschaftsordnung enthaltene Vereinbarungen, nach denen durch qualifizierten Mehrheitsbeschluss von den abdingbaren gesetzlichen Bestimmungen oder den getroffenen Vereinbarungen in der Teilungserklärung oder der Gemeinschaftsordnung abgewichen werden kann.

BEISPIEL: ÖFFNUNGSKLAUSEL

In der Gemeinschaftsordnung können Vereinbarungen getroffen werden, dass für einen bestimmten Beschlussgegenstand die Hälfte aller Eigentümer oder eine Mehrheit von zum Beispiel zwei Dritteln, drei Vierteln oder auch vier Fünfteln zur positiven Beschlussfassung über einen Antrag erforderlich ist. Weiter kann bestimmt werden, ob die erforderliche Anzahl der Stimmen ausgehend von 100 % aller Stimmen (Regelfall) oder von den Stimmen der in der Eigentümerversammlung Anwesenden berechnet wird.

Sieht eine Öffnungsklausel strengere Anforderungen an eine bestimmte Beschlussfassung vor als das Wohnungseigentumsgesetz, ist allein die gesetzliche Regelung maßgeblich, zum Beispiel § 16 Abs. 3, 4 und § 22 Abs. 2 WEG. Legt die Öffnungsklausel hingegen geringere Anforderungen an die Beschlussfassung fest, gilt der Inhalt der Öffnungsklausel als maßgeblich. Wird dieses geringere Quorum nicht erreicht, ist der Beschluss zwar nicht nichtig, jedoch anfechtbar (BGH, 10.6.2011, V ZR 2/10).

4 Mehrheitsbeschluss (bei baulichen Veränderungen)

Nach § 22 Abs. 1 WEG können bauliche Veränderungen (siehe dort) beschlossen oder verlangt werden, wenn jeder Wohnungseigentümer zustimmt, dessen Rechte durch die Maßnahme über das in § 14 Nr. 1 WEG bestimmte Maß hinaus beeinträchtigt werden. Als Beeinträchtigung i. S. d. § 14 WEG gilt hier jeder nicht ganz unerhebliche Nachteil, infrage kommen zum Beispiel:

- Immissionen in Form von Gerüchen oder Geräuschen
- Beeinträchtigungen von Stabilität und konstruktiver Sicherheit
- Deutliche und nachteilige Veränderungen des äußeren Erscheinungsbilds der Wohnanlage, auch ästhetische Kriterien sind mit einzubeziehen
- Beeinträchtigung des Mitgebrauchs

Bauliche Veränderungen, die nicht die Rechte aller Wohnungseigentümer beeinträchtigen, bedürfen daher gemäß § 22 Abs. 1 WEG der Zustimmung nur derjenigen Wohnungseigentümer, die von der beabsichtigten Maßnahme in ihren Rechten betroffen werden. Insofern reicht ein Mehrheitsbeschluss der betroffenen Wohnungseigentümer aus. Wird von der Eigentümerversammlung ein Beschluss gefasst, zum Beispiel über eine bauliche Veränderung, der nicht alle hierdurch beeinträchtigten Wohnungseigentümer zugestimmt haben, und wird dieser Beschluss als positiver Mehrheitsbeschluss verkündet, so ist er nicht von vornherein nichtig, sondern binnen Monatsfrist gerichtlich anfechtbar. Ohne Anfechtung wird der Beschluss bestandskräftig.

BEISPIEL BEI GELTUNG DES KOPFPRINZIPS

Bei der Eigentümerversammlung sind alle 14 Wohnungseigentümer erschienen. Eigentümer A möchte eine Pergola anbauen. Der Verwalter weist darauf hin, dass wegen des Grundsatzes der Einheitlichkeit der Fassade durch den Beschlussantrag des Miteigentümers A alle Wohnungseigentümer beeinträchtigt sein können.

Beschlussantrag: „Dem Wohnungseigentümer A wird gestattet, auf seiner Terrasse eine Pergola gemäß der beigefügten Planskizze nach den anerkannten Regeln des Handwerks und der Technik durch eine Fachfirma anbringen zu lassen."

Abstimmungsergebnis: acht Ja-Stimmen, vier Nein-Stimmen, zwei Enthaltungen

Verkündung des Beschlussergebnisses: Der Beschlussantrag ist wegen fehlender Allstimmigkeit abgelehnt.

5 Allstimmige Beschlüsse

Der allstimmige Beschluss ist von der Vereinbarung abzugrenzen (siehe oben). Ist für einen bestimmten Beschluss Allstimmigkeit erforderlich, so scheitert ein Beschlussantrag bereits an einer einzigen Stimmenthaltung. Er setzt die Zustimmung aller Wohnungseigentümer voraus, nicht nur die Zustimmung derjenigen, die bei der Versammlung anwesend sind. Ein allstimmiger Beschluss ist bei folgenden Angelegenheiten erforderlich:

- Vereinbarungen, für die die Zustimmung aller Wohnungseigentümer gefordert ist
- Gebrauchsregelungen und Verwaltungsmaßnahmen, die über den ordnungsgemäßen Gebrauch gemäß § 15 Abs. 2 WEG bzw. über die ordnungsmäßige Verwaltung gemäß § 21 Abs. 3 WEG hinausgehen
- Bauliche Veränderungen und Aufwendungen gemäß § 22 Abs. 1 WEG, die über die ordnungsmäßige Instandhaltung oder Instandsetzung des gemeinschaftlichen Eigentums hinausgehen, jedoch keine Modernisierung oder Anpassung an den Stand der Technik gemäß § 22 Abs. 2 WEG darstellen und alle Wohnungseigentümer in dem in § 14 WEG bestimmten Maß beeinträchtigen

Durch entsprechende Vereinbarung in der Gemeinschaftsordnung ist es grundsätzlich möglich, dass die Wohnungseigentümer abweichend von dem Mehrheitsprinzip ein Einstimmigkeitsprinzip vereinbaren, zum Beispiel bei sehr kleinen Wohnungseigentumsanlagen. Hiervon ausgenommen sind nur die Fälle, in denen nach dem Gesetz das Mehrheitsprinzip nicht ausgeschlossen werden kann (OLG Hamm, 19.8.2008, I-15 Wx 89/08). Zwingendes Recht in Bezug auf das Mehrheitsprinzip ist in folgenden Regelungen enthalten:

- Die Regelungen in § 12 Abs. 4 Satz 1 WEG zur Veräußerungsbeschränkung (§ 12 Abs. 4 Satz 2 WEG)
- Regelungen in § 16 Abs. 3, 4 WEG zur abweichenden Kostenverteilung bei Betriebskosten, Instandhaltungen und Instandsetzungen (gemäß § 16 Abs. 5 WEG)
- Regelungen zum Anspruch nach § 22 Abs. 2 Satz 1 WEG bei Maßnahmen der Modernisierung oder Anpassung an den Stand der Technik (§ 22 Abs. 2 Satz 2 WEG)
- Regelungen zum Anspruch hinsichtlich der Bestellung und Abberufung des Verwalters nach § 26 Abs. 1 WEG (§ 26 Abs. 1 Satz 5 WEG)

6 Einstimmiger Beschluss

Um einen einstimmigen Beschluss handelt es sich, wenn alle in der Versammlung vertretenen Stimmen sich für den Beschlussantrag aussprechen. Dabei ist nicht entscheidend, ob alle Eigentümer in der Versammlung vertreten sind.

BEISPIEL: EINSTIMMIGER BESCHLUSS

Bei der Eigentümerversammlung sind 16 von 20 Wohnungseigentümern erschienen. Bei der Abstimmung stimmen 16 Wohnungseigentümer mit Ja. Nein-Stimmen oder Enthaltungen gibt es nicht. Das Abstimmungsergebnis lautet: Der Antrag ist mit 16 Ja-Stimmen einstimmig angenommen.

7 Nichtbeschluss

Vom Negativbeschluss ist der sogenannte Nichtbeschluss abzugrenzen. Im Fall des sogenannten Nichtbeschlusses oder Scheinbeschlusses liegt ein Beschluss gar nicht vor. Dies kann der Fall sein, wenn das Verfahren der Beschlussfassung unter erheblichen Mängeln leidet. Einer Anfechtung bedarf es hier nicht, da der Nichtbeschluss keinerlei rechtliche Wirkung erzeugt (BayObLG,

10.10.1996, 2Z BR 108/96). Wird ein Nichtbeschluss irrtümlich als negativer Beschluss verkündet, liegt wegen der konstitutiven Wirkung der Beschlussfeststellung zunächst ein wirksamer Beschluss vor. Dieser ist der gerichtlichen Überprüfung zugänglich; so entschieden im Fall eines Beschlussantrags, bei dem sich alle Versammlungsteilnehmer der Stimme enthalten haben, gleichwohl festgestellt und verkündet wurde, dass der Beschlussantrag abgelehnt worden sei (OLG München, 21.2.2007, 34 Wx 100/03).

BEISPIELE FÜR DAS VORLIEGEN EINES NICHTBESCHLUSSES

- Ein Beschluss wurde außerhalb einer ordnungsgemäßen Eigentümerversammlung gefasst, zum Beispiel im Rahmen einer bloßen Zusammenkunft aller Wohnungseigentümer.
- Es handelte sich um eine Probeabstimmung.
- Eine Abstimmung lag gar nicht vor.
- Eine Abstimmung wurde durchgeführt, aber alle haben sich der Stimme enthalten.
- Im schriftlichen Verfahren nach § 23 Abs. 3 WEG liegt die Zustimmung nicht von allen Wohnungseigentümern vor.

8 Positiver Beschluss

Um einen positiven Beschluss handelt es sich, wenn der zur Abstimmung gestellte Antrag mehrheitlich angenommen wurde. Dabei kann der Beschlussantrag entweder positiv oder negativ formuliert sein. Ob eine positive Beschlussfassung tatsächlich zustande gekommen ist, hängt davon ab, ob der Beschluss die erforderliche Mehrheit, zum Beispiel die einfache oder qualifizierte, erreicht hat.

BEISPIEL: POSITIVER BESCHLUSS MIT EINFACHER MEHRHEIT (WERTPRINZIP)

Beschlussantrag: Die Gesamt- sowie die Einzelabrechnungen 2014 werden genehmigt.

Abstimmungsergebnis

566/1.000stel Ja-Stimmen

142/1.000stel Nein-Stimmen

80/1.000stel Enthaltungen

Beschlussverkündung: Der Beschluss ist mehrheitlich angenommen.

BEISPIEL: POSITIVER BESCHLUSS MIT DOPPELT QUALIFIZIERTER MEHRHEIT

Vor der Abstimmung sind zwingend die anwesenden oder vertretenen Miteigentümer und die Miteigentumsanteile festzustellen.

Anwesende oder vertretene Miteigentümer: 14 von 16

Anwesende oder vertretene Miteigentumsanteile: 750 von 1.000 MEA

Beschlussantrag: „Die Kosten der unter TOP 6 beschlossenen Terrassensanierung werden abweichend von dem in der Gemeinschaftsordnung vereinbarten Kostenverteilungsschlüssel (nach Miteigentumsanteilen) zu gleichen Teilen auf die sechs Wohnungseinheiten, die eine Terrasse aufweisen, umgelegt."

Abstimmungsergebnis: 13 Ja-Stimmen, eine Nein-Stimme; 711 MEA Ja-Stimmen, 39 MEA Nein-Stimmen; null Enthaltungen

Beschlussverkündung: Der Beschlussantrag ist mit der gemäß § 16 Abs. 4 WEG erforderlichen doppelt qualifizierten Mehrheit angenommen.

9 Negativbeschluss

Ein Negativbeschluss liegt vor, wenn die Mehrheit den Beschlussantrag abgelehnt hat oder aber die erforderliche Mehrheit bei der Abstimmung nicht erreicht wurde. Hierbei handelt es sich um einen echten Beschluss (BayObLG, 25.7.2002, 2Z BR 63/02; BayObLG, 20.11.2003, 2Z BR 133/03), nur hat die Willensbildung der Wohnungseigentümer dazu geführt, dass sie den Beschlussantrag ablehnen möchten. Ein Negativbeschluss ist anfechtbar (BGH, 15.1.2010, V ZR 114/09) und kann mit dem Feststellungsantrag verbunden werden, dass ein positiver Beschluss zustande gekommen ist, wenn beispielsweise ein Wohnungseigentümer die Feststellung eines ablehnenden Beschlussergebnisses aufgrund einer fehlerhaften Stimmenauszählung für unrichtig hält (BGH, 23.8.2001, V ZB 10/01; BGH, 19.9.2002, V ZB 30/2).

Eine Anfechtung des Beschlusses ist auch dann möglich, wenn der Wohnungseigentümer geltend machen kann, dass die Ablehnung ordnungsmäßiger Verwaltung widerspricht und er einen Anspruch auf eine positive Beschlussfassung hat (LG Hamburg, 23.7.2014, 318 S 78/13). Begehrt ein Wohnungseigentümer beispielsweise die Zustimmung zur Durchführung einer baulichen Veränderung und erreicht der Beschluss nicht die erforderliche Mehrheit, muss der Wohnungseigentümer den Beschluss mit einer Anfechtungsklage bei Gericht anfechten und den Antrag stellen, die übrigen Wohnungseigentümer zur Zustimmung zu verurteilen.

BEISPIEL BEI GELTUNG DES WERTPRINZIPS

Beschlussantrag: Der Anstrich im Treppenhaus des Anwesens Tannstraße 100 wird erneuert. Die Kosten betragen circa 4.100 Euro. Die Finanzierung erfolgt aus der Instandhaltungsrücklage.

Abstimmungsergebnis: 21/1.000stel Ja-Stimmen, 767/1.000stel Nein-Stimmen, null Enthaltungen

Beschlussverkündung: Der Beschluss ist mehrheitlich abgelehnt.

Beispiel: Negativer Beschluss bei erforderlicher doppelt qualifizierter Mehrheit

Vor der Abstimmung sind zwingend die anwesenden oder vertretenen Miteigentümer und die Miteigentumsanteile festzustellen.

Anwesende oder vertretene Miteigentümer: 14 von 16

Anwesende oder vertretene Miteigentumsanteile: 750 von 1.000 MEA

Beschlussantrag: „Die Kosten der unter TOP 6 beschlossenen Terrassensanierung werden abweichend von dem in der Gemeinschaftsordnung vereinbarten Kostenverteilungsschlüssel (nach Miteigentumsanteilen) zu gleichen Teilen auf die sechs Wohnungseinheiten, die eine Terrasse aufweisen, umgelegt."

Abstimmungsergebnis: acht Ja-Stimmen, drei Nein-Stimme; 635 MEA Ja-Stimmen; 115 MEA Nein-Stimmen, drei Enthaltungen

Beschlussverkündung: Der Beschlussantrag ist mangels Vorliegen der gemäß § 16 Abs. 4 WEG erforderlichen doppelt qualifizierten Mehrheit abgelehnt.

10 Zweitbeschluss

Ein Zweitbeschluss — auch Wiederholungsbeschluss genannt — liegt vor, wenn die Wohnungseigentümer zu einer bereits durch Beschluss geregelten Angelegenheit erneut einen Beschluss fassen. Die Bestandskraft des Erstbeschlusses steht einer erneuten Beratung, Willensbildung und Beschlussfassung der Wohnungseigentümer in derselben Angelegenheit grundsätzlich nicht entgegen. Hierbei spielt es keine Rolle, aus welchen Gründen eine Wohnungseigentümergemeinschaft über die Angelegenheit erneut beschließen will. Der neue Beschluss kann mit dem Erstbeschluss inhaltsgleich sein, ihn ergänzen oder abändeRn. Es ist durch objektiv-normative Auslegung zu ermitteln, ob ein Zweitbeschluss den Erstbeschluss in jedem Fall aufheben will oder nur verstärken soll (LG Hamburg, 23.7.2014, 318 S 19/14).

Von einem bestätigenden Zweitbeschluss spricht man, wenn er inhaltlich mit einem bereits gefassten Beschluss identisch ist. Mit dem bestätigenden Zweitbeschluss sollen in der Regel formelle oder materielle Mängel bei der früheren Beschlussfassung korrigiert werden. Eine inhaltsgleiche Beschlussfassung ist jedoch dann nicht möglich, wenn der Erstbeschluss in einem gerichtlichen Anfechtungsverfahren rechtskräftig aufgehoben wurde und sich die tatsächlichen oder rechtlichen Umstände nicht wesentlich geändert haben. Gab es beim Erstbeschluss formelle Fehler und wurde dieser daraufhin im Rahmen einer Anfechtungsklage für ungültig erklärt, steht dies einer erneuten inhaltsgleichen Beschlussfassung nicht entgegen (LG Köln, 21.6.2012, 29 S 225/11).

Beispiel: Zweitbeschluss

Bei der Beschlussfassung zu einem bestimmten Antrag sind formelle Fehler aufgetreten, zum Beispiel wurde ein Wohnungseigentümer bei der Abstimmung ausgeschlossen, obwohl tatsächlich kein Stimmrechtsverbot vorlag oder ein solches auf der Tagesordnung zur Eigentümerversammlung nicht hinreichend berücksichtigt war. Die Wohnungseigentümer fassen daraufhin einen neuen Beschluss gleichen Inhalts, um den Rechtsfehler des Erstbeschlusses zu beseitigen. Erhält dieser Wiederholungsbeschluss Bestandskraft, weil er nicht angefochten wird, so ersetzt der Zweitbeschluss den Erstbeschluss.

Ein ergänzender Zweitbeschluss liegt vor, wenn dieser einen bereits gefassten Beschluss nicht abändert oder wiederholt, jedoch inhaltlich auf ihn Bezug nimmt oder in bestimmter Weise von diesem abhängt.

Beispiel: Ergänzender Zweitbeschluss

Beschlussantrag: „In der letzten Eigentümerversammlung wurde die bislang noch nicht ausgeführte Sanierung der Südbalkone gemäß Kostenvoranschlag der Firma Maier beschlossen. Die Finanzierung soll zulasten der Instandhaltungsrücklage erfolgen. Die Sanierung soll auf die Nordbalkone gemäß ergänzendem Gesamtangebot der Firma Maier erweitert werden. Die Kosten der Gesamtsanierung gehen zulasten der Instandhaltungsrücklage."

Unter einem abändernden Zweitbeschluss versteht man einen Beschluss, der denselben Gegenstand wie ein früherer Beschluss hat und die durch den Erstbeschluss getroffene Regelung ändert oder aufhebt.

Beispiel: Abändernder Zweitbeschluss

Einem Miteigentümer wurde durch einen rechtmäßig zustande gekommenen rechtskräftigen Beschluss eine bauliche Veränderung genehmigt. Im Nachhinein möchte ihm die Eigentümerversammlung durch Zweitbeschluss Auflagen für die Durchführung der damit verbundenen Maßnahmen machen. Ein solcher Zweitbeschluss wäre nur dann rechtmäßig, wenn hierfür ein sachlicher Grund vorliegt und die Interessen des betreffenden Miteigentümers hierdurch nicht unzumutbar beeinträchtigt werden, zum Beispiel weil er schon erhebliche Aufwendungen getätigt hat, die sich mit dem Zweitbeschluss als nutzlos erweisen würden.

Wird ein Erstbeschluss durch einen Wiederholungsbeschluss ergänzt oder abgeändert, kann jeder Wohnungseigentümer verlangen, dass schutzwürdige Belange hinsichtlich Inhalt und Wirkung des Erstbeschlusses zu berücksichtigen sind (BGH, 20.12.1990, V ZB 8/90). Das bedeutet, kein Eigentümer darf gegenüber der zunächst beschlossenen Regelung unbillig benachteiligt werden. Schutzwürdige Belange können insbesondere dann beeinträchtigt sein, wenn der Erstbeschluss ein subjektives Recht eines Wohnungseigentümers begründet, das durch den Zweitbeschluss wieder entzogen werden soll. Dies ist dann der Fall, wenn der Wohnungseigentümer einen rechtlichen Nachteil im Verhältnis zum Erstbeschluss erleidet. Das bedeutet jedoch nicht, dass durch den abändernden Beschluss etwaige tatsächliche Vorteile erhalten bleiben müssen, die ein Wohnungseigentümer nach dem Erstbeschluss gehabt hätte (LG Hamburg, 23.7.2014, 318 S 43/14). Ob schutzwürdige Belange vorliegen, richtet sich nach den Umständen des Einzelfalls, wobei auch der Grundsatz von Treu und Glauben nach § 242 BGB zu berücksichtigen ist.

BEISPIELE AUS DER RECHTSPRECHUNG

- Nach Ansicht des OLG Frankfurt/Main (24.2.2006, 20 W 229/03) ist das Vorliegen eines sachlichen Grundes erforderlich, der jedenfalls dann vorliegt, wenn der aufzuhebende Erstbeschluss der Gemeinschaftsordnung widerspricht.
- Ist in der Vergangenheit (zeitlich vor dem Beschluss des BGH vom 20.9.2000) ein mehrheitlicher Eigentümerbeschluss gefasst worden, demzufolge jeder Wohnungseigentümer die Kosten für die Sanierung seines Balkons bis zur Betonplatte selbst zu tragen hat, ist die Gemeinschaft auch dann nicht gehindert, im Wege eines abändernden Zweitbeschlusses die Instandhaltungslast insoweit wieder in eigene Regie zurückzuübernehmen, wenn ein einzelner Miteigentümer Kosten für die Sanierung des zu seiner Wohnung gehöhrenden Balkons zwischenzeitlich bereits aufgewendet hat. Eine solche Beschlussfassung entspricht dann ordnungsgemäßer Verwaltung, wenn sie sich nicht darauf beschränkt, die geänderte Regelung für die Zukunft in Kraft zu setzten. Vielmehr muss sie zusätzlich eine Übergangsregelung für die bereits durchgeführte Balkonsanierung treffen, die dem Grundsatz der notwendigen Gleichbehandlung der Miteigentümer sowie der Gewährung von Vertrauensschutz gegenüber früher getroffenen gemeinschaftlichen Regelungen Rechnung trägt. Eine danach erforderliche Regelung über die Erstattung der von einem einzelnen Wohnungseigentümer bereits aufgewendeten Kosten kann nicht abgewehrt und kann durch gerichtliche Entscheidung nach § 43 Abs. 2 WEG ersetzt werden (OLG Hamm, 20.11.2006, 15 W 166/06).
- Schutzwürdige Belange werden nicht verletzt, wenn im Wege eines Zweitbeschlusses eine Jahresabrechnung korrigiert wird, die die Heizkosten wegen fehlerhaft arbeitender Messgeräte falsch verteilte. Gegenüber diesem abändernden Zweitbeschluss kann sich der durch die fehlerhafte Abrechnung Begünstigte nicht auf Vertrauensschutz zulasten der Gemeinschaft berufen (OLG Düsseldorf, 22.10.1999, 3 Wx 141/99).
- Eine Abänderung der Kostenverteilung durch Zweitbeschluss ist für eine bestandskräftig beschlossene Sanierungsmaßnahme nicht möglich (LG Itzehoe, 16.8.2011, 11 S 42/10).
- Wird eine Veräußerungsbeschränkung durch Beschluss gemäß § 12 Abs. 4 WEG aufgehoben, so kann diese nicht durch einen Zweitbeschluss wieder eingeführt werden (OLG München, 4.4.2014, 34 Wx 62/14).

11 Schriftliche Beschlussfassung

Beschlüsse können auch im schriftlichen Verfahren (im sogenannten Umlaufverfahren) zustande kommen. Die Besonderheit ist hierbei, dass für das Zustandekommen des Beschlusses die Zustimmung sämtlicher Eigentümer erforderlich ist. Eine einfache Mehrheit reicht im schriftlichen Umlaufverfahren nicht aus (siehe auch „Umlaufbeschluss“)

12 Geschäftsordnungsbeschluss

Enthält die Gemeinschaftsordnung keine Vereinbarungen über den Ablauf der Versammlung, können sich die Wohnungseigentümer auf Antrag des Versammlungsleiters oder eines Eigentümers durch einfachen Mehrheitsbeschluss selbst eine Geschäftsordnung geben. Anträge zur Geschäftsordnung können insbesondere zu folgenden Angelegenheiten gestellt werden:

- Wer den Vorsitz der Versammlung führt (§ 24 Abs. 5 WEG)
- Erneute Feststellung der Beschlussfähigkeit vor weiteren Abstimmungen
- Teilnahmeberechtigung dritter Personen
- Abstimmungsmodalitäten
- Ausschluss eines Wohnungseigentümers oder dritter Personen von der Teilnahme an der Eigentümerversammlung
- Reihenfolge der Behandlung der Tagesordnungspunkte
- Vertagung über die Beschlussfassung zu einem bestimmten Tagesordnungspunkt
- Beschränkung der Redezeit/Entzug des Rederechts
- Unterbrechung, Abbruch und Fortsetzung der Versammlung

Ein Beschluss über die Geschäftsordnung muss nicht in der Tagesordnung angekündigt werden und ist nicht selbstständig anfechtbar, da er mit Beendigung der Eigentümerversammlung gegenstandslos wird (BayObLG, 10.7.1987, BReg. 2 Z 47/87; BayObLG, 19.2.2004, 2Z BR 219/03; KG Berlin, 15.1.2003, 24 W 129/01; LG Köln, 30.6.2011, 29 S 246/10). So kann die Eigentümerversammlung mit einfacher Mehrheit durch Geschäftsordnungsbeschluss über die Zulassung eines Dritten zur Versammlung (unanfechtbar) befinden, sogar ohne Verkündung und Beschlussfeststellung, da lediglich der Folgebeschluss anfechtbar wäre (LG Karlsruhe, 27.7.2010, 11 S 70/09). Wird zum Beispiel ein Vertreter durch Geschäftsordnungsbeschluss nicht zur Versammlung zugelassen, muss nicht der Geschäftsordnungsbeschluss, sondern müssen die nach ordnungswidrigem Ausschluss gefassten Beschlüsse angegriffen werden (AG Rosenheim, 9.9.2014, 12 C 322/14). Handelt es sich jedoch um einen Geschäftsordnungsbeschluss, der eine für die Wohnungseigentümerversammlung grundsätzliche Frage betrifft und auch für die Zukunft wirken soll, kann dieser isoliert angefochten werden (LG Frankfurt/Main, 5.6.2014, 2-09 S 6/13, zur Anfechtbarkeit eines Beschlusses über die generelle Beschränkung der Redezeit bei Wohnungseigentümerversammlungen).

Ist die getroffene Regelung rechtswidrig, so kann sie, wenn sich der Fehler entsprechend auf sonstige Beschlüsse auswirkt, bei rechtzeitiger Anfechtung zur Ungültigkeit der sonstigen in der Versammlung gefassten Beschlüsse führen (BayObLG, 16.5.2002, 2Z BR 32/02; OLG Köln, 16.8.2000, 16 Wx 87/00). Maßnahmen der Geschäftsordnung können ausnahmsweise in folgenden Fällen gerichtlich überprüft werden:

- Es handelt sich um eine in der Gemeinschaft aufgetretene grundsätzliche Frage,
- die aller Voraussicht nach auch künftig immer wieder auftreten wird und
- daher eine gerichtliche Überprüfung erfordert (KG Berlin, 15.1.2003, 24 W 129/01; BayObLG, 7.12.1995, 2Z BR 72/95).

Beispiele: Rechtswidrige Geschäftsordnungsbeschlüsse

- Zulassung nicht teilnahmeberechtigter Personen an der Versammlung
- Ausschluss von der Abstimmung
- Ergänzung der Tagesordnung durch Geschäftsordnungsbeschluss; die ergänzende Beschlussfassung ist anfechtbar, da sie nicht ordnungsgemäß angekündigt wurde (OLG München, 19.9.2005, 34 Wx 76/05)

13 Organisationsbeschluss

Mit sogenannten Organisationsbeschlüssen wird die Verwaltung strukturiert, insbesondere was folgende Belange angeht:

- Vorgehensweise bei Abrechnungsguthaben
- Mitwirkungspflichten von Wohnungseigentümern bei Schadenseintritten
- Vertretungsregelungen, Vertretungs-/Zustellvollmachten, Vorlagepflicht von Vollmachten
- Art und Weise der Geldanlagen
- Beschlüsse in Geldangelegenheiten gemäß § 21 Abs. 7 WEG
- Ermächtigung des Verwalters, die Wohnungseigentümer vor Gericht zu vertreten (§ 27 Abs. 2 Nr. 3 WEG)
- Ermächtigung zur Rechtsanwaltsbeauftragung durch den Verwalter
- Bestimmungen zur Form von Jahresabrechnung und Wirtschaftsplan
- Regelung zur Aufbewahrung von Verwaltungsunterlagen

14 Standardbeschlüsse

Unter einem Standardbeschluss versteht man solche Beschlüsse, die regelmäßig bei der ordentlichen Eigentümerversammlung auf der Tagesordnung stehen.

Beispiele: Themen für Standardbeschlüsse

- Jahresabrechnung
- Wirtschaftsplan
- Verwalter- und Verwaltungsbeiratswahl
- Instandhaltungs- und Instandsetzungsmaßnahmen
- Hausordnung

15 Inhaltliche Bestimmtheit von Beschlüssen

Ein Beschluss muss inhaltlich hinreichend bestimmt sein. Sowohl der Beschlussantrag als auch der verkündete Beschluss muss bei einer Auslegung „aus sich heraus", also objektiv und normativ (vgl. BGH, 10.9.1998, V ZB 11/98), inhaltlich ausreichend bestimmt sein. Schon aufgrund des Antrags müssen sich die Eigentümer sorgfältig auf die Eigentümerversammlung und die Abstimmung vorbereiten können, damit sie wissen, was auf sie zukommt. Ferner muss der Beschluss einen durchführungsfähigen Inhalt haben, damit er nach — positiver — Abstimmung in die Praxis umgesetzt werden kann; es dürfen keine Zweifel bestehen bleiben. Jedenfalls bei größeren (Bau) Maßnahmen am gemeinschaftlichen Eigentum, wozu sowohl (modernisierende) Instandsetzungs- oder Instandhaltungsmaßnahmen gemäß § 21 Abs. 5 Nr. 2 und § 22 Abs. 3 WEG als auch Modernisierungen gemäß § 22 Abs. 2 WEG zählen können, müssen die Eigentümer auch über deren Finanzierung Beschluss fassen, also darüber entscheiden, ob die Kosten der jeweiligen Maßnahme durch Erhebung einer Sonderumlage oder durch Rückgriff auf die gebildete Instandhaltungsrücklage gedeckt werden sollen. Auch müssen sie festlegen, welcher Verteilungsschlüssel zur Anwendung gelangt (LG Hamburg, 28.3.2012, 318 S 17/11). Knüpft ein Beschluss der Wohnungseigentümer an die tatsächlich nicht wirksam gefassten und somit nicht existenten Vorbeschlüsse zur Verteilung der Kosten auf die Sondereigentumsgruppen an und trifft hierzu keine eigene Regelung, so ist der Beschluss hinsichtlich der Rechtsfolgenbestimmung unklar und mangels hinreichender Bestimmtheit nichtig (LG Düsseldorf, 19.7.2011, 16 S 60/10).

Wird die Verwaltung ermächtigt, Teile des Gemeinschaftseigentums an einen Teileigentümer zu vermieten, müssen die Eckpunkte des Mietvertrags, insbesondere die Mietzinshöhe und die Mietdauer, bereits im Ermächtigungsbeschluss festgehalten werden. Anderenfalls ist der Beschluss wegen mangelnder inhaltlicher Bestimmtheit nichtig. Die Eigentümergemeinschaft muss die Entscheidung über die Höhe des zu vereinbarenden Mietzinses selbst treffen und darf sie nicht an den Verwalter delegieren (AG Niebüll, 31.8.2010, 18 C 27/10). Ein unbestimmter Beschluss entspricht nicht ordnungsgemäßer Verwaltung. Lässt sich mangels Klarheit und Bestimmtheit auch durch Auslegung nicht der Sinn des Beschlusses ermitteln, so wird die Frage, ob ein solcher Beschluss nichtig oder nur anfechtbar ist, in der Rechtsprechung unterschiedlich beantwortet (nichtig: herrschende Meinung; BayObLG, 10.3.2004, 2Z BR 016/04; BayObLG, 6.6.2002, 2Z BR 124/01; anfechtbar: vgl. BayObLG, 24.6.1992, 2Z BR 28/93; OLG Düsseldorf, 14.10.1998, 3 Wx 169/98; AG Aachen, 25.4.2002, 12 UR II 218/01; AG Köln, 19.3.2002, 202 II 132/01). Um Schwierigkeiten zu vermeiden, sollten folgende Anforderungen erfüllt sein:

- Der Beschluss ist klar, bestimmt, vollständig und möglichst auslegungsfrei formuliert.
- Der Beschlussgegenstand ist exakt erfasst.
- Die Art und Weise der Ausführung ist genau bestimmt.
- Ein Kostenrahmen und die Finanzierung wurden festgelegt.
- Gegebenenfalls ist eine Kostentragungsregelung enthalten.

16 Bindungswirkung von Beschlüssen

Die von einer Wohnungseigentümergemeinschaft gefassten Beschlüsse gelten auch für Dritte, die in die Wohnungseigentümergemeinschaft neu eintreten (§ 10 Abs. 4 WEG; siehe auch „Eigentümerwechsel"). Hierzu ist es nicht erforderlich, dass die Beschlüsse in das Grundbuch eingetragen sind. Sinn und Zweck der Regelung ist es, dass einmal gefasste Beschlüsse nicht bei Eintritt eines neuen Miteigentümers umgeworfen werden können oder sogar hinfällig werden.

Beschlüsse müssen in die Beschlusssammlung nach § 24 Abs. 7, 8 WEG eingetragen werden. Hierdurch wird dem Informationsbedürfnis eines in die Wohnungseigentümergemeinschaft Eintretenden hinreichend Rechnung getragen, da eine zwingende Pflicht zum ordnungsgemäßen Führen der Beschlusssammlung besteht. Handelt es sich allerdings um Beschlüsse, die Vereinbarungscharakter haben, so ist der Sondernachfolger nicht an ihn gebunden. Eine Ausnahme gilt gemäß § 10 Abs. 4 Satz 2 WEG für Beschlüsse, die aufgrund einer Öffnungsklausel (siehe dort) in der Gemeinschaftsordnung gefasst wurden. Hierbei handelt es sich nicht um Vereinbarungen, sondern um echte Beschlüsse, die nicht in das Grundbuch eingetragen werden müssen. Mit der Dokumentation in der Beschlusssammlung ist dem Informationsbedürfnis von Sondernachfolgern Genüge getan.

Werden Beschlussanträge abgelehnt (sogenannter Negativbeschluss, siehe „Beschluss", Abschnitt 9), hat dies Beschlussqualität. Ein Negativbeschluss kann dementsprechend angefochten werden, obwohl er oftmals keine sachliche Regelung enthält und keine Sperrwirkung und damit keine Bindungswirkung für eine spätere Beschlussfassung über denselben Gegenstand entfaltet (BGH, 15.1.2010, V ZR 114/09; LG Hamburg, 23.7.2014, 318 S 78/13).

Beschlussfähigkeit

Gemäß § 25 Abs. 3 WEG ist die Wohnungseigentümerversammlung nur beschlussfähig, wenn die erschienenen stimmberechtigten Wohnungseigentümer mehr als die Hälfte der Miteigentumsanteile, berechnet nach der im Grundbuch eingetragenen Größe dieser Anteile, vertreten. Die Regelung des § 25 Abs. 3 WEG findet dann keine Anwendung, wenn mindestens die Hälfte der Eigentümer vom Stimmrecht objektiv und abänderlich ausgeschlossen sind (KG Berlin, 25.8.2003, 24 W 110/02; BayObLG, 19.12.2001, 2Z BR 15/01). Dann wäre die Erstversammlung in jedem Fall beschlussfähig, da bei unabänderlichem Stimmrechtsausschluss die Einberufung einer Zweitversammlung reine Förmelei wäre.

Zu Beginn einer jeden Versammlung sollte der Versammlungsleiter feststellen, ob diese ordnungsgemäß einberufen wurde. Zudem muss er überprüfen, ob die Versammlung beschlussfähig ist. In der Regel erfolgt dies durch eine Teilnehmerliste, auf der nebst Namen die entsprechenden Miteigentumsanteile vermerkt sind. Der Verwalter hat die Pflicht, die Beschlussfähigkeit der Eigentümerversammlung vor jeder Beschlussfassung zu überprüfen. Daher muss er darauf achten, ob Personen die laufende Versammlung verlassen, und dann überprüfen, ob die Versammlung auch ohne deren Miteigentumsanteile beschlussfähig ist. Das kann bedeuten, dass erforderlichenfalls vor jedem einzelnen Beschluss die Beschlussfähigkeit erneut überprüft werden muss (OLG Köln, 1.10.2002, 16 Wx 13/02; OLG Zweibrücken, 11.3.2002, 3 W 184/01).

Werden Beschlüsse trotz mangelnder Beschlussfähigkeit gefasst, sind sie nicht nichtig, aber binnen Monatsfrist gerichtlich anfechtbar. Stellt der Verwalter trotz Beschlussunfähigkeit von der Versammlung gefasste Beschlüsse fest und verkündet sie, so können ihm gemäß § 49 Abs. 2 WEG im Fall der Anfechtung der Beschlüsse die Kosten des Verfahrens auferlegt werden, sofern ihn für die Pflichtverletzung ein grobes Verschulden trifft. Ein grobes Verschulden dürfte zu bejahen sein, wenn ihm die Beschlussunfähigkeit bekannt ist. Sind bei Eröffnung der Versammlung nicht mehr als die Hälfte der stimmberechtigten Miteigentumsanteile vorhanden, bestimmt § 24 Abs. 4 WEG, dass eine sogenannte Zweitversammlung (siehe dort) einberufen werden muss. Diese ist dann ohne Rücksicht auf die Menge der vertretenen Anteile beschlussfähig, darauf muss der Versammlungsleiter bei der Einberufung hinweisen. Die Zweitversammlung ist mit dem gleichen Gegenstand, also der identischen Tagesordnung einzuberufen. Durch eine Vereinbarung in der Teilungserklärung/Gemeinschaftsordnung kann die Vorschrift des § 25 Abs. 3 WEG abbedungen werden. Es kann vereinbart werden, dass die Erstversammlung in jedem Fall, also unabhängig von den erschienenen bzw. vertretenen Miteigentumsanteilen, beschlussfähig ist (LG Berlin, 11.5.2012, 55 S 322/11; BayObLG, 15.2.1995, 2Z BR 1/95). Gleichfalls kann festgelegt werden, ob bei der Mehrheitsberechnung auf die Kopfzahl der Eigentümer oder die Anzahl der von ihnen gehaltenen Wohnungseinheiten abgestellt wird (KG Berlin, 10.11.1993, 24 W 6075/92, 24 W 6297/92).

Beschlussfassung

Soweit die Verwaltung des gemeinschaftlichen Eigentums nicht durch Vereinbarung geregelt ist, können die Wohnungseigentümer gemäß § 21 Abs. 3 WEG eine der Beschaffenheit des gemeinschaftlichen Eigentums entsprechende ordnungsgemäße Verwaltung durch Stimmenmehrheit beschließen. Beschlüsse (siehe dort) können nur in der ordentlichen sowie außerordentlichen Eigentümerversammlung (§ 23 Abs. 1 WEG) und im schriftlichen Verfahren (§ 23 Abs. 3 WEG; sogenannter Umlaufbeschluss, siehe dort) gefasst werden. Ist die Meinungsbildung in der Eigentümerversammlung zu einem Tagesordnungspunkt (siehe „Eigentümerversammlung", Abschnitt 3.2 „Tagesordnung") abgeschlossen, führt der Versammlungsleiter die Abstimmung (siehe dort) zur Beschlussfassung durch. Nach Auszählung des Abstimmungsergebnisses stellt der Versammlungsleiter das Beschlussergebnis fest, gibt es bekannt und muss es in das Protokoll der Eigentümerversammlung sowie in die Beschlusssammlung (siehe dort) aufnehmen. Bei der schriftlichen Beschlussfassung, also beim Umlaufverfahren, findet die Verkündung des Beschlusses durch eine entsprechende Mitteilung an die Eigentümer statt.

Beschlussfeststellung und -verkündung

Nach Auszählung des Abstimmungsergebnisses stellt der Versammlungsleiter das Beschlussergebnis fest, gibt es bekannt und muss es in das Protokoll der Eigentümerversammlung und die Beschlusssammlung aufnehmen. Bei der schriftlichen Beschlussfassung (siehe „Umlaufbeschluss") findet die Verkündung des Beschlusses durch eine entsprechende Mitteilung des Verwalters an die Eigentümer statt. Das kann in Form eines Rundschreibens erfolgen. Der Beschluss kommt regelmäßig erst mit der Feststellung und Bekanntgabe des Beschlussergebnisses durch den Versammlungsleiter zustande (BGH, 23.8.2001, V ZB 10/01). Die Feststellung und Bekanntgabe des Beschlusses hat damit sogenannte konstitutive Wirkung. Erst mit der Beschlussfeststellung wird aus einer Willensäußerung der Wohnungseigentümer ein Beschluss der Eigentümerversammlung. Dies gilt für positive als auch für negative Beschlüsse.

Bereits in der Versammlung sollen die Wohnungseigentümer erkennen können, mit welchem Ergebnis ein Beschluss zustande gekommen ist. Das ermöglicht es den Eigentümern, schon in der Versammlung beurteilen zu können, ob der Beschluss in ihrem Interesse liegt oder ob sie ihn anfechten wollen. Wichtig ist dies wegen der kurzen Anfechtungsfrist von einem Monat.

FORMULIERUNGSBEISPIELE

- Der Beschlussantrag wurde angenommen.
- Der Beschlussantrag wurde abgelehnt.
- Der Beschluss wurde mit der vorgeschriebenen doppelten qualifizierten Mehrheit angenommen.
- Der Beschluss wurde mangels Erreichens der vorgeschriebenen doppelten qualifizierten Mehrheit abgelehnt.

Die konstitutive Verkündung des Beschlussergebnisses unterscheidet sich von der anschließenden Protokollierung in der Niederschrift und in der Beschlusssammlung. Die Protokollierung ist für die Entstehung eines Beschlusses nicht konstitutiv, also keine Voraussetzung für das wirksame Zustandekommen eines Beschlusses.

Die Missachtung einer Regelung der Gemeinschaftsordnung, wonach zur Gültigkeit eines Wohnungseigentümerbeschlusses die Eintragung des Beschlusses in ein Beschlussbuch erforderlich ist, führt grundsätzlich nicht zur Nichtigkeit, sondern lediglich zur Anfechtbarkeit des nicht in das Beschlussbuch eingetragenen Wohnungseigentümerbeschlusses (LG Saarbrücken, 27.10.2010, 5 S 7/10). In der Praxis kommt es häufig vor, dass eine ausdrückliche Feststellung und Bekanntgabe des Beschlussergebnisses unterbleibt. In diesen Fällen kann bei einem eindeutigen Abstimmungsergebnis mangels entgegenstehender Anhaltspunkte von einer konkludenten Feststellung und Bekanntgabe des Beschlusses ausgegangen werden (BGH, 23.8.2001, V ZB 10/01; LG Hamburg, 29.2.2012, 318 S 96/11). Wurde ein Beschluss fehlerhaft verkündet, so ist er im Interesse der Rechtssicherheit dennoch vorläufig verbindlich, solange er nicht auf fristgerechte Klage im gerichtlichen Beschlussmängelverfahren für ungültig erklärt wird.

Hinweis: Falls der Verwalter nicht weiß, ob Stimmen treuwidrig, entgegen einem Stimmverbot oder aufgrund einer möglicherweise nicht ausreichenden Vollmacht abgegeben wurden, darf der Verwalter ausnahmsweise von einer Beschlussfeststellung absehen und die Wohnungseigentümer auf eine positive Beschlussfeststellungsklage verweisen.

Handelt es sich um offensichtlich nichtige Beschlüsse, zum Beispiel wegen mangelnder Beschlusskompetenz, so darf und sollte der Verwalter auf eine Beschlussfeststellung verzichten. (Nur) rechtswidrige Beschlüsse müssen vom Versammlungsleiter grundsätzlich festgestellt und verkündet werden (strittig). Dieser Verpflichtung darf er sich nur entziehen, wenn er sich hierzu wegen tatsächlicher oder rechtlicher Schwierigkeiten bei der Bewertung des Abstimmungsergebnisses außer Stande sieht. Gleiches gilt für die Fälle, in denen die erforderliche Mehrheit für eine positive Beschlussfassung nicht erzielt werden konnte. Stellt der Verwalter dennoch ein positives Beschlussergebnis fest und verkündet es, ist der Beschluss zwar nicht nichtig, jedoch anfechtbar.

Weigert sich der Versammlungsleiter pflichtwidrig, einen Beschluss festzustellen, können die Eigentümer im Wege eines sogenannten Geschäftsordnungsbeschlusses einen anderen Versammlungsleiter wählen. Dieser stellt dann den Beschluss fest oder veranlasst die Feststellung des Beschlusses durch das Gericht. Der Verwalter trägt als Versammlungsleiter das Risiko, dass ihm im Fall einer fehlerhaften oder pflichtwidrig unterlassenen Beschlussverkündung die Kosten eines dadurch veranlassten Beschlussmängelverfahrens auferlegt werden (§ 49 Abs. 2 WEG), falls die Pflichtverletzung auf grobem Verschulden beruht (BGH, 18.8.2010, V ZB 164/09). Eine grobe Pflichtverletzung soll jedoch nicht vorliegen, wenn der Verwalter auf erforderliche Stimmrechtserfordernisse hingewiesen hat, sich aber dem ausdrücklichen Willen der Mehrheit der Wohnungseigentümer gebeugt und trotz des Nichterreichens der erforderlichen Stimmenmehrheit einen Beschluss als angenommen verkündet hat (LG Berlin, 17.2.2009, 55 T 34/08).

BEISPIELE

- Die Eigentümer möchten mehrheitlich eine bauliche Veränderung beschließen. Wegen Abwesenheit einiger Eigentümer kann der Beschluss nicht mit der erforderlichen Zustimmung all der Eigentümer, die in ihren Rechten betroffen sind, gefasst werden. Darauf weist der Versammlungsleiter auch hin. Gleichwohl wird dieser rechtswidrige (aber nicht nichtige, sondern nur anfechtbare) Beschluss von der Eigentümerversammlung gefasst. Kommt bei einem Beschlussantrag über eine bauliche Veränderung zwar ein Mehrheitsbeschluss zustande, stimmen aber nicht alle beeinträchtigten Wohnungseigentümer zu, ist der Versammlungsleiter nicht verpflichtet, den Beschluss positiv zu verkünden (LG München I, 27.4.2009, 1 S 19129/08; a. A. AG Oberhausen, 22.12.2009, 34 C 55/09).
- Die Eigentümergemeinschaft möchte beschließen, dass für künftige Eigentümerbeschlüsse nicht das in der Gemeinschaftsordnung für das Stimmrecht verankerte Wertprinzip, sondern das Objektprinzip gelten soll. Ein solcher Beschluss wäre mangels Beschlusskompetenz der Eigentümergemeinschaft nichtig und der Verwalter muss und sollte diesen Beschluss nicht feststellen und verkünden.

Beschlussformulierung

Ist die Meinungsbildung zu einem Tagesordnungspunkt abgeschlossen, führt der Vorsitzende die Abstimmung zur Beschlussfassung durch. Er formuliert einen Beschlussvorschlag, liest ihn vor und stellt ihn zur Abstimmung. Der Beschlussantrag muss hinreichend bestimmt sein, um Auseinandersetzungen über den Inhalt des Beschlusses zu vermeiden. Zunächst muss deutlich erkennbar sein, dass es sich überhaupt um einen Beschlussantrag handelt und nicht nur etwa um einen Hinweis. Lässt sich mangels Klarheit und Bestimmtheit (siehe „Beschluss“, Abschnitt 15 „Inhaltliche Bestimmtheit von Beschlüssen“) auch durch Auslegung nicht der Sinn des Beschlusses ermitteln, so ist dieser nichtig. Bei Beschlüssen muss auf Folgendes geachtet werden:

- Der Beschluss ist klar, bestimmt, vollständig und möglichst auslegungsfrei formuliert.

- Der Beschlussgegenstand ist exakt erfasst.
- Die Art und Weise der Ausführung wurde genau bestimmt.
- Ein Kostenrahmen und die Finanzierung wurden festgelegt.
- Gegebenenfalls ist eine Kostentragungsregelung enthalten.

Ein Beschlussantrag sollte nach Möglichkeit positiv formuliert werden. Zwar ist ein negativer Beschluss ebenso zulässig wie ein positiver Beschluss (siehe „Beschluss"), dennoch sind aus Gründen der Allgemeinverständlichkeit negative Formulierungen zu vermeiden, da sie oft zu Verwirrungen führen.

BEISPIEL

Positiv: „Der Anstrich des Treppenhauses in der bisherigen Ausführung bis Ende des Jahres wird genehmigt. Mit der Durchführung beauftragt wird die Firma Maier gemäß vorliegendem Kostenvoranschlag."

Negativ: „Bis Ende des Jahres wird kein neuer Anstrich des Treppenhauses genehmigt."

Es zählt zu den Pflichten des Verwalters, einen Beschlussantrag ordnungsgemäß zu formulieren. Verletzt er diese Pflicht schuldhaft dadurch, dass die Beschlussvorlage zu unbestimmt formuliert wurde, so kann er sich gegenüber der Wohnungseigentümergemeinschaft schadenersatzpflichtig machen. Ihm können ggf. sogar die Kosten eines gerichtlichen Verfahrens auferlegt werden (§ 49 Abs. 2 WEG). Bereits bei der Einberufung der Eigentümerversammlung können Beschlussvorschläge mit in die Tagesordnung aufgenommen werden.

Beschlusskompetenz

Die Wohnungseigentümergemeinschaft kann nur dann einen Beschluss fassen, wenn ihr das Wohnungseigentumsgesetz oder die Gemeinschaftsordnung im Rahmen einer Öffnungsklausel (siehe dort) Beschlusskompetenz zuweist. Mangelnde Beschlusskompetenz bei dauerhaft gesetzes- bzw. vereinbarungsändernden Beschlüssen führt zur Nichtigkeit der Beschlüsse. Beschlusskompetenz besteht regelmäßig für folgende Angelegenheiten:

- Wirtschaftsplan, Genehmigung der Jahresabrechnung und Rechnungslegung des Verwalters (§ 28 Abs. 5 WEG)
- Verlangen nach Rechnungslegung durch den Verwalter (§ 28 Abs. 4 WEG)
- Maßnahmen zur ordnungsgemäßen Instandhaltung und Instandsetzung des Gemeinschaftseigentums (§ 21 Abs. 3 WEG)
- Maßnahmen ordnungsgemäßer Verwaltung des Gemeinschaftseigentums, zum Beispiel Aufstellung der Hausordnung, Sach- und Haftpflichtversicherung der Wohnungseigentümer
- Einleitung eines Verfahrens zur Entziehung des Wohnungseigentums (§ 18 Abs. 3 WEG)
- Gebrauchsregeln bezüglich des Sondereigentums und des Gemeinschaftseigentums, wenn die Gemeinschaftsordnung keine entgegenstehende Regelung enthält (§ 15 Abs. 2 WEG)
- Aufhebung von Veräußerungsbeschränkungen (§ 12 Abs. 4 WEG)
- Bestellung des Verwaltungsbeirats (§ 29 Abs. 1 Satz 1 WEG)
- Bildung, Höhe und Anlage einer Instandhaltungsrücklage
- Bestellung und Abberufung des Verwalters (§ 26 Abs. 1 Satz 1 WEG)
- Geltendmachung von Ansprüchen durch den Verwalter (§ 27 Abs. 2 Nr. 3 WEG)
- Verteilung der Betriebs- und Verwaltungskosten (§ 16 Abs. 3 WEG)
- Kostenverteilung bei Instandhaltung, Instandsetzung und baulichen Veränderungen (§ 16 Abs. 4 WEG)
- Geldangelegenheiten (§ 21 Abs. 7 WEG)
- Bauliche Veränderungen (§ 22 Abs. 1 WEG)

BEISPIELE: THEMEN, FÜR DIE DIE BESCHLUSSKOMPETENZ FEHLT

- Nachträgliche Umwandlung von Gemeinschaftseigentum in Sondereigentum
- Zweckbestimmungsänderungen des Gemeinschaftseigentums
- Begründung oder Beschränkung von Sondernutzungsrechten
- Zusammenfassung mehrerer Wohnungseigentümergemeinschaften zu einer
- Gebrauchsentzug von Gemeinschaftseigentum zulasten einzelner Wohnungseigentümer
- Dauerhafte Einführung einer Eventualeinberufung oder von Stimmrechtsbeschränkungen
- Generelle Regelung über eine vom Gesetzestext abweichende Anzahl von Beiräten (gesetzlich: drei) oder von Außenstehenden als Mitglieder des Beirats
- Bestimmung, Stimmenthaltungen in bestimmter Weise zu zählen, zum Beispiel als Nein-Stimmen
- Dauerhafte Änderungen hinsichtlich Form und Frist der Einberufung von Eigentümerversammlungen
- Änderung der Beschlussfähigkeit
- Abänderung des Stimmkraftprinzips, zum Beispiel vom Kopf- zum Wertprinzip
- Nachträgliche Einführung einer Veräußerungs- oder Vermietungszustimmung

- Einschränkung der nach der Teilungserklärung erlaubten gewerblichen Nutzung eines Teileigentums

Beschlusssammlung

Inhaltsübersicht

Der Verwalter ist gemäß § 24 Abs. 7, 8 WEG verpflichtet, eine Beschlusssammlung zu führen. Sie dient der Information und der besseren Übersicht über die in einer Wohnungseigentümergemeinschaft gefassten Beschlüsse. Insbesondere Rechtsnachfolger, für die gemäß § 10 Abs. 4 WEG alle gefassten Beschlüsse bindend sind, können sich mit der Beschlusssammlung vor ihrem Eintritt in die Wohnungseigentümergemeinschaft über ihre Rechte und Pflichten informieren. Dies ist umso wichtiger bei Beschlüssen, die aufgrund einer Öffnungsklausel gefasst wurden, die Gemeinschaftsordnung abgeändert haben und mangels der Verpflichtung zur Eintragung in das Grundbuch für den Rechtsnachfolger nicht offensichtlich sind. Das betrifft zum Beispiel eine Änderung der Kostenverteilung oder Regelungen über Zahlungsverpflichtungen. Auch allen anderen Wohnungseigentümern gibt die Beschlusssammlung Aufschluss über Beschlüsse, die sie nicht mehr nachvollziehen können.

Hinweis: Die Verpflichtung zur Eintragung gilt für seit dem 1.7.2007 gefasste Beschlüsse, über „Altbeschlüsse" kann nur die Protokollsammlung einen Überblick geben. Die vorhandenen „Altbeschlüsse" müssen nicht in die Beschlusssammlung aufgenommen werden.

Wird die Beschlusssammlung nicht ordnungsgemäß geführt, kann dies einen wichtigen Grund für die Abberufung des Verwalters darstellen. Die Führung der Beschlusssammlung entbindet den Verwalter nicht von der ordnungsgemäßen Erstellung eines Versammlungsprotokolls. Das Protokoll (siehe „Protokoll der Eigentümerversammlung") ergänzt die Beschlusssammlung, da sie umfangreichere Informationen zu den Beschlussgegenständen wiedergibt.

1 Inhalt

Eingetragen werden muss Folgendes:

- Alle in Wohnungseigentümerversammlungen verkündeten Beschlüsse mit Angabe von Ort und Datum der Versammlung, darunter fallen auch die sogenannten Negativbeschlüsse oder Beschlüsse, die aufgrund einer in der Gemeinschaftsordnung enthaltenen Öffnungsklausel gefasst wurden; nicht aufzunehmen sind Geschäftsordnungsbeschlüsse, da solche sich in der Regel mit dem Ende der Eigentümerversammlung erledigen und keine wesentliche Bedeutung für die Zukunft haben
- Alle schriftlichen Beschlüsse gemäß § 23 Abs. 3 WEG
- Alle Urteilsformeln wohnungseigentumsrechtlicher Entscheidungen gemäß § 43 WEG

1.1 Beschlüsse

In die Beschlusssammlung müssen alle Beschlüsse der Wohnungseigentümergemeinschaft mit ihrem genauen Wortlaut eingetragen werden. Dies gilt unabhängig davon, ob sie auf einer ordentlichen oder außerordentlichen Eigentümerversammlung oder im schriftlichen Umlaufverfahren zustande gekommen sind. Dies umfasst auch die sogenannten Negativbeschlüsse; es müssen nicht nur die Beschlüsse eingetragen werden, die positiv zustande gekommen sind, sondern auch die Beschlussanträge, die abgelehnt wurden.

Nichtige Beschlüsse sind nicht einzutragen. Da der Verwalter oftmals nicht zweifelsfrei erkennen kann, ob ein Beschluss bereits nichtig oder nur anfechtbar ist, sollte im Zweifel auch ein solcher Beschluss in die Beschlusssammlung aufgenommen werden. Neben dem Wortlaut des verkündeten Beschlusses sind Angaben zu Ort und Datum der Eigentümerversammlung zu vermerken (AG München, 28.6.2008, 485 C 602/07).

Bei schriftlichen Beschlüssen sind Ort und Datum der Verkündung, zum Beispiel die Versendung des Rundschreibens an die Eigentümer, anzugeben. Zudem muss eine Eintragung erfolgen, ob der Beschluss angenommen oder abgelehnt, bestandskräftig, aufgehoben oder gelöscht ist. Auch Beschlüsse, die aufgrund einer Öffnungsklausel gefasst werden, müssen in die Beschlusssammlung eingetragen werden. § 10 Abs. 4 WEG könnte diesbezüglich in die Irre führen, doch stellt die Regelung nur klar, dass solche Beschlüsse auch gegen Sondernachfolger wirken, ohne dass sie in das Grundbuch eingetragen werden müssen. Hingegen ist die Eintragung in die Beschlusssammlung in jedem Fall erforderlich.

Eine Ausnahme gilt für Geschäftsordnungsbeschlüsse (siehe „Beschluss", Abschnitt 12), da sich diese in der Regel mit Ende der Eigentümerversammlung erledigen und keine wesentliche Bedeutung für die Zukunft haben.

Es erscheint daher fraglich, ob sie der Eintragung in die Beschlusssammlung bedürfen. Eine isolierte Anfechtung von Geschäftsordnungsbeschlüssen wird zumindest dann für zulässig erachtet, wenn ihr Inhalt in die Zukunft wirkt. Wird ein gerichtliches Verfahren angestrengt und ein Urteil gefällt, liegt eine gerichtliche Entscheidung vor, die in jedem Fall in die Beschlusssammlung aufzunehmen ist. Zudem sieht der Wortlaut des § 24 Abs. 7 Satz 2 Nr. 1 WEG keine Differenzierung von Geschäftsordnungsbeschlüssen und sonstigen Beschlüssen vor. Wegen des geringen Aufwandes empfiehlt es sich deshalb, auch Geschäftsordnungsbeschlüsse, sofern sie nicht völlig bedeutungslos sind, aus Gründen der Vollständigkeit in die Beschlusssammlung mit aufzunehmen. Damit die Beschlusssammlung übersichtlich bleibt, ermöglicht § 24 Abs. 7 Satz 6 WEG Eintragungen, die für die Wohnungseigentümer keine Bedeutung mehr haben zu löschen, etwa nach Ablauf der Anfechtungsfrist.

1.2 Gerichtliche Entscheidungen

In die Beschlusssammlung sind alle Gerichtsentscheidungen gemäß § 43 Nr. 1 bis 5 WEG unabhängig von ihrer Rechtskraft aufzunehmen. Hierzu zählen Streitigkeiten über folgende Gegenstände:

- Die sich aus der Gemeinschaft der Wohnungseigentümer und aus der Verwaltung des gemeinschaftlichen Eigentums ergebenden Rechte und Pflichten der Wohnungseigentümer untereinander
- Die Rechte und Pflichten zwischen der Gemeinschaft der Wohnungseigentümer und den Wohnungseigentümern
- Die Rechte und Pflichten des Verwalters bei der Verwaltung des gemeinschaftlichen Eigentums
- Die Gültigkeit von Beschlüssen der Wohnungseigentümer
- Klagen Dritter, die sich gegen die Gemeinschaft der Wohnungseigentümer oder gegen Wohnungseigentümer richten und sich auf das gemeinschaftliche Eigentum, seine Verwaltung oder das Sondereigentum beziehen

Die teilrechtsfähige Gemeinschaft der Wohnungseigentümer kann auch gemäß § 43 Nr. 6 WEG ein gerichtliches Mahnverfahren einleiten, zum Beispiel bei rückständigen HausgeldeRn. Wird ein Mahnbescheid erlassen, so handelt es sich hierbei nicht um ein Urteil. Ein hierauf zu beantragender Vollstreckungsbescheid steht einem vorläufig vollstreckbar erklärtem Versäumnisurteil gemäß § 700 Abs. 1 ZPO jedoch gleich. Insoweit ist deshalb die Eintragung von erwirkten Vollstreckungsbescheiden geboten. In die Beschlusssammlung muss nur die Urteilsformel, also der sogenannte Tenor des Urteils, eingetragen werden. Dazu gehören die Sachentscheidung, die Kostenentscheidung sowie die Entscheidung über die vorläufige Vollstreckbarkeit. Auch eine Klageabweisung ist aufzunehmen.

Ergänzend müssen Angaben zum Datum der Entscheidung, dem Gericht und den Parteien gemacht werden. Die Angabe der Parteien kann durch namentliche Bezeichnung erfolgen, eine Anschrift muss nicht angegeben werden. Ist die Wohnungseigentümergemeinschaft als rechtsfähiger Verband Partei, wird sie als „Wohnungseigentümergemeinschaft (Grundstücksanschrift)" bezeichnet. Nach den gesetzlichen Vorschriften nicht erforderlich ist die Angabe des Aktenzeichens, der Vollständigkeit halber empfiehlt sie sich aber. Nur die genaue Bezeichnung einer gerichtlichen Entscheidung ermöglicht auch ihr Auffinden.

1.3 Vergleiche

Dazu, ob neben den gerichtlichen Entscheidungen Vergleiche in die Beschlusssammlung aufzunehmen sind, gibt das Gesetz nichts vor. Wird ein gerichtlicher Vergleich geschlossen, ist dieser nur für die Parteien des Rechtsstreits bindend, allerdings nicht für Sondernachfolger der Wohnungseigentümergemeinschaft. Aus diesem Grund lässt sich die Ansicht vertreten, Vergleiche müssen nicht in die Beschlusssammlung eingetragen werden, denn daraus allein wäre nicht ersichtlich, wem gegenüber der Vergleich überhaupt noch rechtsverbindlich ist. Die Aufnahme könnte allenfalls dazu führen, dass die Beschlusssammlung unübersichtlich wird.

Nach anderer Ansicht bestimmt auch ein Vergleich die Rechtslage der Wohnungseigentümergemeinschaft, zum Beispiel wenn er den Ausgangsbeschluss abändert. Vergleiche können sogar durch Beschlussgenehmigung Bindungswirkung entfalten, sodass sie einzutragen sind. Solange Uneinigkeit zur Frage besteht, ob Vergleiche einzutragen sind oder nicht, empfiehlt es sich, sie vorsorglich in die Beschlusssammlung aufzunehmen. Das gilt in jedem Fall dann, wenn es sich um (schuldrechtliche) Vereinbarungen zwischen allen Wohnungseigentümern handelt oder eine Partei des Vergleichs die Wohnungseigentümergemeinschaft selbst ist. Aus der Eintragung sollte sich klar und deutlich ergeben, dass es sich um einen Vergleich und eben nicht um eine gerichtliche Entscheidung handelt.

Hinweis: Zur Bindung der Sonderrechtsnachfolger der Wohnungseigentümer kann im Rahmen der Beschlusskompetenz der Wohnungseigentümer ein entsprechender Mehrheitsbeschluss gefasst werden. Dieser müsste dann ohnehin in die Beschlusssammlung aufgenommen werden.

1.4 Vermerke

Wurden Beschlüsse oder gerichtliche Entscheidungen angefochten oder aufgehoben, so ist dies nach § 24 Abs. 7 Satz 4 WEG anzumerken. Dies dient der Aktualität der Beschlusssammlung. Als angefochten gilt ein Beschluss, wenn Klage auf Erklärung seiner Ungültigkeit gemäß § 46 WEG erhoben wurde, eine gerichtliche Entscheidung, wenn gegen sie ein Rechtsmittel eingelegt wurde. Aufgehoben wird ein Beschluss durch die ausdrückliche Entscheidung der Wohnungseigentümer hierzu per Beschluss; auch durch einen sogenannten Zweitbeschluss (siehe dort) kann die Regelung eines früheren Beschlusses aufgehoben werden.

Wird ein Beschluss durch gerichtliche Entscheidung für ungültig erklärt, gilt dies zwar nicht als Aufhebung in wohnungseigentumsrechtlicher Terminologie. Versteht man aber den Begriff „Aufhebung" als Oberbegriff für außergerichtliche und gerichtliche Gestaltungen, kann auch die gerichtliche Ungültigerklärung eines Beschlusses hierunter fallen. Ein entsprechender Vermerk beim angefochtenen Beschluss ist daher erforderlich, aber auch sinnvoll, denn er dient der Übersichtlichkeit der Beschlusssammlung. Eine gerichtliche Entscheidung ist aufgehoben, wenn die Rechtsmittelinstanz sie aufhebt, etwa durch Klageabweisung, oder ändert.

Als Vermerk reicht der Hinweis, dass ein Beschluss angefochten, durch Beschluss aufgehoben oder durch Urteil für ungültig erklärt wurde oder dass gegen eine gerichtliche Entscheidung ein Rechtsmittel, etwa Berufung, eingelegt wurde. Die Anmerkung ist bei dem Beschluss oder der Entscheidung anzubringen, auf den oder die sie sich bezieht. So lässt sich jederzeit die aktuelle Beschluss- und Rechtslage aus der Beschlusssammlung ersehen.

1.5 Löschungen

Aus Gründen der Übersichtlichkeit der Beschlusssammlung eröffnet § 24 Abs. 7 Satz 5, 6 WEG die Möglichkeit, unter bestimmten Voraussetzungen Eintragungen aus der Beschlusssammlung zu löschen. Ob der Verwalter dies tut, steht in seinem pflichtgemäßen Ermessen.

Eine Löschung darf erfolgen, wenn ein Beschluss oder eine gerichtliche Entscheidung aufgehoben wird oder eine Eintragung für die Wohnungseigentümer keine Bedeutung mehr hat. Bedeutungslos werden kann eine Eintragung, wenn sie durch eine spätere Regelung überholt ist oder sich wegen Ausführung oder Zeitablaufs erledigt hat. Wurde eine Eintragung gelöscht, so ist dies gemäß § 24 Abs. 7 Satz 7 WEG mit einer Datumsangabe zu vermerken, die laufende Nummer in der Beschlusssammlung bleibt bestehen. Wird eine Beschlusssammlung in Papierform geführt, wird die Eintragung durchgestrichen, bei einer elektronischen Sammlung kann der Text vollständig gelöscht werden. In beiden Fällen ist es wichtig, die Löschung zu vermerken.

2 Form

Bei der Form der Eintragung ist Sinn und Zweck der Beschlusssammlung zu beachten. Sie dient der Übersicht und der Information zur Rechtslage in der Wohnungseigentümergemeinschaft. Daher sollte sie klar strukturiert und übersichtlich sein. Überflüssige Informationen und Anmerkungen sollten daher vermieden werden. Die Beschlüsse und gerichtlichen Entscheidungen sind fortlaufend in zeitlicher Reihenfolge einzutragen und zu nummerieren. Dies ermöglicht die Kontrolle der Vollständigkeit einer Beschlusssammlung.

Wurden Beschlüsse angefochten oder aufgehoben, ist dies anzumerken. Im Fall einer Aufhebung kann jedoch von einer Anmerkung abgesehen und die Eintragung gelöscht werden. Dies kommt dann in Betracht, wenn ein Beschluss rechtskräftig für ungültig oder nichtig erklärt wurde. Eine Eintragung kann auch gelöscht werden, wenn sie aus anderen Gründen für die Wohnungseigentümer keine Bedeutung mehr hat, beispielsweise, wenn sich die Angelegenheit wegen Zeitablaufs erledigt hat.

Bei Beschlüssen ist der Beschlusswortlaut einzutragen, ergänzt durch Angaben zu Art und Datum der Versammlung sowie zu den Tagesordnungspunkten. Handelt es sich um eine schriftliche Beschlussfassung, ist diese als solche mit Angabe von Zeitpunkt, Orts und Form der Verkündung des Umlaufbeschlusses zu vermerken. Bei gerichtlichen Entscheidungen sind das Gericht, das Datum der Entscheidung, das Aktenzeichen, die Parteien sowie der Tenor einzutragen, zusätzlich ein Vermerk, durch wen und zu welchem Zeitpunkt eine Eintragung stattgefunden hat. Weitere Formvorschriften sind gesetzlich nicht normiert. Daher steht es dem Verwalter frei, ob er die Beschlusssammlung schriftlich oder elektronisch führen möchte. Bei einer Beschlusssammlung in elektronischer Form ist in jedem Fall darauf zu achten, dass sich der Verwalter ausreichend vor Datenverlusten, -vernichtungen und -veränderungen schützt.

3 Zeitpunkt

Den Zeitpunkt, wann die Beschlüsse nach ihrer Entstehung in die Beschlusssammlung einzutragen sind, gibt § 24 Abs. 7 Satz 7 WEG nicht vor. Die erforderlichen Eintragungen soll der Verwalter „unverzüglich" vornehmen und mit Datum versehen. Unverzüglich bedeutet, dass die Eintragung ohne schuldhaftes Zögern (§ 121 Abs. 1 Satz 1 BGB) zu erfolgen hat. Ob die Formulierung „unverzüglich" nur den Tag der Versammlung, den darauffolgenden Werktag oder bis zu drei Tage danach ausreichen lässt, ist bislang nicht höchstrichterlich entschieden worden. Das LG Karlsruhe (21.2.2012, 11 S 46/11) erachtet einen Zeitraum von maximal drei Tagen als unverzüglich. Nach anderer Ansicht ist die Eintragung eines Beschlusses der Wohnungseigentümergemeinschaft in die Beschlusssammlung binnen einer Woche noch als unverzüglich zu erachten (LG Berlin, 7.10.2009, 85 S 101/08, LG München I, 6.2.2008, 1 T 22613/07). Ein Zeitraum von sechs Wochen ist hingegen keinesfalls mehr als unverzüglich anzusehen (LG Hamburg, 23.3.2011, 318 S 72/10).

Die Eintragung in die Beschlusssammlung ist nicht an die Erstellung des Versammlungsprotokolls gekoppelt. Der Verwalter kann sich nicht dadurch entschuldigen, dass die erforderlichen Unterschriften zum Protokoll noch nicht vorliegen. Auch die gerichtliche Anfechtung eines Beschlusses oder die Ankündigung dieses Vorhabens eines Wohnungseigentümers macht die unverzügliche Eintragung nicht entbehrlich. Beschlüsse sind solange gültig, bis sie durch eine gerichtliche Entscheidung aufgehoben werden.

4 Wer führt die Beschlusssammlung?

Das Führen der Beschlusssammlung obliegt gemäß § 24 Abs. 8 WEG dem Verwalter. Er kann diese Aufgabe an Hilfspersonen seines Geschäftsbetriebs delegieren, jedoch lässt sie sich nicht durch Mehrheitsbeschluss der Wohnungseigentümergemeinschaft auf eine andere Person übertragen. Einen Anspruch auf gesonderte Vergütung für das Führen der Beschlusssammlung hat der Verwalter nicht.

Wechselt der Verwalter, muss der alte die Beschlusssammlung nebst allen anderen Verwaltungsunterlagen an den neuen herausgeben. Auch nach Niederlegung seines Amts hat der alte Verwalter Berichtigungen und Ergänzungen der Beschlusssammlung aus seiner Amtszeit, für die er zuständig war, durchzuführen. Von der Versammlung an, in der der neue Verwalter bestellt wird, hat dieser die Beschlusssammlung fortzuführen (AG Schöneberg, 9.1.2014, 772 C 24/13). Gibt es keinen Verwalter, muss der Vorsitzende der Eigentümerversammlung die Beschlusssammlung führen und die erforderlichen Eintragungen vornehmen. Die Wohnungseigentümergemeinschaft hat in diesem Fall die Möglichkeit, diese Aufgabe durch Mehrheitsbeschluss an eine andere Person zu übergeben.

5 Einsichtsrecht

Das Recht zur Einsichtnahme (siehe „Einsichtsrecht") in die Beschlusssammlung gemäß § 24 Abs. 7 Satz 8 WEG ist dem Recht zur Einsicht in das Versammlungsprotokoll dem Wortlaut nach gleich ausgestaltet. Jeder Wohnungseigentümer hat das Recht, die Beschlusssammlung einzusehen. Dieses Recht kann er auf Dritte übertragen, beispielsweise auf Kaufinteressenten. Die Einsichtnahme findet im Büro des Verwalters statt, hierzu bedarf es der vorherigen Terminabsprache.

Ein Anspruch auf Herausgabe der Beschlusssammlung besteht aufgrund des damit verbundenen Risikos, dass sie verloren geht oder manipuliert wird, nicht. Von der Beschlusssammlung darf der Wohnungseigentümer oder der Bevollmächtigte jedoch selbst Abschriften vornehmen oder Ausdrucke oder Kopien vom Verwalter verlangen. Hierfür darf der Verwalter, ggf. mit Vorkasse, ein Sonderhonorar verlangen. Für die Anfertigung von Kopien aus Verwaltungsunterlagen wird pro Kopie ein Betrag von 0,50 Euro zuzüglich Mehrwertsteuer als zulässig erachtet (BayObLG, 19.12.2002, 2Z BR 104/02). Ab erwünschter 51. Kopie ist eine Ermäßigung entsprechend dem Rechtsanwaltsvergütungsgesetz (RVG) auf 0,30 Euro angemessen (OLG Hamm, 19.10.2000, 15 W 133/00). Wird die Einsichtnahme verweigert, kann gegen den Verwalter gemäß § 43 Nr. 3 WEG auf Gewährung der Einsicht geklagt werden.

6 Fehler in der Beschlusssammlung

Ist eine Beschlusssammlung inhaltlich fehlerhaft, muss sie berichtigt werden. Hierzu ist der Verwalter verpflichtet und berechtigt. Nimmt der Verwalter die Berichtigung nicht selbstständig vor, besteht die Möglichkeit, ihn dazu mit einem Verfahren nach § 43 Nr. 3 WEG anzuhalten. Die Geltendmachung des Berichtigungsanspruchs steht jedem Wohnungseigentümer zu und richtet sich gegen denjenigen, der bei Geltendmachung des Anspruchs zur Führung der Beschlusssammlung verpflichtet ist. Als Fehler kommen in Betracht:

- Schreibfehler
- Eintragungen von Redebeiträgen
- Eintragung von nichtigen Beschlüssen und sonstige unzulässige Eintragungen
- Sonstige offenbare Unrichtigkeiten
- Nichteintragung oder falsche Eintragung eines Beschlusses

Die Nichteintragung eines Beschlusses berührt allerdings dessen Wirksamkeit nicht, denn der Eintrag in die Beschlusssammlung hat keine konstitutive Wirkung. Ein Beschluss entfaltet ab dem Zeitpunkt Wirksamkeit, zu dem er festgestellt und verkündet wird.

Kommt der Verwalter seiner Aufgabe zur ordnungsgemäßen Führung der Beschlusssammlung nicht nach, stellt dies einen wichtigen Grund für seine Abberufung dar (§ 26 Abs. 1 Satz 4 WEG). Geringste Fehler rechtfertigen allerdings nicht die sofortige Abberufung, Mängel bei der Führung der Beschlusssammlung müssen ein gewisses Gewicht haben (LG Hamburg, 13.11.2013, 318 S 23/13; LG Berlin, 7.10.2009,85 S 101/08). Ein Verwalter kann abberufen werden, wenn er entgegen seiner Verpflichtung zum Führen der Beschlusssammlung gegen ihn ergangene Entscheidungen nicht in die Beschlusssammlung aufgenommen hat (LG Karlsruhe, 21.2.2012, 11 S 46/11).

Generell kann ein wichtiger Grund zur vorzeitigen Abberufung des Hausverwalters gegeben sein, wenn er die erforderliche Beschlusssammlung nicht ordnungsgemäß führt. Wenn sonstige Umstände, zum Beispiel die Missachtung einer einstweiligen Verfügung, hinzukommen, stellt dies sogar einen derart schwerwiegenden Grund dar, dass ein Anspruch des einzelnen Mitglieds der Wohnungseigentümergemeinschaft auf Abberufung besteht (AG München, 28.7.2008, 485 C 602/07; LG München I, 36 S 17544/08).

Der Verwalter haftet gegenüber den Wohnungseigentümern bei nicht ordnungsmäßiger Führung der Beschlusssammlung. Enthält die Beschlusssammlung Fehler, zum Beispiel falsche Eintragungen, oder fehlen gar Beschlüsse, kommt eine Schadenersatzpflicht des Verwalters in Betracht, wenn er diese Pflichtverletzung zu vertreten hat. Den Schadenersatzanspruch sollen aber nur Wohnungseigentümer und nicht (Neu)Erwerber geltend machen können, da zwischen dem Verwalter und dem Erwerber bei Einsicht in die Beschlusssammlung noch keine schuldrechtlichen Beziehungen bestanden haben.

Hinweis: Das Muster einer Beschlusssammlung steht Ihnen auch als Arbeitshilfe online zur Verfügung.

Muster: Beschlusssammlung

Lfd. Nr.	Beschluss	Eigentümerversammlung (Art, Ort, Datum/TOP) bzw. Umlaufbeschluss (Datum der Verkündung)	Gerichtsentscheidung (Gericht, Datum, Az., Tenor, Parteien)	Vermerke (angenommen/abgelehnt, bestandskräftig, aufgehoben, gelöscht, bedeutungslos/rechtskräftig)	Eintragungsvermerk (Name des Verwalters bzw. Versammlungsleiters, Datum, Unterschrift)
1	„Die vorgelegten Gesamt- und Einzelabrechnungen 2014 werden genehmigt."	Ordentliche Eigentümerversammlung, 22.5.2015, Tannstr. 1, 80123 München, zu TOP 2		Einstimmig angenommen	Verwalter (Name), 25.5.2015 (Datum, Unterschrift)
2	„Der Verwaltung wird für das Wirtschaftsjahr 2014 Entlastung erteilt."	Ordentliche Eigentümerversammlung, 22.5.2015, Tannstr. 1, 80123 München, zu TOP 3		Einstimmig angenommen	Verwalter (Name), 25.5.2015 (Datum, Unterschrift)
3	„Die Mitglieder des Verwaltungsbeirats werden für das Wirtschaftsjahr 2014 entlastet."	Ordentliche Eigentümerversammlung, 22.5.2015, Tannstr. 1, 80123 München, zu TOP 4		Mehrheitlich angenommen	Verwalter (Name), 25.5.2015 (Datum, Unterschrift)
4	„Der Gesamtwirtschaftsplan und die Einzelwirtschaftspläne 2015 werden genehmigt. Das in den Einzelwirtschaftsplänen ausgewiesene Wohngeld wird ab dem 1.6.2015 fällig gestellt. Dieser Wirtschaftsplan gilt auch für das Folgejahr fort, bis ein neuer beschlossen wird."	Ordentliche Eigentümerversammlung, 22.5.2015, Tannstr. 1, 80123 München, zu TOP 5		Angenommen ohne Gegenstimmen	Verwalter (Name), 25.5.2015 (Datum, Unterschrift)
5	„Noch in diesem Jahr wird mit dem Aufzugsdienst, dem Verwaltungsbeirat und der Verwaltung bei einem Ortstermin erörtert, welche Mängel zwingend in diesem Jahr zu beheben sind. Diese Arbeiten werden in Absprache mit dem Verwaltungsbeirat in Auftrag gegeben. Im Hinblick auf die übrigen Mängel soll ein Zeitplan mit Kostenübersicht in der nächsten ordentlichen Eigentümerversammlung vorgelegt werden."	Ordentliche Eigentümerversammlung, 22.5.2015, Tannstr. 1, 80123 München, zu TOP 6		Einstimmig angenommen	Verwalter (Name), 25.5.2015 (Datum, Unterschrift)

6	„Die Verwaltung wird beauftragt, die Firma Blitzsanierung mit der Sanierung der hofseitigen Fassade laut vorliegendem Angebot zu beauftragen. Die Arbeiten sollen im Juni 2015 beginnen. Die Finanzierung der Maßnahme erfolgt aus der Rücklage.“	Ordentliche Eigentümerversammlung, 22.5.2015, Tannstr. 1, 80123 München, zu TOP 7		Mehrheitlich angenommen	Verwalter (Name), 25.5.2015 (Datum, Unterschrift)
				Angefochten mit Klage vom 17.6.2015 vor dem AG München, Az. 481 UR II 89/15, zugestellt am 22.6.2015	Verwalter (Name), 25.5.2015 (Datum, Unterschrift)
				Aufgehoben gemäß lfd. Nr.	Verwalter (Name), 25.5.2015 (Datum, Unterschrift)
7	„Der Verwalter wird beauftragt, die Malerarbeiten zum Streichen des Treppenhauses bis zu einem Kostenaufwand i. H. v. EUR 6.000,00 in Auftrag zu geben.“	Ordentliche Eigentümerversammlung, 22.5.2015, Tannstr. 1, 80123 München, zu TOP 8		Mehrheitlich abgelehnt	Verwalter (Name), 25.5.2015 (Datum, Unterschrift)
8	„Der Verwalter wird beauftragt, einen vereidigten Bausachverständigen mit der Begutachtung der Feuchtigkeitsschäden in der Tiefgarage zu beauftragen. Er wird vorsorglich ermächtigt, ein selbstständiges Beweissicherungsverfahren im eigenen Namen oder im Namen der Wohnungseigentümergemeinschaft einzuleiten sowie Gewährleistungsansprüche gegen die Firma Bandel außergerichtlich sowie gerichtlich mithilfe eines zu beauftragenden Rechtsanwalts geltend zu machen.“	Ordentliche Eigentümerversammlung, 22.5.2015, Tannstr. 1, 80123 München, zu TOP 9		Einstimmig angenommen	Verwalter (Name), 25.5.2015 (Datum, Unterschrift)
9	„Die J. Steinmann HV GmbH wird für die Zeit vom 1.1.2016 bis 31.12.2018 zu Kosten i. H. v. mtl. EUR 17,30 je Wohneigentum und EUR 3,50 je Teileigentum zzgl. MwSt. zum Verwalter bestellt. Der bestehende Verwaltervertrag verlängert sich entsprechend.“	Ordentliche Eigentümerversammlung, 22.5.2015, Tannstr. 1, 80123 München, zu TOP 10		Mehrheitlich angenommen	Verwalter (Name), 25.5.2015 (Datum, Unterschrift)
				Notarielle Beglaubigung der Unterschriften auf dem Protokoll erfolgt am 18.6.2015	

Lfd. Nr.	Beschluss	Eigentümerversammlung (Art, Ort, Datum/TOP) bzw. Umlaufbeschluss (Datum der Verkündung)	Gerichtsentscheidung (Gericht, Datum, Az., Tenor, Parteien)	Vermerke (angenommen/abgelehnt, bestandskräftig, aufgehoben, gelöscht, bedeutungslos/rechtskräftig)	Eintragungsvermerk (Name des Verwalters bzw. Versammlungsleiters, Datum, Unterschrift)
10	Zu lfd. Nr. 6		AG München,. 1.10.2015, Az. 481 UR II 89/15, in Sachen Meier ./. WEG Tannstr. 100, München, zugestellt am 5.10.2015: I. Der Beschluss der Eigentümerversammlung vom 22.5.15 zu TOP 7 wird für ungültig erklärt. II. Die Kosten des Verfahrens werden der Beklagten auferlegt. III. Das Urteil ist vorläufig vollstreckbar.		Verwalter (Name), 25.5.2015 (Datum, Unterschrift)
				Rechtskräftig	Verwalter (Name), 25.5.2015 (Datum, Unterschrift)
11	„Die WEG duldet eine bislang nicht vorgesehene Einzäunung der den EG-Wohnungen zugeordneten Terrassenflächen (Sondernutzungsrecht) mit grünem Maschendrahtzaun. Die Kosten der erstmaligen Errichtung sowie der Instandsetzung und Instandhaltung trägt der jeweilige Sondernutzungsberechtigte.“	Umlaufbeschluss im schriftlichen Verfahren, Verkündet durch Schreiben an alle Wohnungseigentümer vom 11.6.2015		Einstimmig angenommen	Verwalter (Name), 25.5.2015 (Datum, Unterschrift)

Beseitigungs- und Unterlassungsansprüche

Inhaltsübersicht

Abwehransprüche in Form von Beseitigung bzw. Unterlassungsansprüche kann jeder Wohnungseigentümer geltend machen, wenn Wohnungs- oder Gemeinschaftseigentum entgegnen der gesetzlichen Regelung, Vereinbarungen, Beschlüssen oder den Interessen der Wohnungseigentümergemeinschaft gebraucht wird (§ 1004 Abs. 1 BGB i. V. m. § 15 Abs. 3 WEG).

1 Anspruchsinhaber

Dabei handelt es sich nach zutreffender Auffassung des BGH bereits dem Wortlaut nach um einen Individualanspruch, der jedem einzelnen Wohnungseigentümer zusteht und von diesem unabhängig von den Miteigentümern geltend gemacht werden kann. Ein Beschluss der Wohnungseigentümergemeinschaft darüber ist nicht erforderlich (BGH, 4.7.2014, V ZR 183/13). Die Durchsetzung dieser Ansprüche kann jedoch nach herrschender Meinung über § 10 Abs. 6 Satz 3 WEG der Wohnungseigentümergemeinschaft zur Ausübung und klageweisen Geltendmachung übertragen werden. Notwendig ist dazu ein Beschluss der Wohnungseigentümergemeinschaft. In diesen Fällen spricht man von einer Vergemeinschaftung der Individualansprüche an den Verband der Wohnungseigentümer, das ist die sogenannte gekorene Ausübungsermächtigung (vgl. zum Beispiel BGH, 13.11.2009, V ZR 10/09; BGH, 7.2.2014, V ZR 25/13; BGH, 4.7.2014, V ZR 183/13).

Die Wohnungseigentümer sind nicht verpflichtet, die Abwehransprüche an sich zu ziehen, diese Entscheidung liegt vielmehr im Ermessen der Wohnungseigentümergemeinschaft.

Solange die Wohnungseigentümergemeinschaft die Vergemeinschaftung nicht beschließt, kann jeder Wohnungseigentümer diese Rechte selbstständig gegen den Störer, auch gerichtlich, geltend machen. Erfolgt allerdings die entsprechende Beschlussfassung, ist der einzelne Wohnungseigentümer nicht mehr dazu befugt (BGH, 5.12.2014, V ZR 5/14), eine solche Klage ist als unzulässig abzuweisen.

Bei der Beschlussfassung muss darauf zu geachtet werden, dass die Wohnungseigentümergemeinschaft nur die Geltendmachung der Rechtsverfolgung durch die Gemeinschaft beschließt, zum Beispiel in Form der Beschlussfassung über die Erhebung einer Beseitigungsklage, und nicht die beanstandete Störung selbst im Beschlusswege untersagt. Eine solche Beschlussfassung wäre als nichtig zu beurteilen, da der Wohnungseigentümergemeinschaft die Beschlusskompetenz fehlt, durch einen Beschluss eine eigenständige Anspruchsgrundlage zu schaffen.

2 Anspruchsgegner

Anspruchsgegner der Beseitigungs- und Unterlassungsansprüche ist der Wohnungseigentümer, aus dessen Sphäre die Beeinträchtigung resultiert, der sogenannte Störer. In der Rechtsprechung wird zwischen dem sogenannten Handlungs- und dem Zustandsstörer unterschieden.

Handlungsstörer

Handlungsstörer ist derjenige, der durch sein Verhalten, also seine Handlungen oder sein Unterlassen, die Störung in adäquater Weise verursacht (BGH, 16.5.2014, V ZR 131/13); zudem derjenige, der die Störung durch eine adäquate Handlung eines Dritten zu verantworten hat (BGH, 7.4.2000, V ZR 39/99).

Zustandsstörer

Als Zustandsstörer gilt derjenige Wohnungseigentümer oder Besitzer, der die Beeinträchtigung zwar nicht selbst verursacht hat, aber auf dessen Willen sie sich zumindest mittelbar zurückführen lässt. Notwendig ist dazu, dass der Handlungsstörer in tatsächlicher und rechtlicher Hinsicht Möglichkeiten hat, die eingetretene Störung abzustellen. Weiterhin muss bei einer wertenden Betrachtungsweise feststehen, dass durch seinen Willen die Störung zumindest aufrechterhalten wird (BGH, 1.12.2006, V ZR 112/06).

Hat ein Wohnungseigentümer sein Sondereigentum einem Dritten zur Nutzung überlassen, zum Beispiel einem Mieter, und gehen von diesem Störungen aus, weil er beispielsweise die gemietete Einheit unter Verstoß gegen die Gemeinschaftsordnung zweckwidrig nutzt, können die Wohnungseigentümer die Abwehransprüche sowohl gegen den vermietenden Wohnungseigentümer als auch unmittelbar gegen den Mieter geltend machen. Der Zustandsstörer muss, wenn Ansprüche gegen ihn gerichtet werden, nicht für die Beseitigung der Störung einstehen, sondern kann nur auf Duldung der Beseitigung der Störung in Anspruch genommen werden (KG Berlin, 19.3.2007, 24 W 317/06; LG München I, 9.3.2012, 36 T 1621/12).

3 Verjährung

Die Abwehransprüche gemäß § 1004 Abs. 1 BGB i. V. m. § 15 Abs. 3 WEG verjähren gemäß § 195 BGB innerhalb der regelmäßigen Verjährungsfrist von drei Jahren (BGH, 12.12.2003, V ZR 98/03; BGH, 4.7.2014, V ZR 183/13). Die

Verjährungsfrist beginnt erst zum Schluss des Jahres zu laufen, in dem der Anspruch entstanden ist oder der Gläubiger von den anspruchsbegründenden Tatsachen, zum Beispiel einer zweckwidrigen Nutzung des Gemeinschaftseigentums, Kenntnis erlangt hat oder ohne grobe Fahrlässigkeit hätte erlangen müssen (§ 199 Abs. 1 BGB; siehe auch „Verjährung“).

4 Zurechnung von Wissen

Die Zurechnung von Wissen des Verwalters gemäß § 166 BGB bezüglich einer Störung erfolgt nicht, solange ein einzelner Wohnungseigentümer als Individualanspruch von seinen Abwehrrechten gegen den störenden Wohnungseigentümer Gebrauch macht. Erst wenn die Wohnungseigentümergemeinschaft die Abwehransprüche an sich gezogen hat, also die Vergemeinschaftung erfolgt ist, und gegen den Störer als Verband vorgeht, muss sich der Verband das Wissen des Verwalters von der Störung zurechnen lassen. Allerdings wirkt die Zurechnung des Wissens des Verwalters in diesem Fall nicht zurück (BGH, 4.7.2014, V ZR 183/13).

Ohne Rücksicht auf die Kenntnis oder Kenntnisnahmemöglichkeit verjähren die Ansprüche spätestens innerhalb von zehn Jahren ab ihrer Entstehung (§ 199 Abs. 4 BGB). Handelt es sich um einen Unterlassungsanspruch, entsteht dieser mit der Zuwiderhandlung (§ 199 Abs. 5 BGB).

5 Dauerstörung

Diskutiert wird in der Rechtsprechung die Frage, was in Bezug auf die Verjährung gilt, wenn eine andauernde Störung vorliegt. Sobald eine Störungshandlung endet, ist davon auszugehen, dass die Verjährungsfrist zu eben diesem Zeitpunkt zu laufen beginnt.

BEISPIEL

Der Wohnungseigentümer errichtet auf seinem Balkon eine massive Sichtschutzwand. Mit deren Errichtung ist die Störungshandlung beendet, darüber hinaus wirkt sie nicht fort.

Anders gestaltet sich die Situation, wenn die Störungshandlung selbst noch andauert oder sich wiederholt (sogenannte Dauerstörung). Wird zum Beispiel ein Hobbyraum zweckwidrig als Wohnraum genutzt, tritt solange keine Verjährung ein, wie diese zweckwidrige Nutzung aufrechterhalten wird, weil jeder Fall der Zuwiderhandlung eine neue Verjährung auslöst (BGH, 8.5.2015, V ZR 178/14). Besteht die Störung in der dauerhaften Inanspruchnahme einer Gemeinschaftsfläche durch den Störer, verjährt der Herausgabeanspruch gemäß § 985 BGB nicht (§ 902 BGB; LG Hamburg, 9.4.2014, 318 S 117/13; BGH, 16.3.2007, V ZR 190/06).

Bestellung des Verwalters

„Abberufung des Verwalters“

Inhaltsübersicht

Die Verwaltung des gemeinschaftlichen Eigentums obliegt gemäß § 20 WEG grundsätzlich den Wohnungseigentümern nach Maßgabe der §§ 21 bis 25 WEG sowie dem Verwalter nach den §§ 26 bis 28 WEG sowie im Fall der Bestellung eines Verwaltungsbeirats auch diesem (§ 29 WEG).

1 Bestellung

Die Bestellung des Verwalters und dessen Abberufung (siehe auch „Abberufung des Verwalters“) ist in § 26 WEG geregelt. Über die Bestellung des Verwalters beschließen die Wohnungseigentümer mit Stimmenmehrheit. Die Bestellung des Verwalters erfolgt grundsätzlich gemäß § 26 Abs. 1 Satz 1 WEG durch einfachen Mehrheitsbeschluss der Eigentümerversammlung. Da die Bestellung im Gesetz zwingend so vorgeschrieben ist, kann davon in der Teilungserklärung, der Gemeinschaftsordnung oder durch sonstige Vereinbarung nicht abgewichen werden. Etwaige abweichende Regelungen, zum Beispiel die Übertragung der Bestellung auf den Verwaltungsbeirat, sind nichtig. Selbst die Regelung im Rahmen einer Vereinbarung, dass nur Wohnungseigentümer Verwalter sein können und keine dritte Person zum Verwalter bestellt werden kann, ist wegen Verstoßes gegen § 26 Abs. 1 Satz 1 WEG ebenfalls nichtig (BayObLG, 12.10.1994, 2Z BR 97/94).

Gibt es bei der Wohnungseigentümerversammlung mehrere Kandidaten für das Verwalteramt und erreicht keiner der Bewerber eine entsprechende einfache Mehrheit der Stimmen, gilt keiner der Kandidaten als gewählt; hier kommt eine Stichwahl infrage (BayObLG, 13.3.2003, 2 Z BR 85/02). Dabei gilt: Eine Beschlussfassung der Wohnungseigentümerversammlung, nach der derjenige Bewerber als gewählt gelten soll, der beim Wahlgang die meisten Stimmen, aber keine Mehrheit erhält, aufgrund des Verstoßes gegen das absolute Mehrheitserfordernis aus dem Gesetz ebenfalls nichtig ist (BGH, 20.9.2000, V ZB 58/99; LG München I, 6.2.2014, 36 S 9481/13).

2 Person des Verwalters

Die erste Bestellung eines Verwalters ist nach § 26 Abs. 1 WEG nach Gründung der Eigentümergemeinschaft auf die Höchstdauer von drei Jahren beschränkt, ansonsten auf fünf Jahre. Als Verwalter können sowohl natürliche Personen als auch grundsätzlich juristische Personen bestellt werden.

Natürliche Personen

Jede natürliche und geschäftsfähige Person kann zum Verwalter bestellt werden — auch ein Miteigentümer —, da das Wohnungseigentumsgesetz diesbezüglich keine Einschränkungen enthält. Es kann nur eine im Rechtsverkehr geschäftsfähige und handlungsfähige Person zum Verwalter bestellt werden, nicht aber mehrere Personen, die keine handlungsfähige einheitliche Rechtsperson bilden. Die Bestellung eines Ehepaars zum Verwalter beispielsweise wäre daher nichtig.

Voraussetzung für die Bestellung ist eine ausreichende Bonität in Form von finanziellen Mitteln und ausreichende Absicherung für Haftungsfälle, zum Beispiel in Form einer entsprechenden Pflichtversicherung. Sind diese Voraussetzungen nicht erfüllt, entspricht die Bestellung der betreffenden Person zum Verwalter nicht ordnungsmäßiger Verwaltung (BGH, 22.6.2012, V ZR 190/11).

Juristische Personen

Juristische Personen, zum Beispiel eine GmbH, eine AG oder eine in der Haftung beschränkte Unternehmergesellschaft i.S.d. § 5a GmbH-Gesetz (GmbHG) oder sonstige Unternehmen in einer Rechtsform, die in einem anderen Mitgliedstaat der EU zulässig ist, sind als einheitlich handlungsfähige Rechtspersönlichkeiten als Verwalter bestellbar. Das gilt allerdings nicht für nicht rechtsfähige Organisationseinheiten innerhalb solcher Gesellschaften, zum Beispiel für eine Abteilung in einer Hausverwaltungsfirma, Bank oder Versicherung oder die Bauabteilung eines Unternehmens. Als Verwalter kann daher nur eine rechtlich selbstständige Einheit bestellt werden. Das Gleiche gilt für Personengesellschaften aus dem Handelsgesetzbuch (HGB) oder der Partnerschaft nach dem Gesetz über Partnerschaftsgesellschaften (PartGG). Aufgrund der besonderen Stellung der Gesellschaft bürgerlichen Rechts (GbR) als lediglich teilrechtsfähige Gesellschaft kann dieser die Verwaltung mangels eigenständiger vollständiger Handlungsfähigkeit nicht übertragen werden (BGH, 26.1.2006, V ZB 132/05; OLG München, 23.8.2006, 34 Wx 58/06).

3 Ermessen der Wohnungseigentümergemeinschaft

Bei der Bestellung des Verwalters haben die Wohnungseigentümer wie bei der Abberufung einen Beurteilungsspielraum. Eine haftungsbeschränkte Unternehmergesellschaft kann Verwalterin einer WEG sein. Zum Verwalter einer WEG darf — unabhängig von der Rechtsform — nur bestellt werden, wer über ausreichende finanzielle Mittel verfügt und ausreichende Sicherheit im Haftungsfall bietet. Besteht bei objektiver Betrachtung Anlass, die Bonität des in Aussicht genommenen Verwalters zu prüfen, müssen die Wohnungseigentümer die Bestellung zurückstellen, bis sie Unterlagen oder andere Erkenntnisse haben, die eine entsprechende Entscheidung erlauben (BGH, 22.6.2012, V ZR 190/11).

4 Wichtiger Grund gegen die Bestellung

Ein wichtiger Grund gegen die Bestellung einer bestimmten Person als Verwalter kann dann gegeben sein, wenn unter der Berücksichtigung aller und nicht notwendigerweise vom Verwalter verschuldeten Umstände nach den Grundsätzen von Treu und Glauben eine Zusammenarbeit mit dem von der Versammlung gewählten Verwalter unzumutbar erscheint und das erforderliche Vertrauensverhältnis zwischen Miteigentümer und dem Verwalter von vornherein nicht zu erwarten steht. Das kann der Fall sein, wenn erkennbar ist, dass die gewählte Person möglicherweise für das Amt des Verwalters nicht geeignet oder zur Ausführung dieses Amts nicht in der Lage ist (LG Hamburg, 30.11.2011, 318 S 201/10).

Bei der Bestellung des Verwalters hat sich, anders als bei der Abberufung, eine Mehrheit der Miteigentümer gerade dafür entschlossen, die gewählte Person als Verwalter zu bestellen. Dementsprechend sind bei der Bestellung für das Vorliegen eines wichtigen Grunds strengere Maßstäbe anzulegen (LG Hamburg, 30.11.2011, 318 S 201/10).

5 Erstbestellung, Fortbestellung, Verwaltervertrag

Im Fall der ersten Bestellung des Verwalters nach Begründung von Wohnungseigentum kann der Verwalter maximal für drei Jahre bestellt werden (§ 26 Abs. 1 Satz 2 HS 2 WEG). Nach Ablauf dieser Frist endet die Bestellung automatisch, ohne dass es einer Kündigung bedarf. Automatische Verlängerungsklauseln in der Gemeinschaftsordnung sind nicht zulässig, daher ist eine Neubestellung des Erstverwalters ab diesem Zeitpunkt jederzeit im Beschlusswege möglich. Der Verwalter kann dann für eine maximale Dauer von fünf Jahren bestellt werden (§ 26 Abs. 1 Satz 2 HS 1 WEG). Wird ein Beschluss gefasst, der die Bestellung für länger als fünf Jahre regelt, berührt dies die Wirksamkeit der Bestellung an sich nicht. Aufgrund der gesetzlichen Regelung einer Maximalzeit von fünf Jahren endet die Bestellung automatisch nach dieser Zeit, sofern zuvor keine erneute Bestellung erfolgt (OLG München, 8.3.2007, 34 Wx 2/07; LG Köln, 4.5.1984, 11 T 113/84).

Oft wird bei der Aufteilung und Begründung von Wohnungseigentum bei Errichtung der Gemeinschaftsordnung bereits vom aufteilenden Bauherrn oder Eigentümer ein Verwalter bestimmt, der das Amt für die ersten drei Jahre übernehmen soll. Sofern das nicht der Fall ist, bleibt es den Wohnungseigentümern unbenommen, eine Bestellung im Rahmen der Eigentümerversammlung nachzuholen. Auch dann gilt die Frist von drei Jahren, da die Amtsdauer des ersten Verwalters aufgrund möglicher Interessenkollisionen nicht deckungsgleich mit der fünfjährigen Verjährungsfrist für Mängelgewährleistungsansprüche i.S.d. § 634a Abs. 1 Nr. 2 BGB sein soll. Gegebenenfalls empfiehlt es sich, nach den ersten drei Jahren einen anderen Verwalter zu bestellen, um bei Baumängeln von einer möglicherweise objektiveren Sichtweise seitens des Verwalters ausgehen zu können.

6 Qualifikation des Verwalters

Das Wohnungseigentumsgesetz enthält keine Regelung in Bezug auf die Qualifikation oder sonstigen Voraussetzungen des Verwalters. Dieser unterliegt der Gewerbeordnung (GewO), da er ein sogenanntes stehendes Gewerbe betreibt, das er gemäß § 14 Abs. 1 GewO bei der örtlich zuständigen Aufsichtsbehörde anzeigen muss. Weitere Zulassungsvoraussetzungen gibt es derzeit nicht, allerdings ist eine Gesetzesnovellierung angedacht, um einen gewissen Mindeststandard, zum Beispiel in der Sachkunde, bundesweit einzuführen.

In Zukunft soll die Berufszulassung für gewerbliche Immobilienverwalter und Makler neu geregelt werden. Das Bundesministerium für Wirtschaft und Energie hat das entsprechende Gesetzgebungsverfahren durch Vorlage eines Referentenentwurfs angestoßen, um den bisherigen § 34c GewO entsprechend zu ändern und gewisse Zugangsvoraussetzungen zur Ausübung des Gewerbes als WEG-Verwalter zu schaffen. Die Gesetzesänderung soll gewisse Mindeststandards in der Praxis bezüglich der Sachkunde und handwerklicher „Mindestanforderungen" schaffen, damit sich der Verbraucher und damit auch der einzelne Miteigentümer darauf verlassen kann, dass ein Verwalter die entsprechende Erfahrung bzw. das notwendige Wissen mitbringt. Die geplanten Neuregelungen betreffen ausschließlich gewerbliche Verwalter; der einzelne Miteigentümer als „Verwalter", der Verwalter von Mietwohnungen und angestellte Verwalter werden davon wohl nicht betroffen sein.

Der bisherige § 34c Abs. 2 GewO soll wie folgt gefasst werden: „Wohnungseigentumsverwalter, die vor Inkrafttreten dieses Gesetzes tätig waren, müssten innerhalb von sechs Monaten eine Erlaubnis nach § 34c Absatz 1 Satz 1 Nummer 4 GewO neu beantragen. Im Rahmen des Erlaubnisverfahrens sind alle Erlaubnisvoraussetzungen nach Absatz 2 nachzuweisen." Nach dem bisherigen Entwurf müssen künftig gewerbliche Verwalter einen Sachkundenachweis, einen Zuverlässigkeitsnachweis, geordnete Vermögensverhältnisse sowie eine Vermögensschadenshaftpflichtversicherung für ihr Gewerbe nachweisen, bevor sie eine Gewerbeerlaubnis gemäß § 34c GewO (geplante Fassung) erhalten. In welcher Form die Nachweise von Sachkunde und Qualifikation erfolgen sollen, ist derzeit nicht geklärt. Vorstellbar wäre die Erlangung des Sachkundenachweises durch private Bildungsträger, entsprechende berufsbildende Akademien, Lehrgänge der Industrie- und Handelskammer oder Ähnliches. Eine Ausnahmeregelung soll es für Verwalter geben, die seit mindestens sechs Jahren ununterbrochen gewerblich und selbstständig als Verwalter tätig sind; für sie soll die Sachkundeprüfung entfallen. Dennoch müssen auch sie die Erlaubnis innerhalb der Frist von sechs Monaten nach einer geplanten Übergangsphase von neun Monaten neu beantragen.

Hinweis: Beschäftigt ein gewerblicher Verwalter Personal, soll er dann auch gehalten sein, die Qualifikation und Zuverlässigkeit jedes einzelnen Mitarbeiters, der den Verwalter bei seiner Tätigkeit unterstützt, zumindest zu prüfen und zu überwachen.

Die neuen Regelungen sollen voraussichtlich am 1.1.2016 in Kraft treten. Bei Redaktionsschluss dieses Buchs am 9.9.2015 war das Gesetzgebungsverfahren noch nicht abgeschlossen, aktuell ist noch nichts Weiteres absehbar und sind Änderungen möglich. Es ist aber davon auszugehen, dass im Hinblick auf den Verbraucherschutz entsprechende Regelungen getroffen und in Gesetzesform verabschiedet werden.

7 Gerichtliche Durchsetzung der Bestellung

Nach § 21 Abs. 4 und § 43 Nr. 1 WEG kann jeder Miteigentümer, falls ein Verwalter fehlt, im Rahmen eines gerichtlichen Verfahrens durchsetzen, dass ein Verwalter bestellt wird. Insofern gibt es in dem Sinn keinen Notverwalter (siehe dort) mehr, die entsprechende Regelung wurde bei der Gesetzesnovelle 2007 gestrichen. Im Rahmen der Geltendmachung der ordnungsmäßigen Verwaltung kann die Bestellung eines Verwalters durch das Gericht auch dann verlangt werden, wenn der Verwalter den ihm aus dem Gesetz und dem Verwaltervertrag obliegenden Pflichten nur unzureichend nachkommt. Dies ist im Einzelfall allerdings im Rahmen der ordnungsmäßigen Verwaltung inzident durch das Gericht zu prüfen.

Betretungsrecht des Verwalters

Inhaltsübersicht

Im Rahmen der ordnungsmäßigen Verwaltung gehört es zu den Kontrollpflichten des Verwalters, das gemeinschaftliche Eigentum regelmäßig zu besichtigen, um zum Beispiel etwaige Mängel hieran festhalten zu können. Daher ist der Verwalter gemäß § 27 Abs. 1 Nr. 2 und § 14 Nr. 4 WEG befugt, zu diesem Zweck das Sondereigentum nach angemessener Vorankündigung zu betreten. Der jeweilige Sondereigentümer hat ihm hierfür den Zutritt zu gestatten.

Die Berechtigung des Verwalters auf Zutritt setzt voraus, dass objektiv betrachtet und nachprüfbar ausreichend Anhaltspunkte für die Notwendigkeit des Betretens zur Durchführung etwaiger Maßnahmen der Instandhaltung oder Instandsetzung vorliegen (OLG München, 22.2.2006, 34 Wx 133/05). Der Verwalter darf hier auch dritte Personen hinzuziehen, zum Beispiel Sachverständige, Architekten oder Handwerker. Diese Personen sind ggf. zumindest nach Anzahl und mit dem jeweiligen Firmennamen dem betroffenen Sondereigentümer in dem Anschreiben anzukündigen, damit dieser sich darauf einstellen kann. Weigert sich ein Sondereigentümer, die Handwerker nach deren Beauftragung in die Wohnung zu lassen, kann die Gemeinschaft dies unter Umständen sogar im Rahmen einer einstweiligen Verfügung durchsetzen (LG Hamburg, 27.11.2013, 318 S 34/13; LG München I, 8.5.2014, 36 S 20940/12 WEG).

1 Duldungspflicht des Sondereigentümers

Jeder Sondereigentümer ist nach § 14 WEG verpflichtet, sogenannte Einwirkungen auf die im Sondereigentum stehenden Gebäudeteile und auf das gemeinschaftliche Eigentum zu gestatten, soweit ihm dadurch keine Nachteile entstehen, die über das im geordneten Zusammenleben unvermeidliche Maß hinausgehen. Daher haben einzelne Sondereigentümer auch solche Maßnahmen zu dulden, die im Rahmen des geordneten Zusammenlebens und zur Verwaltung des gemeinschaftlichen Eigentums unvermeidlich sind. Genauso muss jeder Sondereigentümer das Betreten und die Benutzung seines Sondereigentums dulden, soweit dies zur Instandhaltung und Instandsetzung des gemeinschaftlichen Eigentums erforderlich ist. Das ergibt sich bereits aus der rechtlichen Stellung des Sondereigentums innerhalb des Gemeinschaftseigentums (siehe dort).

Allerdings steht dem jeweiligen Sondereigentümer im Fall der Beschädigung seines Sondereigentums ein entsprechender Ersatzanspruch gegenüber der Wohnungseigentümergemeinschaft bzw. dem Verursacher zu. Das umfasst zum Beispiel die Kosten für die Wiederherstellung des ursprünglichen Zustands, etwa für den Ersatz des Oberbelags wie Fliesen und für die Säuberung, ggf. auch die Kosten einer notwendigen Ersatzunterkunft oder Umzugs-, Transport- und Lagerkosten (AG Hamburg, 30.6.2010, 102B C 20/09; BGH, 11.12.2002, IV ZR 226/01; siehe auch „Folgeschadenbeseitigung im Sondereigentum").

2 Generelles Betretungsrecht durch Vereinbarung

Ein generelles Betretungsrecht des Verwalters kann im Rahmen der Teilungserklärung oder Gemeinschaftsordnung wegen Verstoßes gegen das Recht auf Unverletzlichkeit der Wohnung gemäß Art. 14 GG nicht vereinbart werden. Das lässt sich wirksam nur festlegen, wenn hinreichende Anhaltspunkte dafür vorhanden sind, dass Instandhaltungsmaßnahmen und Instandsetzungsmaßnahmen im Einzelfall zwingend vorgenommen werden müssen und diese Tatsache bereits bekannt und überprüfbar ist (BayObLG, 27.6.1997, 2 Z BR 16/6 90; OLG München, 22.2.2006, 34 Wx 133/05).

Brandschutz

Muss die Wohnungseigentümergemeinschaft öffentlich-rechtlichen Auflagen nachkommen, zum Beispiel zur Sanierung des Brandschutzes einer Wohnungseigentumsanlage, handelt es sich dabei um eine Maßnahme der Instandhaltung und Instandsetzung i. S. d. § 21 Abs. 5 Nr. 2 WEG (OLG Köln, 6.8.2004, 16 Wx 81/04). Es liegt keine bauliche Veränderung gemäß § 22 Abs. 1 WEG vor, wenn zum Beispiel aufgrund brandschutzrechtlicher Auflagen ein zweiter Rettungsweg erstellt werden muss.

Der Verwalter hat zu berücksichtigen, dass er nach Rechtsprechung der Verwaltungsgerichte (VG), zum Beispiel des Oberverwaltungsgerichts (OVG) Münster (28.1.2011, 2 B 1495/10), nach § 27 Abs. 1 Nr. 2 WEG selbst befugt ist, für die ordnungsgemäße Instandhaltung und Instandsetzung des gemeinschaftlichen Eigentums zu sorgen, um damit eine Störung der öffentlichen Sicherheit und Ordnung zu unterbinden. Aufgrund dieser Befugnis ist der Verwalter auch Adressat der entsprechenden Verwaltungsakte, die sich beispielsweise auf Brandschutzmängel beziehen, da er als Störer anzusehen ist. Die Haftung des Verwalters geht sogar so weit, dass er dafür einstehen muss, auch wenn die Störung vom Sondereigentum ausgeht und Auswirkungen auf das Gemeinschaftseigentum hat (VG Düsseldorf, 20.8.2010, 25 K 3682/10).

Der Verwalter kann von der Ordnungsbehörde dazu verpflichtet werden, Brandschutzauflagen zu erfüllen, ohne dass er vor Durchführung der Maßnahme einen entsprechenden Beschluss der Wohnungseigentümergemeinschaft herbeiführen muss. Der Verwalter ist Adressat der entsprechenden Verwaltungsakte, die ihm zum Vollzug der Auflagen zwingen können. Eine Ausnahme besteht nur dann, wenn die Störung vom Sondereigentum ausgeht, da der Verwalter in diesen Fällen nicht zur Einleitung von Maßnahmen verpflichtet ist.

Bruchteilsgemeinschaft

Besitzen mehrere Personen gemeinsam eine Sache, so wird das Eigentum daran als „Bruchteilseigentum" oder „Miteigentum nach Bruchteilen" bezeichnet. Gesetzlich geregelt ist das Bruchteilseigentum in den §§ 1008 ff. BGB. Der individuelle Anteil der einzelnen Personen wird nach Bruchteilen bestimmt. Er ist rechtlich selbstständig und jeder Eigentümer darf selbst über ihn verfügen, wobei er ideell zu verstehen ist. Jeder Miteigentümer kann also seinen Anteil veräußern oder mit einem Pfandrecht belasten, zum Beispiel mit einer Grundschuld.

Im Hinblick auf das gemeinschaftliche Eigentum bilden alle Eigentümer eine Bruchteilsgemeinschaft. Im Wohnungseigentumsrecht findet sich die Bruchteilsgemeinschaft zudem, wenn ein Sonder- oder Teileigentum mehreren Personen gemeinsam gehört, zum Beispiel eine Wohnung zweier Ehegatten.

Häufig entstehen Bruchteilsgemeinschaften auch bei Duplexparkern (Doppel- oder Viererparker). Hierbei ist wohnungseigentumsrechtlich zu beachten, dass in der Regel nur ein Sonder- oder Teileigentum vorliegt. Das bedeutet, dass die Verwaltung auch nur eine Jahresabrechnung für die Einheit erstellen muss. Die Mitglieder einer Bruchteilsgemeinschaft können ihre Stimme in der Eigentümerversammlung nur einheitlich abgeben (LG Köln, 4.10.2012, 29 S 91/12). Fällt die Stimmabgabe nicht einheitlich aus, wird diese Stimme nicht berücksichtigt (siehe auch Stimmrecht).

Buchhaltung/Buchführung des Verwalters

Dem Verwalter obliegt gemäß § 21 WEG die Pflicht zur ordnungsmäßigen Führung der Bücher, aus denen die Jahresabrechnung, die Rechnungslegung und auch der Wirtschaftsplan nachvollzogen und geprüft werden können. Hierbei sind die anerkannten Grundsätze einer ordnungsmäßigen Buchhaltung nach dem HGB und der AO entsprechend zu beachten. Die Buchführung des Verwalters genügt den Erfordernissen einer ordnungsmäßigen Verwaltung nur, wenn sie für die Wohnungseigentümer bei einer ihnen zumutbaren Sorgfalt verständlich und dadurch nachprüfbar ist. Beachtet er dies nicht, kann sich der Verwalter schadenersatzpflichtig machen ((BayObLG, 30.7.1987, BReg. 2 Z 78/87).

Zu einer ordnungsmäßigen Buchführung zählt das geordnete Aufstellen aller Einnahmen und Ausgaben, die im Zusammenhang mit der Verwaltung des gemeinschaftlichen Eigentums stehen, und aller Vorgänge, die zu Veränderungen des Verwaltungsvermögens der Wohnungseigentümer führen. Der Verwalter ist gemäß § 27 Abs. 5 Satz 1 WEG verpflichtet, das von ihm verwaltete Vermögen der Wohnungseigentümergemeinschaft von seinem eigenen Geschäfts- oder Privatvermögen getrennt zu halten. Auch muss er für jede Wohnungseigentümergemeinschaft eine selbstständige Buchführung mit separaten Konten einrichten.

Dach

Nach § 5 Abs. 1 WEG sind das Grundstück sowie Teile, Anlagen und Einrichtungen, die nicht im Sondereigentum eines Dritten stehen, Gemeinschaftseigentum. Gemäß § 5 Abs. 2 WEG gehören zum Gemeinschaftseigentum Teile des Gebäudes, die für dessen Bestand oder Sicherheit erforderlich sind, sowie Anlagen und Einrichtungen, die dem gemeinschaftlichen Gebrauch dienen.

Das Dach einer Eigentumswohnanlage ist für den Bestand und die Sicherheit des Gebäudes ein solcher konstruktiver Bestandteil und damit zwingend Gemeinschaftseigentum (§ 5 Abs. 2 WEG; BGH 19.12.1991, V ZB 27/90; OLG Düsseldorf, 5.11.2003, 3 Wx 235, 240/03). Dabei spielt es keine Rolle, um welche Art von Dach es sich handelt, zum Beispiel Giebeldach oder Flachdach (OLG Frankfurt/Main, 9.7.1986, 20 W 357/85). Zum Dach werden auch alle Bestandteile wie die Dacheindeckung und sonstige Isolierschichten gezählt. Dies gilt auch bei Reihenhäusern (BayObLG, 30.3.200, 2Z BR 2/00).

Zudem zählen die weiteren konstruktiven Bestandteile des Dachs zum Gemeinschaftseigentum, zum Beispiel die Dachrinne, die Regenrinnen und die Regenfallrohre. Auch die Dachfenster als konstruktive Bestandteile der Dachoberfläche sind gemeinschaftliches Eigentum, dabei wird nicht zwischen der Innenseite des Fensters, die dem Sondereigentum zuzuweisen sind, und der Außenseite, die im Gemeinschaftseigentum steht, unterschieden (OLG Karlsruhe, 14.1.1985, 11 W 102/84).

Dachgeschossausbau

Wird ein Dachgeschoss ausgebaut, zum Beispiel zu Wohnzwecken, ist im Regelfall von einer baulichen Veränderung auszugehen, da eine solche Maßnahme in die Substanz des Gebäudes eingreift. Dieser Maßnahme müssen daher alle Wohnungseigentümer zustimmen (§ 22 Abs. 1 WEG). Als weitere mögliche Beeinträchtigungen gemäß § 14 Nr. 1 WEG kommen ggf. die möglichen intensiveren Nutzungen der ausgebauten Dachräume als Wohnung oder Büro und dadurch eine intensivere Nutzung bzw. höhere Belegung in Betracht. Ebenso muss geprüft werden, ob der Anschluss von Versorgungsleitungen für die neu errichteten Räume für Heizung, Wasser, Abwasser und Gasleitungen eine stärkere Inanspruchnahme des gemeinschaftlichen Eigentums bewirkt. Häufig wird auch eine nachteilige Veränderung des architektonischen Gesamteindrucks der Wohnungseigentumsanlage durch den Einbau von Dachflächenfenster, Dachgauben, Änderung der Giebelfenster etc. festzustellen sein. Schließlich ist zu prüfen, ob durch den Dachausbau das Risiko einer erhöhten Reparatur- oder Wartungsanfälligkeit des Dachs droht, zum Beispiel wegen des Einbaus von Dachflächenfenstern.

Bei sichtbaren äußeren Maßnahmen an dem Gebäude muss im Einzelfall entschieden werden, ob ein Nachteil i. S. v. § 14 Nr. 1 WEG vorliegt, da nicht jede bauliche Maßnahme am Dach das optische Erscheinungsbild des Gebäudes der Wohnungseigentumsanlage nachteilig verändert. Jedoch kommt es nicht darauf an, ob unmittelbar in die Bausubstanz eingegriffen wird (OLG Karlsruhe, 12.10.1998, 11 Wx 49–98) oder die optische Beeinträchtigung von einem Standort des Grundstücks der Wohnungseigentümergemeinschaft wahrgenommen werden kann (LG München I, 15.2.2010, 1 S 15854/09).

Hinweis: Es liegt keine bauliche Veränderung durch einen Dachgeschossausbau vor, wenn die Maßnahme in der Teilungserklärung bzw. Gemeinschaftsordnung bereits vorgesehen war (BayObLG, 28.11.1996, 2Z BR 117/96).

Zu beachten ist, dass beim Dachgeschossausbau die öffentlich-rechtlichen Vorschriften einzuhalten sind und nur die unbedingt notwendigen Maßnahmen und die damit verbundenen Beeinträchtigungen von den Miteigentümern hingenommen werden müssen (OLG Düsseldorf, 25.4.1996, 3 Wx 378/95; aber auch OLG Hamburg, 5.11.2012, 2 Wx 64/09). Baut ein Wohnungseigentümer ohne erforderliche Genehmigung das sich im Gemeinschaftseigentum befindliche Dachgeschoss aus und nutzt er ausgebaute Räumlichkeiten für seine Zwecke, hat jeder Miteigentümer das Recht, gemäß § 1004 Abs. 1 Satz 4 BGB i. V. m. § 15 Abs. 3 WEG von ihm Unterlassung zu verlangen (KG Berlin, 6.4.2009, 24 W 163/07).

Dachterrasse

In Rechtsprechung und Literatur umstritten ist die Frage, ob Dachterrassen sondereigentumsfähig sind. Bestritten wird ihre Sondereigentumsfähigkeit mit dem Argument, dass sie nicht allseitig baulich abgeschlossen sind. Umgekehrt spricht für die Sondereigentumsfähigkeit, dass eine Dachterrasse nur über Gemeinschafts- oder Sondereigentumsflächen, die ihrerseits allseits baulich abgeschlossen sind, erreicht werden kann und aus diesem Grund ihrerseits die räumliche Abgeschlossenheit einer anderen und insbesondere der mit ihr verbundenen Sondereigentumseinheit teilt. Überdies ist eine Dachterrasse schon aus Sicherheitsgründen räumlich eingefriedet. Aus diesem Grund sollte die Sondereigentumsfähigkeit von Dachterrassen anzuerkennen sein (LG Schwerin, 24.7.2008, 5 T 165/05). Bei den konstruktiven Bestandteilen, also Bodenplatte, Isolierschichten, Brüstung und Gitter, handelt es sich jedoch zwingend um gemeinschaftliches Eigentum.

Darlehen/Kreditaufnahme

Die Befugnis der Wohnungseigentümer, den Finanzbedarf der Wohnungseigentümergemeinschaft auch durch Aufnahme von Darlehen zu decken, ergibt sich zwar nicht ausdrücklich aus dem Wohnungseigentumsgesetz, wird von diesem jedoch vorausgesetzt. Über die Deckung des Finanzbedarfs des nunmehr rechtsfähigen Verbands (§ 10 Abs. 6 Satz 1 WEG) durch Beschluss zu befinden ist Sache der Wohnungseigentümer. Hierzu zählt auch die Entscheidung darüber, ob der Bedarf durch einen Rückgriff auf vorhandene Rücklagen, durch die Erhebung von Sonderumlagen oder durch die Aufnahme von Darlehen gedeckt werden soll (BGH, 21.4.1988, V ZB 10/87; BGH, 18.2.2011, V ZR 197/10; BGH, 28.9.2012, V ZR 251/11).

Nach wie vor umstritten ist allerdings die hiervon zu trennende Frage, ob und unter welchen Voraussetzungen die Aufnahme eines Kredits, bei dem es nicht allein um die Deckung eines kurzfristigen Finanzbedarfs in überschaubarer Höhe geht, den Grundsätzen einer ordnungsgemäßen Verwaltung entspricht. Sehr hohe Kredite, die einzelne Wohnungseigentümer zusätzlich zu ihren regelmäßigen Hausgeldzahlungen belasten, können nicht ordnungsgemäßer Verwaltung entsprechen. Ein entsprechender von den Wohnungseigentümern gefasster Beschluss ist jedoch nicht von vornherein nichtig, sondern nur auf fristgerecht erhobene Anfechtungsklage (§ 46 Abs. 1 Satz 2 WEG) hin zu beanstanden und ggf. für ungültig zu erklären. Die Finanzierung einer dringlichen Fassadensanierung teils aus der Rücklage, teils über Bankkredit entspricht im Einzelfall ordnungsmäßiger Verwaltung, insbesondere wenn die Rückführung des Kredits binnen fünf Jahren erfolgen soll (so LG Düsseldorf, 12.6.2013, 25 S 152/12).

Hinweis: Vertragspartner des Kreditinstituts ist der teilrechtsfähige Verband. Im Fall eines Eigentümerwechsels tritt daher der neue Eigentümer in die Kreditverpflichtung ein, ohne dass es einer gesonderten Vereinbarung bedarf. Die Haftung der einzelnen Eigentümer für die Kreditverbindlichkeiten ist jedoch gemäß § 10 Abs. 8 WEG auf die Höhe ihres Miteigentumsanteils beschränkt.

Der Verwalter muss die Tilgungsbeträge einziehen und weiterleiten. Somit hat er die Kreditraten nach den Grundsätzen ordnungsmäßiger Verwaltung zwingend in die folgenden Wirtschaftspläne zusätzlich einzustellen und an das Kreditinstitut abzuführen. Werden Wohnungseigentümer zahlungsunfähig, müssen deren Kreditraten notwendigerweise von den übrigen Wohnungseigentümern ergänzend aufgebracht werden.

Datenschutz

Datenschutzrechtliche Aspekte im Wohnungseigentumsrecht spielen zum einen bei der Videoüberwachung (siehe dort) eine Rolle, zum anderen bei den Einsichtsrechten der Wohnungseigentümer in die Verwalterunterlagen, der Herausgabe der Eigentümerliste und der Information über einen Rechtsstreit. Das Datenschutzrecht gilt gemäß § 1 Abs. 2 BDSG nicht nur gegenüber Dritten, sondern auch in der Wohnungseigentümergemeinschaft, soweit dort in oder mit Dateien geschäftsmäßig gearbeitet wird. Regelmäßig ergibt sich ein berechtigtes Interesse der Wohnungseigentümer, Informationen zu erhalten. So stellen das Auskunftsverlangen, in das Protokoll der Eigentümerversammlung Einsicht zu nehmen, das jedem Wohnungseigentümer gemäß § 24 Abs. 6 Satz 3 WEG zusteht, sowie das Einsichtsrecht in die Beschlusssammlung gemäß § 24 Abs. 7 Satz 8 WEG ein berechtigtes Interesse dar, die entsprechenden Informationen zu erhalten.

Auch die Herausgabe der Eigentümerliste mit sämtlichen Namen und Anschriften der Wohnungseigentümer kann der Verwalter nicht mit dem Hinweis verweigern, dass dem der Datenschutz entgegensteht. Gegenüber anderen Wohnungseigentümern besteht damit grundsätzlich kein Geheimhaltungsinteresse. Anders stellt sich die Situation gegenüber außenstehenden Dritten dar. Der Verwalter ist nicht berechtigt, Dritten Personenauskünfte über Vorgänge innerhalb der Gemeinschaft oder über einzelne Eigentümer zu erteilen. Ausnahmen bestehen nur dann, wenn ein außenstehender Dritter, zum Beispiel ein Handwerker, wegen einer Auftragserteilung Informationen erhält, bei welchem Wohnungseigentümer eine Reparatur durchzuführen ist, oder wenn der Dritte gegen den Verband klagt und Ansprüche gerichtlich geltend machen möchte.

Dauerwohn-/Dauernutzungsrecht

Das Dauerwohnrecht ist in §§ 31 ff. WEG geregelt. Inhalt des Dauerwohnrechts ist, dass der Grundstückseigentümer die Wohn- oder anderweitige Nutzung einer Wohnung durch den Berechtigten duldet (§ 31 Abs. 1 Satz 1 WEG). Soll dieses Nutzungsrecht an nicht zu Wohnzwecken bestimmten Räumen begründet werden, wird es als Dauernutzungsrecht bezeichnet. Für das Dauerwohnrecht und Dauernutzungsrecht gelten die gleichen Bestimmungen wie für das Wohnungseigentum. Das Dauerwohnrecht wird als dienstbarkeitartiges Recht betrachtet, auf das die Vorschriften des Nießbrauchs angewendet werden können (§ 1091, § 1030 ff. BGB). Für die Entstehung des Dauerwohnrechts ist erforderlich, dass es als dingliches Recht im Grundbuch eingetragen wird. Ein Dauerwohnrecht bzw. Dauernutzungsrecht ermöglicht es dem Berechtigten, die entsprechenden Objekte zu vermieten oder zu verpachten (§ 37 WEG).

Decke

Decken sind gemeinschaftliches Eigentum, da sie ein konstitutiver Bestandteil des Gebäudes sind und damit unter § 5 Abs. 2 WEG fallen (KG Berlin, 10.1.1990, 24 W 6746/89). Das Gemeinschaftseigentum erstreckt sich auch auf die aufgebrachten Isolierschichten gegen Feuchtigkeit und Trittschall, die sich auf der Decke befinden (OLG Köln, 21.9.2001, 16 Wx 153/01).

Dereliktion

Gemäß § 928 BGB kann ein Eigentümer das Eigentum an einem Grundstück aufgeben, wenn er den Verzicht gegenüber dem Grundbuchamt erklärt und dieser ins Grundbuch eingetragen wird. Die Aufgabe des Wohnungs- und Teileigentums durch einen einzelnen Eigentümer gemäß § 928 Abs. 1 BGB ist nicht zulässig (BGH, 14.6.2007, V ZB 18/07). Darüber hinaus kann kein einzelner Wohnungseigentümer die Aufhebung der Gemeinschaft verlangen. Dies ist selbst dann unzulässig, wenn ein wichtiger Grund vorliegt (§ 11 Abs. 1 WEG). Von § 11 WEG kann weder durch Vereinbarung, zum Beispiel in der Gemeinschaftsordnung, oder Beschluss der Wohnungseigentümer abgewichen werden. Das Verbot gilt auch für den Insolvenzverwalter und den Pfandgläubiger gemäß § 751 BGB (vgl. § 11 Abs. 2 WEG). Wohnungseigentümer, die aus einer Wohnungseigentümergemeinschaft ausscheiden möchten, müssen daher ihr Wohnungs- oder Teileigentum veräußern.

Hinweis: Ausnahmsweise kann eine Wohnungseigentümergemeinschaft aufgelöst werden, wenn sich alle Wohnungseigentumsrechte bei einem Wohnungseigentümer vereinigen. In diesem Fall kann der Alleineigentümer die Schließung der Wohnungseigentumsgrundbücher gemäß § 9 Abs. 1 Nr. 3 WEG beim Grundbuchamt beantragen.

Da § 11 WEG nur die einseitige Aufgabe des Wohnungseigentums untersagt, kann das Wohnungseigentum einvernehmlich mit Zustimmung aller Wohnungseigentümer aufgehoben werden. Dabei muss das Sondereigentum aufgegeben werden oder müssen alle Wohnungseigentümer auf das Grundstückseigentum verzichten (BGH, 14.6.2007, V ZB 18/07).

Auch bei teilweiser oder vollständiger Zerstörung des Gebäudes kann auf Verlangen eines einzelnen Wohnungseigentümers die Aufhebung der Wohnungseigentümergemeinschaft erfolgen, wenn eine entsprechende Vereinbarung gemäß § 11 Abs. 1 Satz 3 WEG besteht. Diese Vereinbarung kann in der Gemeinschaftsordnung enthalten sein, auch nachträglich lässt sich ein entsprechender schuldrechtlicher Vertrag mit allen Wohnungseigentümern vereinbaren. Ein Beschluss der Wohnungseigentümergemeinschaft reicht dafür nicht aus, da insoweit keine Beschlusskompetenz der Wohnungseigentümergemeinschaft besteht. Eine entsprechende Beschlussfassung ist nichtig.

Dienstbarkeit

Das Wohnungseigentum kann mit einer Dienstbarkeit belastet werden. Eine solche Grunddienstbarkeit kann sowohl auf das Grundstück als auch auf das einzelne Wohnungseigentum bestellt werden. Nachdem das Wohnungseigentum echtes Eigentum ist, muss bei der Bestellung einer Grunddienstbarkeiten zulasten einer Wohnungseigentumseinheit berücksichtigt werden, dass sich die Ausübung der Dienstbarkeit auf den Gebrauch des betreffenden Sondereigentums beschränkt. Wird die Grunddienstbarkeit am gemeinschaftlichen Grundstück bestellt, müssen an der Bestellung sämtliche Wohnungseigentümer mitwirken.

Die Dienstbarkeit stellt sich gemäß § 1018 BGB als Belastung des Eigentümers eines anderen Grundstücks in der Weise dar, dass dieser in einzelnen Beziehungen das Wohnungseigentum nutzen oder dies verlangen darf. In der Praxis ist als Bestellung einer Grunddienstbarkeit am Gemeinschaftseigentum häufig die Einräumung eines Geh- und Fahrtrechts für das Nachbargrundstück anzutreffen, außerdem in Form des Wohnungsrechts gemäß § 1093 BGB an einem Sondereigentum. Eine Grunddienstbarkeit muss in Abteilung II sämtlicher Wohnungsgrundbücher eingetragen werden, um sicherzustellen, dass die Belastung des gesamten Grundstücks erfolgt.

Digitales Fernsehen/Parabolantenne

Inhaltsübersicht

Das digitale Antennenfernsehen DVB-T („digital video broadcasting-terrestrial") wurde im Jahr 2002 in Deutschland eingeführt und steht seit 2008 flächendeckend zur Verfügung. Das digitale Antennenfernsehen ist der dritte Empfangsweg neben Kabel und Satellit zum Fernsehempfang. Seit 2008 ist der analoge Fernsehempfang über die Antenne aus technischen Gründen nicht mehr möglich.

Für den Empfang des digitalen Antennenfernsehens DVB-T ist neben einer Antenne ein Empfangsgerät für jeden Fernseher erforderlich. Zwischenzeitlich verfügen die meisten modernen Fernsehgeräte über einen eingebauten DVB-T-Empfänger. Für solche Geräte wird kein externes DVB-T-Empfangsgerät mehr benötigt. Ältere Fernseher müssen mit einer sogenannten Set-Top-Box nachgerüstet werden, wobei sich die Kosten für die Anschaffung dieses Moduls im Fachhandel auf circa 30 Euro belaufen. Der Empfang der digitalen Fernsehprogramme selbst ist kostenlos, wobei die Gebühren für die Gebühreneinzugszentrale unabhängig davon zu entrichten sind. Über das digitale Fernsehen können alle öffentlich-rechtlichen Programme sowie je nach Region zusätzlich zahlreiche Fernsehprogramme der Privatsender empfangen werden.

Bei der geplanten Umstellung des Fernsehempfangs auf das digitale Antennenfernsehen ist zu beachten, dass es, wie bereits ausgeführt, weitere Versorgungswege gibt. Bei der Entscheidung darüber sollte beachtet werden, dass die Umstellung auf einen Breitbandkabelanschluss oder eine satellitengestützte Parabolantenne regelmäßig mehr Empfangsmöglichkeiten erschließt. Zudem ist bei den beiden anderen Empfangswegen im Vergleich zu digitalem Fernsehen wegen dessen Störanfälligkeit eine höhere Versorgungssicherheit gewährleistet. Insoweit ist bei einer entsprechenden Beschlussfassung zur Umstellung der bisherigen Fernsehversorgung auf das digitale Antennenfernsehen im Regelfall von einer baulichen Veränderung gemäß § 22 Abs. 2 WEG auszugehen.

1 Grundrechtsabwägung

Entscheidend für den Verbleib der Parabolantenne ist die Berücksichtigung der Grundrechte der Beteiligten. Dem Grundrecht des Miteigentümers aus Art. 5 Abs. 1 Satz 1 HS 2 GG (Informationsfreiheit) sowie der Religionsfreiheit gemäß Art. 4 GG stehen die Grundrechte der übrigen Wohnungseigentümer aus Art. 14 Abs. 1 GG (Eigentumsrecht) gegenüber. Dabei ist zu berücksichtigen, dass der Miteigentümer das Recht hat, sich aus allgemein zugänglichen Quellen ungehindert zu unterrichten. Im Rahmen seiner Religionsfreiheit muss ihm außerdem ermöglicht werden, seine Glaubensfreiheit auszuüben. Ihm darf nicht die Möglichkeit verwehrt werden, an Fernsehgottesdiensten teilzunehmen und aktuelle Informationen über die Inhalte seines eigenen Glaubens zu empfangen.

Nach der Rechtsprechung des Bundesverfassungsgerichts (BVerfG, 9.2.1994, 1 BvR 1687/92) ist im Einzelfall abzuwägen, welche Beeinträchtigungen im Rahmen eines abstrakt vorzunehmenden Interessenausgleichs schwerer wiegen (siehe auch BGH, 22.1.2004, V ZB 51/03).

2 Kabelanschluss

Selbst wenn in der Wohnanlage ein Kabelanschluss vorhanden ist, kann die Abwägung dazu führen, dass die Rechte des Wohnungseigentümers, sein Informationsinteresse zu befriedigen und seine Religion ungestört auszuüben, überwiegen. In diesem Fall müssen die übrigen Wohnungseigentümer die Anbringung der Parabolantenne auf dem Dach der Wohnungseigentümergemeinschaft dulden, wenn dies mit einer geringen Beeinträchtigung — deutliche Sichtbarkeit auf dem Balkon —, umgesetzt werden kann. Zu berücksichtigen ist, dass der Wohnungseigentümer, der diese Rechte für sich reklamiert, keinen Anspruch darauf hat, dass er sein Informationsinteresse kostenlos decken kann. Dieser Anspruch bedeutet nicht, dass ihm keine Kosten entstehen dürfen, jedoch ist zu beachten, dass diese nicht so hoch sein dürfen, dass er de facto von dem Programmangebot abgehalten wird (BGH, 17.4.2007, VIII ZR 63/04; BVerfG, 24.1.2005, 1 BvR 1953/00).

Gibt es in der Wohnungseigentumsanlage keinen Kabelanschluss, hat der einzelne Wohnungseigentümer einen Anspruch darauf, über eine Parabolantenne fünf bis sechs muttersprachige Sender empfangen zu können (BGH, 10.10.2007, VIII ZR 260/06). Werden allerdings über das Internet die entsprechenden Fernsehprogramme angeboten, ist seinem Informationsinteresse regelmäßig genüge getan, wenn er sieben Programme in seiner Heimatsprache empfangen kann (LG München I, 15.2.2010,1 S 15854/09).

3 Parabolantenne

Die Installation einer festen Parabolantenne stellt grundsätzlich eine bauliche Veränderung dar (BGH, 13.11.2009, V ZR 10/09), da sie im Regelfall mit einer optischen Beeinträchtigung der Wohnanlage verbunden ist (BayObLG, 28.2.2002, 2Z BR 23/02). Als bauliche Veränderung ist eine Maßnahme dann anzusehen, wenn sie über die ordnungsgemäße Instandhaltung oder (modernisierende) Instandsetzung oder Modernisierung des gemeinschaftlichen Eigentums hinausgeht und dabei das Gemeinschaftseigentum auf Dauer umgestaltet wird.

Ob eine Parabolantenne angebracht werden darf oder nicht, richtet sich regelmäßig danach, ob sie den Anforderungen des § 22 Abs. 1 WEG entspricht. Nur ausnahmsweise wird sie, wenn sie entsprechend unauffällig installiert wird, die übrigen Wohnungseigentümer i. S. v. § 14 Nr. 1 WEG nicht benachteiligen, denn die Eingriffsschwelle für eine optische Beeinträchtigung wird niedrig angesetzt. So ist bereits von einer Beeinträchtigung auszugehen, wenn die Parabolantenne von einer öffentlichen Verkehrsfläche optisch wahrgenommen werden kann (LG München I, 15.2.2010,1 S 158 54/09).

Selbst wenn sich erwiesen hat, dass eine Parabolantenne zu Beeinträchtigungen der übrigen Wohnungseigentümer i. S. v. § 14 Nr. 1 WEG führt, bedeutet dies nicht von vornherein, dass einzelne Wohnungseigentümer oder die Wohnungseigentümergemeinschaft den Miteigentümer, der die Parabolantenne installiert hat, in Anspruch nehmen und erfolgreich die Beseitigung der Parabolantenne verlangen kann.

Hinweis: Selbst wenn die übrigen Wohnungseigentümer aufgrund der Interessenabwägung die Parabolantenne zu dulden haben, steht ihnen bei der konkreten Gestaltung und der Auswahl des Standorts ein Mitbestimmungsrecht zu (BayObLG, 8.4.2004, 2Z BR 051/04). Regelmäßig kann dabei die Wohnungseigentümergemeinschaft festlegen, welcher Aufstellungsort objektiv am besten geeignet ist, um die Parabolantenne anzubringen, und wo sie am wenigsten stört (BGH, 13.11.2009, V ZR 10/09). Dabei kommt es nicht auf die Staatsangehörigkeit der Wohnungseigentümer an (BGH, 13.11.2009, V ZR 10/09).

Duldungspflichten des Wohnungseigentümers

§ 14 Nr. 3 WEG sieht vor, dass jeder Wohnungseigentümer Einwirkungen auf die in seinem Sondereigentum stehenden Gebäudeteile zu dulden hat, soweit sie auf einem nach § 14 Nr. 1, 2 WEG zulässigen Gebrauch beruhen. Diese Verpflichtung bringt nochmals zum Ausdruck, dass ein Zusammenleben einer Vielzahl von Wohnungseigentümern auf engem Raum nur mit der Einschränkung der Gebrauchsrechte des Einzelnen funktionieren kann.

Eine praktisch bedeutsame Regelung findet sich in § 14 Nr. 4 WEG. Nach dieser Vorschrift muss der Sondereigentümer das Betreten und die Nutzung der in seinem Sondereigentum stehenden Bauteile gestatten, soweit dies zur Instandhaltung und Instandsetzung des gemeinschaftlichen Eigentums erforderlich ist. Diese Vorschrift ist in Zusammenhang mit der ordnungsgemäßen Instandsetzung und Instandhaltung des gemeinschaftlichen Eigentums, die jeder Wohnungseigentümer nach § 21 Abs. 4 und Abs. 5 Nr. 2 WEG beanspruchen kann, zu lesen.

BEISPIEL

Der Wohnungseigentümer muss den Zutritt zu seiner Wohnung gewähren, wenn der durch die Wohnung führende Heizungskamin der zentralen Heizungsanlage saniert werden soll.

Das Sondereigentum kann jedoch nur dann in Anspruch genommen werden, wenn dies zur Durchführung der Maßnahme zwingend notwendig ist. Anderenfalls kann der Sondereigentümer die Duldung verweigern.

Wird im Zuge der Instandhaltung oder Instandsetzung des gemeinschaftlichen Eigentums das Sondereigentum beschädigt, kann der betroffene Wohnungseigentümer den Ersatz des ihm entstandenen Schadens verlangen (§ 14 Nr. 4 WEG).

BEISPIEL

Um eine undichte Dachterrasse zu reparieren, muss auch in der darunter liegenden Wohnung des Wohnungseigentümers die Wohnungsdecke geöffnet werden. Für den entstehenden Schaden in der Wohnung haben alle Wohnungseigentümer gemäß der geltenden Kostenverteilungsregelung einzustehen.

Duplex-/Doppelstockgaragen

Einen Sonderfall bei Kfz-Stellplätzen bilden die sogenannten Duplex-Stellplätze. Darunter versteht man einen Doppel- oder Viererparker, bei dem aufgrund einer technischen Hebe- oder Klappeinrichtung in einer bestimmten Raumeinheit zwei oder vier Autos abgestellt werden können. Es entspricht heute allgemeiner Auffassung, dass eine Garage, die mithilfe einer Hebebühne für zwei oder vier Pkw genutzt werden kann, einen Raum i. S. v. § 3 Abs. 1 bzw. Abs. 2 WEG bildet und daher als Ganze im Teileigentum einer Person oder mehrerer Personen in Bruchteilsgemeinschaft (siehe dort) stehen kann (vgl. BayObLG, 21.7.1994, 2Z BR 56/94; BayObLG, 9.2.1995, 2Z BR 4/95).

Der Duplex-Stellplatz ist insgesamt sondereigentumsfähig, einzelne Stellplätze sind es jedoch nicht (LG München I, 5.11.2012, 1 S 1504/12). Sofern eine Hebeeinrichtung/Hydraulikanlage mehreren Doppel- oder Viererparkern dient, ist sie zwingend Gemeinschaftseigentum. Denn nach § 5 Abs. 2 WEG sind Teile des Gebäudes, die für dessen Bestand oder Sicherheit erforderlich sind, sowie Anlagen und Einrichtungen, die dem gemeinschaftlichen Gebrauch der Wohnungseigentümer dienen, auch dann nicht Gegenstand des Sondereigentums, wenn sie sich im Bereich der im Sondereigentum stehenden Räume befinden. Eine Anlage, die mehrere Doppelstockgaragen betreibt, dient dem gemeinschaftlichen Gebrauch der Wohnungseigentümer i. S. d. Vorschrift. Hierfür ist es nicht erforderlich, dass die Gesamtheit der Wohnungs- und Teileigentümer von ihr profitiert; es genügt, dass mindestens zwei Wohnungs- oder Teileigentümer auf die Nutzung der Anlage angewiesen sind. Wenn die Hebeeinrichtung allein einem Doppel- oder Viererparker dient und für diesen nur ein Teileigentum gebildet wurde, ist die Hebeeinrichtung ebenfalls sondereigentumsfähig (BGH, 21.10.2011, V ZR 75/11).

Teile der Technik eines Duplex- oder Mehrfachparkers, die nur einem Duplex- oder Mehrfachparker dienen und nicht für die Funktion der Gesamtanlage erforderlich sind, stehen nicht zwingend im Gemeinschaftseigentum. Nach der Ausnahmeregelung in § 5 Abs. 2 WEG stehen, unabhängig von ihrer Lage in Räumen des Sonder- oder Gemeinschaftseigentums, solche Anlagen im Gemeinschaftseigentum, die dem gemeinschaftlichen Gebrauch dienen. Sondereigentum können nach § 5 Abs. 1 WEG demgegenüber diejenigen Bestandteile sein, die ohne Beeinträchtigung fremden Sondereigentums oder des gemeinschaftlichen Eigentums verändert oder beseitigt werden können. Das zur Hebebühne einer Doppelstockgarage gehörende Fahrblech ist – soweit es entfernt werden kann, ohne die Funktionsfähigkeit der Hebeanlage im Übrigen zu beeinträchtigen – sondereigentumsfähig (LG München I, 5.11.2012, 1 S 1504/12).

Für einen Duplex-Stellplatz muss ein eigenes Teileigentumsgrundbuchblatt angelegt werden, wobei jeder Erwerber eines Stellplatzes einen hälftigen Miteigentumsanteil, bei Viererparkern ein Viertel an dem betreffenden Miteigentumsanteil, der mit dem Teileigentum verbunden ist, als Eigentümer erwirbt. Eine rechtlich bindende Regelung des Innenverhältnisses der Miteigentümer, insbesondere hinsichtlich der Nutzung der Stellplätze und der Instandhaltung der Hebeanlage, kann im Wege einer Miteigentümervereinbarung gemäß § 745 und § 1010 BGB oder einer Benutzungsregelung gemäß § 15 Abs. 1 und § 10 Abs. 3 erreicht werden (BGH, 20.2.2014, V ZB 116/13). Die Miteigentümervereinbarungbarung bzw. Benutzungsregelung sollte insbesondere festlegen, mit welchem der beiden Miteigentumsanteile das Nutzungsrecht am oberen bzw. unteren Stellplatz verbunden ist. Die Miteigentümervereinbarung gemäß § 1010 BGB muss notariell beurkundet und zum Zweck der Bindung etwaiger Rechtsnachfolger in Abteilung II des Teileigentumsgrundbuchs eingetragen werden. Eine Benutzungsregelung gemäß § 15 Abs. 1 sollte ebenfalls als Inhalt des Sondereigentums im Grundbuch stehen, um etwaige Rechtsnachfolger zu binden. Der Anspruch auf Eintragung einer Miteigentümervereinbarung kann durch eine Vormerkung besichert werden.

Eichpflicht

Inhaltsübersicht

Früher wurde die Eichpflicht in der Eichordnung und im Eichgesetz geregelt, am 1.1.2015 ist das neue Mess- und Eichgesetz (MessEG) in Kraft getreten. Demnach müssen alle gewerblich genutzten Messgeräte in ganz Europa die gleichen Anforderungen erfüllen, wenn sie auf den Markt gebracht werden. Damit soll auch die Überwachung der Verwendung vereinfacht werden. Die in der Verwaltungspraxis wichtigste Neuerung ist die Anzeigepflicht gemäß § 32 Abs. 1 MessEG. Diese betrifft den Verwender neuer oder erneuerter Messgeräte. Verwender i. S. d. Gesetzes ist derjenige, der auf Grundlage des Gesetzes gemäß Daten erhebt, um sie als Grundlage für eine Abrechnung zu verwenden. Das ist in der Regel der Eigentümer der Geräte, der diese zu seinen eigenen ggf. gesetzlich vorgeschriebenen Zwecken nutzt.

1 Verbrauchserfassung

Im Rahmen der Jahresabrechnung ist nach den Vorschriften der Heizkostenverordnung verbrauchsabhängig abzurechnen. Auch der Verbrauch von Kaltwasser sollte erfasst und verbrauchsabhängig abgerechnet werden. Dies geschieht in der Regel durch geeichte Messgeräte.

2 Auswirkungen für den Verwender

In der Praxis sind damit gemäß Gesetz umfangreiche Anzeigepflichten des Verwenders verbunden, was in § 32 MessEG als zentraler Norm verankert ist. Als Verwender gilt entweder der einzelne Wohnungseigentümer oder die Wohnungseigentümergemeinschaft.

Die neuen Vorschriften beziehen sich wohl bis auf weiteres nicht auf von Messunternehmen angemietete Geräte, da es in dem Fall der Wohnungseigentümergemeinschaft oder dem Wohnungseigentümer die Geräte lediglich zur Verfügung stellt und damit selbst Verwender ist. Das heißt, dass für den Verwalter bzw. den Eigentümer nur dann eine Anzeigepflicht besteht, wenn das entsprechende Gerät gekauft und nicht nur gemietet wurde.

3 Anzeigepflicht

Wenn die Wohnungseigentümergemeinschaft die Messgeräte gekauft hat, muss Folgendes beachtet werden: Da in einer Wohnungseigentümergemeinschaft die Erfassungsgeräte in der Regel gemeinschaftliches Eigentum sind, ist die Wohnungseigentümergemeinschaft Verwender der Geräte. Dementsprechend hat der Verwalter hier eine Informationspflicht, die Wohnungseigentümergemeinschaft über die neue Anzeigepflicht i. S. d. § 32 MessEG zu informieren (siehe auch „Verwalterhaftung“, Abschnitt 3 „Aufklärungspflichten des Verwalters“). Diese Informationspflicht besteht auch bei der Verwaltung von Sondereigentum/Teileigentum gegenüber den jeweiligen Sondereigentümern oder Teileigentümern. Die Erfassungsgeräte können unter Umständen sondereigentumsfähig sein bzw. zu Sondereigentum werden, sofern eine entsprechende Zuteilung erfolgt.

3.1 Inhalt

Das Gesetz sieht eine Anzeigepflicht für Geräte zur Erfassung des Verbrauchs von Warmwasser und Kaltwasser sowie thermischer Energie vor, die nach dem 1.1.2015 erneuert oder neu eingebaut wurden (§ 62 MessEG). Da aus Kostengründen sehr oft neue Geräte eingebaut werden, trifft die Anzeigepflicht nunmehr sehr viele Wohnungseigentümergemeinschaften.

Nach § 32 Abs. 1 MessEG sind die Geräteart, der Hersteller, die DIN-Bezeichnung, das Jahr der Kennzeichnung der Messgeräte sowie die Anschrift desjenigen, der das Messgerät verwendet, im Rahmen der Anzeige anzugeben. Als „erneuert“ sind solche Messgeräte zu betrachten, die bereits in Gebrauch waren, aber so wesentlich verändert wurden, dass nochmals eine Konformitätsbewertung stattfinden muss und eine Nacheichung nicht mehr ausreicht. Dies steht in der Entscheidung der jeweiligen Eichbehörde.

Zudem gilt, dass nicht jedes einzelne Messgerät gemeldet werden muss. In der Praxis ist hier vor allem die Erleichterung des § 32 Abs. 2 MessEG im Rahmen der laufenden Verwaltung anwendbar. Sechs Wochen nach Inbetriebnahme des ersten neuen oder erneuerten Messgeräts muss der Verwalter als der in der Regel Verantwortliche den Betrieb einer Messgeräteart melden. Notwendige Angaben sind dabei, welche Messgeräteart verwendet wird, sowie die Anschrift des Anzeigepflichtigen, also die Adresse der Wohnungseigentümergemeinschaft (§ 32 Abs. 2 Nr. 1 MessEG). Im Nachgang muss sichergestellt sein, dass Übersichten der verwendeten Messgeräte mit den genannten Angaben der zuständigen Behörde auf Anforderung unverzüglich zur Verfügung gestellt werden können (§ 32 Abs. 2 Nr. 2 MessEG). Darüber hinaus sollte ein Beleg für die Meldung an die Behörde zu den Akten genommen werden, zum Beispiel die Eingangsbestätigung der Behörde. Die Anzeige kann formlos bei der zuständigen Behörde oder über die Onlineplattform der Eichämter unter www.eichamt.de erfolgen (§ 32 Abs. 3 MessEG).

3.2 Durchführung

Da die Anzeigepflicht nach dem Gesetz auf Dritte übertragen werden darf, kann die Wohnungseigentümergemeinschaft sie an den Verwalter delegieren und/oder einen Dienstleister damit beauftragen (lassen). Letzteres stellt bezüglich der Ablesung von Verbrauchserfassungsgeräten eine einfache und praktikable Möglichkeit dar, vor allem da die Verletzung der Anzeigepflicht Bußgelder bis zu 20.000 Euro nach sich ziehen kann (§ 60 Abs. 1, 2 MessEG).

4 Messgeräte, Eichfrist

Für die Verbrauchserfassung dürfen nur geeichte Messgeräte verwendet werden (§ 37 Abs. 1 MessEG). Die Eichfrist beträgt nach der Mess- und Eichverordnung (Anlage 7 MessEV) zum Beispiel für Kaltwasserzähler sechs Jahre, für Warmwasserzähler fünf Jahre.

Die Nacheichung bereits verwendeter Geräte bleibt im bisherigen Umfang den Eichbehörden der Länder bzw. den staatlich anerkannten Prüfstellen vorbehalten und ist nach wie vor möglich (§ 40 Abs. 1 MessEG). Im Fall der Nacheichung kann im Stichprobenverfahren nach § 35 MessEV die Eichgültigkeit verlängert werden. Dazu müssen einzelne Zähler ausgebaut und geprüft werden, die aus dem gleichen Los stammen. Werden diese nicht beanstandet, gelten alle Zähler dieses Loses für weitere fünf Jahre bzw. sechs Jahre als geeicht. Das kann im Einzelfall sehr viel Aufwand und Kosten sparen.

Ist die Eichfrist abgelaufen, kann eine Nacheichung durch die Eichbehörden der Länder und die staatlich anerkannten Prüfstellen stattfinden. In § 38 MessEG ist die verspätete Eichung geregelt. Ein Messgerät gilt demnach auch dann als geeicht, wenn mindestens zehn Wochen vor Ablauf der Eichfrist die Eichung beantragt wurde, der Verwender das zur Eichung seinerseits Erforderliche getan oder der Behörde gegenüber angeboten hat, die Behörde die Eichung aber nicht rechtzeitig durchführt. Bei einer späteren Beantragung kann die Behörde bei Überschreiten der Eichfrist das weitere Verwenden des Messgeräts bis zum Zeitpunkt der behördlichen Prüfung im Einzelfall gestatten (§ 38 Satz 2 MessEG). Insofern wird der Praxis Rechnung getragen, da die Eichämter oft nicht fristgerecht eichen können und damit theoretisch ein nicht verwertbares Messergebnis erzielt wird.

Der Verwender der betreffenden Messgeräte – in der Regel der Verwalter als Vertreter der Wohnungseigentümergemeinschaft – ist nach § 33 MessEV allerdings dazu verpflichtet, die zur Eichung anstehenden Geräte vorab zu reinigen und ordnungsgemäß herzurichten. Für Messgeräte, die nicht bei der Behörde geeicht werden können, gilt, dass der Verwalter die Geräte am Prüfungsort zur Eichung vorführen, am Gebrauchsort den Zugang sowie ein ungehindertes und gefahrloses Betreten sicherstellen sowie Arbeitshilfe leisten muss. Gegebenenfalls sind Arbeitsräume für die Prüfer zur Verfügung zu stellen.

Wichtig ist, dass zukünftig auf den Messgeräten nur noch der Beginn der Eichfrist vermerkt wird, der Ablauf der Frist muss nicht zwingend angegeben werden. Es empfiehlt sich daher, eine gesonderte Liste anzulegen, die sämtliche Verbrauchserfassungsgeräte samt Termin des Einbaus bzw. der erneuten Eichung aufführt und Vermerke zum Ablauf der jeweiligen Eichfrist und zur entsprechenden Wiedervorlage rechtzeitig vor Ende des Ablaufes dieser enthält.

Eigentümerliste

Inhaltsübersicht

Nach den Vorschriften in § 253 Abs. 2 Nr. 1 und § 130 Abs. 1 ZPO muss die Klageschrift grundsätzlich die Parteien und ihre gesetzlichen Vertreter nach Namen, Stand, Wohnort und Parteistellung bezeichnen.

1 Bedeutung im Prozess

In wohnungseigentumsgerichtlichen Verfahren, nämlich dann, wenn sämtliche Wohnungseigentümer gegen einen Dritten klagen oder diese wie etwa bei der Beschlussanfechtungsklage Beklagte sind, genügt zunächst als nähere Bezeichnung die bestimmte Angabe des gemeinschaftlichen Grundstücks. Außerdem sind in der Klageschrift der Verwalter und der gemäß § 45 Abs. 2 Satz 1 bestellte Ersatzzustellungsvertreter (siehe dort) zu benennen (§ 44 Abs. 1 Satz 1 WEG). Diese Angaben müssen zwar nach § 44 Abs. 1 WEG nicht schon in der Klageschrift enthalten sein, allerdings muss die namentliche Bezeichnung der beklagten Wohnungseigentümer bis zum Ende der mündlichen Verhandlung, spätestens in der Berufungsverhandlung vorliegen (BGH, 28.10.2011, V ZR 39/11). Damit kann auch in der Berufung die bis dahin unzulässige Klage geheilt werden, allerdings unter Auferlegung der Kosten des Rechtsstreits zu Lasten des Klägers in der ersten Instanz. Wenn die vollständigen Namen und die ladungsfähigen Anschriften der beklagten Wohnungseigentümer bis zum Schluss der mündlichen Verhandlung dem Wohnungseigentumsgericht nicht vorliegen, muss es die Klage als unzulässig abweisen. Eine Sachprüfung der eingeklagten Ansprüche findet dann nicht statt (BGH, 20.5.2011,V ZR 99/10).

Hinweis: In der Praxis erfolgt der Nachweis nicht durch die einzelne Bezeichnung der beklagten Wohnungseigentümer, sondern regelmäßig durch Vorlage der aktuellen und vollständigen Eigentümerliste. Zur Führung einer solchen Liste ist der Verwalter verpflichtet.

Hintergrund für die Vorlage einer Eigentümerliste ist, dass ggf. aus einem Urteil vollstreckt werden muss. In diesem Fall müssen die Prozessbeteiligten eindeutig identifiziert werden können. Daher ist es notwendig, dass die Eigentümerliste neben den vollständigen Namen die aktuellen Adressen der Wohnungseigentümer enthält (BGH, 20.5.2011,V ZR 99/10).

Unabhängig davon hat das Gericht gemäß § 139 ZPO den Kläger darauf hinzuweisen, dass er bei seiner Klageerhebung die Beklagten nicht ausreichend bezeichnet hat, oder die von ihm zur Bezeichnung der Beklagten vorgelegte Eigentümerliste, zum Beispiel wegen fehlender Adressen, nicht ausreicht.

2 Vorlagepflicht des Verwalters

Kann der klagende Wohnungseigentümer die übrigen beklagten Wohnungseigentümer trotz Bemühungen nicht namentlich benennen, ist der Verwalter verpflichtet, ihm eine vollständige und aktuelle Eigentümerliste zur Verfügung zu stellen. Falls der Verwalter diesem berechtigten Verlangen des klagenden Wohnungseigentümers nicht nachkommt, kann das Gericht auf Anregung des Klägers den Verwalter dazu verpflichten, im Rechtsstreit eine vollständige und aktuelle Eigentümerliste vorzulegen. Befolgt der Verwalter diese gerichtliche Anordnung nicht, hat das Gericht die Möglichkeit, gegen ihn ein Ordnungsgeld zu verhängen (§ 142 ZPO; analog BGH, 14.12.2012, V ZR 162/11).

Eigentümerversammlung

Inhaltsübersicht

Die Wohnungseigentümerversammlung ist das oberste Verwaltungsorgan der Wohnungseigentümergemeinschaft. Gemäß § 23 WEG werden hier die Angelegenheiten geregelt, über die die Wohnungseigentümer nach dem Gesetz oder nach Vereinbarung der Wohnungseigentümer durch Beschluss entscheiden können. Darüber hinaus dient die Versammlung dem Informations- und Meinungsaustausch zwischen den Wohnungseigentümern und dem Verwalter. Sie schafft den Rahmen dafür, Konflikte und Meinungsverschiedenheiten der Wohnungseigentümer untereinander auszutragen.

1 Einberufung

Die Eigentümerversammlung muss gemäß § 24 Abs. 1 WEG mindestens einmal im Jahr vom Verwalter einberufen werden. Der Verwalter ist zur Einberufung berechtigt sowie auch verpflichtet. Weiterhin kommt eine Einberufung unter folgenden Umständen in Betracht:

- Eine Vereinbarung der Wohnungseigentümer sieht die Einberufung einer Versammlung für bestimmte Fälle vor (§ 24 Abs. 2 HS 1WEG).
- Die Versammlung ist beschlussunfähig, daher muss eine Zweitversammlung (siehe dort) einberufen werden und stattfinden (§ 24 Abs. 4 WEG).
- Mehr als ein Viertel der Wohnungseigentümer verlangt schriftlich unter Angabe des Zwecks und der Gründe die Einberufung vom Verwalter (§ 24 Abs. 2 HS 2 WEG), dies ist das sogenanntes Minderheitenquorum. Bei der Bemessung von „einem Viertel“ kommt es allein auf die Kopfzahl der Wohnungseigentümer an. Dies gilt auch dann, wenn die Gemeinschaftsordnung ein abweichendes Stimmrechtsprinzip vorsieht. Liegen die Voraussetzungen für die Einberufung durch das Minderheitenquorum gemäß

§ 24 Abs. 2 WEG vor – plant zum Beispiel ein Viertel der Eigentümer, den Verwalter aus wichtigem Grund abzuberufen –, ist der Verwalter verpflichtet, die Versammlung einzuberufen. Tut er dies nicht, kann auch seine pflichtwidrige Weigerung einen wichtigen Grund für seine Abberufung darstellen. Durch die Weigerung, verwirkt der Verwalter seinen Anspruch auf Verwaltervergütung ab dem Zeitpunkt der „fiktiven" Abberufung (OLG München, 21.6.2006, 34 Wx 028/06). Verlangt ein Minderheitenquorum die Einberufung einer Eigentümerversammlung und bestimmt der Verwalter hierfür einen Termin erst drei Monate nach Zugang des Einberufungsverlangens, kann dies als ungebührliche Verzögerung gelten, die einer pflichtwidrigen Weigerung gleichkommt (OLG Düsseldorf, 25.8.2003, 3 Wx 217/02).

In dringenden Fällen kann das Wohnungseigentumsgericht bestimmen, dass der Verwalter zur Einberufung einer Versammlung verpflichtet ist. Oder es ermächtigt einen einzelnen Eigentümer, der einen entsprechenden Antrag gestellt hat, die Versammlung selbst einzuberufen (OLG Frankfurt/Main, 27.9.2004, 20 W 513/01).

Fehlt ein Verwalter oder weigert sich dieser pflichtwidrig, kann der Vorsitzende eines bestellten Verwaltungsbeirats oder sein Stellvertreter die Versammlung einberufen (§ 24 Abs. 3 WEG; LG Düsseldorf, 3.11.2011, 19 S 45/11). Ein einzelner Eigentümer ist hierzu, außer es liegt eine gerichtliche Ermächtigung vor, nicht berechtigt. Ausnahmsweise sind auch die Eigentümer berechtigt, eine Eigentümerversammlung einzuberufen, sofern die Einberufung einvernehmlich durch alle Wohnungseigentümer erfolgt (BGH, 10.6.2011, V ZR 222/10). Wurden bei der Verwaltungsbeiratswahl kein Vorsitzender und auch kein Vertreter bestimmt, so hat die Einberufung durch alle Beiratsmitglieder gemeinsam zu erfolgen (OLG Köln, 29.12.1999, 16 Wx 181/99). Nach anderer Ansicht reicht bei dem gesetzlich vorgesehenen Mitgliederbestand von drei Verwaltungsbeiräten auch die Einberufung durch zwei Verwaltungsbeiräte aus.

Irrt sich der Verwaltungsbeiratsvorsitzende in Bezug darauf, dass ein Verwalter fehlt oder die Weigerung des Verwalters, die Versammlung einzuberufen, pflichtwidrig ist, so darf er eine Versammlung nicht einberufen. Tut er es dennoch, sind die gefassten Beschlüsse zwar nicht nichtig, jedoch aus diesem Grund anfechtbar. Es entspricht ordnungsgemäßer Verwaltung, dass die Wohnungseigentümerversammlung nur von hierfür zuständigen Personen einberufen wird und die an sich zuständige Person auch einen Anspruch darauf hat, dass andere die Einberufung unterlassen, solange kein Fall pflichtwidriger Weigerung vorliegt (AG Charlottenburg, 25.9.2012, 73 C 1005/12).

Die Einberufung einer Wohnungseigentümerversammlung durch einen Teil des Verwaltungsbeirats ist unbefugt, wenn im Zeitpunkt der Einladung eine Weigerung des Verwalters i.S.v. § 24 Abs. 3 WEG, die Versammlung einzuberufen, gar nicht vorliegt (LG München I, 28.6.2012, 36 S 17241/11). Dem Fehlen eines Verwalters kommen folgende Situationen gleich:

- Ein Verwalter ist nicht nur vorübergehend daran gehindert, seine Aufgaben zu erfüllen.
- Die Amtszeit des Verwalters ist noch vor Einladung zur Versammlung abgelaufen.
- Die Bestellung des Verwalters wurde für ungültig erklärt oder ist von vornherein nichtig ist.

Wird eine Eigentümerversammlung von einem Nichtberechtigten einberufen, zum Beispiel von dem bereits abberufenen Verwalter oder einem unbefugten einzelnen Eigentümer, und trifft daraufhin eine beschlussfähige Eigentümerversammlung zusammen, sind die dort gefassten Beschlüsse nicht nichtig, sondern nur anfechtbar (BayObLG, 30.6.2004, 2Z BR 113/04). Ein Verwalter, dessen Bestellung gerichtlich angefochten ist, kann wirksam eine Eigentümerversammlung einberufen und leiten, solange der Bestellungsbeschluss nicht für ungültig erklärt wurde (LG Köln, 21.6.2012, 29 S 225/11). Dieser Einberufungsmangel kann allein hierdurch geheilt werden, dass die gesamte Wohnungseigentümergemeinschaft zusammentrifft, also eine sogenannte Vollversammlung stattfindet (BayObLG, 13.9.1990, BReg. 2 Z 100/90; BayObLG, 19.12.1985, BReg. 2 Z 103/85).

1.1 Einzuladende Personen

Einzuladen sind folgende Personen:

- Wohnungseigentümer
- Insolvenzverwalter
- Testamentsvollstrecker
- Nachlassverwalter
- Zwangsverwalter
- Gesetzlicher Vertreter bei Minderjährigen oder Betreuten
- Gesetzlicher oder rechtsgeschäftlich bestellter Vertreter bei Kapital- oder Personengesellschaften

Zur Wohnungseigentümerversammlung sind alle im Grundbuch eingetragenen Wohnungseigentümer einzuladen. Dies gilt, wenn es die Teilungserklärung nicht anders vorsieht, ebenso für Teileigentum, sodass auch Gewerbe- und Garageneigentümer einzuladen sind.

Bei minderjährigen und betreuten Wohnungseigentümern muss deren gesetzlicher Vertreter eingeladen werden. Ist ein Wohnungseigentümer verstorben, sind dessen Erben zu laden, wenn diese ihre Rechtsnachfolge durch Erbschein ordnungsgemäß nachgewiesen haben. Handelt es sich um eine Erbengemeinschaft und wurde dem Verwalter kein Zustellungsvertreter genannt, müssen alle Mitglieder der Erbengemeinschaft geladen werden. Steht das Eigentumsrecht mehreren Personen gemeinschaftlich zu, müssen diese einzeln geladen werden. Das gilt zum Beispiel für ein Ehepaar, das ein Wohnungseigentum in Bruchteilsgemeinschaft (siehe dort) je zur Hälfte hält, oder bei drei Kindern mit je einem Drittel Bruchteil. An sie alle sind einzelne Einladungen zu versenden, sofern dem Verwalter kein bevollmächtigter Zustellungsvertreter genannt wurde.

Bei einer juristischen Person als Eigentümer ist der gesetzliche Vertreter zu laden, zum Beispiel:

- Der Vorstand einer Aktiengesellschaften oder eines Vereins
- Der Geschäftsführer einer GmbH
- Der Geschäftsführer der Komplementär GmbH einer GmbH & Co. KG

Der Erwerber einer Eigentumswohnung, der noch nicht im Grundbuch eingetragen ist, muss nicht eingeladen werden, und zwar selbst dann nicht, wenn sein Anspruch auf Übereignung durch eine Vormerkung im Grundbuch gesichert ist und Besitz, Nutzen und Lasten auf ihn übergegangen sind (BGH, 1.2.1988, V ZB 6/88). Jedoch kann der Veräußerer diesen werdenden Eigentümer mit der Vertretung und Ausübung des Stimmrechts bevollmächtigen.

Etwas anderes gilt für sogenannte Ersterwerber. Der Begriff „Ersterwerb" bezeichnet den Kauf vom teilenden Alleineigentümer, zum Beispiel einem Bauträger. Liegt zwischen dem Alleineigentümer und dem Erwerber ein gültiger Erwerbsvertrag vor, ist der Übergang von Nutzen und Lasten auf den Erwerber erfolgt. Hat dieser zudem die Wohnung in Besitz genommen, ist auch er als Mitglied der werdenden Wohnungseigentümergemeinschaft, als sogenannter faktische Eigentümer, zur Versammlung einzuladen (OLG Köln, 2.2.2004, 16 Wx 244/03, 16 Wx 17/04, 16 Wx 18/04). Weitere Voraussetzung ist jedoch, dass die Wohnungsgrundbücher angelegt sind und darin für den Erwerber eine Auflassungsvormerkung eingetragen ist.

Dem Eigentümer, dessen Wohnung unter Zwangsverwaltung steht, ist es untersagt, die Verwaltung selbst vorzunehmen. Daher ist es erforderlich, den Zwangsverwalter einzuladen (BayObLG, 5.11.1998, 2Z BR 131/98). Wenn über das Vermögen des Eigentümers das Insolvenzverfahren beantragt oder eröffnet ist oder eine zum Nachlass gehörende Wohnung der Testamentsvollstreckung oder Nachlassverwaltung unterfällt, so muss der Insolvenzverwalter bzw. Testamentsvollstrecker bzw. Nachlassverwalter eingeladen werden, da diese Person ausschließlich das Stimmrecht für den Wohnungseigentümer ausübt. Wurde über ein Wohnungseigentum die Zwangsversteigerung angeordnet, muss der jeweilige Eigentümer noch so lange geladen werden, bis durch Zuschlag in der Versteigerung der Eigentumswechsel stattfindet.

Wird die Versammlung nicht vom Verwalter einberufen, sondern von dem Vorsitzenden des Verwaltungsbeirats oder dem hierzu gerichtlich ermächtigten Wohnungseigentümer, ist der Verwalter dennoch zu laden, denn er hat gemäß § 24 Abs. 5 WEG den Vorsitz in der Versammlung (siehe auch Versammlungsleiter) zu führen.

Ansonsten gilt der Grundsatz der Nichtöffentlichkeit der Versammlung (siehe unten, Abschnitt 1.5 „Versammlungsort"), sodass dritte Personen (siehe unten, Abschnitt 4 „Teilnahme Dritter an der Eigentümerversammlung") hierzu keinen Zugang haben. Interne Angelegenheiten der Wohnungseigentümergemeinschaft sollen vertraulich behandelt werden. Nicht zu laden sind daher folgenden Personen:

- Nießbrauchsberechtigte (BGH, 7.3.2002, V ZB 24/01)
- Grundschuld- und Hypothekengläubiger, denen kein Stimmrecht zusteht
- Mieter oder Pächter
- Grundstückseigentümer mit Erbbaurechtsbelastung und nachfolgend begründeten Wohnungserbbaurechten (BayObLG, 24.8.2000, 2Z BR 54/00)
- Dauerwohnungsberechtigten oder Wohnungsrechtsinhaber i. S. d. § 1093 BGB (OLG Hamburg, 12.5.2003, 2 Wx 1/01)

Werden Eigentümer vergessen oder vorsätzlich nicht eingeladen, sind die in der Eigentümerversammlung getroffenen Beschlüsse zwar deshalb nicht nichtig, sie sind jedoch gerichtlich anfechtbar (BGH, 20.7.2012, V ZR 235/11; BGH, 23.9.1999, V ZB 17/99; OLG Frankfurt/Main, 19.8.2005, 20 W 391/05; BayObLG, 2.4.1992, 2Z BR 4/92; a. A. BayObLG, 8.12.2004, 2Z BR 199/04; OLG Köln, 3.12.2003, 16 Wx 216/03). Die Anfechtung führt dann zum Erfolg, wenn durch die ordnungsgemäße Einladung und Stimmrechtsausübung des Betroffenen das Zustandekommen des Beschlusses hätte beeinflusst werden und dessen Beteiligung zu einem anderen Ergebnis hätte führen können. Wird allerdings ein besonders unliebsamer Wohnungseigentümer vorsätzlich nicht eingeladen, in der Hoffnung, dass er die Anfechtungsfrist versäumen wird, kann ausnahmsweise und in ganz besonders schwerwiegenden Fällen bereits die Nichtigkeit der gefassten Beschlüsse vorliegen (BGH, 20.7.2012, V ZR 235/11; OLG Zweibrücken, 21.11.2002, 3 W 179/02). Teilt ein Wohnungseigentümer seine ladungsfähige Anschrift nicht oder falsch mit und misslingt seine Ladung zur Eigentümerversammlung aus diesem Grund ohne Verschulden der Verwaltung, muss er sich die unterbliebene Ladung als Folge seiner Obliegenheitsverletzung zurechnen lassen. In der Versammlung gefasste Beschlüsse können dann nicht wegen der unterbliebenen Ladung angefochten werden (BGH, 5.7.2013, V ZR 241/12).

1.2 Form

Bei der Ladung zur Eigentümerversammlung sind bestimmte Formalitäten zu beachten. Zunächst ist immer zu überprüfen, ob die Gemeinschaftsordnung hierzu besondere Vereinbarungen enthält, die von den gesetzlichen Regelungen abweichen können. Die Ladung bedarf gemäß § 24 Abs. 4 Satz 1 WEG i.V.m. § 126b BGB der Textform. Die Person des Erklärenden muss erkennbar, die Einladung jedoch nicht eigenhändig unterschrieben sein. Es genügt die maschinelle Erstellung der Einladung und Versendung als Kopie, Fax oder E-Mail. Die elektronische Übermittlung reicht allerdings nur dann aus, wenn der Empfänger durch Übermittlung seiner Faxnummer, E-Mail-Adresse oder in sonstiger Weise zu erkennen gegeben hat, dass er mit dem telekommunikativen Weg einverstanden ist.

Die Ladung muss den Absender erkennen lassen, die Wohnungseigentümergemeinschaft, für die die Eigentümerversammlung einberufen wird, genau bezeichnen sowie Ort, Datum, Uhrzeit und die Tagesordnung der Eigentümerversammlung beinhalten. Ist in der Gemeinschaftsordnung eine Regelung zur Zulässigkeit der Eventualeinberufung (siehe unten, Abschnitt 1.7) getroffen worden, so sollte dazu ein Hinweis enthalten sein, ebenso zur Möglichkeit der Stimmrechtsvertretung in der Versammlung.

Die Einladung muss dem Wohnungseigentümer zugehen (§ 130 Abs. 1 BGB). Dies bedeutet, dass die Einladung derart in den Machtbereich des Empfängers gelangen muss, dass unter normalen Umständen mit der Kenntnisnahme gerechnet werden kann. So reicht zum Beispiel ein Aushang in der Wohnungseigentumsanlage nicht aus. Eine Vereinbarung in der Gemeinschaftsordnung einer Zugangsfiktion – ein Beschluss genügt hierfür nicht –, nach der die Einladung als zugegangen gilt, wenn sie der Verwalter an die ihm zuletzt benannte Adresse versendet, ist zulässig und empfehlenswert. Die Vereinbarung könnte wie folgt lauten: „Die Ladung gilt als zugegangen, wenn der Verwalter sie an die ihm vom Wohnungseigentümer zuletzt benannte Anschrift abgeschickt hat. Ein Eigentümerwechsel ist dem Verwalter vom Erwerber mitzuteilen".

1.3 Frist

Die Einberufungsfrist beträgt gemäß § 24 Abs. 4 WEG zwei Wochen. Im Inland sind hierbei Postlaufzeiten bis zu drei Tagen mit einzurechnen. Für die Berechnung der Frist gelten die §§ 186 ff. BGB, die Frist beginnt erst mit dem Zugang des Schreibens beim Wohnungseigentümer. Bei besonderer Dringlichkeit kann die Zweiwochenfrist verkürzt werden.

BEISPIELE

- Der Verwalter ist gemäß § 27 Abs. 1 Nr. 7 WEG verpflichtet, die Wohnungseigentümer unverzüglich zu unterrichten, wenn ein Rechtsstreit gemäß § 43 WEG anhängig ist. Um weitere Weisungen zu erhalten und ggf. die anwaltliche Vertretung zu beschließen, kann ein Fall der besonderen Dringlichkeit gegeben sein, wenn Fristabläufe drohen.
- Bei einer sich in Ausführung befindlichen Instandsetzungsmaßnahme treten unvorhersehbare Komplikationen auf, die zu einem erheblichen Kostenmehraufwand führen. Von besonderer Dringlichkeit ist zum Beispiel auszugehen, wenn der Grund für die Einberufung der Eigentümerversammlung die statische Begutachtung der Tiefgarage wegen einer schadhaften Stahlbetonstütze war und nach dem Ergebnis des Sachverständigengutachtens die umgehende Sanierung der geprüften Stütze erforderlich ist. Soweit der Sachverständige bereits erhebliche Mängel und Schäden an der Konstruktion attestiert hatte, durfte die Hausverwaltung von einer möglichen Gefährdung der Statik der Tiefgarage ausgehen, was eine Abkürzung der Ladungsfrist rechtfertigte (LG Düsseldorf, 14.3.2013, 19 S 88/12).

Durch Vereinbarung in der Teilungserklärung kann eine längere Frist als zwei Wochen für die Ladung festgelegt werden (BayObLG, 10.5.1989, BReg. 2 Z 23/88). Fraglich ist, ob eine solche Vereinbarung in der Teilungserklärung wirksam ist, da damit der Schutzzweck der gesetzlichen Regelung unterlaufen würde. Allerdings handelt es sich bei der Vorschrift des § 24 Abs. 4 WEG lediglich um eine „Sollvorschrift", deren Abbedingen aufgrund des Wortlauts durch Vereinbarung in der Teilungserklärung zulässig erscheint.

Wird die Ladungsfrist nicht eingehalten, führt dies nicht zur Unwirksamkeit der Beschlüsse. Eine Beschlussanfechtung kann in diesem Fall mit der Begründung erfolgen, dass die Nichteinhaltung der Frist ursächlich für das Zustandekommen eines bestimmten Beschlusses war. Dies allein führt jedoch noch nicht zum Erfolg der Anfechtung (siehe „Anfechtung von Beschlüssen"). Es müssen weitere Gründe vorliegen, die eine Ungültigerklärung des Beschlusses stützen, denn bei der Zweiwochenfrist handelt es sich nur um eine gesetzliche Sollvorschrift, die nicht zwingend eingehalten werden muss. Ein Beschluss wird nicht für ungültig erklärt werden, wenn feststeht, dass er auch mit Einhaltung der Ladungsfrist getroffen worden wäre (LG München I, 6.11.2014, 36 S 25536/13; BGH, 7.3.2002, V ZB 24/01; BayObLG, 12.5.2004, 2Z BR 050/04; OLG Hamburg, 21.6.2006, 2 Wx 33/05). Lädt der Verwalter mit zu kurzer Ladungsfrist, kann er sich gegenüber der Wohnungseigentümergemeinschaft schadenersatzpflichtig machen und muss die hierdurch entstandenen Kosten tragen, zum Beispiel die Saalmiete (AG Bremen, 8.3.2013, 44 C 2032/12).

1.4 Inhalt

In der Einladung sind Ort, Tag und Uhrzeit der Versammlung sowie die Tagesordnung (siehe unten, Abschnitt 3.2) mitzuteilen. Für die Gültigkeit von Beschlüssen ist es erforderlich, dass ihr Gegenstand in der Einladung zur Versammlung ausreichend bezeichnet wurde. Ein entsprechender Mangel kann eine Beschlussanfechtung begründen. Die Tagesordnungspunkte und die vorgesehenen Beschlüsse müssen so genau bezeichnet werden, dass die Wohnungseigentümer verstehen und überblicken können, was in tatsächlicher und rechtlicher Hinsicht erörtert und beschlossen werden soll und welche Auswirkungen der vorgesehene Beschluss insoweit auf die Gemeinschaft und sie selbst hat. Eine schlagwortartige Bezeichnung reicht regelmäßig aus (BGH, 13.1.2012, V ZR 129/11). Die Wohnungseigentümer sollen so vor Überraschungen bewahrt werden und die Möglichkeit haben, sich vorzubereiten. Der Beschlussgegenstand ist in der Einladung umso genauer zu bezeichnen, je größer seine Bedeutung und je geringer der Wissensstand des einzelnen Eigentümers hierzu ist (OLG München, 14.9.2006, 34 Wx 49/06). Über diese Punkte darf der Verwalter im Rahmen einer ordnungsgemäßen Verwaltung nach eigenem Ermessen entscheiden. Darüber hinaus können den Wohnungseigentümern in der Einladung Berichte, Informationen, Vollmachtsformulare, Beschlussantragsvorschläge sowie Angebote für Instandsetzung- oder Instandhaltungsmaßnahmen übersandt werden, sofern dies der Durchführung der Eigentümerversammlung dienlich ist.

1.5 Versammlungsort

Der Versammlungsort muss für die Teilnehmer erreichbar sein, durch ihn darf die Teilnahme an der Versammlung nicht erschwert werden (BGH, 7.3.2002, V ZB 24/01). Bei der Auswahl ist auf die Verkehrsüblichkeit und Zumutbarkeit, den Ort zu erreichen, abzustellen; daher sollte die Versammlung am Ort der Wohnanlage oder in der näheren Umgebung stattfinden. Auswärtige Wohnungseigentümer müssen eine Anreise von vornherein in Kauf nehmen, nicht aber die Wohnungseigentümer, die in der Anlage oder zumindest in der Gemeinde wohnen, in der die Anlage gelegen ist (OLG Köln, 6.1.2006, 16 Wx 188/05).

Bei der Eigentümerversammlung gilt der Grundsatz der Nichtöffentlichkeit, sodass nur berechtigte Personen an ihr teilnehmen dürfen. Die Versammlung muss unter Ausschluss Dritter abgehalten werden können. Die Wohnungseigentümer haben ein schutzwürdiges Interesse daran, fremden Einfluss von der Versammlung fernzuhalten und dass interne Angelegenheiten nicht in die Öffentlichkeit getragen werden (BGH, 29.1.1993, V ZB 24/92; BayObLG, 16.5.2002, 2Z BR 32/02; OLG Frankfurt/Main, 7.4.1995, 20 W 16/95). Versammlungsstätten, die wegen akustischer Beeinträchtigungen einen ungestörten Versammlungsablauf erschweren, eignen sich daher nicht (KG Berlin, 30.4.1997, 24 W 5809/96). Bei der Wahl des Versammlungsorts sollte darauf geachtet werden, dass es sich um einen Raum handelt, der geschlossen werden kann, beispielsweise in Gaststätten ein abgetrennter Nebenraum. Ein Biergarten oder die Terrasse einer Gaststätte empfiehlt sich mangels Vertraulichkeit nicht.

Sucht der Verwalter einen ungeeigneten Versammlungsort aus und wird Wohnungseigentümern hierdurch die Teilnahme erheblich erschwert oder gar unmöglich gemacht, kann dies die Anfechtbarkeit der gefassten Beschlüsse begründen. Kommt ein Beschluss unter Nichteinhaltung des Grundsatzes der Nichtöffentlichkeit zustande, ist er für ungültig zu erklären, wenn sich die Ursächlichkeit des Verstoßes nicht ausschließen lässt (OLG Hamm, 27.9.2006, 15 W 98/60).

Hinweis: Weiß der Verwalter, dass ein Eigentümer aus persönlichen Gründen, zum Beispiel wegen körperlicher Behinderung, nicht in der Lage ist, den Versammlungsort wegen seiner Eigenart aufzusuchen, kann dies einer vorsätzlichen Nichtladung gleichkommen (LG Bonn, 3.11.2003, 8 T 113/03; OLG Köln, 3.12.2003, 16 Wx 216/03).

BEISPIELE AUS DER RECHTSPRECHUNG

- Anfechtbarkeit von Beschlüssen, wenn die Versammlung in einer Gaststätte in einem nicht abgetrennten Raum stattgefunden hat (OLG Hamm, 13.10.1989, 15 W 314/89)
- Zulässigkeit einer Versammlung in der Waschküche oder auf dem Kellerflur bei kleiner Anlage und kurzer Tagesordnung (OLG Düsseldorf, 1.3.1993, 3 Wx 512/92)
- Unzulässigkeit einer Versammlung im Wohnwagen des Verwalters, wenn mit diesem gespannte zwischenmenschliche Beziehungen bestehen (OLG Hamm, 12.12.2000, 15 W 109/00)
- Unzulässigkeit einer Versammlung im dritten Stock einen Gebäudes ohne Fahrstuhl, wenn dem Verwalter bekannt ist, dass ein Wohnungseigentümer gehbehindert ist (LG Bonn, 3.11.2003, 8 T 113/03)
- Nichtgewährleistung der Nichtöffentlichkeit bei Versammlung in einem offenen Gastraum als Beschlussanfechtungsgrund (OLG Frankfurt/Main, 7.4.1995, 20 W 19/95)
- Formelle Mängel bei der Beschlussfassung (Versammlung zunächst im frei zugänglichen Gaststättenraum, später im Vorgarten) führen nicht zur Ungültigerklärung von Eigentümerbeschlüssen, wenn festzustellen ist, dass die Mängel sich nicht auf

die Beschlussfassung ausgewirkt haben (KG Berlin, 30.4.1997, 24 W 5809/96 = ZMR 1997, 487)

1.6 Versammlungszeit

Bei der Wahl des Zeitpunkts ist auf berufstätige Wohnungseigentümer Rücksicht zu nehmen. Die Versammlung muss zu einer verkehrsüblichen und zumutbaren Zeit stattfinden, sodass möglichst viele Eigentümer an der Versammlung teilnehmen können (OLG Köln, 13.9.2004, 16 Wx 168/04; AG Köln, 22.3.2004, 202 II 309/02). Eine Einberufung der Versammlung vor 17.00 Uhr entspricht in der Regel nicht ordnungsmäßiger Verwaltung, es sollten die üblichen Arbeitszeiten an Werktagen bedacht werden. Zulässig ist, unter Abwägung der Belange aller Eigentümer, grundsätzlich auch ein Termin an Sonn- oder Feiertagen. Hingegen sollte der Zeitpunkt nicht in die Urlaubs- oder Ferienzeit fallen, allerdings muss der Verwalter seine Termine nicht zwingend auf die Urlaubsplanung einzelner Eigentümer abstimmen. Wählt der Verwalter einen ungewöhnlichen Zeitpunkt, kann dieser Einberufungsmangel zur Beschlussanfechtung und damit zur Ungültigerklärung des Beschlusses führen.

BEISPIELE AUS DER RECHTSPRECHUNG

- Zulässigkeit einer Versammlung an einem Sonntag (OLG Stuttgart, 18.12.1985, 8 W 338/85)
- Versammlung an einem Werktag um 15.00 Uhr zulässig, wenn die Wohnungseigentümer überwiegend nicht am Ort der Wohnanlage wohnen, sondern vereinzelt mehrere hundert Kilometer anreisen müssen (OLG Köln, 13.9.2004, 16 Wx 168/04)
- Keine Einberufung an Werktagen vor 17.00 Uhr (OLG Düsseldorf, 1.3.1993, 3 Wx 512/92)
- Zulässigkeit an einem Samstag um 14.00 Uhr (OLG Stuttgart, WE 1994, 146); an einem Samstag ab 20.00 Uhr in einer Ferienwohnanlage (OLG Zweibrücken, 29.11.1993, 3 W 133/93)
- Die beabsichtigte Einberufung einer Eigentümerversammlung während der Schulferien steht grundsätzlich nicht einer pflichtwidrigen Weigerung des Verwalters zu Einberufung der Versammlung gleich (BayObLG, 17.4.2002, 2Z BR 14/02)
- Wird eine ordentliche Wohnungseigentümerversammlung innerhalb der Schulferien und abweichend von dem in der Teilungserklärung vorgesehenen Zeitraum einberufen, widerspricht dies in der Regel ordnungsgemäßer Verwaltung, wenn die Ladung ohne ausreichenden Vorlauf erfolgt. Die Einhaltung der zweiwöchigen Mindestladungsfrist nach § 24 Abs. 4 Satz 2 WEG reicht in einem solchen Fall nicht aus (LG Karlsruhe, 25.10.2013, 11 S 16/13)
- Zulässigkeit der Einberufung für werktags 13.00 Uhr; mangelnde Kausalität des Einberufungsmangels, wenn der betreffende Wohnungseigentümer an den letzten fünf Eigentümerversammlungen, die teilweise erst um 18.00 Uhr stattgefunden haben, nicht teilgenommen hat und wenn aufgrund der bestehenden Konfliktsituation in der Wohnungseigentümergemeinschaft mit an Sicherheit grenzender Wahrscheinlichkeit kein anderes Beschlussergebnis zustande gekommen wäre (LG Berlin, 5.2.2013, 85 S 31/12)

1.7 Eventualeinberufung

Sind bei Eröffnung der Versammlung nicht mehr als die Hälfte der stimmberechtigten Miteigentumsanteile anwesend, bestimmt § 24 Abs. 4 WEG, dass eine sogenannte Zweitversammlung (siehe dort) oder Wiederholungsversammlung mit gleichem Gegenstand einzuberufen ist. Gelegentlich wird im Einladungsschreiben zur Erstversammlung bereits zu einer Zweitversammlung eingeladen, die dann eine halbe Stunde nach der Erstversammlung stattfinden soll. Diese Verfahrensweise ist unzulässig, sofern die Gemeinschaftsordnung eine diesbezügliche Regelung nicht ausdrücklich vorsieht. Allerdings führt dieser Verstoß nur zur Anfechtbarkeit der gefassten Beschlüsse, wenn sich der Einberufungsmangel auf das Beschlussergebnis auswirkt; das wird regelmäßig der Fall sein, denn es kann nicht ausgeschlossen werden, dass nicht eine andere Beschlussfassung erfolgt wäre, hätte der anfechtende Wohnungseigentümer durch Einhaltung der Einberufungsmodalitäten an der Versammlung teilnehmen können.

Eine abweichende Regelung in der Gemeinschaftsordnung, die eine Eventualeinladung vorsieht, ist zulässig, da die Vorgabe in § 24 Abs. 4 WEG abbedungen werden kann (OLG Frankfurt/Main, 24.8.2006, 20 W 215/06; OLG München, 1.12.2005, 32 Wx 093/05; OLG Köln, 30.12.1998, 16 Wx 187/98; LG Offenburg, 24.8.1993, 4 T 42/93). Dies kann jedoch nur durch Vereinbarung und nicht durch Beschluss der Eigentümer erfolgen. Ein entsprechender Mehrheitsbeschluss wäre, selbst wenn er nicht angefochten wird, als gesetzesändernder Mehrheitsbeschluss nichtig (BGH, 20.9.2000, V ZB 58/99).

Enthält die Gemeinschaftsordnung keine entsprechende Regelung, müssen für die Einberufung der Zweitversammlung die regulären Einberufungsmodalitäten – insbesondere die Einhaltung der zweiwöchigen Ladungsfrist – beachtet werden. Den in der ersten Versammlung nicht anwesenden Wohnungseigentümern muss die Teilnahme an der Wiederholungsversammlung ermöglicht werden. Es ist daher unzulässig, bei fehlender Beschlussfähigkeit der Erstversammlung ohne Einhaltung der Modalitäten kurzfristig eine Wiederholungsversammlung einzuberufen. Ein Verstoß hiergegen führt zur Anfechtbarkeit der bei einer rechtswidrig einberufenen Versammlung gefassten Beschlüsse (KG Berlin, 17.5.2000, 24 W 3651/99).

1.8 Einberufungsmangel/Kausalität

Einberufungsmängel kommen nur zum Tragen, wenn sie sich auf das Beschlussergebnis ausgewirkt haben. Sie sind als formelle Beschlussmängel beachtlich, wenn die Beschlussfassung auf ihnen beruht. Die Kausalität und in der Folge die Anfechtbarkeit eines mit einem formellen Mangel behafteten Beschlusses ergibt sich bereits daraus, dass sich der Mangel auf das Ergebnis der Beschlussfassung zumindest ausgewirkt haben könnte. Von Ursächlichkeit ist regelmäßig auszugehen, wenn einzelne Wohnungseigentümer an der Versammlung nicht teilgenommen haben, weil sie die Einberufung für unwirksam gehalten haben. Unter diesen Umständen kann nicht ausgeschlossen werden, dass deren Diskussionsbeiträge zu einem anderen Ergebnis geführt hätten. Eine Ungültigerklärung von Beschlüssen scheidet in der Regel nur dann aus, wenn feststeht, dass sich ein Beschlussmangel auf das Abstimmungsergebnis nicht ausgewirkt hat (LG München I, 6.11.2014, 36 S 25536/13; BGH, 7.3.2002, V ZB 24/01). Die fehlende Kausalität eines Einberufungsmangels kann nur dann festgestellt werden, wenn klar zutage tritt, dass der Beschluss bei ordnungsgemäßer Einberufung und Durchführung der Versammlung gleichfalls zustande gekommen wäre (LG Köln, 8.12.2011, 29 S 121/11, zur Einberufung durch einen nichtberechtigten Verwalter).

Der weite Beurteilungs- bzw. Ermessensspielraum der Eigentümerversammlung rechtfertigt eine Ausnahme von der Kausalitätsvermutung auch dann, wenn feststeht, dass der angegriffene Beschluss ohne den Einberufungsmangel genauso bzw. ergebnisgleich gefasst worden wäre (AG Hamburg-Blankenese, 5.2.2014, 539 C 18/13; AG Hamburg-Altona, 6.12.2013, 303a C 3/13). Hierbei kommt es auf die konkrete Situation in der Eigentümerversammlung an. Die Kausalitätsvermutung ist widerleglich und insbesondere auch einer Beweiserhebung darüber zugänglich, wie die Eigentümer bei ordnungsmäßiger Ankündigung des Beschlussgegenstands abgestimmt hätten (LG Hamburg, 29.9.2011, 319 T 40/11; OLG Hamburg, 11.4.2007, 2 Wx 2/07).

Hinweis: Lässt sich ein Wohnungseigentümer auf einer Vollversammlung aller Eigentümer widerspruchslos auf eine Abstimmung zu einem formal nicht korrekt angekündigten Tagesordnungspunkt ein, kann er nicht die Rüge eines Einberufungsmangels erheben (LG Hamburg, 25.5.2011, 318 S 21/11).

2 Versammlungsleiter

Der Verwalter führt gemäß § 24 Abs. 5 WEG den Vorsitz in der Wohnungseigentümerversammlung, sofern die Gemeinschaftsordnung keine andere Regelung vorsieht und die Versammlung nichts anderes mehrheitlich beschließt. Ist der Verwalter eine natürliche Person, ist er grundsätzlich persönlich zur Versammlungsleitung berechtigt und verpflichtet (OLG Schleswig, 4.12.1996, 2 W 85/96). Handelt es sich bei der Verwaltung um eine juristische Person oder eine Personengesellschaft, gilt das Gleiche für deren gesetzlichen Vertreter, zum Beispiel für den Geschäftsführer einer GmbH, den Prokuristen oder den vertretungsberechtigten Gesellschafter. Der Verwalter darf allerdings auf Erfüllungsgehilfen zurückgreifen und die Aufgabe der Versammlungsleitung im Einzelfall durch Bevollmächtigung auf eine dritte Person übertragen, zum Beispiel auf einen Mitarbeiter, Sachbearbeiter oder Rechtsberater, der in seinen Geschäftsbetrieb eingegliedert ist (OLG München, 7.6.2005, 32 Wx 32/05; BayObLG, 11.4.2001, 2Z BR 27/01; KG Berlin, 15.9.2000, 24 W 3301/00).

Der Verwalter führt den Vorsitz auch dann, wenn die Eigentümerversammlung durch einen Dritten — einen Eigentümer oder den Verwaltungsbeiratsvorsitzenden — einberufen wurde. Die Wohnungseigentümer haben zudem die Möglichkeit, einen Beschluss zu fassen (sogenannter Geschäftsordnungsbeschluss), dass eine andere Person als der Verwalter die Versammlung leitet. Das kann sinnvoll sein, wenn in der Versammlung Folgendes ansteht:

- Vorwürfe gegen den Verwalter sollen erörtert werden.
- Es ist geplant, den Verwalter abzuberufen.
- Ein neuer Verwalter soll gewählt werden.

Die Versammlungsleitung muss nicht zwingend in Gesamtheit übertragen werden, sie kann auch nur für einzelne Tagesordnungspunkte an eine andere Person übergeben werden. Als Versammlungsleiter kommen neben dem Verwalter zum Beispiel folgende Personen in Betracht:

- Mitglied des Verwaltungsbeirats
- Miteigentümer
- Eine dritte Person, zum Beispiel ein Rechtsanwalt

Wie der Vorsitzende die Versammlung führt, liegt in seinem pflichtgemäßen Ermessen, das heißt, er muss für eine sachgerechte Behandlung der Tagesordnung und eine ungestörte Willensbildung der Wohnungseigentümer sorgen. Zu den Aufgaben des Vorsitzenden zählen insbesondere diese:

- Eröffnung und Schließung der Versammlung
- Feststellung der Beschlussfähigkeit
- Erstellen der Teilnehmerliste
- Sicherstellung der Nichtöffentlichkeit
- Registrierung und Überprüfung von Vertretungsvollmachten/Teilnahmerechten
- Für einen störungsfreien Ablauf der Versammlung sorgen (Ordnungsrecht), ggf. auch durch einen Saalverweis
- Dafür sorgen, dass jeder Eigentümer ausreichend rechtliches Gehör erhält, und zwar durch Einräumen und Entzug des Rederechts
- Überprüfung von Stimmrechtsausschlüssen
- Aufruf der Tagesordnungspunkte
- Formulierung der Beschlussanträge
- Durchführung der Abstimmung sowie Bestimmung des Abstimmungsmodus
- Feststellung und Verkündung der gefassten Beschlüsse
- Kontrolle der ordnungsgemäßen Protokollierung
- Unterzeichnung der Niederschrift
- Führen der Beschlusssammlung

3 Ablauf der Eigentümerversammlung

Die Feststellung der Beschlussfähigkeit (siehe dort) zu Beginn der Versammlung ist für deren Durchführung sehr bedeutsam. Die Versammlung ist nach § 25 Abs. 3 WEG nur beschlussfähig, wenn die erschienenen stimmberechtigten Wohnungseigentümer mehr als die Hälfte aller Miteigentumsanteile, berechnet nach der im Grundbuch eingetragenen Größe dieser Anteile, vertreten.

3.1 Tagesordnung

Zusätzlich zum Einladungsschreiben wird den Wohnungseigentümern bei der Einberufung der Eigentümerversammlung die Tagesordnung übersendet. Für die Gültigkeit von Beschlüssen ist es erforderlich, dass ihr Gegenstand in der Einladung zur Versammlung ausreichend bezeichnet wurde. Ein entsprechender Mangel kann eine Beschlussanfechtung begründen. Die Tagesordnungspunkte und die vorgesehenen Beschlüsse müssen so genau bezeichnet werden, dass die Wohnungseigentümer verstehen und überblicken können, was in tatsächlicher und rechtlicher Hinsicht erörtert und beschlossen werden soll und welche Auswirkungen der vorgesehene Beschluss insoweit auf die Gemeinschaft und sie selbst hat. Eine schlagwortartige Bezeichnung reicht regelmäßig aus (BGH, 13.1.2012, V ZR 129/11; BayObLG, 19.12.2002, 2 Z BR 104/02; OLG Saarbrücken, 24.3.2004, 5 W 268/03-63). Die Wohnungseigentümer sollen so vor Überraschungen bewahrt werden und die Möglichkeit haben, sich vorzubereiten. Der Beschlussgegenstand ist umso genauer in der Einladung zu bezeichnen, je größer seine Bedeutung und je geringer der Wissensstand des einzelnen Eigentümers hierzu ist (OLG München, 14.9.2006, 34 Wx 49/06). Wenn auch nicht alle Einzelheiten des Beschlussgegenstands in der Tagesordnung angegeben werden können und müssen, so ist doch ein solches Maß an Erkennbarkeit und Voraussehbarkeit erforderlich, dass sich der einzelne Wohnungseigentümer über die wesentlichen rechtlichen und tatsächlichen Folgen und Konsequenzen einer vorgesehenen Maßnahme klar werden kann.

Auswahl und Bezeichnung der Tagesordnungspunkte obliegen dem Verwalter, dies steht in seinem pflichtgemäßen Ermessen. Der einzelne Eigentümer hat jedoch in Fällen, bei denen es sich um Maßnahmen ordnungsmäßiger Verwaltung gemäß § 21 Abs. 4 WEG handelt, einen Anspruch darauf, dass bestimmte Beschlussgegenstände aufgenommen werden (OLG Frankfurt/Main, 18.8.2008, 20 W 426/05; LG Hamburg, 27.6.2012, 318 S 196/11; OLG Frankfurt/Main, 20.12.2004, 20 W 337/01). Dem Antrag auf Aufnahme eines Punkts auf die Tagesordnung ist dann Folge zu leisten, wenn mehr sachliche Gründe dafür als dagegen sprechen, ihn auf einer Versammlung zu erörtern und zum Gegenstand einer Abstimmung zu machen (BayObLG, 12.7.2001, 2Z BR 139/00). Der Anspruch entfällt, wenn die Ladungsfrist des § 24 Abs. 4 Satz 2 WEG nicht mehr gewahrt und auf diese Frist nicht ausnahmsweise verzichtet werden kann. Verletzt die Hausverwaltung den Anspruch auf Aufnahme eines Tagesordnungspunktes in nicht zu vertretender Weise, kann sich ein Schadenersatzanspruch des Miteigentümers gegen die Hausverwaltung auf Einberufung einer außerordentlichen Eigentümerversammlung zu deren Lasten ergeben (LG München I, 16.5.2011, 1 S 5166/11).

Der Verwalter ist weiterhin gemäß § 24 Abs. 2 WEG analog verpflichtet, einen bestimmten Punkt auf die Tagesordnung zu setzen, wenn ein Viertel aller Wohnungseigentümer dies schriftlich beantragt. Weigert sich der Verwalter, kann dieses Verlangen gerichtlich geltend gemacht werden und sogar zu einer Schadenersatzpflicht des Verwalters führen, wenn die Weigerung pflichtwidrig war. Dies ist dann der Fall, wenn eine ordnungsgemäße Verwaltung die Aufnahme erfordert. Neben der gerichtlichen Durchsetzung zur Aufnahme eines Tagesordnungspunkts besteht bei pflichtwidriger Weigerung des Verwalters die Möglichkeit, dass der Verwaltungsbeiratsvorsitzende die Ergänzung der Tagesordnung übernimmt (OLG Frankfurt/Main, 18.8.2008, 20 W 426/05).

BEISPIELE

Die Aufnahme der Beschlussfassung über folgende Punkte auf die Tagesordnung kann von jedem einzelnen Eigentümer verlangt werden, da diese Angelegenheiten für die Gemeinschaft von erheblicher Bedeutung sind:

- Jahresabrechnung und Wirtschaftsplan
- Ordnungsgemäße Instandhaltung und Instandsetzung des Gemeinschaftseigentums
- Geltendmachung von Mängelansprüchen bei Mängeln am Gemeinschaftseigentum
- Aufstellen einer Hausordnung
- Ansammlung einer angemessenen Instandhaltungsrücklage
- Verfolgung von Hausgeldrückständen

Hat ein einzelner Eigentümer ein bestimmtes Anliegen, sollte er sich frühzeitig um dessen Aufnahme auf die Tagesordnung bemühen und einen schriftlichen Antrag beim Verwalter stellen. Falls dieser ablehnt, kann die Aufnahme ggf. noch rechtzeitig gerichtlich erwirkt werden. Ein solcher Anspruch ist prozessual gegen den Verwalter selbst zu richten. In der Regel rechtfertigt das Bestreben eines Wohnungseigentümers, einen bestimmten Punkt auf die Tagesordnung setzen zu lassen, jedoch keine die Hauptsache vorwegnehmende Leistungsverfügung (einstweiliger Rechtsschutz) (LG München I, 30.8.2011, 36 T 6199/11). Dies könnte nur dann der Fall sein, wenn eine bestimmte Angelegenheit so dringend ist, dass ein Eigentümer, der bei seinem Einberufungsverlangen ein ordentliches Hauptsacheverfahren abwartet, unverhältnismäßig großen, gar irreparablen Schaden erleidet (LG München I, 16.5.2011, 1 S 5166/11).

Wurde bei Einberufung der Versammlung ein Tagesordnungspunkt vergessen oder erst nachträglich beantragt, ist eine Ergänzung der Tagesordnung durch sogenannte Nachtragseinladung zulässig. Allerdings muss dies grundsätzlich rechtzeitig erfolgen, sodass der Verwalter den Tagesordnungspunkt noch unter Einhaltung der Ladungsfrist von zwei Wochen nachreichen kann (LG Frankfurt/Main, 12.6.2014, 2-9 S 79/13). Lässt sich dies nicht einhalten, so handelt der Verwalter im pflichtgemäßen Ermessen, wenn er eine Ergänzung der Tagesordnung nicht vornimmt (LG Düsseldorf, 16.3.2011, 25 S 56/10). Auch hierbei gilt die Ausnahme, dass eine Verkürzung der Ladungsfrist bei besonderer Dringlichkeit der Angelegenheit möglich ist.

Hinweis: Unter dem Tagesordnungspunkt „Verschiedenes“ oder „Sonstiges“ kann die Wohnungseigentümergemeinschaft keine Beschlüsse oder allenfalls Beschlüsse von untergeordneter Bedeutung fassen. Darunter fallen vielmehr Beratungen über Angelegenheiten und die allgemeine Aussprache. Werden dennoch Beschlüsse gefasst, sind diese binnen eines Monats anfechtbar, da sie nicht ausreichend angekündigt wurden. Auf die Möglichkeit der Anfechtung muss der Verwalter hinweisen.

3.2 Formulierung des Beschlussantrags

Sobald die Meinungsbildung zu einem Tagesordnungspunkt abgeschlossen ist, führt der Vorsitzende die Abstimmung zur Beschlussfassung durch. Er formuliert einen Beschlussvorschlag, liest ihn vor und stellt ihn zur Abstimmung.

Der Beschlussantrag muss hinreichend bestimmt sein (siehe „Beschluss“, Abschnitt 15 „Inhaltliche Bestimmtheit von Beschlüssen“), um Auseinandersetzungen über dessen Inhalt zu vermeiden. Zunächst muss deutlich erkennbar sein, dass es sich um einen Beschlussantrag handelt und nicht nur etwa um einen Hinweis. Lässt sich mangels Klarheit und Bestimmtheit auch durch Auslegung der Sinn des Beschlusses nicht ermitteln, so ist dieser nichtig. Es zählt zu den Pflichten des Verwalters, einen Beschlussantrag ordnungsgemäß zu formulieren. Verletzt er diese Pflicht schuldhaft, indem er die Beschlussvorlage zu unbestimmt formuliert, kann er sich gegenüber der Wohnungseigentümergemeinschaft schadenersatzpflichtig machen.

3.3 Abstimmung (siehe dort)

3.4 Beschlussfeststellung und -verkündung (siehe dort)

3.5 Stimmrecht (siehe dort)

3.6 Geschäftsordnungsbeschluss zum Ablauf der Versammlung (siehe „Beschluss“, Abschnitt 12)

3.7 Rede- und Antragsrecht (siehe dort)

3.8 Schluss der Versammlung

Sind alle Tagesordnungspunkte vollständig erörtert und alle Beschlüsse verkündet, schließt der Versammlungsleiter formell die Eigentümerversammlung. Nach Beendigung der Versammlung können keine wirksamen Beschlüsse mehr gefasst werden. Der Verwalter darf die Versammlung nicht eigenmächtig vorzeitig beenden. Tut er dies dennoch ohne sachlichen Grund vor Abarbeitung der Tagesordnung, handelt er rechtsmissbräuchlich. Die anwesenden Eigentümer können dann die Versammlung fortsetzen und einen neuen Versammlungsleiter wählen.

Soll eine Eigentümerversammlung abgebrochen oder vertagt werden, bedarf es eines entsprechenden Mehrheitsbeschlusses der Eigentümer. Die Feststellung der Schließung der Versammlung ist insbesondere dann wichtig, wenn mangels Beschlussfähigkeit der ersten Versammlung eine Zweitversammlung einberufen wird (OLG Frankfurt/Main, 24.8.2006, 20 W 214/06, 20 W 215/06).

4 Teilnahme Dritter an der Eigentümerversammlung

Lässt die Gemeinschaftsordnung die Teilnahme dritter Personen an der Eigentümerversammlung nicht ausdrücklich zu, sind außenstehende Dritte und Berater wegen des Grundsatzes der Nichtöffentlichkeit von der Versammlung ausgeschlossen. Die Wohnungseigentümer haben ein schutzwürdiges Interesse daran, fremden Einfluss von der Versammlung fernzuhalten und dass interne Angelegenheiten nicht in die Öffentlichkeit getragen werden (BGH, 29.1.1993, V ZB 24/92; BayObLG, 16.5.2002, 2Z BR 32/02; OLG Frankfurt/Main, 7.4.1995, 20 W 16/95). Es ist jedoch zulässig, dass sich Wohnungseigentümer von Dritten vertreten lassen (siehe Stimmrecht, Abschnitt 7 „Stimmrechtsvertretung"). Der Vertretene selbst hat dann der Versammlung fernzubleiben.

Hinweis: Ein Beschluss, der die grundsätzliche Teilnahme von Mietern an der Eigentümerversammlung zulässt, ist anfechtbar (AG Bochum, 30.10.2008, C 26/08).

Liegt eine entsprechende Vereinbarung in der Gemeinschaftsordnung vor, muss der Verwalter deren Einhaltung zwingend überprüfen, zudem ist er verpflichtet, im Rahmen seines Hausrechts Dritte von der Versammlung auszuschließen. Besteht keine Vereinbarung in der Gemeinschaftsordnung, kann der Verwalter Dritte von der Versammlung ausschließen oder die Wohnungseigentümergemeinschaft entscheidet nach einem Antrag zur Geschäftsordnung durch Beschluss, ob die Teilnahme geduldet wird oder ob die dritte Person die Versammlung verlassen muss. Ein Ausschluss ist dann nicht möglich, wenn ein berechtigtes Interesse des Wohnungseigentümers an der Teilnahme der dritten Person besteht. Ob dies zutrifft, ist im Einzelfall nach Treu und Glauben und unter Abwägung der Interessen des einzelnen Wohnungseigentümers gegenüber den Interessen der restlichen Wohnungseigentümer am Ausschluss der Öffentlichkeit zu beurteilen (BGH, 29.1.1993, V ZB 24/92; BayObLG, 16.5.2002, 2Z BR 32/02).

Ein berechtigtes Interesse des Wohnungseigentümers kann sich aus einem in seiner Person liegenden Umstand ergeben, etwa hohes Alter, Blindheit, geistige Gebrechlichkeit, Krankheit oder ein besonderer Schwierigkeitsgrad der in der Tagesordnung angekündigten Beschlussgegenstände. Ein Ausländer hat ein berechtigtes Interesse daran, einen Dolmetscher mitzubringen (AG Wiesbaden, 27.7.2012, 92 C 217/11). Dem Dolmetscher ist es jedoch untersagt, eigene Redebeiträge zu leisten oder seine persönliche Meinung einzubringen. Die Teilnahme eines Rechtsanwalts als Berater wird, selbst bei älteren Wohnungseigentümern, regelmäßig abgelehnt, wenn nicht ein besonderer Umstand — zum Beispiel die besondere Schwierigkeit der Beratungsgegenstände — hinzukommt. Dem Wohnungseigentümer kann zugemutet werden, dass er sich bei Bedarf im Vorfeld der Versammlung fachlichen Rat von einem Dritten einholt. Sofern der Berater durch Redebeiträge auf die übrigen Wohnungseigentümer Einfluss nehmen oder in sonstiger Weise die Interessen eines einzelnen Eigentümers in der Diskussion vertreten soll, kann der Eigentümer dem Berater Stimmvollmacht erteilen und ihm damit Zugang zur Versammlung verschaffen (AG Rosenheim, 9.9.2014, 12 C 322/14). Allerdings muss dann der Eigentümer selbst den Versammlungsraum verlassen. Die Vertretung durch einen Berater kann unzulässig sein, wenn die Gemeinschaftsordnung eine sogenannte Vertreterklausel vorsieht, nach der nur bestimmte Personen zur Vertretung berechtigt sein sollen, zum Beispiel Ehegatten, andere Eigentümer oder der Verwalter.

Hinweis: Die Zerstrittenheit einzelner Eigentümer in der Wohnungseigentümergemeinschaft allein begründet noch kein berechtigtes Interesse an der Zuziehung eines Rechtsbeistands.

Eine Ausnahme bei der Teilnahme dritter Personen lässt die Rechtsprechung im Hinblick auf Mitarbeiter des Verwalters oder einen ihn beratenden Dritten zu. So ist die Anwesenheit von Mitarbeitern der Verwaltung zulässig, da diese zum einen im Rahmen ihres Arbeitsverhältnisses zur Verschwiegenheit verpflichtet sind und zum anderen ohne sie eine ordnungsgemäße Verwaltung insbesondere bei größeren Verwaltungsbüros nicht machbar wäre. So ist oftmals der für die Buchhaltung verantwortliche Mitarbeiter mit Einzelheiten der Jahresabrechnung besser vertraut und kann Fragen der Wohnungseigentümer besser beantworten.

Der Verwalter darf zur Versammlung auch sach- oder rechtskundige Personen als Berater hinzuziehen. Dies gilt insbesondere dann, wenn aufgrund der Tagesordnung damit zu rechnen ist, dass Fragen an den Verwalter gestellt werden, zu deren Beantwortung er sachliche oder rechtliche Beratung benötigt. Der Grundsatz der Nichtöffentlichkeit der Wohnungseigentümerversammlung hindert den Verwalter nicht daran, im Interesse der Gesamtheit der Wohnungseigentümer in Hinblick auf bestimmte Tagesordnungspunkte einen Rechtsanwalt als Berater zur Information und Meinungsbildung hinzuzuziehen. Das gilt, solange nicht ein konkreter Interessengegensatz zwischen einem einzelnen Wohnungseigentümer hervortritt und kein Wohnungseigentümer der Anwesenheit des Dritten widerspricht. Notwendig, aber auch hinreichend ist in diesem Fall, dass der Beratungsbedarf gerade in der Versammlung besteht, nur hier sachgerecht erfüllt werden kann und die Beratung bei objektiver Betrachtung allen anwesenden Eigentümern zugutekommt (OLG Köln, 22.6.2009, 16 Wx 266/08; OLG München, 18.9.2006, 34 Wx 89/06).

Darf der Verwalter aufgrund des Verwaltervertrags einen Rechtsanwalt beauftragen, kann dieser nicht ausgeschlossen werden, selbst wenn er unangekündigt zur Eigentümerversammlung erscheint. Es wird davon auszugehen sein, dass aus Gründen der „Waffengleichheit“ dann auch der Berater eines einzelnen Eigentümers zur Versammlung zuzulassen ist. Nimmt ein Rechtsanwalt als Prozessbevollmächtigter zum Zweck der Beratung der in einem Anfechtungsverfahren beklagten Eigentümer an einer Eigentümerversammlung teil, so liegt kein Verstoß gegen das Nichtöffentlichkeitsgebot vor (LG Frankfurt/Main, 21.9.2011, 2-13 S 118/10).

Ist eine Person bei der Versammlung anwesend, obwohl dafür keine Berechtigung besteht, sind sämtliche Beschlüsse, die auf der Versammlung gefasst werden, anfechtbar. Die unberechtigte Teilnahme allein reicht jedoch für eine erfolgreiche Anfechtung nicht aus. Die Anwesenheit dieser Person muss sich vielmehr konkret auf das Abstimmungsergebnis ausgewirkt haben und der Verstoß gegen den Nichtöffentlichkeitsgrundsatz muss gerügt worden sein. Dies kann der Fall sein, wenn feststeht, dass sich die Anwesenheit des Nichteigentümers auf die Meinungsbildung der übrigen Eigentümer so ausgewirkt hat, dass sie ihr Stimmverhalten verändert haben. Wer jedoch von der Anwesenheit des Dritten bei der Versammlung Kenntnis hat und den Verstoß nicht rügt, verzichtet konkludent auf sein Recht, dass diese Person von der Versammlung ausgeschlossen wird (OLG Hamburg, 11.4.2007, 2 Wx 2/07; LG Düsseldorf, 16.3.2011, 25 S 56/10; AG München, 30.11.2012, 481 C 15837/12). Der Widerspruch nur eines (anwesenden) Eigentümers gegen die Anwesenheit eines Gastes genügt, um diesen auszuschließen. Werden trotzdem Gäste zugelassen, so sind alle auf der Versammlung in deren Gegenwart gefasste Beschlüsse für ungültig zu erklären, und zwar ohne Kausalitätsprüfung (LG Frankfurt/Main, 21.9.2011, 2-13 S 118/10; AG München, 19.12.2013, 483 C 33043/12).

Lässt sich ein Eigentümer in der Versammlung vertreten, hängt es von der Person des Vertreters ab, ob eine unzulässige Beeinflussung der Willensbildungs- und Entschließungsfreiheit durch den unberechtigten Versammlungsteilnehmer anzunehmen ist. War der Vertreter mit der Anwesenheit des Unberechtigten einverstanden, kann der vertretene Eigentümer sich nicht mehr auf einen Verstoß gegen den Grundsatz der Nichtöffentlichkeit berufen (LG Berlin, 5.2.2013, 85 S 31/12). Wurde ein Vertreter oder Begleiter, der zuzulassen ist, ausgeschlossen und soll ein Eigentümer auf diese Weise gezielt von der Versammlung ferngehalten werden, kann jeder auf der Versammlung gefasste Beschluss angefochten und für nichtig erklärt werden (OLG Köln, 17.12.2004, 16 Wx 191/04). Gleiches gilt, wenn ein Beschluss gefasst wird, der den Ausschluss auch für künftige Eigentümerversammlungen vorsieht (BayObLG, 7.12.1995, 2Z BR 72/95).

Eigentümerwechsel

Ein Eigentümerwechsel kann auf zweierlei Weise stattfinden: im Rahmen einer Gesamtrechtsnachfolge, also durch Erbschaft, oder in Form einer Sonderrechtsnachfolge, also durch einen rechtsgeschäftlichen Erwerb wie Kauf oder Schenkung. Bei einer Erbschaft tritt der Erbe als Rechtsnachfolger kraft Gesetzes in die Wohnungseigentümergemeinschaft ein. Er haftet gemäß § 1967 BGB für sämtliche Nachlassverbindlichkeiten, also zum Beispiel auch für Hausgeldrückstände des verstorbenen Wohnungseigentümers. Nach dem Erbfall fällig werdende oder durch Beschluss der Wohnungseigentümergemeinschaft begründete Hausgeldschulden sind (jedenfalls auch) Eigenverbindlichkeiten des Erben, wenn ihm das Halten der Wohnung als ein Handeln bei der Verwaltung des Nachlasses zugerechnet werden kann. Hiervon ist in der Regel spätestens dann auszugehen, wenn er die Erbschaft angenommen hat oder die Ausschlagungsfrist abgelaufen ist und ihm faktisch die Möglichkeit zusteht, die Wohnung zu nutzen (BGH, 5.7.2013, V ZR 81/12).

Bindungswirkungen

Da der Erbe unmittelbar in die Stellung des Erblassers eintritt, ist er an sämtliche Vereinbarungen, Beschlüsse oder gerichtliche Entscheidungen gebunden. Bei der Sonderrechtsnachfolge ist dies hingegen nicht zwangsläufig der Fall. Erwirbt jemand Wohnungseigentum durch ein Rechtsgeschäft, wird er Eigentümer in dem Zeitpunkt, in dem die Umschreibung des Eigentums im Grundbuch vollzogen wird. Bei der Ersteigerung von Wohnungseigentum geschieht dies mit dem Zuschlag im Rahmen der Zwangsversteigerung. Der Sonderrechtsnachfolger ist an alle im Grundbuch des Sondereigentums eingetragenen Vereinbarungen, die dinglich wirken, beispielsweise an die Teilungserklärung und Gemeinschaftsordnung, gebunden (§ 10 Abs. 3 WEG). Hiervon abzugrenzen sind schuldrechtliche Vereinbarungen unter Wohnungseigentümern, die nicht im Grundbuch stehen. In diese tritt der Sonderrechtsnachfolger nicht automatisch ein, da solche Vereinbarungen nur zwischen den Personen wirken, die den Vertrag miteinander geschlossen haben.

Die Rechtsprechung differenziert hier allerdings, ob die Vereinbarung für den Sonderrechtsnachfolger vorteilhaft oder nachteilig ist. Auf eine zu seinen Gunsten wirkende Vereinbarung soll sich der Sondernachfolger eines Wohnungseigentümers auch dann berufen können, wenn sie nicht in das Grundbuch eingetragen worden ist. Hingegen wird eine nicht in das Grundbuch eingetragene, die Gemeinschaftsordnung ändernde Vereinbarung der Wohnungseigentümer, die eine nur für alle Wohnungseigentümer einheitlich zu beurteilende Regelung zum Gegenstand hat, hinfällig, wenn ein Sondernachfolger in die Gemeinschaft eintritt, zu dessen Ungunsten die Vereinbarung wirken würde. Dann gilt wieder die sich aus dem Gesetz oder der Gemeinschaftsordnung ergebende Regelung oder der Sondernachfolger unterwirft sich der betreffenden Vereinbarung rechtsgeschäftlich (BayObLG, 10.1.2002, 2Z BR 180/01; OLG Düsseldorf, 14.2.2001, 3 Wx 392/00). So erlischt zum Beispiel ein durch Vereinbarung begründetes, aber nicht im Grundbuch eingetragenes Sondernutzungsrecht (sogenanntes schuldrechtliches Sondernutzungsrecht), wenn ein neuer Wohnungseigentümer in die Gemeinschaft eintritt, der der bisherigen schuldrechtlichen Vereinbarung nicht beitritt. Die aus dem Grundbuch nicht ersichtliche Vereinbarung der bisherigen Wohnungseigentümer bindet ihn nicht automatisch (OLG Köln, 2.4.2001, 16 Wx 7/01).

An gerichtliche Entscheidungen und an Beschlüsse der Eigentümergemeinschaft ist der im Rahmen der Sonderrechtsnachfolge neu eintretende Wohnungseigentümer gemäß § 10 Abs. 4 WEG gebunden. Auch an Beschlüsse die aufgrund einer Öffnungsklausel (siehe dort) in der Teilungserklärung/Gemeinschaftsordnung erfolgen, sind für den Sonderrechtsnachfolger bindend. Solche Beschlüsse, die aufgrund einer in der Gemeinschaftsordnung enthaltenen Öffnungsklausel eine Vereinbarung der Wohnungseigentümer abändern, sind im Grundbuch weder eintragungsbedürftig noch eintragungsfähig (OLG München, 13.11.2009, 34 Wx 100/09).

Bauliche Veränderungen

Für bauliche Veränderungen (siehe dort) gilt: Auch an Beschlüsse der Wohnungseigentümergemeinschaft, die die Zustimmung zu einer baulichen Veränderung zum Gegenstand haben, ist der Sonderrechtsnachfolger gebunden. Im Fall einer nicht genehmigten baulichen Veränderung ist zur Beseitigung dieser nur derjenige, der sie vorgenommen hat, als Handlungsstörer verpflichtet. Sein Sonderrechtsnachfolger muss als Zustandsstörer lediglich die Beseitigung dulden. Beseitigungs- und Duldungsanspruch sind verschiedene Verfahrensgegenstände (BayObLG, 27.3.2003, 2Z BR 122/02). Der Rechtsnachfolger eines Wohnungseigentümers, der ohne Genehmigung der Gemeinschaft den zu seinem Sondereigentum gehörenden Dachboden zur Wohnung ausgebaut hat, ist nicht verpflichtet, verbliebene Wände und Decken zu beseitigen. Kann der Rechtsnachfolger als unmittelbarer Besitzer des Dachbodens die verbliebenen Bauteile beseitigen, lässt dies aber nicht zu, wird er zum Zustandsstörer und ist auf Antrag der Wohnungseigentümergemeinschaft entsprechend zu verpflichten. Gegenstand der Duldungspflicht des Zustandsstörers ist die einheitliche Wiederherstellung des ordnungsgemäßen Zustands (OLG Düsseldorf, 9.4.2008, I-3 Wx 3/08).

Eigentümerversammlung

Bei einem Eigentümerwechsel ist der veräußernde Wohnungseigentümer zur Eigentümerversammlung (siehe dort) solange zu laden, bis der Erwerber im Grundbuch eingetragen ist. Der veräußernde Wohnungseigentümer hält das Stimmrecht bis zur Umschreibung des Grundbuchs, selbst wenn nach den Bestimmungen des Kaufvertrags Besitz, Nutzungen und Lasten übergegangen sind. Der Erwerber kann allerdings vom Veräußerer mittels einer Vollmacht ermächtigt werden, das Stimmrecht (siehe dort) in der Eigentümerversammlung auszuüben.

Lasten und Kosten

Für die Lasten und Kosten haftet grundsätzlich der im Grundbuch eingetragene Eigentümer, und zwar derjenige, der zum Zeitpunkt der Beschlussfassung über die Zahlungsverpflichtung und die Fälligkeit der Forderung nach Wirtschaftsplan, Jahresabrechnung oder Sonderumlage als Wohnungseigentümer im Grundbuch eingetragen ist. Mit der Eintragung des Erwerbers im Grundbuch geht der Anspruch auf Abrechnung und Auszahlung von Guthaben auf den neuen Eigentümer über und kann folglich von dem früheren Eigentümer nicht mehr geltend gemacht werden. Ist allerdings der Veräußerer seiner Verpflichtung zur Hausgeldvorauszahlung nach einem beschlossenen Wirtschaftsplan nicht nachgekommen und sind daher Hausgeldrückstände aufgelaufen, so haftet er auch nach seinem Ausscheiden aus der Wohnungseigentümergemeinschaft für diese. Der Erwerber muss Hausgeldvorschüsse erst ab erfolgter Eigentumsumschreibung bezahlen.

Von rückständigen Hausgeldvorschüssen ist die sogenannte Abrechnungsspitze zu unterscheiden. Ergibt sich aus der Jahresabrechnung ein Fehlbetrag, weil die tatsächlichen Kosten höher waren, als zunächst im Wirtschaftsplan veranschlagt, haftet für diesen Fehlbetrag, wer zum Zeitpunkt der Beschlussfassung über die Jahresabrechnung als Wohnungseigentümer im Grundbuch eingetragen ist (siehe auch „Haftung der Wohnungseigentümergemeinschaft gegenüber Dritten“, Abschnitt 3 „Haftung für Hausgeldrückstände“).

Bei einem Eigentümerwechsel verbleiben die Gegenstände, Forderungen, Ansprüche und Verbindlichkeiten des Verwaltungsvermögens (siehe dort) bei der teilrechtsfähigen Wohnungseigentümergemeinschaft. Dies gilt insbesondere auch für den Anteil des ausscheidenden Eigentümers an der Instandhaltungsrücklage (siehe „Instandhaltungsrückstellung/-rücklage“).

Einsichtsrecht

Jeder Wohnungseigentümer ist berechtigt, in die Verwaltungsunterlagen, die Versammlungsprotokolle sowie in die Beschlusssammlung Einsicht zu nehmen (BGH, 11.2.2011, V ZR 66/10). Für Protokoll und Beschlusssammlung ergibt sich dieses Recht aus § 24 Abs. 6 Satz 3 WEG bzw. § 24 Abs. 7 Satz 8 WEG, für die sonstigen Verwaltungsunterlagen, etwa Belege und Abrechnungsunterlagen, aus § 259, § 675 und § 666 BGB sowie der Tatsache, dass alle diese Unterlagen Bestandteile des gemeinschaftlichen Verwaltungsvermögens sind. Der Verwalter hat die Verwaltungsunterlagen nur treuhänderisch in seinem Besitz. Da die Einsichtnahme auch zur Überprüfung der Verwaltertätigkeit dient, besteht das Einsichtsrecht nach der bestandskräftigen Genehmigung der Abrechnung und nach der Entlastung des Verwalters fort. Seine Grenzen findet das Einsichtsrecht im Schikaneverbot (§ 266 BGB) sowie in den Grundsätzen von Treu und Glauben (§ 242 BGB) (BayObLG, 13.6.2000, 2Z BR 175/99).

Zur Einsichtnahme ist jeder einzelne Wohnungseigentümer berechtigt, ohne dass dafür ein vorheriger ermächtigender Mehrheitsbeschlusses erforderlich ist. Dies gilt auch für den bereits aus der Wohnungseigentümergemeinschaft ausgeschiedenen Eigentümer im Hinblick auf nachwirkende Rechte und Pflichten sowie auf einen vom Wohnungseigentümer hierzu Bevollmächtigten, der ein berechtigtes Interesse an der Einsichtnahme hat, etwa einen Mieter oder einen Kaufinteressenten. Der Eigentümer kann auch die Einsichtnahme bei berechtigtem Interesse zusammen mit einem Dritten als Unterstützung sowie mit weiteren Eigentümern verlangen (LG Hamburg, 5.10.2011, 318 S 7/11).

Außer dem Versammlungsprotokoll und der Beschlusssammlung dürfen sämtliche Verwaltungsunterlagen, beispielsweise die Abrechnungs- und Buchhaltungsunterlagen, Bankkonten, Einzelabrechnungen und bestehenden Verträge, eingesehen werden. Der Anspruch auf Einsicht in die Abrechnungsunterlagen für die Jahresabrechnung steht jedem Wohnungseigentümer einzeln zu. Zu seiner Geltendmachung muss kein besonderes rechtliches Interesse dargelegt werden (BayObLG, 4.7.2002, 2Z BR 139/01). Verweigert der Verwalter das Recht auf Einsichtnahme in die Unterlagen, kann dies einen wichtigen Grund für seine Abberufung darstellen. Der Ort zur Einsichtnahme liegt regelmäßig in den Geschäftsräumen des Verwalters (BGH, 11.2.2011, V ZR 66/10). Auf die Bürozeiten und den Bürobetrieb des Verwalters ist Rücksicht zu nehmen, vorab sollte ein Termin vereinbart werden (OLG Köln, 7.6.2006, 16 Wx 241/05). Etwas anderes gilt, wenn sich die Verwaltung nicht am Ort oder wenigstens in der Nähe der Wohnungseigentümergemeinschaft befindet. Dann müssen die Verwaltungsunterlagen am Ort der belegenen Sache zur Verfügung gestellt werden (OLG Köln, 28.2.2001, 16 Wx 10/01).

Ein Anspruch auf Aushändigung von Originalunterlagen besteht nicht. Von den Verwaltungsunterlagen darf der Wohnungseigentümer oder der Bevollmächtigte selbst Abschriften vornehmen oder Ausdrucke oder Kopien vom Verwalter verlangen (BGH, 11.2.2011, V ZR 66/10). Hierfür darf der Verwalter, ggf. mit Vorkasse, ein Sonderhonorar verlangen. Für die Anfertigung von Kopien aus Verwaltungsunterlagen wird pro Kopie ein Betrag von 0,50 Euro zuzüglich Mehrwertsteuer als zulässig erachtet (BayObLG, 19.12.2002, 2Z BR 104/02). Ab erwünschter 51. Kopie ist eine Ermäßigung entsprechend dem Rechtsanwaltsvergütungsgesetz auf 0,30 Euro angemessen (OLG Hamm, 19.10.2000, 15 W 133/00). Zum Einsichtsrecht eines Wohnungseigentümers in das Grundbuchblatt eines anderen Wohnungseigentümers hat das KG Berlin (3.4.2014, 1 W 83/14) entschieden, dass Wohnungseigentümer regelmäßig nur zur Einsicht in das Bestandsverzeichnis und Abteilung I der Wohnungsgrundbücher anderer Mitglieder der Gemeinschaft berechtigt sind, nicht aber zur Kenntnisnahme der Belastungen in Abteilung II und III.

Einstweilige Verfügung

Inhaltsübersicht

Nach der WEG-Reform 2007 gilt auch im wohnungseigentumsrechtlichen Verfahren das Prozessrecht der Zivilprozessordnung. Der einstweilige Rechtsschutz ist in den §§ 916 ff. ZPO geregelt. Danach kann in Fällen besonderer Dringlichkeit bei Vorliegen eines Interesses zur Sicherung auch in Wohnungseigentumssachen einstweiliger Rechtsschutz gewährt werden, zum Beispiel in Form einer einseitigen Verfügung gemäß §§ 935 ff. ZPO.

Hinweis: In der Praxis besteht häufig das Bedürfnis, die Umsetzung von Beschlüssen der Wohnungseigentümergemeinschaft zu unterbinden, um zu verhindern, dass vollendete Tatsachen geschaffen werden, zum Beispiel die Vergabe eines größeren Sanierungsauftrags an einen Handwerker.

Ein gefasster Beschluss der Wohnungseigentümer ist umzusetzen, solange er nicht nichtig ist und nicht durch ein rechtskräftiges Urteil (§ 705 ZPO) für ungültig erklärt wurde (§ 23 Abs. 5 Satz 2 WEG). Dabei ist es nicht entscheidend, ob die Beschlussfassung fehlerhaft ist, das heißt, nicht ordnungsgemäßer Verwaltung entspricht (LG München I, 8.8.2008, 1 T 13169/08).

Der Verwalter ist gemäß § 27 Abs. 1 Nr. 1 WEG verpflichtet und berechtigt, gefasste Beschlüsse sofort umzusetzen. Die Vollzugsverpflichtung besteht unabhängig davon, ob noch die Möglichkeit besteht, den Beschluss binnen der offenen Anfechtungsfrist von einem Monat gemäß § 46 WEG gerichtlich anzugreifen, oder ob gegen den Beschluss bereits Beschlussanfechtungsklage erhoben wurde. Die Erhebung einer Beschlussanfechtungsklage gemäß § 43 Nr. 4 WEG gegen einen solchen Beschluss hat keine aufschiebende Wirkung (LG München I, 8.8.2008, 1 T 13169/08).

1 Zulässigkeit

Um den Wohnungseigentümern effektiven Rechtsschutz gegen die sofortige Umsetzung eines Beschlusses der Wohnungseigentümergemeinschaft zu gewähren, kann ein einzelner Wohnungseigentümer den Erlass einer einstweiligen Verfügung nach § 935 und § 940 ZPO beantragen mit dem Ziel, den Beschluss für die Dauer des Anfechtungsverfahrens vorläufig auszusetzen (sogenannte Regelungsverfügung; § 940 ZPO).

Hinweis: Zeigt sich bereits in der Wohnungseigentümerversammlung, dass eine Beschlussfassung streitig ist, kann der betreffende Beschluss so gefasst werden, dass er erst bestandskräftig wird, wenn die einmonatige Anfechtungsfrist des § 46 WEG abläuft. Unter dieser Bedingung würde mit dem Vollzug solange zugewartet werden. In den Beschlusstext muss dann ein entsprechender Vorbehalt aufgenommen werden. Mit einer solchen Beschlussfassung lässt sich eine ggf. drohende einstweilige Verfügung bei einer streitigen und in der Wohnungseigentümerversammlung bereits angekündigten Beschlussanfechtungsklage verhindern.

Die einstweilige Verfügung ist auch zulässig, wenn nicht gleichzeitig ein sogenanntes Hauptsacheverfahren durchgeführt wird. Das bedeutet: Vor Beantragung der einseitigen Verfügung muss nicht noch zwingend bereits eine Beschlussanfechtungsklage gegen den angegriffenen Beschluss bei Gericht eingereicht worden sein. Wird allerdings binnen der Monatsfrist in § 46 Abs. 1 Satz 2 WEG keine Beschlussanfechtungsklage eingereicht, entfällt der Verfügungsgrund, weil die angegriffene Beschlussfassung dann Bestandskraft erhält. Das gilt nicht, wenn der angegriffene Beschluss ausnahmsweise nichtig ist, denn die Feststellungsklage zur Klärung der Nichtigkeit des Beschlusses hängt nicht an einer Frist. Dieses Antragsrecht steht auch dem Verwalter zu, wenn er zum Beispiel unsicher ist, ob es sich um einen fehlerhaften Beschluss handelt.

2 Verfügungsgrund/Verfügungsanspruch

Voraussetzung für eine erfolgreiche einstweilige Verfügung ist, dass ein sogenannter Verfügungsgrund und ein Verfügungsanspruch bestehen. Ein Verfügungsgrund liegt immer dann vor, wenn nach objektiven Gesichtspunkten eines durchschnittlichen Wohnungseigentümers die Gefahr besteht, dass mit der Durchführung des angegriffenen Beschlusses die Rechte des Antragstellers vereitelt oder wesentlich beeinträchtigt werden, und zur Abwendung dieser wesentlichen Nachteile die vorläufige Suspendierung des Beschlusses erforderlich ist. Ein Verfügungsgrund kann jedoch entfallen, wenn mit den Einwendungen gegen den angegriffenen Beschluss zu lange zugewartet wird. Das gilt insbesondere dann, wenn die Anfechtungsfrist für den betreffenden Beschluss abgelaufen ist und dieser damit bestandskräftig wurde, hingegen nicht, wenn der Beschluss ausnahmsweise nichtig ist. Das Gericht kann jedoch nach § 936 und § 946 Abs. 1 ZPO auf Antrag anordnen, dass der Antragsteller bis zu einer vom Gericht zu bestimmenden Frist Klage zu erheben hat. Regelmäßig wird das Gericht sich dabei an der Anfechtungsfrist von einem Monat gemäß § 46 Abs. 1 WEG orientieren. Kommt der Antragsteller dieser Verpflichtung nicht nach, ist die einstweilige Verfügung auf Antrag der Antragsgegner gemäß § 926 Abs. 2 ZPO wieder aufzuheben.

3 Verbot der Vorwegnahme der Hauptsache

Das Gericht hat bei seiner Entscheidung über eine einstweilige Verfügung jedoch zu beachten, dass damit nicht die Hauptsache vorweggenommen werden darf (Verbot der Vorwegnahme der Hauptsache). Das Gericht darf beim Erlass einer einstweiligen Verfügung den angegriffenen Beschluss nicht für ungültig erklären, da dies eine Vorwegnahme der Hauptsache darstellen würde. Es darf nur verfügen, dass der angegriffene Beschluss bis zum Ende des Hauptsacheverfahrens ausgesetzt wird.

4 Antragsgegner

Als Antragsgegner einer einstweiligen Verfügung kommen die übrigen Miteigentümer, einzelne Miteigentümer, der Verwalter sowie der Verband der Wohnungseigentümer in Betracht. Richtet sich die einstweilige Verfügung auf die Suspendierung eines angegriffenen Beschlusses, sind die übrigen Wohnungseigentümer wie bei einer Beschlussanfechtungsklage Antragsgegner (§ 46 Abs. 1 Satz 1 WEG; analog, LG München I, 9.12.2013, 1 T 25152/13; LG Köln, 23.3.2011, 29 S 24/11).

5 Zuständigkeit und Entscheidung

Zuständig für den Erlass einer einstweiligen Verfügung ist das Gericht der Hauptsache, also das zuständige Amtsgericht gemäß § 43 Nr. 4 WEG. Wenn der Rechtsstreit jedoch bereits in der Berufungsinstanz anhängig ist, ist das Berufungsgericht zuständig (§ 937 Abs. 1, § 943 Abs. 1 ZPO).

Das Gericht bestimmt im Fall einer einstweiligen Verfügung gemäß § 938 Abs. 1 ZPO nach freiem Ermessen, welche Anordnungen erforderlich sind, um den angestrebten Zweck der einstweiligen Verfügung zu erreichen. Allerdings darf das Gericht bei der anzuordnenden Maßnahme nicht über den gestellten Antrag hinausgehen.

Häufig wird die einstweilige Verfügung darauf gerichtet sein, dass ein bereits angefochtener Beschluss der Wohnungseigentümer nicht vollzogen wird. In diesem Fall kann das Gericht beschließen, dass die Umsetzung des Beschlusses vorläufig untersagt wird, bis im Hauptsacheverfahren geklärt wurde, ob der Beschluss für unwirksam zu erklären ist.

6 Anwendungsbereiche

In der Praxis kommen einstweilige Verfügungen in Form der sogenannten Regelungsverfügung (§ 940 ZPO) bei folgenden Fallgestaltungen vor:

- Vorläufige Suspendierung der Umsetzung eines Beschlusses der Wohnungseigentümer
- Einstellung von Baumaßnahmen (LG Hamburg, 30.7.2014, 318 O 156/14; LG München I, 9.12.2013, 1 T 25152/13)
- Unterbrechung der Versorgung mit Gas, Wasser und Strom
- Einberufung einer Wohnungseigentümerversammlung (OLG Zweibrücken, 16.9.2010, 3 W 132/10)
- Herausgabe von Verwaltungsunterlagen (AG Wiesloch, 25.3.2011, 5 C 4/11)
- Herausgabe der Eigentümerliste (LG Stuttgart, 14.8.2008, 19 T 299/08)
- Sicherung oder Regelung des Gebrauchs nach § 15 WEG
- Bestellung eines (Not)Verwalters (BGH,10.6.2011, V ZR 146/10), wenn kein Verwalter bestellt ist (LG Hamburg, 29.8.2008, 318 T 90/08)
- Suspendierung einer Verwalterbestellung (AG Hamburg, 4.2.2010, 102 d C 11/10)

Einzelabrechnung

Inhaltsübersicht

Aus der Verpflichtung des Verwalters, gemäß § 28 Abs. 3 WEG eine Jahresabrechnung (siehe auch dort) aufzustellen, ergibt sich auch die allgemein anerkannte Verpflichtung des Verwalters, die jeweiligen Einzelabrechnungen für die einzelnen Wohnungseigentümer anzufertigen. Falls der Verwalter ausschließlich die Gesamtjahresabrechnung liefert, führt ein entsprechender Genehmigungsbeschluss alleine nach herrschender Meinung nicht zur Fälligkeit möglicher Nachzahlungsansprüche der Wohnungseigentümergemeinschaft gegenüber den einzelnen Wohnungseigentümern (OLG Oldenburg, 6.4.2005, 5 W 204/04; BayObLG, 7.8.2001, 2Z BR 63/01; LG Dessau-Roßlau, 29.10.2009, 5 S 89/09).

1 Inhalt und Form

Die Einzelabrechnungen ergeben sich durch die Aufteilung der Gesamtjahresabrechnung nach gesetzlichen, vereinbarten oder ggf. beschlossenen Regelung zur Verteilung der Kosten auf die jeweiligen Miteigentümer. Die Einzelabrechnung muss genauso wie die Jahresabrechnung übersichtlich und transparent sein, sodass diese für den jeweiligen Einzeleigentümer ohne Zuziehung eines Sachverständigen verständlich und nachvollziehbar ist (BGH, 4.9.2009, V ZR 44/09).

Die Einzelabrechnung muss ebenso wie die Jahresabrechnung mindestens eine Übersicht über die Ausgaben (Gesamtkosten, Verteilungsschlüssel, Einzelanteil), die Einnahmen (Gesamteinnahmen, Verteilungsschlüssel, Einzelanteil an den Einnahmen), das Ergebnis aus Ausgaben und Einnahmen sowie ein Jahressaldo des einzelnen Miteigentümers (Rückerstattungsbetrag oder Nachzahlungsbetrag, Abzug der nach Wirtschaftsplan geschuldeten Zuführungen zur Instandhaltungsrücklage aus dem Wohngeld) enthalten. Das gilt auch bei einer kombinierten Gesamtjahres- und Einzelabrechnung (BGH, 4.12.2009, V ZR 44/09; siehe auch „Jahresabrechnung").

Hinsichtlich der Form macht das Gesetz keine besonderen Vorgaben. Es sind die bereits dargestellten Punkte zu berücksichtigen, insbesondere die Ableitung der Einzelabrechnung aus der Gesamtabrechnung. Allerdings ist ein Verwalter eben gerade nicht verpflichtet, ohne gesonderte Vereinbarung eine Einzelabrechnung zu erstellen, die für eine vermietete Wohnung unverändert als i. S. d. § 556 Abs. 3 BGB wirksame Betriebskostenabrechnung verwendet werden kann (OLG Frankfurt/Main, 16.10.2006, 20 W 278/03; BayObLG, 4.4.2005, 2Z BR 198/04).

2 Zweck

Die Jahresabrechnung zielt nicht auf die Ermittlung des „eigentlichen" Beitragsanspruchs ab, sondern auf die Anpassung der laufend zu erbringenden Vorschüsse an die tatsächlichen Kosten. Anhand der Rechnungslegung des Verwalters über die tatsächlichen Einnahmen und Ausgaben wird der bestehende Beitragsanspruch der Gemeinschaft überprüft und in Form eines Nachzahlungsanspruchs der Gemeinschaft oder Erstattungsanspruchs des Wohnungseigentümers sowie durch Neufestsetzung der Vorschüsse korrigiert (BGH, 1.6.2012, V ZR 171/11).

3 Belegeinsicht, Genehmigung

Die Einzelabrechnungen sind neben der Jahresgesamtabrechnung gemäß § 28 Abs. 5 WEG durch Beschlussfassung in der Eigentümerversammlung zu genehmigen. Andernfalls sind die sich daraus ergebenden Forderungen gegenüber den einzelnen Miteigentümern nicht zur Zahlung fällig (BayObLG, 7.8.2001, 2Z BR 63/01).

Vor der Beschlussfassung müssen die einzelnen Miteigentümer die Gelegenheit haben, Einsicht in die Belege zu nehmen, die Grundlage der Jahresgesamtabrechnung und der Einzelabrechnungen — auch anderer Wohnungseigentümer — sind. Falls die Einsichtnahme in die Belege verweigert wird oder für die einzelnen Eigentümer keine Möglichkeit besteht, in zumutbarer und ausreichender Weise Einsicht zu nehmen, so ist nach Ansicht des OLG Köln (24.8.2005, 16 Wx 80/05) der Beschluss über die Jahresabrechnung anfechtbar. Da das Ermöglichen des Einsichtsrechts eine gesetzlich angelegte Zuständigkeit des Verwalters ist, können ihm gemäß § 49 Abs. 2 WEG die Kosten für etwaige Anfechtungsverfahren auferlegt werden. Sobald eine Einzelabrechnung mangels Anfechtung trotz materieller Fehlerhaftigkeit bestandskräftig geworden ist, kann der jeweilige Wohnungseigentümer als Schuldner in Anspruch genommen werden. Es ist ihm dann verwehrt, zum Beispiel eine Tilgung der Wohngeldschuld durch Zahlungen im Abrechnungszeitraum gegen eine dann bestehende Zahlungsverpflichtung einzuwenden und dem geltend gemachten Anspruch entgegenzuhalten (BayObLG, 8.4.2004, 2Z BR 193/03).

Einzelwirtschaftsplan

„Wirtschaftsplan"

Energieeinsparverordnung (EnEV)

Inhaltsübersicht

Seit 1.5.2014 ist die Energieeinsparungsverordnung (EnEV) 2014 in Kraft. Das Hauptanliegen dieser Verordnung besteht darin, bei Gebäuden die Einsparung von Energie herbeizuführen, um die klimapolitischen Ziele der Bundesregierung zu erreichen. Im Wesentlichen wurden dabei die energetischen Anforderungen an Gebäude aus der zuvor gültigen Energieeinsparungsverordnung 2009 beibehalten.

1 Inhalt und Neuerungen

Insbesondere bei baulichen Veränderungen oder baulichen Maßnahmen an Bestandsgebäuden i. S. d. § 9 EnEV 2014, die mehr als 10 % der jeweiligen Baufläche im Gesamtbestand betreffen, müssen die in der EnEV in Anlage 3 vorgegebenen energetischen Werte beachtet und eingehalten werden. Soweit Änderungen an äußeren Bestandteilen des Gebäudes nach den Anforderungen der Anlage 3 im Einzelfall nur mit unvertretbar hohen Kosten oder technischen Problem verbunden sind, hat der Gebäudeeigentümer ggf. die Möglichkeit einer Befreiung gemäß § 25 EnEV 2014.

1.1 Dämmung (§ 10 Abs. 3 EnEV 2014)

Bereits in der Fassung 2009 war vorgesehen, dass Eigentümer von Wohngebäuden sowie bestimmter nicht zu Wohnzwecken bestehender Gebäude verpflichtet waren, zugängliche Decken (oberste Geschossdecken) als Abgrenzung zwischen beheiztem und unbeheiztem Dachraum nachträglich zu dämmen. Wegen der Auslegungsschwierigkeiten mit der alten Verordnung wurde dies nun genauer gefasst. Entscheidend ist nach § 10 Abs. 3 EnEV 2014, dass die sogenannte oberste Geschossdecke den Mindestwärmeschutz nach DIN 4108-2:2013-02 einhält. Ob tatsächlich eine Dämmung eingebracht ist oder die bauliche Struktur an sich die Vorgaben erfüllt, ist nicht mehr relevant; ggf. haben Eigentümer, also auch Wohnungseigentümergemeinschaften, bis Ende des Jahres 2015 die Gelegenheit und Pflicht, entsprechende Maßnahmen herbeizuführen, um die Einhaltung der entsprechenden DIN-Norm zu erreichen (§ 10 Abs. 3 Satz 1 EnEV 2014). Statt der obersten Geschossdecke kann alternativ das darüberliegende Dach gedämmt werden, solange die vorgegebenen Kennziffern der Wärmedämmung erreicht werden.

1.2 Heizungsanlagen/Warmwasserbereitung

Verschärft wurde hingegen die Regelung zum Betrieb alter Heizungsanlagen, insbesondere von Heizkesseln. Schon nach der vorherigen Fassung mussten Heizkessel, die mit flüssigen oder gasförmigen Brennstoffen betrieben wurden und vor dem 1.10.1978 eingebaut worden waren, bis zum 31.12.2008 außer Betrieb genommen werden (§ 10 Abs. 1 Satz 1 EnEv 2009). Seit dem 1.1.2015 dürfen Gasheizungen oder Ölheizungen, die vor dem 1.1.1985 eingebaut oder aufgestellt wurden, gar nicht mehr betrieben werden (§ 10 Abs. 1 Satz 2 EnEV 2014). Feuerungsanlagen dieser Art, die nach dem 1.1.1985 eingebaut oder aufgestellt wurden, sind spätestens nach Ablauf von 30 Jahren außer Betrieb zu nehmen (§ 10 Abs. 1 Satz 3 EnEV 2014).

Davon ausgenommen sind weiterhin Brennwertkessel und Niedertemperaturheizkessel mit einem besonders hohen Wirkungsgrad (§ 10 Abs. 1 Satz 4 EnEV 2014). Das betrifft allerdings nicht vom Eigentümer selbst bewohnte Einfamilien- und Zweifamilienhäuser. Diese sind von der Austauschpflicht ausgenommen, sofern der Eigentümer zum Zeitpunkt des 1.2.2002 mindestens eine Wohnung selbst genutzt hat (§ 10 Abs. 4 Satz 1 EnEV 2014). Falls ein Eigentümerwechsel stattgefunden hat oder stattfinden wird, muss den Vorgaben innerhalb von zwei Jahren entsprochen werden (§ 10 Abs. 4 Satz 2 EnEV 2014).

1.3 Bauliche Änderungen bei Bestandsgebäuden (§ 9 EnEV 2014)

Die Anforderungen für bauliche Maßnahmen im Bestand sind im Vergleich zur Fassung 2009 nicht nochmals angehoben worden (§ 9 EnEV 2014), aktuell sind zum Beispiel im Bereich der Innendämmung bestimmte Wärmedämmungs-/U-Werte nicht zwingend vorgeschrieben. Damit wurde der Praxis Rechnung getragen und die Handhabung vereinfacht, da oft individuelle Lösungen benötigt werden.

Neu geregelt wurden die Anforderungen an Fenster und Außentüren mit Klappmechanismus, Faltmechanismus, Schiebemechanismus oder Hebelmechanismus. Dieses betrifft aber nur derartige Bauteile mit Rahmen, während rahmenlose Türanlagen aus Glas, sogenannte Karusselltüren und automatische bzw. durch Kraft betätigte Türen von dieser Regelung nicht umfasst sind (Anlage 3 Nr. 7 Tabelle1 EnEV 2014).

2 Entfallene Regelungen

Nicht mehr enthalten sind die bisher gültigen Regelungen zur Nutzung der sogenannten Nachtspeicheröfen (§ 10a EnEV 2009), da die Speicherung von Strom aufgrund der zwischenzeitlich in Deutschland erzeugten Energiemenge wieder sinnvoll ist, dafür aber derzeit keine ausreichenden Kapazitäten vorhanden sind. Diese Öfen dürfen daher weiter betrieben werden. Die Regelung des § 10a EnEV 2009 zum Verbot von Nachtspeicheröfen ist entfallen.

3 Energieausweis

Seit der Einführung des Energieausweises sind Eigentümer von Gebäuden bei Verkauf, Vermietung und Verpachtung verpflichtet, dem Käufer, Mieter oder Pächter einen Energieausweis zugänglich zu machen. Das bedeutet, dass auf Verlangen des Käufers, Mieters oder Pächters ein entsprechendes Dokument zur Einsicht bereitzuhalten ist (§ 16 Abs. 2 EnEV 2014). Ein Anspruch auf Überlassung einer Kopie des Energieausweises besteht erst nach Abschluss des Kauf- oder Mietvertrags; sodann ist dem Käufer oder Mieter eine Kopie unverzüglich zu übergeben (§ 16 Abs. 2 EnEV 2014). Der Energieausweis ist grundsätzlich für das ganze Gebäude und nicht nur für Teile hiervon (Sondereigentum oder Teileigentum) zu erstellen (§ 17 Abs. 3 Satz 1 EnEV 2014). Eine Ausnahme gilt gemäß § 17 Abs. 3 Satz 2 i.V.m. § 22 EnEv 2014 für gemischt genutzte Gebäude, bei denen nur ein Teil der Wohnnutzung dient.

Die generelle Verpflichtung zum Energieausweis besteht fort, mit Einführung der EnEV 2014 haben sich jedoch einige Änderungen ergeben. Gemäß § 17 Abs. 1 EnEV 2014 wird der Energieausweis auf Grundlage des berechneten Energiebedarfs (Energiebedarfsausweis) oder des erfassten Energieverbrauchs (Energieverbrauchsausweis) ausgestellt. Bei Errichtung eines Gebäudes muss der Bauherr, wenn er zugleich Eigentümer des Gebäudes ist und dem zukünftigen Eigentümer einen Energieausweis ausstellt, darauf achten, dass dieser nur auf Grundlage des Energiebedarfs ausgestellt wird (§ 17 Abs. 2 EnEV 2014). Das gilt auch für Bestandsgebäude, für die ein neuer Energieausweis ausgefertigt wird. In diesem Fall sind seit dem 1.10.2008 Energieausweise für Wohngebäude, die weniger als fünf Wohnungen haben und für die der Bauantrag vor dem 1.11.1977 gestellt worden ist, auf Grundlage des Energiebedarfs auszustellen. Das gilt allerdings nicht, wenn das Wohngebäude schon bei der Baufertigstellung das Anforderungsniveau der Wärmeschutzverordnung vom 11.8.1977 (BGBl. I, S. 1554) eingehalten hat oder durch spätere Änderungen mindestens auf dieses Anforderungsniveau gebracht worden ist (§ 17 Abs. 2 EnEV 2014).

Bereits vorhandene Energieausweise gleich welcher Art können bis zu ihrem Ablaufdatum weiter verwendet werden. Energieausweise, die seit dem 1.5.2014 ausgestellt wurden und werden, müssen die Energieeffizienzklasse des Gebäudes anhand einer Farbskala, wie sie zum Beispiel von Elektrogeräten oder Kraftfahrzeugen bekannt ist, dargestellt werden (Anlage 8, 9 zu § 16 EnEV 2014). Weiterhin muss der Aussteller dem Eigentümer im Energieausweis Modernisierungsempfehlungen geben, wie sich der energetische Zustand des Gebäudes optimieren lässt (§ 17 Abs. 4 EnEV 2014; Anlagen 6 bis 9 EnEV 2014).

Eigentümer von Behördengebäuden mit mehr als 500 qm Nutzfläche müssen seit 1.5.2015 den Energieausweis zumindest in Form der Ergebnisseite gemäß § 16 Abs. 3 EnEV 2014 aushängen; seit dem 9.7.2015 gilt dies bereits ab einer Nutzfläche von 250 qm. Gleiches gilt für private Eigentümer, in deren Gebäuden starker Publikumsverkehr herrscht, zum Beispiel von Banken, Firmen, Gaststätten, Hotels oder sonstigen Geschäftsräumen.

Eigentümer solcher Gebäude müssen den Energieausweis ebenfalls seit dem 1.5.2014 aushängen, wenn deren Gebäude mehr als 500 qm Nutzfläche aufweist. Einem Geschäftsraummieter muss der Eigentümer zu diesem Zweck eine Kopie des Energieausweises überlassen (§ 16 Abs. 2 EnEV 2014).

Auch neu ist seit 2014 die Registrierungspflicht für neu erstellte Energieausweise. Jeder neue Energieausweis muss mit einer Registriernummer versehen werden, die der Aussteller bei der zuständigen Behörde bzw. Registrierstelle beantragen muss (§ 26c Abs. 1 Satz 1 EnEV 2014). Das ist derzeit das Deutsche Institut für Bautechnik (www.dibt.de).

Zukünftig haben die Aussteller von Energieausweisen mit stichprobenartigen Kontrollen durch die Registrierstelle zu rechnen (§ 26d EnEV 2014). Falls der Kontrollstelle die Stichprobe des Energieausweises sowie die zuvor schon nötige Dokumentation über die energetische Inspektion von Klimaanlagen gemäß § 12 EnEV 2014 nicht ausreichend erscheint, kann sie eine vollständige Prüfung der dort angegebenen Daten anordnen (§ 26d Abs. 6 EnEv 2014).

Verantwortlich dafür, dass die Vorschriften der EnEV eingehalten werden, ist nach dem Gesetzestext der Bauherr, also in der Regel bei Maßnahmen am Gemeinschaftseigentum die Wohnungseigentümergemeinschaft (§ 26 EnEV 2014). Verstöße gegen die Pflichten, die sich aus der EnEV 2014 ergeben, können mit einem Bußgeld von bis zu 50.000 Euro geahndet werden (§ 27 EnEV 2014 i. V. m. § 8 Abs. 2 Energieeinsparungsgesetz [EnEG] 2013). Verstöße gegen die Registrierungspflicht können mit Bußgeldern von bis zu 5.000 Euro geahndet werden (§ 27 EnEV 2014 i. V. m. § 8 Abs. 3 EnEG 2013).

Enthaltung bei der Abstimmung

„Stimmenthaltung“

Entlastung des Verwalters

Inhaltsübersicht

Die Entlastung des Verwalters in der Eigentümerversammlung umfasst nicht nur die Billigung der Tätigkeit im vergangenen Jahr, sondern drückt auch das Vertrauen in die zukünftige Tätigkeit des Verwalters durch die Wohnungseigentümergemeinschaft aus. Der aus dem Vereinsrecht stammende Begriff „Entlastung“ ist im Wohnungseigentumsgesetz nicht gesondert definiert. Es besteht daher kein originärer gesetzlicher Anspruch des Verwalters auf die Entlastung, der Beschluss der Wohnungseigentümerversammlung darüber hat daher eine doppelte Funktion: Zum einen wird mit ihm die Amtsführung des Verwalters im Vorjahr und zum anderen die Fortführung der Tätigkeit des Verwalters im nächsten Jahr genehmigt. Diese Beschlüsse in Form der Genehmigung und des „Vertrauensbeweises“ sind nach herrschender Meinung gesondert anfechtbar, selbst wenn über diese beiden Inhalte gleichzeitig abgestimmt wird.

1 Voraussetzung

Nach herrschender Meinung setzt eine Entlastung voraus, dass der Verwalter eine ordnungsgemäße Jahresabrechnung erstellt und der Eigentümerversammlung zur Abstimmung vorgelegt hat, denn das ist von Gesetzes wegen Aufgabe des Verwalters gemäß § 28 Abs. 3 WEG. Allerdings stellt die Genehmigung der Jahresabrechnung entgegen der weit verbreiteten Meinung keine gleichzeitige und konkludente Entlastung des Verwalters dar; genauso wenig wird mit der Entlastung des Verwalters automatisch die Jahresabrechnung genehmigt.

Die Jahresabrechnung an sich ist lediglich eine Zusammenstellung der gesamten realen Ausgaben und Einnahmen der Wohnungseigentümergemeinschaft; davon ist schon denklogisch die „Entlastung“ der sonstigen Tätigkeit des Verwalters (Geschäftsführung, Verwaltung der laufenden Angelegenheiten usw.) zu trennen (OLG München, 7.2.2007, 34 Wx 147/06).

2 Rechtsfolge

Erteilt die Wohnungseigentümergemeinschaft in der Versammlung dem Verwalter die Entlastung, entfällt damit dessen Rechnungslegungspflicht für den entsprechenden Zeitraum. Die gesonderte Entlastung betrifft grundsätzlich die gesamte Tätigkeit des Verwalters (BayObLG, 20.11.2003, 2Z BR 168/03). Des Weiteren wird die Entlastung als Willenserklärung der Eigentümergemeinschaft verstanden, mit dem Verwalter einen „Vertrag“ über ein sogenanntes negatives Schuldanerkenntnis i. S. d. § 397 Abs. 2 BGB (siehe unten) abzuschließen (BGH, 4.3.2011, V ZR 156/10).

Die Entlastung des Verwalters insgesamt ist allerdings die Regel, da auch er ein Interesse daran hat, das vergangene Wirtschaftsjahr abzuschließen. Die Wohnungseigentümer billigen durch Beschluss über die Entlastung die Geschäftsführung des Verwalters für den entsprechenden Zeitraum und bestätigen ihm, dass er den gesetzlichen Vorschriften, den Vorschriften der Gemeinschaftsordnung und seinen vertraglichen Pflichten entsprochen hat. Die Beschlussfassung der Eigentümergemeinschaft, den Verwalter zu entlasten, obwohl er vorsätzlich oder zumindest grob fahrlässig die ihm obliegenden Pflichten zur ordnungsmäßigen Verwaltung verletzt hat, ist im Rahmen der gerichtlichen Anfechtung des Entlastungsbeschlusses möglich. Der Beschluss über die Entlastung kann zum Beispiel ordnungsmäßiger Verwaltung widersprechen, wenn der Verwalter seiner Verpflichtung zur Vorlage von Vermögensübersichten nicht nachkommt, es versäumt, der Jahresabrechnung eine Übersicht über die Konten der Wohnungseigentümergemeinschaft beizufügen, oder ähnliche substanzielle Pflichten i. S. d. § 27 WEG eben gerade nicht erfüllt hat (BGH, 17.7.2003, V ZB 11/03). Daher entfällt mit der bestandskräftigen Entlastung die Möglichkeit, gegen den Verwalter Erfüllungsansprüche oder Ersatzansprüche geltend zu machen. Außerdem sind damit Umstände, die in den Zeitraum fallen, für den die Entlastung erteilt wurde, dann keine wichtigen Gründe mehr für die Abberufung des Verwalters i. S. d. § 26 Abs. 1 Satz 3 WEG. Individualansprüche einzelner Miteigentümer bleiben davon unberührt.

3 Durchführung

Die Entlastung erfolgt über Mehrheitsbeschluss in der Wohnungseigentümerversammlung. Selbst wenn der Verwalter Mitglied der Wohnungseigentümergemeinschaft sein sollte, darf er gemäß § 25 Abs. 5 WEG nicht an dieser Abstimmung teilnehmen.

Wird der Verwalter durch Mehrheitsbeschluss entlastet, handelt es sich um ein sogenanntes negatives Schuldanerkenntnis i. S. d. § 397 Abs. 2 BGB durch die Wohnungseigentümer (BGH, 4.3.2011, V ZR 156/10). Damit geht die Rechtsfolge einher, dass dem Verwalter durch die Wohnungseigentümer bestätigt wird, dass sie auf Ersatzansprüche gegen ihn – nicht auf eventuelle Ansprüche aus einer Straftat, aber aus der Verwaltertätigkeit – verzichten. Das geht nur soweit, wie den Wohnungseigentümern die möglichen Ansprüche bekannt waren oder hätten bekannt sein können.

Ist der Verwalter selbst Miteigentümer, so ist er beim Beschluss über seine Entlastung gemäß § 25 Abs. 5 1. Alt. WEG von der Beschlussfassung ausgeschlossen. Das gilt auch dann, wenn er von den Wohnungseigentümern zur Stimmrechtsausübung bevollmächtigt sein sollte. Bestehen Bedenken gegen die Rechtmäßigkeit des Verwalterhandelns oder ergeben sich Zweifel an der ordnungsmäßigen Verwaltung, sollte keine Entlastung des Verwalters erfolgen, da bei einer gesonderten Beschlussfassung über die Entlastung des Verwalters die gesamten Verwaltungstätigkeiten und nicht nur einzelne Bereiche betroffen sind (BayObLG, 31.1.2000, 2 Z BR 136/99).

Entstehung von Wohnungseigentum

„Begründung von Wohnungseigentum"

Entziehung des Wohnungseigentums

Inhaltsübersicht

Grundsätzlich ist die Wohnungseigentümergemeinschaft unauflöslich (§ 11 WEG). Um dennoch dauerhafte, schwerwiegende und unerträgliche Streitigkeiten in der Gemeinschaft zu vermeiden, sieht das Gesetz in § 18 WEG die „Eigentumsentziehung" vor. Die gesetzliche Bezeichnung „Entziehung" des Wohnungseigentums beschreibt das Verfahren nicht richtig. Das Ziel dieser Maßnahme besteht darin, dass der betroffene Wohnungseigentümer gezwungen werden kann, sein Wohnungseigentum zu veräußeRn. § 18 Abs. 1 WEG sieht dazu vor, dass die anderen Wohnungseigentümer von ihm die Veräußerung seines Wohnungseigentums verlangen können. Der Anspruch darauf kann gemäß § 18 Abs. 4 WEG nicht eingeschränkt oder ausgeschlossen werden, das heißt, eine entsprechende Regelung in der Teilungserklärung oder Gemeinschaftsordnung, die in diese Rechte eingreift, ist nichtig.

Die Entziehung des Wohnungseigentums soll nicht nur den Hausfrieden innerhalb der Gemeinschaft sichern, sondern auch dazu dienen, den einzelnen Wohnungseigentümer vor einem wirtschaftlichen Wertverlust seiner Immobilie zu schützen. Ein solcher Verlust kann sich zum Beispiel daraus ergeben, dass das schädigende Verhalten eines Miteigentümers zu einer Verschlechterung der Verkaufschancen der eigenen Eigentumswohnung führt. Auf diesen Schutz hat jeder Wohnungseigentümer einen Anspruch.

Die Entziehung des Wohnungseigentums ist Ultima Ratio, das heißt also der stärkste aller möglichen Eingriffe in das Eigentum eines Wohnungseigentümers. Alle vorherigen Abhilfemaßnahmen müssen erfolglos gewesen sein, erst dann kann es zu einer Entziehung des Wohnungseigentums kommen.

1 Pflichtverletzungen

Wohnungseigentum kann nur unter engen gesetzlichen Voraussetzungen entzogen werden. In § 18 Abs. 2 WEG sind die gesetzlichen Entziehungsgründe geregelt. Insbesondere wenn folgende Voraussetzungen vorliegen, ist der Entzug des Wohnungseigentums möglich:

- Der Wohnungseigentümer verstößt trotz Abmahnung wiederholt grob gegen die ihm nach § 14 WEG obliegenden Pflichten (§ 18 Abs. 2 Nr. 1 WEG).
- Der Wohnungseigentümer befindet sich mit der Erfüllung seiner Verpflichtungen zur Lasten- und Kostentragung (siehe auch „Kosten und Lasten") (§ 16

Abs. 2) in Höhe eines Betrags, der drei vom Hundert des Einheitswerts seines Wohnungseigentums übersteigt, länger als drei Monate in Verzug. In diesem Fall steht § 30 AO einer Mitteilung des Einheitswerts an die Gemeinschaft der Wohnungseigentümer oder, soweit die Gemeinschaft nur aus zwei Wohnungseigentümern besteht, an den anderen Wohnungseigentümer nicht entgegen (§ 18 Abs. 2 Nr. 2 WEG).

Dabei handelt es sich um Regelbeispiele, bei denen unterstellt wird, dass die Eigentumsentziehung durchgeführt werden kann. Weiterhin kommen als Pflichtverletzungen i. S. v. § 18 Abs. 2 Nr. 1 WEG folgende Sachverhalte infrage:

- Dauerhafte, erhebliche unpünktliche Zahlung von Hausgeldern, Sonderumlagen etc. (BGH, 19.1.2007, V ZR 26/06)
- Verschmutzung der Wohnung mit Fäkalien, Fäkaliengeruch aus der Wohnung (AG Erlangen, 3.11.2003, 10 UR II 58/02; LG Tübingen, 22.9.1994, 1 S 39/94)
- Erheblicher Ungezieferbefall, Verwahrlosung der Wohnung
- Messie-Verhalten (zwanghafter Sammelwahn oder Vermüllung der Wohnung)
- Duldung des Bordellbetriebs durch den Mieter
- Unsittliche Belästigungen, insbesondere gegenüber in der Wohnungseigentümergemeinschaft wohnenden Kindern
- Wiederholte schwere Beleidigungen
- Tätlichkeiten gegenüber den Miteigentümern, den Hausbewohnern, dem Verwalter
- Wiederholte unbegründete Strafanzeigen
- Begehung von Straftaten in der Wohnungseigentümergemeinschaft, Androhung von Straftaten
- Massive und dauernde Verstöße gegen die Hausordnung

Rückständige Wohngelder

Als Pflichtverletzung i. S. v. § 18 Abs. 2 Nr. 2 WEG werden auch rückständige Wohngelder angesehen. Voraussetzung dafür ist, dass sich der Wohnungseigentümer in Höhe eines Betrags, der 3 % des Einheitswerts seines Wohnungseigentums übersteigt, länger als drei Monate in Zahlungsverzug befindet und diesen Rückstand auch nicht bis zur Erteilung des Zuschlags im Zwangsversteigerungsverfahren ausgeglichen hat. Erfolgt ein rechtzeitiger Ausgleich, kann das Wohnungseigentum nicht mehr entzogen werden. Nach § 30 AO kann die Dreiprozentgrenze des Einheitswerts über das Finanzamt ermittelt werden.

Dauernd unpünktliche Wohngeldzahlungen

Die Wohnungseigentümergemeinschaft kann allerdings auch wegen fortdauernder, unpünktlicher Bezahlung der Wohngelder die Entziehung des Wohnungseigentums betreiben. Dazu muss sich der betroffene Wohnungseigentümer einer so schweren Verletzung seiner ihm gegenüber den anderen Wohnungseigentümern obliegenden Verpflichtungen schuldig gemacht haben, dass ihnen die Fortsetzung der Gemeinschaft mit ihm nicht mehr zugemutet werden kann (BGH, 17.1.2007, V ZR 26/06). Im Fall der fortdauernden unpünktlichen Zahlung von Wohngeldern richtet sich die Entziehung des Wohnungseigentums nach § 18 Abs. 1 WEG.

2 Abmahnungserfordernis

Nach § 18 Abs. 1 WEG ist eine Abmahnung des Wohnungseigentümers erforderlich, das heißt, der Wohnungseigentümer muss zur Einhaltung seiner Pflichten gemahnt werden. Das kann auch durch den Verwalter oder einen Wohnungseigentümer geschehen. Zudem gilt, dass der Wohnungseigentümer wiederholt trotz Abmahnung grob gegen seine Verpflichtungen verstoßen haben muss, das heißt, es müssen mindestens drei Verstöße vorliegen, einer vor der Abmahnung und zwei nach der Abmahnung (wiederholt).

Die Abmahnung muss zeitlich vor der Beschlussfassung über die Entziehung des Wohnungseigentums erfolgen. Von ihr kann nur abgesehen werden, wenn sie unzumutbar ist oder keinen Erfolg verspricht.

Hinweis: Auch wenn die Abmahnung unzumutbar sein könnte oder keinen Erfolg verspricht, sollte wegen der Tragweite der Entziehungsklage vorab immer eine Abmahnung ausgesprochen werden.

Nach § 18 Abs. 1 Satz 2 WEG steht die Ausübung des Entziehungsrechts der Gemeinschaft der Wohnungseigentümer zu, das heißt dem teilrechtsfähigen Verband, soweit es sich nicht um eine Gemeinschaft handelt, die nur aus zwei Wohnungseigentümern besteht. Die Entziehung des Wohnungseigentums erfolgt durch Einreichung einer Klage des teilrechtsfähigen Verbands. Auch die Vollstreckung aus dem Urteil über die Entziehung des Wohnungseigentums erfolgt durch die teilrechtsfähige Wohnungseigentümergemeinschaft (§ 19 Abs. 1 Satz 1, 2 WEG.)

3 Zuständigkeit

Der Anspruch ist gemäß § 43 Nr. 1 WEG vor dem Wohnungseigentumsgericht geltend zu machen. Dort ist das Amtsgericht gemäß § 23 Nr. 2c GVG ausschließlich zuständig, auch wenn der Streitwert über 5.000 Euro beträgt.

4 Unabdingbarkeit

Der Anspruch auf die Veräußerung des Wohnungseigentums kann gemäß § 18 Abs. 4 WEG nicht eingeschränkt oder ausgeschlossen werden. Das heißt, eine entsprechende Regelung in der Teilungserklärung oder Gemeinschaftsordnung, die in diese Rechte eingreift, ist nichtig. Allerdings ist es zulässig, in der Gemeinschaftsordnung weitere konkrete Gründe festzulegen, die zur Entziehung des Wohnungseigentums führen können.

Ersatzzustellungsvertreter

Gemäß § 45 Abs. 1 WEG ist der Verwalter Zustellungsvertreter der Wohnungseigentümer, soweit ein gerichtliches Verfahren gegen sie betrieben wird oder diese in einem Rechtsstreit beizuladen sind. Dies gilt nicht, wenn er als Gegner der Wohnungseigentümer an dem Verfahren beteiligt ist oder aufgrund des Streitgegenstands die Gefahr besteht, dass der Verwalter die Wohnungseigentümer nicht sachgerecht unterrichten wird. In diesem Fall und wenn ein Verwalter ganz fehlt, müssen die Wohnungseigentümer gemäß § 45 Abs. 2 WEG durch Mehrheitsbeschluss einen Ersatzzustellungsvertreter und dessen Vertreter bestellen.

Um die Informationsrechte der Eigentümer zu wahren, genügt es, den Verwalter nur dann als Zustellungsvertreter auszuschließen, wenn konkret ein Konflikt zwischen den Interessen des Verwalters und den übrigen von ihm vertretenen Wohnungseigentümern auftritt. Solange aber für das Gericht im Zeitpunkt der Entscheidung über die Durchführung der Zustellung keine in der Sache begründeten Umstände ersichtlich sind, die konkret die Gefahr einer nicht sachgerechten Information der Wohnungseigentümer rechtfertigen, ist der Verwalter tauglicher Zustellungsvertreter (BGH, 9.3.2012, V ZR 170/11; LG Karlsruhe, 21.2.2012,11 S 46/11). Fehlt der Wohnungseigentümergemeinschaft ein Ersatzzustellungsvertreter oder ist die Zustellung nicht ausführbar, kann das Gericht einen Ersatzzustellungsvertreter bestellen.

Fahrradkeller/Fahrradständer

Wenn ein Fahrradkeller im Aufteilungsplan als solcher vorgesehen ist, handelt es sich hierbei um gemeinschaftliches Eigentum, wenn die Teilungserklärung hierzu keine andere Regelung trifft. Die Eigentümergemeinschaft darf hierzu Beschlüsse fassen, zum Beispiel über die konkrete Nutzung oder Schließregelungen.

Ist kein Raum als Fahrradkeller vorgesehen oder reichen die vorhandenen Möglichkeiten nicht aus und wird nachträglich ein Raum für Fahrräder oder Kinderwagen benötigt, kommt es auf den Einzelfall an. Ist für den vorhandenen Raum eine anderweitige Nutzung in der Teilungserklärung oder der Gemeinschaftsordnung vorgesehen, kann die Umwidmung nur per Abänderung der Teilungserklärung erfolgen. Zum Beispiel können Kellerräume, die nach der Teilungserklärung als Hausmeisterräume dienen sollen, nicht durch Mehrheitsbeschluss einer Nutzung als Fahrradkeller zugeführt werden, da mit der neuen Nutzung ein höherer Belastungsgrad verbunden ist (OLG Düsseldorf, 13.6.1997, 3 Wx 491/96). Ist bislang keinerlei Nutzungsregelung vorgesehen, reicht ein Mehrheitsbeschluss aus, der den Grundsätzen ordnungsmäßiger Verwaltung Rechnung tragen muss. Zudem dürfen keine Beeinträchtigungen oder Nachteile (siehe dort) entstehen, die über das in § 14 Nr. 1 WEG unvermeidliche Maß hinausgehen. Mögliche Vor- und Nachteile sind im Hinblick auf das Interesse aller Wohnungseigentümer abzuwägen (OLG Köln, 13.5.1996, 16 Wx 69/96; BayObLG, 5.4.1990, 2 Z 24/90).

Nutzt die Eigentümergemeinschaft einen vorhandenen Fahrradkeller nicht, kann dieser Raum vermietet werden. Über die Vermietbarkeit von in Gemeinschaftseigentum stehenden Räumen einer Wohnungseigentumsanlage kann im Wege der Gebrauchsregelung durch Mehrheitsbeschluss entschieden werden, soweit nicht eine Vereinbarung entgegensteht und den Wohnungseigentümern kein Nachteil erwächst (BGH, 29.6.2000, V ZB 46/99). Schafft sich dann ein Wohnungseigentümer ein Fahrrad an und möchte den Raum wieder nutzen, kann sich eine Verpflichtung der Gemeinschaft zur Kündigung des Mietverhältnisses über diesen Raum ergeben (OLG Frankfurt/Main, 7.10.1986, 20 W 98/86).

Hinweis: Seit dem Inkrafttreten des WEG-Reformgesetzes am 1.7.2007 können die Wohnungseigentümer das Aufstellen eines Fahrradständers gemäß § 22 Abs. 2 WEG als Modernisierungsmaßnahme mit doppelt qualifizierter Mehrheit beschließen (BT-Drucks. 16/887, S. 30).

Das Abstellen von Fahrrädern im Treppenhaus durch einen Wohnungseigentümer oder seine Besucher ist grundsätzlich nicht zulässig und stellt einen zweckwidrigen Gebrauch dar, auch wenn das Treppenhaus hinreichend breit ist. Ein bestimmungsgemäßer Gebrauch des Hausflurs liegt in diesem Fall nicht vor, weil Treppenhäuser ungestört begehbar sein sollen und im Notfall als Fluchtweg freizuhalten sind. Duldet ein Wohnungseigentümer das Abstellen eines Fahrrads durch einen ihn pflegenden Verwandten, so ist er für einen Unterlassungsanspruch der richtige Anspruchsgegner (AG Hannover, 27.12.2005, 71 II 547/05).

Fahrstuhl

„Aufzug"

Faktische/werdende Eigentümergemeinschaft

Inhaltsübersicht

Wird durch die Vorratsteilung gemäß § 8 WEG Wohnungseigentum geschaffen, stellt sich die Frage, ob die Bestimmungen des WEG auch dann auf die Erwerber als werdende Wohnungseigentümer anzuwenden sind, wenn aufgrund des zeitlichen Ablaufs des Entstehungsvorgangs im streng juristischen Sinne noch keine Wohnungseigentümergemeinschaft besteht. Denn dies geschieht gemäß § 8 WEG unter anderem erst dann, wenn der erste Erwerber beim Kauf vom Aufteiler (Bauträger) des Grundstücks als Wohnungseigentümer in das Grundbuch eingetragen wurde.

Unklar ist demnach, welche Regelungen zwischen der Erstellung der Teilungserklärung und der Eintragung des ersten Erwerbers als Eigentümer im Grundbuch gelten sollen. In diesem Zeitraum haben bereits oft mehrere Käufer eine Wohnungseigentumseinheit erworben. Allerdings ist der Kauf erst durch eine notarielle Vormerkung im Grundbuch gesichert, der Eigentumserwerb also noch nicht vollendet. Die Gründe dafür liegen oft beim Grundbuchamt, das für den Vollzug der Eigentumseinträge gewisse Zeit braucht. Ein anderer Grund kann darin bestehen, dass mit dem Bauträger noch Streit über Mängel besteht, sodass dieser bis zur letzten Kaufpreiszahlung die Eigentumseintragung der Erwerber blockiert.

Hinweis: Bis der erste Erwerber ins Grundbuch als Eigentümer eingetragen worden ist, spricht die Rechtsprechung von der „faktischen" bzw. „werdenden Wohnungseigentümergemeinschaft".

In der Rechtsprechung ist anerkannt, dass in diesem Zeitraum die Vorschriften des WEG angewendet werden dürfen, damit eine gemeinschaftliche Verwaltung umgesetzt werden kann (BayObLG, 11.4.1990, BReg. 2 Z 7/90).

1 Voraussetzungen

Die Erwerber sind mit „richtigen" Wohnungseigentümern vergleichbar, da sie durch den Einzug in ihre Wohnung den Besitz an ihrem Sondereigentum erhalten und aus dem Erwerbsvertrag bereits zur Zahlung der Lasten und Kosten verpflichtet sind. Die Erwerber verhalten sich also de facto wie Wohnungseigentümer und sollen auch so behandelt werden, obwohl sie noch nicht als Wohnungseigentümer im Grundbuch eingetragen sind. Eine faktische (werdende) WEG liegt unter folgenden Bedingungen vor:

- Der Erwerber hat den mittelbaren und unmittelbaren Besitz an der Sondereigentumseinheit erlangt. Das heißt, es genügt, wenn der Erwerber in der Lage ist, die tatsächliche Gewalt über das Kaufobjekt auszuüben.
- Zugunsten des Erwerbers ist im Grundbuch eine Auflassungsvormerkung eingetragen worden.
- Ein wirksamer Erwerbsvertrag mit dem Erwerber liegt vor.
- Die Wohnungseigentumsgrundbücher wurden angelegt.

Sobald diese Voraussetzungen erfüllt sind, ergeben sich daraus für die faktischen (werdenden) Wohnungseigentümer bereits vor Eigentumsübergang folgende Rechte und Pflichten:

- Tragung der Lasten und Kosten des gemeinschaftlichen Eigentums (BGH, 11.5.2012, V ZR 196/11)
- Stimmrecht in der Wohnungseigentümerversammlung (BGH, 11.5.2012, V ZR 196/11)
- Rechte und Pflichten nach § 13 ff. WEG, wobei die faktischen Eigentümer unter anderem auch bei Fragen der baulichen Veränderungen zu beteiligen sind
- Anfechtung von Beschlüssen

2 Beendigung

Beendet wird die faktische WEG durch die Eintragung des ersten Erwerbers als Eigentümer in das Grundbuch. Bisher hatte der BGH die Frage offengelassen, ob ein Erwerber auch dann Mitglied der Wohnungseigentümergemeinschaft wird, wenn er seine gesicherte Erwerbsposition und damit seinen Status als werdender Wohnungseigentümer erst nach dem Entstehen der Gemeinschaft erworben hat, also erst nach der Eintragung des ersten Erwerbers in das Grundbuch. Wann der Erwerber in diese Position eintritt, hängt häufig vom Zufall ab, nämlich davon, wann die Auflassungsvormerkung für ihn ins Grundbuch eingetragen wird bzw. ob er den Besitz noch vor Eintragung des ersten Erwerbers im Grundbuch als Eigentümer erlangt. Bisher wurde die Auffassung vertreten, dass die Erwerber, die eine gesicherte Erwerbsposition erst nach Entstehung der Vollrechtsgemeinschaft erlangen, also wenn vor ihnen ein anderer Erwerber als Eigentümer neben dem aufteilenden Eigentümer ins Grundbuch eingetragen wurde, nicht als werdende Wohnungseigentümer zu behandeln seien und erst mit Eigentumseintragung im Grundbuch ihre Mitgliedschaftsrechte erwerben. Dieser Auffassung hat sich der BGH nicht angeschlossen, sondern festgestellt, dass aus Gründen der Rechtssicherheit und der Gewährleistung von Mitwirkungsrechten dieser Personenkreis als werdende Wohnungseigentümer behandelt werden muss (BGH, 11.5.2012, V ZR 196/11).

Fassade

Bei der Außenwand einschließlich Außenputz handelt es sich um zwingendes gemeinschaftliches Eigentum. Bei einer Umgestaltung der Fassade handelt es sich grundsätzlich immer um eine bauliche Veränderung (siehe dort) und keine bloße Instandsetzung, wenn der optische Gesamteindruck verändert wird (LG München I, 20.9.2012, 36 S 1982/12), zum Beispiel bei einer Veränderung der Außenwandfarbe von lichtgrau zu orange. Eine Maßnahme, durch die das an der Rückseite des Hauses vorhandene Fassadengrün (hier: wilder Wein) entfernt und zukünftig die Entstehung jeglichen Fassadengrüns sofort unterbunden werden soll, bedeutet eine bauliche Veränderung und kann daher nicht mit Stimmenmehrheit beschlossen werden (OLG Düsseldorf, 17.12.2004, I-3 Wx 298/04).

Ist hingegen die Sanierung der Fassade erforderlich, kann dies von der Eigentümergemeinschaft mehrheitlich beschlossen werden. Das gilt auch, wenn zugleich über die Anbringung einer Wärmedämmung entschieden wird. In diesem Fall handelt es sich um eine sogenannte modernisierende Instandsetzung (siehe dort), für die ebenfalls ein einfacher Mehrheitsbeschluss ausreicht.

Ob im Zuge einer Fassadensanierung eine Wärmedämmung angebracht werden kann oder sogar muss, richtet sich nach den Regeln der Energieeinsparverordnung. Falls die Sanierung der Fassade noch nicht erforderlich ist, aber dennoch aus Gründen der Energieeinsparung und Vermeidung von Feuchtigkeitsschäden erfolgen soll, kann die Fassadensanierung samt Wärmedämmung nicht als modernisierende Instandsetzungsmaßnahme, sondern muss als echte Modernisierungsmaßnahme (siehe Modernisierung) gemäß § 22 Abs. 2 WEG beschlossen werden. Hierfür ist ein Beschluss mit doppelt qualifizierter Mehrheit erforderlich, das bedeutet, drei Viertel aller Eigentümer müssen nach dem gesetzlichen Kopfprinzip dem Beschluss zustimmen und diese Mehrheit muss zugleich mehr als die Hälfte aller Miteigentumsanteile repräsentieren.

Fenster

In Wohnungseigentümergemeinschaften stellt sich oft die Frage, ob Fenster zum Sondereigentum oder zum Gemeinschaftseigentum zählen. Bei Außenfenstern handelt es sich stets und zwingend um Gemeinschaftseigentum. Ob die Kosten für Instandhaltung und Instandsetzung vom Wohnungseigentümer allein oder anteilig von allen Wohnungseigentümern zusammen zu tragen sind, ist durch Auslegung der Teilungserklärung zu ermitteln. Es entspricht ordnungsgemäßer Verwaltung, diese Frage im konkreten Einzelfall unter Einschaltung eines Rechtsanwalts klären zu lassen (LG Karlsruhe, 16.6.2009, 11 S 25/09).

Zum Sondereigentum zählen die Innenbeschläge, der Innenanstrich sowie die Innendichtungen. Hingegen gehören Fensterrahmen, Fensterscharniere, Fensterstöcke und die Fensterverglasung (Isolierverglasung) als konstruktive und fassadengestaltende bauliche Elemente zum Gemeinschaftseigentum. Entgegenstehende Regelungen in der Teilungserklärung oder gar Beschlüsse wären nichtig. Allerdings kann die Teilungserklärung eine Regelung vorsehen, dass Instandhaltung und Instandsetzung der Fenster dem jeweiligen Wohnungseigentümer obliegen und er die Kosten tragen muss. Eine unwirksame Zuordnung der Fenster zum Sondereigentum wäre in solch eine Kostentragungsregelung umzudeuten (OLG Düsseldorf, 25.6.1998, 3 Wx 376/98; OLG Düsseldorf, 12.1.1998, 3 Wx 546/97; OLG Hamm, 22.8.1991, 15 W 166/91). Eine in der Gemeinschaftsordnung enthaltene nichtige Regelung, wonach Fenster zum Sondereigentum gehören, kann im Einzelfall durch Umdeutung dahingehend verstanden werden, dass die Kostenlast für die jeweilige Maßnahme denjenigen Wohnungseigentümern aufgebürdet wird, in deren Wohnung sich die zu erneuernden oder zu wartenden Fenster befinden. Voraussetzung dafür ist jedoch das Bestehen einer weiteren Bestimmung in der Gemeinschaftsordnung, dass jeder Wohnungseigentümer sein Sondereigentum auf eigene Kosten instandzuhalten und instandzusetzen hat (LG Dortmund, 1.4.2014, 1 S 178/13).

Ist gemäß Teilungserklärung der einzelne Wohnungseigentümer zur Instandhaltung und Instandsetzung von im Gemeinschaftseigentum stehenden Türen und Fenstern – ausgenommen ist der Farbanstrich der Außenseite an Wohnungsabschlusstüren und Fenster –, die sich im Bereich seines Sondereigentums befinden, verpflichtet, erlaubt dies nicht den Schluss, dass alle anderen Maßnahmen dem einzelnen Wohnungseigentümer obliegen. Vielmehr führt sie im Zweifel dazu, dass der Austausch der Fenster und Wohnungsabschlusstüren Gemeinschaftsaufgabe ist. Die Wohnungseigentümer sind nach der gesetzlichen Kompetenzzuweisung für die Beschlussfassung über die Instandsetzung und den Austausch zum Gemeinschaftseigentum gehörender Türen und Fenster zuständig. Zudem müssen sie die damit verbundenen Kosten tragen. Allerdings können sie durch Vereinbarung abweichend hiervon die Pflicht zur Instandsetzung und Instandhaltung von Teilen des gemeinschaftlichen Eigentums und zum Tragen der damit verbundenen Kosten durch eine klare und eindeutige Regelung einzelnen Sondereigentümern auferlegen (BGH, 22.11.2013, V ZR 46/13; BGH, 2.3.2012, V ZR 174/11). Sieht die Teilungserklärung abweichend von den Vorschriften des WEG vor, dass Instandhaltung und Instandsetzung von Außenfenstern in einer Sondereigentumseinheit vom jeweiligen Sondereigentümer auf eigene Rechnung vorzunehmen sind, so trifft diesen auch die Pflicht, die Beseitigung anfänglicher Baumängel an den Fenstern vorzunehmen, also die Pflicht zur ordnungsgemäßen Ersthe rstellung der Fenster (LG Koblenz, 3.7.2014, 2 S 36/14).

Der Austausch instandsetzungsbedürftiger Fenster kann als Maßnahme ordnungsmäßiger Verwaltung grundsätzlich mit einfacher Mehrheit beschlossen werden. Liegt keine Veränderung in der Gestaltung der Fenster vor – beispielsweise beim Austausch einfach verglaster Holzfenster durch Kunststofffenster mit Thermopane-Verglasung, die sich in äußerer Form und Farbe nicht sichtbar unterscheiden –, ist von einer modernisierenden Instandsetzung auszugehen (BayObLG, 11.2.2005, 2Z BR 177/04). Bei Einbau eines zusätzlichen Fensters sowie dem Zumauern oder der völligen Umgestaltung eines Fensters handelt es sich jedoch um bauliche Veränderungen, die sich in der Regel beeinträchtigend auswirken und daher nicht geduldet werden müssen. Nimmt ein Wohnungseigentümer diese Veränderung eigenmächtig vor, kann von ihm Beseitigung bzw. Wiederherstellung des ursprünglichen Zustands verlangt werden.

Wenn der Austausch der Fenster mangels Instandsetzungsbedürftigkeit noch nicht erforderlich ist, aber der Energieeinsparung dienen soll, kann der Austausch gemäß § 22 Abs. 2 WEG mit doppelt qualifizierter Mehrheit dennoch beschlossen werden. Auch kann gemäß § 16 Abs. 4 WEG mit doppelt qualifizierter Mehrheit die Kostenverteilung für eine Instandsetzungsmaßnahme an den Fenstern abweichend vom regelmäßigen Umlageschlüssel beschlossen werden.

BEISPIEL

Die Gemeinschaftsordnung sieht vor, dass die gemeinschaftlichen Kosten und Lasten von den Wohnungseigentümern entsprechend ihrer Miteigentumsanteile zu tragen sind. Eine Überbürdung der Instandhaltungs-/Instandsetzungsverpflichtung für die Fenster auf die einzelnen Wohnungseigentümer ist nicht enthalten. Durch einen Beschluss, dem drei Viertel aller Wohnungseigentümer (nach Köpfen), die zugleich mehr als die Hälfte aller Miteigentumsanteile darstellen, zustimmen, kann festgelegt werden, dass jeder Wohnungseigentümer die Kosten für die sich in seiner Wohnungseigentumseinheit befindlichen Fenster zu tragen hat.

Altbeschlüsse in einer Wohnungseigentümergemeinschaft, die eine von der Gemeinschaftsordnung abweichende Kostenverteilung vorsehen und vor dem 1.7.2007 gefasst wurden, sind nichtig. Soll die Kostenverteilung abweichend geregelt werden, so müsste erst erneut Beschluss gemäß § 16 Abs. 4 WEG gefasst werden.

Hat ein Wohnungseigentümer ein schadhaftes Fenster in der irrigen Annahme erneuert, er und nicht die Gemeinschaft sei hierzu verpflichtet, so hat er – vorausgesetzt das Fenster war tatsächlich instandsetzungsbedürftig – gegen die Wohnungseigentümergemeinschaft einen Erstattungsanspruch. Bestehen Bedenken im Hinblick auf die Frage des Verjährungsbeginns der Forderung und lässt sich die Höhe der Kosten nicht mehr nachweisen, entspricht es nach einem Urteil des OLG Düsseldorf (26.5.2008, I-3 Wx 271/07) dennoch ordnungsmäßiger Verwaltung, dem jeweiligen Wohnungseigentümer seinen Mindestaufwand zu ersetzen. Ein Erstattungsanspruch besteht allerdings dann nicht, wenn die alten Fenster zum Zeitpunkt des Austauschs noch nicht erneuerungsbedürftig waren und der Anspruch erst nach zehn Jahren im Zuge der Erneuerung aller Fenster geltend gemacht wird (OLG Hamburg, 4.12.2009, 2 Wx 34/09).

Der Erstattungsanspruch beschränkt sich der Höhe nach auf die Aufwendungen, die im Fall einer ordnungsmäßigen Instandsetzung auch von der Gemeinschaft hätten übernommen werden müssen. Ein Beschluss, den Wohnungseigentümern, die ihre Fenster bereits instandgesetzt haben, ihre Kosten aus der Rücklage zu erstatten, entspricht ordnungsmäßiger Verwaltung. Erstattungsansprüche müssen, sofern sie noch nicht verjährt sind, gegen den teilrechtsfähigen Verband geltend gemacht werden (zu einzelnen Fällen aus der Rechtsprechung, auch bei bereits verjährten Forderungen siehe OLG Düsseldorf, 5.12.2008, I-3 Wx 158/08; OLG Hamm, 20.11.2006, 15 W 166/06; OLG Hamburg, 7.11.2006, 2 Wx 105/06).

Fernwärme

Den Begriff „Fernwärme" hat der Gesetzgeber nicht definiert. Technisch wird Fernwärme als leitungsbezogene Energie zur Wärmeversorgung von Nutzern über Dampf und Wasser als Energieträger bezeichnet. Das Thema Fernwärme spielt bei Wohnungseigentümergemeinschaften häufig eine Rolle, wenn es um den Wechsel der Heizsysteme geht. Mitunter stellt sich nach Ablauf der üblichen Lebensdauer des Heizungssystems die Frage, ob die Eigentümergemeinschaft bei dem bestehenden Energieträger, zum Beispiel Heizöl, bleiben soll oder ob im Zuge der Instandsetzung der Heizungsanlage eine

Umstellung des Energieträgers von fossilen Brennstoffen zum Beispiel auf Fernwärme erfolgen soll.

Die Rechtsprechung stellt dabei auf den jeweiligen Einzelfall ab und beurteilt die Umstellung einer vorhandenen Heizungsanlage als bauliche Veränderung, wenn es nicht wahrscheinlich ist, dass die vorhandene funktionsfähige Heizung in absehbarer Zeit ersetzt werden muss (OLG Düsseldorf, 8.10.1997, 3 Wx 352/97). Demnach ist die Maßnahme nicht als modernisierende Instandhaltung zu betrachten, sondern eben als bauliche Veränderung i.S.d. § 22 Abs. 1 WEG. Ist dagegen eine in der Wohnungseigentümergemeinschaft vorhandene Ölheizung erneuerungsbedürftig, kann die Umstellung des Heizungsbetriebs auf Fernwärme eine Maßnahme modernisierender Instandsetzung sein, über die gemäß § 23 Abs. 3 WEG mit einfacher Stimmenmehrheit beschlossen werden kann (OLG Hamburg, 21.7.2005, 2 WX 18/04; LG Nürnberg-Fürth, 28.7.2010, 14 S 438/10 WEG).

Feuchtigkeit

Treten im Bereich des Sondereigentums Wasser- oder Feuchtigkeitsschäden auf und liegt die Schadensursache im gemeinschaftlichen Eigentum, zum Beispiel in durchfeuchteten Außenmauern oder undichter Isolierung von Dach, Wänden und Balkonen, hat jeder Wohnungseigentümer gegenüber der Wohnungseigentümergemeinschaft den Anspruch, dass die Schadensursache von einem Sachverständigen ermittelt und der Schaden beseitigt wird. Im Schadensfall ist daher unverzüglich der Verwalter zu verständigen. Der wiederum ist verpflichtet, die Schadensursache festzustellen und diesbezüglich eine Entscheidung der Wohnungseigentümergemeinschaft herbeizuführen — wenn erforderlich auch durch die Einberufung einer außerordentlichen Versammlung. Führt der Verwalter Beschlüsse, die mit der Feststellung und Beseitigung von Feuchtigkeitsschäden am Gemeinschaftseigentum zu tun haben, nicht durch und entsteht einem Wohnungseigentümer hierdurch ein Schaden, zum Beispiel Stockflecken, kann dieser den Verwalter wegen Verletzung des Verwaltervertrags in Anspruch nehmen. Lehnt es der Verwalter bei im Sondereigentum aufgetretener Feuchtigkeit und Schimmelbildung ab, der Ursache nachzugehen, obgleich ein Mangel am Gemeinschaftseigentum als Auslöser nicht von vornherein auszuschließen war, handelt er pflichtwidrig. Stellt sich später heraus, dass Ursache ein Mangel im Gemeinschaftseigentum ist, muss der Verwalter dem geschädigten Eigentümer den entstandenen Schaden ersetzen (LG München I, 15.10.2012, 1 S 26801/11).

Die Kosten für die Beseitigung der Schäden am Gemeinschaftseigentum hat die Wohnungseigentümergemeinschaft zu tragen. Bei den Kosten für die Beseitigung der Schäden im Sondereigentum (siehe auch „Folgeschadenbeseitigung im Sondereigentum") ist zu differenzieren. Zunächst hat der Sondereigentümer diese selbst zu tragen, insbesondere bei erstmaligem Auftreten des Schadens. Trifft jedoch die Gemeinschaft ein Verschulden (OLG Köln, 30.3.1998, 16 Wx 20/98) für den Schadenseintritt oder hat sich der Schaden vergrößert und befand sich die Gemeinschaft mit der Schadensbeseitigung in Verzug, hat der Sondereigentümer einen Anspruch auf Schadenersatz gegenüber der Gemeinschaft.

Folgeschadenbeseitigung im Sondereigentum

Treten im Rahmen einer Instandhaltung oder Instandsetzung des gemeinschaftlichen Eigentums Schäden im Bereich des Sondereigentums oder Sondernutzungsrechts auf, sind diese dem Sondereigentümer grundsätzlich nach § 14 Nr. 4 WEG zu ersetzen. Der Sondereigentümer hat zunächst das Betreten oder die Benutzung der in seinem Sondereigentum stehenden Gebäudeteile zu dulden, soweit die Instandhaltung oder Instandsetzung des gemeinschaftlichen Eigentums dies erfordert. Häufig ist das bei Fassadensanierungen, Fensterinstandsetzungen, Balkon- oder Terrassensanierungen der Fall. Erleidet der Sondereigentümer hierbei einen Schaden, soll er diesen von der Gemeinschaft ersetzt bekommen.

Die Wohnungseigentümer schulden die entsprechende Werkleistung, erbracht durch geeignete Fachkräfte. Daher sind die auftraggebenden Wohnungseigentümer für die von einem ausführenden Unternehmen schuldhaft verursachten Schäden am Sondereigentum eines Miteigentümers unter dem Gesichtspunkt der positiven Forderungsverletzung eines gesetzlichen Schuldverhältnisses schadenersatzpflichtig (OLG Hamburg, 8.1.2008, 2 Wx 25/01; OLG Hamburg, 22.12.2004, 2 Wx 132/01). Dies umfasst unmittelbare Substanzschäden am Sondereigentum und an privaten Gegenständen sowie durch die Maßnahme verursachte Vermögensfolgeschäden. Die Wohnungseigentümergemeinschaft ist grundsätzlich verpflichtet, das Sondereigentum in den vorherigen Zustand zurückzuversetzen. Ob hierbei ein Abzug „neu-für-alt" vorgenommen werden muss, ist strittig. Ersatzfähig sind folgende finanzielle Aufwände:

- Kosten für die Reparatur, Wiederherstellung und Säuberung des Sondereigentums
- Mietausfall und sonstiger entgangener Gewinn (OLG Frankfurt/Main, 17.1.2006, 20 W 362/04; KG Berlin, 8.9.1993, 24 W 5753/92; KG Berlin 2301/93; OLG Köln, 29.4.1996, 16 Wx 30/96; entgegen OLG Hamm, 11.1.2005, 15 W 402/04)

Beispiel

Erweist sich eine vermietete Wohnung als unbewohnbar, weil das Gebäude saniert und die Wohnung dadurch in einen rohbauartigen Zustand versetzt wird, hat der Vermieter gegen die Wohnungseigentümergemeinschaft einen Anspruch auf Erstattung der entgangenen Miete. Dieser umfasst sowohl die Indexmieterhöhungen als auch die Betriebskostenvorauszahlungen. Der Erstattungsanspruch des Klägers darf nicht um seinen Miteigentumsanteil gekürzt werden, denn er hat Anspruch auf Ersatz der Beeinträchtigungen, die durch die Instandsetzungsmaßnahmen entstanden sind, wobei der Schaden in voller Höhe der entgangenen Miete besteht. Nur auf Ebene der Verteilung der aufgewendeten Kosten auf die einzelnen Miteigentümer und nicht im Wege des Schadensausgleichs ist der betroffene Wohnungseigentümer im Rahmen der Jahresabrechnung an den Kosten zu beteiligen (LG Frankfurt/Main, 16.7.2014, 2-13 S 177/12).

- Umzugs-, Transport- und Lagerkosten (BGH, 11.12.2002, IV ZR 226/01)
- Kosten für die ersatzweise Unterbringung (BGH, 11.12.2002, IV ZR 226/01)
- Finanzieller Ausgleich für fehlenden Eigengebrauch (BayObLG, 6.2.1987, 2 Z 93/86; a.A. OLG Köln, 15.8.2005, 16 Wx 99/05); jedoch nicht für den Eigentümer eines freiberuflich oder gewerblich genutzten Teileigentums (hier: zahnärztliche Praxis, zahnärztliches Labor), dafür dass er Terrasse und Garten wegen Bauarbeiten längere Zeit nicht nutzen kann (BayObLG, 19.5.1994, 2Z BR 135/93)
- Verdienstausfall in engen Grenzen

Erleidet ein einzelner Wohnungseigentümer einen Schaden an seinem Sondereigentum, weil eine Beschlussfassung über die sofortige Vornahme einer dringenden Instandsetzungsmaßnahme unterblieben ist, richtet sich der Schadenersatzanspruch nicht gegen den rechtsfähigen Verband, sondern diejenigen Wohnungseigentümer, die schuldhaft entweder untätig geblieben sind oder nicht für die erforderliche Maßnahme gestimmt bzw. sich enthalten haben (BGH, 17.10.2014, V ZR 9/14).

Voneinander abzugrenzen sind zum einen Schäden, die im Verlauf gemeinschaftlicher Instandhaltungs- und Instandsetzungsmaßnahmen auftreten, zum anderen Schäden, die im Sondereigentum durch schadhaftes Gemeinschaftseigentum ausgelöst werden. Letzteres gilt häufig für Feuchtigkeitsschäden (siehe auch „Feuchtigkeit“). Bei diesen Schäden kann der Sondereigentümer einen Schadenersatzanspruch gegen die Gemeinschaft nur geltend machen, wenn diese ein Verschulden trifft, zum Beispiel wenn die Beseitigung eines Mangels am Gemeinschaftseigentum schuldhaft verzögert oder unterlassen wurde und dies zum Schaden am Sondereigentum geführt hat (OLG Köln, 30.3.1998, 16 Wx 20/98; OLG Düsseldorf, 12.12.1994, 3 Wx 619/94). Bei erstmaligem zufälligem Auftreten eines Schadens ist dies regelmäßig nicht der Fall. Eine verschuldensunabhängige Haftung der Wohnungseigentümergemeinschaft für Mängel am Gemeinschaftseigentum besteht nicht (LG München I, 14.12.2009, 1 S 9716/09).

Liegen bestandskräftige Eigentümerbeschlüsse vor, die eine beschlossene Gesamtsanierung aufschieben oder durch eine eingeschränkte Maßnahme ersetzen, schließt dies einen Schadenersatzanspruch wegen verzögerter oder unterlassener Instandsetzung nicht grundsätzlich aus (OLG München, 18.2.2009, 32 Wx 120/08). Ein verschuldensunabhängiger nachbarrechtlicher Schadens- bzw. Ausgleichsanspruch kann in solchen Fällen wegen Beeinträchtigung der Nutzung des Sondereigentums, zum Beispiel wegen Mietausfall oder Ausgleich für den fehlenden Eigengebrauch, nicht geltend gemacht werden, weil sich die Interessenlage innerhalb einer Wohnungseigentümergemeinschaft grundsätzlich von der zwischen Grundstücksnachbarn unterscheidet und die entsprechenden Regelungen nicht anwendbar sind (BGH, 21.5.2010, V ZR 10/10; LG Itzehoe, 1.6.2010, 11 S 70/90).

Fußboden, Estrich, Bodenbelag

Bei Decken, Böden sowie dem Estrich (BGH 6.6.91, VII ZR 372/89; OLG München 12.3.85, 9 U 4773/84; OLG Hamm, 3.7.95, 15 W 93/95, DWE 1995, 127; OLG Düsseldorf, 7.6.1999, 3 Wx 131/99; OLG Düsseldorf, 4.7.2001, 3 Wx 120/01; BayObLG, 20.11.2002, 2Z BR 45/02) handelt es sich um gemeinschaftliches Eigentum. Der auf dem Estrich verlegte Bodenbelag steht jedoch im Sondereigentum (BayObLG, 15.1.1980, 2 Z 80/78; BayObLG, 16.12.1993, 2Z BR 113/93; BayObLG, 17.12.1993, 2Z BR 105/93; OLG Düsseldorf, 4.7.2001, 3 Wx 120/01). Hierbei ist es nicht von Belang, ob es sich um Fliesen, Parkett oder Teppich handelt. Ein Wohnungseigentümer darf den in seinem Sondereigentum vorhandenen Bodenbelag jederzeit verändern und erneuern, soweit keine Beeinträchtigung für das Gemeinschaftseigentum oder andere Wohnungseigentümer vorliegt. Dies bedeutet, dass erforderliche DIN-Vorschriften zur Vermeidung von Trittschallbelästigungen (siehe „Schallschutz/Trittschall“) eingehalten werden müssen.

Führt eine Veränderung des Bodenbelags durch einen Wohnungseigentümer zu Trittschallbelästigungen in der darunterliegenden Wohnung und gehen diese über das bei einem geordneten Zusammenleben unvermeidbare Maß hinaus, so ist der Eigentümer der darüberliegenden Wohnung als Störer verpflichtet, die Einwirkungen zu beseitigen. Der beeinträchtigte Wohnungseigentümer kann vom Störer im Rahmen der Mindestanforderungen der geltenden Schallschutznorm grundsätzlich Dämmmaßnahmen verlangen, die ein dem Zustand vor der Veränderung entsprechendes Schallschutzniveau gewährleisten (OLG Schleswig-Holstein, 8.8.2007, 2 W 33/07).

Garage, Kfz-Stellplatz

Freistehende Garagen und Tiefgaragen können im Gemeinschaftseigentum stehen, sie sind jedoch auch grundsätzlich sonder-/teileigentumsfähig (BayObLG, 4.4.2001, 2Z BR 141/00; OLG Hamm, 23.3.1993, 15 W 362/92; OLG Frankfurt/Main, 19.12.1994, 20 W 313/93; BayObLG, 30.3.1993, 2Z BR 11/93). Gegenstand des Sondereigentums sind jedoch nur die betreffenden Garagenräume. Die konstruktiven Gebäudeteile wie die Außenwände, das Garagendach, die Bodenplatte und das Garagentor zählen zum gemeinschaftlichen Eigentum.

Steht die Garage insgesamt im gemeinschaftlichen Eigentum kann an einzelnen Stellplätzen Sonder-/Teileigentum begründet werden, soweit die Flächen durch dauerhafte Markierungen kenntlich gemacht sind (BayObLG, 12.12.2002, 2Z BR 112/02; BayObLG, 4.4.2001, 2Z BR 141/00). Bei Duplexparkern (siehe „Duplex-/Doppelstockgaragen") gelten besondere Regelungen. Anstelle von Sonder-/Teileigentum kann an Kfz-Stellplätzen durch Vereinbarung in der Teilungserklärung gemäß § 15 Abs. 1 WEG auch ein Sondernutzungsrecht begründet werden. Dies ist insbesondere der Fall bei freistehenden, außerhalb des Gebäudes liegenden Kfz-Stellplätzen, da diese mangels Raumeigenschaft nicht sonder-/teileigentumsfähig sind. Die im Freien liegenden Abstellplätze für Kraftfahrzeuge sind daher stets Gemeinschaftseigentum, da an Flächen des gemeinschaftlichen Grundstücks kein Sondereigentum gebildet werden kann.

Ein „Stellplatz" darf nicht zur dauerhaften Lagerung von Gegenständen genutzt werden, die nicht im Zusammenhang mit der Fahrzeugnutzung stehen. Das ggf. auch langfristige Abstellen eines zugelassenen Anhängers für Personenkraftfahrzeuge stellt keine relevante gegen die Zweckbestimmung verstoßende Störungshandlung dar (LG Hamburg, 12.11.2014, 318 S 107/13). Hingegen darf ein Kfz-Stellplatz nicht für die dauerhafte (jahrelange) Lagerung eines abgemeldeten und nicht fahrfähigen Kraftfahrzeugs dienen. Wiederholungsgefahr für eine Vermüllung auch des Gemeinschaftseigentums ist gegeben, wenn bereits mehrfach ungenehmigt Gegenstände längere Zeit auf Gemeinschaftsflächen abgestellt oder gelagert wurden (LG Hamburg, 4.3.2009, 318 S 93/08).

Garten, Rasenflächen

Garten- und Rasenflächen in der Wohnungseigentumsanlage zählen zum gemeinschaftlichen Eigentum, dazu gehören auch Bäume, Hecken und Büsche, Bewässerungsanlagen sowie Gartengeräte, die der Pflege und Instandhaltung dienen. Die erstmalige gärtnerische Gestaltung des gemeinschaftlichen Grundstücks, zum Beispiel durch Anpflanzungen, können die Wohnungseigentümer grundsätzlich mehrheitlich nach § 21 Abs. 5 Nr. 2 WEG beschließen, soweit nicht die Teilungserklärung oder die Gemeinschaftsordnung die Gestaltung verbindlich festlegt (LG Berlin, 5.2.2013, 85 S 31/12). Jeder Wohnungseigentümer ist zur Mitbenutzung dieser Flächen berechtigt, soweit an ihnen keine Sondernutzungsrechte eingeräumt wurden. Zulässig ist dabei eine übliche Gartennutzung, aber kein zweckwidriger Gebrauch wie das Abstellen von Kraftfahrzeugen oder das Aufstellen von Gartenzwergen. Das Errichten einzelner Spielgeräte oder Bänke, die mit dem Boden nicht fest verbunden sind, stellen keine bauliche Veränderung dar. Hingegen handelt es sich bei der Errichtung eines Gartenhauses, eines Geräteschuppens, eines Gewächshauses, eines Grillplatzes und einer massiven Sitzgruppe um zustimmungsbedürftige bauliche Veränderungen i. S. v. § 21 Abs. 1 WEG.

Bei Kinderspielplätzen (siehe dort) in einer Wohnungseigentumsanlage mit Federwipptieren, Wippe und Schaukel als typische und gut geeignete Spielgeräte für Kinder ist zu differenzieren. Häufig sind solche Einrichtungen bereits nach den entsprechenden Landesbauordnungen vorgesehen. In diesen Fällen entspricht die erstmalige entsprechende Maßnahme ordnungsgemäßer Verwaltung i. S. d. § 21 Abs. 3 WEG und über sie kann mit Mehrheitsbeschluss entschieden werden. Beim nachträglichen Aufstellen einer Kinderschaukel ist jedoch umstritten, ob eine zustimmungspflichtige bauliche Veränderung vorliegt oder ein Mehrheitsbeschluss genügt. Soweit jedenfalls keine anderslautende Zweckbestimmung oder Gebrauchsregelung besteht, dürfte die Errichtung einer Schaukel ordnungsgemäßer Verwaltung entsprechen (OLG Düsseldorf, 14.8.1989, 3 Wx 261/89).

Die Instandsetzung und Instandhaltung der Garten- und Rasenflächen obliegt der Gemeinschaft. Zu einer ordnungsmäßigen üblichen Gartenpflege gehören das regelmäßige Rasenmähen, das Zurückschneiden von Sträuchern und Hecken sowie der Ersatz abgestorbener Pflanzen. Bei Bäumen fällt hierunter der übliche Baumschnitt, insbesondere das Auslichten von Bäumen und die Beseitigung von Totholz (AG Braunschweig, 29.10.2013, 116 C 1448/13). Das ersatzlose Fällen eines oder mehrerer Bäume kann im Einzelfall eine bauliche Veränderung darstellen, wenn damit die gärtnerische Gestaltung der Anlage (OLG Düsseldorf, 30.4.2003, 3 Wx 97/03) oder der Gesamteindruck des Anwesens wesentlich verändert wird (LG Hamburg, 29.5.2013, 318 S 5/13; LG Lüneburg, 30.4.2013, 5 S 111/12). Ausnahmsweise liegt jedoch keine bauliche Veränderung vor, wenn Bäume aus Gründen der Standsicherheit gefällt werden müssen oder weil sie krank sind (LG Berlin, 24.6.2011, 55 S 419/10). Ist eine Wohnung erheblich verschattet und kann dies durch Auslichten oder Rückschnitt der Bäume nicht behoben werden, entspricht der Beschluss der Wohnungseigentümer, einzelne Bäume von vielen zu fällen, ordnungsgemäßer Verwaltung. Kann der Wohnungseigentümer, der sich gegen den Beschluss des Bäumefällens wegen erheblicher Verschattung einer Wohnung ausspricht, keine erheblichen Gründe vorbringen, muss dieser Beschluss nicht einstimmig, sondern kann mehrheitlich beschlossen werden (LG Duisburg, 29.10.2003, 11 T 231/02).

Es ist auch möglich, an gemeinschaftlichen Flächen ein Sondernutzungsrecht (siehe dort) einzuräumen. Dies kann nur durch Vereinbarung in der Teilungserklärung und nicht durch Beschlussfassung erfolgen. Häufig kommt es vor, dass einer ebenerdigen Terrassenwohnung eine konkrete Gartenfläche zur ausschließlichen Nutzung durch den jeweiligen Wohnungseigentümer zugeordnet wird. Besteht für eine solche Gartenfläche ein Sondernutzungsrecht, ist der Berechtigte — falls keine anderen Vereinbarungen vorliegen — befugt, die Fläche im üblichen Umfang einer gewöhnlichen Gartennutzung und Gartengestaltung zu nutzen. Der Sondernutzungsberechtigte darf die Art und Weise der Bepflanzung grundsätzlich selbst bestimmen; nach den Grundsätzen von Treu und Glauben hat er aber den konkreten Zuschnitt der Wohn- und Grünanlage zu berücksichtigen (LG Hamburg, 10.9.2010, 318 S 24/09; BayObLG, 6.10.2000, 2Z BR 53/00). Das Anpflanzen von Blumen, Büschen und Anlegen von Beeten ist regelmäßig zulässig, auch eine Hecke kann im Einzelfall zulässig sein. Zwar stellt dies eine bauliche Veränderung dar, sie führt aber nicht zwangsläufig zu einer Beeinträchtigung der übrigen Wohnungseigentümer (BayObLG, 28.10.1998, 2Z BR 122/98). Das Anpflanzen stark wachsender Bäume, die Neuanlage eines Plattenwegs, das Verlegen von Trittsteinen, die Errichtung einer 2,3 Meter hohen Holzwand, der Bau eines Steingrillkamins, die Vergrößerung einer Terrasse oder die Errichtung eines Geräteschuppens oder Gartenhauses stellen regelmäßig zustimmungspflichtige bauliche Veränderungen (siehe dort) dar. Die Abgrenzung der Gartenfläche durch einen Zaun ist wegen der damit verbundenen baulichen Veränderung (optischer Gesamteindruck der Wohnanlage) grundsätzlich nicht zulässig (strittig; vgl. BayObLG, 28.10.1998, 2Z BR 122/98).

Gebrauchs- und Nutzungsregelungen

Gebrauchsregelungen zum Sondereigentum und zum gemeinschaftlichen Eigentum können gemäß § 15 WEG durch Vereinbarung, durch Mehrheitsbeschluss und aufgrund eines Einzelanspruchs auf ordnungsmäßigen Gebrauch durch richterliche Entscheidung aufgestellt werden. Häufig werden Gebrauchsregelungen zum gemeinschaftlichen Eigentum bereits in der Teilungserklärung bzw. der Gemeinschaftsordnung (siehe dort) und dem Aufteilungsplan vereinbart. Stehen solche Regelungen dem nicht entgegen oder ist der vorgesehene Nutzungs- oder Gebrauchszweck zu unbestimmt, können die Wohnungseigentümer gemäß § 15 Abs. 2 WEG Gebrauchsregelungen über den ordnungsgemäßen Gebrauch durch einen Mehrheitsbeschluss herbeiführen. Es kann gemäß § 15 Abs. 1 WEG sowohl der Gebrauch des Sondereigentums als auch des Gemeinschaftseigentums durch Vereinbarung festgelegt werden.

Der Gebrauch des Sondereigentums (siehe dort) wird durch die Zweckbestimmung eingeschränkt, die in der Teilungserklärung festgelegt ist. Darin kann bestimmt werden, ob Räume nur zu Wohnzwecken (Wohnungseigentum) oder beispielsweise auch zu gewerblichen Zwecken, als Laden, als Hobbyraum, als Werkstatt, als Gaststätte oder als Büro (Teileigentum) genutzt werden dürfen. Man spricht in diesen Fällen von einer Zweckbestimmung mit Vereinbarungscharakter.

Die in der Teilungserklärung festgelegte Zweckbestimmung, ob es sich um Wohnungseigentum oder Teileigentum handelt, lässt sich nicht durch eine Vereinbarung der Wohnungseigentümer gemäß § 10 Abs. 2 WEG abändeRn. Hierzu erforderlich wäre eine Änderung des dinglichen Rechtsakts, also gemäß § 873 und § 877 BGB, und zwar durch eine Einigung aller Wohnungseigentümer in der Form der Auflassung und Eintragung in das Grundbuch. Jedoch ist es möglich, die Nutzung des Wohnungs- oder Teileigentums durch Gebrauchsregelungen zu konkretisieren, einzuschränken oder zu erweitern, zum Beispiel durch die Bezeichnung „Laden" oder „Büro". Eintragungen des planenden Architekten in den Genehmigungsplänen kommt in der Regel nicht dadurch die Bedeutung einer Zweckbestimmung mit Vereinbarungscharakter zu, dass diese Vorgaben für den Aufteilungsplan genutzt werden (BGH, 15.1.2010, V ZR 40/09). Eine von der Zweckbestimmung abweichende Nutzung ist nur ausnahmsweise zulässig, wenn diese bei typisierender Betrachtung nicht mehr stört oder beeinträchtigt als die vorgesehene Nutzung (OLG München, 25.5.2005, 34 Wx 024/05; OLG Hamm, 23.10.2003, 15 W 372/02; BayObLG, 9.2.2005, 2 Z BR 170/04).

Benutzt ein Wohnungseigentümer sein Sondereigentum entgegen den gültigen Gebrauchsregelungen, insbesondere entgegen den in der Teilungserklärung enthaltenen Zweckbestimmungen, so kann jeder gestörte Wohnungseigentümer gemäß § 1004 BGB i.V.m. § 15 Abs. 3 und § 14 Abs. 1, 2 WEG die Unterlassung des jeweiligen Gebrauchs verlangen. Dieser Anspruch unterliegt grundsätzlich der regelmäßigen Verjährungsfrist von drei Jahren. Bei Verstößen gegen die zweckbestimmte Nutzung kann jedoch eine Verjährung nicht eintreten, solange der Verstoß andauert. Es kann aber zu einer Verwirkung des Unterlassungsanspruchs kommen.

Hinweis: Wenn ein Unterlassungsanspruch aus § 15 Abs. 3 WEG und § 1004 BGB wegen einer unzulässigen Nutzung bereits durch alle Wohnungseigentümer verwirkt ist, ist auch der Sonderrechtsnachfolger an die entstandene Rechtslage gebunden, da er als Rechtsnachfolger mangels besonderer gesetzlicher Bestimmungen keine weitergehenden Rechte hat, als seinem Rechtsvorgänger zuletzt zustanden.

Wird eine Teileigentumseinheit zweckwidrig als Wohnraum genutzt, verjährt der Unterlassungsanspruch der übrigen Wohnungseigentümer nicht, solange diese Nutzung anhält. Dies gilt unabhängig davon, ob der Sondereigentümer selbst oder dessen Mieter Nutzer ist. Der Anspruch der Wohnungseigentümer auf Unterlassung der langjährigen zweckwidrigen Nutzung einer Teileigentumseinheit als Wohnraum ist in der Regel jedenfalls dann nicht verwirkt, wenn in jüngerer Zeit eine Neuvermietung zu Wohnzwecken stattgefunden hat (BGH, 8.5.2015, V ZR 178/14).

Beispiele für Gebrauchs- und Nutzungsbeschränkungen im Sondereigentum

- Die Nutzung einer „Wohnung“ als Büro für Freiberufler, zum Beispiel als Architektenbüro, Ingenieur-Planungsbüro oder Steuerberaterkanzlei, ist grundsätzlich zulässig, weil sie typischerweise nicht zu Störungen führt, die über das bei einer Wohnnutzung unvermeidliche Maß hinausgehen (KG Berlin, 8.6.1994, 24 W 5760/93; LG Berlin, 26.7.1994, 85 T 214/94; OLG Zweibrücken, 27.5.1997, 3 W 81/97). Anders gestaltet sich die Situation, wenn mit der jeweiligen Nutzung erheblicher Publikumsverkehr verbunden wäre.
- Wenn das Teileigentum zweckbestimmungswidrig wiederholt als Wohnraum vermietet wird, stellt zumindest jede neue Vermietung eine neue – wenngleich auch weitgehend gleichartige – Störung i.S.v. § 1004 BGB sowie § 14 und § 15 WEG dar und löst erneut einen Unterlassungsanspruch aus. Die im Rahmen des Einwands der Verwirkung für die Beurteilung des Zeitmoments maßgebliche Frist beginnt daher mit jeder neuen Einwirkung jeweils neu zu laufen (LG Frankfurt/Main, 25.6.2014, 2-13 S 18/13).
- Die Nutzung eines in der Teilungserklärung als Teileigentum und Hobbyraum ausgewiesenen Raums zu (nicht nur vorübergehenden) Wohnzwecken ist unzulässig (BGH, 16.6.2011, V ZA 1/11; LG Frankfurt/Main, 25.6.2014, 2-13 S 18/13).
- Die kurzfristige Vermietung einer Wohnung an Feriengäste ist zulässig (BGH, 12.11.2010, V ZR 78/10).
- Auf einem „Stellplatz“ dürfen keine Gegenstände dauerhaft gelagert werden, die nicht im Zusammenhang mit der Fahrzeugnutzung stehen (LG Hamburg, 12.11.2014, 318 S 107/13).
- Mit der Zweckbestimmung „Laden“ in der Teilungserklärung und im Aufteilungsplan lässt es nicht vereinbaren, dass die Teileigentumseinheit samt dem mit Tischen und Sitzgelegenheiten ausgestatteten Vorgarten zum Verzehr von im Laden gekauften Waren, Speisen und Getränken genutzt wird (LG Berlin, 19.4.2013, 85 S 108/12). Auch eine Imbiss-Stube wäre unzulässig (BayObLG, 29.9.1999, 2Z BR 103/99).
  Wird hingegen in der Teilungserklärung eine Gewerbeeinheit im Aufteilungsplan als Ladenlokal bezeichnet, ist dies als eine örtliche Bezeichnung zu verstehen. Hierdurch erfolgt keine Nutzungseinschränkung, wenn die Gemeinschaftsordnung ansonsten jedes Gewerbe zulässt. Dann darf die Gewerbeeinheit auch als Gastronomiebetrieb mit warmer Küche betrieben werden (LG Berlin, 20.2.2013, 85 S 235/11).
- Die Nutzung eines in der Teilungserklärung als „Boden“ bezeichneten Raums zu Wohnzwecken ist dann zulässig, wenn der Nutzungszweck, der diesem Raum nach den Vereinbarungen zugewiesen ist, dieser Nutzung nicht entgegensteht. Maßgeblich ist insoweit, ob diesem Raum die – auch dinglich wirkende – Zweckbestimmung „Boden“ zugeteilt oder ob er dem Sondereigentum an einer Wohnung zugeordnet wurde, mit dem eine Nutzung zu Wohnzwecken verbunden ist (LG Hamburg, 6.2.2013, 318 S 57/12).
- Die Nutzung eines Teileigentums „Lokal“ als Spielhalle stellt eine nicht zu duldende zweckbestimmungswidrige Nutzung dar (LG München I, 2.1.2012, 1 S 21470/09). Lässt jedoch die Teilungserklärung für die Gewerbeeinheiten den Betrieb eines Gewerbes uneingeschränkt zu, verstößt der Betrieb einer Spielothek nicht gegen die Zweckbestimmung der Teilungserklärung (LG Karlsruhe, 20.9.2010, 11 S 200/09).
- Der Betrieb einer Gaststätte in Räumen eines Teileigentums, die als „Praxis“ bezeichnet sind, widerspricht der vereinbarten Zweckbestimmung und ist daher unzulässig (BayObLG, 22.1.2004, 2Z BR 229/03).
- Die Nutzung eins „Büros“ als Zahnarztpraxis kann zulässig sein, wenn von der insoweit abweichenden Nutzung keine größeren Störungen ausgehen als

die, die auch bei einer Büronutzung üblicherweise auftreten (OLG Hamm, 23.10.2003, 15 W 372/02).
- Die Nutzung einer Wohnung zum Betrieb einer entgeltlichen Tagespflegestelle für bis zu fünf Kleinkinder stellt eine teilgewerbliche Nutzung dar und ist unzulässig (BGH, 13.7.2012, V ZR 204/11).
- Bei einem Verbot der Einrichtung und Inbetriebnahme vorhandener, nicht genehmigter Klimageräte mit der Aufforderung, diese Anlagen sofort zu entfernen, handelt es sich um eine Gebrauchsregelung durch Nutzungsbeschränkung. Eine solche Regelung darf nicht willkürlich sein. Das Verbot ist dem Mehrheitsbeschluss zugänglich und nicht zu beanstanden, wenn Klimaanlagen nicht generell verboten werden, sondern nur solche, die bisher genehmigt wurden, aber zu laut waren. Ob ein vollständiges Verbot von Klimageräten noch ordnungsgemäßen Gebrauch darstellt, wurde vom Gericht offengelassen (BayObLG, 20.3.2001, 2Z BR 45/01).

Zum Gebrauch des gemeinschaftlichen Eigentums ist jeder einzelne Wohnungseigentümer berechtigt. Der Mitgebrauch muss jedoch derart schonend ausgeübt werden, dass den anderen Wohnungseigentümern kein unvermeidlicher Nachteil i. S. d. § 14 Nr. 1 WEG erwächst und ihnen der gleichberechtigte Mitgebrauch ermöglicht wird. Unzulässig ist daher jeder Gebrauch des gemeinschaftlichen Eigentums, der die anderen Wohnungseigentümer vom Mitgebrauch ausschließt. Gebrauchsregelungen können insbesondere zu Gemeinschaftsflächen wie Garten- und Rasenflächen, Parkplatz und Kfz-Stellplätze, Werbe- und Reklameeinrichtungen, Flur, Treppenhaus, Waschräume und Fahrradkeller aufgestellt werden.

Oftmals sind derartige Gebrauchsregelungen bereits in der Teilungserklärung oder Gemeinschaftsordnung enthalten. Ansonsten können Gebrauchsregelungen, die dem Interesse aller Wohnungseigentümer entsprechen, das Gebot der gegenseitigen Rücksichtnahme berücksichtigen und sich in den Grenzen ordnungsmäßiger Verwaltung bewegen, mehrheitlich beschlossen werden, so zum Beispiel im Rahmen einer Hausordnung (siehe dort). Wegen eines Eingriffs in den Kernbereich des Wohnungseigentums ist es unzulässig, einen völligen Gebrauchsentzug zu beschließen. Zulässig ist dagegen die Vermietung oder Verpachtung gemeinschaftlicher Flächen oder Räume, wenn den Wohnungseigentümern dadurch kein Nachteil erwächst (BGH, 29.6.2000, V ZB 46/99).

Gegensprechanlage

Gegensprechanlagen dienen dem gemeinschaftlichen Gebrauch der Wohnungseigentümer und zählen daher bis zum Übergang in die im Sondereigentum stehenden Räume zum Gemeinschaftseigentum. Mangels anderweitiger Regelung in der Teilungserklärung sind die in den jeweiligen Sondereigentumseinheiten gelegenen Sprechstellen einer gemeinschaftlichen Sprechanlage eines Hauses Sondereigentum der jeweiligen Wohnungseigentümer. Etwas anderes hätte nur dann zu gelten, wenn das Vorhandensein und Funktionieren jeder Sprechstelle zum Betrieb der im Gemeinschaftseigentum stehenden zentralen Klingel- und Sprechanlage unabdingbar ist — also ihr Funktionieren Voraussetzung für das Funktionieren der zentralen Haussprechanlage ist — und diese deshalb einen wesentlichen Bestandteil der Anlage darstellen. Die Kosten der Reparatur einer solchen Sprechstelle sind daher vom jeweiligen Wohnungseigentümer allein und nicht von der Eigentümergemeinschaft zu tragen (LG München I, 5.11.2012, 1 S 1504/12; OLG Köln, 26.8.2002, 16 Wx 126/02).

Hinweis: Verfügt die WEG noch nicht über eine Gegensprechanlage, kann die Installation gemäß § 22 Abs. 2 WEG als Modernisierungsmaßnahme mit doppelt qualifizierter Mehrheit beschlossen werden (BT-Drucks. 16/887, S. 30).

Gemeinschaftseigentum

Das Wohnungseigentumsrecht differenziert zwischen Gemeinschaftseigentum und Sondereigentum. Das Gemeinschaftseigentum ist den einzelnen Wohnungseigentümern über ihren Miteigentumsanteil zugeordnet; diesbezüglich bilden die Wohnungseigentümer eine Bruchteilsgemeinschaft (siehe dort) gemäß § 741 ff. und § 1008 ff. BGB. Das Gemeinschaftseigentum ist nicht dem teilrechtsfähigen Verband zuzuordnen. Zum Gemeinschaftseigentum gehören gemäß § 1 Abs. 5 WEG folgende Bestandteile:
- Grundstück
- Teile, Anlagen und Einrichtungen des Gebäudes, die nicht im Sondereigentum oder im Eigentum eines Dritten stehen

Ferner gehören gemäß § 5 Abs. 2 WEG zum gemeinschaftlichen Eigentum:
- Teile des Gebäudes, die für dessen Bestand oder Sicherheit erforderlich sind
- Anlagen und Einrichtungen, die dem gemeinschaftlichen Gebrauch der Wohnungseigentümer dienen

Sie gehören zwingend zum Gemeinschaftseigentum und können auch nicht durch eine Vereinbarung in der Teilungserklärung zu Sondereigentum erklärt werden. Umgekehrt besteht jedoch die Möglichkeit, dass Bestandteile des Gebäudes, die Gegenstand des Sondereigentums sein können, zum gemeinschaftlichen Eigentum gehören (§ 5 Abs. 3 WEG). Die Änderung der Aufteilung und Zuordnung von Gemeinschaftseigentum und Sondereigentum kann nie durch Beschluss erfolgen. Hierzu bedarf es einer Einigung aller Wohnungseigentümer in der Form der Auflassung gemäß § 925 Abs. 1 BGB sowie der Eintragung der Änderung im Grundbuch.

Hinweis: Arbeitshilfe online. Die folgende Tabelle, die eine Übersicht bietet, was zum Gemeinschafts- und was zum Sondereigentum zählt, steht als Arbeitshilfe online zur Verfügung.

Zuordnung zum Gemeinschafts- und Sondereigentum

	GE	SE	Anmerkung
Abflussrohr (Hauptleitung)	x		
Abflussrohr (Zuleitung vom SE zur Hauptleitung)		x	
Absperrventil (Strangabsperrung)	x		
Absperrventil (Wohnung)		x	
Abstellplatz (nicht Tiefgaragenplatz)	x		SNR möglich
Abwasserkanal	x		
Alarmanlage			Eine Alarmanlag, die nur der Sicherheit einer Wohnung dient, gehört zum SE; dient sie der Sicherheit mehrerer Wohnungen oder auch der Sicherheit des gemeinschaftlichen Grundstücks, steht sie im GE
Anschlussleitung, Hauptleitungen für Strom, Gas, Heizung und Abwasser	x		
Anschlussleitungen für Strom, Gas, Heizung und Abwasser ab Übergang in die Sondereigentumsräume		x	
Antenne (Gemeinschaftsantenne, Kabelanschluss, Satellitenschüssel)	x		
Antennenkabel		x	Soweit es nur der Versorgung einer Wohnung dient
Antennensteckdose		x	OLG Köln, 31.5.1989, 16 Wx 25/89
Armaturen		x	
Attika	x		BayObLG, 19.7.1989, 1b Z 29/88
Anstrich Fassade	x		BayObLG, 20.3.1991, BReg. 2 Z 8/91
Aufzug	x		BGH, 10.10.1980, V ZR 47/79
Außenjalousien, Rollläden	x		KG Berlin, 19.6.1985, 24 W 4020/84
Außenputz	x		BayObLG, 20.3.1991, BReg 2 Z 8/91
Außenwand	x		OLG Zweibrücken, 2.2.2000, 3 W 12/00
Bad- und Duscheinrichtungen		x	
Badezimmertüre		x	BayObLG, 21.12.1999, 2Z BR 115/99, ZMR 2000, 241
Balkone			Erfordert Abgrenzung
a) Balkonraum		x	BGH, 15.1.2010, V ZR 114/09; OLG Düsseldorf, 21.12.1998, 3 Wx 418/98; OLG Karlsruhe, 5.5.2000, Wx 71/99
b) Konstruktive, der Sicherheit dienende Balkonbestandteile	x		BGH, 15.1.2010, V ZR 114/09; BGH, 25.1.2001, VII ZR 193/99; BayObLG, ZMR 1996, 503

	GE	SE	Anmerkung
c) Balkonbodenplatte, -gitter, -decken, -geländer, -brüstung, -tür und -fenster (ohne Innenseiten); äußere Balkonverkleidungen und Trennwände	x		BGH, 15.1.2010, V ZR 114/09; BGH 21.2.1985, VII ZR 72/84; BayObLG 16.5.1990, 1b Z 22/89; BayObLG, 25.9.1996, 2Z BR 79/96; OLG Düsseldorf, 9.8.1991, 22 U 20/91; OLG München, 30.1.2007, 34 Wx 116/06
d) Feuchtigkeitsisolierung, Abdichtungsanschlüsse zum Gebäude, Wassereinlauf und die Abflussleitung, Regenrinne	x		BGH, NJW-RR 2001, 800; OLG Hamm, DWE 1995, 127; OLG Düsseldorf, NZM 1998, 269; OLG München, NZM 2007, 369
e) Boden-/Plattenbelag inklusive Mörtelbett und Estrich, innere Balkonverkleidungen. Innenanstrich der Balkonbrüstung, -umrandung und des Geländers		x	BGH, 15.1.2010, V ZR 114/09; BayObLG, 5.5.1993, 2Z BR 29/93; OLG Köln, 5.12.2000, 16 Wx 121/00
f) Balkonestrich, soweit dieser trittschall- oder wärmedämmende Funktion hat	x		OLG Hamm, ZMR 1997, 193
Belüftungsanlage	x		OLG Hamburg, 4.3.2003, 2 Wx 2/00
Bewässerungsanlage für gemeinschaftliche Gartenflächen	x		KG Berlin, 10.3.2003, 24 W 3/03
Blitzschutzanlage	x		
Blumen- und Pflanztröge, wenn von der Gemeinschaft angeschafft, oder wenn sie auf Balkonen, Terrassen und Loggien als begrenzende Einfassungen die Brüstung oder Wandelemente ersetzen	x		
Bodenbeläge (Fliesen, Parkett, Teppich, Laminat) innerhalb der Wohnung		x	BayObLG, 15.1.1980, 2 Z 80/78; BayObLG, 16.12.1993, 2Z BR 113/93; BayObLG, 17.12.1993, 2Z BR 105/93
Brandmauer	x		BayObLG, 19.8.1971, 2Z 99/70
Briefkastenanlage	x		AG Pforzheim, 27.5.1994, 2 UR II 9/94 WEG
Carport	x		BayObLG, 6.2.1986, BReg. 2 Z 70/85, wenn fest mit dem Grundstück verbunden; Einräumung von SNR möglich
Dach, auch Dachbelag, Dachstuhl, Sparren, Latten, Unterspannbahn, Dämmung, Dampfsperre	x		BayObLG, 30.3.2000, 2Z BR 2/00
Dachrinne	x		BayObLG, 19.7.1989, BReg. 1 b Z 29/88; OLG Düsseldorf, 5.11.2003, I-3 Wx 235/03; OLG Frankfurt, 9.7.1986, 20 W 357/85
Dachfenster	x		
Dachterrasse			Abgrenzung wie Balkone; BayObLG, 17.12.1993, 2Z BR 105/93; OLG Hamm, 3.7.1995, 15 W 93/95; DWE 1995, 127; nach LG Schwerin, 24.7.2008, 5 T 165/05 sondereigentumsfähig
Deckenputz		x	

	GE	SE	Anmerkung
Deckenverkleidung (Wohnung)		x	OLG Hamm, 13.8.1996, 15 W 115/96
Duplexparker (Doppelstockgaragen)			Strittig und in jedem Einzelfall genauestens anhand der Teilungserklärung zu überprüfen; OLG Düsseldorf, 22.3.1999, 3 Wx 14/99; OLG Celle, 19.8.2005, 4 W 162/05; AG München, 5.4.2006, 483 URII 1335/05; AG Rosenheim, 29.5.2008, 9 C 446/08; BGH, 21.10.2011, V ZR 75/11
Durchlauferhitzer		x	
Dusche		x	
Einbauküche		x	
Einbauschrank		x	BayObLG, 9.5.1996, 2Z BR 18/96
Elektrizitätsleitungen, Hauptleitungen bis zur Sondereigentumseinheit	x		
Entlüftungsanlage	x		OLG Hamburg, 14.3.2003, 2 Wx 2/00
Estrich, wenn dieser nicht verändert oder beseitigt werden kann, ohne das GE oder SE einer anderen Einheit zu beeinträchtigen, oder aber wenn er trittschallschützende Funktion hat	x		Abgrenzung nach Funktion; BGH, 6.6.1991, VII ZR 372/89; OLG München 12.3.1985, 9 U 4773/84; OLG Hamm, 3.7.1995, 15 W 93/95; OLG Düsseldorf, ZMR 1999, 726; NZM 2001, 958; BayObLG, ZMR 2003, 366
Estrich, ohne schalldämmende Funktion		x	
Etagenheizung (wenn sie nur einer Sondereigentumseinheit dient)		x	AG München, 20.12.1994, UR II 312/94
Fallrohr	x		BayObLG 19.7.1989, 1b Z 29/88
Fassade	x		BayObLG, 20.3.1991, BReg. 2 Z 8/91
Fenster			
a) Fensterrahmen, -flügel, -stöcke, -verglasung	x		BayObLG, 3.8.2000, 2Z BR 184/99; OLG Düsseldorf, 23.11.1998, 3 Wx 376/98
b) Innenanstrich und Beschläge		x	
c) Fensterbänke und -simse (nach außen gerichtet)	x		OLG Frankfurt 23.9.1975, 22 U 275/83
d) Fensterscharniere, -schließmechanik	x		OLG Köln 24.9.1996, 16 Wx 86/96
e) Fenstergitter	x		KG Berlin, ZMR 1994, 169
Feuchtigkeitsisolierschicht	x		BayObLG, WuM 1991, 610; OLG Hamm, ZMR 1997, 193; OLG Düsseldorf, ZMR 1999, 726; OLG Köln, NZM 2002, 125
Freifläche	x		Zwingendes GE, es können aber SNR begründet werden
Feuerlöscher	x		BayObLG, 12.6.1991, BReg. 2 Z 36/91; OLG Frankfurt/Main, 27.4.2004, 20 W 183/02
Fundament	x		
Fußbodenbelag (Wohnung)		x	OLG Düsseldorf, 4.7.2001, 3 Wx 120/01

	GE	SE	Anmerkung
Fußbodenheizung	x		BayObLG, 8.9.1988, BReg. 2 Z 55/87; KG Berlin, 14.11.1988, 24 W 2933/88; LG Bonn 29.7.1997, 8 T 27/97; Zuweisung zum SE aber möglich nach BGH 8.7.2011, V ZR 176/10
Garage	Kann im GE, auch als Ganzes im SE stehen; Dach, Außenmauer, Boden, Bodenplatte, Garagentor sind jedoch zwingendes GE		
Garagenstellplätze			Begründung von SE oder SNR möglich
Garten	x		Einräumung von Sondernutzungsrechten möglich
Gegensprechanlage (bis zur Abzweigung in die Sondereigentumseinheit)	x		OLG Köln, 24.9.1996, 16 Wx 86/96; 26.8.2002, 16 Wx 126/02
Gegensprechanlage, technische Vorrichtung in der Sondereigentumseinheit		x	LG München I, 5.11.2012, 1 S 1504/12; OLG Köln, 26.8.2002, 16 Wx 126/02
Geschossdecke	x		
Grundstücksfläche	x		Zwingend!
Hauptversorgungsleitungen (Gas, Wasser, Abwasser, Wärme, Strom) bis zur Sondereigentumseinheit	x		
Hauszugangsweg	x		Einräumung von SNR möglich
Hebeanlage			Je nachdem, wie vielen Einheiten sie dient, GE oder SE; OLG Düsseldorf, NZM 2001, 752; OLG Schleswig, ZMR 2007, 726
Heizkörper		x	Jedoch Zuordnung zum GE durch Vereinbarung möglich
Heizkörperventil	x		LG München I, 17.2.1987, 1 T 10773/86; BayObLG 11.8.1987, 2 Z 32/87
Heizkostenverteiler	x		OLG Karlsruhe, 27.8.1986, 11 W 39/86
Heizölvorrat	x		OLG Stuttgart, 17.1.1983, 8 W 451/82
Heizungsanlage	x	x	Beides möglich, abhängig davon, ob sie dem gemeinschaftlichen Gebrauch oder nur der Versorgung einer Sondereigentumseinheit dient
Heizungsraum	x		BGH, 2.2.1979, V ZR 14/77; BayObLG, 25.3.1992, 2Z BR 1/92
Hof			Einräumung von SNR möglich
Innenanstrich (Wohnung, Balkon)		x	
Innenputz (Wohnung)		x	
Isolierglasfenster, siehe auch Fenster	x		BayObLG, 3.8.2000, 2Z BR 184/99
Kabelanschluss ab Abzweigung in die Sondereigentumseinheit		x	
Kabelanschlussdose		x	OLG Köln, 31.5.1989, 16 Wx 25/89
Kaltwasserzähler	x		Eichpflicht!
Kamin, bis Abzweigung in die Sondereigentumseinheit	x		BayObLG, 20.8.1998, 2Z BR 44/98
Kellerdecke	x		

	GE	SE	Anmerkung
Kinderspielplatz	x		BayObLG, 25.6.1998, 2Z BR 10/98
Klimaanlage (Haus)	x		OLG Hamburg, 14.3.2003, 2 Wx 2/00
Klimaanlage (dient nur Wohnung)		x	OLG Köln, 28.7.2003, 16 Wx 37/03; BayObLG, 20.3.2001, 2Z BR 45/01
Klingelanlage, bis Abzweigung in die Sondereigentumseinheit	x		OLG Köln, 24.9.1996, 16 Wx 86/96; 26.8.2002, 16 Wx 126/02
Lichtkuppeln	x		
Lichtschacht	x		
Loggia			Wie Balkone
Luftschacht	x		
Markise	x		Da fassadengestaltendes Element; BayObLG, 11.9.1985, BReg. 2 Z 63/85; OLG Frankfurt/Main, 14.5.1985, 20 W 370/84, OLGZ 1986, 42; wenn vom Eigentümer nachträglich installiert, wohl in dessen Eigentum verbleibend
Mauerwerk	x		
Messgeräte	x		BGH, 25.9.2003, V ZB 21/03; OLG Hamm, 6.3.2001, 15 W 320/00
Müllabwurfanlage/Müllschlucker	x		
Rohre, die nur der Erschließung der Wohnung dienen		x	
Rollladen	x		Da fassadengestaltendes Element, nicht innenseitige Zugvorrichtungen
Schließanlage	x		
Schlüssel			Für Türen der Wohnanlage Zubehör und damit weder SE oder GE; der Schlüssel gehört jeder Person, der er übereignet wurde; Schlüssel, über die der Verwalter oder Hausmeister verfügt, gehören zum Verwaltungsvermögen
Steckdose		x	
Stromzähler		x	SE, wenn nur der Verbrauch einer Sondereigentumseinheit gezählt wird und er nicht im Eigentum des Stromversorgungsunternehmens steht
Schwimmbad	x		Zumindest in der Regel, SE auch möglich
Speicher	x		
Tankraum	x		KG Berlin, 14.11.1988, 24 W 2207/88
Tapeten		x	
Telefonanschluss		x	
Terrasse ebenerdig	x		Nach herrschender Meinung nein; siehe auch KG Berlin, 6.1.2015, 1 W 369/14, Begründung von SE möglich, wenn vertikale Abgrenzung; OLG Hamburg, 4.3.2003, 2Wx 102/99, ohne Abgrenzung kein SE möglich; LG Frankfurt/Main, 4.3.1992, 2/9 T 142/92, jedoch Einräumung von SNR möglich

	GE	SE	Anmerkung
Thermostatventil	x		OLG Hamm, 6.3.2001, 15 W 320/00; OLG Karlsruhe, 16.1.1990, 11 W 233/89; OLG Stuttgart, ZMR 2008, 243
Tiefgarage	x		
Tragende Wände	x		BGH, 21.12.2000, V ZB 45/00; BayObLG, 2.2.1995, 2Z BR 71/94
Treppe	x		Da konstruktiver Bestandteil des Gebäudes (§ 5 Abs. 2 WEG)
Treppenhaus	x		BayObLG, 15.12.1981, 2 Z 89/81; BayObLG, 16.3.1995, 2Z BR 12/95
Trittschalldämmung	x		BGH, NJW 1991, 2480; OLG Düsseldorf, ZMR 1999, 726
Türen, Wohnungsabschlusstüren einschließlich Türrahmen, Klinke und Beschläge Außenseite	x		OLG Düsseldorf, 10.9.1999, 22 U 35/99; BayObLG, ZMR 2000, 241
Türen, Innenseite von Türblatt und -rahmen, Beschläge, Klinke, Schließ-zylinder		x	
Verbrauchserfassungsgeräte	x		OLG Hamburg, 22.4.1999, 2 Wx 389/99; KG Berlin, 8.9.1993, 24 W 5753/93
Verwaltungsunterlagen	x		
Wände, tragend	x		
Wände, nichttragend in derselben Sondereigentumseinheit		x	
Wände, nichttragend zwischen zwei Sondereigentumseinheiten		x	Stehen im gemeinsamen SE beider Sondereigentümer; BGH, NJW 2001, 1212; BayObLG, ZMR 1996, 618; OLG München, ZMR 2006, 300
Wandanstrich		x	
Wandputz		x	BayObLG, ZMR 2003, 366; OLGR Düsseldorf 2005, 148
Wärmedämmung	x		BayObLG, 20.3.1991, BReg. 2 Z 8/91; OLG Hamm, 3.7.1995, 15 W 93/95
Waschbecken		x	
Waschküche	x		
Waschmaschine/Trockner im gemeinschaftlichen Gebrauch	x		
Wasserhahn		x	
Wasserleitungen (bis zur Abzweigung in die Sondereigentumseinheit)	x		
Wasseruhr	x		Wenn sie der Erfassung und der Abrechnung des Wasserverbrauchs der WEG dient
Zaun	x		
Zwischenwände, nicht tragend in Sondereigentumseinheit		x	

GE = Gemeinschaftseigentum, SE = Sondereigentum, SNR = Sondernutzungsrecht

Gemeinschaftsordnung

Inhaltsübersicht

Die Gemeinschaftsordnung ist ein Bestandteil der Teilungserklärung (siehe dort). Sie ist vergleichbar mit der Satzung eines Vereins und regelt die Rechtsbeziehungen der Wohnungseigentümergemeinschaft im Innenverhältnis. Damit die Gemeinschaftsordnung auch gegen Sonderrechtsnachfolger, zum Beispiel neue erwerbende Wohnungseigentümer gilt, bedarf sie gemäß § 10 Abs. 3 WEG der Eintragung in das Grundbuch.

1 Wirkungsbereich

Das Vorliegen einer Gemeinschaftsordnung ist nicht zwingend erforderlich. Wurde eine solche bei Begründung des Wohnungseigentums nicht errichtet, so regelt sich das Recht der Wohnungseigentümer untereinander ausschließlich nach den Vorschriften des Wohnungseigentumsgesetzes und des BGB über die Gemeinschaft. Vereinbarungen in der Gemeinschaftsordnung können gemäß § 10 Abs. 2 Satz 2 WEG von den Vorschriften des Wohnungseigentumsgesetzes abweichen, soweit sie nicht gegen zwingende Normen des Wohnungseigentumsrechts (siehe „Wohnungseigentumsgesetz, unabdingbare Vorschriften") verstoßen, zum Beispiel Unauflöslichkeit der Gemeinschaft (§ 11 WEG), Veräußerungsbeschränkung (§ 12 Abs. 2 Satz 1 WEG), Änderung der Kostenverteilung durch Mehrheitsbeschluss (§ 16 Abs. 3, 4 WEG), Bestellung eines Verwalters (§ 20 Abs. 2 WEG) oder Minderheitenrecht (§ 24 Abs. 2 WEG). Derartige Regelungen in der Gemeinschaftsordnung gehen dem Wohnungseigentumsgesetz vor.

Oftmals enthält die Gemeinschaftsordnung Regelungen zu den Modalitäten der Eigentümerversammlung, Stimmrechtsfragen, der Kosten- und Lastentragung, Nutzungs- und Gebrauchsvereinbarungen des Gemeinschaftseigentums, Zahlungsmodalitäten, der Ansparung einer Instandhaltungsrückstellung, Aufgaben des Verwalters und des Verwaltungsbeirates sowie der Verwalterbestellung und der Verwaltervertragsgestaltung. Die Änderung der Gemeinschaftsordnung kann grundsätzlich nur durch Vereinbarung aller Wohnungseigentümer erfolgen. Der teilende Eigentümer kann die Gemeinschaftsordnung bis zur rechtlichen Invollzugsetzung der Wohnungseigentümergemeinschaft abändern, also bis zur Veräußerung des ersten Sondereigentums an einen Dritten und dessen Eintragung in das Grundbuch. Danach ist dies nur noch möglich, wenn er sich vertraglich das Recht vorbehalten hat, auch noch nach erfolgtem Verkauf Ergänzungen oder Änderungen vorzunehmen. Die Änderung von Vereinbarungen in der Gemeinschaftsordnung bedarf der Eintragung in das Grundbuch, damit die Neuregelungen auch bei einem Eigentümerwechsel gegenüber dem neuen Eigentümer Rechtswirkung entfalten.

2 Beschlusskompetenz durch WEG

Ausnahmsweise kann die Änderung der Gemeinschaftsordnung durch vom Wohnungseigentumsgesetz ausdrücklich zugewiesene Beschlusskompetenz möglich sein. Dies gilt für folgende Angelegenheiten:

- Aufhebung einer bestehenden Veräußerungsbeschränkung (§ 12 Abs. 4 WEG)
- Verteilung der Betriebskosten i. S. d. § 556 Abs. 1 BGB und der Kosten der Verwaltung (§ 16 Abs. 3 WEG)
- Verteilung von Kosten für Maßnahmen der Instandhaltung, Instandsetzung, Modernisierung des gemeinschaftlichen Eigentums und bauliche Veränderungen; beschränkt auf den Einzelfall und bei Vorliegen einer doppelt qualifizierten Mehrheit (§ 16 Abs. 4 WEG)
- Die Art und Weise von Zahlungen, die Fälligkeit und die Folgen des Verzugs sowie die Kosten für eine besondere Nutzung des gemeinschaftlichen Eigentums und die Verteilung der Kosten für einen besonderen Verwaltungsaufwand (§ 21 Abs. 7 WEG)

3 Öffnungsklauseln

Darüber hinaus kann die Gemeinschaftsordnung durch Beschluss abgeändert werden, wenn eine sogenannte Öffnungsklausel (siehe dort) in der Gemeinschaftsordnung enthalten ist. Öffnungsklauseln sind in der Teilungserklärung/Gemeinschaftsordnung enthaltene Vereinbarungen, die durch qualifizierten Mehrheitsbeschluss, zum Beispiel Zweidrittel- oder Dreiviertelmehrheit, getroffen werden und von den abdingbaren gesetzlichen Bestimmungen oder den Vereinbarungen in der Teilungserklärung oder der Gemeinschaftsordnung abweichen können. Öffnungsklauseln erleichtern die Neuregelung von Gegenständen, die sich sonst nur durch Vereinbarung verändern lassen, und sind grundsätzlich zulässig. Voraussetzung dafür: Die Öffnungsklausel ist hinreichend bestimmt, es liegt ein sachlicher Grund für die Änderung vor und es wird kein Eigentümer gegenüber der bisherigen Regelung unbillig benachteiligt (BGH, 10.6.2011, V ZR 2/10). Sind diese Bedingungen nicht gegeben, ist der Beschluss zwar nicht nichtig, aber erfolgreich anfechtbar.

Hinweis: Sieht das Wohnungseigentumsgesetz oder die Teilungserklärung weder eine Beschlusskompetenz noch eine Öffnungsklausel vor, kann die Gemeinschaftsordnung keinesfalls durch Beschluss auf Dauer abgeändert werden (BGH, 20.9.2000, V ZB 58/99).

4 Änderungsanspruch eines Wohnungseigentümers

Letztlich kommt eine Änderung der Gemeinschaftsordnung in Betracht, wenn ein Wohnungseigentümer einen Änderungsanspruch gemäß § 10 Abs. 2 Satz 3 WEG geltend macht. Danach kann jeder Wohnungseigentümer eine vom Gesetz abweichende Vereinbarung oder die Anpassung einer Vereinbarung verlangen, soweit ein Festhalten an der gesetzlichen Regelung aus schwerwiegenden Gründen unter Berücksichtigung aller Umstände des Einzelfalls, insbesondere der Rechte und Interessen der anderen Wohnungseigentümer, unbillig erscheint. Unbillig ist eine Regelung dann, wenn sie bei objektiver Betrachtung die unterschiedlichen Interessen der Wohnungseigentümer nicht in angemessenen Ausgleich bringt, weil einzelne Eigentümer übervorteilt oder ohne sachlichen Grund benachteiligt werden. Der Änderungsanspruch erstreckt sich nur auf Vereinbarungen, während sachenrechtliche Regelungen, also die Abgrenzung und Zuordnung von Sonder- und Gemeinschaftseigentum, nicht dem gesetzlichen Änderungsanspruch unterliegen.

Der häufigste Anwendungsfall wird eine erhöhte Kostenbelastung sein. Bei der Frage, ab welcher Kostenmehrbelastung Unbilligkeit und damit ein Abänderungsanspruch gegeben sein könnte, wird ein Schwellenwert von circa 25 % herangezogen (BT-Drucks. 16/887, S .17 f.; KG Berlin, 14.6.2004, 24 W 32/04). Dieser stellt jedoch keine feste Grenze dar, sondern dient nur zur Orientierung. Das Maß der Kostenmehrbelastung ist nicht das alleinige Kriterium bei der Entscheidung, ob das Festhalten an der geltenden Regelung unbillig sein könnte. Selbst wenn der Schwellenwert von 25 % nicht erreicht wird, können Umstände vorliegen, die einen Anspruch auf Änderung des Kostenverteilungsschlüssels begründen. Umgekehrt gilt, dass auch bei Erreichen oder Überschreiten des Schwellenwerts von 25 % Umstände vorliegen können, die eine Änderung des Kostenverteilungsschlüssels nicht rechtfertigen. Entscheidend sind stets alle Umstände des konkreten Einzelfalls, sie sind gegeneinander abzuwägen (BGH, 11.6.2010, V ZR 174/09). Für einen Änderungsanspruch können folgende Umstände sprechen:

- Aufgrund der bestehenden unbilligen Regelungen ist ein angemessener Gebrauch des Sondereigentums oder ein Mitgebrauch des Gemeinschaftseigentums nicht möglich; dass ein Wohnungseigentümer einen bestimmten Bereich des Gemeinschaftseigentums nicht nutzt oder nutzen kann, führt nicht allein dazu, dass er von den Kosten des Gebrauchs sowie der Instandhaltung und Instandsetzung freigestellt werden muss (OLG Hamburg, 29.11.2005, 2 Wx 46/05; OLG Schleswig, 26.4.2006, 2 W 234/05)
- Die Vereinbarung erweist sich von Anfang an als verfehlt oder unzweckmäßig (BGH, 17.12.2010, V ZR 131/10).
- Die tatsächlichen oder rechtlichen Umstände, die dem in der Gemeinschaftsordnung enthaltenen Verteilungsschlüssel zugrunde lagen, haben sich verändert (BGH, 17.12.2010, V ZR 131/10).
- Die Wohnungseigentumseinheit ist wegen der geltenden Kostenverteilungsregelung wirtschaftlich wertlos, da das zu zahlende Wohngeld die nachhaltig zu erzielende Miete dauerhaft und deutlich übersteigt.
- Die Unbilligkeit ist erst durch eine nachträgliche Änderung der Gemeinschaftsordnung, bei der die Wohnungseigentümer offensichtlich rechtlich oder tatsächlich bedeutsame Aspekte übersehen haben, entstanden.

Gegen einen Änderungsanspruch spricht Folgendes:

- Die Auswirkungen einer unbilligen Regelung waren beim Erwerb des Wohnungseigentums erkennbar (LG München I, 8.6.2010, 36 S 19150/09).
- Die Ursache für die Unbilligkeit liegt im Risikobereich des betroffenen Wohnungseigentümers, zum Beispiel bei Scheitern eines geplanten Dachausbaus oder Leerstand von Räumen.
- Die mit einer unbilligen Regelung verbundenen Nachteile werden durch anderweitige Vorteile kompensiert, zum Beispiel indem ein Eigentümer bei einer Kostenart unbillig benachteiligt wird, bei einer anderen aber nur einen verhältnismäßig geringen Kostenanteil tragen muss.
- Bei einer gebotenen längerfristigen Betrachtungsweise ist zu erwarten, dass es zu einem wirtschaftlichen Ausgleich einer einmaligen Kostenmehrbelastung kommt.
- Die Gemeinschaftsordnung wurde bereits geändert, ohne die beanstandete Unbilligkeit zu beseitigen, woraus geschlossen werden könnte, dass die Wohnungseigentümer den rechtlichen Zustand gebilligt haben (LG Nürnberg-Fürth, 26.8.2009, 14 S 3582/09).

Wird ein Änderungsanspruch nach § 10 Abs. 2 Satz 3 WEG geltend gemacht und haben die Wohnungseigentümer in dieser Angelegenheit nach dem Gesetz, zum Beispiel nach § 16 Abs. 3, 4 WEG, oder nach einer ggf. vorhandenen Öffnungsklausel Beschlusskompetenz, so ist zunächst eine Vorbefassung durch die Eigentümerversammlung erforderlich. Demnach muss der Wohnungseigentümer, der eine Änderung beansprucht, versuchen, eine Änderung im Beschlussweg zu erreichen (BGH, 15.1.2010, V ZR

114/09). Verweigern die anderen Wohnungseigentümer die Zustimmung und kommt daher ein Negativbeschluss (siehe „Beschluss", Abschnitt 9) zustande, muss Anfechtungsklage gegen diesen Beschluss verbunden mit einer Gestaltungsklage gemäß § 21 Abs. 8 WEG erhoben werden mit dem Ziel, durch eine gerichtliche Entscheidung einen abändernden Beschluss zu erwirken.

Welche Klageart die richtige ist, hängt davon ab, ob Beschlusskompetenz vorliegt. Besteht für den Gegenstand des Antrags Beschlusskompetenz, kommt nur die Gestaltungsklage gemäß § 21 Abs. 8 WEG in Betracht, wenn der in der Eigentümerversammlung abgelehnte Antrag gerichtlich weiterverfolgt werden soll. Besteht hingegen keine Beschlusskompetenz und verweigern Eigentümer die Zustimmung zu einer vereinbarungsändernden Regelung, sind diese Eigentümer gemäß § 10 Abs. 2 Satz 3 WEG auf Zustimmung zur beantragten Änderung in Anspruch zu nehmen.

Gerichtliches Verfahren in Wohnungseigentumssachen

Nach der WEG-Reform 2007 gilt auch im wohnungseigentumsrechtlichen Verfahren das Prozessrecht der Zivilprozessordnung. Der frühere Amtsermittlungsgrundsatz nach dem Gesetz über die Angelegenheiten der freiwilligen Gerichtsbarkeit (FGG) wurde damit abgeschafft, was bedeutet, dass das Wohnungseigentumsgericht nicht mehr ohne Bindung an den Vortrag der Prozessparteien von sich aus den streitrelevanten Sachverhalt ermittelt. Die Prozessbeteiligten haben daher sämtliche Tatsachen in einem Rechtsstreit vorzutragen und unter Beweis zu stellen (sogenannter Beibringungsgrundsatz; § 282 ZPO).

Im wohnungseigentumsrechtlichen Verfahren gilt darüber hinaus der Dispositionsgrundsatz. Danach können die Prozessparteien alleine über den Beginn, den Inhalt und das Ende des Rechtsstreits ohne Beteiligung des Gerichts entscheiden (§ 91a, § 253 Abs. 2, § 308 Abs. 1, § 269, § 306, § 516 Abs. 1, § 515, § 307, § 331, § 794 Abs. 1 Nr. 1 ZPO).

Die Parteien können mittels Prozessvergleich gemäß § 794 Abs. 1 Nr. 1 ZPO den Rechtsstreit beenden oder gemeinsam den Rechtsstreit für erledigt erklären (§ 91a ZPO). Die Prozessparteien können darüber hinaus durch Abgabe eines Anerkenntnisses, Klageverzicht bzw. Rücknahme oder Säumnis einer der Prozessparteien den Rechtsstreit erledigen. Gleiches gilt für die Berufungsinstanz.

Bei der Beschlussanfechtungsklage nach § 46 WEG ist zu beachten, dass es nicht möglich ist, dass einzelne beklagte Wohnungseigentümer den Klageanspruch anerkennen, weil sich die Anfechtungsklage gegen alle übrigen Wohnungseigentümer richtet (§ 46 Abs. 1 Satz 1 WEG). In einem Beschlussanfechtungsverfahren sind sämtliche beklagten Wohnungseigentümer notwendige Streitgenossen i. S. v. § 62 ZPO, sodass nur alle gemeinsam den Klageanspruch einheitlich anerkennen können.

Der Zuständigkeitskatalog für die einzelnen Prozessrechtsverhältnisse ist in § 43 WEG definiert. Zuständig ist in wohnungseigentumsrechtlichen Streitigkeiten das Amtsgericht gemäß § 43 Abs. 1 Nr. 1 WEG, in dessen Bezirk das Grundstück liegt.

1. Das Gericht, in dessen Bezirk das Grundstück liegt, ist ausschließlich zuständig für Streitigkeiten über die sich aus der Gemeinschaft der Wohnungseigentümer und aus der Verwaltung des gemeinschaftlichen Eigentums ergebenden Rechte und Pflichten der Wohnungseigentümer untereinander. Hierunter fallen zum Beispiel Klagen, die zur Klärung des Gebrauchs von Gemeinschafts- und Sondereigentum inklusive der Sondernutzungsrechte erhoben werden, also auch Unterlassungs- und Beseitigungsklagen aus § 1004 BGB i. V. m. § 15 Abs. 3 WEG.
   Als Kläger können sowohl ein einzelner Wohnungseigentümer, eine Mehrheit von Wohnungseigentümern als auch sämtliche Wohnungseigentümer mit Ausnahme des bzw. der Beklagten auftreten. Als Beklagte kommen sowohl ein einzelner Wohnungseigentümer, mehrere Wohnungseigentümer als auch alle übrigen Wohnungseigentümer mit Ausnahme des Klägers in Betracht.
2. Streitigkeiten über Rechte und Pflichten zwischen der Gemeinschaft der Wohnungseigentümer und Wohnungseigentümern: Hier handelt es sich um Auseinandersetzungen zwischen der Gemeinschaft der Wohnungseigentümer, also dem Verband der Wohnungseigentümergemeinschaft, und dem Wohnungseigentümer. Typisch in diesem Zusammenhang ist die Klage des Verbands gegen einen Wohnungseigentümer etwa wegen Zahlung ausstehender Hausgelder oder Sonderumlagen.
   In Betracht kommen auch Schadenersatzklagen des Verbands der Wohnungseigentümer gegen einen einzelnen oder eine Mehrheit von Wohnungseigentümern, zum Beispiel wegen Verletzung der wohnungseigentumsrechtlichen Treuepflicht. Hierher gehören auch Streitigkeiten über die Versorgungssperre. Kläger können sowohl der Verband der Wohnungseigentümer, der einzelne Wohnungseigentümer als auch mehrere von ihnen sein. Gleiches gilt für die Beklagtenseite.
3. Streitigkeiten über die Rechte und Pflichten des Verwalters bei der Verwaltung des gemeinschaftlichen Eigentums: Das Amtsgericht ist auch zuständig für solche Streitigkeiten über die Rechte und Pflichten des Verwalters, die einen Bezug zum Gemeinschaftseigentum haben. Es muss ein innerer Zusammenhang mit den dem Verwalter übertragenen Aufgaben be-

stehen. Dies gilt auch dann, wenn der Verwalter bereits sein Amt aufgegeben hat.

Als Kläger kommen der amtierende Verwalter, der bereits ausgeschiedene Verwalter, alle Wohnungseigentümer oder einzelne Wohnungseigentümer sowie ggf. auch der Verband der Wohnungseigentümer in Betracht. Als Beklagter kann nur der aktuelle Verwalter oder der frühere Verwalter, ggf. auch ein faktischer Verwalter in Anspruch genommen werden.

Typisch sind hier beispielsweise Rechtsstreite über die Verwaltervergütung, die Geltendmachung von Schadenersatzansprüchen gegenüber dem Verwalter, Klagen auf Auskunft gegenüber dem Verwalter, Klagen gegen den Verwalter zur Erstellung der Jahresabrechnung oder von Wirtschaftsplänen.

4. Streitigkeiten über die Gültigkeit von Beschlüssen der Wohnungseigentümer: Unter diese Bestimmung fällt die Beschlussanfechtungsklage des § 46 WEG, mit der die Wirksamkeit von Beschlüssen der Wohnungseigentümergemeinschaft überprüft werden kann. Auch die Klage wegen Feststellung der Nichtigkeit eines Beschlusses bzw. seiner Gültigkeit gehören hierher. Dabei ist der Anwendungsbereich weit zu fassen, sodass sämtliche Feststellungsklagen, zum Beispiel auch zur Klärung der Frage, ob und mit welchem Inhalt ein Beschluss gefasst worden ist, unter diese Bestimmung fallen.

   Klageberechtigt sind ein einzelner oder mehrere Wohnungseigentümer sowie der Verwalter. Als Beklagte kommen alle übrigen Wohnungseigentümer mit Ausnahme des Klägers oder der Kläger, also nicht der Verband der Wohnungseigentümer, in Betracht.
5. Klagen Dritter, die sich gegen die Gemeinschaft der Wohnungseigentümer oder gegen Wohnungseigentümer richten und sich auf das gemeinschaftliche Eigentum, seine Verwaltung oder das Sondereigentum beziehen: Hierbei handelt es sich um Klagen Dritter, die außerhalb der Wohnungseigentümergemeinschaft stehen und gegen diese Ansprüche geltend machen. Typisch sind hier zum Beispiel Klagen von Handwerkern auf Zahlung eines ausstehenden Werklohns gegenüber dem Verband oder die Klage eines Hausmeisters, den die Wohnungseigentümergemeinschaft angestellt hat, wegen ausstehender Vergütung. Wird ein Wohnungseigentümer vom Verband der Wohnungseigentümergemeinschaft zum Beispiel als Architekt oder Handwerker beauftragt, gilt dieser auch als Dritter im Sinne der gesetzlichen Bestimmung.

   Klageberechtigt sind Personen, die nicht zu den Wohnungseigentümern gehören, also Dritte. Verklagt werden können der Verband der Wohnungseigentümergemeinschaft sowie eine oder mehrere Wohnungseigentümer.
6. Mahnverfahren, wenn die Gemeinschaft der Wohnungseigentümer Antragsteller ist: Diese Bestimmung betrifft die Einleitung von Mahnverfahren, zum Beispiel gegen einzelne Wohnungseigentümer, um ausstehende Hausgelder einzutreiben. Auch sonstige Zahlungsansprüche, die der Verband gegen Wohnungseigentümer oder Dritte geltend macht, fallen hierunter. Zuständig ist das Amtsgericht, wenn die teilrechtsfähige Gemeinschaft der Wohnungseigentümer, also der Verband, den Antrag stellt. Hat die Landesregierung in dem jeweiligen Bundesland ein zentrales Mahngericht eingerichtet, ist ausschließlich dieses zuständig (§ 689 Abs. 3 ZPO).

   Antragsteller im Mahnverfahren, also Kläger nach Abgabe des Mahnverfahrens, ist der Verband der Wohnungseigentümergemeinschaft. Antragsgegner bzw. Beklagte können einzelne Wohnungseigentümer, der Verwalter wegen Schadenersatzansprüchen oder auch Dritte sein.

Gesamtschuldner

Gesamtschuldner sind Schuldner, die für eine Schuld in der Weise haften, dass jeder von ihnen die ganze Leistung zu bewirken verpflichtet ist, während der Gläubiger die Leistung nur einmal fordern darf. Der Gläubiger kann die Leistung nach Belieben von jedem Schuldner ganz oder zum Teil fordern (§ 421 BGB). Im Verhältnis untereinander sind die Gesamtschuldner zu gleichen Anteilen verpflichtet (§ 426 BGB). Verpflichten sich mehrere zu einer teilbaren Leistung, so haften sie im Zweifel als Gesamtschuldner (§ 427 BGB).

Bruchteilseigentümer (siehe „Bruchteilsgemeinschaft") haften für das auf ihre Eigentumswohnung entfallende Wohngeld als Gesamtschuldner. Die für die Annahme des Gesamtschuldverhältnisses charakteristische Identität des Leistungsinteresses ergibt sich daraus, dass sich die Wohngeldzahlungsverpflichtung auf das Wohnungseigentum als solches bezieht und nicht auf die einzelnen Bruchteilseigentumsanteile (LG Saarbrücken, 13.4.2010, 5 T 303/09). Gleiches gilt für Sonderumlagen, Nachzahlungen aufgrund einer beschlossenen Jahresabrechnung sowie Schadenersatzansprüche der Gemeinschaft der Wohnungseigentümer. Für Verbindlichkeiten aus einem Vertrag mit der Gemeinschaft der Wohnungseigentümer haften die Wohnungseigentümer nur dann als Gesamtschuldner, wenn sie sich nicht nur im Verband, sondern klar und eindeutig auch persönlich verpflichtet haben (BGH, 20.1.2010, VIII ZR 329/08).

Hinweis: Besonderheiten können bei einer durch Landesgesetz angeordneten gesamtschuldnerischen persönlichen Haftung der Wohnungseigentümer in ihrer Eigenschaft als Miteigentümer des Grundstücks bezüglich der Entgelte für Abfallentsorgung und Straßenreinigung gelten (BGH, 18.6.2009, VII ZR 196/08).

Geschäftsordnung

Siehe auch „Beschluss", Abschnitt 12 „Geschäftsordnungsbeschluss"

Der Ablauf der Eigentümerversammlung ist gesetzlich nicht näher festgelegt. Lediglich § 24 Abs. 5 WEG bestimmt, dass den Vorsitz in der Eigentümerversammlung, sofern diese nichts anderes beschließt, der Verwalter führt. Der formelle Ablauf der Versammlung kann im Rahmen einer Vereinbarung in der Gemeinschaftsordnung und, falls diese keine Regelungen hierzu enthält, durch Mehrheitsbeschluss von den Wohnungseigentümern als sogenannte Geschäftsordnung festgelegt werden. Wurde eine Geschäftsordnung weder vereinbart noch beschlossen, ist es Sache des Vorsitzenden, sachgerechte Maßnahmen zu ergreifen, die einen reibungslosen Ablauf der Eigentümerversammlung gewährleisten, und ordnungsgemäße Beschlüsse zu den zu lösenden Sachfragen zu ermöglichen. Hierbei hat der Vorsitzende einen Ermessensspielraum, der pflichtgemäß auszuüben ist. Gegenstände der Geschäftsordnung können insbesondere sein:

- Versammlungsleitung
- Teilnahmerecht
- Abstimmungsverfahren
- Rederecht/-zeit
- Reihenfolge der Behandlung der Tagesordnungspunkte
- Unterbrechung, Beendigung, Vertagung der Versammlung
- Bestimmung der Frist zur Erstellung des Versammlungsprotokolls und Art und Weise der Einsichtnahme, zum Beispiel durch Versand des Protokolls

Gewährleistung bei Erwerb vom Bauträger

Inhaltsübersicht

Der Bauträgervertrag ist im BGB nicht explizit geregelt. Da in diesem Vertrag eine Vielzahl gesetzlich vorgesehener Vertragstypen enthalten ist, zum Beispiel Kaufvertrag, Werkvertrag über die Errichtung des Gebäudes und Geschäftsbesorgungsverträge über die Baubetreuung, spricht man hier von einem sogenannten atypischen gemischten Vertrag oder auch typengemischten Vertrag (BGH, 18.9.2014, VII ZR 58/13).Grundsätzlich muss nach den Vorschriften des Kaufvertragsrechts die Kaufsache frei von Rechten Dritter und mängelfrei übertragen werden (§ 433 ff. BGB). Die Mängelgewährleistung an Teilen der Gewerke an sich richtet sich jedoch nach dem Werkvertragsrecht. Die maßgebliche Verjährungsfrist beträgt gemäß § 634a Abs. 2 BGB für Arbeiten an Bauwerken grundsätzlich fünf Jahre.

Hinweis: Sehr oft wird die Verdingungsordnung für Bauleistungen (VOB/B) im Rahmen des Vertrags als AGB zur Grundlage des Vertrags gemacht. Die Verkürzung der Gewährleistungsfrist von fünf auf vier Jahren nach § 13 VOB/B ist allerdings grundsätzlich nicht möglich, wenn § 13 VOB/B isoliert ohne die sonstigen Vorschriften der VOB/B als AGB vereinbart wird (BGH, 6.6.1991, VII ZR 372/89; BGH, 28.10.1999, VII ZR 284/98; BGH, 25.2.1999, VII ZR 208/97; siehe auch Allgemeine Geschäftsbedingungen).

1 Geltendmachung von Mängelansprüchen

Der Anspruch auf mängelfreie Herstellung und ordnungsgemäße Bauleistung beschränkt sich nicht nur auf das Gemeinschaftseigentum, sondern gilt für das gesamte zu errichtende Objekt, also auch für das Sondereigentum bzw. Teileigentum. Bei Mängeln am Sondereigentum stehen dem jeweiligen Sondereigentümer individuelle Ansprüche gegenüber dem Hersteller zu, und zwar unabhängig von sonstigen Ansprüchen anderer Miteigentümer oder der Wohnungseigentümergemeinschaft. Bei Mängeln der Bauausführung am Gemeinschaftseigentum ist nicht nur die Wohnungseigentümergemeinschaft als Verband anspruchsberechtigt, sondern aufgrund des jeweils individuellen Miteigentumsanteils auch jeder einzelne Miteigentümer.

Der einzelne Miteigentümer hat aufgrund des Erwerbs des Sondereigentums die Befugnis, die ihm persönlich zustehenden individuellen Mängelrechte selbstständig und ohne gesonderte Rücksprache oder Abstimmung mit den übrigen Wohnungseigentümern geltend zu machen. Das gilt aber nur, wenn die Mängel ausschließlich sein Sondereigentum betreffen, da wegen der fehlenden Entscheidungsbefugnis der übrigen Wohnungseigentümer bzw. der Gemeinschaft über das jeweilige Sondereigentum kein Abstimmungsbedarf besteht (BGH, 12.4.2007, VII ZR 236/05). Ein Beschluss der Wohnungseigentümergemeinschaft, der direkt in die individuellen Mängelrechte des Sondereigentümers im Sondereigentum eingreift, ist daher mangels Beschlusskompetenz nichtig.

Um jedoch den Hersteller/Bauträger davor zu schützen, dass jeder einzelne Miteigentümer eine Einzelfalllösung anstreben kann, zum Beispiel Minderungsrecht, Nachbesserung oder Rücktritt vom Vertrag, ist der Schadenersatz wegen Nichterfüllung auf den sogenannten großen Schadenersatz sowie das Rücktrittsrecht beschränkt (BGH, 8.1.2014, XII ZR 12/13; BGH, 12.4.2007, VII ZR 236/05). Der Schadenersatzanspruch ist nur möglich, wenn der Gläubiger gemäß § 281 Abs. 1 BGB die mangelhafte Sache zurückgibt und Schadenersatz für die Nichterfüllung des ganzen Vertrags verlangt. Der große Schadenersatz ist gemäß § 281 Abs. 1 Satz 3 BGB ausgeschlossen, wenn die Pflichtverletzung unerheblich ist.

Unbenommen bleibt dem Verband allerdings, die Sache gemäß der Beschlusskompetenz aus § 21 Abs. 3 und Abs. 5 Nr. 2 sowie § 10 Abs. 6 Satz 3 HS 2 WEG an sich zu ziehen, sofern diese Ansprüche weiterhin geltend gemacht werden können oder zu erfüllen sind. In diesem Fall bleibt es allein der Gemeinschaft überlassen, Mängelgewährleistungsansprüche gegenüber dem Bauträger geltend zu machen; der einzelne Miteigentümer ist sodann dazu nicht mehr berechtigt (BGH, 8.1.2014, XII ZR 12/13; BGH, 12.4.2007, VII ZR 236/05).

Die Geltendmachung von Rechten aus Mängelgewährleistung als „großer Schadenersatz" hängt grundsätzlich von einer angemessenen Fristsetzung gegenüber dem Bauträger ab (§ 281 Abs. 1 Satz 1, § 637 Abs. 1 BGB). Solange der Verband diese noch nicht an sich gezogen hat, kann jeder Erwerber sie individuell veranlassen. Sobald die sogenannte Vergemeinschaftung eingetreten ist, kann nur noch der Verband der Wohnungseigentümergemeinschaft handeln. Hat der Verband der Wohnungseigentümergemeinschaft die Geltendmachung des „großen Schadenersatzes" an sich gezogen, ist der einzelne Sondereigentümer jedenfalls nicht daran gehindert, dem Bauträger eine Frist zur Mängelbeseitigung mit Ablehnungsandrohung in Hinblick auf sein Sondereigentum zu setzen, wenn die fristgebundene Aufforderung zur Mängelbeseitigung mit den Interessen der Wohnungseigentümergemeinschaft nicht kollidiert oder schützenswerte Interessen des Bauträgers nicht beeinträchtigt (BGH, 6.3.2014, VII ZR 266/13). Allerdings wird diese Ansicht des BGH in der Literatur aufgrund der endgültigen Entscheidung des Verbands der Wohnungseigentümergemeinschaft über die Durchsetzung von Mängelgewährleistungsansprüchen als Ganzes durchaus kritisch gesehen, teilweise wird die Möglichkeit der individuellen Durchsetzung durch den einzelnen Miteigentümer in diesen Fällen sogar verneint.

Gewerbliche Nutzung, Gewerberäume

Ist in der Teilungserklärung für Räume eine gewerbliche Nutzung bzw. die Nutzung als Geschäftsraum vorgesehen, sind grundsätzlich alle gesetzlich zulässigen gewerblichen oder vergleichbaren Nutzungen zulässig. Insofern können die Nutzungen vielfältig sein, zum Beispiel als Begegnungsstätte für Senioren (OLG Düsseldorf, 6.5.2008, 3 Wx 162/07), Spielothek (LG Karlsruhe, 20.9.2010, 11 S 200/09), Gaststätte (KG Berlin, 8.7.2002, 24 W 344/01), Methadonabgabestelle (OLG Düsseldorf, 4.1.2002, 3 Wx 336/01) oder Zahnklinik (OLG Düsseldorf, 19.3.2003, 3 Wx 249/02). Als problematisch eingestuft werden bordellartiger Betrieb (OLG Hamburg, 9.10.2008, 2 Wx 76/08).

Räume, die in der Teilungserklärung zur Wohnnutzung ausgewiesen sind, können regelmäßig nicht gewerblich genutzt werden. Denn die Ausübung einer gewerblichen Nutzung einer Wohnung stört regelmäßig mehr als die reine Wohnnutzung.

Der BGH hat in seinen Entscheidungen vom 5.1.2010 (V ZR 72/09) und vom 12.11 2010 (V ZR 78/10) für den Fall der Vermietung einer als Wohnung genutzten Sondereigentumseinheit an Feriengäste ausgeführt, dass diese Nutzung zulässig ist, sofern die Teilungserklärung keine Einschränkungen für die kurzfristige Vermietung von Wohnungseigentum an Feriengäste enthält. Dabei hat er allerdings festgestellt, dass die kurzfristige Vermietung einer Wohnung an Feriengäste keine gewerbliche oder berufliche Nutzung der Wohnung darstellt.

Grillen

Allgemeine Vorschriften, wann das Grillen wo in der Wohnungseigentümergemeinschaft zulässig ist, existieren nicht. Es hängt von den Gegebenheiten des Einzelfalls ab, ob das Grillen wegen Verstoßes gegen § 13 Abs. 1 und § 14 Nr. 1 WEG uneingeschränkt verboten, zeitlich und/oder örtlich begrenzt erlaubt oder ohne Einschränkung gestattet werden kann. Maßgeblich für die Entscheidung sind insbesondere Lage und Größe des Gartens bzw. der sonstigen Örtlichkeiten, die Häufigkeit des Grillens und das verwendete Grillgerät. Die Entscheidung hierzu obliegt in erster Linie dem Tatrichter (OLG Frankfurt/Main, 10.4.2008, 20 W 119/06). Das Betreiben eines Gartengrills auf dem Balkon einer Eigentumswohnung überschreitet regelmäßig die Grenzen, die durch § 14 Nr. 1 WEG gesetzt werden. Daher kann das Grillen auf Balkonen und Dachterrassen wegen der damit verbundenen Rauch- und Geruchsbelästigung im Rahmen einer Regelung in der Hausordnung untersagt werden.

Beschränkt zulässig ist das Grillen mit einem elektrischen Tischgerät oder im Bereich von Sondernutzungsflächen, wenn hierdurch keine unzumutbaren Nachteile durch Rauch und Geruch entstehen. Die Zulässigkeit des Betreibens von Grillgeräten in der gemeinschaftlichen Gartenanlage muss je nach Einzelfall beurteilt werden. Entscheidend hierfür sind Kriterien wie die Größe und Lage des Gartens, die Häufigkeit des Grillens und die vom jeweiligen Grillgerät ausgehenden Emissionen. So erachte das Bayerische Oberlandesgericht (18.3.1999, 2Z BR

6/99) fünfmaliges Grillen im Jahr 25 Meter entfernt vom Haus und das LG Stuttgart (14.8.1996, 10 T 359/96) dreimaliges Grillen im Jahr auf der Terrasse als zulässig.

Sollen Regelungen zum Grillen in der Wohnanlage in die Hausordnung aufgenommen werden, haben die Eigentümer einen Ermessensspielraum. Sie können auch ein generelles Grillverbot mittels offener Flamme festlegen. Vom Grillverbot abweichende Regelungen in Mietverträgen des Anfechtungsklägers stehen einer einheitlichen neuen Regelung der Hausordnung für alle Eigentümer nicht als schutzwürdige Belange entgegen. (LG München I, 10.1.2013, 36 S 8058/12).

Grundbucheinsicht

Jeder Wohnungseigentümer ist befugt, auch ohne ein berechtigtes Interesse in sein Grundbuch Einsicht zu nehmen. Das Grundbuch dient der Offenlegung der Rechtsverhältnisse im Interesse des Rechtsverkehrs an dem jeweiligen Grundstück. Liegt das Einverständnis des Eigentümers vor, so kann auch ein Dritter ohne berechtigtes Interesse das Grundbuch einsehen und die Erteilung von Abschriften beantragen (§ 43 Abs. 2 Satz 2 Verordnung zur Durchführung der Grundbuchordnung [GBV]).

Davon unabhängigen Dritten ist die Einsicht in das Grundbuch dann zu gestatten, wenn sie ein berechtigtes Interesse darlegen (§ 12 Abs. 1 GBO, § 46 Abs. 1 GBV), zum Beispiel zur Ermittlung eines Wohnungseigentümers oder zur Vorbereitung einer Beschlussanfechtungsklage eines Wohnungseigentümers, wenn er die Wohnungseigentümerliste für die Klageerhebung benötigt (§ 44 WEG).

Die Einsicht in das Grundbuch erstreckt sich auch auf die sogenannte Grundakte. Sie enthält alle Urkunden und Dokumente, die mit dem zu einem bestimmten Grundstück gehörigen Grundbuch in Verbindung stehen (§ 10, § 12 GBO), zum Beispiel die Teilungserklärung oder die Gemeinschaftsordnung.

Grundbucheintrag

Gemäß § 4 Abs. 1 WEG ist zur Einräumung – und im Übrigen auch zur Aufhebung – des Sondereigentums die Einigung aller Beteiligten über den Eintritt der Rechtsänderung und die Eintragung im Grundbuch erforderlich. Alle Beteiligten müssen dazu vor dem Notar erscheinen (§ 925 BGB). Lässt sich einer der Beteiligten vertreten, kann dies durch eine Vollmacht in öffentlich beglaubigter Form nachgewiesen werden (§ 4 Abs. 2 Satz 1 WEG). Wird die notwendige Form nicht beachtet, führt dies zur Nichtigkeit des Teilungsvertrags nach § 125 Satz 1 BGB.

Im Gegensatz dazu kann die einseitige Begründung von Wohnungseigentum durch den Eigentümer gemäß § 8 WEG formfrei erfolgen. Jedoch muss die Teilungserklärung gemäß § 29 GBO dem Grundbuchamt in öffentlicher bzw. öffentlich beglaubigter Urkunde vorgelegt werden. In der Praxis wird daher die Teilungserklärung in der Regel notariell beurkundet bzw. beglaubigt.

Für jeden Miteigentumsanteil wird ein gesondertes Grundbuchblatt angelegt, und zwar in Form des Wohnungsgrundbuchs, zum Beispiel für eine Wohnung, oder des Teileigentumsgrundbuchs für ein Teileigentum, zum Beispiel für einen Laden. Auf diesem Blatt werden das zum jeweiligen Miteigentumsanteil gehörende Sondereigentum eingetragen und außerdem als Beschränkung des Miteigentums die Einräumung der zu anderem Miteigentum gehörenden Sondereigentumsrechte festgehalten (§ 7 Abs. 1 WEG).

Haftung der Eigentümer

In direktem Zusammenhang mit der Anerkennung der Teilrechtsfähigkeit der Wohnungseigentümergemeinschaft steht das geltende Haftungssystem. Hiernach ist zwischen der Haftung der Wohnungseigentümergemeinschaft als Verband und der einzelnen Eigentümer zu unterscheiden. Gemäß § 10 Abs. 8 WEG haftet jeder Wohnungseigentümer einem Gläubiger nach dem Verhältnis seines Miteigentumsanteils (§ 16 Abs. 12 WEG) für Verbindlichkeiten der Gemeinschaft der Wohnungseigentümer, die während seiner Zugehörigkeit zur Gemeinschaft entstanden oder während dieses Zeitraums fällig geworden sind. Dies gilt entsprechend für die Haftung eines Wohnungseigentümers gegenüber der Gemeinschaft wegen nicht ordnungsmäßiger Verwaltung.

Für die Haftung nach Veräußerung des Wohnungseigentums ist § 160 HGB entsprechend anzuwenden. Er kann gegenüber einem Gläubiger außer den in seiner Person begründeten Einwendungen und Einreden die der Gemeinschaft zustehenden geltend machen, nicht aber seine Rechte gegenüber der Gemeinschaft. Für die Einrede der Anfechtbarkeit und Aufrechenbarkeit ist § 770 BGB entsprechend anzuwenden.

Haftung der Wohnungseigentümergemeinschaft gegenüber Dritten

Inhaltsübersicht

Nachdem die Wohnungseigentümergemeinschaft als Rechtssubjekt anerkannt ist, können Gläubiger im Hinblick auf gemeinschaftsbezogene Forderungen das Verwaltungsvermögen (siehe dort) in Anspruch nehmen und ggf. ihre Forderungen gegen die Wohnungseigentümergemeinschaft als solche gerichtlich geltend machen. Haftungsmasse ist hierbei nicht das Gemeinschafts- oder Sondereigentum, sondern das Verwaltungsvermögen. Hierzu zählen beispielsweise:

- Gegenstände wie Gartengeräte, Rasenmäher, Werkzeuge, Spielplatzgeräte, Waschmaschinen und Trockner
- Waschmünzerlöse
- Heizöl- und Gasvorräte
- Gemeinschaftliches Geldvermögen, zum Beispiel Guthaben bei Kreditinstituten, Instandhaltungsrücklagen, sonstige Geldanlagen

Um das Verwaltungsvermögen im Wege der Zwangsvollstreckung verwerten zu können, muss ein Titel gegen die Gemeinschaft als Verband erwirkt werden. Der vollstreckbare Anspruch eines Gläubigers der Wohnungseigentümergemeinschaft beschränkt sich dabei auf das Verwaltungsvermögen.

1 Haftung der Wohnungseigentümer

Gemäß § 10 Abs. 8 WEG haftet zudem jeder einzelne Wohnungseigentümer gegenüber Gläubigern nach dem Verhältnis seines Miteigentumsanteils für Verbindlichkeiten der Gemeinschaft der Wohnungseigentümer, die während seiner Zugehörigkeit zur Gemeinschaft entstanden oder während dieses Zeitraums fällig geworden sind. Die Möglichkeiten, die Wohnungseigentümergemeinschaft sowie einen einzelnen Wohnungseigentümer in Anspruch zu nehmen, bestehen nebeneinander. Es ist nicht erforderlich, dass zuerst ein erfolgloses Verfahren gegen die Wohnungseigentümergemeinschaft geführt wird. Jedoch gilt, dass die Haftung des einzelnen Wohnungseigentümers der Höhe nach auf seinen Miteigentumsanteil beschränkt ist. Das heißt, der Umfang der Haftung richtet sich stets nach der Höhe des Miteigentumsanteils, selbst wenn innerhalb der Gemeinschaft ein abweichender Kostenverteilungsschlüssel vereinbart wurde.

BEISPIEL

Eine WEG hat den Auftrag zur Reparatur der Heizungsanlage an die Firma Blitztank erteilt. Nach entsprechendem Mehrheitsbeschluss sollte die Maßnahme mit Kosten in Höhe von 10.000 Euro durch Sonderumlage finanziert werden, die ein Großteil der Wohnungseigentümer auf das gemeinschaftliche Girokonto der Wohnungseigentümergemeinschaft geleistet hat. Nach Ausführung der Arbeiten gestaltet sich die finanzielle Lage der Wohnungseigentümergemeinschaft jedoch als äußerst schwierig, ihre Konten weisen Minusstände auf. Die Firma Blitztank befürchtet, dass sich die finanzielle Lage der Wohnungseigentümergemeinschaft kurzfristig nicht ändern wird, und fasst den Entschluss, zumindest die Hälfte der geschuldeten Vergütung bei den einzelnen Wohnungseigentümern einzuklagen. Die Firma Blitztank richtet ihre Klage gegen die Wohnungseigentümer 1 bis 5, die jeweils zu 100/1.000stel Miteigentümer der Wohnungseigentümergemeinschaft sind. Die Wohnungseigentümer 1 bis 5 werden daraufhin jeweils zur Zahlung von 1.000 Euro verurteilt. Im Lauf eines weiteren Jahres erfährt die Firma Blitztank, dass die Wohnungseigentümergemeinschaft wieder zahlungsfähig ist und macht daraufhin ihre Restforderung in Höhe von 5.000 Euro erfolgreich gegen die Wohnungseigentümergemeinschaft als solche geltend.

Die Wohnungseigentümer 1 und 2, die die Sonderumlage bereits vor Auftragsvergabe der Maßnahme geleistet hatten, möchten natürlich nicht doppelt bezahlen. Sie können im Innenverhältnis gegenüber der Wohnungseigentümergemeinschaft jeweils einen Ausgleichsanspruch in Höhe von 1.000 Euro geltend machen.

Gegenüber dem Gläubiger kann der in Anspruch genommene Eigentümer alle eigenen sowie die der Gemeinschaft zustehenden Einwendungen und Einreden geltend machen. Besteht also zum Beispiel bei einem einzelnen Eigentümer oder bei der Wohnungseigentümergemeinschaft eine Gegenforderung, so kann diese geltend gemacht und mit dem eingeklagten Betrag aufgerechnet werden. Die Vorschrift des § 770 BGB ist entsprechend anzuwenden.

Grundsätzlich kann der Eigentümer von der Gemeinschaft in solchen Fällen Freistellung verlangen, da ihm gegen die Gemeinschaft ein Aufwendungsersatzanspruch zusteht (§ 257 BGB). Wurde aber ein einzelner Wohnungseigentümer von einem Gläubiger auf anteilige Zahlung in Höhe seines Miteigentumsanteils in Anspruch genommen, so steht ihm im Innenverhältnis gegenüber der Wohnungseigentümergemeinschaft ein Ausgleichsanspruch zu, soweit er seiner Verpflichtung zur Zahlung der fälligen Gelder wie Hausgeld, Sonderumlage und Instandhaltungsrücklage nachgekommen ist. Gegenüber den anderen Wohnungseigentümern steht ihm kein Ausgleichsanspruch zu.

Etwas anderes gilt nur dann, wenn ein Eigentümer die Verbindlichkeit der Gemeinschaft in voller Höhe beglichen hat. Soweit er also in diesem Fall über seine gesetzliche, quotale Verpflichtung hinaus Zahlungen leistet, steht ihm ein Aufwendungsersatzanspruch aus Notgeschäftsführung nach § 21 Abs. 2 WEG gegen die Gemeinschaft zu (KG Berlin, 24.4.2009, 24 W 55/08). Da der Eigentümer hinsichtlich dieses Anspruchs einem Drittgläubiger gleichsteht, haften außer der Gemeinschaft auch die übrigen Wohnungseigentümer für den Aufwendungsersatzanspruch des Eigentümers anteilig. Allerdings bestimmt sich der Haftungsanteil des einzelnen Eigentümers dann nicht nach § 10 Abs. 8 WEG, sondern nach § 16 Abs. 2 WEG bzw. nach dem vereinbarten oder beschlossenen Kostenverteilungsschlüssel (KG Berlin, 24.11.2009, 24 W 18/08; a. A. AG Charlottenburg, 15.6.2011, 72 C 141/10; OLG München, 15.1.2008, 32 Wx 129/07).

Den umgekehrten Fall regelt § 10 Abs. 8 Satz 4 WEG. Der einzelne Wohnungseigentümer hat gegenüber der Wohnungseigentümergemeinschaft die Mitwirkungspflicht zu einer ordnungsmäßigen Verwaltung. Verweigert beispielsweise ein Wohnungseigentümer schuldhaft seine Mitwirkung zur Beschlussfassung, mit der die Wohnungseigentümergemeinschaft wieder zahlungsfähig gemacht werden soll, etwa den Beschluss zu einer Sonderumlage, macht er sich gegenüber der Wohnungseigentümergemeinschaft schadenersatzpflichtig. Das gilt auch im Fall der Nichtzahlung beschlossener Hausgelder (OLG München, 18.2.2009, 32 Wx 120/08; LG Saarbrücken, 7.9.2012, 5 S 23/11). Auch in diesem Fall haftet der Wohnungseigentümer der Gemeinschaft gegenüber nur anteilig in Höhe seines Miteigentumsanteils.

Eine gesamtschuldnerische Haftung (siehe auch „Gesamtschuldner") der Wohnungseigentümer zusätzlich zur teilrechtsfähigen Wohnungseigentümergemeinschaft kommt regelmäßig nur dann in Betracht, wenn sich diese nicht nur der Gemeinschaft, sondern auch klar und eindeutig persönlich verpflichtet haben, oder wenn der Gesetzgeber dies anordnet (BGH, 20.1.2010, VIII ZR 329/08). Besonderheiten können bei einer durch Landesgesetz angeordneten gesamtschuldnerischen persönlichen Haftung der Wohnungseigentümer in ihrer Eigenschaft als Miteigentümer des Grundstücks bezüglich der Entgelte für Abfallentsorgung und Straßenreinigung gelten (BGH, 18.6.2009, VII ZR 196/08).

Die Haftung für Kommunalabgaben, also für öffentlich-rechtliche Beiträge, richtet sich nach dem jeweiligen öffentlichen Gesetz, das die Körperschaft oder Behörde berechtigt, solche Beiträge oder Gebühren durch Verwaltungsakt einzuziehen. Die anteilige quotale Haftung der einzelnen Eigentümer kommt in diesem Falle nur zum Tragen, wenn das öffentliche Recht eine Haftung der Gemeinschaft anordnet (Sächsisches OVG, 29.10.2012, 5 B 329/12; OLG Hamm, 20.1.2009, 15 Wx 164/08). Anders liegt der Fall bei Versorgungsunternehmen: Werden für eine Wohnanlage Versorgungsleistungen (hier: in Form von Strom, Gas und Wasser) bezogen, kommt aufgrund der Allgemeinen Versorgungsbedingungen des Versorgungsunternehmens ein faktischer Vertrag mit der Wohnungseigentümergemeinschaft zustande (LG München I, 7.12.2006, 26 O 13359/06).

2 Haftung bei Eigentümerwechsel

Nach dem Austritt eines Wohnungseigentümers aus der Gemeinschaft ist seine Haftung nicht sofort beendet. Er haftet gemäß § 10 Abs. 8 Satz 1 WEG für die während des Zeitraums seiner Zugehörigkeit zur Gemeinschaft entstandenen oder fällig gewordenen Verbindlichkeiten weitere fünf Jahre nach seinem Ausscheiden anteilig in Höhe seines ehemaligen Miteigentumsanteils. Bei dieser zeitlich begrenzten „Nachhaftung" wird Bezug genommen auf § 160 HGB. Diese zum Schutz von Gläubigern der Wohnungseigentümergemeinschaft getroffene Regelung bewirkt, dass sich der Gläubiger in solch einem Fall mit seiner Forderung weiterhin sowohl an den Veräußerer als auch an den Erwerber als Rechtsnachfolger halten kann. Veräußerer und Erwerber haften hierbei gesamtschuldnerisch, jedoch kann der Veräußerer wiederum im Innenverhältnis den Erwerber gemäß § 426 Abs. 2 BGB auf Ausgleich in Anspruch nehmen. Der Gläubiger kann seine Forderung dabei nur anteilig in Höhe des Miteigentumsanteils geltend machen.

BEISPIEL: RECHNUNG FÜR REPARATUR DER HEIZUNGSANLAGE

Die WEG beauftragt die Firma Blitztank mit der Reparatur der Heizungsanlage am 2.9.2015. Am 30.9.2015 veräußert Wohnungseigentümer 1 seine Wohnung. Die Eintragung des Erwerbers erfolgt sogleich. Am 12.10.2015 findet die Abnahme der Heizungsanlage statt. Die Firma Blitztank übergibt am selben Tag die Rechnung. Zum Zeitpunkt der Entstehung der Verbindlichkeit war Wohnungseigentümer 1 noch Eigentümer, bei ihrer Fälligkeit ist er es jedoch nicht mehr.

Die entsprechende Anwendung von § 160 HGB hat zur Folge, dass der ausscheidende Wohnungseigentümer für die während des Zeitraums seiner Zugehörigkeit zur Gemeinschaft entstandenen Verbindlichkeiten weitere fünf Jahre nach seinem Ausscheiden anteilig in Höhe seines ehemaligen Miteigentumsanteils haftet. Voraussetzung hierfür ist, dass die Forderung binnen fünf Jahren nach seinem Austritt fällig und entsprechend tituliert oder nach § 160 Abs. 2 HGB schriftlich anerkannt wird. Nicht erfasst werden hiervon Verbindlichkeiten, die erst nach dem Austritt aus der Wohnungseigentümergemeinschaft entstehen, der dafür maßgebliche Zeitpunkt ist die Eintragung des Erwerbers im Grundbuch.

Die Haftung des Veräußerers hängt stets auch von der Verjährungsfrist des eigentlichen Anspruchs ab. Die Fünfjahresfrist der Nachhaftung führt nicht zur Verlängerung der Verjährungsfrist des ursprünglichen Anspruchs.

BEISPIEL (FORTSETZUNG)

Der Anspruch der Firma Blitztank auf Zahlung des Werklohns gemäß § 631 Abs. 1 und § 641 Abs. 1 BGB wäre nach § 195 und § 199 BGB zum 31.12.2018 verjährt. Über diesen Zeitpunkt hinaus muss der ausscheidende Wohnungseigentümer nicht haften. Er kann die Einrede der Verjährung geltend machen.

3 Haftung für Hausgeldrückstände

Das Hausgeld muss der zum jeweiligen Zeitpunkt der Beschlussfassung über die Zahlungsverpflichtung und die Fälligkeit der Forderung nach dem Wirtschaftsplan, der Jahresabrechnung oder von Sonderumlagen der im Grundbuch eingetragene Wohnungseigentümer zahlen. Sind mehrere Personen gemeinsam Wohnungseigentümer, haften sie für Hausgeldzahlungen als Gesamtschuldner (siehe dort) nach §§ 421 ff. BGB.

Im Fall eines Eigentümerwechsels bedeutet dies, dass der Veräußerer solange für die Zahlung des Hausgeldes haftet, bis der Erwerber im Grundbuch eingetragen ist. Der Erwerber ist zur Zahlung erst verpflichtet, wenn er im Grundbuch steht. Er haftet nicht für Hausgeldrückstände des Veräußerers.

Bei einer Zwangsversteigerung trägt der Ersteher die Lasten und Kosten ab dem Tag des Zuschlags. Mit der Eintragung des Erwerbers im Grundbuch geht der Anspruch auf Abrechnung und Auszahlung von Guthaben auf den neuen Eigentümer über und kann folglich von dem früheren Eigentümer nicht mehr geltend gemacht werden. Ist allerdings der Veräußerer seiner Verpflichtung zur Hausgeldvorauszahlung nach einem beschlossenen Wirtschaftsplan nicht nachgekommen und sind daher Hausgeldrückstände aufgelaufen, haftet er dafür auch nach seinem Ausscheiden aus der Wohnungseigentümergemeinschaft. Der Erwerber muss Hausgeldvorschüsse erst ab erfolgter Eigentumsumschreibung bezahlen.

Von rückständigen Hausgeldvorschüssen ist die sogenannte Abrechnungsspitze zu unterscheiden. Ergibt sich aus der Jahresabrechnung ein Fehlbetrag, weil die tatsächlichen Kosten höher waren, als zunächst im Wirtschaftsplan veranschlagt, haftet für diesen Fehlbetrag der Wohnungseigentümer, der zum Zeitpunkt der Beschlussfassung über die Jahresabrechnung im Grundbuch eingetragen ist. Für die Begründung einer Haftung des Erstehers für noch offene Beiträge aus dem Vorjahreswirtschaftsplan, die neben die Haftung des Voreigentümers aus dem Wirtschaftsplan tritt, fehlt den Miteigentümern die Beschlusskompetenz. Der Ersteher haftet nur für die sogenannte Abrechnungsspitze (LG München I, 20.12.2010, 1 S 4319/10; BGH, 23.9.1999, V ZB 13/99).

Hinweis: Können Hausgeldrückstände des Voreigentümers nicht mehr beigetrieben werden und muss die Wohnungseigentümergemeinschaft zu deren Deckung wegen Liquiditätsengpässen Beschlüsse fassen, ist ebenfalls derjenige Eigentümer zur Zahlung verpflichtet, der im Zeitpunkt der Beschlussfassung im Grundbuch eingetragen ist.

Haftung des Verwalters

Inhaltsübersicht

Die Aufgaben und Befugnisse des Verwalters sind in § 27 WEG definiert. Eine Haftung des Verwalters kommt demnach in Betracht, wenn er seine sich daraus ergebenden Pflichten verletzt. Die Haftung kann sich aus dem Verhältnis des Verwalters zur Wohnungseigentümergemeinschaft und zu den einzelnen Wohnungseigentümern im sogenannten Innenverhältnis i. S. d. § 27 Abs. 1 WEG ergeben, und zwar wenn der Verwalter die ihm obliegenden Pflichten gegenüber den Wohnungseigentümern und/oder gegenüber der Gemeinschaft verletzt. Da der Verwalter nach § 27 Abs. 2 WEG auch berechtigt ist, im Namen aller Wohnungseigentümer und mit Wirkung für und gegen sie nach außen aufzutreten, können zudem im Außenverhältnis Dritten gegenüber Haftungsproblematiken auftreten.

Der Verwalter haftet für seine Handlungen oder die von Personen, derer er sich zur Erfüllung der ihm obliegenden Aufgaben bedient (sogenannte Erfüllungsgehilfen i. S. d. § 278 BGB), wenn ein Schaden schuldhaft von ihm oder seinen Erfüllungsgehilfen verursacht wurde und ein gesetzlicher oder durch Vertrag begründeter Schadenersatzanspruch besteht.

Daneben können deliktische Schadenersatzansprüche bestehen: Gemäß § 823 Abs. 1 BGB haftet der Verwalter dann, wenn er widerrechtlich Leben, Körper, Gesundheit, Freiheit, das Eigentum oder ein sonstiges Recht eines anderen verletzt.

Ebenfalls bedeutsam ist die Haftung des Verwalters nach § 836 und § 838 BGB. Die Einstandspflicht trifft den Verwalter nämlich zum Beispiel dann, wenn er durch die Ablösung von Gebäudeteilen verursachte Schäden aufgrund der Verpflichtung zur Unterhaltung des Gebäudes vertraglich übernommen hat. Als Gebäudeteil i. S. d. § 836 Abs. 1 BGB gilt eine Sache nicht nur dann, wenn sie im Bestand des Gebäudes eingefügt ist, sondern auch, wenn sie nach der Verkehrsanschauung in der Gesamtschau zum „Bauganzen“ gehört, zum Beispiel eine fest mit dem Gebäude verbundene Duschkabine (BGH, 12.3.1985, VI ZR 215/83).

1 Haftung gegenüber den Wohnungseigentümern/der Wohnungseigentümergemeinschaft

Die Haftung des Verwalters gegenüber den einzelnen Wohnungseigentümern bzw. der Wohnungseigentümergemeinschaft ergibt sich in der Regel aus dem Bestellungsverhältnis zwischen Verwalter und der Wohnungseigentümergemeinschaft, zudem aus dem Verwaltervertrag. Indem die Eigentümerversammlung die Bestellung des Verwalters beschließt, gehen die Rechte und Pflichten des Verwalters automatisch auf diesen über, ohne das zwingend ein Verwaltervertrag vorliegen muss. Sobald der Verwalter das Amt übernommen und mit dessen Ausführung begonnen hat, entsteht von Gesetzes wegen ein Schuldverhältnis zwischen ihm und der Wohnungseigentümergemeinschaft. Wenn der Verwalter seine Pflichten aus seiner Stellung als gesetzliches Organ schuldhaft verletzt, haftet er bereits daraus der Wohnungseigentümergemeinschaft gegenüber gemäß § 280 Abs. 1 Satz 1 BGB für möglicherweise entstehende Schäden. Die Haftung des Verwalters kann allerdings im Rahmen der Verwalterbestellung beschränkt werden, allerdings nur im Rahmen einer Vereinbarung.

In der Regel schließen Wohnungseigentümergemeinschaft und Verwalter einen Vertrag miteinander ab. Der Verwalter ist dann der Wohnungseigentümergemeinschaft gegenüber zur Erfüllung der im Vertrag niedergelegten Pflichten verantwortlich. Eine Haftung des Verwalters ist insbesondere dann gegeben, wenn er mit seinen Leistungspflichten in Verzug gerät, insbesondere wenn er nach Fristsetzung die ihm obliegende Pflicht zur Vornahme einer Handlung bzw. Leistung nicht oder nicht wie geschuldet erfüllt (§ 280, § 281 BGB).

Gleiches gilt, wenn der Verwalter dritte Personen beauftragt, um die ihm obliegenden Pflichten zu erfüllen. In diesem Fall hat der Verwalter ein Verschulden dieser Personen im gleichen Umfang gemäß § 278 BGB zu vertreten, als hätte er selbst schuldhaft gehandelt. Dementsprechend werden auch Vorsatz und Fahrlässigkeit der beauftragten Personen dem Verwalter wie eigenes Verschulden zugerechnet, etwa wenn er sich zur Erfüllung seiner Verkehrssicherungspflicht eines Hausmeisters bedient. Hintergrund ist hierbei, dass die Erfüllung der Verkehrssicherungspflicht nach außen hin ja gerade nicht dem Verwalter obliegt, sondern der Wohnungseigentümergemeinschaft selbst, die durch ihn nur vertreten wird. Erst wenn die Wohnungseigentümergemeinschaft die Verkehrssicherungspflicht durch Vertrag an den Verwalter ausdrücklich überträgt, wird diese zu dessen Pflicht neben denen aus § 27 Abs. 1 WEG (OLG München, 24.10.2005, 34 Wx 82/05).

Allerdings wird nicht jede beauftragte Person oder Firma zum Erfüllungsgehilfen des Verwalters. Das ist zum Beispiel dann der Fall, wenn die Wohnungseigentümergemeinschaft, vertreten durch den Verwalter, eine Firma mit der Instandsetzung des gemeinschaftlichen Eigentums beauftragt. Der Verwalter muss das gemeinschaftliche Eigentum ja nicht selbst und persönlich instand setzen, sondern ist nur verpflichtet, entsprechende Mängel am gemeinschaftlichen Eigentum festzustellen und der Eigentümerversammlung ggf. die Beschlussfassung zur Wahl zu stellen, damit sie das weitere Vorgehen beschließt. Erst im Vollzug dieser Beschlüsse muss er dafür sorgen, dass die Beauftragung eines Unternehmens ordnungsgemäß abläuft (LG Hamburg, 17.4.2009, 318 T 12/08). Daher wird in der Regel keine direkte vertragliche Beziehung zwischen Verwalter und dem ausführenden Unternehmen begründet.

BEISPIELE: HAFTUNGSANLÄSSE

- Eine Schadenersatzpflicht des Verwalters entsteht, wenn er mit notwendigen Maßnahmen in Verzug gerät, die zur Instandhaltung/Instandsetzung des gemeinschaftlichen Eigentums notwendig und erforderlich sind (BayObLG, 29.12.1987, 2Z BR 153/87).
- Der Verwalter haftet gegenüber der Wohnungseigentümergemeinschaft zum Beispiel, wenn er es schuldhaft unterlässt, bereits bekannte Baumängel vor Ablauf der Gewährleistungsfrist zu benennen und die Wohnungseigentümergemeinschaft darüber in Kenntnis zu setzen, falls noch nicht alle Wohnungseigentümer über diesen Mangel Bescheid wissen (BayObLG, 1.2.2001, 2Z BR 122/00), zudem wenn er Hinweise auf die möglicherweise drohende Verjährung von Gewährleistungsansprüchen gänzlich nicht beachtet (OLG Düsseldorf, 27.5.2002, 3 Wx 148/01).
- Das Gleiche gilt, wenn der Verwalter erkennbar mangelhafte Leistungen von Werkunternehmern bezahlt und die Wohnungseigentümergemeinschaft im Anschluss ihre Gewährleistungsrechte nicht mehr durchsetzen kann (OLG Düsseldorf, 10.3.1997, 3 Wx 186/95).
- Auch macht sich der Verwalter haftbar, wenn er es schuldhaft unterlässt, gegen Wohnungseigentümer, die mit den Wohngeldzahlungen in Rückstand sind, vorzugehen (BayObLG, 20.11.1997, 2Z BR 122/97).

2 Haftung des Verwalters gegenüber Dritten

Grundsätzlich haftet der Verwalter für eine Verletzung der Verkehrssicherungspflicht durch eine deliktische Handlung nicht, außer er hat dies vertraglich übernommen. Dafür genügt es, dass der Verwaltervertrag ihn dazu verpflichtet, alle Maßnahmen vorzunehmen, die zur ordnungsmäßigen Verwaltung erforderlich sind (BGH, 2.6.2005, V ZB 32/05; OLG Karlsruhe, 30.12.2008, 14 U 107/07; BayObLG, 8.9.2004, 2Z BR 144/04; OLG München, 24.10.2005, 34 Wx 82/05).

Hat der Verwalter die Unterhaltung des Gebäudes gemäß § 836 und § 838 BGB übernommen, haftet er Dritten gegenüber hieraus deliktisch. Und nur dann haftet der Verwalter persönlich gegenüber Dritten. Das geht so weit, dass er auch gemäß zahlreicher Bestimmungen des Ordnungswidrigkeitenrechts haften kann. Daher ist unter anderem eine regelmäßige Begehung der verwalteten Objekte wegen der vielfältigen zivilrechtlichen und öffentlich-rechtlichen Vorschriften und der sich daraus ergebenden Pflichten unabdingbar.

3 Ausschluss

Im Fall der Entlastung des Verwalters kann in Einzelfällen die Pflicht zum Schadenersatz durch einen Beschluss der Wohnungseigentümer ausgeschlossen werden. Ein solcher Beschluss ist in Form eines sogenannten negativen Schuldanerkenntnisses der Wohnungseigentümergemeinschaft gemäß § 397 Satz 2 BGB bezüglich solcher Vorgänge möglich, die bei der Beschlussfassung bereits bekannt oder erkennbar waren (siehe auch „Entlastung des Verwalters").

Hausgeld, Wohngeld

Gemäß § 16 Abs. 2 WEG tragen die Wohnungseigentümer die Lasten des gemeinschaftlichen Eigentums sowie die Kosten der Instandhaltung, Instandsetzung, sonstigen Verwaltung und des gemeinschaftlichen Gebrauchs des gemeinschaftlichen Eigentums im Verhältnis ihrer Miteigentumsanteile (siehe „Kosten und Lasten"). Die Zahlungsverpflichtung entsteht mit dem Beschluss über die Genehmigung des Wirtschaftsplans sowie der jeweiligen Einzelwirtschaftspläne. Wird ein Einzelwirtschaftsplan vom Verwalter nicht erstellt, liegt ein Grund für die Beschlussanfechtung der Genehmigung des Gesamtwirtschaftsplans vor (BGH, 2.6.2005, V ZB 32/05). Die Wohnungseigentümer sind verpflichtet, Vorschusszahlungen laut Wirtschaftsplan zu leisten, die vom Verwalter abgerufen werden (§ 28 Abs. 2 WEG). Oftmals enthalten Gemeinschaftsordnungen Regelungen zur Fälligkeit des Hausgeldvorschusses, zum Beispiel die Fälligkeit am dritten Werktag eines Monats. Nach der Regelung des § 21 Abs. 7 WEG können die Wohnungseigentümer die Fälligkeit der Hausgeldzahlungen ebenso durch einen Mehrheitsbeschluss vereinbaren (LG München I, 18.9.2012, 1 T 9832/11). Dies gilt auch, wenn die Gemeinschaftsordnung bereits eine Regelung hierzu enthält.

Hausgeldansprüche aufgrund eines beschlossenen Wirtschaftsplans oder Nachzahlungsansprüche aufgrund einer beschlossenen Jahresabrechnung verjähren gemäß § 195 und § 199 BGB in drei Jahren. Die Verjährung beginnt mit dem Schluss des Jahres, in dem der Anspruch entstanden ist und der Gläubiger von den anspruchsbegründenden Umständen sowie der Person des Schuldners Kenntnis erlangt oder ohne grobe Fahrlässigkeit hätte erlangen müssen. Ohne Rücksicht auf Kenntnis oder grob fahrlässige Unkenntnis verjähren Hausgeldansprüche der Gemeinschaft zehn Jahre nach ihrer Entstehung. Bei Ansprüchen aufgrund einer beschlossenen Jahresabrechnung beginnt die Frist mit Ablauf des Jahres der Beschlussfassung.

Zur Frage, wer zur Zahlung des Hausgeldes verpflichtet ist, insbesondere im Fall des Eigentümerwechsels, siehe „Haftung der Wohnungseigentümergemeinschaft gegenüber Dritten", Abschnitt 3 „Haftung für Hausgeldrückstände"

Hausordnung

Die Aufstellung einer Hausordnung gehört gemäß § 21 Abs. 5 Nr. 1 WEG zu den Maßnahmen ordnungsmäßiger Verwaltung. Durch sie soll ein geordnetes und friedliches Miteinander in der Wohnungseigentümergemeinschaft unter Wahrung der gegenseitigen Rechte und Pflichten gewährleistet werden, wobei insbesondere das öffentliche Recht und Verkehrssicherungspflichten zu beachten sind (§ 13, § 14 WEG). Bei der Hausordnung handelt es sich um eine Gebrauchsregelung (siehe „Gebrauchs- und Nutzungsregelungen") nach § 15 WEG, die den Zweck hat, Verhaltensmaßregeln vorzugeben, die im Interesse eines reibungslosen Zusammenlebens der Wohnungseigentümer, zum Schutz des Gebäudes sowie zur allgemeinen Ordnung und Sicherheit notwendig sind.

Oftmals sind Regelungen der Hausordnung bereits Bestandteil der Gemeinschaftsordnung. Enthält diese jedoch keine entsprechenden Vereinbarungen, können die Wohnungseigentümer eine den Grundsätzen ordnungsmäßiger Verwaltung entsprechende Hausordnung mehrheitlich beschließen (BayObLG, 13.12.2001, 2Z BR 156/01). Wenn ein solcher Mehrheitsbeschluss nicht zustande kommt, kann jeder Wohnungseigentümer im Rahmen seines Anspruchs auf ordnungsmäßige Verwaltung die Aufstellung einer Hausordnung verlangen und gerichtlich durchsetzen. Bevor jedoch das Gericht gestalterisch tätig werden kann, muss die Eigentümergemeinschaft die Gelegenheit bekommen, eine Hausordnung zu schaffen, das heißt, eine Vorbefassung mit der Thematik in einer Eigentümerversammlung ist erforderlich. Die gerichtliche Entscheidung ist nachrangig (BGH, 15.1.2010, V ZR 114/09).

Selbst wenn die Gemeinschaftsordnung bereits eine Hausordnung beinhaltet, lässt sich diese in der Regel durch Mehrheitsbeschluss abändern (BayObLG, 20.11.1997, 2Z BR 93/97). Sowohl die Gemeinschaftsordnung oder eine nachträgliche Vereinbarung als auch ein Mehrheitsbeschluss kann den Verwalter ermächtigen, eine Hausordnung aufzustellen, die dann solange verbindlich ist, bis sie durch Mehrheitsbeschluss der Wohnungseigentümer geändert oder aufgehoben wird (BayObLG, 23.8.2001, 2Z BR 96/01). Nach anderer Ansicht kann diese Aufgabe nicht durch Beschlussfassung auf den Verwalter übertragen werden. Ein Beschluss, dem zufolge der Verwalter eine Hausordnung mit verbindlicher Wirkung aufzustellen und den Wohnungseigentümern bekannt zu geben hat, ist wegen fehlender Beschlusskompetenz nichtig (LG Frankfurt/Main, 11.6.2014, 2-13 S 168/13).

Der Gegenstand hat sich nach der Beschaffenheit des gemeinschaftlichen Eigentums und nach dem Interesse der Gesamtheit der Wohnungseigentümer zu richten, wobei auch Regelungen über den ordnungsgemäßen Gebrauch des gemeinschaftlichen Eigentums, etwa der gemeinschaftlichen Grundstücksflächen, getroffen werden können. Die Regelungen in der Hausordnung müssen daher ordnungsgemäßer Verwaltung i.S.d. § 21 Abs. 3 WEG oder einem ordnungsgemäßen Gebrauch i.S.d. § 15 Abs. 2 WEG entsprechen. Die Hausordnung kann sich daher sowohl auf die Verwaltung oder Nutzung des gemeinschaftlichen Eigentums beziehen, indem sie beispielsweise Nutzungszeiten für den Spielplatz vorgibt, als auch des Sondereigentums, beispielsweise durch Musizierverbot in den Wohnungen für bestimmte Zeiten.

Auch der konkrete Gebrauch eines in der Teilungserklärung bestellten Sondernutzungsrechts unterliegt der Regelungskompetenz durch eine Hausordnung. Zu berücksichtigen sind zudem die öffentlich rechtlichen Pflichten und die Verkehrssicherungspflichten. Zur tätigen Mithilfe (siehe dort), zum Beispiel im Bereich der Schneeräum- und Streupflicht oder der Reinigungspflicht, sind die Eigentümer nicht verpflichtet; das Einfordern von Eigenleistungen der Wohnungseigentümer in der Hausordnung ist nicht zulässig. Derartige Verpflichtungen können nur durch Vereinbarung begründet werden (BGH, 9.3.2012, V ZR 161/11).

Die Wohnungseigentümer haben einen weiten Ermessensspielraum bei der Aufstellung der Hausordnung, was die Notwendigkeit und Zweckmäßigkeit einer Regelung angeht (OLG Frankfurt/Main, 20.3.2006, 20 W 430/04). Dennoch müssen die Regelungen ordnungsmäßiger Verwaltung entsprechen, die Interessen der Gesamtheit der Wohnungseigentümer betreffen und dem Grundsatz Rechnung tragen, dass gemäß § 13 WEG jeder Eigentümer mit seinem Wohnungseigentum nach Belieben verfahren darf, solange keinem anderen Wohnungseigentümer ein über das unvermeidliche Maß hinausgehender Nachteil entsteht.

BEISPIELE: REGELUNGSGEGENSTÄNDE DER HAUSORDNUNG

- Benutzungsregelungen: Benutzung von Gemeinschaftsräumen, Wäsche-/Trockenräumen, Treppenhaus, Fahrstuhl, Keller, Schwimmbad/Sauna, Garten, Spielplatz, Parkplatz, Hobbyräumen, Speicher etc.
- Ruhezeitenregelungen: Einhaltung von Nacht-, Mittags- und Feiertagsruhe; zeitliche Beschränkungen für Gebrauch und Benutzung von Spielplatzanlagen, Wasch- und Trockenräumen sowie Hobbyräumen
- Regelungen über das Auf- und Abstellen von Gegenständen: Fahrräder, Kinderwagen, Spielgeräte
- Räum- und Reinigungspflichten
- Sorgfalts- und Sicherheitspflichten: Schließregelungen für Fenster und Türen, Feuerschutzregelungen
- Die Gestaltung der Namensschilder an Briefkasten und Wohnungstür
- Tierhaltung, Musizieren
- Grillen (siehe dort) auf Balkon oder Terrasse

Der Verwalter ist gemäß § 27 Abs. 1 Nr. 1 WEG verpflichtet, dafür zu sorgen, dass die Hausordnung eingehalten wird. Er muss Beschwerden über Verstöße gegen die Hausordnung entgegennehmen und sich darum kümmern, dass die Störungen unterlassen werden. Wird es nötig, rechtliche Maßnahmen in einem gerichtlichen Verfahren gegen den störenden Eigentümer einzuleiten, ist dafür zunächst eine entsprechende Beschlussfassung der Wohnungseigentümerversammlung erforderlich.

Gehen die Störungen von einem Mieter aus, muss der Verwalter den betreffenden Eigentümer auffordern, dass dieser mit entsprechenden Mitteln, zum Beispiel einer Abmahnung, auf den Mieter einwirkt, sodass die Störungen unterbleiben. Parallel kann der Verwalter den Mieter zur Unterlassung auffordeRn. Darüber hinaus kann der Verwalter beauftragt werden, gegen den Mieter auf Unterlassung der Störung gemäß § 1004 BGB gerichtlich vorzugehen. Er kann sich nicht hinter dem Vermieter verstecken, weil der Eigentümer als Vermieter nicht mehr Rechte weitergeben kann, als er selbst hat (OLG München, 25.2.1992, 25 U 3550/91; KG Berlin, 10.2.1997, 24 W 6582/96).

Hinweis: Werden hierdurch die Rechte des Mieters eingeschränkt, die ihm laut Mietvertrag zustehen, kann er beim Vermieter Schadenersatz verlangen oder die Miete mindeRn. Aus diesem Grund sollten alle vermietenden Wohnungseigentümer die in der Wohnungseigentümergemeinschaft geltende Hausordnung in jedem Fall zum Gegenstand des Mietvertrags zu machen.

Erhebt die Eigentümergemeinschaft gegen den vermietenden Eigentümer Ansprüche wegen einer Störung, die vom Mieter ausgeht, kann der Eigentümer verpflichtet werden, seine Mieter ggf. gerichtlich zum störungsfreien Verhalten zu zwingen. Ausnahmsweise kann vom vermietenden Eigentümer auch verlangt werden, dass er den Mietvertrag kündigt (OLG Düsseldorf, 21.10.2008, 3 Wx 240/07).

Wird eine durch Mehrheitsbeschluss zustande gekommene Hausordnung angefochten, die eine Vielzahl von Einzelregelungen enthält, handelt es sich um ein einheitliches Verfahren; es kann nicht aus jeder einzelnen Regelung ein gesondertes Verfahren gemacht werden. Soll eine Vielzahl von Einzelregelungen in einer beschlossenen Hausordnung nicht mehr gelten, kann die gesamte Hausordnung für ungültig erklärt werden, auch wenn sich darin möglicherweise einzelne gültige Regelungen befinden oder gar Selbstverständlichkeiten, zum Beispiel der Gesetzeswortlaut, aufgenommen wurden (§139 BGB). Es kann dann nicht davon ausgegangen werden, dass die nicht beanstandeten Regelungen ohne die für ungültig erklärten Regelungen beschlossen worden wären (BayObLG, 23.10.2003, 2Z BR 63/03).

Im Rahmen eines Beschlussanfechtungsverfahrens ist es nicht Aufgabe des Gerichts, rechtsgestaltend für ungültig erklärte Beschlüsse durch andere Beschlüsse zu ersetzen. Eine Ersetzung (Erstellung einer Hausordnung durch das Gericht) kommt nur dann in Betracht, wenn eigenständig beantragt und bestimmt bezeichnet wird, welche Regelung getroffen werden soll (BayObLG, 23.10.2003, 2Z BR 63/03).

BEISPIELE: EINZELFÄLLE AUS DER RECHTSPRECHUNG

- Aufhängen und Auslegen von Wäsche: Ein Verbot, sichtbar im Bereich der Fenster, Balkone, auf der Terrasse oder im Garten Wäsche aufzuhängen oder Bettzeug auszulegen, kann nicht mehrheitlich beschlossen werden; ein solches Verbot entspricht nicht mehr dem ordnungsgemäßen Gebrauch und ist daher anfechtbar (OLG Düsseldorf, 1.10.03, 3 Wx 393/02).
- Aufzug: Eine Einschränkung des automatischen Betriebs auf einzelne Stockwerke widerspricht ordnungsmäßigem Gebrauch und kann nicht mit Mehrheit beschlossen werden. Eine Aufzugsanlage soll den Bewohnern eines Wohnhauses ein müheloses Aufsuchen der einzelnen Stockwerke ermöglichen.
- Bade-/Duschverbot: Ein Beschluss über ein generelles Bade- oder Duschverbot ist nichtig. Hingegen kann die Hausordnung ein Bade- und Duschverbot für bestimmte Zeiten aussprechen, etwa für die Nacht (OLG Frankfurt/Main, 4.12.2000, 20 W 414/99; BayObLG, 21.2.1991, BReg. 2 Z 7/91; BayObLG, 18.11.1999, 2Z BR, 77/99).
- Baumschaukel oder Hängematte: Ein Beschluss über ein Verbot, diese an Bäumen anzubringen, ist anfechtbar. Die Möglichkeit der eingeräumten Sondernutzung wird dadurch unzulässig eingeschränkt. Sollten Schäden am Baum (gemeinschaftliches Eigentum) entstehen, können diese auf Kosten des Verursachers behoben/ausgeglichen werden (anfechtbar; BayObLG, 23.10.2003, 2Z BR 63/03).
- Dachrinne: Wurde die Pflicht zur Instandhaltung und Instandsetzung dem Sondereigentümer auferlegt, liegt es in dessen Entscheidung, ob er die erforderliche Reinigung selbst durchführt oder seinem Mieter oder einem Dritten überträgt. Im Rahmen der Hausordnung kann durch einen Beschluss die Reinigung der Dachrinne durch einen Auftragsdienst nicht vorgeschrieben werden; ein solcher Beschluss ist anfechtbar (BayObLG, 23.10.2003, 2Z BR 63/03).
- Fahrräder: Ein generelles Abstellverbot ist unzulässig, jedoch kann die Möglichkeit zum Abstellen auf eine konkretisierte Fläche begrenzt werden. Der Beschluss einer Wohnungseigentümergemeinschaft, der die Abstellsituation von Fahrrädern regeln soll, lautet: „Fahrräder, die weniger häufig benutzt werden, sind im hinteren Bereich, häufig genutzte Fahrräder im vorderen Bereich abzustellen", ist nichtig, weil er infolge inhaltlicher Unbestimmtheit keine durchführbare Regelung enthält (LG Itzehoe, 28.5.2014, 11 S 58/13).
- Gartennutzung (siehe auch „Garten, Rasenflächen"): Die zur Sondernutzung zugewiesene Gartenfläche beinhaltet nach § 13 Abs. 1 WEG das Recht zur gärtnerischen Gestaltung oder zur Erholung. Dazu gehört zum Beispiel die Nutzung mit Gemüsebeeten, das Anpflanzen von Obstbäumen/Sträuchern oder das Aufstellen einer Schaukel. Die Forderung, die Sondernutzungsfläche nur als Ziergarten zu verwenden, schränkt die Nutzung der Fläche allein zum „Schmuck" und zur optischen Erbauung ein. Im Einzelfall ist zu beachten, ob bei der Größe des Gartens die Nutzungen ohne Störung der Nachbarn möglich sind (BayObLG, 23.10.2003, 2Z BR 63/03).
- Grillen (siehe dort)
- Kinderspielplätze (siehe dort): Die Zweckbestimmung einer Fläche als Garten verbietet das Errichten von Kinderspielplätzen oder das Ballspielen nicht. Im Einzelfall ist dazu eine Abwägung erforderlich, wobei die Nutzung des Gartens als Erholungsfläche für Kinder nur dann ausgeschlossen ist, wenn berechtigte Interessen anderer Eigentümer dies gebieten. Ein Verbot, im Garten Kinderspielplätze anzulegen oder Ball zu spielen, ist anfechtbar (BayObLG, 23.10.2003, 2Z BR 63/03).
- Komposter im Garten: Das generelle Verbot, einen Abfallplatz im Sondernutzungsgarten (für Laub und

Ähnliches) zu errichten, ist unangemessen. Komposter sind aus ökologischen Gründen oft zu befürworten und in (bayerischen) Gärten üblich. Optische Beeinträchtigungen oder Geruchsbelästigungen sind keine zwangsläufige Folge. Ein Beschluss, der das Aufstellen eines Komposters verbietet, ist anfechtbar (BayObLG, 23.10.2003, 2Z BR 63/03).

- Lärm: Ein Wohnungseigentümer kann von der Gemeinschaft die Aufnahme einer bestimmten von ihm favorisierten Lärmschutzmaßnahme, zum Beispiel das Schließen der Kellerfenster, in die Hausordnung nicht verlangen (OLG Düsseldorf, 1.10.2003, 3 Wx 393/02).
- Musizieren (siehe dort)
- Persönliche Dienstleistungen, Winterdienst und Gartenarbeit: Das Bereitstellen der Abfallbehälter, die Erledigung des Winterdienstes im Wechsel und die Gartenarbeit können den Eigentümern nicht im Wege eines Mehrheitsbeschlusses rechtsverbindlich auferlegt werden. Ein solcher Beschluss ist anfechtbar (OLG Düsseldorf, 1.10.2003, 3 Wx 393102; siehe auch „Tätige Mithilfe").
- Ruhezeiten: Eine Bestimmung der Gemeinschaftsordnung (Hausordnung), die Ruhezeiten festlegt, in denen jedes unnötige und störende Geräusch zu vermeiden und die Ruhe beeinträchtigende Tätigkeiten zu unterlassen sind, genügt mangels Objektivierbarkeit unnötiger und störender Geräusche nicht dem Bestimmtheitserfordernis. Es ist deshalb unwirksam. Eine Geräuschentfachung (hier: Geschrei, laute Musik, Springen und Trampeln auf der Treppe in der häuslichen Wohnung, Möbelrücken, Türenknallen) ist in der Sonderverbindung der WEG zu unterlassen, wenn hierdurch den anderen Wohnungseigentümern über das bei einem geordneten Zusammenleben unvermeidliche Maß hinaus ein Nachteil erwächst. Hierzu bedarf es allerdings wiederholter Vorgänge einigen Gewichts und/oder nicht unerheblichen Ausmaßes und/oder einiger Dauer (OLG Düsseldorf, 19.8.2009, I-3 Wx 233/08, 3 Wx 233/08).
- Schließregelungen: Die Wohnungseigentümer haben bei der Verwaltung des gemeinschaftlichen Eigentums ebenso wie bei der Regelung seines Gebrauchs ein aus ihrer Verwaltungsautonomie entspringendes Ermessen, was die Notwendigkeit und Zweckmäßigkeit einer Regelung angeht. Dieses Ermessen ist einer gerichtlichen Nachprüfung weitgehend entzogen. Mit einer durch Mehrheitsbeschluss getroffenen Schließregelung, wonach die Hauseingangstür eines gemischten Wohn- und Geschäftshauses zu den üblichen Geschäftszeiten frei zu öffnen bleibt, hält sich eine Gemeinschaft noch im Rahmen des Ermessensspielraums (OLG Frankfurt/Main, 8.1.2009, 20 W 384/07).
- Sittenwidrige Regelungen: Ein Mehrheitsbeschluss, der sittenwidrig ist oder in den Kernbereich des Wohnungseigentums eingreift, ist nichtig (OLG Frankfurt/Main, 4.12.2000, 20 W 414/99).
- Stellplätze: Die Wohnungseigentümer können eine durch richterliche Gestaltung vorgenommene Gebrauchsregelung über die Zuteilung von Kfz-Stellplätzen durch eine andere den Grundsätzen ordnungsmäßiger Verwaltung entsprechenden Regelung ersetzen. Auch ein Punktesystem für die Zuteilung der Stellplätze kann beschlossen werden, mit dem sich angesammelte Punkte auf den Erwerber von Wohnungseigentum oder einen anderen Wohnungseigentümer übertragen lassen (KG Berlin, 28.2.1996, 24 W 8306/94).
- Tierhaltung (siehe dort)
- Verbot einer Vermietung des Sondereigentums an mehrere Mieter: Das Verbot schränkt das Nutzungsrecht des Sondereigentums gemäß § 13 Abs. 1 WEG unzulässig ein. Der Eigentümer entscheidet (grundsätzlich) allein, ob er an mehrere Personen mit mehreren selbstständigen Mietverträgen oder nur an einen Mieter vermietet. Ein entsprechender Beschluss wäre anfechtbar, wenn nicht sogar nichtig (BayObLG, 23.10.2003, 2Z BR 63/03).
- Vermietung des gemeinschaftlichen Eigentums: Die Eigentümer können durch Mehrheitsbeschluss den Gebrauch des gemeinschaftlichen Eigentums auch in der „Hausordnung" regeln. Das gilt zum Beispiel, wenn darin die Vermietung von Teilen der gemeinschaftlichen Kellerräume so festgelegt wird, dass die Wohnungseigentümergemeinschaft (hier als Inhaber des Vermögens/der Forderungen) statt des unmittelbaren Gebrauchs der Kellerräume aus den Mieten anteilig Einnahmen erhalten (BayObLG, 14.10.1999, 2Z BR 108/99).
- Videoüberwachung (siehe dort)
- Waschmaschine/Wäschetrockner: Das Aufstellen von Waschmaschinen oder Wäschetrocknern in gemeinschaftlichen Räumen lässt sich durch Mehrheitsbeschluss regeln. Das Verbot der Nutzung einer Waschmaschine in der Wohnung kann dagegen mehrheitlich nicht beschlossen werden, auch nicht, wenn sich im Haus eine Waschküche befindet. Diese stellt lediglich ein zusätzliches Angebot für die Hausbewohner dar. Eine durch den Gebrauch von Waschmaschinen oder Wäschetrocknern drohende Ruhestörung kann in der Hausordnung durch das Einführen von Ruhezeiten vermieden werden (OLG Frankfurt/Main, 4.12.2000, 20 W 414/99; AG Nürnberg, 11.7.2005, 1 UR II 365/03).

Hausreinigung

Die Hausreinigung, also die Reinigung der im gemeinschaftlichen Eigentum stehenden Räume, Einrichtungen und Anlagen sowie der Zuwege und Zufahrten, obliegt als Verwaltungsmaßnahme den Wohnungseigentümern gemeinschaftlich. Sie wird in der Regel von einem Hausmeister oder von hierfür beschäftigten Personen durchgeführt. Der Umfang sowie die Intervalle, in denen die Hausreinigung vorzunehmen ist, werden häufig in den Arbeitsverträgen bzw. Dienstanweisungen des Hausmeisters geregelt. Die Einhaltung dieser Vereinbarungen muss der Verwalter überwachen. Ebenso können entsprechende Regelungen durch Beschluss der Wohnungseigentümer festgelegt werden.

Die Kosten der Hausreinigung gehören zu den Kosten der sonstigen Verwaltung und sind von den Wohnungseigentümern gemäß § 16 Abs. 2 WEG nach Miteigentumsanteilen zu verteilen, wenn nicht ein anderer Verteilungsschlüssel vereinbart ist.

Hausverbot

Unter Hausverbot versteht man das ausdrückliche Verbot, die Wohnung, Geschäftsräume oder das Grundstück eines anderen, der innerhalb dieses Bereichs über das Hausrecht verfügt, zu betreten oder dort zu verweilen. Die Wohnungseigentümer haben grundsätzlich die Möglichkeit, in Ausübung des Hausrechts mit Mehrheit über eine Gebrauchsregelung (§ 15 Abs. 2 WEG), über eine Hausordnung (§ 21 Abs. 5 Nr. 1 WEG) oder sonst eine Maßnahme ordnungsmäßiger Verwaltung zu entscheiden. Soll gegen Dritte ein Hausverbot verhängt werden, wird dieser der Gebrauch des Gemeinschaftseigentums entzogen.

Eine solche Maßnahme kann ordnungsmäßiger Verwaltung entsprechen, wenn sie sich gegen Personen richtet, an deren Einlassen kein Wohnungseigentümer ein Interesse hat, da das schutzwürdige Interesse der Mehrheit überwiegt, zum Beispiel bei einem Hausverbot gegen Landstreicher, Hausierer, ambulante Händler oder „Gaffer". Ein Hausverbot gegenüber störenden Mietern (siehe „Individualansprüche der Wohnungseigentümer") auszusprechen ist jedoch nicht möglich, denn der Mieter hat ein Besitzrecht aus dem mit dem Wohnungseigentümer geschlossenen Mietvertrag. Hausverbote gegen den Lebenspartner oder Besucher eines Wohnungseigentümers greifen in den Kernbereich des Sondereigentums ein und sind nichtig, weil die übrigen Wohnungseigentümer nicht gegen den Willen des betroffenen Wohnungseigentümers darüber befinden können, wer dessen Wohnung betreten darf. Das gilt auch, wenn der Besucher den Hausfrieden stört (BVerfG, 6.10.2009, 2 BvR 693/09). Das Hausverbot ist kein zulässiges Mittel der Störungsabwehr nach § 1004 BGB. Vielmehr sind die Wohnungseigentümer insoweit gehalten, einen Titel aus § 1004 BGB gegen den störenden Besucher zu erwirken und soweit erforderlich nach § 890 ZPO zu vollstrecken.

Heizkosten, Heizkostenverordnung

Inhaltsübersicht

Nach der Heizkostenverordnung in der Fassung der Bekanntmachung vom 5.10.2009 sind auch bei Eigentumswohnungen die Kosten für Heizung und Warmwasser verbrauchsabhängig abzurechnen (§ 1 HeizkV). Geregelt ist in § 1 Abs. 2 Nr. 3 HeizkV, dass bei Wohnungseigentum die Wohnungseigentümergemeinschaft im Verhältnis zum Wohnungseigentümer und bei Vermietung einer oder mehrerer Eigentumswohnungen der Wohnungseigentümer im Verhältnis zum Mieter dem Gebäudeeigentümer gleichzustellen sind. Das gilt unabhängig davon, ob die Wohnungseigentümer durch Vereinbarung oder durch Beschluss i. S. d. § 2 HeizkV abweichende Regelungen über die Kostenverteilung getroffen haben (§ 3 HeizkV). Gemäß § 4 HeizkV müssen die Kosten anteilig für den Verbrauch von Wärme und Warmwasser zu erfassen. Das gilt auch dann, wenn es sich um eine sogenannte Zweier-WEG (siehe „Zweiergemeinschaft") handelt, in der eine Einheit von einem Eigentümer bewohnt wird und der andere Teil vermietet ist (§ 3 HeizkV). Dazu sind die Räume mit Verbrauchserfassungsgeräten auszustatten.

1 Kostenverteilung

Gemäß § 6 Abs. 1 HeizkV ist der Gebäudeeigentümer verpflichtet, die Kosten der Versorgung mit Wärme und Warmwasser auf Grundlage der Verbrauchserfassung und damit des konkreten Verbrauchs auf die einzelnen Nutzer bzw. Nutzergruppen zu verteilen. Es wird hier daher rein auf die tatsächlich verbrauchten Kosten abgestellt und nicht darauf, welche Kosten die Wohnungseigentümergemeinschaft für den Bezug von Wärme und Warmwasser bzw. der dafür benötigten Energieträger im jeweiligen Wirtschaftsjahr gezahlt hat. Dazu muss der tatsächliche Verbrauch erfasst bzw. gemessen und das Ergebnis in die Abrechnung eingestellt werden. Das geschieht in der Regel durch sogenannte Erfassungsgeräte. Auch die Kosten für das Anbringen der Erfassungsgeräte sind nach den Vorschriften der Heizkostenverordnung zu verteilen.

Gemäß § 7 Abs. 1 Satz 1 HeizkV sind die Kosten des Betriebs der zentralen Heizungsanlage mindestens zu 50 % und maximal zu 70 % nach dem erfassten Wärmeverbrauch der jeweiligen Nutzer zu verteilen. Die Grundkosten für den Betrieb der Heizung an sich sind dementsprechend mit 30 bis 50 % anzusetzen (§ 7 Abs. 1 Satz 2 HeizkV). Die übrigen Kosten werden nach der Wohnfläche oder Nutzfläche oder nach dem umbauten Raum verteilt. Auch die Wohn- oder Nutzfläche oder der umbaute Raum der beheizten Räume kann zur Grundlage der Abrechnung gemacht werden (§ 7 Abs. 1 Satz 3 HeizkV).

Hinweis: Die Heizkostenverordnung lässt gemäß § 6 Abs. 4 HeizkV eine Abänderung des Verteilungsschlüssels auch noch nach Ablauf der ersten drei Abrechnungsperioden zu, solange ein sachgerechter und nicht willkürlicher Grund dafür vorliegt (BGH, 16.7.2010, V ZR 221/09).

2 Kosten

Zu den Kosten des Betriebs der zentralen Heizungsanlage einschließlich der Abgasanlage gehören gemäß § 7 Abs. 2 HeizkV die folgenden:

- Kosten der verbrauchten Brennstoffe und ihrer Lieferung
- Kosten des Betriebsstroms
- Kosten der Bedienung, Überwachung und Pflege der Anlage, der regelmäßigen Prüfung ihrer Betriebsbereitschaft und Betriebssicherheit einschließlich der Einstellung durch eine Fachkraft, der Reinigung der Anlage und des Betriebsraums
- Kosten der Messungen nach dem Bundesimmissionsschutzgesetz
- Kosten der Anmietung oder anderer Arten der Gebrauchsüberlassung von Erfassungsgeräten sowie die Kosten der Eichung und der Kosten für Berechnung, Aufteilung und Verbrauchsanalyse

Im Fall des Bezugs von Fernwärme gilt nach § 7 Abs. 3 HeizkV der gleiche Verteilungsschlüssel wie bei einer Zentralheizung, wobei gemäß § 7 Abs. 4 HeizkV zu den Kosten der Wärmelieferung auch das Entgelt für die Wärmelieferung an sich und die Kosten des Betriebs der zugehörigen Hausanlagen i. S. d. Abs. 2 zählen. Gemäß § 8 Abs. 1 HeizkV sind die Kosten für die Warmwasserversorgung ebenfalls mit mindestens 50 % und höchstens 70 % nach dem erfassten Verbrauch, die übrigen Kosten nach der Grund- oder Nutzfläche zu verteilen.

Zu den Kosten des Betriebs der zentralen Wasserversorgungsanlage gehören die Kosten des Wasserverbrauchs, die Grundgebühren und die Zählermiete, die Kosten der Verwendung von Zwischenzählern, die Kosten des Betriebs einer hauseigenen Wasserversorgungsanlage und einer Wasseraufbereitungsanlage einschließlich der Aufbereitungsstoffe. Für die Verteilung gelten dieselben Maßstäbe wie für die Versorgung mit Wärmeenergie. Handelt es sich bei der Anlage um eine zentrale Anlage zur Versorgung mit Wärme und Warmwasser, sind die einheitlich entstandenen Kosten des Betriebs aufzuteilen (§ 9 HeizkV).

3 Abrechnung bei fehlender Verbrauchserfassung

Kann in Sonderfällen der anteilige Wärme- oder Wasserverbrauch der jeweiligen Nutzer für einen Abrechnungszeitraum wegen eines Geräteausfalls oder aus anderen zwingenden Gründen nicht ordnungsgemäß erfasst werden, muss die Wohnungseigentümergemeinschaft auf Grundlage des Verbrauchs für die betroffenen Räume in vergleichbaren Zeiträumen oder für vergleichbare andere Räume im jeweiligen Abrechnungszeitraum oder auf Grundlage des Durchschnittsverbrauchs des Gebäudes oder einer entsprechenden Nutzergruppe den Verbrauch ermitteln und abrechnen (§ 9a HeizkV). Das Ergebnis daraus ist bei der Kostenverteilung anstelle des erfassten Verbrauchs zugrunde zu legen (§ 9a Abs. 1 HeizkV). Die so ermittelten Verbrauchswerte führen nur dann nicht zu einer Ordnungsmäßigkeit der Jahresabrechnung, wenn die Schätzung bzw. die Vergleichsabrechnung grob unrichtig ist (BayObLG, 28.3.2001, 2Z BR 52/00).

4 Überschreiten der Höchstsätze

Die genannten Höchstsätze bei der Verbrauchserfassung und Verteilung der Kosten nach Grundkosten und Verbrauchskosten dürfen gemäß § 10 HeizkV nur durch eine Vereinbarung i. S. v. § 10 Abs. 1 Satz 2 WEG überschritten werden. Ein einfacher Mehrheitsbeschluss reicht hierfür wohl nicht aus, da die Kostenverteilung die gesamte Eigentümergemeinschaft betrifft und die Verteilung der Lasten und Kosten in der Gemeinschaftsordnung in der Regel festgelegt ist. Enthält die Gemeinschaftsordnung eine entsprechende Öffnungsklausel und wird daraufhin ein Beschluss mit entsprechender Mehrheit gefasst, laut dem die Heizkosten ausschließlich nach Verbrauch verteilt werden sollen, ist dieser Beschluss anfechtbar, wenn er sich zum Beispiel auf ein älteres Wohngebäude mit Lagenachteilen bezieht (OLG Hamm, 22.12.2003, 15 W 396/03; OLG Hamm, 22.9.2005, 15 W 375/04).

5 Ausnahmen

Die Vorschriften in § 11 Abs. 1 HeizkV müssen dann nicht zwingend angewendet werden, wenn in Gebäuden

Räume vorhanden sind, die einen Heizwärmebedarf von weniger als 15 kWh/qm aufweisen oder bei denen das Anbringen von Verbrauchserfassungsgeräten, die Erfassung des Wärmeverbrauchs an sich und die Verteilung der Kosten des Wärmeverbrauchs nicht oder nur mit unverhältnismäßig hohen Kosten möglich ist. Unverhältnismäßig hohe Kosten liegen nach dem Gesetzeswortlaut in der Regel vor, wenn diese nicht durch Einsparungen innerhalb von zehn Jahren wirtschaftlich amortisierbar sind oder der Nutzer den Wärmeverbrauch in Gebäuden, die vor dem 1.7.1981 bezugsfertig geworden sind — etwa mangels technischer Vorrichtungen —, nicht beeinflussen kann (§ 11 Abs. 1 Nr. 1 HeizkV). Ferner erlaubt die Ausnahmevorschrift des § 11 Abs. 1 Nr. 2, 3 HeizkV die Nichtanwendung dieser Regelungen bei Räumen in Gebäuden, die überwiegend durch Anlagen versorgt werden, die die Wärme durch Wärmerückgewinnung, mit Wärmepumpen, Solaranlagen, Kraft-Wärme-Kopplung oder durch Verwertung von Abwärme erzeugen, sofern der Wärmeverbrauch des Gebäudes nicht erfasst wird.

6 Rechtsfolgen bei nicht ordnungsgemäßer Erfassung und Abrechnung

Allerdings kann jeder einzelne Miteigentümer im Rahmen ordnungsmäßiger Verwaltung eine Abrechnung nach der Heizkostenverordnung trotz Ablehnung durch die Wohnungseigentümergemeinschaft gemäß § 43 WEG verlangen und damit seinen Anspruch auf ordnungsmäßige Verwaltung i. S. d. § 21 Abs. 4 WEG gerichtlich durchsetzen.

Eine nicht den Vorschriften der Heizkostenverordnung entsprechende Abrechnung stellt einen Verstoß gegen zwingendes Recht dar. Der Beschluss einer solchen fehlerhaften (Jahres-)Einzelabrechnung ist daher anfechtbar, der im Falle der fehlenden Anfechtung allerdings bestandskräftig wird. Ein Beschluss der Jahresabrechnung durch die Eigentümerversammlung gemäß § 28 Abs. 3 WEG im Falle aus der Heizkostenabrechnung herrührender Beitragsrückstände ist bei nicht ordnungsgemäß zu Stande gekommener Abrechnung über die Heizkosten mangels korrekter Rechtsgrundlage für die Festsetzung von Vorschüssen nichtig, da die Wohnungseigentümer nicht berechtigt sind, bereits vorher entstandene, aber nicht erfüllte Zahlungsverpflichtungen eines Wohnungseigentümers mit Stimmenmehrheit erneut zu beschließen und so neu zu begründen, OLG München, 6. September 2012, 32 Wx 32/12. Beitragsrückstände gehören ihrer Art nach generell nämlich nicht zu den Bestandteilen einer Abrechnung gemäß § 28 Abs. 3 WEG, BGH, 09.03.2012, V ZR 147/11. Ein Verstoß gegen die verbrauchsabhängige Abrechnung nach den Vorschriften der Heizkostenverordnung ist allerdings kein Tatbestand im Rahmen des Ordnungswidrigkeitenrechts und kann daher nur innerhalb der Wohnungseigentümergemeinschaft Auswirkungen haben.

Heizungsanlagen

Inhaltsübersicht

Die eigentumsrechtliche Zuordnung zentraler Heizungsanlagen, also die Zuordnung zum gemeinschaftlichen Eigentum oder zum Sondereigentum, beurteilt sich danach, wer mit der Anlage versorgt wird. Danach können Heizungsanlagen sowohl im Sondereigentum als auch im Gemeinschaftseigentum stehen.

Eine zentrale Heizungsanlage zählt zum Gemeinschaftseigentum, wenn sie dem gemeinschaftlichen Gebrauch der Wohnungseigentümer dient (§ 5 Abs. 2 WEG). Dabei ist es nicht erforderlich, dass sämtliche Wohnungseigentümer darauf angewiesen sind, die Heizungsanlage zu nutzen, oder dass sie diese tatsächlich nutzen (BGH, 8.7.2011, V ZR 176/10). Auch der Raum, in dem eine solche Heizungsanlage betrieben wird, einschließlich der Zugänge bzw. Zugangsflächen ist zwingend gemeinschaftliches Eigentum (OLG Düsseldorf, 12.3.1999, 3Wx 72/99).

Dazu gehört auch die Heizzentrale samt der dort befindlichen Leitungen zur Verteilung der Wärme in der Heizanlage selbst.

Umstritten ist die eigentumsrechtliche Zuordnung einer Heizanlage dann, wenn diese nicht ausschließlich der Versorgung der Wohnungseigentümer dient, sondern auch außerhalb der Wohnungseigentümergemeinschaft befindliche Gebäude und Abnehmer vorhanden sind (LG Itzehoe, 12.4.2011, 11 S 31/10). Auch in diesen Fällen ist die Zuordnung der Heizanlage zum Gemeinschaftseigentum überzeugend, weil das Schutzbedürfnis der Wohnungseigentümer an einer sicheren Versorgung ihres Sondereigentums unabhängig davon besteht, ob sie alleine oder zusätzlich außenstehende Dritte von der Versorgung mit Heizenergie profitieren (LG Itzehoe, 12.4.2011, 11 S 31/10).

Eine Heizungsanlage kann dann im Sondereigentum stehen, wenn sie lediglich der Versorgung einiger, aber nicht aller Wohnungseigentümer dient (BGH, 8.11.1974, V ZR 120/73).

1 Etagenheizungen

Wenn Etagenheizungen ausschließlich bestimmte Sondereigentumseinheiten mit Wärme und Warmwasser versorgen, sind sie dem Sondereigentum zuzuordnen (BayObLG, 24.2.2000, 2Z BR 155/99). Sie dienen dann nicht dem gemeinschaftlichen Gebrauch der Wohnungseigentümer.

2 Heizkörper

Heizkörper im Bereich des Sondereigentums sind Bestandteil gemäß § 5 Abs. 1 WEG und damit ebenfalls Sondereigentum, weil sie ausschließlich zur Wärmelieferung in dem betreffenden Sondereigentum und nicht für den gemeinschaftlichen Gebrauch i.S.v. § 5 Abs. 2 WEG genutzt werden (BGH, 8.7.2011, V ZR 176/10). Nach Auffassung des BGH sind auch die dazugehörigen Leitungen und Heizkörperventile Sondereigentum, auch wenn an eine zentrale Heizungsanlage nicht beliebig viele Heizkörper angeschlossen werden können. Daraus ergebe sich nicht, dass die Gesamtanlage ohne Heizkörper und Anschlussleitungen nicht zu betreiben wäre und diese daher unverzichtbare Bauteile der gemeinschaftlichen Teile der Heizungsanlage wären. Der BGH sieht darin vielmehr nur eine technische Beschränkung beim Einsatz der gemeinsamen Heizungsanlage, die der einzelne Wohnungseigentümer beachten muss, wenn er sie nutzen will. Dies rechtfertige aber nicht, dass den einzelnen Wohnungseigentümer die Erneuerung auch technisch kompatibler Heizkörper und Anschlussleitungen aufgezwungen wird. Umgekehrt kann eine von ihnen angestrebte Erneuerung wärmetechnisch kompatibler Geräte oder deren technische vertretbare Verlegung in den Wohnungen nicht verweigert werden.

Aus diesen technischen Vorgaben lässt sich nicht eine zentrale Einheit der Heizungsanlage begründen. Auch besteht danach keine Systemverantwortlichkeit der Gemeinschaft, mit der sich die Zuordnung der Heizungs- und Thermostatventile zum Gemeinschaftseigentum begründen ließe. Auch die Vorgaben der Energieeinsparverordnung, die Heizkörper mit bestimmten Ventilen auszustatten, trifft keine Aussage über die eigentumsrechtliche Zuordnung, da sich diese Bestimmungen (§ 26 Abs. 1, § 14 Abs. 1 Satz 2 EnEV) bei einem Einbau nach Baufertigstellung an den Eigentümer richten.

3 Verbrauchserfassungsgeräte

Verbrauchserfassungsgeräte für die Ermittlung der verbrauchten Heizwärme, zum Beispiel Heizkostenverteiler, gehören dagegen zum gemeinschaftlichen Eigentum, weil sie der Ermittlung des Wärmeverbrauches und damit einer ordnungsgemäßen Verwaltung dienen. Sie sind Grundlage dafür, dass die Kosten der Heizwärme gemäß § 16 Abs. 2 WEG bzw. nach den Bestimmungen der Heizkostenverordnung verteilt werden können (BGH, 25.9.2003, V ZB 21/03).

Hobbyraum

Die Beschreibung eines Raums als „Hobbyraum“ in der Teilungserklärung stellt eine Zweckbestimmung mit Vereinbarungscharakter dar (OLG München, 6.11.2006, 34 Wx 105/06). Daher ist eine Nutzung des Hobbyraums zu einer dauerhaften Wohnnutzung unzulässig (BGH, 16.6.2011, V ZA 1/11; LG Frankfurt/Main, 25.6.2014, 2-13 S 18/13). Ebenso scheidet eine gewerbliche Nutzung der Hobbyräume aus (OLG Schleswig-Holstein, 16.6.2004, 2 W 49/04). Damit ist auch ein Ausbau des Hobbyraums zu Wohnzwecken und zur Vermietung unzulässig.

Der Grund dafür ist, dass durch eine Nutzung des Hobbyraums für berufliche oder gewerbliche Zwecke die bei typisierender Betrachtungsweise hervorgerufenen Störungen im Vergleich zu einer üblichen Nutzung als Hobbyraum regelmäßig größer sein werden. Damit liegt ein unzumutbarer Nachteil vor, der über das bei einem geordneten Zusammenleben unvermeidliche Maß hinausgeht (§ 14 Nr. 1 WEG). Ein Wohnungseigentümer oder der Verband der Wohnungseigentümergemeinschaft können gegen den Störer entsprechende Beseitigungs- bzw. Unterlassungsansprüche geltend machen (§ 1004 BGB i.V.m. § 15 Abs. 3 WEG). Gegebenenfalls können die Wohnungseigentümer verlangen, dass auch die Anschlüsse der Sanitäreinrichtung im Hobbyraum dauerhaft getrennt werden (BayObLG, 29.9.1999, 2 Z BR 68/99).

Hofflächen

Hofflächen sind als unbebaute Grundstücksflächen zwingendes gemeinschaftliches Eigentum, an ihnen können jedoch Sondernutzungsrechte (siehe dort) eingeräumt werden. Hofflächen, die als Feuerwehranfahrtszone festgelegt sind, dürfen allerdings nicht als Kfz-Abstellplätze genutzt werden, da dies gegen zwingende öffentlich-rechtliche Vorschriften verstößt. Das erstmalige Anlegen einer plattierten Hoffläche gemäß den Bauplänen entspricht ordnungsgemäßer Verwaltung (OLG Düsseldorf, 6.9.1999, 3 Wx 126/99). Ist einem Teileigentümer nach der Teilungserklärung die gewerbliche Nutzung seiner Räume gestattet, beinhaltet dies auch das Recht, die Hoffläche an Werktagen zu den üblichen Geschäftszeiten zwischen 8.00 und 20.00 Uhr zu nutzen (OLG Düsseldorf, 5.6.2000, 3 Wx 118/00).

Individualansprüche der Wohnungseigentümer

Neben den gemeinschaftsbezogenen Ansprüchen, die die Wohnungseigentümergemeinschaft nach entsprechender Mehrheitsbeschlussfassung geltend machen kann, stehen die Individualansprüche der einzelnen Wohnungseigentümer. Ihre Geltendmachung unterliegt nicht der Beschlusskompetenz der Wohnungseigentümergemeinschaft. Grundsätzlich kann jeder Wohnungseigentümer gemäß § 15 Abs. 3 WEG den Gebrauch der im Sondereigentum stehenden Gebäudeteile und des gemeinschaftlichen Eigentums verlangen, der dem Gesetz, den Vereinbarungen und Beschlüssen und, soweit sich daraus eine Regelung nicht ergibt, dem Interesse der Gesamtheit der Wohnungseigentümer nach billigem Ermessen entspricht.

Sind diese Voraussetzungen nicht gegeben, bedeutet das eine Eigentumsbeeinträchtigung, die Unterlassungs- oder Beseitigungsansprüche begründet. Derartige Ansprüche können als Individualansprüche von jedem einzelnen Wohnungseigentümer, ggf. auch gerichtlich, geltend gemacht werden.

Diese Einzelansprüche kann die Wohnungseigentümergemeinschaft aufgrund entsprechender Beschlussfassung als gekorene Ansprüche an sich ziehen, wenn es um Beeinträchtigungen des gemeinschaftlichen Eigentums geht. Durch die beschlossene Vergemeinschaftung von Störungsbeseitigungsansprüchen verliert ein Wohnungseigentümer seinen diesbezüglichen Individualanspruch, sofern die Störung ausschließlich das gemeinschaftliche Eigentum und sein Sondereigentum nur indirekt betrifft. Die Wohnungseigentümergemeinschaft begründet damit ihre alleinige Zuständigkeit für die gerichtliche Geltendmachung. Das hat zur Folge, dass der einzelne Wohnungseigentümer nicht mehr prozessführungsbefugt und der Rechtsverfolgung der Individualansprüche durch den einzelnen Eigentümer die Rechtsgrundlage entzogen ist (BGH, 5.12.2014, V ZR 5/14).

Zu den Individualansprüchen der Wohnungseigentümer zählen:

- Beschlussanfechtungen (§ 46 Abs. 1 WEG)
- Beseitigungs- und Unterlassungsansprüche (siehe dort; § 1004 BGB)
- Ansprüche auf ordnungsmäßige Verwaltung i. S. v. § 21 Abs. 4 WEG, zum Beispiel Anspruch auf Vorlage von Wirtschaftsplan und Jahresabrechnung gegenüber dem Verwalter und Anspruch auf Bestellung oder Abberufung des Verwalters gegen die anderen Wohnungseigentümer
- Anspruch auf Änderung des Kostenverteilungsschlüssels bei Unbilligkeit (§ 10 Abs. 2 Satz 3 WEG)
- Schadenersatzansprüche gegen den Verwalter, zum Beispiel wenn dieser die Zustimmung zur Veräußerung des Sondereigentums zu Unrecht verweigert oder seine Sorgfaltspflicht verletzt und dies allein bei einem Wohnungseigentümer zu einem Schaden geführt hat, zum Beispiel durch Erteilung einer falschen Auskunft (BGH, 2.10.1991, V ZB 9/91) oder Schädigung des Sondereigentums (OLG Düsseldorf, 29.9.2006, I 3 Wx 281/05); der einzelne Wohnungseigentümer kann vom Verwalter nicht Naturalrestitution – also die Wiederherstellung eines Zustands, der bestehen würde, wenn der zum Ersatz verpflichtende Umstand nicht eingetreten wäre – verlangen, wenn der Verwalter ohne Beschluss eine Hecke im Bereich einer Sondernutzungsfläche beseitigen ließ; nur wenn dem Sondereigentümer unmittelbar ein eigener Schaden entsteht, kann er vertragliche Ansprüche aus dem Verwaltervertrag mit dem Verband direkt gegen den Verwalter geltend machen (LG Hamburg, 25.2.2015, 318 S 110/14)
- Schadenersatzansprüche gegen Miteigentümer oder Dritte wegen Beschädigung des Sondereigentums; auch wenn die Beschädigung durch eine Einwirkung auf das gemeinschaftliche Eigentum verursacht wurde

Zwingend gemeinschaftsbezogene Ansprüche, die nicht der einzelne Eigentümer geltend machen kann, liegen in folgenden Fällen vor:

- Deliktische Ansprüche auf Schadenersatz wegen Verletzung des gemeinschaftlichen Eigentums gegenüber Miteigentümern und Dritten, zum Beispiel bei Beschädigung des Garagentors
- Gemeinschaftlicher Schadenersatzanspruch gegen den Verwalter wegen Pflichtverletzung
- Vermietung von Gemeinschaftseigentum
- Ansprüche wegen Mängel aus einer Instandsetzungsmaßnahme
- Ausübung des Entziehungsrechts gemäß § 18 Abs. 1 Satz 2 WEG
- Betretungsrecht gemäß § 14 Nr. 4 WEG

BEISPIELE AUS DER RECHTSPRECHUNG

- Bei Mängelbeseitigungsansprüchen gegenüber dem Bauträger gilt: Hat die Wohnungseigentümergemeinschaft den Anspruch auf Mängelbeseitigung durch mehrheitliche Beschlussfassung an sich gezogen, so begründet dies ihre alleinige Zuständigkeit (BGH, 12.4.2007, VII ZR 236/05).
- Der gegen den Verwalter gerichtete Anspruch auf Auskunft zur Jahresabrechnung und zum Wirtschaftsplan steht allen Wohnungseigentümern gemeinschaftlich als unteilbare Leistung zu. Nur wenn der Verband trotz des Verlangens eines einzelnen Eigentümers davon keinen Gebrauch macht, kann der betreffende Eigentümer allein die Auskunft verlangen. Außerdem besteht ein Individualanspruch des einzelnen Wohnungseigentümers dann, wenn sich das Auskunftsverlangen auf Angelegenheiten bezieht, die ausschließlich ihn betreffen (BGH, 11.2.2011, V ZR 66/10).

- Schadenersatzansprüche, die auf die Verletzung des Gemeinschaftseigentums gestützt werden, sind im Interesse einer geordneten Verwaltung des Gemeinschaftseigentums einheitlich geltend zu machen. Es besteht – anders als bei Ansprüchen gemäß § 1004 BGB – eine geborene Ausübungsbefugnis der Wohnungseigentümergemeinschaft, und zwar auch für Wiederherstellungsansprüche gemäß § 823 Abs. 1 i. V. m. § 249 Abs. 1 BGB (BGH, 7.2.2014, V ZR 25/13).
- Inhaber des Gemeinschaftseigentums sind die Wohnungseigentümer als Bruchteilsgemeinschaft (siehe dort). Schadenersatzansprüche wegen Beschädigung des Gemeinschaftseigentums (hier: durch das Fällen zweier gesunder Pappeln) gehören somit nicht zum Verwaltungsvermögen und können folglich nicht gegenüber der Eigentümergemeinschaft geltend gemacht werden (LG Köln, 10.3.2011, 29 S 60/10).
- Zieht die Wohnungseigentümergemeinschaft die Durchsetzung von Beseitigungs- oder Unterlassungsansprüchen wegen Störungen des Gemeinschaftseigentums durch Mehrheitsbeschluss an sich, so begründet sie damit ihre alleinige Zuständigkeit für die gerichtliche Geltendmachung (BGH, 5.12.2014, V ZR 5/14).
- Eine Vergemeinschaftung von Individualansprüchen ist nur im Beschlusswege möglich, sie kann auch nicht konkludent erfolgen (LG Hamburg, 2.5.2012, 318 S 79/11).
- Hat die Gemeinschaft durch Beschluss Individualansprüche „vergemeinschaftet", so besteht keine Anspruchskonkurrenz. Die ausschließliche und vorrangige Rechtsverfolgung liegt dann beim Verband (LG München I, 9.2.2012, 36 S 7324/11).
- Der Anspruch auf Beseitigung einer baulichen Veränderung steht allein den einzelnen Wohnungseigentümern gegen den jeweiligen Störer zu. Es kann jedoch eine Vergemeinschaftung des Beseitigungsanspruchs nach § 10 Abs. 6 Satz 3 WEG erfolgen, wenn die Wohnungseigentümer die Ausübung durch den Verband für richtig erachten. Dagegen kann ein einzelner Wohnungseigentümer ein Vorgehen des Wohnungseigentümerverbands nur in wenigen Ausnahmefällen verlangen, da ihm ein eigenes Vorgehen ohne die Vergemeinschaftung möglich ist (LG Köln, 28.8.2014, 29 S 233/13).
- Zum Verjährungsbeginn: Das Wissen des Verwalters kann den einzelnen Mitgliedern einer Wohnungseigentümergemeinschaft bei der Durchsetzung ihrer Ansprüche als eigene Kenntnis i. S. v. § 199 Abs. 1 Nr. 2 BGB entsprechend § 166 BGB nur zugerechnet werden, wenn es sich um gemeinschaftsbezogene Ansprüche i. S. v. § 10 Abs. 6 Satz 3 Fall 1 WEG handelt oder wenn die Gemeinschaft Ansprüche der Wohnungseigentümer nach § 10 Abs. 6 Satz 3 Fall 2 WEG an sich gezogen hat (BGH, 4.7.2014, V ZR 183/13).
- Es gibt keinen Individualanspruch auf Vornahme einer Modernisierungsmaßnahme (LG München I, 23.6.2014, 1 S 13821/13).
- Ein Wohnungseigentümer, der an seinem Wohnungseigentum einen Nießbrauch bestellt hat, kann grundsätzlich als mittelbarer Handlungsstörer von den übrigen Wohnungseigentümern auf Unterlassung in Anspruch genommen werden, wenn der Nießbraucher das Wohnungseigentum in einer Weise nutzt, die mit dem in der Teilungserklärung vereinbarten Zweck unvereinbar ist (BGH, 16.5.2014, V ZR 131/13).
- Ein Wohnungseigentümer kann gegenüber der Wohnungseigentümergemeinschaft keinen bereicherungsrechtlichen Anspruch auf Rückzahlung des von ihm monatlich erbrachten Hausgeldes mit der Begründung geltend machen, dass Wirtschaftspläne und Jahresabrechnungen für die betreffenden Jahre nicht vorlägen, weil die Beschlussfassungen der Wohnungseigentümer gerichtlich für nichtig erklärt worden seien. Die Erfüllung eines Bereicherungsanspruchs aus Mitteln der Gemeinschaft kann erst und nur dann verlangt werden, wenn eine durch Beschlussfassung der Gemeinschaft genehmigte Jahresabrechnung ein Guthaben für den betreffenden Wohnungseigentümer ausweist. Vor einer noch herbeizuführenden wirksamen Beschlussfassung oder einer sie ersetzenden gerichtlichen Entscheidung entsteht weder eine Nachzahlungspflicht noch ein Erstattungsanspruch bei Wohnungseigentümern (LG Düsseldorf, 7.11.2013, 19 S 77/12).
- Macht ein Wohnungseigentümer einen ihm allein zustehenden Schadenersatzanspruch gegen den Verwalter geltend, sind die anderen Wohnungseigentümer nicht Beteiligte. Der einzelne Wohnungseigentümer braucht zur Durchsetzung eines ihm als Einzelgläubiger gegen den Verwalter zustehenden Schadenersatzanspruchs keine Ermächtigung durch die Gemeinschaft. Teilt der Verwalter einem Wohnungseigentümer zu Unrecht mit, die von diesem beabsichtigte Baumaßnahme bedürfe nicht der Zustimmung der übrigen Wohnungseigentümer, muss er die einem anderen Wohnungseigentümer bei der Abwehr der hierdurch veranlassten Baumaßnahme entstandenen Rechtsverfolgungskosten ersetzen (BGH, 2.10.1991, V ZB 9/91, hier zur unberechtigten Genehmigung einer baulichen Veränderung durch den Verwalter).
- Der einzelne Wohnungseigentümer kann im Wohnungseigentumsverfahren wegen einer Beschädigung seiner Sachen einen Schadenersatzanspruch gegen den Verwalter auf die Schlechterfüllung des

Verwaltervertrags stützen, obwohl nicht er gemeinsam mit den übrigen Wohnungseigentümern, sondern die Wohnungseigentümergemeinschaft als teilrechtsfähiger Verband Vertragspartner des Verwalters ist (OLG Düsseldorf, 29.9.2006, I-3 Wx 281/05).

- Führt eine vom Verwalter ohne Eigentümerbeschluss angeordnete Instandsetzung zur individuellen Beeinträchtigung eines Sondereigentümers oder Sondernutzungsberechtigten, hat dieser gegen den Verwalter einen Individualanspruch auf Beseitigung der Störung (hier: Verkleinerung des Pkw-Stellplatzes durch Rohrführung). Der Verwalter persönlich kann aber nur auf die durch sein Vorgehen ohne Eigentümerbeschluss verursachten Mehrkosten in Anspruch genommen werden, wenn eine anderweitige Instandsetzung besondere Kosten verursacht hätte und von den Wohnungseigentümern nach den Grundsätzen ordnungsmäßiger Verwaltung hätte festgelegt werden müssen (hier: Bauarbeiten unter der Fundamentsohle; KG Berlin, 26.11.2001, 24 W 20/01).

Insolvenz

Die Insolvenz (Zahlungsunfähigkeit) beschreibt das auf Mangel an Zahlungsmittel beruhende Unvermögen eines Schuldners, seine fälligen Verbindlichkeiten zu erfüllen. Nach der Insolvenzordnung ist sie in der Regel gegeben, wenn der Schuldner seine Zahlungen eingestellt hat. Ebenso wie die Überschuldung stellt sie einen allgemeinen Grund für die Eröffnung des Insolvenzverfahrens dar. Die Eröffnung kann auch vom Schuldner beantragt werden.

§ 11 Abs. 3 WEG stellt klar, dass ein Insolvenzverfahren über das Verwaltungsvermögen der Gemeinschaft nicht stattfindet. Die Gemeinschaft der Wohnungseigentümer ist nicht insolvenzfähig. Die Auflösung der Eigentümergemeinschaft und auch die Aufhebung des Wohnungseigentums des Schuldners können nicht verlangt werden.

Instandhaltung und Instandsetzung

Inhaltsübersicht

Die Instandhaltung und Instandsetzung des Sondereigentums obliegt gemäß § 14 Nr. 1 WEG dem jeweiligen Sondereigentümer, die des Gemeinschaftseigentums gemäß § 21 Abs. 5 Nr. 2 WEG der Wohnungseigentümergemeinschaft. Instandhaltungsmaßnahmen sind dadurch gekennzeichnet, dass sie der Aufrechterhaltung des ursprünglichen Zustands und der Beseitigung von Abnutzungserscheinungen dienen.

BEISPIELE

- Pflege- und Vorsorgemaßnahmen
- Reinigungsmaßnahmen
- Wartungen und Inspektionen
- Schönheitsreparaturen
- Kleinere Reparaturen

Mit Instandsetzungsmaßnahmen werden größere Schäden und Mängel beseitigt, die durch Alterung, Abnutzung, Unterlassung der laufenden Instandhaltung oder durch Einwirkung Dritter entstanden sind.

BEISPIELE

- Altersbedingte Reparaturen
- Sanierungen
- Größere bauliche Maßnahmen
- Notwendige Erneuerungen

Von einer modernisierenden Instandsetzung gemäß § 22 Abs. 3 WEG spricht man, wenn über die Reparatur hinaus eine Anpassung an den Stand der Technik oder wirtschaftlich bessere Standards beabsichtigt ist. Dabei werden vorhandene defekte, veraltete oder unzureichende Einrichtungen oder Anlagen nicht durch gleichartige, sondern durch technisch neuere, bessere und möglicherweise auch teurere ersetzt. Eine modernisierende Instandsetzung kann mit einfacher Mehrheit beschlossen werden, wenn die angestrebte Neuerung eine technisch bessere oder wirtschaftlich sinnvollere Lösung darstellt. Wie diese Bewertung ausfällt, hängt von einer anzustellenden Kosten-Nutzen-Analyse ab. Deren Ergebnis rechtfertigt einen entsprechenden Wohnungseigentümerbeschluss nur dann, wenn sich die Mehraufwendungen innerhalb eines angemessenen Zeitraums — grundsätzlich innerhalb von zehn Jahren — amortisieren würden (LG Saarbrücken, 28.3.2013, 5 S 182/12).

BEISPIELE

- Umstellung auf andere Heizungsart
- Austausch von Holzfenstern durch Kunststofffenster mit Isolierverglasung
- Anbringung einer Wärmedämmung im Rahmen einer Fassaden- oder Dachsanierung
- Ersatz morscher Holzpfosten eines Zauns durch Stahlpfosten
- Installation eines Balkongeländers anstelle einer massiven Balkonbrüstung
- Neueindeckung des Dachs mit hochwertigeren Dachziegeln

- Ersatz einer stark reparaturbedürftigen Gemeinschaftsantenne durch Breitbandkabel

Zuletzt müssen noch die Modernisierungen (siehe dort) unterschieden werden. Unter diesen Begriff fallen alle Maßnahmen i. S. v. § 559 BGB, die den Gebrauchswert nachhaltig erhöhen, die allgemeinen Wohnverhältnisse auf Dauer verbessern oder zu nachhaltigen Einsparungen von Energie oder Wasser führen. Im Zuge der WEG-Reform im Jahr 2007 wurde den Wohnungseigentümern mit § 22 Abs. 2 WEG die Beschlusskompetenz für reine Modernisierungen oder Anpassungen an den Stand der Technik gegeben. Auch ohne konkreten Reparaturbedarf können unter bestimmten Voraussetzungen Modernisierungen i. S. v. § 559 BGB durch eine qualifizierte Mehrheit — also durch drei Viertel aller stimmberechtigten Wohnungseigentümer nach dem gesetzlichen Kopfprinzip und gleichzeitig mehr als die Hälfte der Miteigentumsanteile — beschlossen werden.

BEISPIELE

- Einbau einer Zentralheizung
- Einbau eines Fahrstuhls
- Einbau einer (Video)Gegensprechanlage
- Einbau von Isolierglasfenstern oder Anbringen einer Wärmedämmung ohne konkreten Instandsetzungsbedarf

1 Beschluss und Durchführung

Für die Durchführung von Instandhaltungs- und Instandsetzungsmaßnahmen sind primär die Wohnungseigentümer selbst zuständig; der Verwalter ist nur weisungsgebundener Sachwalter und Vollzugsorgan (LG Hamburg, 9.4.2014, 318 S 70/13). Das Delegieren der Entscheidungen über Maßnahmen der Instandhaltung und Instandsetzung an den Verwalter kommt nur in Ausnahmefällen in Betracht (LG München, 10.11.2008, 1 T 4472/08; LG München, 28.6.2007, 1 T 2063/07). Die Wohnungseigentümer können über die erforderlichen Maßnahmen gemäß § 21 Abs. 3 WEG durch Mehrheitsbeschluss entscheiden und bestimmen, ob und welche Arbeiten ausgeführt werden. Auch bei modernisierenden Instandsetzungen reicht ein einfacher Mehrheitsbeschluss aus, denn die ordnungsgemäße Instandhaltung und Instandsetzung ist nicht auf eine bloße Wiederherstellung des früheren Zustands beschränkt.

Die Frage der Ordnungsmäßigkeit einer Maßnahme richtet sich danach, ob die Instandhaltung oder Instandsetzung bei objektiv-vernünftiger Betrachtungsweise nützlich und nach der Verkehrsauffassung sowie der wirtschaftlichen Leistungsfähigkeit der Gemeinschaft vertretbar ist. Die Art und Weise der Ausführung muss einer technisch einwandfreien und erprobten Lösung entsprechen und zur dauerhaften Beseitigung der aufgetretenen Mängel und Schäden führen. Den Grundsätzen einer ordnungsgemäßen Verwaltung (§ 21 Abs. 3 WEG) genügt jedenfalls bei Vorliegen gravierender Mängel der Bausubstanz nur eine den allgemein anerkannten Stand der Technik sowie die Regeln der Baukunst beachtende Sanierung.

Hinweis: DIN-Normen tragen die Vermutung in sich, dass sie den Stand der allgemein anerkannten Regeln der Technik wiedergeben. Daher sind solche Sanierungen im Allgemeinen DIN-gerecht auszuführen (BGH, 24.5.2013, V ZR 182/12).

Die Gemeinschaft hat grundsätzlich einen Ermessensspielraum, ob und welche Maßnahmen sie zur Beseitigung von Mängeln am gemeinschaftlichen Eigentum ergreift. Im Hinblick auf die wirtschaftliche Leistungsfähigkeit der Gemeinschaft ist in jedem Fall eine Kosten-Nutzen-Analyse vorzunehmen. Zudem muss darauf geachtet werden, dass die beabsichtigte Maßnahme die einzelnen Wohnungseigentümer in finanzieller Hinsicht nicht überfordert. Dabei mag es — im Einzelfall — auch ordnungsgemäßer Verwaltung entsprechen, aus wirtschaftlichen Gründen keine schadensbeseitigenden Maßnahmen einzuleiten oder diese zurückzustellen. Daher kann die Ablehnung einer energetischen Sanierungsmaßnahme ordnungsgemäßer Verwaltung entsprechen. Andererseits ist es möglich, dass trotz hoher finanzieller Belastung der Wohnungseigentümer Instandsetzungsmaßnahmen angesichts einer fortschreitenden Verschlechterung des Bauzustands nicht verschoben werden können (LG Köln, 12.4.2010, 29 T 72/09).

Nach § 27 Abs. 1 Nr. 2 WEG ist der Verwalter gegenüber den Wohnungseigentümern und gegenüber der Gemeinschaft der Wohnungseigentümer berechtigt und verpflichtet, die für die ordnungsmäßige Instandhaltung und Instandsetzung des gemeinschaftlichen Eigentums erforderlichen Maßnahmen zu treffen. Ihm obliegt die Verpflichtung, die Wohnungseigentümer darüber zu unterrichten und ihre Entscheidung über das weitere Vorgehen durch entsprechende Beschlüsse herbeizuführen. Verletzt der Verwalter schuldhaft diese ihm auferlegten Pflichten, haftet er gegenüber dem Verband der Wohnungseigentümer für den dadurch entstehenden Schaden (§ 280 Abs. 1 BGB); ebenso für Schäden, die einem einzelnen Wohnungseigentümer an seinem Sondereigentum entstanden sind. Lehnt es der Verwalter beispielsweise bei einer im Sondereigentum aufgetretenen Feuchtigkeit (siehe dort) und Schimmelbildung ab, der Ursache nachzugehen, obgleich hierfür ein Mangel am Gemeinschaftseigentum nicht von vornherein auszuschließen war, handelt er pflichtwidrig. Stellt sich dann später heraus, dass Ursache ein Mangel im Gemeinschaftseigentum ist, hat der Verwalter dem geschädigten Eigentümer den entstandenen Schaden zu ersetzen (LG München I, 15.10.2012, 1 S 26801/11).

Die ihm gesetzlich auferlegte Pflicht nimmt der Verwalter als eigene Aufgabe wahr; sie beschränkt sich jedoch darauf, das gemeinschaftliche Eigentum regelmäßig auf Baumängel zu überprüfen bzw. überprüfen zu lassen (LG Hamburg, 10.4.2013, 318 S 91/12). Bevor der Verwalter einen Auftrag zur Durchführung von Instandsetzungs- und Instandhaltungsmaßnahmen am Gemeinschaftseigentum vergibt, muss er mehrere Konkurrenzangebote einholen (siehe „Auftragsvergabe"). Kein Eigentümer kann verpflichtet werden, der Vergabe von Sanierungsarbeiten auf Grundlage von Konkurrenzangeboten zuzustimmen, die erst noch eingeholt werden (BayObLG, 26.1.1999, 2Z BR 130/98). Ein Beschluss über eine größere Instandhaltungsmaßnahme, ohne dass Konkurrenzangebote zur Beschlussfassung vorgelegen haben, entspricht regelmäßig nicht ordnungsmäßiger Verwaltung und ist damit anfechtbar.

Jeder einzelne Wohnungseigentümer kann von den anderen Wohnungseigentümern die erforderliche Mitwirkung, insbesondere die Zustimmung zu den erforderlichen Beschlüssen verlangen. Kommt also ein Mehrheitsbeschluss über eine notwendige Instandhaltungsmaßnahme nicht zustande, weil sich die Mehrheit weigert, diese durchführen zu lassen, so kann jeder einzelne Wohnungseigentümer im Rahmen seines individuellen Anspruchs auf ordnungsmäßige Verwaltung des gemeinschaftlichen Eigentums die Durchführung der Maßnahme gerichtlich durchsetzen. Eine Vorbefassung der Eigentümerversammlung ist jedoch vor der gerichtlichen Geltendmachung zwingend erforderlich (BGH, 15.1.2010, V ZR 114/09).

Keinerlei Ermessensspielraum, ob sie eine Sanierung der Einheit eines Wohnungseigentümers bzw. des in diesem Bereich belegenen Gemeinschaftseigentums vornehmen lassen, haben die Eigentümer dann, wenn trotz einer hohen finanziellen Belastung das Verschieben von Erhaltungsmaßnahmen angesichts einer fortschreitenden Verschlechterung des Bauzustands nicht mehr infrage kommt. In einem solchen Fall entspricht die weitere Zurückstellung nicht mehr ordnungsgemäßer Verwaltung (LG Hamburg, 10.4.2013, 318 S 91/12). Anders gesagt: Die Ablehnung eines Beschlussantrags (Negativbeschluss) entspricht ordnungsgemäßer Verwaltung, solange das Ermessen der Wohnungseigentümer nicht auf null reduziert war. Liegen bereits zwei Gutachten vor, kann im Einzelfall das Ermessen der Eigentümer auf eine Komplettsanierung beschränkt sein. Dies gilt insbesondere bei durch Feuchtigkeit bereits beschädigter Bausubstanz (LG Hamburg, 12.11.2014, 318 S 74/14). Lehnen die Eigentümer es ab, erforderliche Maßnahmen der Instandhaltung und Instandsetzung durchzuführen, können auch Schadenersatzansprüche drohen (OLG München, 18.2.2009, 32 Wx 120/08).

Entspricht nur die sofortige Vornahme einer zur Instandsetzung des gemeinschaftlichen Eigentums erforderlichen Sanierungsmaßnahme ordnungsmäßiger Verwaltung, bleibt für die Berücksichtigung finanzieller Schwierigkeiten oder des Alters einzelner Wohnungseigentümer kein Raum. Erleidet ein einzelner Wohnungseigentümer einen Schaden an seinem Sondereigentum, weil eine Beschlussfassung über die sofortige Vornahme derartiger Instandsetzungsmaßnahmen unterblieben ist, trifft die Verpflichtung zum Schadenersatz nicht den rechtsfähigen Verband, sondern diejenigen Wohnungseigentümer, die schuldhaft entweder untätig geblieben sind oder nicht für die erforderliche Maßnahme gestimmt bzw. sich enthalten haben (BGH, 17.10.2014, V ZR 9/14).

Hinweis: Die Wohnungseigentümer müssen das Betreten oder Benutzen ihres Sondereigentums im Rahmen von Instandhaltungs- oder Instandsetzungsmaßnahmen nach § 14 Nr. 4 WEG dulden, soweit dies zur Durchführung der Maßnahmen erforderlich ist. Entsteht jedoch hierdurch ein Schaden, können sie diesen unabhängig von einem Verschulden der Gemeinschaft von ihr ersetzt verlangen (siehe „Folgeschadenbeseitigung im Sondereigentum").

2 Kostenverteilung

Die Kostenverteilung (siehe dort) bei Instandhaltungs- und Instandsetzungsmaßnahmen sowie Modernisierungen erfolgt grundsätzlich gemäß § 16 Abs. 2 WEG nach dem Verhältnis der Miteigentumsanteile, sofern die Gemeinschaftsordnung hierfür keine andere Kostentragungsregelung vorsieht. Nach § 16 Abs. 4 WEG ist es jedoch möglich, bei diesen Maßnahmen Beschlüsse über abweichende Kostenverteilungsregelungen zu treffen. Sofern die Gemeinschaftsordnung eine Vereinbarung zum Kostenverteilungsschlüssel enthält, kann dieser aufgrund der Beschlusskompetenz der Eigentümer nach § 16 Abs. 4 WEG abgeändert werden. Gibt die Gemeinschaftsordnung keinen Kostenverteilungsschlüssel vor, kann ebenso der gesetzliche Kostenverteilungsschlüssel (§ 16 Abs. 2 WEG) abgeändert werden. Die Voraussetzung für einen entsprechenden Beschluss nach § 16 Abs. 4 WEG sind:

- Es muss sich um einen konkreten Einzelfall handeln, es können also keine generellen Regelungen mit Wirkung für die Zukunft beschlossen werden.
- Der abweichende Kostenverteilungsmaßstab muss dem Gebrauch oder der Möglichkeit des Gebrauchs Rechnung tragen.

- Bei der Abstimmung wird die doppelt qualifizierte Mehrheit (siehe „Beschluss", Abschnitt 3 „Qualifizierter Mehrheitsbeschluss") erreicht.

Der Kostenverteilungsschlüssel kann nicht generell geändert werden, sondern nur im Hinblick auf einen ganz bestimmten zu regelnden Einzelfall. Für generelle Regelungen fehlt die Beschlusskompetenz, sodass solche Beschlüsse nichtig sind (BGH, 9.7.2010, V ZR 202/09; LG München I, 13.2.2012, 1 S 8790/11; a. A. AG Hildesheim, 17.9.2013, 44 C 15/13). Ein solcher Einzelfall i. S. d. § 16 Abs. 4 WEG liegt nicht vor, wenn die Kosten der Instandhaltung, zum Beispiel von Terrassenfenstern und -türen, nicht nur für die einzelne konkret anstehende Reparatur, sondern dauerhaft auf die einzelnen Wohnungseigentümer abgewälzt werden sollen. Derartige Regelungen schließt die Beschlusskompetenz nach § 16 Abs. 4 WEG nicht ein. Damit fehlt den Wohnungseigentümern die Kompetenz, eine solche Regelung per Beschluss zu treffen. Nachdem mit einer solchen Entscheidung zudem unzulässigerweise die Teilungserklärung geändert werden würde, sind entsprechende Beschlüsse nichtig (BGH, 25.9.2009, V ZR 33/09).

Ein Beschluss über die abweichende Verteilung der Kosten einer einzelnen Instandsetzungsmaßnahme entspricht nicht schon dann § 16 Abs. 4 WEG, wenn er dem dort vorgegebenen Gebrauchsmaßstab entspricht und die in § 16 Abs. 4 Satz 2 WEG bestimmte Mehrheit findet. Vielmehr muss nach § 21 Abs. 3, 4 WEG das Handeln der Wohnungseigentümergemeinschaft insgesamt den Grundsätzen ordnungsgemäßer Verwaltung entsprechen. Diesen genügt ein Beschluss dann nicht, wenn er auf eine verdeckte dauernde Änderung der Teilungsklärung hinausläuft, die § 16 Abs. 4 WEG nicht erlaubt (BGH, 18.6.2010, V ZR 164/09, zur Unzulässigkeit der Auferlegung von Kosten für eine Dachsanierung eines von mehreren Häusern nur auf die Eigentümer des zu sanierenden Hauses).

Ordnungsgemäßer Verwaltung entspricht eine nach § 16 Abs. 4 WEG im Einzelfall abweichende Kostenverteilung nur dann, wenn für alle gleichgelagerten Instandsetzungsmaßnahmen unter dem Gesichtspunkt der Maßstabskontinuität eine entsprechende abweichende Kostenverteilung beschlossen würde. Dies soll jedoch mit der Regelung des § 16 Abs. 4 WEG gerade nicht erreicht werden, sodass ein solcher Beschluss nicht den Grundsätzen ordnungsgemäßer Verwaltung entspricht. Ein Beschluss nach § 16 Abs. 4 WEG, der gegen die Grundsätze ordnungsgemäßer Verwaltung verstößt, ist nicht nichtig, sondern lediglich anfechtbar (BGH, 18.6.2010, V ZR 164/09).

Weitere Voraussetzung für einen Beschluss nach § 16 Abs. 4 WEG ist, dass die Kosten bei einer abweichenden Regelung nach dem Gebrauch oder der Möglichkeit des Gebrauchs durch die Wohnungseigentümer verteilt werden müssen. Der maßgebliche Gebrauch stellt nicht auf den alleinigen Gebrauch ab, sondern auch auf die tatsächliche Gebrauchshäufigkeit und die Gebrauchsmöglichkeit oder auf die Anzahl der nutzenden Personen oder auf vergleichbare Umstände (BGH, 18.6.2010, V ZR 164/09; BGH, 15.1.2010, V ZR 114/09). Die Belastung nur einzelner Eigentümer mit Kosten ist daher nur zulässig, wenn diese eigennützigen Gebrauch machen oder machen können, was den von den Kosten freigestellten Eigentümern nicht oder so nicht möglich ist (BGH, 18.6.2010, V ZR 164/09; LG Hamburg, 25.5.2011, 318 S 21/11).

BEISPIELE AUS DER RECHTSPRECHUNG

- Verteilung der Kosten für das Streichen von Fenstern nach Anzahl der Fenster oder Verteilung der Sanierungskosten der im Gemeinschaftseigentum stehenden Balkone nur auf die Eigentümer, deren Wohnungen auch Balkone besitzen (BGH, 15.1.2010, V ZR 114/09).
- Einer wirksamen Änderung des Kostenverteilungsschlüssels zur Ansammlung der Instandhaltungsrücklage steht bereits entgegen, dass die Regelung nicht nur einen Einzelfall i. S. v. § 16 Abs. 4 WEG betrifft. Der angefochtene Beschluss regelt keine einzelne Maßnahme und erschöpft sich nicht in deren Vollzug (BGH, 9.7.2010, V ZR 202/09).
- Wohnungseigentümer können im Beschlusswege nur den Einzelfall und nur die Kostenverteilung für die Sanierung von Fenstern regeln, nicht jedoch die Entscheidung für Unterhaltung und Instandsetzung auf die einzelnen Eigentümer übertragen, die generell nach eigenem Gutdünken eine Sanierung auf eigene Kosten durchführen sollen (AG Nürtingen, 8.10.2012, 19 C 972/12).
- Die Sanierung der wegen Korrosionsfortschritt durch eindringendes Tauwasser entstandenen Schäden in der Tiefgarage stellt einen Einzelfall i. S. d. § 16 Abs. 4 WEG dar (LG Stuttgart, 29.6.2011, 10 S 19/10).
- Beim Anbau eines Außenlifts für einen gehbehinderten Nutzer handelt es sich um eine bauliche Veränderung. In diesem Fall ist eine Kostentragungsregelung für den Außenlift zulasten des Bauwilligen selbst mit dessen Einverständnis nichtig; insoweit bedarf es einer Vereinbarung, da es sich um eine Dauerregelung handelt (LG München I, 23.6.2014, 1 S 13821/13).

Bei der Abstimmung ist für einen Beschluss nach § 16 Abs. 4 WEG ein qualifizierter Mehrheitsbeschluss (siehe „Beschluss", Abschnitt 3 „Qualifizierter Mehrheitsbeschluss") mit besonderen Voraussetzungen erforderlich. Hierdurch soll gewährleistet werden, dass ein Beschluss über eine Änderung der Kostenverteilung nur gefasst werden kann, wenn dies dem Willen der ganz überwiegenden Mehrheit entspricht.

Instandhaltungspflicht bei Sondereigentum

Nach § 14 Nr. 1 WEG ist jeder Wohnungseigentümer verpflichtet, die im Sondereigentum stehenden Gebäudeteile so instand zu halten, dass dadurch keinem anderen Wohnungseigentümer ein Nachteil erwächst, der über das bei einem geordneten Zusammenleben unvermeidliche Maß hinausgeht. Die Instandhaltung und Instandsetzung des Sondereigentums ist ausschließlich Sache des jeweiligen Sondereigentümers, nicht des Verwalters (BayObLG, 29.3.2000, 2 Z BR 6/00).

Die Aufträge zur Instandhaltung des Sondereigentums muss jeder Wohnungseigentümer daher selbst erteilen und auch die Kosten hierfür tragen. Die Wohnungseigentümergemeinschaft kann nicht durch Mehrheitsbeschluss Instandsetzungsmaßnahmen beschließen, die das Sondereigentum betreffen. Ist insbesondere nach der Teilungserklärung ein Wohnungseigentümer verpflichtet, die seiner alleinigen Nutzung unterliegenden Gebäudeteile ordnungsgemäß instand zu halten und instand zu setzen, kann die Durchführung einer Instandhaltungsmaßnahme von der Gemeinschaft nicht mehrheitlich beschlossen werden (BayObLG, 4.3.2004, 2Z BR 244/03). Kommt ein Wohnungseigentümer seiner Instandhaltungspflicht am Sondereigentum nicht nach, ist er den anderen Wohnungseigentümern oder der Wohnungseigentümergemeinschaft gegenüber zum Ersatz des Schadens verpflichtet, der sich aus der unterlassenen Instandhaltung seines Sondereigentums in einem anderen Sondereigentum oder im Gemeinschaftseigentum ergibt.

Instandhaltungsrückstellung/ -rücklage

Inhaltsübersicht

Zur ordnungsmäßigen Verwaltung gehört gemäß § 21 Abs. 5 Nr. 4 WEG, dass die Wohnungseigentümergemeinschaft eine angemessene Instandhaltungsrückstellung ansammelt. Zwar besteht keine gesetzliche Verpflichtung diese zu bilden, sie lässt sich jedoch als Maßnahme gemäß § 21 Abs. 2 WEG mehrheitlich beschließen. Jeder einzelne Eigentümer kann die Bildung einer Instandhaltungsrückstellung gemäß § 21 Abs. 4 WEG verlangen, sofern die Ansammlung nicht durch die Gemeinschaftsordnung oder eine nachträgliche Vereinbarung ausgeschlossen ist. Nach § 28 Abs. 1 Nr. 3 WEG werden die Beiträge zur Instandhaltungsrückstellung als Bestandteil der Zahlungen nach dem Wirtschaftsplan geleistet. Diese Gelder zählen zum Verwaltungsvermögen (siehe dort) und stellen sicher, dass auch bei einem unvorhergesehenen, plötzlich auftretenden Reparaturbedarf die erforderlichen Mittel zur Instandsetzung/Instandhaltung zur Verfügung stehen. Insbesondere für finanzschwächere Wohnungseigentümer ist es vorteilhaft, wenn eine laufende Ansparung stattfindet und nicht auf einmal größere Beträge, beispielsweise in Form einer Sonderumlage, fällig werden.

1 Verwendungszweck

Es ist möglich, die Instandhaltungsrückstellung für einen bestimmten Zweck anzusammeln oder eine allgemeine Rücklage anzusparen. Bei der Beschlussfassung kann die Wohnungseigentümergemeinschaft bestimmen, ob eine Maßnahme aus der Instandhaltungsrückstellung oder mittels einer Sonderumlage oder durch beides finanziert werden soll (BayObLG, 22.9.2004, 2Z BR 142/04). Die Wohnungseigentümer können eine Entnahme aus der Instandhaltungsrücklage nachträglich (auch konkludent) im Rahmen der Beschlussfassung über die Jahresendabrechnung genehmigen (LG Köln, 19.1.2012, 29 S 190/11).

Hinweis: Grundsätzlich widerspricht es der Zweckbestimmung einer Instandhaltungsrücklage, wenn diese für andere Maßnahmen, etwa zum Ausgleich von Wohngeldausfällen, verwendet wird (OLG München, 20.12.2007, 34 Wx 76/07).

Eigentümerbeschlüsse zur Beauftragung eines Sachverständigen zu weiteren Sanierungsuntersuchungen und zur Sanierungsplanung, um schädliche Bodenverunreinigungen zu beseitigen, stellen eine Maßnahme ordnungsgemäßer Verwaltung dar. Gleiches gilt für die beschlussmäßige Beauftragung eines Rechtsanwalts mit der rechtsberatenden Begleitung der Sanierung, wenn beispielsweise wegen der Beteiligung mehrerer Grundstückseigentümer ein Abstimmungsbedarf besteht. Die Honorare für Sachverständige und Rechtsberater können in solchen Fällen grundsätzlich aus der Instandhaltungsrücklage entnommen werden (OLG München, 25.1.2006, 34 Wx 114/05).

2 Höhe der Rücklage

Welche Höhe für die Instandhaltungsrücklage als angemessen gilt, hat der Gesetzgeber nicht bestimmt. Bei der Bemessung der Rücklage für Instandsetzungs- und Modernisierungsmaßnahmen haben die Wohnungseigentümer ein Ermessen (LG Hamburg, 29.2.2012, 318 S 8/11). Bei der Ermittlung müssen sie objektive Maßstäbe anlegen; entscheidend ist, was ein verständiger und vorausschauender Eigentümer zur Pflege seines Eigentums zurücklegen würde. Als Beurteilungskriterien hierfür sind die konkreten Verhältnisse der jeweiligen Wohnanlage, zum Beispiel Größe und Baujahr, baulicher Zustand, Reparaturanfälligkeiten sowie das Vorhandensein gemeinschaftlicher Einrichtungen (Aufzug, Schwimmbad, Sauna etc.), zu berücksichtigen.

Bei der Bestimmung der Höhe der Instandhaltungsrückstellung können die Sätze des § 28 Abs. 2 der Zweiten Berechnungsverordnung (II. BV) Orientierung geben. Hiernach erscheint ein Betrag zwischen 8,62 und 13,97 Euro pro qm und Jahr je nach Alter der Anlage und absehbarem Sanierungsbedarf angemessen (Stand: 1.1.2014). Da den Wohnungseigentümern jedoch ein weiter Ermessensspielraum zugestanden wird, können diese Angaben nur als Anhaltspunkte dienen; lediglich wesentlich niedrigere oder deutlich höhere Beträge dürften den Grundsätzen einer ordnungsmäßigen Verwaltung widersprechen. Eine bei Erstellung der Teilungserklärung bzw. der Gemeinschaftsordnung der Höhe nach festgelegte Instandhaltungsrücklage kann später durch einen Mehrheitsbeschluss an die wirtschaftlichen Gegebenheiten angepasst werden.

Die tatsächlich erfolgten Zahlungen der Wohnungseigentümer zur Instandhaltungsrücklage sind eine Einnahme der Gemeinschaft, die in der Jahresabrechnung (siehe dort) als solche erscheinen muss. Die Abrechnung soll den Wohnungseigentümern aufzeigen, welche Ausgaben und welche Einnahme die Wohnungseigentümergemeinschaft im Abrechnungszeitraum wirklich hatte. Dies erfordert auch, dass die Entwicklung der Instandhaltungsrücklage dargestellt wird. Dazu sind sowohl die Zahlungen auszuweisen, die die Wohnungseigentümer zur Instandhaltungsrücklage tatsächlich erbracht haben, als auch die Beträge, die sie schulden, aber noch nicht gezahlt haben (BGH, 4.12.2009, V ZR 44/09).

Der Anteil, den die Wohnungseigentümer zur Instandhaltungsrücklage beizutragen haben, richtet sich nach § 16 Abs. 2 WEG, und zwar nach der Höhe ihrer Miteigentumsanteile. Eine Änderung des Verteilungsschlüssel für die Ansammlung von Instandhaltungsrücklagen ist nach § 16 Abs. 4 WEG nicht möglich (BGH, 9.7.2010, V ZR 202/09; BGH, 1.4.2011, V ZR 162/10). Ausnahmsweise kann jedoch nach § 10 Abs. 2 Satz 3 WEG eine Änderung des Verteilungsschlüssels verlangt werden. Das ist der Fall, wenn laut Teilungserklärung oder Gemeinschaftsordnung für die Rücklagenbildung als Verteilungsschlüssel die Zahl der Wohnungen zugrunde gelegt wird, die Kosten der Instandhaltung jedoch nach Miteigentumsanteilen verteilt werden, sodass sich eine unbillige Kostenmehrbelastung von mehr als 25 % ergibt (LG Hamburg, 30.9.2009, 318 S22/09).

Hinweis: Der Verwalter muss die Instandhaltungsrücklage möglichst gewinnbringend anlegen. Durch Mehrheitsbeschluss kann die Wohnungseigentümergemeinschaft beschließen, wie die Instandhaltungsrückstellung angelegt werden soll. In jedem Fall sollte eine sichere Anlage wie Festgelder, Tagesgeldkonten oder Bundesschatzbriefe gewählt werden.

Der Beschluss einer Wohnungseigentümerversammlung, nach dem eine Instandhaltungsrücklage anderweitig Verwendung finden soll, entspricht nur dann ordnungsgemäßer Verwaltung und ist wirksam, soweit eine „eiserne Reserve“ verbleibt. Deren Höhe hängt von den Umständen des Einzelfalls ab, also vom Zustand der Anlage, dem Alter und der Reparaturanfälligkeit (LG Köln, 24.11.2011, 29 S 111/11).

Ein Beschluss für die Verwendung eines Teils der Instandhaltungsrücklage zur Überwindung von Liquiditätsengpässen bei der Deckung der Bewirtschaftungskosten entspricht ordnungsgemäßer Bewirtschaftung (AG Brühl, 18.4.2011, 23 C 583/10). Gibt die Teilungserklärung vor, dass die Sondereigentümer „zur Ansammlung einer Instandhaltungsrücklage für das gemeinschaftliche Eigentum verpflichtet“ sind und dass zur Bildung dieser Instandhaltungsrücklage von den Sondereigentümern ein vierteljährlicher Beitrag von 1,50 D-Mark/qm Sondereigentumsfläche zu entrichten ist, darf dabei keine Differenzierung zwischen dem Sondereigentum an einer Wohnung und dem Sondereigentum an einem Pkw-Einstellplatz erfolgen (LG Düsseldorf, 16.4.2014, 25 S 141/13).

Die Instandhaltungsrücklage ist Bestandteil des Verwaltungsvermögens (siehe dort), das der Wohnungseigentümergemeinschaft zugeordnet ist. Ein einzelner Eigentümer kann die Auszahlung seines Anteils an der Rücklage nicht verlangen. Wird eine Wohnung veräußert, geht die Beteiligung an einer Instandhaltungsrücklage gegenüber der Wohnungseigentümergemeinschaft kraft Gesetzes mit Übertragung des Eigentums an der Wohnung auf den Erwerber über. Dies hindert die Parteien nicht, für den Übergang dieses Anspruchs einen gesonderten Kaufpreis und im Gegenzug eine rechtsgeschäftliche Abtretung des Anteils an der Instandhaltungsrücklage zu vereinbaren (OLG Köln, 19.12.2013, I-19 U 133/13).

Jahresabrechnung

Inhaltsübersicht

Nach § 28 WEG muss der Verwalter für jedes Kalenderjahr einen Wirtschaftsplan aufstellen, nach dessen Ablauf eine Abrechnung erstellen sowie der Eigentümergemeinschaft den Wirtschaftsplan für das künftige Jahr, die Abrechnung für das vergangene Jahr und die Rechnungslegung insgesamt zur Beschlussfassung vorlegen. Die Abrechnung i. S. d. § 28 Abs. 3 WEG ist nicht zu verwechseln mit der Betriebskostenabrechnung im Wohnraummietrecht gemäß § 556 BGB.

1 Zeitraum

Es gehört zu den Aufgaben des Verwalters, nach Ablauf eines Kalenderjahres die Abrechnung zu erstellen. Jedem einzelnen Miteigentümer steht ein individueller Anspruch auf Abrechnung zu (OLG Saarbrücken, 9.11.2009, 5 W 204/09). Mehr ist hierzu gesetzlich nicht geregelt, daher ist der Verwalter bei der Abrechnung keinen gesonderten Abrechnungsvorschriften unterworfen, wie sie zum Beispiel für Handelsgesellschaften gelten, die eine Bilanz erstellen müssen (§§ 268 ff. HGB).

Hinweis: Der Beschluss einer Eigentümergemeinschaft, dass der Verwalter zukünftig keine Jahresabrechnungen mehr erstellen muss, ist mangels Beschlusskompetenz wohl nichtig, wobei sich dies unter Umständen anders vereinbaren lässt (Bärmann-Becker, WEG § 28 Rn. 10). Allerdings ist dies umstritten und auch nicht höchstrichterlich geklärt.

Bei einer Wohnungseigentümergemeinschaft, die nur aus zwei Personen besteht (sogenannte Zweiergemeinschaft, siehe auch dort), kann ein Sonderfall auftreten, wenn kein Verwalter vorhanden und bei der Abstimmung eine Pattsituation zu erwarten ist. In solchen Fällen hat sich in der Literatur und Rechtsprechung die Meinung durchgesetzt, dass derjenige Eigentümer, der die Kosten verauslagt hat, direkt vom einzigen Miteigentümer nachträglich die Zahlung des anteiligen Betrags verlangen kann (LG München I, 2.2.2009, 1 S 10225/08; OLG Karlsruhe, 20.7.2006, 11 Wx 154/05).

2 Abrechnungsperiode

Die Abrechnungsperiode umfasst grundsätzlich das Kalenderjahr. Das kann geändert werden, indem die Wohnungseigentümer eine vom Kalenderjahr abweichende Wirtschaftsperiode vereinbaren. Allerdings ist das jedenfalls auf Dauer nicht im Wege der Beschlussfassung möglich, denn der Eigentümerversammlung fehlt dafür die Beschlusskompetenz.

Bei einer unterjährigen Abrechnung kann jederzeit und ohne Weiteres zur kalenderjährlichen Abrechnungspraxis zurückgegangen werden. Für das Rumpfjahr muss dann ggf. eine gesonderte Teilabrechnung durch den Verwalter erfolgen.

Die Jahresabrechnung hat der Verwalter nach Ablauf des Kalenderjahres oder ggf. des Wirtschaftsjahres vorzunehmen, sofern die Gemeinschaftsordnung keine näheren Regelungen vorsieht oder etwas anderes nachträglich vereinbart wurde. Grundsätzlich ist die Jahresabrechnung Basis bei der Erstellung des Wirtschaftsplans für das nachfolgende Wirtschaftsjahr. Allerdings muss dem Verwalter für die Abrechnung eine angemessene Frist eingeräumt werden (BGH, 20.6.2002, V ZB 39/01, sechs Monate, wobei Ausnahmen möglich sind). Es empfiehlt sich daher, diesbezüglich klare Regelungen im Verwaltervertrag zu treffen.

3 Inhalt

Die Jahresabrechnung besteht mindestens aus einer Gesamtabrechnung für die Wohnungseigentümergemeinschaft und aus Einzelabrechnungen für jede einzelne Sondereigentumseinheit; die Einzelabrechnungen werden aus der Gesamtabrechnung hergeleitet. In der Regel erfolgt die Jahresabrechnung in Kombination mit den Einzelabrechnungen. Jeder Eigentümer erhält eine Jahresabrechnung, die alle Einnahmen und Ausgaben der Wohnungseigentümergemeinschaft ausweist und in der das Gesamtergebnis festgehalten wird. Darüber hinaus enthält die Jahresabrechnung oft Angaben zur Kontenentwicklung, zur Vermögenslage, zu den tatsächlichen Zuführungen zur Instandhaltungsrücklage sowie zu den Rückständen von Eigentümern mit Wohngeldzahlungen oder auf die Instandhaltungsrücklage. Wenn keine Angaben über die Anfangsbestände und die Bestände der Konten der Wohnungseigentümergemeinschaft gemacht werden, fehlen wesentliche Bestandteile in der Abrechnung, die im Fall der gerichtlichen Anfechtung zur vollen Ungültigerklärung des gesamten Genehmigungsbeschlusses führen (LG München I, 6.10.2011, 36 S 17150/11).

4 Form

Die Abrechnung bildet die Grundlage für die anteilige Lasten- und Kostentragung (siehe „Kosten und Lasten") gemäß § 16 Abs. 2 WEG, über die die Wohnungseigentümer gemäß § 28 Abs. 5 WEG mit Stimmenmehrheit beschließen. Sie muss mindestens die Zusammenstellung der gesamten Lasten und Gesamtkosten i. S. d. § 16 Abs. 2 WEG enthalten, wie sie als Ausgaben im Abrechnungszeitraum tatsächlich gezahlt wurden. Ferner müssen der zugrunde liegende Verteilungsschlüssel der Kosten benannt und erläutert sowie die Nutzungen i. S. d. § 16 Abs. 1 WEG, wie sie als Einnahmen der Wohnungseigentümergemeinschaft real zugeflossen sind, angegeben werden. Darüber hinaus werden der Anteil der einzelnen Wohnungseigentümer an den Einnahmen und Ausgaben dargestellt, die Vorauszahlungen des Wohngeldes abgezogen und schlussendlich die jeweilige Restforderung bzw. das Guthaben ausgewiesen.

In der Jahresabrechnung werden die Gesamtausgaben in der Regel in die Positionen „allgemeine Betriebskosten", „Heizkosten", „Verwaltervergütung" und „Instandhaltungsrückstellung" aufgegliedert. Aufwendungen für Instandhaltungen sollten sinnvollerweise gesondert nach den jeweiligen einzelnen Maßnahmen ausgewiesen werden. Daneben sind Zahlungseingänge der Wohnungseigentümer sowie die korrigierenden Zahlungsabflüsse im Bereich der Sonderumlage, sofern vorhanden, darzustellen. Gesondert auszuweisen sind außerdem aus der Gemeinschaftskasse gezahlte Gerichtsverfahren; diese sind auch als Ausgabenpositionen der Jahresabrechnung einzustellen. Grundsätzlich gilt, dass die getätigten Ausgaben samt Umsatzsteuer enthalten sein müssen. Die Salden der einzelnen Miteigentümer (Guthaben, geschuldetes Wohngeld) sind nach überwiegender Ansicht in der Literatur lediglich in den Einzelabrechnungen auszuweisen. Darüber hinaus müssen in der Jahresgesamtabrechnung Angaben über Rücklagen, Zinsen und Kontostände enthalten sein.

5 Ergänzende Vorschriften

Da § 28 Abs. 3 WEG keine gesonderten rechtlichen Vorgaben enthält, sind ergänzend § 259 Abs. 1 und § 666 BGB heranzuziehen. Demnach hat der Verwalter als die zur Rechenschaft verpflichtete Person den Wohnungseigentümern als Berechtigten eine geordnete Zusammenstellung der Einnahmen und Ausgaben zur Verfügung zu stellen und die entsprechenden Belege — soweit erteilt — vorzulegen.

Nach ständiger Rechtsprechung des BGH sind in der Gesamtabrechnung nur tatsächlich erzielte Einnahmen und erfolgte Ausgaben zu verbuchen (BGH, 4.12.2009, V ZR 44/09; BGH, 11.10.2013, V ZR 271/12), zudem stellt er fest, dass die Gesamtabrechnung weder eine Bilanz noch eine Gewinn- und Verlustrechnung ist. Die Prüfung der Gesamtabrechnung hinsichtlich ihrer rechnerischen Richtigkeit soll durch die Darstellung der tatsächlichen Geldflüsse durch einen Abgleich mit den Gesamtkosten und Gesamtkontoständen ohne weitere Hilfsmittel möglich sein; die bloße Berechenbarkeit reicht hier wohl nicht aus (OLG Frankfurt/Main, 20.6.1984, 20 W 602/83; BayObLG, 21.3.1989, BReg. 1 b Z 14/88).

Hinweis: Da es sich bei der Gesamtabrechnung um eine reine Einnahmen-Ausgaben-Rechnung für das jeweilige Kalenderjahr handelt, sind bereits fällige, aber noch nicht gezahlte Forderungen Dritter auch nicht in die Gesamtabrechnung für das jeweilige Kalenderjahr mit einzubeziehen.

6 Rechnungsabgrenzung, Bezug zum Mietrecht

Sehr oft erstellt der Verwalter eine generelle Rechnungsabgrenzung oder zumindest eine Übersicht, welche Kosten ein Vermieter nach mietrechtlichen Vorschriften umlegen kann. Wie weit diese Rechnungsabgrenzung gehen muss und soll, ist in Rechtsprechung und Literatur umstritten. Eine Meinung besagt, dass die Abgrenzung in der Abrechnung als Mittel der kaufmännischen Buchführung ein Schritt zur Erstellung eines Jahresabschlusses ist, mit dem Werte und Zahlen in der Gewinn- und Verlustrechnung der korrekten Rechnungsperiode zugeordnet werden können. Mit diesen lässt sich hinsichtlich der periodischen Abrechnung der wirtschaftliche „Erfolg" auch dann darstellen, wenn ein Geschäftsvorfall unterschiedliche Rechnungsperioden betrifft (Bärmann-Seuß, Praxis des Wohnungseigentums, 6. Auflage 2013, Rn. 1574—1577). Da es sich bei der Jahresabrechnung aber um eine reine Einnahmen-Ausgaben-Rechnung handelt, darf dies allerdings nicht so weit gehen, dass die Abrechnung insgesamt nicht mehr übersichtlich und nachvollziehbar ist oder nur noch von Sachverständigen gelesen werden kann (LG Nürnberg-Fürth, 26.9.2008, 14 S 4692/08)

Ein Mehrheitsbeschluss, der es dem Verwalter generell erlaubt, bei „wichtigen" Ausgabenpositionen Rechnungsabgrenzungen vorzunehmen, ist zwar nicht nichtig, allerdings wohl anfechtbar; wobei in Ausnahmefällen die Bildung von Rechnungsabgrenzungsposten zulässig sein soll, zum Beispiel für die Heizkostenabrechnung (BayObLG, 7.3.2002, 2Z BR 77/01).

7 Verwalterwechsel in der Abrechnungsperiode

Falls der Verwalter im Lauf oder zum Ende eines Wirtschaftsjahres oder Kalenderjahres ausscheidet, hat der neue Verwalter die Abrechnung, wenn sie in dem Zeitpunkt seiner Bestellung fällig ist, für diesen Zeitraum zu erstellen (BayObLG, 20.12.1994, 2Z BR 106/94).

8 Kenntnisgabe, Belegeinsicht

Die Jahresgesamtabrechnung wird zweckmäßigerweise zusammen mit den Einzelabrechnungen und dem Wirtschaftsplan gleichzeitig mit einer Einladung zur Wohnungseigentümerversammlung übersandt. Damit haben die Miteigentümer die Möglichkeit, die Abrechnung vorab zu überprüfen und ggf. bei der Verwaltung Einsicht in die Belege zu nehmen. Wird die Einsichtnahme verweigert oder haben die einzelnen Eigentümer keine Gelegenheit, in zumutbarer und ausreichender Weise auch alle Einzelabrechnungen einzusehen, ist der Beschluss über die Jahresabrechnung anfechtbar (OLG Köln, 24.8.2005, 16 Wx 80/05). Da das Ermöglichen des Einsichtsrechts eine gesetzlich angelegte Zuständigkeit des Verwalters darstellt, können ihm gemäß § 49 Abs. 2 WEG die Kosten für derartige Anfechtungsverfahren auferlegt werden.

9 Prüfung durch den Verwaltungsbeirat

Nach § 29 Abs. 3 WEG soll über die Jahresabrechnung erst nach Vorprüfung durch den Verwaltungsbeirat beschlossen werden. Allerdings ist diese Vorprüfung keine Wirksamkeitsvoraussetzung für einen Beschluss über die Jahresabrechnung, da es sich hierbei um eine Sollvorschrift handelt, die nicht zwingend eingehalten werden muss. Daher kann das Unterlassen der vorherigen Prüfung durch den Beirat auch nicht als formaler Anfechtungsgrund gelten (KG Berlin, 25.8.2003, 24 W 110/02). Es ist also immer vorteilhaft, die Jahresabrechnung vom Verwaltungsbeirat, den die Wohnungseigentümerversammlung bestimmt hat, vorab prüfen zu lassen. Es bleibt der Eigentümerversammlung allerdings unbenommen, eine Jahresabrechnung, die vorher nicht geprüft wurde, im Beschlusswege abzulehnen. Wurde die Vorprüfung schuldhaft unterlassen, kann es durchaus zu einer Schadenersatzpflicht einzelner Beiratsmitglieder kommen, da dies eine grob fahrlässige Pflichtverletzung darstellen kann (OLG Düsseldorf, 24.9.1997, 3 Wx 221/97).

10 Genehmigung

Die Jahresabrechnung wird von der Eigentümerversammlung mit einfacher Mehrheit beschlossen (§ 28 Abs. 5 WEG). Selbst wenn die Gemeinschaftsordnung Bestimmungen enthält, nach denen die vom Verwalter erstellte Jahresabrechnung als genehmigt gilt, wenn die Wohnungseigentümergemeinschaft oder ein einzelner Wohnungseigentümer dem nicht innerhalb einer bestimmten Frist schriftlich widerspricht, muss die Jahresabrechnung dennoch beschlossen werden, da solche Klauseln in der Regel unwirksam sind (KG Berlin, 4.7.1990, 24 W 1434/90). Zwar sind die Bestimmung des § 28 WEG grundsätzlich abdingbar, doch hier steht der Grundsatz und die Gesetzesintention zur verpflichtenden Abrechnung entgegen. Allerdings „überstimmt" eine Beschlussfassung über die Jahresabrechnung in der Eigentümerversammlung solche Fiktionsklauseln (BayObLG, 20.3.2001, 2Z BR 101/00).

Sobald die Jahresabrechnung beschlossen ist, bekommt sie, sofern sie nicht angefochten wird, Bestandskraft. Selbst wenn der Beschluss materiell unrichtig sein sollte, bindet ein nicht gerichtlich für ungültig erklärter Abrechnungsbeschluss jeden Wohnungseigentümer (BayObLG, 28.6.2002, 2Z BR 41/02); dies wird allerdings teilweise unterschiedlich gesehen (LG Hamburg, 6.4.2005, 318 T 239/04; derzeit noch strittig).

Sobald die Jahresabrechnung und die Einzelabrechnungen genehmigt wurden, sind die sich daraus ergebenden Beträge jeweils sofort zur Zahlung fällig. Das gilt für Nachzahlung von Wohnungseigentümern ebenso wie für Guthaben, die der Verwalter auskehren muss. Es steht im Ermessen und in der Beschlusskompetenz der Wohnungseigentümergemeinschaft, zur Verrechnung von Guthaben und Nachzahlungen Beschlüsse zu fassen. Dazu ist allerdings anzumerken, dass sich Nachzahlungsbeträge einzelner Wohnungseigentümer bereits mit Beschlussfassung zur Jahresabrechnung aus den Einzelabrechnungen ergeben und nicht erst mit Bestandskraft dieses Genehmigungsbeschlusses (BayObLG, 19.7.1990, BReg. 2 Z 71/90). Das gilt auch für den Fall der Beschlussanfechtung durch einen Wohnungseigentümer bei Gericht, da bis zur rechtskräftigen Feststellung der Wirksamkeit oder Unwirksamkeit des Genehmigungsbeschlusses eine Zahlungsverpflichtung für Rückstände besteht.

11 Gerichtliche Überprüfung einer fehlerhaften Jahresabrechnung

Eine fehlerhafte Jahresabrechnung kann jeder Wohnungseigentümer grundsätzlich im Rahmen einer Anfechtungsklage gerichtlich überprüfen lassen. Wenn wesentliche Bestandteile der Abrechnung fehlen, ist eine Beschlussfassung der Eigentümerversammlung nicht nichtig, allerdings anfechtbar. Hier bleibt anzumerken, dass nach herrschender Meinung bei Fehlen einzelner Bestandteile nur ein Anspruch gegen den Verwalter auf Ergänzung der Jahresabrechnung in Betracht kommt, jedoch nicht die Unwirksamkeit der gesamten Abrechnung im Rahmen der gerichtlichen Feststellung begehrt werden kann (BGH, 11.5.2012, V ZR 193/11; BayObLG, 23.4.1993, 2Z BR 113/92; KG Berlin, 30.3.1992, 24 W 6339/91; OLG Düsseldorf, 26.6.1991, 3 Wx 182/91).

Hinweis: Weichen nur kleinere Einzelpositionen in sehr geringen Beträgen von einer korrekten Abrechnung ab, dürfte eine dennoch erhobene Anfechtungsklage wohl abgewiesen werden (BayObLG, 11.11.1988, BReg. 2 Z 92/88; KG Berlin, 13.4.1987, 24 W 5174/86).

Kaltwasserzähler

Inhaltsübersicht

Die Kosten des jeweiligen Kaltwasserverbrauchs im Sondereigentum sowie die meist daran gekoppelten Kosten für die Abwasserentsorgung durch entsprechende Abrechnung der jeweiligen Versorger zählen nach Ansicht des BGH nicht zu den Kosten, die in § 16 Abs. 2 WEG als „Lasten und Kosten" geregelt sind. Der Verbrauch von Kaltwasser und die dadurch entstehenden Kosten sind Betriebskosten, die auch nach Verbrauch erfasst werden und in Abweichung von § 16 Abs. 2 WEG entsprechend verbrauchsabhängig abgerechnet werden können.

1 Verbrauchserfassung

Es ist daher im Rahmen der Beschlusskompetenz der Wohnungseigentümer möglich, eine verbrauchsabhängige Erfassung und Abrechnung von Kaltwasser zu beschließen, obwohl keine gesetzliche Verpflichtung dafür besteht. Zu den Betriebskosten gehören nach § 16 Abs. 3 WEG auch die Kosten des Wasserverbrauchs, deshalb kann die verbrauchsabhängige Abrechnung mit einfacher Mehrheit beschlossen werden. Allerdings ist es gesetzlich im Gegensatz zur Erfassung von Warmwasser nach der Heizkostenverordnung nicht zwingend, den Verbrauch durch entsprechende technische Einrichtungen zu erfassen. Werden sie in eine Bestandsimmobilie eingebaut, zählen die Kosten für die Installation und den Einbau zu den Betriebskosten und damit zu den Kosten, deren Abrechnung mit einem von § 16 Abs. 2 WEG abweichenden Verteilungsschlüssel mehrheitlich beschlossen werden kann.

2 Kosten des Einbaus

Der Einbau von Kaltwasserzählern kann im Rahmen der ordnungsmäßigen Verwaltung mit einfacher Mehrheit beschlossen werden (BGH, 25.9.2003, V ZB 21/03). Grundsätzlich sind dann die Verbrauchserfassungsgeräte, die dem gemeinschaftlichen Gebrauch der Wohnungseigentümer dienen, nicht Gegenstand des Sondereigentums, sondern gemäß § 5 Abs. 2 WEG zwingendes Gemeinschaftseigentum. Ob die Verbrauchserfassungsgeräte dem Sondereigentum oder dem gemeinschaftlichen Eigentum zuzuordnen sind, ist immer noch umstritten. Auf jeden Fall können die Kosten der Anschaffung und der Installation von Kaltwasserzählern mit mehrheitlicher Beschlussfassung den jeweiligen Wohnungseigentümern direkt auferlegt werden, da es sich hierbei um Betriebskosten nach § 16 Abs. 3 WEG als Kosten der Gebrauchsüberlassung von Wasserzählern i. S. d. § 2 Nr. 2 Betriebskostenverordnung (BetrKV) handelt. Das bedeutet, dass die Anschaffungskosten und Installationskosten wegen ihrer direkten Zurechenbarkeit vom jeweiligen Sondereigentümer zu tragen sind (BGH, 20.9.2000, V ZB 58/99; zusammenfassend Wenzel, ZWE 2001, 226–237; auch Bielefeld, GE 2002, 306 f.).

Ob sich die Anschaffung von Kaltwasserzählern zur verbrauchsabhängigen Abrechnung wirtschaftlich betrachtet amortisiert, ist im Einzelfall zu ermitteln, da auch Kaltwasserzähler grundsätzlich der Eichpflicht (siehe dort) unterliegen und alle sechs Jahre nachgeeicht bzw. ausgetauscht werden müssen.

Kaufvertrag über Wohnungseigentum

Inhaltsübersicht

Wird ein gebrauchtes Wohnungseigentum (Sondereigentum oder Teileigentum) veräußert, erfolgt die Veräußerung aufgrund eines Kaufvertrags gemäß § 433 ff. BGB. Der Kaufvertrag muss gemäß § 311b BGB notariell beurkundet werden. Zudem wird gemäß § 925 BGB die Auflassung (dingliche Einigung) erklärt und anschließend der Eigentumsübergang in das Grundbuch eingetragen. Damit ist der Erwerbsvorgang abgeschlossen.

1 Gewährleistungsausschluss

Regelmäßig wird beim Kauf gebrauchten Wohnungseigentums die Gewährleistung des Verkäufers für Sachmängel ausgeschlossen, sodass nach Beurkundung auftretende Mängel an der Immobilie beim Verkäufer nicht mehr geltend gemacht werden können. Etwas anderes gilt, wenn der Verkäufer diese Mängel arglistig verschwiegen oder eine Beschaffenheitszusage bzw. Garantie übernommen hat (§ 444 BGB).

2 Energieausweis

Der Verkäufer ist verpflichtet, dem potenziellen Erwerber spätestens bei der Besichtigung der Immobilie den Energieausweis vorzulegen (§ 16 Abs. 2 EnEV). Findet keine Besichtigung statt, hat der Verkäufer dem potenziellen Käufer den Energieausweis spätestens dann unverzüglich zu übergeben, wenn dieser danach fragt. Unverzüglich nach Abschluss des Kaufvertrags muss der Käufer vom Verkäufer aber dann den Energieausweis oder eine Kopie davon erhalten (§ 16 Abs. 2 Satz 3 EnEV).

3 Veräußerungszustimmung

Weiter ist zu beachten, dass im Einzelfall bei der Veräußerung des Wohnungseigentums geprüft werden muss, ob die Zustimmung des Verwalters gemäß § 12 WEG erforderlich ist.

4 Verbraucherkaufvertrag

Ist der Kaufvertrag als Verbraucherkaufvertrag zu beurteilen, muss der beabsichtigte Beurkundungstext dem Verbraucher zwei Wochen vor der Beurkundung zur Verfügung gestellt werden (§ 17 Abs. 2a Satz 2 Beurkundungsgesetz [BeurkG]).

Hinweis: Die Einhaltung der Zweiwochenfrist ist eine Amtspflicht des Notars, daher kann es bei Nichteinhaltung zu einer Haftung des Notars kommen (BGH, 7.2.2013, III ZR 121/12).

Ein Verbrauchervertrag liegt nur dann vor, wenn die Voraussetzungen des § 310 Abs. 3 BGB erfüllt sind. Erforderlich ist dafür, dass der Kaufvertrag zwischen einem Unternehmer gemäß § 14 Abs. 1 BGB und einem Verbraucher gemäß § 13 BGB zustande kommt. Dabei ist es nicht von Belang, ob der Verbraucher als Erwerber oder als Veräußerer auftritt. Unternehmer i. S. d. Vorschrift ist eine der Vertragsparteien nur, wenn sie den Kauf im Rahmen ihrer gewerblichen oder rückständigen beruflichen Tätigkeit vollzieht, sodass juristische Personen immer als Unternehmer auftreten.

5 Grunderwerbsteuer

Um Grunderwerbsteuer zu sparen, ist es sinnvoll, dass der Kaufvertrag die Instandhaltungsrücklage ausweist. Die Grunderwerbsteuer wird nämlich nur auf die Gegenleistung für den Kaufpreis erhoben, also den Erwerb von Grund und Boden und den Anteil der Gebäude, nicht aber für die Instandhaltungsrücklage. Zudem sollten die Kosten für Einrichtungs- oder Ausstattungsgegenstände des Wohnungseigentums getrennt ausgewiesen werden, zum Beispiel für eine Einbauküche, da dafür ebenfalls keine Grunderwerbsteuer anfällt.

6 Stimmrecht, Eintritt in die Wohnungseigentümergemeinschaft

Sobald der Erwerber des Wohnungseigentums als Eigentümer im Grundbuch steht, ist er verpflichtet, die Kosten und Lasten gemäß § 16 Abs. 2 WEG anteilig zu tragen. Zudem erhält er das Stimmrecht in der Wohnungseigentümerversammlung. Mit der Eintragung in das Grundbuch wird der Erwerber auch Teil der Wohnungseigentümergemeinschaft mit der Folge, dass Vereinbarungen, die im Grundbuch eingetragen sind, kraft Gesetzes gegen ihn wirken (§ 10 Abs. 3 WEG). Beschlüsse der Wohnungseigentümergemeinschaft muss er gemäß § 10 Abs. 4 WEG ebenfalls gegen sich gelten lassen. Als Mitglied der Wohnungseigentümergemeinschaft wird der Erwerber automatisch Mitglied des Verbands der Wohnungseigentümergemeinschaft, damit ist der zwischen dem Verband der Wohnungseigentümer und dem Verwalter abgeschlossene Vertrag für ihn verbindlich.

Keller

Keller und Kellerdecke zählen zum gemeinschaftlichen Eigentum; jedoch können die einzelnen Kellerabteile zu einer Wohnung und insoweit zum Sondereigentum gehören oder Sondernutzungsrechte an ihnen begründet werden. Ist ein Kellerabteil vollständig abgeschlossen, kann er auch selbstständiges Sondereigentum sein.

Räume, denen in der Teilungserklärung die Zweckbestimmung „Keller" zugewiesen wurde, dürfen wegen der höheren Intensität beim entsprechenden Gebrauch nicht als Büroraum oder für Wohn- oder Schlafzwecke genutzt werden. Findet eine zweckwidrige Nutzung des Kellerraums statt, kann vom jeweiligen Miteigentümer deren Aufgabe und Unterlassung verlangt werden.

Kfz-Stellplatz

„Garage/Kfz-Stellplatz"

Kinderspielplatz

Bei der Neuerrichtung einer Wohnungseigentumsanlage enthält die Baugenehmigung oftmals die Auflage, dass in der Außenanlage ein Kinderspielplatz errichtet und mit Spielgeräten ausgestattet werden muss. Wohnungseigentümer können grundsätzlich verlangen, dass die Vorschriften des öffentlichen Baurechts eingehalten werden. Deshalb kann jedenfalls bei einer größeren Wohnungseigentumsanlage (hier: mit 71 Einheiten) die Herstellung eines bei Bauerrichtung schon genehmigten, dann aber nicht errichteten Kinderspielplatzes mit mindestens drei Spielgeräten (hier: im Wege einer Beschlussanfechtungs- und Verpflichtungsklage) durchgesetzt werden (AG Andernach, 30.10.2008, 60 C 417/08 WEG).

Ist ein Kinderspielplatz weder öffentlich-rechtlich vorgeschrieben noch im Aufteilungsplan oder in den Bauplänen vorgesehen, handelt es sich bei der erstmaligen Anlage eines Kinderspielplatzes um eine bauliche Veränderung i. S. v. § 22 Abs. 1 Satz 2 WEG, da die Grundstücksfläche umgestaltet wird. Für eine solche bauliche Maßnahme ist grundsätzlich die Zustimmung aller Wohnungseigentümer erforderlich, es sei denn, sie ruft keine unzumutbaren Beeinträchtigungen hervor. Wann dies gilt, hängt von den konkreten Umständen des Einzelfalls ab. Zunächst mal liegt eine nicht unerhebliche Beeinträchtigung vor, da die nachträgliche Errichtung eines Kinderspielplatzes den Gebrauch der Gemeinschaftsflächen einschränkt. Auf erhöhte Lärmimmissionen kommt es hierbei jedoch nicht an: Von Kinderspiel- und Bolzplätzen ausgehende Lärmstörungen sind als ortsüblich hinzunehmen, da es sich hierbei um wohntypische Geschehensabläufe handelt. Die Errichtung eines Kinderspielplatzes kann aber auch eine Modernisierung i. S. v. § 22 Abs. 2 WEG darstellen, da sie als Maßnahme zur dauerhaften Verbesserung der Wohnverhältnisse gelten kann.

Eine kinderfreundliche Öffentlichkeit und Umwelt bedingt, dass die berechtigten Interessen der sich von Kinderspiellärm in einem reinen Wohngebiet gestört fühlenden Nachbarn jedenfalls dann zurücktreten müssen, wenn der Lärm das Maß der gewöhnlichen Belästigung nicht übersteigt und im Wesentlichen die allgemeinen Ruhezeiten beachtet werden. Dies gilt insbesondere, wenn sich für die aufsichtspflichtigen Eltern Spielplatzalternativen nicht ohne Weiteres eröffnen (LG Heidelberg, 23.10.1996, 8 S 2/96).

Die Zweckbestimmung einer Fläche als Garten (siehe auch „Garten/Rasenfläche") verbietet Kinderspielplätze oder das Ballspielen nicht. Es ist im Einzelfall eine Abwägung erforderlich, wobei die Nutzung des Gartens als Erholungsfläche für Kinder nur dann ausgeschlossen ist, wenn berechtigte Interessen anderer Eigentümer dies gebieten. Ein Beschluss über ein generelles Verbot, Kinderspielplätze anzulegen oder Ball zu spielen, ist anfechtbar (BayObLG, 23.10.2003, 2Z BR 63/03). Die Hausordnung kann die Benutzung von Kinderspielplätzen regeln oder erlauben, dass Kinder auf einer im Gemeinschaftseigentum stehenden Grünfläche spielen dürfen. Zulässig ist auch ein Mehrheitsbeschluss in der Hausordnung, mit der das Spielen der Kinder hinsichtlich Zeit, Ort und Umfang eingeschränkt wird, zum Beispiel Verbot des Ballspielens oder Radfahrens.

Kinderwagen

Besonders bei vielen Kleinkindern in einer Wohnanlage können auf Gemeinschaftsflächen abgestellte Kinderwagen zum Problem werden. Wohnungseigentümergemeinschaften haben daher die Möglichkeit, hierzu eine Gebrauchsregelung gemäß § 15 Abs. 2 WEG im Rahmen einer mehrheitlichen Beschlussfassung zu treffen. Die Beschlussfassung muss sich im Rahmen ordnungsmäßiger Verwaltung bewegen, das bedeutet, es sind die wechselseitigen Belange ausreichend zu berücksichtigen. Zudem spielen Faktoren wie die örtlichen Gegebenheiten, bauordnungsrechtliche Vorschriften, die Verkehrssicherheit, Fluchtwege im Brandfall, die optischen Beeinträchtigungen eine Rolle. Das Interesse der Bewohner am Abstellen des Kinderwagens ist in die Interessenabwägung und bei der Frage, ob der Beschluss ordnungsmäßiger Verwaltung entspricht, ebenfalls miteinzubeziehen. So ist zum Beispiel ein generelles Verbot auch des nur zeitweiligen Abstellens von Kinderwagen auf Gemeinschaftsflächen unzulässig (OLG Hamburg, 28.10.1992, 2 Wx 10/91).

Hinweis: Eltern haben keinen Anspruch auf Duldung des Einbaus einer Auffahrtsrampe für Kinderwagen. Die Nachteile für die übrigen Wohnungseigentümer, zum Beispiel Verkehrsgefährdung, insbesondere bei Dunkelheit, oder Rutschgefahr, überwiegen (AG München, 9.8.2013, 481 C 21932/12).

Konstruktive Gebäudebestandteile

Konstruktive Gebäudebestandteile sind für den Bestand oder die Sicherheit des Gebäudes erforderlich. Sie können gemäß § 5 Abs. 2 WEG nicht Gegenstand des Sondereigentums sein. Dies gilt auch dann, wenn sie sich im Bereich der im Sondereigentum stehenden Räume befinden. Die Frage der Erforderlichkeit bestimmt sich nach der Verkehrsanschauung und wird ggf. durch öffentlich-rechtliche Vorschriften, zum Beispiel Brandschutz oder statische Anforderungen, näher konkretisiert (OLG München 13.8.2007, 34 Wx 75/07). Zu den konstruktiven Gebäudeteilen zählen Fundamente, Dächer (BGH, 25.1.2001, VII ZR 193/99), Geschossdecken (OLG München, 13.8.2007, 34 Wx 75/07), Kellerdecken, Außenmauern, Gebäudeeingangstüren (BGH, 25.10.2013, V ZR 212/12), Außenfenster samt Innenseiten (BGH, 22.11.2013, V ZR 46/13), Brüstungen, Isolierschichten gegen Feuchtigkeit sowie Bodenplatten. Sie gehören zwingend zum gemeinschaftlichen Eigentum (§ 5 Abs. 2 WEG).

Kosten des Rechtsstreits/Streitwert

Inhaltsübersicht

Nach der Wohnungseigentumsreform 2007 findet die ZPO in wohnungseigentumsrechtlichen Verfahren Anwendung. Über die Kosten des durchgeführten Rechtsstreits entscheidet das Gericht nach §§ 91 ff. ZPO, damit hängen sie grundsätzlich mit dem Verhältnis des Obsiegens und Unterliegens zwischen den Prozessbeteiligten zusammen (§ 91 Abs. 1 ZPO). Die Prozesspartei, die den Rechtsstreit verliert, muss für die gesamten Kosten einschließlich der Gerichtskosten und der Kosten des gegnerischen Anwalts aufkommen. Obsiegt eine Prozesspartei nur teilweise, werden die Kosten nach dem Verhältnis des Obsiegens und Unterliegens gequotelt (§ 92 Abs. 1 ZPO).

1 Kostentragungspflicht des Verwalters

Unter den Voraussetzungen des § 49 Abs. 2 WEG können jedoch dem Verwalter die Prozesskosten auferlegt werden, wenn die Tätigkeit des Gerichts durch ihn veranlasst wurde und ihn ein grobes Verschulden trifft. Das gilt selbst dann, wenn er nicht Partei des Rechtsstreits ist. Eine fehlerhafte Handlung des Verwalters allein, die den Rechtsstreit ausgelöst hat, reicht dazu nicht aus.

Ein grobes Verschulden liegt dann vor, wenn der Verwalter die im Verkehr erforderliche Sorgfalt in besonders schwerem Maß verletzt hat. Hat der Verwalter also nicht einfachste, ganz nahe liegende Überlegungen angestellt und nicht die Maßnahmen ergriffen, die jedem einleuchten müssen, hat er mit der Auferlegung der Kosten des Rechtsstreits zu seinen Lasten zu rechnen. Voraussetzung ist damit auch eine subjektiv schlechthin unentschuldbare Pflichtverletzung, die das in § 276 Abs. 2 BGB bestimmte Maß der Sorgfaltspflicht unterschreitet. Die Anforderungen der Rechtsprechung an das Vorliegen eines groben Verschuldens des Verwalters sind also relativ hoch.

BEISPIELE

- Ein professioneller Verwalter kündigt in der Tagesordnung eine Beschlussfassung nicht umfassend genug an. So wird in der Wohnungseigentümerversammlung ein Beschluss gefasst, der von der Tagesordnung nicht gedeckt ist (LG Nürnberg-Fürth, 17.2.2011, 14 T 359/11).
- Der Verwalter lässt erneut über die Jahresabrechnung beschließen, deren Kostenverteilungsmaßstab nicht der Gemeinschaftsordnung entspricht; und zwar obwohl das Gericht bezüglich der Jahresabrechnung des Vorjahres bereits in einem Beschlussanfechtungsverfahren auf diesen Abrechnungsfehler hingewiesen hat.

Der Verwalter kann gegen die Auferlegung der Kosten das Rechtsmittel der Beschwerde bzw. Berufung einlegen, wenn er im Rechtsstreit als Partei unterlegen ist (LG München I, 27.4.2009, 1 S 19129/08).

2 Ermittlung des Streitwerts

Die Kosten eines Rechtsstreits richten sich nach dem Streitwert. § 49a GKG enthält für Wohnungseigentumssachen eine Sonderregelung zur Streitwertbestimmung. Zweck dieser im Zuge der WEG-Reform 2007 eingeführten Regelung ist, das Kostenrisiko für die Wohnungseigentümer zu begrenzen.

§ 49a GKG gilt in wohnungseigentumsrechtlichen Binnenverfahren, das heißt, in Fällen in denen ein oder mehrere Wohnungseigentümer gegen einen anderen Wohnungseigentümer klagen und der Klageantrag nicht beziffert ist. In der Praxis handelt es sich dabei vor allem um Beschlussanfechtungsklagen (§ 46 WEG), Unterlassungs- bzw. Beseitigungsklagen (§ 15 Abs. 3 WEG), Klagen auf Durchführung ordnungsgemäßer Verwaltung (§ 21 Abs. 4 WEG) sowie Gestaltungsklagen (§ 21 Abs. 8 WEG).

Bei der Ermittlung des Streitwerts nach § 49a GKG ist der Streitwert zweifach zu überprüfen. Zum einen ist er auf 50 % des Interesses der Parteien und aller Beigeladenen an der Entscheidung festzusetzen (§ 49a Abs. 1 Satz 1 GKG). Dabei darf der Streitwert das Interesse des Klägers an der Entscheidung nicht unterschreiten, wodurch sich ein Mindeststreitwert ergibt. Andererseits darf der Streitwert den fünffachen Wert des Interesses des Klägers und der auf seiner Seite Beigetretenen nicht übersteigen (§ 49a Abs. 1 Satz 2 GKG). Weiter wird der Streitwert durch § 49a Abs. 1 Satz 3 GKG dahingehend begrenzt, dass er keinesfalls den Verkehrswert des Wohnungseigentums des Klägers überschreiten darf.

3 Beispiele für Streitwertberechnungen

Für den häufigen Fall der Beschlussanfechtungsklage nach § 46 WEG ergibt sich damit folgende Streitwertberechnung. Es geht um die Anfechtung eines Beschlusses über die Durchführung einer Sanierungsmaßnahme: Die Wohnungseigentümergemeinschaft, bestehend aus 50 Wohnungseigentümern, beschließt eine Sanierungsmaßnahme mit einem Kostenaufwand von 200.000 Euro. Der Kostenanteil des klagenden Wohnungseigentümers liegt bei 10.000 Euro, der Verkehrswert seiner Wohnung bei 150.000 Euro.

Die Höhe des Streitwerts ist wie folgt zu ermitteln: Die Streitwertuntergrenze ist das Interesse des Klägers, hier seine Kostenbeteiligung, die nicht unterschritten werden darf. Sie beläuft sich auf 10.000 Euro. Nach oben hin ist der Streitwert begrenzt auf 50 % des Interesses der Parteien des Rechtsstreits (also Kläger und Beklagte) der beschlossenen Sanierungsmaßnahme. Sie liegt bei 100.000 Euro.

Der Verkehrswert der Wohnung beträgt 150.000 Euro. Der Streitwert des Klägers darf das Fünffache des Werts seines Interesses nicht überschreiten. Der Streitwert der Beschlussanfechtungsklage ist damit auf 5 × 10.000 Euro = 50.000 Euro begrenzt.

1. Verfahren vor dem Amtsgericht (Klageverfahren)

Gegenstandswert: 50.000,00 EUR	
1,3 Verfahrensgebühr § 13 RVG Nr. 3100 VV RVG	1.511,90 EUR
1,2 Terminsgebühr § 13 RVG Nr. 3104 VV RVG	1.395,60 EUR
Pauschale für Post und Telekommunikation Nr. 7002 VV RVG	20,00 EUR
Zwischensumme netto	2.927,50 EUR
19 % Mehrwertsteuer Nr. 7008 VV RVG	556,23 EUR
Rechtsanwaltskosten des Klägers	**3.483,73 EUR**
Gegenstandswert: 50.000,00 EUR	
3,3 Verfahrensgebühr § 13 RVG, NRn. 3100, 1008 VV RVG (Erhöhung um 2,0, da 50 Auftraggeber)	3.837,90 EUR
1,2 Terminsgebühr § 13 RVG, Nr. 3104 VV RVG	1.395,60 EUR
Pauschale für Post und Telekommunikation Nr. 7002 VV RVG	20,00 EUR
Zwischensumme netto	5.253,50 EUR
19 % Mehrwertsteuer Nr. 7008 VV RVG	998,17 EUR
Rechtsanwaltskosten der Beklagten	**6.251,67 EUR**
Gerichtskosten für Klage (3,0 gemäß Nr. 1210 KV GKG)	1.638,00 EUR
Kostenrisiko der ersten Instanz	**11.373,40 EUR**

2. Verfahren vor dem Landgericht (Berufungsverfahren)

Gegenstandswert: 50.000,00 EUR	
1,6 Verfahrensgebühr § 13 RVG, Nr. 3200 VV RVG	1.860,80 EUR
1,2 Terminsgebühr, Berufung § 13 RVG, Nr. 3202 VV RVG	1.395,60 EUR
Pauschale für Post und Telekommunikation Nr. 7002 VV RVG	20,00 EUR
Zwischensumme netto	**3.276,40 EUR**
19 % Mehrwertsteuer Nr. 7008 VV RVG	622,52 EUR
Rechtsanwaltskosten des Klägers	**3.898,92 EUR**
Gegenstandswert: 50.000,00 EUR	
3,6 Verfahrensgebühr § 13 RVG, Nr. 3200 VV RVG (Erhöhung 2,0, da 50 Auftraggeber)	4.186,80 EUR
1,2 Terminsgebühr, Berufung § 13 RVG, Nr. 3202 VV RVG	1.395,60 EUR
Pauschale für Post und Telekommunikation Nr. 7002 VV RVG	20,00 EUR
Zwischensumme netto	**5.602,40 EUR**
19 % Mehrwertsteuer Nr. 7008 VV RVG	1.064,46 EUR
Rechtsanwaltskosten der Beklagten	**6.666,86 EUR**
Gerichtskosten für Berufung (4,0 gemäß Nr. 1220 KV GKG)	2.184,00 EUR
Kostenrisiko der zweiten Instanz	**12.749,78 EUR**

4 Streitwertberechnung in bezifferten Klageanträgen

§ 49a GKG ist allerdings dann nicht einschlägig, wenn in einem wohnungseigentumsrechtlichen Verfahren, auch Mahnverfahren, für den Streitwert die Höhe der geltend gemachten Forderung entscheidend ist. Dies gilt unter anderem dann, wenn zum Beispiel der Verband der Wohnungseigentümer Hausgeldrückstände gemäß § 28 Abs. 5 WEG, Sonderumlagen oder Schadenersatzansprüche beispielsweise gegen den Verwalter oder andere Wohnungseigentümer geltend macht. Darunter fallen auch bezifferte Zahlungsklagen der Wohnungseigentümer gegen einen Wohnungseigentümer oder den Verband.

Bei diesen Rechtsstreiten bestimmt sich der Streitwert nach der Höhe der geltend gemachten Forderung gemäß § 48 Abs. 1 GKG i. V. m. § 3 ZPO. Im Rechenbeispiel geht es um die Zahlungsklage des Verbands gegen einen einzelnen Wohnungseigentümer auf Zahlung der

Sonderumlage, die Forderungshöhe liegt bei 5.000,00 Euro.

1. Verfahren vor dem Amtsgericht (Klageverfahren)

Gegenstandswert: 5.000,00 EUR	
1,3 Verfahrensgebühr § 13 RVG, Nr. 3100 VV RVG	393,90 EUR
1,2 Terminsgebühr § 13 RVG, Nr. 3104 VV RVG	363,60 EUR
Pauschale für Post und Telekommunikation Nr. 7002 VV RVG	20,00 EUR
Zwischensumme netto	**777,50 EUR**
19 % Mehrwertsteuer Nr. 7008 VV RVG	147,73 EUR
Rechtsanwaltskosten des Klägers	**925,23 EUR**

Gegenstandswert: 5.000,00 EUR	
1,3 Verfahrensgebühr § 13 RVG, Nr. 3100 VV RVG	393,90 EUR
1,2 Terminsgebühr § 13 RVG, Nr. 3104 VV RVG	363,60 EUR
Pauschale für Post und Telekommunikation Nr. 7002 VV RVG	20,00 EUR
Zwischensumme netto	**777,50 EUR**
19 % Mehrwertsteuer Nr. 7008 VV RVG	147,73 EUR
Rechtsanwaltskosten des Beklagten	**925,23 EUR**

Gerichtskosten für Klage (3,0 gemäß Nr. 1210 KV GKG)	438,00 EUR
Kostenrisiko der ersten Instanz	**2.288,46 EUR**

2. Verfahren vor dem Landgericht (Berufungsverfahren)

Gegenstandswert: 5.000,00 EUR	
1,6 Verfahrensgebühr § 13 RVG, Nr. 3200 VV RVG	484,80 EUR
1,2 Terminsgebühr, Berufung § 13 RVG, Nr. 3202 VV RVG	363,60 EUR
Pauschale für Post und Telekommunikation Nr. 7002 VV RVG	20,00 EUR
Zwischensumme netto	**868,40 EUR**
19 % Mehrwertsteuer Nr. 7008 VV RVG	165,00 EUR
Rechtsanwaltskosten des Klägers	**1.033,40 EUR**

Gegenstandswert: 5.000,00 EUR	
1,6 Verfahrensgebühr § 13 RVG, Nr. 3200 VV RVG	484,80 EUR
1,2 Terminsgebühr, Berufung § 13 RVG, Nr. 3202 VV RVG	363,60 EUR
Pauschale für Post und Telekommunikation Nr. 7002 VV RVG	20,00 EUR
Zwischensumme netto	**868,40 EUR**
19 % Mehrwertsteuer Nr. 7008 VV RVG	165,00 EUR
Rechtsanwaltskosten des Beklagten	**1.033,40 EUR**

Gerichtskosten für Berufung (4,0 gemäß Nr. 1220 KV GKG)	584,00 EUR
Kostenrisiko der zweiten Instanz	**2.650,80 EUR**

Darüber hinaus gibt es in der Praxis häufig durch die Rechtsprechung Vorgaben zum Streitwert.

BEISPIELE AUS DER RECHTSPRECHUNG

- Verwalterentlastung: 1.000 Euro (BGH, 31.3.2011, V ZB 236/10)
- Entziehungsbeschluss nach § 18 WEG: 20 % des Verkehrswerts der Wohnung (BGH, 8.7.2011, V ZR 2/11)
- Eigentumsentziehungsklage: Verkehrswert des Sonder- oder Teileigentums (BGH, 21.9.2006, V ZR 28/06)
- Beseitigung einer baulichen Veränderung: Interesse aller Beteiligten an der Entscheidung, also auch das Interesse der Antragsgegner oder ihrer Rechtsnachfolger daran, dass der von ihnen geschaffene Zustand bestehen bleibt (BayObLG, 24.3.1994, 2Z BR 12/94, ggf. Höhe der Rückbaukosten; BayObLG, 15.7.1998, 3Z BR 94/98, 3Z BR 95/98)
- Herausgabe Verwalterunterlagen: objektives Interesse gemäß § 3 ZPO unter Berücksichtigung, wie groß der Schaden ist, sofern die Herausgabe der angeforderten Unterlagen unterbleibt, häufig 2.000 Euro (AG Hamburg, 13.11.2008, 102A C 36/08)

- Veräußerungszustimmung gemäß § 12 WEG: 10 bis 20 % des Verkaufspreises des zur Veräußerung bestimmten Wohnungs- bzw. Teileigentums (OLG Frankfurt/Main, 12.11.2007, 20 W 395/07)
- Versorgungssperre: 5.000 Euro (LG München I, 8.11.2010, 1 S 10608/10)

Kosten und Lasten

Jeder Eigentümer ist nach § 16 Abs. 2 WEG verpflichtet, die Lasten des gemeinschaftlichen Eigentums sowie die Kosten der Instandhaltung, Instandsetzung, sonstigen Verwaltung und eines gemeinschaftlichen Gebrauchs des Gemeinschaftseigentums nach dem Verhältnis seines Miteigentumsanteils oder dem in der Teilungserklärung bzw. Gemeinschaftsordnung vereinbarten Kostenverteilungsschlüssel (siehe „Kostenverteilung") zu tragen. Hierzu zählen nicht die Kosten des Sondereigentums, die ohnehin jeder Wohnungseigentümer selbst zu tragen hat, zum Beispiel Grundsteuer oder individueller Stromverbrauch. Im Einzelnen handelt es sich insbesondere um folgende Kosten und Lasten:

- Laufende Bewirtschaftungskosten
  - Öffentliche Lasten des gesamten Grundstücks, zum Beispiel Kanalgebühren, Erschließungskostenbeiträge
  - Wasserversorgung
  - Entwässerung
  - Aufzug
  - Straßenreinigung
  - Müllbeseitigung
  - Gebäudereinigung
  - Gartenpflege
  - Gemeinschaftliche Wascheinrichtungen
  - Beleuchtung von Gemeinschaftsflächen
  - Schornsteinreinigung
  - Sach- und Haftpflichtversicherungen
  - Hausmeister
  - Antennenanlage/Kabelgebühren
- Weitere Kosten des gemeinschaftlichen Eigentums
  - Anwalts- und Gerichtskosten
  - Kosten zur Durchführung von Eigentümerversammlungen
  - Beiträge zur Instandhaltungsrücklage
  - Aufwandsentschädigungen an den Verwaltungsbeirat
  - Schadenersatzleistungen nach § 14 Nr. 4 WEG
- Kosten für die Instandhaltung und Instandsetzung
- Kosten der Verwaltung, zum Beispiel Verwalterhonorar, Sondervergütungen, Kontoführungsgebühren, Telefongebühren, Porto
- Sonderumlagen

Kostenverteilung

Inhaltsübersicht

Die Kosten und Lasten des gemeinschaftlichen Eigentums sowie die Kosten der Instandhaltung, Instandsetzung, sonstigen Verwaltung und eines gemeinschaftlichen Gebrauchs des Gemeinschaftseigentums müssen nach einem bestimmten Maßstab auf die einzelnen Eigentümer verteilt werden. Der gesetzliche Maßstab des § 16 Abs. 2 WEG bestimmt, dass jeder Wohnungseigentümer die Kosten nach dem Verhältnis seines Anteils zu tragen hat. Von diesem gesetzlichen Kostenverteilungsschlüssel kann jedoch durch Vereinbarung in der Gemeinschaftsordnung abgewichen werden. Wird ein solch abweichender Verteilungsschlüssel in der Gemeinschaftsordnung vereinbart, geht dieser der gesetzlichen Kostenverteilung vor. Abweichende Kostenverteilungsschlüssel können zum Beispiel sein

- Aufteilung nach Wohnfläche in Quadratmeter
- Verteilung nach Köpfen
- Aufteilung nach Anzahl der Wohnungen
- Aufteilung nach tatsächlichem Verbrauch

Bei der Verteilung von Heiz- und Warmwasserkosten sind die Vorschriften der Heizkostenverordnung (§ 3, § 4 HeizkV) zu beachten. Hiernach hat die Verteilung von Heiz- und Warmwasserkosten (siehe „Heizkosten, Heizkostenverordnung") zwingend verbrauchsabhängig zu erfolgen. Von den Kosten des Betriebs der zentralen Heizungsanlage sind mindestens 50 % und höchstens 70 % nach dem erfassten Wärmeverbrauch des Benutzers zu verteilen, die übrigen Kosten (Grundkosten) nach der Wohn- oder Nutzfläche oder nach umbautem Raum. Die Kosten des Warmwassers werden mindestens zu 50 % und höchstens zu 70 % nach dem erfassten Warmwasserverbrauch aufgeteilt, die übrigen Kosten nach der Wohn- oder Nutzfläche.

Die Änderung eines in der Gemeinschaftsordnung vereinbarten Kostenverteilungsschlüssels war nach Rechtslage vor dem 1.7.2007 nur möglich, wenn sämtliche Wohnungseigentümer dem im Rahmen einer Vereinbarung zugestimmt haben oder die Gemeinschaftsordnung diesbezüglich eine Öffnungsklausel enthält. Ein Mehrheitsbeschluss zur Veränderung des Kostenverteilungsschlüssels war nicht nur anfechtbar, sondern bereits nichtig. Im Zuge der WEG-Reform zum 1.7.2007 wurden für die Wohnungseigentümer hier erweiterte Beschlusskompetenzen geschaffen. Zu beachten ist, dass diese sich gemäß § 16 Abs. 5 WEG nicht durch eine

Vereinbarung der Wohnungseigentümer einschränken oder ausschließen lassen. Der gesetzliche oder vereinbarte Kostenverteilungsschlüssel kann seitdem nicht nur durch eine Vereinbarung oder eine Öffnungsklausel geändert werden, sondern auch durch Mehrheitsbeschluss, wenn Gegenstand der Beschlussfassung die Verteilung von Betriebs- oder Verwaltungskosten nach Verursachung gemäß § 16 Abs. 3 WEG ist oder gemäß § 16 Abs. 4 WEG über die Kostenverteilung in einem Einzelfall entschieden werden soll (BGH, 25.9.2009, V ZR 33/09 i. V. m. BGH, 20.9.2000, V ZB 58/99).

1 § 16 Abs. 3 WEG

§ 16 Abs. 3 WEG ermöglicht die Änderung des Kostenverteilungsschlüssels bei Betriebskosten des gemeinschaftlichen Eigentums oder des Sondereigentums i. S. v. § 556 Abs. 1 BGB, die nicht unmittelbar gegenüber Dritten abgerechnet werden, sowie bei Kosten der Verwaltung nach Verbrauch oder Verursachung oder einen anderen Maßstab durch einen einfachen Mehrheitsbeschluss. Der von der Wohnungseigentümergemeinschaft neu festgelegte Verteilungsschlüssel muss dabei den Grundsätzen ordnungsmäßiger Verwaltung entsprechen. Ein (Mehrheits)Beschluss der Wohnungseigentümer über die Änderung des Kostenverteilungsschlüssels gemäß § 16 Abs. 3 WEG erfordert keinen sachlichen Grund; die Änderung darf nur nicht gegen das Willkürverbot verstoßen. Den Wohnungseigentümern steht bei der Änderung ein weiter Gestaltungsspielraum zu (BGH, 16.9.2011, V ZR 3/11; BGH, 1.4.2011, V ZR 162/10).

Die Regelung betrifft Betriebskosten i. S. d. § 556 Abs. 1 BGB oder Kosten der Verwaltung. Als Betriebskosten nach § 556 BGB gelten diejenigen, die der jeweilige Eigentümer auf einen möglichen Mieter umlegen kann (§ 2 BetrKV). Hierzu zählen im Wesentlichen diese:

- Laufende öffentliche Lasten des Grundstücks, zum Beispiel Grundsteuer (§ 2 Nr. 1 BetrKV)
- Kosten der Wasserversorgung (§ 2 Nr. 2 BetrKV)
- Kosten der Entwässerung (§ 2 Nr. 3 BetrKV)
- Kosten des Betriebs der zentralen Heizungsanlage einschließlich der Abgasanlage, zum Beispiel Heizöl, Gas, unter Berücksichtigung der zwingenden Vorschriften der Heizkostenverordnung, Kosten des Betriebsstroms der Zentralheizung, Bedienungskosten, Überwachung und Pflege der Anlage, Wartungskosten, Kaminkehrerkosten
- Kosten der eigenständig gewerblichen Lieferung von Wärme, zum Beispiel Fernwärmeversorgung (§ 2 Nr. 4c BetrKV)
- Kosten des Betriebs des Personen- oder Lastenaufzugs (§ 2 Nr. 7 BetrKV)
- Kosten der Straßenreinigung und Müllbeseitigung (§ 2 Nr. 8 BetrKV)
- Kosten der Gebäudereinigung und Ungezieferbekämpfung (§ 2 Nr. 9 BetrKV)
- Kosten der Gartenpflege (§ 2 Nr. 10 BetrKV)
- Kosten der Beleuchtung, zum Beispiel Außenbeleuchtung, Zugänge, Flure, Treppen, Keller, Waschküchen (§ 2 Nr. 11 BetrKV)
- Kosten der Schornsteinreinigung (§ 2 Nr. 12 BetrKV)
- Kosten der Sach- und Haftpflichtversicherung (§ 2 Nr. 13 BetrKV)
- Kosten für den Hauswart (§ 2 Nr. 14 BetrKV)
- Kosten des Betriebs der Gemeinschaftsantennenanlage (§ 2 Nr. 15a, 15b BetrKV, Breitbandkabelnetz)

Soweit eine Abrechnung dieser Betriebskosten durch Dritte erfolgt, fehlt es an der Beschlusskompetenz der Wohnungseigentümer. Dies gilt für die Grundsteuer sowie für Strom- und Gaslieferungen, die direkt an die einzelnen Wohnungen erfolgen.

Hinweis: Der Begriff „Kosten der Verwaltung“ ist nach herrschender Meinung weit auszulegen und umfasst neben den Verwalterkosten die Kosten für Eigentümerversammlung und Geldverkehr.

Der Mehrheitsbeschluss der Wohnungseigentümergemeinschaft zur Änderung des Verteilungsschlüssels der oben genannten Betriebskosten und Kosten der Verwaltung setzt voraus, dass die Änderung am tatsächlichen Verbrauch und/oder an der Verursachung ausgerichtet wird.

Eine am Verbrauch orientierte Kostenverteilung ist immer dann möglich, wenn Messeinrichtungen, zum Beispiel Wasseruhren, vorhanden sind. Fehlen Messeinrichtungen, um den Verbrauch zu erfassen, so können auch Zuordnungen nach der Verursachung bzw. dem Gebrauch vorgenommen werden, Letzteres zum Beispiel bei Aufzugsanlagen oder Tiefgaragenstellplätzen, die nicht jeder Wohnungseigentümer nutzen kann.

Ein Beschluss der Wohnungseigentümergemeinschaft zur Änderung der Kostenverteilung muss grundsätzlich in zwei Schritten erfolgen:

- In einem ersten Schritt hat die Wohnungseigentümergemeinschaft die Kosten nach Verursachung oder Verbrauch zu erfassen.
- In einem zweiten Schritt muss sie über den neuen Verteilungsschlüssel beschließen.

Die Änderung des Verteilungsschlüssels muss ausdrücklich beschlossen werden, der Beschluss muss klar und bestimmt sein und die einzelnen Kostenpositionen ausdrücklich enthalten. Der Rückgriff auf Sammelbegriffe wie „zuordnungsfähige Kosten“ genügt nicht.

Der von der Wohnungseigentümergemeinschaft neu festgelegte Verteilermaßstab muss den Grundsätzen ordnungsgemäßer Verwaltung entsprechen. Dazu reicht es aus, wenn eine höhere Kostengerechtigkeit erreicht wird.

Oft schreibt die Gemeinschaftsordnung in Wohnungseigentümergemeinschaften den Verteilungsschlüssel nach Miteigentumsanteilen vor, sodass einzelne Wohnungseigentümer, die über eine kleine Wohnfläche verfügen, einen Verteilungsschlüssel nach Wohnfläche vorschlagen. Derartige Beschlüsse können, ohne dass sie eine wesentliche Veränderung der Zuordnung erreichen, auch dann gerechtfertigt sein, wenn die Umstellung auf den Wohnflächenschlüssel zu mehr Praktikabilität bei der Jahresabrechnung für mietrechtliche Betriebskosten führt. Die Regel, die Betriebskosten nach einem Personenzahlschlüssel zu verteilen, erscheint jedoch unzweckmäßig, da die tatsächliche Nutzerzahl, vor allem bei größeren Wohnungseigentumsanlagen, weder überprüfbar noch feststellbar ist.

Beispiele: Änderung des Verteilungsschlüssels nach § 16 Abs. 3 WEG

- In einer Wohnungseigentümergemeinschaft wird zusätzlicher Wohnraum durch den Dachgeschossausbau geschaffen. Der in der Gemeinschaftsordnung festgelegte Verteilungsschlüssel berücksichtigt die zusätzlich geschaffene Wohnfläche nicht. In derartigen Fällen besteht ein sachlicher Grund zur Änderung des Verteilungsschlüssels nach Wohnfläche.
- Durch Beschluss der Wohnungseigentümergemeinschaft werden die Kosten der Müllentsorgung durch ein modernes Wiegesystem erfasst. Auch hier besteht ein sachlicher Grund für die Änderung des Verteilungsschlüssels nach dem tatsächlichen Verbrauch.
- Die Eigentümer beschließen, dass die Verwaltervergütung künftig nicht nach Miteigentumsanteilen, sondern pro Wohnung abgerechnet wird.

Die Änderung des Verteilungsschlüssels kann immer nur Wirkung für die Zukunft haben. Beschließen die Wohnungseigentümergemeinschaften dennoch eine rückwirkende Änderung des Verteilungsschlüssels, sind die entsprechenden Beschlüsse anfechtbar.

Die Beschlusskompetenz nach § 16 Abs. 3 kann weder durch die Gemeinschaftsordnung noch durch Vereinbarungen eingeschränkt werden. Auch steht den Wohnungseigentümern das Recht zu, später über eine erneute Abänderung zu beschließen. Die von Gesetzes wegen eingeräumte Beschlusskompetenz wird nicht durch einen einmaligen Beschluss aufgebraucht.

Beispiele aus der Rechtsprechung

- Nur durch einen ausdrücklich den Kostenverteilungsschlüssel ändernden Beschluss kann für noch nicht abgerechnete Zeiträume eine neue Art der Aufteilung durchgeführt werden. Eine beiläufige Änderung im Abrechnungsbeschluss scheidet aus (AG Aachen, 30.4.2014, 119 C 78/13).
- Der Kostenverteilungsschlüssel kann nicht konkludent im Beschluss über die Einzelabrechnungen geändert werden. Nach Ablauf des Wirtschaftsjahres entspricht auch eine ausdrückliche Änderung des Verteilungsschlüssels nicht ordnungsmäßiger Verwaltung (LG Itzehoe, 15.4.2014, 11 S 32/13).
- Eine rückwirkende Änderung des Heizkostenverteilerschlüssels ist nicht ordnungsmäßig. § 6 Abs. 4 Satz 3 HeizkV sieht ein Rückwirkungsverbot vor (LG Hamburg, 9.4.2014, 318 S 66/13).
- § 16 Abs. 3 WEG eröffnet den Wohnungseigentümern die Möglichkeit, auch einen im Wege der Vereinbarung festgelegten Umlageschlüssel betreffend Betriebs- und Verwaltungskosten durch Mehrheitsbeschluss zu ändeRn. § 16 Abs. 3 WEG gibt aber keine Kompetenz für einen Beschluss, der auch die Änderung des Verteilungsschlüssels für Instandhaltungskosten umfasst (LG München I, 13.1.2014, 1 S 1817/13).
- Auch wenn die Gemeinschaftsordnung für deren Änderung eine Dreiviertelmehrheit vorschreibt, können Beschlüsse im Anwendungsbereich des § 16 Abs. 3 WEG mit einfacher Mehrheit gefasst werden. § 16 Abs. 3 WEG verbietet willkürliche Änderungen des Verteilungsschlüssels bei ansonsten weitem Gestaltungsspielraum. Unzulässig ist eine Verteilung der Heizkosten nach (beheizbarer) Fläche (LG Berlin, 3.12.2013, 55, S 127/12).
- Den Wohnungseigentümern ist bei Änderungen des Umlageschlüssels nach § 16 Abs. 3 WEG aufgrund ihres Selbstorganisationsrechts ein weiter Gestaltungsspielraum eingeräumt. Ein sachlicher Grund muss für die Änderung des Kostenverteilungsschlüssels nicht vorliegen, sie darf nur nicht gegen das Willkürverbot verstoßen. Eine Änderung des Umlageschlüssels stellt sich als willkürlich dar, wenn sie offenbar keinen anderen Zweck verfolgt, als dass sich die Eigentümer der größeren Miteigentumsanteile auf Kosten der Eigentümer kleinerer Miteigentumsanteile schadlos halten können. Die Umstellung des Kostenverteilungsschlüssels für Hausreinigung und Winterdienst von Miteigentumsanteile auf Wohneinheiten wird nicht dem Umstand gerecht, dass üblicherweise größere Wohnungen auch von mehr Personen bewohnt werden. Das führt wiederum in der Regel zu einer größeren Nutzung auch des Gemeinschaftseigentums und damit zu höhe-

rem Hausreinigungsbedarf (AG Nürnberg, 20.9.2013, 16 C 5504/12).

- Die Änderung des im bestandskräftigen Wirtschaftsplan angewandten Kostenverteilungsschlüssels kommt für die Jahresabrechnung derselben Wirtschaftsperiode nicht in Betracht (LG Berlin, 13.8.2013, 85 S 177/12; entgegen LG Hamburg, 22.2.2013, 318 S 32/12).
- § 16 Abs. 3 WEG räumt lediglich die Beschlusskompetenz ein, im Rahmen einer dem Grunde nach bereits bestehenden Kostentragungsverpflichtung einen anderen Verteilungsmaßstab zu wählen. Die Bestimmung begründet hingegen nicht die Befugnis, einen Wohnungseigentümer, der nach einer bestehenden Vereinbarung von bestimmten Kosten oder der Kostentragungspflicht insgesamt befreit ist, durch Beschluss erstmals an den Kosten zu beteiligen (BGH, 1.6.2012, V ZR 225/11; LG Düsseldorf, 6.3.2013, 25 S 99/12).
- Die Umstellung des Kostenverteilungsschlüssels von Wohnungseinheiten auf Miteigentumsanteile kann zu einer ungerechtfertigten Benachteiligung einzelner Wohnungseigentümer führen und deshalb unwirksam sein. So wenn eine Wohnungseigentümerin bei einer Abrechnung nach Miteigentumsanteilen doppelt so viel zahlen müsste wie bei der Abrechnung nach Einheiten. Es spricht kein Grund für eine solche Benachteiligung (LG Lüneburg, 10.1.2012, 5 S 61/11).
- Ein (Mehrheits)Beschluss der Wohnungseigentümer über die Änderung des Kostenverteilungsschlüssels gemäß § 16 Abs. 3 WEG bedarf keines sachlichen Grundes; sie darf nur nicht gegen das Willkürverbot verstoßen. Den Wohnungseigentümern steht aufgrund ihres Selbstorganisationsrechts ein weiter Gestaltungsspielraum zu. So dürfen sie jeden Maßstab wählen, der den Interessen der Gemeinschaft und der einzelnen Wohnungseigentümer angemessen ist und insbesondere nicht zu einer ungerechtfertigten Benachteiligung einzelner Eigentümer führt. Von daher ist der Beschluss, dass die Kosten für Müllabfuhr, Straßenreinigung, Schneebeseitigungsmittel, Hausreinigung, Gartenpflege, Versicherungen, Schädlingsbekämpfung, Niederschlagswasser sowie die Wartungskosten für die Notstrom- und Brandsicherung in Zukunft nicht mehr nach Miteigentumsanteilen, sondern nach der Fläche der jeweiligen Sondereigentumseinheiten abgerechnet werden, während es hinsichtlich der Kosten für Aufzug, Hausbeleuchtung, Waschanlage, Haustelefon und Hauswart bei einer Verteilung nach Miteigentumsanteilen und hinsichtlich der Heiz- und Wasserkosten bei einer Verteilung nach Verbrauch verbleiben soll, nicht zu beanstanden. Er entspricht ordnungsmäßiger Verwaltung (BGH, 16.9.2011, V ZR 3/11).
- Ein Beschluss über die Installation von Wärmemengenzählern zur Verbrauchserfassung und eine Änderung des entsprechenden Kostenverteilungsschlüssels in eine verbrauchsabhängige Heizkostenverteilung sowie die Finanzierung der Maßnahme über eine Sonderumlage entspricht den Grundsätzen ordnungsmäßiger Verwaltung, wenn die entstehenden Kosten nicht unverhältnismäßig hoch sind. Dabei sind die Kosten für die Installation der Messeinrichtungen samt Folgekosten (Wartung, Eichkosten) sowie der Mess- und Abrechnungsaufwand im Verhältnis zur zu erwartenden Einsparung gegenüberzustellen. Bei der Annahme eines Zeitraums von zehn Jahren für die Amortisation von Installations- und Wartungskosten an einer Heizungsanlage können nicht die bisherigen Energiekosten mit einem Einsparungspotenzial von 15 % zugrunde gelegt werden. Die Annahme einer jährlichen Heizkostensteigerung von 5 % ist realistisch (LG Lüneburg, 31.5.2011, 9 S 77/10).
- Eine Vereinbarung der Wohnungseigentümer, Heizkosten ausschließlich nach Verbrauch abzurechnen, kann durch Mehrheitsbeschluss geändert werden (BGH, 16.7.2010, V ZR 221/09).
- Auch ein durch Vereinbarung festgelegter Umlageschlüssel kann durch Mehrheitsbeschluss nach § 16 Abs. 3 WEG geändert werden. Die Abänderung eines Umlageschlüssels nach § 16 Abs. 3 WEG muss transparent gestaltet werden; hierfür genügt es nicht, dass einer Abrechnung oder einem Wirtschaftsplan lediglich der neue Schlüssel zugrunde gelegt wird. Eine rückwirkende Änderung des Umlageschlüssels nach § 16 Abs. 3 WEG entspricht in der Regel nicht den Grundsätzen einer ordnungsgemäßen Verwaltung (BGH, 9.7.2010, V ZR 202/09).
- Wurde bereits ein Mehrheitsbeschluss mit Zweidrittelmehrheit aufgrund einer Öffnungsklausel in der Teilungserklärung über die Verteilung von Aufzugskosten gefasst, kann dieser seit Inkrafttreten der WEG-Reform mit einfacher Mehrheit geändert werden (LG Berlin, 2.7.2010, 85 S 47/10).
- § 16 Abs. 3 WEG erfasst über seinem Wortlaut hinaus die Kompetenz der Wohnungseigentümer, mit Mehrheitsbeschluss einen durch Vereinbarung festgelegten Kostenverteilungsschlüssel abzuändern (LG Hamburg, 30.6.2010, 318 S 138/09; OLG Düsseldorf, 23.7.2009, I-3 Wx 28/09).
- Eine Beschlussfassung nach § 16 Abs. 3 WEG muss hinreichend bestimmt sein. Der Begriff „Wartungskosten für Duplex-Parker" ist nicht hinreichend bestimmt, weil unklar ist, welche zu wartenden Teile der Duplex-Parker von der Regelung erfasst sein sollen, das heißt, welche „Wartungskosten" für welche Teile künftig (abweichend vom Kostenvertei-

lungsschlüssel) verteilt werden sollen (LG München I, 18.3.2010, 36 S 4706/09).
- Kabel-TV-Kosten können nach Einheiten verteilt werden, Aufzugskosten nach „Aufzugspunkten". Es widerspricht in der Regel ordnungsgemäßer Verwaltung, wenn die Hausmeister- und Hausreinigungskosten nach Einheiten umgelegt werden (LG Nürnberg-Fürth, 25.3.2009, 14 S 7627/08).
- Für Änderungen des Kostenverteilungsschlüssels nach Flächenanteilen durch die Wohnungseigentümergemeinschaft bedarf es zuvor der Feststellung der anzurechnenden Flächen, ansonsten ist der Beschluss wegen Unbestimmtheit nichtig (AG Charlottenburg, 2.10.2008, 74 C 60/08).

Den Wohnungseigentümern steht das Selbstorganisationsrecht zu, im Wege einer Ermessensentscheidung darüber zu beschließen, ob eine verbrauchsabhängige Abrechnung stattfinden soll. Im Einzelfall kann sich hier im Wege der Auslegung eine Ermessensreduktion auf null ergeben, sodass dem einzelnen Wohnungseigentümer ein Anspruch auf verbrauchsabhängige Kostenverteilung nach den Grundsätzen der ordnungsgemäßen Verwaltung zusteht. Derartige Fälle werden jedoch nur dann gegeben sein, wenn zum Beispiel bereits Verbrauchserfassungsgeräte vorhanden sind, diese jedoch nicht zur Abrechnung genutzt werden, oder der Einbau von Wasserzählern durch die Bauordnung der Länder vorgeschrieben wird. Gleiches gilt, wenn die gewählte Abrechnungsmethode zu grob unbilligen Ergebnissen kommt. Ein einklagbarer Anspruch auf Durchsetzung einer Änderung des Verteilungsschlüssels wird daher nur in Ausnahmefällen zu bejahen sein.

2 § 16 Abs. 4 WEG

§ 16 Abs. 4 WEG ermöglicht die Änderung des Kostenverteilungsschlüssels abweichend von der Gemeinschaftsordnung bei folgenden Maßnahmen:
- Instandhaltungen
- Instandsetzungen
- Modernisierende Instandsetzungen
- Bauliche Veränderungen
- Modernisierungen und Anpassungen des Gemeinschaftseigentums an den Stand der Technik

Sofern die Gemeinschaftsordnung eine Vereinbarung zum Kostenverteilungsschlüssel enthält, kann dieser aufgrund der Beschlusskompetenz der Eigentümer nach § 16 Abs. 4 WEG abgeändert werden. Ist in der Gemeinschaftsordnung keine Vereinbarung über den Kostenverteilungsschlüssel zu finden, kann ebenso der gesetzliche Kostenverteilungsschlüssel (§ 16 Abs. 2 WEG) abgeändert werden. Die Voraussetzung für einen entsprechenden Beschluss nach § 16 Abs. 4 WEG sind:
- Es muss sich um einen konkreten Einzelfall handeln, es können also keine generellen Regelungen mit Wirkung für die Zukunft beschlossen werden.
- Der abweichende Kostenverteilungsmaßstab muss dem Gebrauch oder der Möglichkeit des Gebrauchs Rechnung tragen.
- Bei der Abstimmung wird die doppelt qualifizierte Mehrheit (siehe „Beschluss", Abschnitt 3, „Qualifizierter Mehrheitsbeschluss") erreicht.

BEISPIELE

- Anbringung von Markisen nach Anzahl
- Änderung von Bodenbelägen, Wandanstrichen oder Verkleidungen in gemeinschaftlichen Räumen
- Kosten des Neueinbaus oder Anstrichs von Fenstern nach Anzahl
- Einbau von Aufzügen nach Anzahl
- Anbringung von Balkonen und Verteilung dieser Kosten nur auf Wohnungen, die über einen Balkon verfügen
- Instandhaltungsarbeiten an Garagen oder Stellplätzen und Verteilung der Kosten dafür nach Wohneinheiten, die über einen Garagen- oder Stellplatz verfügen

Der Kostenverteilungsschlüssel kann also nicht generell geändert werden, sondern nur im Hinblick auf einen ganz bestimmten, aktuell zu regelnden Einzelfall. Für generelle Regelungen fehlt die Beschlusskompetenz, sodass derartige Beschlüsse nichtig sind (BGH, 9.7.2010, V ZR 202/09; LG München I, 13.2.2012, 1 S 8790/11; a.A. AG Hildesheim, 17.9.2013, 44 C 15/13). Ein solcher Einzelfall i.S.d. § 16 Abs. 4 WEG liegt nicht vor, wenn die Kosten der Instandhaltung, zum Beispiel von Terrassenfenstern und -türen, nicht nur für die einzelne konkret anstehende Reparatur, sondern dauerhaft auf die einzelnen Wohnungseigentümer abgewälzt werden sollen. Solche Regelungen sind von der Beschlusskompetenz nach § 16 Abs. 4 WEG nicht umfasst. Den Wohnungseigentümern fehlt die Kompetenz, Beschlüsse dieser Art zu treffen. Nachdem hierdurch unzulässigerweise die Teilungserklärung geändert werden würde, sind entsprechende Beschlüsse nichtig (BGH, 25.9.2009, V ZR 33/09).

Ein Beschluss über die abweichende Verteilung der Kosten einer einzelnen Instandsetzungsmaßnahme ist nicht schon dann von § 16 Abs. 4 WEG gedeckt, wenn er dem dort vorgeschriebenen Gebrauchsmaßstab entspricht und die in § 16 Abs. 4 Satz 2 WEG bestimmte Mehrheit findet. Vielmehr muss nach § 21 Abs. 3, 4 WEG das Handeln der Wohnungseigentümergemeinschaft insgesamt den Grundsätzen ordnungsgemäßer Verwaltung entsprechen. Diesen genügt ein Beschluss dann nicht, wenn er auf eine verdeckte dauernde Änderung der Teilungsklärung hinausläuft, die § 16 Abs. 4 WEG nicht erlaubt (BGH, 18.6.2010, V ZR 164/09, zur Unzulässigkeit der Auferlegung von Kosten für eine Dachsanierung eines von mehreren Häusern nur auf die Eigentümer des zu sanierenden Hauses).

Einer ordnungsgemäßen Verwaltung entspräche eine nach § 16 Abs. 4 WEG im Einzelfall abweichende Kostenverteilung nur dann, wenn für alle gleichgelagerten Instandsetzungsmaßnahmen unter dem Gesichtspunkt der Maßstabskontinuität eine entsprechende abweichende Kostenverteilung beschlossen würde. Dies soll jedoch mit der Regelung des § 16 Abs. 4 WEG gerade nicht erreicht werden, sodass ein solcher Beschluss nicht den Grundsätzen ordnungsgemäßer Verwaltung entspricht. Ein Beschluss nach § 16 Abs. 4 WEG, der gegen die Grundsätze ordnungsgemäßer Verwaltung verstößt, ist nicht nichtig, sondern lediglich anfechtbar (BGH, 18.6.2010, V ZR 164/09).

Weitere Voraussetzung für einen Beschluss nach § 16 Abs. 4 WEG ist, dass die Kosten bei einer abweichenden Regelung nach dem Gebrauch oder der Möglichkeit des Gebrauchs durch die Wohnungseigentümer verteilt werden müssen. Der maßgebliche Gebrauch stellt nicht auf den alleinigen Gebrauch ab, sondern auch auf die tatsächliche Gebrauchshäufigkeit und die Gebrauchsmöglichkeit oder auf die Anzahl der nutzenden Personen oder auf vergleichbare Umstände (BGH, 18.6.2010, V ZR 164/09; BGH, 15.1.2010, V ZR 114/09). Die Belastung nur einzelner Eigentümer mit Kosten ist daher nur zulässig, wenn diese eigennützigen Gebrauch machen oder machen können, was den von den Kosten freigestellten Eigentümern nicht oder so nicht möglich ist (BGH, 18.6.2010, V ZR 164/09; LG Hamburg, 25.5.2011, 318 S 21/11).

Die Änderung des Verteilungsschlüssels für die oben genannten Maßnahmen der Instandhaltung, Instandsetzung und baulichen Veränderung bedarf einer sogenannten doppelt qualifizierten Mehrheit. Das bedeutet Folgendes:

- Dem Beschluss müssen drei Viertel aller stimmberechtigten Wohnungseigentümer zustimmen. Dabei ist zu beachten, dass die Abstimmung nach dem gesetzlichen Kopfprinzip gemäß § 25 Abs. 2 WEG zu erfolgen hat.
- Gleichzeitig müssen diese Wohnungseigentümer mehr als die Hälfte aller Miteigentumsanteile repräsentieren.

Fehlt es bei einem Beschluss nach § 16 Abs. 4 WEG an der erforderlichen doppelt qualifizierten Mehrheit oder entspricht er nicht ordnungsmäßiger Verwaltung, so ist ein dennoch gefasster und verkündeter Beschluss wirksam, wenn er nicht innerhalb eines Monats nach Beschlussfassung bei dem zuständigen Wohnungseigentumsgericht angefochten wird.

BEISPIELE AUS DER RECHTSPRECHUNG

- Die Verteilung der Kosten für das Streichen von Fenstern nach Anzahl der Fenster oder Verteilung der Sanierungskosten der im Gemeinschaftseigentum stehenden Balkone nur auf die Eigentümer deren Wohnungen auch Balkone besitzen (BGH, 15.1.2010, V ZR 114/09), ist zulässig.
- Einer wirksamen Änderung des Kostenverteilungsschlüssels zur Ansammlung der Instandhaltungsrücklage steht bereits entgegen, dass die Regelung nicht lediglich einen Einzelfall i. S. v. § 16 Abs. 4 WEG betrifft. Der angefochtene Beschluss regelt nicht nur eine einzelne Maßnahme und erschöpft sich nicht in deren Vollzug (BGH, 9.7.2010, V ZR 202/09).
- Wohnungseigentümer können im Beschlusswege nur für den Einzelfall und nur die Kostenverteilung für die Sanierung von Fenstern regeln, nicht jedoch die Entscheidung für Unterhaltung und Instandsetzung auf die einzelnen Eigentümer übertragen, die generell nach eigenem Gutdünken eine Sanierung auf eigene Kosten durchführen sollen (AG Nürtingen, 8.10.2012, 19 C 972/12).
- Die Sanierung der wegen Korrosionsfortschritt durch eindringendes Tauwasser entstandenen Schäden in der Tiefgarage stellt einen Einzelfall i. S. d. § 16 Abs. 4 WEG dar (LG Stuttgart, 29.6.2011, 10 S 19/10).
- Beim Anbau eines Außenlifts für einen gehbehinderten Nutzer handelt es sich um eine bauliche Veränderung. In diesem Fall ist eine Kostentragungsregelung für den Außenlift zulasten des Bauwilligen selbst mit dessen Einverständnis nichtig; insoweit bedarf es einer Vereinbarung, da es sich um eine Dauerregelung handelt (LG München I, 23.6.2014, 1 S 13821/13).
- Die Wohnungseigentümer haben bei der Bestimmung eines abweichenden Kostenverteilungsschlüssels nach § 16 Abs. 4 WEG zwar ein nur eingeschränkt überprüfbares Gestaltungsermessen. Das aber ist dann überschritten, wenn der Kostenverteilungsschlüssel nicht vom Gebrauchsmaßstab, sondern von anderen Gesichtspunkten bestimmt wird (BGH, 18.6.2010, V ZR 164/09).
- Das Merkmal „Möglichkeit des Gebrauchs" (§ 16 Abs. 4 Satz 1 WEG) für die Verteilung von Kosten einer Maßnahme kann objektbezogen verstanden werden, solange eine Verteilungsgerechtigkeit hergestellt wird. Entscheidend ist, ob ein Bezug zum Gebrauch der jeweiligen Wohneinheit herzustellen ist bzw. ob der Gebrauch diesem Objekt zuzuordnen ist (AG Halle, 2.3.2010, 120 C 4092/09).

3 Änderungsanspruch bei Unbilligkeit

Gemäß § 10 Abs. 2 Satz 3 WEG können auch einzelne Eigentümer die Änderung von Vereinbarungen verlangen, insbesondere von solchen in der Gemeinschaftsordnung, wenn das Festhalten an der geltenden Regelung aus schwerwiegenden Gründen unter Berücksichtigung aller Umstände des Einzelfalls, insbesondere der Rechte und Interessen der anderen Wohnungseigentümer, unbillig erscheint. Vertreten wird, dass bei einer Kostenmehrbelastung von über 25 % im Vergleich zwischen Wohn- und Nutzfläche einerseits und dem für die Verteilung maßgeblichen Miteigentumsanteil andererseits die Grenze überschritten sei und somit ein Anspruch auf Abänderung des Kostenverteilungsschlüssels bestehe. Der Schwellenwert von etwa 25 % für die Annahme einer Unbilligkeit ist der Begründung zum Gesetzesentwurf der Bundesregierung (BTDrs. 16/887, S. 17 ff.) zu entnehmen.

Nach BGH (17.12.2010, V ZR 131/10) ist ein schwerwiegender Grund nötig, um von der gesetzlichen oder in der Gemeinschaftsordnung vereinbarten Verteilung der Kosten nach Miteigentumsanteilen abzuweichen. Voraussetzung ist, dass der geltende Verteilungsschlüssel für den die Änderung verlangenden Eigentümer eine erheblich höhere Belastung (grundsätzlich mindestens 25 %) bedeutet als die Verteilung der Kosten nach Wohn- oder Nutzfläche. Eine solche Mehrbelastung des Wohnungseigentümers allein begründet aber noch nicht dessen Änderungsanspruch. Erforderlich ist zudem eine Abwägung aller Umstände des konkreten Einzelfalls. Eine Änderung kommt nur in Betracht, wenn ein Festhalten an der geltenden Regelung aus schwerwiegenden Gründen, insbesondere aufgrund der Rechte und Interessen der anderen Wohnungseigentümer, unbillig erscheint (§ 10 Abs. 2 Satz 3 WEG). Wird der Kostenverteilungsschlüssel geändert, gilt dies nur für die Zukunft.

Der Änderungsanspruch richtet sich nicht gegen den teilrechtsfähigen Verband der Wohnungseigentümer, sondern gegen die übrigen Miteigentümer und zielt auf eine Veränderung ab (hier: des Kostenverteilungsschlüssels). Die Änderung erfolgt nicht durch Beschlussfassung, da den Wohnungseigentümern für eine Entscheidung über das Verlangen eines Wohnungseigentümers, eine Vereinbarung in der Gemeinschaftsordnung anzupassen, die Beschlusskompetenz fehlt (BGH, 15.1.2010, V ZR 114/09). Sind die Anspruchsvoraussetzungen gegeben, so muss vielmehr jeder einzelne Wohnungseigentümer an der Abänderung durch Zustimmung zum geänderten Kostenverteilungsschlüssel mitwirken. Daher ist eine auf Zustimmung zur Änderung gerichtete Leistungsklage ohne vorherige Befassung der Wohnungseigentümerversammlung zulässig.

Die Regelung in § 16 Abs. 4 WEG zur Änderung eines Kostenverteilungsschlüssels im Einzelfall schließt nicht aus, dass gleichzeitig eine generelle Änderung der Kostenverteilung nach § 10 Abs. 2 Satz 3 WEG angestrebt wird. Gleichzeitig gilt, dass der Anspruch eines Wohnungseigentümers, nach § 16 Abs. 4 Satz 1 WEG im Einzelfall eine abweichende Kostenverteilung durchzusetzen, nicht schon dann besteht, wenn sie dem in der Vorschrift genannten Gebrauchsmaßstab Rechnung trägt. Vielmehr müssen die in § 10 Abs. 2 Satz 3 WEG genannten Voraussetzungen für die generelle Änderung eines Kostenverteilungsschlüssels ebenfalls vorliegen (BGH, 15.1.2010, V ZR 114/09).

4 § 21 Abs. 7 WEG

Eine weitere Beschlusskompetenz zur Änderung des gesetzlichen oder in der Gemeinschaftsordnung vereinbarten Kostenverteilungsschlüssels ist in § 21 Abs. 7 WEG geregelt. Hiernach können die Wohnungseigentümer mit Stimmenmehrheit über die Regelung von Geldangelegenheiten beschließen. Ein entsprechender Beschluss muss jedoch ordnungsmäßiger Verwaltung entsprechen, anderenfalls ist er anfechtbar.

Art und Weise von Zahlungen

Die Wohnungseigentümer können beschließen, in welcher Art und Weise die Beitragszahlungen, darunter Hausgeld, Saldo aus der Jahresabrechnung oder Sonderumlagen, an die Gemeinschaft zu leisten sind. So kann zum Beispiel beschlossen werden, dass ein Dauerauftrag eingerichtet oder eine Einzugsermächtigung erteilt werden muss oder generell das Lastschriftverfahren (siehe „Lastschriftverfahren/SEPA") eingeführt wird.

Fälligkeit

Die Wohnungseigentümer können über die Fälligkeit der Beitragszahlungen an die Gemeinschaft beschließen. Es ist möglich, dass sie diese Bestimmungen aufgrund der bestehenden Beschlusskompetenz gemäß § 21 Abs. 7 WEG mit einer Verfallklausel oder einer Vorfälligkeitsregelung versehen. Eine Verfallklausel ordnet grundsätzlich die Fälligkeit der gesamten Hausgelder nach dem Wirtschaftsplan gleich zu Beginn des Jahres an, billigt den Wohnungseigentümern aber — regelmäßig monatliche — Teilzahlungen zu, solange sie nicht mit einer bestimmten Menge von Raten in Rückstand geraten (LG Köln, 20.2.2014, 29 S 181/13). So kann zum Beispiel auch beschlossen werden, dass das gesamte Hausgeld für das Abrechnungsjahr fällig wird, sobald ein Wohnungseigentümer mit der Zahlung von drei Hausgeldraten in Verzug kommt. Die Wohnungseigentümer können Guthaben/Nachzahlungen auch sofort fällig stellen und bei den Eigentümern, die am Lastschriftverfahren teilnehmen, Auszahlungen/Verrechnungen bzw. Abbuchungen mit der nächsten Lastschrift vorsehen (LG Köln, 8.5.2014, 29 S 241/13).

Folgen des Verzugs
Die Wohnungseigentümer können zudem Verzugsfolgen vereinbaren, zum Beispiel Vertragsstrafen oder die Bestimmung, dass bei Verzug übergesetzliche oder pauschalierte Verzugszinsen anfallen, die unabhängig von Eintritt und Höhe eines tatsächlichen Schadens über den in § 288 BGB vorgesehenen Prozentsatz hinausgehen. Eine solche Regelung entspricht selbst dann ordnungsmäßiger Verwaltung, wenn sie über einen tatsächlich zu erwartenden Schaden hinaus einen gewissen Abschreckungseffekt erzielen soll. Hingegen sind Beschlüsse zu sittenwidrig überhöhten Zinsen gemäß § 138 BGB nichtig.

Kosten für besondere Nutzung des gemeinschaftlichen Eigentums
Besondere Nutzungen i. S. v. § 21 Abs. 7 WEG sind solche, die mit einer gesteigerten Inanspruchnahme des Gemeinschaftseigentums einhergehen und zumindest bei typisierender Betrachtung den Anfall besonderer Kosten wahrscheinlich machen (BGH, 1.10.2010, V ZR 220/09). Bezugsgröße ist dabei der sich hinsichtlich des gemeinschaftlichen Eigentums besonders schonend und sparsam verhaltende Wohnungseigentümer. Es kommt nicht entscheidend darauf an, ob die Nutzung den nach § 13 Abs. 2 WEG zulässigen Gebrauch übersteigt (BGH, a. a. O.). So kann zum Beispiel eine Umzugskostenpauschale (siehe dort) beschlossen werden, da Umzüge in Treppenhäusern und Aufzügen gewöhnlich zu stärkeren Verschmutzungen und zu Beschädigungen führen. Solche Pauschalen müssen jedoch angemessen sein und dürfen nicht zu einer ungerechtfertigten Ungleichbehandlung der Wohnungseigentümer führen (BGH, a. a. O.).

Kosten für besonderen Verwaltungsaufwand
Entstehen der Wohnungseigentümergemeinschaft Kosten durch einen übermäßigen Verwaltungsaufwand, der deutlich über das übliche Maß hinausgeht, können die Wohnungseigentümer beschließen, dass der Wohnungseigentümer, der dies verursacht, die Kosten zu ersetzen hat. Hierbei kann es sich um folgende Ausgaben handeln:

- Mahngebühr
- Gebühr für die gerichtliche Geltendmachung von Hausgeldforderungen
- Gebühr für die prozessbedingte Zusatzarbeit bei Rechtsanwaltsbeauftragungen
- Gebühr für die Erteilung einer Veräußerungszustimmung (siehe dort) nach § 12 WEG
- Gebühr für die Erstellung von Bescheinigungen aus steuerlichen Gründen
- Kosten, die durch das Anfertigen und Versenden gesondert erbetener Kopien von Verwaltungsunterlagen im Rahmen des Einsichtsrechts entstanden sind
- Rücklastschriftgebühren
- Kosten für die Tätigkeit eines Ersatzzustellungsvertreters (siehe dort)

Sind diese Tätigkeiten des Verwalters durch die gemäß § 27 WEG festgelegten Aufgaben bereits mit der normalen Vergütung abgegolten, liegt kein besonderer Verwaltungsaufwand vor (LG München I, 8.3.2012, 36 T 26007/11).

Die Festsetzung einer Sondervergütung für das Ausweisen haushaltsnaher Dienstleistungen in der Jahresabrechnung in Höhe von einem Euro pro Wohnung/Abrechnungseinheit und Monat ist zumindest bei einer relativ kleinen Wohnungseigentümergemeinschaft nicht überzogen und entspricht daher ordnungsgemäßer Verwaltung. Die Festsetzung einer Sondervergütung für die Bearbeitung von Zahlungen, die nicht per Lastschrift eingezogen werden, entspricht nur dann ordnungsgemäßer Verwaltung, wenn sie sich der Höhe nach in angemessenem Rahmen hält. Das ist nicht mehr der Fall, wenn sie pro Wohnung und Monat mehr als fünf Euro beträgt. Eine Vergütung von drei Euro pro Buchung lässt die Möglichkeit offen, dass pro Wohnung und Monat mehr als fünf Euro fällig werden und wird daher dem Angemessenheitserfordernis nicht gerecht (LG Karlsruhe, 16.6.2009, 11 S 25/09).

Kreditaufnahme

„Darlehen“

Laden

Bei Sondereigentum ist zu differenzieren, ob es sich um Wohnungen handelt oder um Teileigentum, also Räume, die nicht Wohnzwecken dienen, sondern zum Beispiel für gewerbliche Zwecke oder als Garagen genutzt werden. Aus dieser Unterscheidung können sich Nutzungs- und Gebrauchsbeschränkungen des Sondereigentums ergeben. So darf Wohnungseigentum eben nur zu Wohnzwecken genutzt werden. Wurde in einer Wohnungseigentümergemeinschaft Teileigentum gebildet, so sieht die Teilungserklärung in der Regel eine weitere Zweckbestimmung vor.

BEISPIELE

- Gewerberaum
- Geschäftsraum
- Büro
- Restaurant oder Café
- Kellerraum
- Lager
- Laden oder Ladengeschäft

Sehr häufig wird in Teilungserklärungen die Zweckbestimmung „Laden" verwendet. Ob mit diesem Begriff eine bestimmte Nutzung vorgegeben ist, beurteilt sich nach dem allgemeinen sowie dem juristischen Sprachgebrauch. Als Laden i.S.d. Ladenschlussgesetzes wird ein zum Geschäftsverkehr mit der Kundschaft geeigneter, von der Straße durch eine Ladentüre abgeschlossener Geschäftsraum angesehen, in dem ständig Waren zum Verkauf an jedermann feilgehalten werden — im allgemeinen Sprachgebrauch als Einzelhandelsgeschäft bezeichnet. Zulässig ist damit eine gewerbliche Nutzung, die der Zweckbestimmung „Laden" nicht widerspricht und für die übrigen Wohnungseigentümer nach einer typisierenden Betrachtung keine konkrete Beeinträchtigung verursacht, die die mit dem gewöhnlichen Betrieb eines Ladens regelmäßig verbundenen Beeinträchtigungen überschreitet.

Nicht zulässig sind nach der Rechtsprechung folgende Nutzungen eines „Ladens":

- Betrieb eines Cafés oder einer Gaststätte
- Betrieb einer Bäckerei mit Stehcafé
- Sonnenstudio außerhalb der Ladenschlusszeiten
- Billard-Café
- Bistro/Schnellimbiss
- Chemischer Reinigungsbetrieb
- Frauensportstudio
- Pizzeria/Restaurants
- Spielsalon/Playothek
- Teestube
- Verkaufskiosk
- Waschsalon mit Getränkeausschank

Mit der Zweckbestimmung „Laden" in der Teilungserklärung und in dem Aufteilungsplan ist es nicht vereinbar, dass die Teileigentumseinheit samt dem mit Tischen und Sitzgelegenheiten ausgestatteten Vorgarten zum Verzehr von im Laden gekauften Waren, Speisen und Getränken genutzt wird (LG Berlin, 19.4.2013, 85 S 108/12).

Wird jedoch in der Teilungserklärung eine Gewerbeeinheit unter Bezugnahme auf die Bezeichnung der Räume im Aufteilungsplan als Ladenlokal bezeichnet, ist dies als eine örtliche Bezeichnung zu verstehen. Hierdurch erfolgt keine Nutzungseinschränkung, wenn die Gemeinschaftsordnung ansonsten jedes Gewerbe zulässt. Dann ist auch die Nutzung der Gewerbeeinheit als Gastronomiebetrieb mit warmer Küche zulässig (LG Berlin, 20.2.2013, 85 S 235/11). Die Bezeichnung einer Teileigentumseinheit im Aufteilungsplan (siehe dort) als „Laden" steht einer Nutzung des Teileigentums als Speisegaststätte nicht entgegen.

Der Aufteilungsplan regelt grundsätzlich nur die räumliche Abgrenzung, nicht aber die Nutzung der Räumlichkeiten; die Bezeichnungen des planenden Architekten im Aufteilungsplan bedeuten grundsätzlich keine Beschränkung der Nutzungsmöglichkeit. Denn Aufgabe des Aufteilungsplans ist es nach § 7 Abs. 4 Nr. 1 WEG, die Aufteilung des Gebäudes sowie die Lage und Größe der im Sondereigentum und der im gemeinschaftlichen Eigentum stehenden Gebäudeteile ersichtlich zu machen, und nicht, die Rechte der Wohnungs- und Teileigentümer über die Bestimmung der Grenzen des jeweiligen Eigentums hinaus zu erweitern oder zu beschränken (BGH, 16.11.2012, V ZR 246/11).

Weicht die tatsächliche Nutzung eines Teileigentums von der (noch) zulässigen Nutzung im Rahmen der Zweckbestimmung als „Laden" ab, so können die Wohnungseigentümergemeinschaft sowie einzelne Eigentümer einen Unterlassungsanspruch (siehe dort) wegen bestimmungswidriger Nutzung geltend machen. Dabei ist darauf zu achten, dass dieser Anspruch im Rahmen der regelmäßigen Frist gemäß § 195 BGB grundsätzlich innerhalb von drei Jahren verjährt. Wird jedoch eine Teileigentumseinheit zweckwidrig als Wohnraum genutzt, verjährt der Unterlassungsanspruch der übrigen Wohnungseigentümer nicht, solange diese Nutzung anhält; dies gilt unabhängig davon, ob der Sondereigentümer selbst oder dessen Mieter Nutzer ist. Der Anspruch der Wohnungseigentümer auf Unterlassung der langjährigen zweckwidrigen Nutzung einer Teileigentumseinheit als Wohnraum ist in der Regel jedenfalls dann nicht verwirkt, wenn in jüngerer Zeit eine Neuvermietung zu Wohnzwecken erfolgt ist (BGH, 8.5.2015, V ZR 178/14).

Lärm

Wohnungseigentümern ist es gestattet, ihr Sondereigentum nur in der Weise zu nutzen, dass dadurch keinem anderen Wohnungseigentümer ein Nachteil (siehe dort) erwächst, der über das bei einem geordneten Zusammenleben unvermeidliche Maß hinausgeht. Ein Nachteil kann hierbei die Beeinträchtigung durch Lärm sein. Zu differenzieren ist zwischen den Lärmbelästigungen, die geduldet werden müssen, und denen, die über das unvermeidliche Maß hinausgehen. Geduldet werden müssen normale Wohngeräusche, etwa wie sie beim Gebrauch elektrischer Rollladenheber, beim Baden und Duschen entstehen sowie Kinderlärm und Musizieren, soweit allgemeine Ruhezeiten beachtet werden.

Angemessene Ruhezeiten können die Wohnungseigentümer durch Beschluss in ihrer Hausordnung regeln. Kurzfristige, bei der Vornahme baulicher Veränderungen auftretende Lärmbeeinträchtigungen müssen jedenfalls dann geduldet werden, wenn sie das für derartige Arbeiten zulässige Maß nicht überschreiten. Hingegen anhaltende und auf Dauer nicht auszuschließende Beeinträchtigungen durch Lärmeinwirkungen aufgrund baulicher Veränderungen müssen nicht geduldet werden. Das gilt auch für Lärmbeeinträchtigungen durch einen Gaststättenbetrieb, Tennisspielen in der Wohnung oder wiederholtes Trampeln und Hüpfen von Kindern in der darüberliegenden Wohnung und Lärm wegen eines mangelnden Trittschallschutzes. Jeder Wohnungseigentümer kann in solchen Fällen die Unterlassung (siehe „Unterlassungsansprüche") von Lärmbelästigungen gemäß § 1004 und § 906 BGB verlangen und durchsetzen.

Lastschriftverfahren/SEPA

Bei dem Lastschriftverfahren erteilt der Zahlungspflichtige dem Zahlungsempfänger eine Einzugsermächtigung. Die Teilnahme am Lastschriftverfahren soll die Verwaltung vereinfachen und den notwendigen Zahlungseingang sicheRn. Im Lastschriftverfahren ist der Zahlungspflichtige berechtigt, gegen die Abbuchung bei der Bank binnen bestimmter Frist — in der Regel sechs Wochen — Widerspruch einzulegen. Die Bank ist dann verpflichtet, die Belastungsbuchung rückgängig zu machen.

Die Wohnungseigentümer können durch Mehrheitsbeschluss nach § 21 Abs. 7 WEG festlegen, dass dem Verwalter für die Einziehung des Hausgeldes sowie für andere Lasten und Kosten der Verwaltung des gemeinschaftlichen Eigentums eine Einzugsermächtigung zu erteilen ist. Ein solcher Beschluss bindet sämtliche Wohnungseigentümer, unabhängig von ihrem Stimmverhalten oder ihrer wirtschaftlichen Situation. Der Beschluss entspricht dann ordnungsmäßiger Verwaltung, wenn er sich auf der Höhe nach bestimmte regelmäßig zu leistende Beträge bezieht, unregelmäßige und außergewöhnliche Beträge aber erst nach Ablauf einer angemessenen Frist nach Ankündigung per Lastschrift eingezogen werden.

Liegt ein solcher Beschluss vor, kann sich ein Wohnungseigentümer dieser Verpflichtung nicht entziehen, indem er einen Dauerauftrag einrichtet. Aufgrund der Bindungswirkung des Beschlusses kann der Verband einen Anspruch auf Duldung des beschlossenen Lastschriftverfahrens geltend machen, der gemäß § 890 ZPO zu vollstrecken ist. Darüber hinaus können die Wohnungseigentümer gemäß § 21 Abs. 7 WEG beschließen, dass Wohnungseigentümer, die sich dem mehrheitlich beschlossenen Lastschriftverfahren entziehen, eine Zusatzvergütung zu bezahlen haben.

Mit SEPA, dem einheitlichen Euro-Zahlungsverkehrsraum, wurden auch in Deutschland seit dem 1.2.2014 neue, europaweit einheitliche Verfahren für den bargeldlosen Zahlungsverkehr (Überweisungen, Lastschriften) eingeführt. Seitdem müssen Überweisungen und Lastschriften grundsätzlich nach den SEPA-Verfahren durchgeführt werden. Bis zum 1.8.2014 konnten Banken und Sparkassen nach Absprache mit dem Kunden Zahlungsaufträge im nationalen Altformat noch ausnahmsweise akzeptieren. Banken und Sparkassen dürfen noch bis 1.2.2016 von Verbraucherinnen und Verbrauchern Zahlungsaufträge mit Angabe der Kontonummer und Bankleitzahl entgegennehmen. Sie führen in diesem Fall eine kostenlose und sichere Konvertierung in die IBAN durch.

Lastschriften unterscheiden sich deutlicher vom bisherigen nationalen Verfahren. Für Lastschrifteinreicher, hier also für den Verwalter, ist die Vorbereitung aufwendiger. Zahler bekommen dagegen nur eine Information über die Umstellung ihrer laufenden Einzugsermächtigungen samt Angabe der Gläubiger-ID und Mandatsreferenznummer. In einigen Fällen wird dies mit der Aufforderung an den Zahler verbunden sein, die vom Lastschrifteinreicher ermittelte IBAN und BIC zu überprüfen. Vereinzelt wird die Umstellung auch dazu genutzt, ein neues SEPA-Lastschriftmandat einzuholen. Eine vor dem 1.2.2014 dem Verwalter bereits schriftlich erteilte Einzugsermächtigung wird automatisch in eine SEPA-Lastschrift umgedeutet. Bei der SEPA-Lastschrift wurde auch dem Verbraucherschutz Rechnung getragen. So müssen Zahlungsempfänger mit der Umstellung 2014 nach derzeitigem Stand den Zahlungspflichtigen 14 Tage zuvor per Brief, E-Mail oder SMS über eine Kontobelastung informieren. So soll genügend Zeit eingeräumt werden, das Konto ausreichend zu decken. Von dieser Regelung ausgenommen sind regelmäßige SEPA-Lastschriften in immer gleicher Betragshöhe.

Leerstehende Wohnungen

Steht eine Wohnung leer, weil der Wohnungseigentümer oder der Mieter ausgezogen ist, trifft den Wohnungseigentümer dennoch die Pflicht, die anteiligen Kosten und Lasten im vollen Umfang für die Zeit des Leerstands zu tragen. Die Pflicht zur Lasten- und Kostentragung knüpft nicht an die tatsächliche Nutzung, sondern an deren Möglichkeit an, es steht jedem Wohnungseigentümer frei, seine Gebrauchsmöglichkeiten wahrzunehmen oder dies zu unterlassen. Hiervon abweichende Beschlüsse wären nur unter ganz engen Voraussetzungen zulässig, zum Beispiel eine Freistellung von Kosten bei noch nicht fertiggestellten Wohnungen.

Weiterhin gilt, dass Leerstand den Wohnungseigentümer nicht von seiner Verkehrssicherungspflicht befreit. Dies bedeutet, dass er auch während des Leerstehens die ihm gegenüber den übrigen Miteigentümern obliegenden Pflichten erfüllen muss, zum Beispiel eine ausreichende Beheizung der Wohnung oder aber die Duldung des Zutritts zum Sondereigentum im Fall von Instandhaltungs- oder Instandsetzungsmaßnahmen am gemeinschaftlichen Eigentum.

Loggia

Loggien sind wie Balkone (siehe dort) sondereigentumsfähig. Die Zuordnung zum Gemeinschaftseigentum schlägt in der Regel fehl, da das jedem Wohnungseigentümer gemäß § 13 Abs. 2 WEG zustehende Mitgebrauchsrecht am gemeinschaftlichen Eigentum wegen des gewöhnlicherweise fehlenden Zugangs zur Loggia nicht verwirklicht werden kann. Die Zuweisung zum Sondereigentum erstreckt sich jedoch nur auf die sondereigentumsfähigen Bestandteile der Loggia. Konstruktive und der Sicherheit dienende Bestandteile einer Loggia oder eines Balkons zählen gemäß § 5 Abs. 2 WEG zwingend zum Gemeinschaftseigentum. Dies betrifft insbesondere die Balkonplatte und -decke, das Balkongitter, Geländer, Brüstung, Bodenisolierung, Türen und Fenster (mit Ausnahme der Innenseiten). Bei innenseitig angebrachten und von außen nicht einsehbaren Balkonverkleidungen und einem begehbaren Boden-/Plattenbelag handelt es sich dagegen um Sondereigentum.

Die Verglasung einer Loggia stellt eine bauliche Veränderung (siehe dort) gemäß § 22 Abs. 1 WEG dar, da durch diese Maßnahme der architektonische Gesamteindruck des Gebäudes verändert werden würde. Diese bauliche Veränderung würde auch alle Miteigentümer beeinträchtigen, sodass zu einem entsprechenden Beschluss alle Wohnungseigentümer zustimmen müssten.

Majorisierung

„Stimmrecht"

Mängel am Gemeinschaftseigentum

Inhaltsübersicht

Der Verwalter als Vertreter der Wohnungseigentümergemeinschaft ist aufgrund seiner Verwalterstellung dazu verpflichtet, Mängel und Schäden am Gemeinschaftseigentum zu ermitteln, festzustellen und den Ursachen des Schadens nachzugehen (BayObLG, 26.1.1999, 2Z BR 130/98; so auch BayObLG, 9.9.1999 2Z BR 54/99; OLG Köln, 14.4.2000, 16 Wx 13/00). Dies gehört zu den Überwachungspflichten gemäß § 27 Abs. 1 Nr. 2 WEG, wonach der Verwalter grundsätzlich die für eine ordnungsmäßige Instandhaltung oder Instandsetzung des gemeinschaftlichen Eigentums erforderlichen Maßnahmen zu treffen hat. Daraus folgt auch die Pflicht zur regelmäßigen Begehung des verwalteten Objekts.

1 Schäden, Handlungspflicht des Verwalters

Sobald Schäden am gemeinschaftlichen und/oder Sondereigentum festgestellt werden, muss der Verwalter unverzüglich handeln und aus den ihm übertragenen Pflichten heraus die Schadensbeseitigung und Schadensminimierung in Angriff nehmen. Das betrifft auch solche Schäden, die zwar im Sondereigentum auftreten, deren Ursache aber im gemeinschaftlichen Eigentum liegt. So ist der Verwalter gehalten, zum Beispiel im Fall eines Wasserschadens im Bereich einer Sondereigentumseinheit ohne schuldhaftes Zögern ohne Verzögerung alles Erforderliche in die Wege zu leiten und zu unternehmen, um die Schadensursache festzustellen und weitere Schäden zu vermeiden. Sollte der Verwalter dieser Verpflichtung nicht nachkommen, haftet er dem Sondereigentümer gegenüber auch, falls sich nach Feststellung der Schadensursache herausstellt, dass die Ursache ausschließlich im Bereich des Sondereigentums zu suchen ist, da diese grundsätzlich auch aus dem Gemeinschaftseigentum herrühren kann.

2 Baumängel

Siehe auch „Gewährleistung bei Erwerb vom Bauträger"

Erstmalige Herstellung

Bei Baumängeln nach erstmaliger Herstellung des gemeinschaftlichen Eigentums steht der Verwalter in der Pflicht, im Verlauf der Ermittlung und Feststellung dieser die Eigentümergemeinschaft über den möglichen Ablauf von Gewährleistungsfristen zu unterrichten, damit der Verband über die Geltendmachung von Gewährleistungsansprüchen rechtzeitig durch Beschlussfassung entscheiden kann. Das gilt auch dann, wenn der Verwalter im Rahmen der Erstbestellung vom Bauträger eingesetzt wurde und daher möglicherweise Interessenkollisionen auftreten können (BayObLG, 18.9.2002, 2Z BR 62/02).

Stellung des einzelnen Miteigentümers

Zwar ist der Erwerber von Neuwohnungseigentum und Sondereigentum individueller Vertragspartner des Bauträgers, gleichzeitig aber aufgrund seiner Stellung als Miteigentümer in der Gemeinschaft zwangsweise mit ihr rechtlich verbunden. Daher ist zu unterscheiden, wo die Mängel auftreten und wer jeweils Gewährleistungsansprüche gegen den Hersteller geltend machen kann. Allerdings begründen Mängel der Bauleistung am Gemeinschaftseigentum grundsätzlich individuelle vertragliche Mängelrechte des jeweiligen Käufers sowie gleichzeitig gleichgerichtete Ansprüche sämtlicher Wohnungseigentümer wegen Mängel am Gemeinschaftseigentum gegenüber dem Bauträger (BGH, 7.6.2001, VII ZR 420/00; BGH, 10.5.1979, VII ZR 30/78).

Geltendmachung von Mängelansprüchen, Zuständigkeiten
Parallel dazu soll gelten, dass die Beseitigung von Mängeln nach erstmaliger Herstellung des Gemeinschaftseigentums eine eigene Aufgabe der Wohnungseigentümergemeinschaft i. S. d. § 21 Abs. 5 Nr. 2 WEG ist. Allerdings sind hier laut herrschender Meinung in der Rechtsprechung die jeweiligen Mängelrechte nach der Notwendigkeit der Gemeinschaftsbindung des jeweiligen Anspruchs zu bestimmen. Insofern ist bei der Geltendmachung von Mängelrechten zu differenzieren, ob durch den jeweiligen Anspruch auf Mängelgewährleistung eine multiple Inanspruchnahme des Bauträgers als Schuldner von Gewährleistungsrechten zu befürchten wäre und ob daher in diesem Fall eine Abstimmung vorab innerhalb der Wohnungseigentümergemeinschaft vorzunehmen ist. Die Wohnungseigentümer haben im Hinblick auf das Gemeinschaftseigentum nach Ansicht des BGH gemeinschaftlich einen übereinstimmenden Willen zu bilden, wie die ordnungsmäßige Herstellung im Rahmen der Mängelbeseitigung am Gemeinschaftseigentum vorgenommen werden soll. Zudem ist der BGH der Ansicht, dass die Ausübung dieser Mängelgewährleistungsrechte durch den Verband förderlich ist und somit sonstige Rechte i. S. d. § 10 Abs. 6 Satz 3 Wohnungseigentum darstellt und damit eine sogenannte gekorene Ausübungsbefugnis besteht (BGH, 19.8.2010, VII ZR 113/09; OLG Köln, 23.10.2013; 11 U 109/13).

Jedoch bleibt es jedem einzelnen Miteigentümer unbenommen, ohne besondere Ermächtigung durch den Verband ein selbstständiges Beweissicherungsverfahren zur Feststellung von Mängeln am Gemeinschaftseigentum einzuleiten, solange der Verband die Geltendmachung der Mängel noch nicht an sich gezogen hat oder eine geborene Ausführungsbefugnis des Verbands dafür besteht (BGH, 20.6.2013, VII ZR 71/11). Selbst im Fall der sogenannten Vergemeinschaftung der primären Mängelansprüche können die einzelnen Miteigentümer ihre individuellen Ansprüchen aus ihrem individuellen Bauträgervertrag oder Kaufvertrag selbstständig verfolgen, solange das Vorgehen gemeinschaftsbezogene Interessen der Wohnungseigentümer oder sonstige schutzwürdige Interessen des Bauträgers nicht beeinträchtigt (BGH, 6.3.2014, VII ZR 266/13).

Mauerdurchbruch

Ein Mauer- oder Deckendurchbruch, durch den zwei Wohnungen miteinander verbunden werden, zum Beispiel eine Wohnung im Erdgeschoss mit dem darunterliegenden Keller oder eine Wohnung durch Ausbau mit dem darüberliegenden Speicher, stellt eine bauliche Veränderung (siehe dort) gemäß § 22 Abs. 1 WEG dar. Dennoch ist die Zustimmung der übrigen Miteigentümer nicht immer erforderlich, insbesondere dann nicht, wenn wesentliche Eingriffe in die bauliche Substanz nicht erfolgen und keine Gefahr für die konstruktive Stabilität und die Brandsicherheit besteht (BGH, 21.12.2000, V ZB 45/00). Diese Kriterien, insbesondere Fragen der Statik und der Brandsicherheit, müssen daher vorab von einem Sachverständigen geprüft werden.

Durch die bauliche Veränderung dürfen anderen Miteigentümern allerdings keine Nachteile (siehe dort) über das in § 14 WEG bestimmte Maß hinaus entstehen. Der Umstand, dass durch den Deckendurchbruch ein der Teilungserklärung widersprechender Zustand herbeigeführt wird, und der Verlust der Abgeschlossenheit stellen an sich nicht schon eine Beeinträchtigung in diesem Sinne dar, es müssen weitere, für den Wohnungseigentümer nicht hinnehmbare Nachteile hinzukommen. Auch die Möglichkeit einer intensiveren Nutzung oder einer zweckbestimmungswidrigen Nutzung kann ein Nachteil in diesem Sinne sein. Allerdings begründen abstrakte Gefahren keinen Nachteil i. S. v. § 14 Nr. 1 WEG. Im Einzelfall muss geprüft werden, ob eine erhöhte Nutzung nicht nur möglich ist, sondern ob sie auch zu konkreten, nicht ganz unerheblichen und höheren Beeinträchtigungen führen kann (vgl. OLG Frankfurt/Main, 24.4.2006, 20 W 294/03).

Hinweis: Statisch unbedenkliche, baurechtlich genehmigte Wanddurchbrüche im räumlichen Bereich des Sondereigentums müssen nicht beseitigt werden (AG Hamburg-Blankenese, 5.12.2007, 506 II 60/06).

Dem Antrag auf Vereinigung zweier Wohneigentumseinheiten ist keine neue Abgeschlossenheitsbescheinigung nebst neuem Aufteilungsplan beizufügen, wenn Bestand und Umfang des in der Teilungserklärung ausgestalteten Wohnungseigentums nicht berührt werden. Dies gilt auch dann, wenn im Zuge der Vereinigung zwei Sondereigentumseinheiten durch Mauerdurchbruch zu einer in sich abgeschlossenen Einheit zusammengelegt wurden. Entscheidend ist, ob eine bauliche Veränderung die räumliche Abgrenzung zwischen Gemeinschaftseigentum und Sondereigentum berührt oder ob dadurch das Gemeinschaftseigentum in seiner rechtlichen Ausgestaltung inhaltlich geändert wird. Es spielt keine Rolle, wenn wegen der Maßnahme Aufteilungsplan und tatsächlicher baulicher Zustand voneinander abweichen. Auch grundbuchtechnisch ist es nicht erforderlich, das durch Vereinigung entstandene Wohnungseigentumsrecht mit nur einer Wohnungsnummer zu bezeichnen, vielmehr können die Sondereigentumsrechte mit den bisherigen Nummernbezeichnungen fortgeschrieben werden (LG Berlin, 14.6.2005, 86 T 873, 874/04; OLG Hamburg, 18.3.2004, 2 Wx 2/03).

Mehrhausanlage

Inhaltsübersicht

Von einer Mehrhausanlage spricht man, wenn auf einem Grundstück mehrere selbstständige Gebäude errichtet werden. Dabei muss es sich nicht zwingend um vollständig voneinander getrennte Gebäude handeln. Häufig sind sie voneinander abgegrenzt, zum Beispiel in einer Eigentumswohnungsanlage bestehend aus mehreren Reihenhäusern, oder miteinander verzahnt, zum Beispiel wenn unter einem Gebäude eine Tiefgarage errichtet wurde. Die verschiedenen Gebäude bilden dennoch insgesamt eine Wohnungseigentümergemeinschaft, wenn sie sich auf demselben Grundstück befinden.

In der Praxis treten häufig Probleme auf, wenn Gebäude miteinander baulich eng verbunden und abhängig voneinander sind, weil sie zum Beispiel eine gemeinsame Infrastruktur, beispielsweise Heizungsanlage oder Lüftungsanlage, besitzen. Regelmäßig wird jeder Sondereigentümer aber daran interessiert sein, die Verwaltung und die Investitionen des Gebäudes zu verantworten, in dem sich sein Sondereigentum befindet.

1 Geregelte Mehrhausanlage

In den Gemeinschaftsordnungen finden sich häufig Regelungen, die weitestgehend eine wirtschaftliche Selbstständigkeit der einzelnen Gebäude oder Bauteile vorsehen. Nur so lässt sich eine möglichst weitgehende Selbstverwaltung der einzelnen Gebäude und damit verbunden eine gerechte Kostenverteilung zwischen den verschiedenen Gebäudeteilen umsetzen. In solchen Fällen ist von einer geregelten Mehrhausanlage auszugehen.

2 Ungeregelte Mehrhausanlage

Finden sich in der Teilungserklärung bzw. Gemeinschaftsordnung keine entsprechenden Regelungen, die sich auf die unterschiedlichen Gebäude bzw. Baukörper beziehen, liegt eine ungeregelte Mehrhausanlage vor. In diesem Fall bestehen keine gesonderten Vereinbarungen und es existieren keine Untergemeinschaften, sodass es keine Besonderheiten bei der Kostenverteilung gibt. Das hat zur Folge, dass die Kostentragungsregelung der Gemeinschaftsordnung für sämtliche Gebäude gilt oder, wenn keine geänderte Kostentragungsregelung vereinbart wurde, § 16 Abs. 2 WEG zum Tragen kommt.

Auch was die Stimmrechte angeht, bleibt es unabhängig von den Gebäuden bei der Regelung in der Gemeinschaftsordnung. Ist darin keine abweichende Stimmrechtsregelung vorgesehen, gilt § 25 Abs. 2 Satz 1 WEG, also das Kopfstimmrecht.

3 Untergemeinschaften

Bestehen in einer Mehrhausanlage aufgrund einer Vereinbarung in der Gemeinschaftsordnung Untergemeinschaften, stellt sich die Frage, wie diese rechtlich einzuordnen sind. Untergemeinschaften sind interne Gebilde, die durch die entsprechenden Regelungen in der Gemeinschaftsordnung geschaffen werden. Die Konsequenz daraus ist, dass sie, anders als Wohnungseigentümergemeinschaft (§ 10 Abs. 6 WEG), weder teilrechtsfähig (OLG Koblenz, 18.10.2010, 5 U 934/10) noch parteifähig sind (LG Dessau-Roßlau, 13.1.2011, 1 S 109/10). Untergemeinschaften sind unselbstständige Teile der Wohnungseigentümergemeinschaft.

4 Einladung zur Eigentümerversammlung

Bei der Mehrhausanlage müssen ebenfalls sämtliche Wohnungseigentümer zur Eigentümerversammlung eingeladen werden (§ 24 Abs. 1 WEG). Dies gilt auch dann, wenn für die Versammlung nur ein Tagesordnungspunkt angekündigt wird, beispielsweise der Beschluss einer Sanierungsmaßnahme, die nur ein Gebäude der Mehrhausanlage betrifft.

Davon kann nur abgesehen werden, wenn die Gemeinschaftsordnung eine eindeutige, davon abweichende Regelung enthält. Teilversammlungen sind darüber hinaus nicht zulässig, wenn in der Gemeinschaftsordnung lediglich die wirtschaftliche Trennung der Gebäude geregelt wurde (LG Köln, 26.11.2009, 9 S 63/09).

Das bedeutet, dass ohne eine entsprechende Vereinbarung in der Teilungserklarung Teilversammlungen nicht möglich sind. Wird trotzdem eine Teilversammlung einberufen, sind die entsprechenden Beschlüsse anfechtbar, weil ein Teil der Wohnungseigentümer von der Willensbildung in unzulässiger Weise ausgeschlossen wird.

5 Stimmrechte

Die Stimmrechte der Wohnungseigentümer bleiben ebenfalls unberührt, allein die Begründung einer Mehrhausanlage hat darauf grundsätzlich keine Auswirkungen. Ein sogenanntes Blockstimmrecht, das heißt die Stimmberechtigung einer bestimmten Gruppe von Wohnungseigentümern, die von der konkreten Beschlussfassung betroffen sind, kann nur dann angenommen werden, wenn dies eindeutig in der Gemeinschaftsordnung vereinbart wurde (strittig: Bärmann, Kommentar WEG,

§ 25 Rn. 105). Die nicht betroffenen Wohnungseigentümer sind in der entsprechenden Beschlussangelegenheit dann nicht stimmberechtigt (§ 25 Abs. 5 WEG analog).

Hinweis: Besteht aufgrund der Gemeinschaftsordnung die alleinige Stimmberechtigung der Wohnungseigentümer einer Untergemeinschaft, so ist die Erstversammlung dann beschlussfähig, wenn mehr als die Hälfte der Miteigentumsanteile dieser Untergemeinschaft vertreten ist (§ 25 Abs. 3 WEG).

Eine Beschlusskompetenz besteht in solchen Fallgestaltungen nur, wenn es sich bei dem Beschlussgegenstand um einen Sachverhalt handelt, der sich ausschließlich auf die Wohnungseigentümer der Untergemeinschaft bezieht und keine Auswirkungen auf die übrigen Wohnungseigentümer hat.

Bei Maßnahmen der Instandhaltung oder Instandsetzung des gemeinschaftlichen Eigentums und dessen Modernisierung ist von der Beschlusskompetenz der jeweiligen Untergemeinschaft auszugehen, wenn die Gemeinschaftsordnung dies vorgibt. Gleiches gilt für bauliche Veränderungen an einem Gebäude der Untergemeinschaft, da § 22 Abs. 1 WEG insoweit abbedungen wird und die Untergemeinschaft über bauliche Veränderungen am Gemeinschaftseigentum ihres Gebäudes autonom entscheidet. Darüber hinaus bleibt das Teilnahme- und Rederecht in der Eigentümerversammlung des jeweiligen Wohnungseigentümers unberührt, auch wenn nur ein bestimmtes Gebäude der Mehrhausanlage betroffen ist.

6 Verwalterbestellung

Aus dem Grundsatz der Einheitlichkeit der Verwaltung (§ 26 Abs. 1, § 27 Abs. 2, 3 WEG) ergibt sich, dass für die Wohnungseigentümergemeinschaft nur ein gemeinsamer Verwalter bestellt werden kann. Die Bestellung von Teilverwaltern, zum Beispiel für eine Untergemeinschaft einer Mehrhausanlage, ist nichtig, da die Wohnungseigentümer der Untergemeinschaft nicht über die Beschlusskompetenz dafür verfügen, einen eigenen Teilverwalter zu bestellen (LG Düsseldorf, 22.10.2009, 19 S 40/09).

7 Jahresabrechnung

Für eine Mehrhausanlage muss ebenfalls eine Gesamtjahresabrechnung erstellt werden. Die wirtschaftliche Trennung der einzelnen Gebäude erfolgt im Regelfall durch die Einzelabrechnungen, wobei diesen nur solche Kosten zugeordnet werden können, die ausschließlich dort anfallen. Eine Verpflichtung zur Aufstellung einer Jahresabrechnung für die Gesamtgemeinschaft und parallel für die Untergemeinschaft besteht nur dann, wenn dies in der Gemeinschaftsordnung vorgesehen ist.

Die Beschlusskompetenz der Untergemeinschaft zur Genehmigung der Jahresabrechnung reicht nur soweit, als durch diese Abrechnung gemeinschaftsbezogene Zu- und Abflüsse, die zuvor durch die Abrechnung der Gesamtgemeinschaft der Untergemeinschaft zugewiesen wurden (LG München I, 20.12.2010, 1 S 8436/10), auf die Miteigentümer der Untergemeinschaft verteilt werden. Für die Erstellung des Wirtschaftsplans gelten diese Ausführungen sinngemäß.

8 Beschlussanfechtungsklage

Beschlüsse einer Untergemeinschaft können im Rahmen einer Beschlussanfechtungsklage durch das Wohnungseigentumsgericht überprüft werden. Dabei muss der klagende Wohnungseigentümer nicht zwingend Mitglied der betreffenden Untergemeinschaft und daher nicht an der Beschlussfassung beteiligt gewesen sein. Zu berücksichtigen ist jedoch, dass der Kläger für die Erhebung der Beschlussanfechtungsklage ein Rechtsschutzbedürfnis vorweisen muss. Ist er durch die Beschlussfassung der Untergemeinschaft, deren Mitglied er nicht ist, in keiner Weise betroffen, fehlt ihm das Rechtsschutzbedürfnis für die Erhebung einer Beschlussanfechtungsklage (BayObLG, 25.7.1984, 2 Z 57/84).

Hinweis: In der Praxis wird das Rechtsschutzbedürfnis eines klagenden Wohnungseigentümers ausnahmsweise nur dann verneint werden können, wenn es sich zum Beispiel um die Beschlussfassung über eine Gebrauchsregelung innerhalb eines Gebäudes einer Untergemeinschaft handelt.

Eine Beschlussanfechtungsklage richtet sich auch im Fall einer Beschlussfassung der Untergemeinschaft gegen alle übrigen Miteigentümer (§ 46 Abs. 1 Satz 1 WEG). Daher kann sie nicht auf die Mitglieder der Untergemeinschaft als Beklagte beschränkt werden, eine so erhobene Beschlussanfechtungsklage ist unzulässig (BGH, 10.2.2012, V ZR 145/11).

Minderheitenschutz

Liegt ein Fall der Majorisierung (siehe „Stimmrecht", Abschnitt 6) vor, so sind einzelne Wohnungseigentümer durch das Prinzip ordnungsmäßiger, dem Interesse der Gesamtheit der Wohnungseigentümer entsprechender Verwaltung geschützt. Sie können unter Missbrauch des Stimmrechts zustande gekommene Beschlüsse wirksam anfechten. Dem Schutz von Minderheiten dient aber auch das Erfordernis bei der schriftlichen Beschlussfassung gemäß § 23 Abs. 3 WEG, dass alle Wohnungseigentümer zustimmen müssen, damit ein Beschluss zustande kommt (sogenannter Umlaufbeschluss, siehe dort).

Schutz bietet auch die Vorgabe in § 24 Abs. 2 WEG, nach der der Verwalter eine Versammlung einberufen muss, wenn mehr als ein Viertel der Wohnungseigentümer dies schriftlich unter Angabe des Zwecks und der Gründe verlangt (sogenanntes Minderheitenquorum). Bei der Bemessung von „einem Viertel" kommt es allein auf die Kopfzahl der Wohnungseigentümer an. Dies gilt auch dann, wenn die Gemeinschaftsordnung ein abweichendes Stimmrechtsprinzip vorsieht.

Unter dem Gesichtspunkt des Minderheitenschutzes und des Schikaneverbots kann es sich als rechtsmissbräuchlich darstellen, wenn die Wohnungseigentümer als Gemeinschaft bei der Geltendmachung von Beseitigungsansprüchen ohne sachlichen Grund zwischen einzelnen Wohnungseigentümern unterscheiden. Das kann zum Beispiel der Fall sein, wenn sie eine bauliche Veränderung eines Wohnungseigentümers ablehnt, aber die von einem anderen Wohnungseigentümer vorgenommene vergleichbare bauliche Veränderung ausdrücklich billigt (KG Berlin, 18.5.2009, 24 W 17/08).

Miteigentumsanteil

Wohnungs- oder Teileigentum besteht nach § 1 Abs. 1 bis 3 WEG aus dem Sondereigentum an einer Wohnung oder an nicht zu Wohnzwecken dienenden Räumen verbunden mit einem Miteigentumsanteil am gemeinschaftlichen Eigentum. Der Miteigentumsanteil und das Sondereigentum sind untrennbar miteinander verbunden. Die Größe der Miteigentumsanteile kann bei der Begründung des Wohnungseigentums in der Teilungserklärung nach freiem Ermessen festgelegt werden, in der Regel erledigt dies der aufteilende Bauträger. Eine Übereinstimmung zwischen Wert und Größe der den einzelnen Wohnungseigentümern gehörenden Wohnungen und ihrem Anteil am gemeinschaftlichen Eigentum ist nicht erforderlich. Üblicherweise richtet sich die Größe des Miteigentumsanteils nach dem Verhältnis der Wohn- und Nutzflächen. Dieser Aufteilungsmaßstab dürfte regelmäßig interessengerecht sein, da sich auch die Verteilung der Kosten nach § 16 Abs. 2 WEG nach der Höhe der Miteigentumsanteile richtet.

Eine nachträgliche Änderung der Miteigentumsanteile kann nicht durch Mehrheitsbeschluss erfolgen, da hierfür keine Beschlusskompetenz besteht. Für die Änderung wäre eine Abänderung der Teilungserklärung durch Vereinbarung aller Wohnungseigentümer und Eintragung in den Wohnungsgrundbüchern erforderlich.

Mitgebrauchsrecht

Den Wohnungseigentümern steht gemäß § 13 Abs. 2 Satz 1 WEG ein Mitbenutzungsrecht an den Gemeinschaftsflächen und -räumen wie Hausflur, Treppenhaus, Aufzug, Fahrradkeller oder Hof zu. Auch deren Nutzung unterliegt den Schranken der Zweckbestimmung und dem Rücksichtnahmegebot sowie den Vorschriften in § 14 und § 15 WEG.

Wie dem Wohnungseigentümer selbst steht auch dem Mieter das Mitgebrauchsrecht zu (OLG Düsseldorf, 15.6.2004, I-3 Wx 97/04). Häufig enthält die Gemeinschaftsordnung konkrete Gebrauchs- und Nutzungsregelungen (siehe dort) für bestimmte Teile des Gemeinschaftseigentums. Ergänzend können Vereinbarungen hierzu durch Beschluss gefasst werden. Wird in einem Beschluss einer Wohnungseigentümergemeinschaft die Gartenfläche des gemeinschaftlichen Grundstücks räumlich derart aufgeteilt, dass ein Teil der Bewohner die linke und der andere Teil die rechte Gartenfläche benutzen müssen, handelt es sich nicht um einen Ausschluss vom Mitgebrauch, sondern um eine Konkretisierung des gemeinschaftlichen Gebrauchs (OLG Hamm, 11.11.2004, 15 W 351/04).

Überschreitet ein Wohnungseigentümer diese Vereinbarungen, können Beseitigungs- und Unterlassungsansprüche (siehe dort) geltend gemacht werden. Ein Beseitigungsanspruch des einzelnen Wohnungseigentümers besteht jedoch nur dann, wenn die Beeinträchtigung seine Rechte erheblich berührt (OLG Celle, 24.2.2012, 4 W 1/12, hier: durch Trennwand und Lüftungstürme).

Mobilfunksendeanlage/ Mobilfunkantenne

Inhaltsübersicht

Die Errichtung einer Mobilfunkantenne führt grundsätzlich zu einer erheblichen optischen Beeinträchtigung der Wohnanlage und darüber hinaus zu einem baulichen Eingriff in die Dachkonstruktion, da neben der Mobilfunkantenne entsprechende technische Aggregate installiert werden müssen. Diese Maßnahmen sind daher als bauliche Veränderung (siehe dort) i.S.d. § 22 Abs. 1 WEG zu qualifizieren (OLG München, 13.12.2006, 34 Wx 109/06). Dem Beschluss der Wohnungseigentümer über die Errichtung einer solchen Anlage müssen daher alle Wohnungseigentümer zustimmen; die einfache Mehrheit der Wohnungseigentümer ist nicht ausreichend und macht den Beschluss anfechtbar. Das Erfordernis der Zustimmung ergibt sich aus § 14 Nr. 1 WEG, der fordert, dass alle Sondereigentümer zustimmen müssen, wenn sie durch die Maßnahme über das dort bestimmte Maß hinaus beeinträchtigt werden. Bereits eine nicht ganz unerhebliche Veränderung des optischen Gesamteindrucks der Wohnungseigentumsanlage ist dafür ausreichend (BGH, 14.12.2012, V ZR 224/11).

1 Beeinträchtigung

Allerdings ist anerkannt, dass aufgrund der nicht unumstrittenen Grenzwerte der einschlägigen Verordnung über elektromagnetische Felder (26. Bundesimmissionsschutzverordnung) und die bereits in weiten Teilen der Bevölkerung resultierende Befürchtung, dass zumindest eine ernsthafte Möglichkeit einer Minderung des Miet- und Verkaufswert von Eigentumswohnungen besteht, eine Beeinträchtigung i. S. d. § 14 Nr. 1 WEG darstellt (OLG Hamm, 3.1.2002, 15 W 287/01). Ein verständiger Wohnungseigentümer muss es daher nicht zustimmungslos hinnehmen, dass die Vermietbarkeit oder Verkäuflichkeit seines Wohnungseigentums durch eine Mobilfunksendeanlage gegenüber Objekten ohne eine solche Anlage erschwert sein kann.

Etwas anderes ergibt sich auch nicht aus § 906 Abs. 1 Satz 2 BGB, der in dem Verhältnis von benachbarten Grundstückseigentümern die Regelvermutung aufstellt, dass bestimmte Einwirkungen, zu denen auch die Strahlenemissionen einer Mobilfunkanlage gehören, als unwesentlich zu betrachten sind, und daher vom Nachbarn hingenommen werden müssen, wenn die einschlägigen Grenz- und Richtwerte eingehalten werden.

Das Wohnungseigentumsrecht gibt aufgrund des besonderen Rücksichtnahmegebots über § 14 Nr. 1 WEG einen engeren Maßstab vor, bei dem auch zu berücksichtigen ist, dass Gesichtspunkte der Gesundheitsvorsorge und wirtschaftlicher Nachteile einer – möglicherweise unbegründeten – Befürchtung vor der Strahlenbelastung der Mobilfunkantenne bereits ausreichend für die Annahme einer maßgeblichen Beeinträchtigung sind.

2 Ausbau

Auch bei der Erweiterung einer bestehenden Mobilfunkanlage um weitere Antennen ist die Zustimmung sämtlicher Wohnungseigentümer erforderlich, weil eine solche Erweiterungsmaßnahme keine (modernisierende) Instandsetzung oder Instandhaltung i. S. d. § 22 Abs. 3 und § 21 Abs. 5 Nr. 2 WEG darstellt, weil es bereits an einer Instandsetzung oder Instandhaltung des gemeinschaftlichen Eigentums fehlt. Eine installierte Mobilfunkantennenanlage ist zwar fest mit dem Gebäude verbunden, auf dem sie installiert ist, jedoch ist sie deshalb nicht wesentlicher Bestandteil des Gebäudes i. S. d. § 94 Abs. 2 BGB, weil sie nach dem Willen aller Beteiligten nur zu einem vorübergehenden Zweck eingebaut worden ist und darum als Scheinbestandteil gemäß § 95 Abs. 1 BGB zu beurteilen ist. Die Sendeanlage stellt also kein gemeinschaftliches Eigentum im Sinne dieser Bestimmungen dar.

Daher sind auch für die Fälle der Erweiterung einer solchen Anlage die Anforderungen des § 22 Abs. 1 i. V. m. § 14 Nr. 1 WEG maßgebend (BGH 24.1.2014, V ZR 48/13). Eine lediglich mehrheitliche Beschlussfassung für die Erweiterung einer bestehenden Mobilfunkantennenanlage kann damit erfolgreich vor dem Wohnungseigentumsgericht angegriffen werden. Sieht die Teilungserklärung zugunsten eines einzelnen Wohnungseigentümers vor, dass er berechtigt ist, eine Mobilfunksendeanlage auf dem Gebäude der Wohnungseigentümergemeinschaft zu errichten, ist diese eine Anlage von den übrigen Wohnungseigentümern zu dulden, wenn die Grenzwerte der 26. Bundesimmissionsschutzverordnung eingehalten werden. Eine darüberhinausgehende Duldungsverpflichtung für den Betrieb weiterer Mobilfunksendeanlagen ergibt sich aus dieser Befugnis jedoch nicht, da die Bestimmung „eine" in der Teilungserklärung als zahlenmäßige Begrenzung der zulässigerweise zu errichtenden Mobilfunkanlagen zu verstehen ist. Wegen der erheblichen wirtschaftlichen Bedeutung ist im Zweifel anzunehmen, dass die Gestattungen in der Teilungserklärung nicht nur die Art der Nutzung vorgeben sollen, sondern auch den Umfang der erlaubten Nutzung, also auch die Anzahl der Sendeanlagen dort verbindlich geregelt wird.

Modernisierende Instandsetzung

„Instandhaltung und Instandsetzung"

Modernisierung

Inhaltsübersicht

Bei Modernisierungsmaßnahmen nach § 22 Abs. 2 WEG handelt es sich um Maßnahmen i. S. v. § 559 BGB mit folgenden Zielen:

- Nachhaltige Erhöhung des Gebrauchswerts des Wohnungseigentums
- Dauerhafte Verbesserung der allgemeinen Wohnverhältnisse
- Nachhaltige Einsparung von Energie und Wasser
- Anpassungen an den Stand der Technik

Nachhaltige Erhöhung des Gebrauchswerts
Die Erhöhung des Gebrauchswerts kann sowohl das Gemeinschaftseigentum als auch das Sondereigentum betreffen. Dabei geht es um Maßnahmen, die aus Sicht eines verständigen Wohnungseigentümers eine sinnvolle Neuerung darstellen und voraussichtlich dazu geeignet sind, den Gebrauchswert der Wohnung nachhaltig zu erhöhen, beispielsweise weil sie deren bestimmungsmäßige Nutzung bequemer, gesünder, sicherer, angenehmer oder weniger arbeitsaufwendig machen (LG Hamburg, 31.8.2012, 318 S 8/12). Auch eine optische Veränderung kann eine Gebrauchswerterhöhung bewirken.

Die Kosten solcher Maßnahmen dürfen nicht außer Verhältnis zum erzielten Vorteil stehen (BGH, 14.12.2012, V ZR 224/11). Außerdem muss die Gebrauchswerterhöhung nachhaltig, das bedeutet von Dauer sein.

Dauerhafte Verbesserung der allgemeinen Wohnverhältnisse
Dies bezieht sich auf Maßnahmen im gemeinschaftlichen Eigentum, die das Umfeld der Wohnungen verbessern und nicht nur vorübergehend wirken, zum Beispiel die Errichtung eines Kinderspielplatzes, von Grünanlagen, Sicherheitseinrichtungen, Stellplätzen und anderen Verkehrsanlagen, die Einrichtung eines Fahrradkellers oder Wäschetrockenraums oder die Anbindung der Regenentwässerung an das Abwassersystem der Straße.

Nachhaltige Einsparung von Energie und Wasser
Hierzu zählen alle Maßnahmen, die dauerhaft zur Senkung des Energieverbrauchs und zur Einsparung von Wasser beitragen, insbesondere die folgenden:
- Wärmedämmung von Fassaden, Dächern, Kellern und Fenstern
- Reduzierung des Verbrauchs der zentralen Heiz- und Wasserversorgungsanlage
- Anschluss an die Fernwärmeversorgung
- Nutzung der Energie aus Wärmepumpen- und Solaranlagen
- Einbau von Wasseruhren zur Verbrauchserfassung

Anpassungen an den Stand der Technik
Damit sind Maßnahmen gemeint, die das Gemeinschaftseigentum an den Stand der Technik anpassen. Sie sorgen dafür, dass dessen technisches Niveau einer anerkannten und in der Praxis bewährten, fortschrittlichen technischen Entwicklung entspricht. Damit soll das gesetzlich vorgegebene Ziel – die dauerhafte Werterhaltung des langlebigen Wirtschaftsguts Wohn-/Geschäftshaus –, erreicht werden (AG Nürnberg, 16.8.2013, 30 C 6675/12; BT-Drucks.16/887, S. 30). Zu den entsprechenden Maßnahmen zählt zum Beispiel der Anschluss an das Breitbandkabelnetz ohne Instandsetzungsbedarf an der vorhandenen Gemeinschaftsantenne; zudem folgende Eingriffe:
- Einbau einer Zentralheizung
- Einbau eines Fahrstuhls
- Einbau von Kalt- oder Warmwasserzählern
- Verstärkung elektrischer Steigleitungen
- Einbau einer elektrischen Türöffnungsanlage und/oder einer (Video)Gegensprechanlage
- Einbau von Isolierglasfenstern oder Anbringen einer Wärmedämmung ohne konkreten Instandsetzungsbedarf

1 Beschlussfassung

Voraussetzung für einen Beschluss nach § 22 Abs. 2 WEG ist, dass die Maßnahme die Eigenart der Wohnanlage nicht verändert und keinen Wohnungseigentümer unbillig benachteiligt. Die Eigenart der Wohnanlage wird nach dem inneren und äußeren Bestand beurteilt (AG Nürnberg, 16.8.2013, 30 C 6675/12). So sind beispielsweise ein Anbau wie ein Wintergarten, eine Aufstockung und der Abriss von Gebäudeteilen nicht vom Modernisierungsbegriff erfasst, da solche Maßnahmen geeignet sind, die Eigenart der Wohnanlage zu verändeRn. Auch Luxussanierungen oder der Ausbau eines nicht zu Wohnzwecken genutzten Speichers oder Kellerraums zu Wohnraum fallen nicht darunter. Allerdings darf die optische Veränderung des Gesamteindrucks der Wohnanlage nicht nur unerheblich nachteilig beeinträchtigen.

Bei der Frage, ob ein einzelner Wohnungseigentümer von einer solchen Maßnahme unbillig betroffen ist, muss geprüft werden, welches Maß die Beeinträchtigung im konkreten Einzelfall hat. Von einer unbilligen Beeinträchtigung kann man ausgehen, wenn es sich um Nachteile handelt, die bei wertender Betrachtung und in Abwägung mit den durch die Modernisierung verfolgten Vorteilen einem verständigen Wohnungseigentümer in zumutbarer Weise nicht abverlangt werden können. Zu prüfen ist daher, ob durch die Maßnahme einem oder mehreren Wohnungseigentümern größere Nachteile zugemutet werden als den anderen, also ob es zu einer treuwidrigen Ungleichbehandlung der Wohnungseigentümer untereinander kommt (BGH, 18.2.2011, V ZR 82/10).

Auch die Kosten einer Maßnahme können eine unbillige Beeinträchtigung darstellen. Das gilt dann, wenn sie das Maß der Aufwendungen übersteigen, die das gemeinschaftliche Eigentum in einen allgemein üblichen Zustand versetzen, zum Beispiel bei einer Luxussanierung. Die Belastung mit Kosten stellt jedoch nur in Ausnahmefällen einen Grund für eine unbillige Beeinträchtigung dar. Beispiel: Ein Wohnungseigentümer ist trotz entsprechender privater Rücklagenbildung nicht in der Lage, die Kosten aufzubringen, und wäre wegen der Modernisierungsmaßnahme gezwungen, sein Wohnungseigentum zu veräußern.

Modernisierungsmaßnahmen oder Anpassungen an den Stand der Technik können mit der sogenannten doppelt qualifizierten Mehrheit (siehe „Beschluss", Abschnitt 3 „Qualifizierter Mehrheitsbeschluss") beschlossen werden. Bei der Beschlussfassung müssen drei Viertel aller im Grundbuch eingetragenen Wohnungseigentümer zustimmen, und zwar entsprechend § 25 Abs. 2 WEG nach Köpfen, wobei diese Mehrheit mehr als die Hälfte aller Miteigentumsanteile repräsentieren muss. Sieht eine in der Teilungserklärung bzw. Gemeinschaftsordnung enthaltene Öffnungsklausel (siehe dort) geringere Anforderungen für die Beschlussfassung vor, so sind diese Bestimmungen maßgeblich.

2 Kostenverteilung

Die Kostenverteilung bei Modernisierungen erfolgt grundsätzlich nach dem Verhältnis der Miteigentumsanteile (§ 16 Abs. 2 WEG), sofern die Gemeinschaftsordnung hierfür keine andere Kostentragungsregelung vorsieht. Nach § 16 Abs. 4 WEG ist es jedoch möglich, einen anderen Kostenverteilungsschlüssel zu bestimmen. Die Voraussetzung für einen entsprechenden Beschluss nach § 16 Abs. 4 WEG sind:

- Es muss sich um einen konkreten Einzelfall handeln, es können keine generellen Regelungen mit Wirkung für die Zukunft beschlossen werden.
- Der abweichende Kostenverteilungsmaßstab muss dem Gebrauch oder der Möglichkeit des Gebrauchs Rechnung tragen.
- Bei der Abstimmung muss die doppelt qualifizierte Mehrheit erreicht werden.

Der Kostenverteilungsschlüssel kann also nicht generell geändert werden, sondern nur im Hinblick auf einen ganz bestimmten zu regelnden Einzelfall. Das dürfte bei einer konkreten Modernisierungsmaßnahme regelmäßig unproblematisch sein. Für generelle Regelungen fehlt die Beschlusskompetenz, sodass solche Beschlüsse nichtig sind (BGH, 9.7.2010, V ZR 202/09; LG München I, 13.2.2012, 1 S 8790/11; a. A. AG Hildesheim, 17.9.2013, 44 C 15/13).

Der maßgebliche Gebrauch stellt nicht auf den alleinigen Gebrauch ab, vielmehr kann die tatsächliche Gebrauchshäufigkeit und die Gebrauchsmöglichkeit oder die Anzahl der nutzenden Personen Berücksichtigung finden oder auf vergleichbare Umstände abstellen (BGH, 18.6.2010, V ZR 164/09; BGH, 15.1.2010, V ZR 114/09). Die Belastung von nur einzelnen Eigentümern mit Kosten ist daher nur dann zulässig, wenn diese Eigentümer einen eigennützigen Gebrauch machen oder machen können, der den von den Kosten frei gestellten Eigentümern nicht oder so nicht möglich ist (BGH, 18.6.2010, V ZR 164/09; LG Hamburg, 25.5.2011, 318 S 21/11).

BEISPIELE AUS DER RECHTSPRECHUNG

- Der Ausbau eines Speichers zu Wohnraum ist keine Modernisierung i. S. d. § 22 Abs. 2 WEG; er kann die Eigenart der Wohnanlage ändern (LG München I, 18.7.2013, 36 S 20429/12).
- Die Anschaffung eines sogenannten Blockheizkraftwerks in Kombination mit einer Gasbrennwerttherme (einheitlich konzipierte Maßnahme) stellt bei fehlender Erneuerungsbedürftigkeit der Altanlage eine Modernisierung i. S. d. § 22 Abs. 2 WEG dar. Auch hier ist eine Kosten-Nutzen-Analyse zu erstellen. Zudem wird durch diese Maßnahme der (Sach)Wert des Gemeinschaftseigentums erhöht (AG Pinneberg, 26.4.2013, 60 C 40/10).
- Der Austausch von Holz- durch Kunststofffenster stellt regelmäßig eine Modernisierungsmaßnahme i. S. d. § 22 Abs. 2 WEG dar, da eine dauerhafte Gebrauchswerterhöhung vorliegt. Kunststofffenster sind verglichen mit Holzfenstern haltbarer und müssen nicht gestrichen werden, sie verursachen damit geringere Instandhaltungskosten und sind nicht von Schimmelbildung und Verfaulen bedroht (LG München I, 27.4.2009, 1 S 20171/08).
- Bei einer Modernisierung bedarf es nicht generell einer Kosten-Nutzen-Analyse durch einen Gutachter; das Amortisationskriterium ist hier zu streng (LG Düsseldorf, 6.6.2012, 25 S 8/12; a. A. LG München I, 27.4.2009, 1 S 20171/08).
- Der Austausch einer über 30 Jahre alten Öl-Zentralheizung durch die Versorgung mit Fernwärme stellt eine modernisierende Instandsetzung dar (§ 22 Abs. 3 i. V. m. § 21 Abs. 3 WEG), also keine Modernisierung (§ 22 Abs. 2 WEG), wenn der Vergleich des wirtschaftlichen Erfolgs, der künftigen Kosten, der langfristigen Sicherung des Energiebedarfs und der Umweltverträglichkeit beider Alternativen ergibt, dass die Umstellung sinnvoll und vorteilhaft ist. Dies kann insbesondere dann der Fall sein, wenn eine Umstellung auf Fernwärme einen langfristigen finanziellen Vorteil von circa 60.000 Euro innerhalb der nächsten 40 Jahre verspricht (LG Nürnberg-Fürth, 28.7.2010, 14 S 438/10).
- Der Ausbau des Dachgeschosses in Form einer Aufstockung des Gebäudes stellt eine bauliche Veränderung i. S. d. § 22 Abs. 1 WEG dar, keine Modernisierung i. S. d. § 22 Abs. 2 WEG (LG Hamburg, 16.12.2009, 318 S 49/09).
- Die Beschlussfassung über die Errichtung von Wintergärten auf Balkonflächen ist für unwirksam zu erklären, da die Umsetzung des Beschlusses eine nachteilige bauliche Veränderung gemäß § 22 Abs. 1 WEG mit sich bringt und keine Modernisierungsmaßnahme nach § 22 Abs. 2 WEG darstellt. Außerdem

würde hierdurch die Eigenart der Anlage geändert werden.
Die Beschlussfassung über die Errichtung von Außenaufzügen ist für unwirksam zu erklären, da die Umsetzung des Beschlusses eine nachteilige bauliche Veränderung i. S. v. § 22 Abs. 1 WEG darstellt, die zwar eine Modernisierungsmaßnahme i. S. v. § 22 Abs. 2 WEG zum Inhalt hat, jedoch die Eigenart der Anlage ändern würde.
Die Beschlussfassung über den Einbau zusätzlicher Fenster ist für unwirksam zu erklären, da sie eine nachteilige bauliche Veränderung i. S. v. § 22 Abs. 1 WEG zum Inhalt hat, die keine Modernisierungsmaßnahme i. S. v. § 22 Abs. 2 WEG darstellt (AG Konstanz, 13.3.2008, 12 C 17/07).

- Zur Abgrenzung von Modernisierung und baulicher Veränderung bei Anbringung von Balkonen an der Hausfassade: Vom Grundsatz der Einstimmigkeit nach § 22 Abs. 1 Satz 1 WEG kann nicht deshalb abgewichen werden, weil der Balkonanbau als Modernisierung i. S. d. § 22 Abs. 2 Satz 1 WEG anzusehen ist. Vielmehr bringt er eine Änderung der Eigenart der Wohnanlage mit sich, weil im Hinblick darauf, dass den Eigentümern das Anbringen eines Balkons freigestellt ist und nicht an allen Wohneinheiten Balkone angebracht werden, ein uneinheitlicher optischer Gesamteindruck des Gebäudes entstehen kann. Auch führt die Berechtigung zum Balkonanbau zu einer unbilligen Benachteiligung der Eigentümer, die keinen Balkon anbringen möchten, weil es durch die über oder unter ihrer Wohnung angebrachten Balkone zu Mietminderungen wegen des entstehenden Baulärms und einer Verdunklung ihrer Wohnung kommen kann (LG Lüneburg, 31.5.2011, 9 S 75/10).
- Die Genehmigungsbeschluss über Treppen von den Erdgeschosswohnungen in den Garten bewirkt eine nachhaltige Erhöhung des Gebrauchswerts der betreffenden Wohnungen und ist als Modernisierung i. S. d. § 22 Abs. 2 WEG zu qualifizieren (AG Hannover, 2.10.2007, 484 C 9807/07).
- Die Ablehnung einer energetischen Sanierungsmaßnahme kann ordnungsgemäßer Verwaltung entsprechen. Die Wohnungseigentümer haben Ermessen beim Ob und Wie einer Sanierungsmaßnahme. Berücksichtigt werden insoweit die finanzielle Leistungsfähigkeit der Gemeinschaft, die Kosten-Nutzen-Analyse und die Eilbedürftigkeit der Maßnahme (LG Köln, 12.4.2010, 29 T 72/09).
- Die Wiederinbetriebnahme stillgelegter Schornsteine stellt nach Urteil des BGH (18.2.2011, V ZR 82/10) eine nachhaltige Erhöhung des Gebrauchswerts des Wohnungseigentums nach § 22 Abs. 2 WEG und § 559 BGB dar, da die Wohnungseigentümer hiermit eine zusätzliche Beheizungsmöglichkeit erhalten, nämlich einen Kamin oder Kaminofen zu befeueRn. Es handele sich dabei nicht um die Rückkehr zu einer „archaischen Heizmethode“. Gerade in Zeiten der Verteuerung der Energiekosten stelle es einen nicht zu unterschätzenden Vorteil dar, wenn die Voraussetzungen für eine zusätzliche Heizquelle geschaffen werden. Damit ist eine Gebrauchswerterhöhung verbunden. Deshalb kommt es auf die weitere Frage, ob dadurch eine Energieeinsparung bewirkt wird, nicht an. Es genügt im Rahmen von Modernisierungen, dass die Maßnahme aus Sicht eines verständigen Wohnungseigentümers eine sinnvolle Neuerung darstellt, die voraussichtlich geeignet ist, den Gebrauchswert der Sache nachhaltig zu erhöhen. Der Gesetzgeber habe mit der Neufassung des § 22 Abs. 2 WEG den Wohnungseigentümern unabhängig von dem Bestehen eines Reparaturbedarfs die Befugnis eingeräumt, mit qualifizierter Mehrheit einer Verkehrswertminderung durch Anpassung der Wohnanlage an die „Erfordernisse der Zeit“ entgegenzuwirken.

Musizieren

Das Musizieren ist Ausfluss des Rechts auf freie Entfaltung der Persönlichkeit und kann daher nicht generell verboten werden. Musizieren gehört zum üblichen Sozialverhalten und ist Element der Zweckbestimmung des Wohnens in den eigenen Räumen (BGH, 10.9.1998, V ZB 11/98). Ausnahmsweise kann das Musizieren mit Zustimmung aller Wohnungseigentümer, zum Beispiel in der Gemeinschaftsordnung durch eine Vereinbarung, untersagt werden.

Erlaubt ist es, im Rahmen der Hausordnung durch Mehrheitsbeschluss zeitliche Einschränkungen vorzunehmen. Bei der Festlegung von Ruhezeiten muss eine Interessenabwägung erfolgen, die die Interessen sämtlicher Wohnungseigentümer berücksichtigt. So ist es zulässig, Ruhezeiten zur Mittagszeit und ab 20.00 Uhr zu beschließen, da den Hausbewohnern ausreichend Zeit zum Musizieren bleibt. Auch darf der Umfang, zum Beispiel zwei bis drei Stunden pro Tag, geregelt werden. Die die Musikausübung einschränkenden Regelungen dürfen nicht einem Musizierverbot gleichkommen, indem die Zeiten zu knapp bemessen werden. So ist es nicht möglich, das Musizieren auf bestimmte Tageszeiten zu beschränken oder etwa an Sonn- und Feiertagen gänzlich zu untersagen.

Hinweis: Musizieren, das außerhalb der Wohnung nicht zu hören ist, kann in der Hausordnung nicht eingeschränkt werden, weil andere Eigentümer dadurch nicht beeinträchtigt werden. Insoweit kann jeder Eigentümer sein Sondereigentum nach Belieben nutzen (§ 13 Abs. 1 WEG).

Gibt es in der Gemeinschaftsordnung keine entsprechende Vorgabe, kann durch einen Mehrheitsbeschluss das Musizieren in der eigenen Wohnung nicht völlig untersagt werden. Das Verbot, über Zimmerlautstärke zu musizieren, ist deswegen unzulässig, da es einem völligen Musizierverbot gleichkommen kann. Ein solcher Beschluss ist lediglich anfechtbar, nicht nichtig.

BEISPIELE AUS DER RECHTSPRECHUNG

- Nach einem bestandskräftigen Beschluss, der das Musizieren auf Zimmerlautstärke beschränkt, kann der Anspruch auf vollständige Unterlassung etwa von Klavierspielen auch gerichtlich unter Androhung von Ordnungsmitteln durchgesetzt werden. Andererseits besteht ein Anspruch für jeden Eigentümer auf ordnungsgemäße Verwaltung; daraus leitet sich ein Anspruch auf Änderung der Hausordnung ab. Dieser Anspruch steht auch einem Rechtsnachfolger zu. Solange diese Änderung nicht erfolgt ist, gelten allerdings die Hausordnung und das darin enthaltene Musizierverbot. Es kann ordnungsgemäßer Verwaltung entsprechen, das Musizieren über Zimmerlautstärke in der Hausordnung nur in zeitlich engen Grenzen zuzulassen (BayObLG, 23.8.2001, 2Z BR 96/01).
- Eine Regelung über das Beschränken des Musizierens auf eine Stunde vormittags und eine Stunde nachmittags ist grundsätzlich möglich, soweit die Gemeinschaftsordnung keine anderen Vorgaben enthält. Werden dort (ausdrücklich) Nutzungsbeschränkungen ausgeschlossen, besteht sogar die Möglichkeit der Nutzung für professionelle Musiker. Sie können ihre Räume für Musikunterricht ebenso nutzen wie für das erforderliche Üben. Nach gerichtlicher Anfechtung muss der Beschluss wegen Verstoßes gegen die Vorgaben in der Gemeinschaftsordnung für ungültig erklärt werden (BayObLG, 28.2.2002, 2Z BR 141/01).
- Eine Regelung über das Beschränken des Musizierens auf drei Stunden pro Tag ist in einer Eigentumswohnanlage mit drei Einheiten nicht zu beanstanden. Dagegen kann in der Hausordnung nicht bestimmt werden, dass Musizieren bereits ab 19.00 Uhr verboten ist (LG Freiburg, 13.12.2002, 4 T 61/02).
- Ein Beschluss mit folgendem Inhalt: „Musizieren ist an Werktagen (Montag bis Samstag) von 10.00 bis 12.00 Uhr und von 15.00 bis 18.00 Uhr erlaubt, an Sonn- und Feiertagen nur von 15.00 bis 18.00 Uhr" ist anfechtbar, da diese Regelung berufstätigen Mitbewohnern das Musizieren unmöglich machen würde (BayObLG, 29.3.2005, 2Z BR 164/04).

Nachteil

§ 14 WEG regelt, dass jeder Wohnungseigentümer von seinem Sondereigentum und vom gemeinschaftlichen Eigentum nur in solcher Weise Gebrauch machen darf, dass dadurch keinem der anderen Wohnungseigentümer über das bei einem geordneten Zusammenleben unvermeidliche Maß hinaus ein Nachteil erwächst. Einwirkungen der Miteigentümer hat ein Wohnungseigentümer jedoch dann zu dulden, wenn sie Folge des zulässigen Gebrauchs des Sonder- oder Gemeinschaftseigentums sind.

Ob ein Nachteil i. S. v. § 14 Nr. 1 WEG vorliegt, hängt nicht allein davon ab, ob es sich um eine erhebliche Beeinträchtigung oder Gefährdung handelt. Es genügt, dass die Beeinträchtigung nicht ganz unerheblich sowie konkret und objektiv feststellbar ist. Als Maßstab gilt hierbei die Verkehrsanschauung. Einen objektiven Nachteil bewirkt eine Maßnahme, durch die sich ein Wohnungseigentümer nach der Verkehrsanschauung verständlicherweise beeinträchtigt fühlen kann. Eine nur subjektiv als störend empfundene Veränderung oder eine geringfügige Beeinträchtigung reicht nicht aus. Die Frage der nachteiligen Beeinträchtigung ist regelmäßig auch im Rahmen baulicher Veränderungen (siehe dort) zu überprüfen. Als Nachteil gemäß § 14 Nr. 1 WEG gelten insbesondere folgende Auswirkungen:

1. Beeinträchtigungen der konstruktiven Stabilität und Sicherheit der gemeinschaftlichen Gebäudeteile, Anlagen und Einrichtungen: Bei Eingriffen in konstruktive, tragende Gebäudeteile, zum Beispiel bei einem Wand- oder Deckendurchbruch, handelt es sich um bauliche Veränderungen. Werden durch den Eingriff der Bestand, die Standsicherheit und die Sicherheit der Wohnungseigentumsanlage beeinträchtigt, liegt ein Nachteil i. S. v. § 14 Nr. 1 WEG vor.
2. Veränderungen der architektonischen Gestaltung und des optischen Gesamteindrucks der Wohnanlage: Ein Nachteil liegt vor, wenn es sich um eine optisch wahrnehmbare Veränderung des architektonisch-ästhetischen Gesamteindrucks handelt, der das optische Bild des Gebäudes in ästhetischer Hinsicht tatsächlich verschlechtert oder gar verunstaltet. Entscheidend für die Beurteilung ist, ob sich nach der Verkehrsanschauung ein Wohnungseigentümer in entsprechender Lage verständlicherweise beeinträchtigt fühlen kann (BGH, 19.12.1991, V ZB 27/90). Darüber, ob tatsächlich eine erhebliche Beeinträchtigung vorliegt oder nicht, wird häufig Uneinigkeit bestehen. Bei dieser Frage muss ein strenger Maßstab angelegt werden, um die grundrechtlich geschützten Interessen aller Eigentümer an der Beibehaltung des äußeren Erscheinungsbilds ihrer Wohnanlage angemessen zu berücksichtigen. Dies gilt auch vor dem Hintergrund, dass verständige Wohnungseigentümer

das Vorliegen eines Nachteils durch eine erhebliche optische Veränderung der Gebäudeansicht im Regelfall unterschiedlich bewerten können, selbst wenn die Veränderung dem gängigen Zeitgeschmack entspricht (BGH, 14.12.12, V ZR 224/11). Im Streitfall entscheidet hierüber das Gericht.

3. Beschränkungen oder Entzug des Mitgebrauchs: Allen Wohnungseigentümern steht ein Mitgebrauchsrecht (siehe dort) am gemeinschaftlichen Eigentum zu. Wird dieses Recht beeinträchtigt oder die Ausübung unmöglich gemacht, zum Beispiel durch eine bauliche Veränderung oder durch die dauerhafte ausschließliche Überlassung von gemeinschaftlichen Flächen an einen Miteigentümer, so liegt ein Nachteil i.S.v. § 14 Nr. 1 WEG vor.
4. Ermöglichen einer intensiveren oder zweckbestimmungswidrigen Nutzung: Wird eine Sonder- oder Teileigentumseinheit nicht gemäß ihrer in der Teilungserklärung festgelegten Zweckbestimmung genutzt, zum Beispiel bei Nutzung von Wohneigentum zu gewerblichen Zwecken, kann ein Nachteil i.S.v. § 14 Nr. 1 WEG vorliegen. Eine von der Zweckbestimmung abweichende Nutzung muss jedoch dann geduldet werden, wenn sie andere Wohnungseigentümer überhaupt nicht oder nicht mehr stört als eine der Zweckbestimmung entsprechende Nutzung. Grundsätzlich ist zum Beispiel eine freiberufliche Tätigkeit in einer gemäß der Teilungserklärung festgelegten Wohneinheit zulässig. Geht die konkrete Art der Nutzung im Einzelfall jedoch über eine übliche Wohnnutzung hinaus, das heißt, liegen Störungen oder Beeinträchtigungen vor, die bei einer „normalen" Wohnnutzung nicht entstehen, beispielsweise erheblicher Parteiverkehr, so liegt ein Nachteil i.S.d. § 14 Nr. 1 WEG vor und jeder einzelne Eigentümer kann einen Unterlassungsanspruch geltend machen.
5. Immissionen: Lärm-, Schmutz- und Geruchsbelästigungen stellen zumindest dann, wenn es sich um langfristige Beeinträchtigungen handelt, einen Nachteil i.S.v. § 14 Nr. 1 WEG dar, der nicht geduldet werden muss.
6. Gefährdung von Wohnungseigentümern: Nimmt ein einzelner Wohnungseigentümer Maßnahmen vor, die die Sicherheit und Gesundheit von Miteigentümern beeinträchtigen können, zum Beispiel den Durchbruch einer Brandmauer, das Entfernen von Sicherheitseinrichtungen oder die Verwendung gesundheitsgefährdender Materialien, so liegt ein Nachteil i.S.v. § 14 Nr. 1 WEG vor.

Nichtigkeit eines Beschlusses

„Anfechtung von Beschlüssen"

Nichtöffentlichkeit

Eigentümerversammlung, Abschnitt 1.5 „Versammlungsort"

Niederschrift

„Protokoll der Eigentümerversammlung"

Nießbrauch

Inhaltsübersicht

Nießbrauch ist ein dingliches Recht an einer Sache und kann damit auch an einem Wohnungseigentum bestellt werden (BGH, 7.3.2002, V ZB 24/01), er ist unveräußerlich und nicht vererbbar. Derjenige, zu dessen Gunsten der Nießbrauch bestellt wurde, darf die Nutzungen der Sache ziehen (§ 1030, § 1066 BGB).

1 Rechte und Pflichten

Der Inhaber des Nießbrauchs ist berechtigt, die gesamten Nutzungen des Gegenstands, hier also der Eigentumswohnung, vorzunehmen. Gemäß § 1059 Abs. 2 BGB kann der Inhaber des Nießbrauchs auch die Ausübung des Nießbrauchs einem anderen übertragen, sofern zwischen Wohnungseigentümer und Nießbraucher diese Befugnis in der Bestellung des Nießbrauchs nicht ausgeschlossen wurde. Der Nießbraucher kann das Wohnungseigentum also vermieten; ist es bereits vermietet, wird er gemäß § 566 und § 567 BGB mit der Eintragung des Nießbrauchs im Grundbuch Vermieter.

Der Nießbrauch entsteht durch Eintragung des Rechts in das Grundbuch und Einigung des Wohnungseigentümers und des Nießbrauchberechtigten (§ 873 BGB). Gemäß § 875 und § 1064 BGB kann der Nießbrauch durch einseitige Aufhebung gelöscht werden. Im Fall des Todes des Nießbrauchberechtigten bzw. mit der Auflösung der juristischen Person oder der rechtsfähigen Personengesellschaft, die Inhaber des Nießbrauchs ist, endet der Nießbrauch gemäß § 1061 BGB.

Hinweis: Wirtschaftlich gesehen bedeutet dies, dass der Nießbraucher die volle wirtschaftliche Verfügungsgewalt über das ihm überlassene Wohnungseigentum hat, er kann es nutzen oder vermieten, und ihm stehen sämtliche Früchte aus dem Nießbrauchrecht zu.

Der Nießbraucher ist gemäß § 1047 BGB verpflichtet, dem Wohnungseigentümer gegenüber für die Dauer des Nießbrauchs die auf der Sache wohnenden öffentlichen Lasten, insbesondere die Grundsteuer, zu entrichten. Diese Pflicht besteht nur gegenüber dem Wohnungseigentümer, nicht gegenüber dem Verband der Wohnungseigentümergemeinschaft, außer dies wurde in einer Vereinbarung zur Nießbrauchsbestellung vereinbart.

Der Nießbrauch unterscheidet sich von der Grunddienstbarkeit nach § 1018 BGB dadurch, dass diese dem begünstigten Wohnungseigentümer des jeweiligen Grundstücks das Recht einräumt, das dienende Grundstück auf eine bestimmte Art und Weise zu nutzen. Abgegrenzt wird der Nießbrauch darüber hinaus von der beschränkt persönlichen Dienstbarkeit gemäß § 1090 BGB dadurch, dass die beschränkt persönliche Dienstbarkeit dem Begünstigten das Recht gibt, ein Grundstück zugunsten einer bestimmten Person zu belasten.

2 Eigentümerversammlung/Stimmrecht

Häufig besteht Unklarheit über die Frage, ob der Nießbraucher zur Wohnungseigentümerversammlung einzuladen ist und ob er dort über ein Stimmrecht verfügt. Der BGH hat in seiner Entscheidung vom 7.3.2002 (V ZB 24/01) den bis dahin bestehenden Meinungsstreit über das Stimmrecht des Nießbrauchers in der Eigentümerversammlung dahingehend beigelegt, dass der Nießbrauch das Stimmrecht des Eigentümers gemäß § 25 Abs. 2 Satz 1 WEG unberührt lässt. Der Nießbraucher hat also kein Stimmrecht.

Die hinsichtlich § 1066 BGB vertretene Auffassung, dass das Stimmrecht bei einem bestehenden Nießbrauch geteilt wird und dem Nießbraucher das alleinige Stimmrecht in den Angelegenheiten zustehen soll, die mit dem Gebrauch, der Nutzung und der Verwaltung des nießbrauchsbelasteten Eigentums zu tun haben, während es im Übrigen beim Stimmrecht des Wohnungseigentümers verbleibt, hat der BGH klar abgelehnt. Auch muss der Wohnungseigentümer sein Stimmrecht weder allgemein noch bei einzelnen Entscheidungen gemeinsam mit dem Nießbraucher ausüben. Der BGH weist jedoch darauf hin, dass der Wohnungseigentümer wegen des zwischen ihm und dem Nießbraucher bestehenden Begleitschuldverhältnisses im Einzelfall dem Nießbraucher gegenüber verpflichtet sein kann, bei der Stimmabgabe in der Eigentümerversammlung dessen Interessen zu berücksichtigen, nach dessen Weisung zu handeln oder ihm eine Stimmrechtsvollmacht zu erteilen. Fehlt es an einer ausdrücklichen Vereinbarung hierzu in dem Schuldverhältnis, so ist für das Entstehen und den Umfang einer solchen Verpflichtung maßgeblich, wer die Kosten des nießbrauchsbelasteten Wohnungseigentums trägt. Durch eine derartige Verpflichtung wird die Gültigkeit der Beschlussfassung jedoch nicht berührt, da es sich um eine interne Verpflichtung des Wohnungseigentümers gegenüber dem Nießbraucher handelt.

3 Klagebefugnis

Die Klagebefugnis, also das Recht, einen Beschluss der Wohnungseigentümergemeinschaft vor dem Wohnungseigentumsgericht anzufechten, steht einem Nießbraucher ebenfalls nicht zu. Das ergibt sich bereits aus dem Gesetzeswortlaut des § 46 Abs. 1 Satz 1 WEG, der auf den einzelnen oder mehrere Wohnungseigentümer und den Verwalter abstellt. Bereits das BayObLG hat in seiner Entscheidung vom 25.6.1998 (2Z BR 53/98) wie auch das OLG Düsseldorf in seiner Entscheidung vom 5.8.2005 (3 Wx 323/04) die Auffassung vertreten, dass dem Nießbraucher kein Anfechtungsrecht zusteht. Nach der BGH-Entscheidung vom 7.3.2002 (V ZB 24/01) ist davon auszugehen, dass der Nießbraucher weder in der Eigentümersammlung ein Stimmrecht hat noch ihm ein Anfechtungsrecht i. S. d. § 46 Abs. 1 Satz 1 WEG zusteht.

Notgeschäftsführung

Durch die Selbstverwaltungshoheit der Wohnungseigentümer ist gemäß § 21 Abs. 2 WEG jeder einzelne Wohnungseigentümer berechtigt, ohne Zustimmung anderer Wohnungseigentümer solche Maßnahmen zu treffen, die zur Abwendung eines dem gemeinschaftlichen Eigentum unmittelbar drohenden Schadens notwendig sind. Dies darf ein einzelner Wohnungseigentümer allerdings nur dann, wenn unmittelbare Gefahr für das gemeinschaftliche Eigentum oder Gefahr in Verzug besteht und insbesondere dann, wenn die Eigentümergemeinschaft durch Beschlussfassung nicht rechtzeitig eine entsprechende Maßnahme beschließen kann, der Verwalter, dem grundsätzlich die Durchführung von Instandhaltungsmaßnahmen obliegt, in diesem konkreten Notfall nicht erreicht werden kann und die Maßnahme zur Abwehr von Gefahren für das Eigentum keinen Aufschub duldet.

Ein einzelner Miteigentümer ist also in Notsituationen berechtigt, Maßnahmen zu treffen und einzuleiten, die dem Erhalt des gemeinschaftlichen Eigentums dienen. Er kann durch seine Stellung als „Notverwalter" nur im eigenen Namen handeln, da damit keine automatische Vertretung der Wohnungseigentümergemeinschaft verbunden ist, diese steht ausschließlich dem Verwalter durch Bestellungsbeschluss zu.

Dieses Recht des einzelnen Miteigentümers ist aber gesetzlich stark eingeschränkt. So darf der Miteigentümer Schadenersatzansprüche gegenüber dritten Personen, zum Beispiel wegen Beschädigung des gemeinschaftlichen Eigentums, nicht geltend machen. Selbst der Gemeinschaft zustehende Ansprüche aus gemeinschaftlichem Eigentum gegen den Verwalter oder gegen andere Miteigentümer kann der einzelne Wohnungseigentümer nur dann geltend machen, wenn ihn dazu ein Beschluss der Eigentümer gesondert ermächtigt (BGH, 11.12.1992, V ZR 18/91).

Hinweis: Ansprüche auf Aufwendungsersatz aus Notgeschäftsführung oder berechtigter Geschäftsführung ohne Auftrag richten sich gegen den Verband der Wohnungseigentümergemeinschaft. Dem handelnden Miteigentümer steht nicht das Recht zu, seine Aufwendungen direkt bei den Miteigentümern anteilsmäßig einzufordern (OLG München, 15.1.2008, 32 Wx 129/07; OLG Frankfurt/Main, 4.9.2008, 20 W 347/05).

Notverwalter

Da gemäß § 21 Abs. 1 WEG die Verwaltung grundsätzlich den Wohnungseigentümern selbst obliegt, kann gemäß § 21 Abs. 4 jeder Wohnungseigentümer eine Verwaltung verlangen, die den Vereinbarungen und Beschlüssen oder, wenn es solche nicht gibt, dem Interesse der Gesamtheit der Wohnungseigentümer nach billigem Ermessen entspricht. Das bedeutet, die Bestellung eines Notverwalters durch die Wohnungseigentümer auf Grundlage von § 21 Abs. 4, 8 WEG kann nicht nur durch die Abberufung eines ungeeigneten Verwalters und Einsetzung eines neuen geeigneten Verwalters verlangt werden. Vielmehr kann bei einem dringenden Bedürfnis der neue Verwalter auch im Wege des einstweiligen Rechtsschutzes sofort als Notverwalter eingesetzt werden. Dies ist nach § 21 Abs. 8 WEG durch Entscheidung des zuständigen Amtsgerichts möglich.

Regelungen zum Notverwalter sind im Wohnungseigentumsgesetz nicht mehr gesondert vorhanden. Das bedeutet aber nicht, dass die Bestellung eines Verwalters unter den genannten Voraussetzungen nicht möglich ist. Die Wohnungseigentümer haben nach § 21 Abs. 4 WEG gerade eben einen Anspruch auf eine ordnungsmäßige Verwaltung ihrer Gemeinschaft, was auch den Anspruch auf Abberufung eines ungeeigneten Verwalters und die Bestellung eines geeigneten Verwalters (siehe „Bestellung des Verwalters") umfassen kann (BGH, 10.6.2011, V ZR 146/10; OLG München, 15.1.2008, 32 Wx 129/07).

Nutzungsbeschränkungen

„Gebrauchs- und Nutzungsregelungen"

Nutzung von Sonder- und Gemeinschaftseigentum

„Gebrauchs- und Nutzungsregelungen"

Objektstimmrecht

„Stimmprinzipien"

Öffentlich-rechtliche Lasten

Lasten sind Leistungen, die für das Grundstück zu entrichten sind (§ 103 BGB), zu den öffentlichen Lasten gehören Verpflichtungen, die ihre Rechtsgrundlage im öffentlichen Recht haben. Es handelt sich dabei um fällige Geldforderungen. Gemäß § 10 Abs. 6 Satz 3 WEG hat die Wohnungseigentümergemeinschaft die Lasten aus den Mitteln ihres Verwaltungsvermögens zu erfüllen und im Innenausgleich gemäß § 16 Abs. 2 WEG oder der entsprechenden Bestimmung zur Kostenverteilung in der Gemeinschaftsordnung auf die Wohnungseigentümer zu verteilen (BGH, 14.2.2014, V ZR 100/13). Voraussetzung dafür, dass Forderungen unter § 16 Abs. 2 WEG fallen, ist, dass sie nach den Bestimmungen des öffentlichen Rechts als Ansprüche gegen das Grundstück bestehen und damit eine öffentliche Gesamtschuld der Wohnungseigentümer dinglich absicheRn. Eine öffentliche Last i. S. d. § 16 Abs. 2 WEG ist nicht gegeben, wenn die Wohnungseigentümer im Außenverhältnis jeweils nur in Höhe ihres Miteigentumsanteils haften und die öffentliche Last nur auf dem einzelnen Sondereigentum ruht.

Als öffentliche Lasten kommen die Abgaben nach dem Kommunalabgabenrecht der Länder in Betracht. Hierbei handelt es sich um Steuern, Beiträge oder Gebühren, darunter fallen zum Beispiel die Kosten für die Grundstücksentwässerung, Straßenreinigungsgebühren, die Kosten für die Abfallbeseitigung, ggf. Straßenausbau- und Erschließungsbeiträge.

Hinweis: Nicht zu den öffentlichen Lasten gehört die Grundsteuer, obwohl sie ihren Rechtsgrund im öffentlichen Recht hat (§ 93 Abs. 1 Satz 1 Bewertungsgesetz [BeWG]), da sie auf jedem einzelnen Wohnungseigentum und nicht auf dem gemeinsamen Grundstück lastet. Ebenfalls nicht zu den öffentlichen Lasten i. S. d. § 16 Abs. 2 WEG gehören die Erschließungsbeiträge nach den §§ 127 ff. Baugesetzbuch (BauGB). Sie beruhen gemäß § 134 Abs. 1 Satz 4 BauGB nur auf dem einzelnen Wohnungseigentum.

Bei sonstigen Beiträgen, Abgaben und Gebühren ist auf die jeweilige Haftungsausgestaltung des Landesrechts abzustellen. Ist dort vorgesehen, dass eine gesamtschuldnerische Haftung aller Wohnungseigentümer angeordnet ist, so handelt es sich um eine öffentliche Last i. S. d. § 16 Abs. 2 WEG (BGH, 14.2.2014, V ZR 100/13).

Schließlich fallen die Kehr- und Überprüfungsgebühren des Schornsteinfegers als öffentliche Last des gemeinschaftlichen Grundstücks ebenfalls unter § 16 Abs. 2 WEG (§ 20 Abs. 2 Gesetz über das Berufsrecht und die Versorgung im Schornsteinfegerhandwerk [SchfHwG]). Eine Ausnahme gilt hier nur dann, wenn die überprüfte Heizung eine Gasetagenheizung ist, die sich im Sondereigentum des einzelnen Wohnungseigentümers befindet.

Öffnungsklausel

Öffnungsklauseln sind in der Teilungserklärung/Gemeinschaftsordnung enthaltene Vereinbarungen, nach denen durch qualifizierten Mehrheitsbeschluss, zum Beispiel eine Zweidrittel- oder Dreiviertelmehrheit, von den abdingbaren gesetzlichen Bestimmungen oder von den getroffenen Vereinbarungen in der Teilungserklärung oder der Gemeinschaftsordnung abgewichen werden kann. Solche Öffnungsklauseln erleichtern die Neuregelung von Gegenständen, die sonst nur durch Vereinbarung geregelt werden dürfen, und sind grundsätzlich zulässig. Erforderlich ist jedoch, dass die Öffnungsklausel hinreichend bestimmt ist, ein sachlicher Grund für die Änderung vorliegt, kein Eigentümer gegenüber der bisherigen Regelung unbillig benachteiligt wird und die Änderung den Grundsätzen ordnungsmäßiger Verwaltung entspricht (BGH, 10.6.2011, V ZR 2/10; BGH, 1.4.2011, V ZR 162/10). Fehlt es an diesen Voraussetzungen, so ist der Beschluss zwar nicht von vornherein nichtig, jedoch erfolgreich anfechtbar (BGH, 12.12.2014, V ZR 53/14). Gleiches gilt, wenn die Öffnungsklausel ein qualifiziertes Stimmenquorum voraussetzt, dieses bei der Beschlussfassung aber nicht erreicht wird und der Versammlungsvorsitzende gleichwohl einen positiven Beschluss verkündet (LG München I, 3.11.2010, 36 S 12714/10). Ob die aufgrund einer Öffnungsklausel getroffene Vereinbarung billig ist, lässt sich gerichtlich überprüfen.

Eine Öffnungsklausel kann abstrakt-generell (allgemeine Öffnungsklausel) formuliert sein, zum Beispiel „Die Bestimmungen der Gemeinschaftsordnung können durch die Zustimmung von drei Viertel aller im Grundbuch eingetragenen Wohnungseigentümer abgeändert werden", oder sie kann sich auf bestimmte Bereiche (konkrete Öffnungsklausel) beschränken, zum Beispiel „Die Verteilung der Verwalterkosten kann durch Zustimmung von zwei Drittel der im Grundbuch eingetragenen Wohnungseigentümer abweichend von der in dieser Vereinbarung bestimmten Kostenverteilung abgeändert werden".

Die durch eine Öffnungsklausel legitimierte Mehrheitsmacht wird materiellrechtlich unter anderem durch unentziehbare, aber verzichtbare Mitgliedschaftsrechte begrenzt. Ein in solche Rechte ohne Zustimmung der nachteilig betroffenen Wohnungseigentümer eingreifender Beschluss ist schwebend unwirksam. Zu den unentziehbaren, aber verzichtbaren Mitgliedschaftsrechten gehört das sogenannte Belastungsverbot, das jeden Wohnungseigentümer vor der Aufbürdung neuer (originärer) Leistungspflichten — solche, die sich weder aus dem Gesetz noch aus der bisherigen Gemeinschaftsordnung ergeben — schützt. Auch eine Öffnungsklausel erlaubt es daher nicht, Wohnungseigentümern gegen ihren Willen zusätzliche Leistungen aufzuerlegen (BGH, 10.10.2014, V ZR 315/13, zu einem Beschluss, der den Sondernutzungsberechtigten von sehr großen Gartenflächen die alleinige Instandhaltungsverpflichtung übertragen sollte).

§ 10 Abs. 4 Satz 2 WEG stellt klar, dass aufgrund einer Vereinbarung gefasste Beschlüsse, die vom Gesetz abweichen oder eine Vereinbarung ändern, nicht ins Grundbuch eingetragen werden müssen. Vielmehr sind sie erst gar nicht eintragungsfähig (OLG München, 13.11.2009, 34 Wx 100/09). Wird jedoch aufgrund einer Öffnungsklausel eine Vereinbarung in der Gemeinschaftsordnung durch Beschluss abgeändert, so ist dieser Beschluss gemäß § 26 Abs. 7 Satz 2 Nr. 1 WEG in die Beschlusssammlung einzutragen. Er wirkt auch ohne Eintragung in das Grundbuch bei Ausscheiden eines Wohnungseigentümers aus der Gemeinschaft gegen den neuen Wohnungseigentümer.

Hinsichtlich vorhandener Öffnungsklauseln ist im Fall einer Beschlussfassung zur abweichenden Kostenverteilung gemäß § 16 Abs. 3, 4 oder § 22 Abs. 2 WEG Folgendes zu beachten: Stellt eine Öffnungsklausel geringere Anforderungen an die Abänderung der Kostenverteilung, soll zum Beispiel eine Zweidrittelmehrheit genügen, ist sie wirksam. Werden jedoch nach der Öffnungsklausel höhere Anforderungen an eine Abänderung der Kostenverteilung gestellt, ist die Bestimmung des § 16 Abs. 3, 4 oder § 22 Abs. 2 WEG vorrangig anzuwenden (LG Berlin, 2.7.2010, 85 S 47/10).

Öffnungsklauseln können auch nachträglich vereinbart werden, um eine leichtere Abänderbarkeit und Anpassung der Teilungserklärung oder Gemeinschaftsordnung zu ermöglichen. Dem müssen alle im Grundbuch eingetragenen Eigentümer zustimmen, die Eintragung in das Grundbuch ist zwingend. Dies bedarf nicht der Zustimmung eines Drittberechtigten, zum Beispiel eines Grundpfandrechtsgläubigers, dass seine dingliche Rechtsposition durch die Öffnungsklausel nicht beeinträchtigt wird.

BEISPIELE AUS DER RECHTSPRECHUNG

- Besteht eine allgemeine Öffnungsklausel in der Gemeinschaftsordnung, kann beschlossen werden, dass eine Vermietung für weniger als 14 Tage nicht zulässig sein soll. Dies greift nicht unzulässig in den Kernbereich des Sondereigentümers ein (LG Berlin, 23.9.2014, 55 S 89/13).
- Eine Öffnungsklausel mit Vierfünftelmehrheit kann auch Beschlusskompetenz für die Änderung des Kostenverteilungsschlüssels bei Instandsetzungen verleihen. Wird das nach der Gemeinschaftsordnung erforderliche Quorum (vier Fünftel) nicht erreicht und dennoch ein positiver Beschluss verkündet, ist dieser nicht nichtig. Allein der Umstand, dass die Öffnungsklausel ein bestimmtes Mehrheitserfordernis vorgibt und damit ein gewisser Bestandsschutz der bestehenden Regelungen erreicht werden soll, führt nicht dazu, dass eine Öffnungsklausel stets dahingehend auszulegen wäre, dass die Beschlusskompetenz als solche bereits an das Erreichen des Quorums geknüpft wäre (LG München I, 13.1.2014, 1 S 1817/13; BGH, 10.10.2014, V ZR 315/13).
- Beschlüsse, die aufgrund einer in der Gemeinschaftsordnung enthaltenen Öffnungsklausel eine Vereinbarung der Wohnungseigentümer abändern, sind im Grundbuch weder eintragungsbedürftig noch eintragungsfähig (OLG München, 13.11.2009, 34 Wx 100/09).
- Ist in der Teilungserklärung/Gemeinschaftsordnung keine Bezugsbasis für die nach der Öffnungsklausel erforderliche qualifizierte Mehrheit genannt, ist eine Auslegung dahingehend vorzunehmen, dass zur Erreichung des Quorums die Mehrheit aller im Grundbuch eingetragenen Wohnungseigentümer und nicht nur die Mehrheit der bei der Versammlung anwesenden Eigentümer erforderlich ist (BGH, 10.6.2011, V ZR 2/10).
- Um keine Öffnungsklausel handelt es sich bei der Regelung, dass zum Beispiel der Alleineigentümer nach Entstehung der Wohnungseigentümergemeinschaft noch Gemeinschafts- in Sondereigentum oder Teil- in Wohnungseigentum umwidmen kann. Will der Alleineigentümer nach Entstehung der Wohnungseigentümergemeinschaft das Recht behalten, die Teilungserklärung einseitig zu verändern, so kann er sich dies in den Erwerbsverträgen durch eine entsprechende Vollmacht einräumen lassen (OLG Hamburg, 6.12.2002, 2 Wx 27/99).

Ordnungsmäßige Verwaltung

Soweit die Verwaltung des gemeinschaftlichen Eigentums nicht durch Vereinbarung geregelt ist, können die Wohnungseigentümer gemäß § 21 Abs. 3 WEG eine der Beschaffenheit des gemeinschaftlichen Eigentums entsprechende ordnungsmäßige Verwaltung durch Stimmenmehrheit beschließen. Der Begriff „ordnungsmäßige Verwaltung“ wird gesetzlich nicht näher definiert; es gelten alle Maßnahmen als ordnungsmäßig, die im Interesse sämtlicher Wohnungseigentümer, nicht nur einzelner, auf die Erhaltung, eine Verbesserung oder den der Zweckbestimmung des gemeinschaftlichen Eigentums entsprechenden Gebrauch gerichtet sind. Eine Maßnahme erfolgt im Interesse der Gesamtheit der Wohnungseigentümer, wenn sie bei objektiver Betrachtungsweise und unter Berücksichtigung der besonderen Umstände des Einzelfalls nützlich ist (OLG Hamburg, 4.8.2003, 2 Wx 30/03). Dabei ist Maßstab der Standpunkt eines vernünftig und wirtschaftlich denkenden Beurteilers. Jedenfalls zählt zur ordnungsmäßigen Verwaltung das, was dem geordneten Zusammenleben in der Gemeinschaft dient (§ 14 Nr. 1 WEG), und das, was dem Interesse der Gesamtheit der Wohnungseigentümer nach billigem Ermessen entspricht (§ 15 Abs. 3, § 21 Abs. 4 WEG).

Zu den Einzelmaßnahmen ordnungsmäßiger Verwaltung zählen gemäß § 21 Abs. 5 WEG insbesondere diese:

- Aufstellung einer Hausordnung
- Ordnungsgemäße Instandhaltung und Instandsetzung des gemeinschaftlichen Eigentums
- Abschluss einer Feuerversicherung für das gemeinschaftliche Eigentum sowie einer Haus- und Grundbesitzerhaftpflichtversicherung
- Ansammlung einer angemessenen Instandhaltungsrückstellung
- Aufstellen eines Wirtschaftsplans
- Duldung aller Maßnahmen, die zur Herstellung einer Fernsprechteilnehmereinrichtung, einer Rundfunkempfangsanlage oder eines Energieversorgungsanschlusses zugunsten eines Wohnungseigentümers erforderlich sind

Verletzen Wohnungseigentümer ihre Pflicht zur Mitwirkung an einer ordnungsmäßigen Verwaltung, können sie dem einzelnen Wohnungseigentümer, der durch die Pflichtverletzung einen Schaden erlitten hat, zum Schadenersatz verpflichtet sein. Die Pflichtverletzung kann darin bestehen, dass eine Maßnahme ordnungsmäßiger Verwaltung abgelehnt wurde (OLG München, 28.11.2008, 34 Wx 24/07).

Organisationsbeschluss

Beschluss, Abschnitt 13 „Organisationsbeschluss"

Parkplatz

„Garage, Kfz-Stellplatz"

Parteifähigkeit

„Rechts- und Parteifähigkeit"

Pergola

„bauliche Veränderung"

Protokoll der Eigentümerversammlung

Inhaltsübersicht

Über die Wohnungseigentümerversammlung ist gemäß § 24 Abs. 6 WEG eine Niederschrift zu fertigen. Die Protokollierung stellt grundsätzlich keine Voraussetzung für die Wirksamkeit der Beschlüsse dar (BayObLG, 13.10.2004, 2Z BR 152/04). Macht jedoch die Teilungserklärung die Gültigkeit der Beschlüsse der Gemeinschaft von der Protokollierung und der Unterzeichnung des Protokolls von zwei Wohnungseigentümern abhängig, muss das Protokoll von zwei verschiedenen natürlichen Personen unterzeichnet werden, die entweder selbst Wohnungseigentümer sind oder für sich oder andere Wohnungseigentümer handeln (BGH, 30.3.2012, V ZR 178/11).

Ein Beschluss liegt vor, wenn der Versammlungsleiter verkündet und feststellt, dass ein solcher zustande gekommen ist (siehe „Beschlussfeststellung und -verkündung"). Falls in der Gemeinschaftsordnung nicht anders geregelt, muss von der Versammlung lediglich ein Ergebnisprotokoll erstellt werden. Das bedeutet, der Verlauf oder auch Wortbeiträge einzelner Wohnungseigentümer müssen nicht, können aber in das Protokoll aufgenommen werden. Zur besseren Verständlichkeit sollten jedoch nicht nur die Beschlussergebnisse im Protokoll zu finden sein, sondern auch eine kurze Darstellung des Sachverhalts und wichtige Diskussionsbeiträge.

Wer das Protokoll zu erstellen hat, ist nicht gesetzlich geregelt. Jedoch ist anzunehmen, dass der Versammlungsleiter (siehe „Eigentümerversammlung", Abschnitt 2) der Wohnungseigentümerversammlung zur Anfertigung der Niederschrift berechtigt und verpflichtet ist, solange die Wohnungseigentümer nicht durch Mehrheitsbeschluss eine andere Person hierzu bestimmt haben. Selbst wenn der Versammlungsleiter diese Aufgabe einer Hilfsperson übertragen hat, zum Beispiel einem Mitarbeiter der Verwaltung oder einem Miteigentümer, bleibt er für die Richtigkeit des Protokolls verantwortlich. Die Protokollurschriften der Versammlung nebst Teilnehmerliste und Stimmrechtsvollmachten gehören zu den Verwaltungsunterlagen der Wohnungseigentümergemeinschaft. Sämtliche Protokolle sind unbefristet aufzubewahren (siehe „Aufbewahrung von Unterlagen").

1 Inhalt

Das Protokoll dient der Information über Inhalt und Zustandekommen von Beschlüssen. Es hat Beweisfunktion und ist daher möglichst sorgfältig zu erstellen. Hierbei wird dem Versammlungsleiter ein Ermessensspielraum eingeräumt, solange die Protokollierung den Grundsätzen ordnungsmäßiger Verwaltung i. S. v. § 21 Abs. 4 WEG entspricht. Folgende Punkte sollten mindestens im Protokoll festgehalten werden:

- Bezeichnung der Wohnungseigentümergemeinschaft
- Versammlungstag und -ort
- Zeitpunkt der Eröffnung der Versammlung
- Angabe des Versammlungsleiters, ggf. seiner Hilfspersonen
- Anwesenheit von Gästen oder Beratern
- Feststellung der ordnungsgemäßen Einberufung der Versammlung und Beschlussfähigkeit unter Angabe der anwesenden oder vertretenen Stimmen
- Bezeichnung des Tagesordnungspunkts
- Kurze Inhaltsangabe des Tagesordnungspunkts und zum Verständnis erforderliche Erläuterungen oder Diskussionsbeiträge
- Genaue Formulierung des Beschlussantrags
- Abstimmungsergebnisse (Ja-, Nein-Stimmen, Enthaltungen)
- Beschlussfeststellung durch den Versammlungsleiter
- Zeitpunkt der Schließung der Versammlung
- Unterschriften

Bei knappen oder schwierigen Abstimmungen sowie bei Beschlüssen über bauliche Veränderungen sollten die Namen der einzelnen Wohnungseigentümer und ihr Stimmverhalten genau festgehalten werden.

2 Form

Das Protokoll ist gemäß § 24 Abs. 6 WEG schriftlich zu verfassen und vom Vorsitzenden der Eigentümerversammlung, einem Wohnungseigentümer und, soweit ein Verwaltungsbeirat vorhanden ist, vom Vorsitzenden oder seinem Vertreter zu unterschreiben. Erfüllt eine dieser Personen eine Doppelfunktion, muss sie nur einmal unterschreiben. Die erforderliche Unterschrift eines Wohnungseigentümers kann auch von einem Mitglied des Verwaltungsbeirats geleistet werden (OLG Hamm, 8.7.2011, I-15 W 183/11). Die betreffenden Personen sind nur dann zur Unterschriftsleistung verpflichtet, wenn sie selbst an der Eigentümerversammlung teilgenommen haben. Schließlich bestätigen sie mit ihren Unterschriften die inhaltliche Richtigkeit des Protokolls. Fehlen Unterschriften, mindert das den Beweiswert des Protokolls.

Hinweis: Nimmt der Verwalter oder der Verwaltungsbeiratsvorsitzende an der Versammlung nicht teil, kann er auch nicht das Protokoll unterzeichnen. Ist der Vorsitzende des Verwaltungsbeirats zugleich Versammlungsleiter, reicht seine Unterschrift als Versammlungsleiter aus, er muss nicht noch in seiner Funktion als Beiratsvorsitzender unterschreiben. Die Unterschrift kann in diesem Fall sein Stellvertreter leisten, sofern dieser an der Versammlung teilgenommen hat.

Fehlt die Unterschrift eines Wohnungseigentümers, des Verwaltungsbeiratsvorsitzenden oder seines Stellvertreters, kommt ein gefasster Beschluss dennoch zustande. Die Unterzeichnung des Protokolls stellt hierfür keine Wirksamkeitsvoraussetzung dar. Wenn die Gemeinschaftsordnung allerdings eine Vereinbarung darüber enthält, dass die Protokollierung und Unterzeichnung Gültigkeitsvoraussetzung der Beschlussfassung ist, gilt etwas anderes. Ein Verstoß gegen diese Bestimmung führt zur Anfechtbarkeit und Ungültigerklärung des Beschlusses (BGH, 30.3.2012, V ZR 178/11).

Fehlt die nach der Gemeinschaftsordnung erforderliche zweite Unterschrift eines Wohnungseigentümers unter dem Protokoll der Eigentümerversammlung, wird ein in dieser Versammlung gefasster Beschluss auf Antrag für ungültig erklärt, sofern nicht die Unterschrift im gerichtlichen Verfahren nachgeholt wird (OLG München, 7.8.2007, 34 Wx 3/05). Gleichermaßen kann durch Vereinbarung geregelt werden, dass die Niederschrift notariell beurkundet werden muss oder die Unterschriften zu beglaubigen sind.

Enthält die Gemeinschaftsordnung die Regelung, dass im Fall der Veräußerung eines Sondereigentums die Zustimmung des Verwalters erforderlich ist, so muss dieser seine Verwalterstellung gemäß § 29 GBO in notariell beglaubigter Form nachweisen können (siehe „Veräußerungszustimmung“). Bei den Kosten der Unterschriftsbeglaubigung handelt es sich um Gemeinschaftskosten.

3 Frist

Eine gesetzlich geregelte Frist, in der das Protokoll anzufertigen ist, existiert nicht. In der Rechtsprechung hat sich jedoch die Ansicht durchgesetzt, dass die Niederschrift in angemessener Zeit vor Ablauf der Anfechtungsfrist — diese beträgt einen Monat — gemäß § 46 Abs. 1 Satz 2 WEG, spätestens jedoch eine Woche vor deren Ablauf, vorzulegen ist (BayObLG, 20.3.2001, 2Z BR 101/00; OLG Frankfurt/Main, 23.8.1990, 20 W 165/90). Die Beschlussanfechtungsfrist von einem Monat beginnt zum Zeitpunkt der jeweiligen Beschlussfassung und nicht erst mit Kenntnisnahme des Protokolls.

Auch wenn ein Eigentümer nicht an der Versammlung teilgenommen hat, ist es ihm zuzumuten, dass er rechtzeitig vor Ablauf der Anfechtungsfrist Erkundigungen über die gefassten Beschlüsse einholt. Die Vorgehensweise der vorsorglichen Anfechtung sämtlicher in der Eigentümerversammlung gefassten Beschlüsse für den Fall, dass das Protokoll vom Verwalter nicht rechtzeitig zur Verfügung gestellt wird, ist seit Einführung der sogenannten Beschlusssammlung (siehe dort) nur noch eingeschränkt möglich (LG München I, 6.2.2008, 1 T 22613/07). Eigentümer müssen zunächst von ihrem Einsichtsrecht in die Beschlusssammlung Gebrauch machen, denn der Versammlungsvorsitzende ist verpflichtet, sämtliche in der Versammlung gefassten Beschlüsse mit ihrem genauen Wortlaut unverzüglich nach der Versammlung darin einzutragen. Wenn ein Eigentümer also sein Einsichtsrecht in die Beschlusssammlung oder das Versammlungsprotokoll nachweislich eingefordert hat, verweigert der Verwalter die Einsichtnahme pflichtwidrig und droht der Ablauf der Anfechtungsfrist von einem Monat, ist eine vorsorgliche Anfechtung aller in der Versammlung gefassten Beschlüsse allerdings denkbar.

4 Einsichtsrecht

Die Eigentümer haben gemäß § 24 Abs. 6 Satz 3 WEG jederzeit das Recht, das Protokoll einzusehen (siehe auch „Einsichtsrecht“). Dieses Recht kann auf Dritte, etwa Kaufinteressenten oder Mieter, übertragen werden und umfasst auch die Anfertigung von Abschriften. Erstellt der Verwalter Kopien des Protokolls, so ist der Eigentümer zur Kostenerstattung hierfür verpflichtet.

Strittig ist, ob die Wohnungseigentümer lediglich ein Einsichtsrecht in die Niederschrift haben oder ob der Verwalter die Protokolle an die Wohnungseigentümer übersenden muss. Die gesetzliche Regelung des § 24 Abs. 6 WEG sieht nur vor, dass die Wohnungseigentümer berechtigt sind, die Niederschrift einzusehen. Eine Pflicht zur Versendung des Protokolls hat der Verwalter jedenfalls dann, wenn die Gemeinschaftsordnung oder der

Verwaltervertrag dies vorsehen oder in der Vergangenheit die Protokolle üblicherweise stets versendet wurden.

5 Fehlerhaftes Protokoll

Ist die Versammlungsniederschrift nicht richtig oder unvollständig, kann jeder Wohnungseigentümer einen Anspruch auf Berichtigung geltend machen und ggf. auch einen Berichtigungsantrag beim Wohnungseigentumsgericht stellen. Ein Berichtigungsanspruch besteht in folgenden Fällen:

- Ein Wohnungseigentümer wird durch den Inhalt des Protokolls rechtswidrig beeinträchtigt, zum Beispiel bei Verletzung des Persönlichkeitsrechts gemäß § 823 und § 1004 BGB.
- Eine von ihm abgegebene rechtsgeschäftlich erhebliche Willenserklärung wurde falsch protokolliert.
- Inhalt der Niederschrift entspricht nicht den Grundsätzen ordnungsgemäßer Verwaltung.

Bei jedem Berichtigungsbegehren muss geprüft werden, ob ein falsch wiedergegebener Beschlusstext Auswirkung auf das Beschlussergebnis hat; falls nicht, ist das Berichtigungsbegehren unerheblich, es fehlt das Rechtsschutzbedürfnis (LG Hamburg, 31.8.2012, 318 S 8/12). Ein Rechtsschutzinteresse an der gerichtlichen Geltendmachung eines Protokollberichtigungsanspruchs gegen den Leiter der Wohnungseigentümerversammlung ist nur gegeben, wenn sich die Rechtsposition durch die begehrte Änderung verbessern oder zumindest rechtlich erheblich ändern würde. Dies ist insbesondere nicht der Fall, wenn wegen Bagatellen inhaltlicher oder formeller Art Berichtigungen verlangt werden, die auf die Auslegung von Wohnungseigentümerbeschlüssen keine Auswirkung haben (LG Dresden, 22.5.2013, 2 S 311/12).

Hinweis: Kein Berichtigungsanspruch besteht wegen unerheblicher sprachlicher Feinheiten. Dem Verwalter ist es gestattet, Schreibfehler in der Niederschrift zu berichtigen (AG Freising, 14.1.2005, 2 UR II 9/04).

Ob auch für den Berichtigungsanspruch die Monatsfrist des § 46 Abs. 1 WEG gilt, ist umstritten, sie sollte daher jedenfalls vorsorglich berücksichtigt werden. Zudem gilt es zu beachten, dass in diesem Fall Beklagter die Verwaltung ist und nicht die Wohnungseigentümergemeinschaft, denn ihr fehlt dazu mangels Beschlusskompetenz die Zuständigkeit (AG Freising, 14.1.2005, 2 UR II 9/04; AG Kassel, 28.4.2004, 800 II 114/03).

Ein Rechtsschutzinteresse für einen Berichtigungsanspruch wird zudem verneint, wenn wegen Bagatellen inhaltlicher oder formaler Art eine Berichtigung verlangt wird (KG Berlin, 20.3.1989, 24 W 3239/88); ebenfalls bei falscher Wiedergabe der abgegebenen Ja- und Nein-Stimmen, wenn sich dies nicht auf das Abstimmungsergebnis auswirkt (BayObLG, 28.2.1991, 2Z 144/90). Wird der Beschlussinhalt im Protokoll völlig falsch, unvollständig oder überhaupt nicht wiedergegeben oder hat der Versammlungsleiter sein Ermessen bei der Erstellung der Niederschrift missbräuchlich genutzt, liegt ein Verstoß gegen den Grundsatz der ordnungsgemäßen Verwaltung gemäß § 21 Abs. 4 WEG vor (BayObLG, 21.2.1991, 2Z BR 2/91).

Prozessführungsbefugnis/Prozessstandschaft des Verwalters

Die Prozessführungsbefugnis des Klägers ist das Recht, einen Rechtsstreit als die richtige Partei im eigenen Namen zu führen. Sie gestaltet sich regelmäßig dann unproblematisch, wenn der Kläger ein eigenes Recht behaupten kann, das er gerichtlich geltend macht, oder wenn ihm kraft Gesetzes, Hoheitsakts oder eines besonderen Verwaltungs- und Verfügungsrechts die Befugnis verliehen wurde, das Recht im eigenen Namen zu verfolgen. Als Teil der allgemeinen Prozessvoraussetzungen muss die Prozessführungsbefugnis in jeder Lage des Rechtsstreits vom erkennenden Gericht von Amts wegen geprüft werden (BGH, 25.5.2005, VIII ZR 301/03). Entfällt die Prozessführungsbefugnis im laufenden Rechtsstreit oder liegt sie nicht vor, führt dies zur Abweisung des dann in unzulässiger Klage geltend gemachten Anspruchs im Wege eines Prozessurteils, das heißt, es ergeht eine gerichtliche Entscheidung ohne Sachprüfung.

Hinweis: Die Prozessführungsbefugnis des Verwalters kommt nur insoweit in Betracht, als es um die Geltendmachung seiner eigenen Rechte geht, zum Beispiel wenn der Gegner der Verband der Wohnungseigentümer ist, und seine Verwaltervergütung Gegenstand des Rechtsstreits ist.

Bei der Berechtigung des Verwalters, gemäß § 21 Abs. 2 Nr. 2 WEG einen gegen die Wohnungseigentümer gerichteten Rechtsstreit gemäß § 43 WEG zu führen, handelt es sich um eine gesetzliche Vertretungsmacht, die die Wohnungseigentümer gemäß § 27 Abs. 4 WEG nicht einschränken können. Dies ändert aber nichts daran, dass die Wohnungseigentümer dennoch befugt sind, in den von § 27 Abs. 2 Nr. 2 WEG geregelten Fällen einen weiteren Vertreter, zum Beispiel einen Anwalt, mit der Wahrnehmung ihrer Interessen zu beauftragen.

Im Gegensatz zur Rechtslage vor der WEG-Reform hat der Verwalter grundsätzlich kein schutzwürdiges eigenes Recht, als Prozessstandschafter die Rechte geltend zu machen, die dem Verband der Wohnungseigentümergemeinschaft zustehen. Nachdem die Wohnungseigentümergemeinschaft teilrechtsfähig ist (§ 10

Abs. 6 WEG), kann sie die ihr zustehenden oder zur Ausübung zugewiesenen Rechte (geborene oder gekorene Ansprüche) selbst geltend machen (BGH, 28.1.2011, V ZR 145/10). Der Verwalter kann ein eigenes schutzwürdiges Interesse an der Geltendmachung dieser Rechte nicht mit den Bestimmungen des § 27 WEG begründen. Diese Änderung der Rechtslage hat insbesondere Auswirkungen auf die Geltendmachung von Wohngeldansprüchen durch den Verwalter, er kann sie nicht mehr im eigenen Namen für die Wohnungseigentümergemeinschaft geltend machen. Gemäß § 10 Abs. 6 WEG kann die Wohnungseigentümergemeinschaft die Ansprüche seitdem im eigenen Namen im Rahmen des Hausgeldinkassos, vertreten durch den Verwalter, geltend machen.

Ausnahmsweise steht dem Verwalter im Einzelfall dennoch die Möglichkeit zu, Rechte des Verbands der Wohnungseigentümergemeinschaft in eigenem Namen geltend zu machen (BGH, 19.7.2013, V ZR 109/12), zum Beispiel wenn der Verband der Wohnungseigentümergemeinschaft dem Verwalter, der sich gegenüber ihm schadenersatzpflichtig gemacht hat, die Möglichkeit geben will, auf eigene Kosten einen Anspruch des Verbands gegen einen Dritten geltend zu machen (BGH, 28.1.2011, V ZR 145/10).

Prozesskosten

„Gerichtliches Verfahren in Wohnungseigentumssachen"
„Kosten des Rechtsstreits"

Qualifizierte Mehrheit

„Beschluss", Abschnitt 3 „Qualifizierter Mehrheitsbeschluss"

Räum- und Streupflicht

Der Wohnungseigentümergemeinschaft obliegt die Pflicht der Verkehrssicherung des gemeinschaftlichen Eigentums. Hierzu zählt insbesondere die Räum- und Streupflicht (siehe dort), die sich nach den einschlägigen Ortssatzungen richtet. Die Wohnungseigentümergemeinschaft muss gewährleisten, dass die Zugänge zur Wohnanlage gefahrlos begangen werden können. Als genügend wird erachtet, wenn auf dem Gehsteig ein für den Fußgängerverkehr ausreichend breiter Streifen (circa 1,20 Meter) sowie die Zugänge zum Grundstück gestreut und von Schnee befreit werden.

Je nach den örtlichen Vorschriften beginnt die Räumpflicht morgens bei Einsetzen des Tagesverkehrs, sie endet abends. Bei anhaltendem Schneefall muss jedoch nicht stündlich, sondern erst nach angemessener Zeit wieder geräumt und gestreut werden. Zur Durchführung der Räum- und Streupflicht kann sich die Wohnungseigentümergemeinschaft eines Hausmeisters oder eines Winterdienstes bedienen. Wird auch die Verkehrssicherungspflicht auf diesen Dritten übertragen, gilt eine Kontroll- und Überwachungspflicht der Wohnungseigentümergemeinschaft in Hinblick darauf, dass diese Arbeiten pflichtgemäß durchgeführt werden. Bei der Übertragung der Räum- und Streupflicht ist neben der Überwachung eine sorgfältige Auswahl und gründliche Anweisung über die Art des Streuens erforderlich (OLG Oldenburg, 13.2.2014, 1 U 77/13).

Zur tätigen Mithilfe (siehe dort) sind die Wohnungseigentümer nicht verpflichtet. Eine Regelung, wonach für die Herbstzeit vom 1.9. bis zum 30.1. eines Jahres die Wohnungseigentümer nach einem festgelegten Plan zum Fegen von Laub und zur allgemeinen Reinigung der Außenanlagen der Eigentümergemeinschaft herangezogen werden, kann nicht mit Mehrheit wirksam beschlossen werden (OLG Düsseldorf, 23.6.2008, I-3 Wx 77/08). Eine Verpflichtung der einzelnen Wohnungseigentümer, die Räum- und Streupflicht im Wechsel zu erfüllen, lässt sich nicht durch Mehrheitsbeschluss, sondern nur durch Vereinbarung begründen (BGH, 9.3.2012, V ZR 161/11).

Rauchen

Passivrauchen in geschlossenen Räumen wird nach heute herrschender wissenschaftlicher Überzeugung als gesundheitsgefährdend eingestuft. Deshalb ist es auch Wohnungseigentümern nicht zuzumuten, sich den gesundheitlichen Gefahren des Passivrauchens auszusetzen. In Eigentümerversammlungen besteht daher grundsätzlich ein Anspruch der Wohnungseigentümer auf ein allgemeines Rauchverbot, da die Nichtraucher vor der Gefahr des Passivrauchens geschützt werden müssen. Insoweit können die Wohnungseigentümer nicht darauf verwiesen werden, dass sie in der Eigentümerversammlung erst einen entsprechenden Antrag zu stellen haben. Dem Interesse der Raucher kann dadurch Rechnung getragen werden, dass ihnen die Möglichkeit eingeräumt wird, bei Bedarf die Eigentümerversammlung für eine fünfminütige Rauchpause zu unterbrechen (LG Dortmund, 19.11.2013, 1 S 296/12).

Das Rauchen in der Wohnung ist grundsätzlich zulässig, jedoch hält es das AG München (28.4.2014, 483 C 28018/13) für erforderlich, dass ein Wohnungseigentümer verhindern muss, dass aus seiner Wohnung und von seinem Balkon aus Zigarettenrauch in die darüberliegende Wohnung dringt, und hat zudem „rauchfreie" Zeiten benannt, und zwar von 23.00 bis 7.00 Uhr, von 11.00 bis 13.00 Uhr und von 17.00 bis 19.00 Uhr.

Eine solche Regelung mit „rauchfreien“ Zeitabschnitten sieht auch der BGH angesichts der gegenseitigen Rücksichtnahme im Rahmen des Interessenausgleichs zwischen Rauchern und Nichtrauchern als angemessen an. Die Bestimmung der konkreten Zeiträume hänge von den Umständen des Einzelfalls ab (BGH, 16.1.2015, V ZR 110/14, zu einem Streit unter Mietern). Auch das Rauchen von mehreren Zigaretten täglich im gemeinschaftlichen Treppenhaus stellt eine abwehrfähige Beeinträchtigung dar. Ein Wohnungseigentümer hat es zu unterlassen, das Treppenhaus zum Rauchen aufzusuchen und dort so lange zu verweilen, bis der Rauchvorgang abgeschlossen ist (AG Hannover, 31.1.2000, 70 II 414/99).

Rauchwarnmelder

Inhaltsübersicht

In vielen Bundesländern ist es bereits Pflicht, auch in Bestandsgebäuden Rauchwarnmelder vorzuhalten. Einige Bundesländer folgen erst noch nach. Die Regelungen hierzu sind in den jeweiligen Landesbauordnungen festgelegt.

1 Handlungspflicht

Um den gesetzlichen Vorgaben Genüge zu tun, kann die Wohnungseigentümergemeinschaft über die nachträgliche Ausstattung der Wohnungen mit Rauchmeldern per Mehrheit beschließen, dies ist mit der Beschlusskompetenz der Wohnungseigentümer möglich. Das gilt vor allem wegen der Verpflichtung durch eine Landesbauordnung. Dabei ist nicht entscheidend, ob die jeweilige Landesbauordnung die Verpflichtung zur Installierung von Rauchwarnmeldern dem Verband der Wohnungseigentümer, den einzelnen Mitgliedern der Wohnungseigentümergemeinschaft als Mitberechtigte an dem bebauten Grundstück oder den einzelnen Sondereigentümern auferlegt.

2 Beschlussfassung und -durchführung, Beschlusskompetenz

Der BGH hat sich in einer grundlegenden Entscheidung intensiv mit dieser Frage auseinandergesetzt (BGH, 8.2.2013, V ZR 238/11). Im Fall der Verpflichtung durch die jeweilige Landesbauordnung zur Installierung von Rauchwarnmeldern ergibt sich die Beschlusskompetenz aus § 10 Abs. 6 Satz 2 WEG. Der Verband ist gemäß § 10 Abs. 6 Satz 3 WEG in der Pflicht, da die Gemeinschaft damit Rechte der Wohnungseigentümer wahrnimmt. Im Fall der Verpflichtung des einzelnen Sondereigentümers besteht eine geborene Wahrnehmungskompetenz der Gemeinschaft allerdings nur dann, wenn die Verpflichtung sämtliche Mitglieder der Wohnungseigentümergemeinschaft betrifft. In der Regel umfasst die Verpflichtung aus den Landesbauordnungen zur Ausstattung mit Rauchwarnmeldern nur Wohnungen, nicht aber andere Räume, die nicht Wohnzwecken dienen. Für diese fehlt es für die Verpflichtung nach dem Landesbaurecht an dem Tatbestandsmerkmal der Wohnung, allerdings sind die Wohnungseigentümer in diesem Fall berechtigt, von ihrem Zugriffsermessen Gebrauch zu machen, dass Ihnen gemäß § 10 Abs. 6 Satz 3 HS 2 WEG im Rahmen der sogenannten gekorenen Ausübungsbefugnis zusteht. Der Einbau von Rauchwarnmeldern entspricht zudem der „Förderlichkeit“ der Pflichterfüllung durch den Verband. Es besteht allerdings keine Beschlusskompetenz, den einzelnen Wohnungseigentümern die Wartung der Rauchwarnmelder und/oder die Nachweisführung über die Wartung aufzuerlegen (AG Heidelberg, 22.10.2014, 45 C 52/14).

Die Wohnungseigentümer sind trotz gesetzlicher Verpflichtung zur Ausstattung mit Rauchwarnmeldern durch die Landesbauordnung nicht zu einer positiven Beschlussfassung über die Anschaffung und Installation von Rauchwarnmeldern durch die Gemeinschaft und auf deren Kosten verpflichtet, weil bei Mischnutzung (Wohn- und Teileigentum) insoweit lediglich eine sogenannte gekorene Wahrnehmungsbefugnis gegeben ist. Ob von ihr Gebrauch gemacht wird oder nicht, steht grundsätzlich im Ermessen der Wohnungseigentümer. Eine geborene Wahrnehmungskompetenz der Gemeinschaft besteht nur dann, wenn die Verpflichtung sämtliche Mitglieder der Gemeinschaft betrifft (AG Karlsruhe, 15.8.2014, 4 C 217/14).

3 Eigentumsrechtliche Lage

In sachenrechtlicher Hinsicht besteht zwar im Hinblick auf das Sondereigentum des jeweiligen Einzeleigentümers auch bei Erforderlichkeit der Maßnahmen durch öffentlich-rechtliche Vorschriften keine Beschlusskompetenz der übrigen Miteigentümer. Allerdings hat der BGH dazu festgestellt, dass die Umsetzung eines Mehrheitsbeschlusses zur Installierung von Rauchwarnmeldern in den einzelnen Wohnungen keinen Eingriff in das Sondereigentum mit sich bringt. Allerdings werden die auf einen Mehrheitsbeschluss hin angebrachten Rauchwarnmelder dann nicht Teil des Sondereigentums des jeweiligen Miteigentümers, unter anderem deswegen, da die Rauchwarnmelder in der Regel an den zum Gemeinschaftseigentum gehörenden Decken angebracht werden. Ein eventueller Eingriff in das Eigentum des Sondereigentümers in Form der Verletzung der Tapete oder der

Farbschicht muss der Wohnungseigentümer hinnehmen; ihm steht diesbezüglich ein Schadenersatzanspruch gemäß § 14 Nr. 4 WEG zu.

4 Wartung, Kosten

Unter die Beschlusskompetenz der Wohnungseigentümergemeinschaft fällt auch die Entscheidung über die regelmäßige Kontrolle und Wartung der Rauchwarnmelder. Die Wohnungseigentümergemeinschaft verfügt zwar über eine Beschlusskompetenz hinsichtlich der vertraglichen Anmietung und Wartung von Rauchwarnmeldern, aber sie verstößt gegen den Grundsatz der ordnungsmäßigen Verwaltung, wenn in dem Beschluss unberücksichtigt bleibt, dass ein Sondereigentümer bereits seit Jahren in seinen Räumlichkeiten zugelassene Rauchwarnmelder betreibt. Er würde dann an den Kosten für die Anschaffung und Wartung anderer Rauchmelder beteiligt, obwohl für seine Wohneinheit kein diesbezügliches Bedürfnis besteht. Das Sicherheitsinteresse der Gemeinschaft kann nicht so weit gehen, dass die Gemeinschaft für sämtliche Wohnungen neue Rauchwarnmelder anschafft und für sie einen einheitlichen Wartungsvertrag abschließt, obwohl teilweise bereits vorschriftsmäßige Geräte vorhanden sind. In einem solchen Fall kann der jeweilige Wohnungseigentümer, der bereits Rauchwarnmelder installiert hat, der Verwaltung gegenüber nachweisen, dass die betreffenden Geräte den gesetzlichen Anforderungen entsprechen und die Wartung im erforderlichen Umfang durchgeführt wird (LG Braunschweig, 7.2.2014, 6 S 449/13).

Rechnungslegung

Die Wohnungseigentümer können vom Verwalter durch Mehrheitsbeschluss Rechnungslegung verlangen (§ 28 Abs. 4 WEG). Im Gegensatz zur Verpflichtung des Verwalters, die Jahresabrechnung und den Wirtschaftsplan einmal jährlich aufzustellen, besteht der Anspruch auf Rechnungslegung jederzeit. Der Verwalter ist aufgrund des Verwaltervertrags grundsätzlich gemäß den §§ 259, 260, 666 und 675 BGB verpflichtet, auf Verlangen jederzeit Auskunft über den Stand seiner Verwaltungshandlungen zu erteilen. Der Anspruch auf Rechnungslegung kann nicht von einem einzelnen Wohnungseigentümer ausgehen, sondern er steht der Gemeinschaft zu, die diesen durch entsprechende Beschlussfassung geltend machen kann. Sollte sich der Verwalter weigern, der Wohnungseigentümergemeinschaft Rechnung zu legen, so kann diese auch gerichtlich vorgehen. Vom amtierenden Verwalter kann die Rechnungslegung verlangt werden, wenn Zweifel an der Ordnungsmäßigkeit seiner Geschäftsführung und Finanzverwaltung bestehen.

Anzumerken ist, dass der Anspruch auf Auskunft und Rechnungslegung nicht mit Vertragsende untergeht (OLG Frankfurt/Main, 25.3.2013, 20 W 121/12). So hat der ausgeschiedene Verwalter, auch wenn er zur Erstellung der Jahresabrechnung nicht mehr verpflichtet ist, bis zum Zeitpunkt seines Ausscheidens Rechnung über seine Verwaltertätigkeit zu legen. Diese Verpflichtung umfasst neben der verständlichen und nachvollziehbaren Darlegung aller Einnahmen und Ausgaben – unter Beifügung der entsprechenden Belege – eine Aufstellung der noch bestehenden Forderungen, Verbindlichkeiten und Kontostände (OLG München, 20.7.2007, 32 Wx 93/07).

Inhaltlich umfasst die Rechnungslegung eine geordnete Zusammenstellung der Einnahmen und Ausgaben, die Darstellung der Instandhaltungsrücklage sowie die Vorlage der dazugehörigen Belege. Einzelabrechnungen muss der Verwalter nicht erstellen. Die Rechnungslegung ist vom allgemeinen Verwalterhonorar abgedeckt, es sei denn, ein solches Verlangen erfolgt völlig willkürlich und ohne Anhaltspunkte für mangelnde Ordnungsmäßigkeit der Verwaltertätigkeit.

Rechnungsprüfung durch den Verwaltungsbeirat

„Verwaltungsbeirat“, Abschnitt 2 „Aufgaben und Befugnisse“

Rechtsanwaltsbeauftragung

Inhaltsübersicht

Die Wohnungseigentümergemeinschaft ist häufig in gerichtliche Auseinandersetzungen verwickelt. Um eine effiziente Wahrnehmung der Rechtsposition der Wohnungseigentümergemeinschaft zu gewährleisten, sieht das WEG vor, dass der Verwalter für die Wohnungseigentümergemeinschaft aktiv werden kann.

1 Informationspflicht des Verwalters

Regelmäßig wird zum Beispiel eine Beschlussanfechtungsklage nicht den beklagten übrigen Wohnungseigentümern zugestellt, sondern dem Verwalter der Wohnungseigentümergemeinschaft. Er ist gemäß § 45 Abs. 1 WEG deren Zustellungsvertreter, wenn nicht ausnahmsweise begründete Anhaltspunkte bestehen, die dazu führen, dass der Verwalter die Wohnungseigentümer nicht ausreichend informiert.

Die Informationspflicht des Verwalters ergibt sich aus § 27 Abs. 1 Nr. 7 WEG, in dem vorgesehen ist, dass der Verwalter die Wohnungseigentümer unverzüglich über alle Rechtsstreitigkeiten zu unterrichten hat. Zweck dieser Bestimmung ist es, die beklagten Wohnungseigentümer über ihre Parteistellung in dem anhängigen Rechtsstreits zu unterrichten, um damit die Voraussetzungen dafür zu schaffen, dass die übrigen Wohnungseigentümer die Rechtsverteidigung gegen eine Beschlussanfechtungsklage aufnehmen.

2 Mandatserteilung bei Passivprozess

Um eine koordinierte Rechtsverteidigung der beklagten Wohnungseigentümer zu ermöglichen, bestimmt § 27 Abs. 2 Nr. 3 WEG, dass der Verwalter berechtigt ist, im Namen aller Wohnungseigentümer und mit Wirkung für und gegen sie Maßnahmen zu treffen, die zur Wahrung einer Frist oder zur Abwendung eines sonstigen Rechtsnachteils erforderlich sind. Insbesondere darf er einen gegen die Wohnungseigentümer gerichteten Rechtsstreit gemäß § 43 Nr. 1, 4, 5 WEG im Erkenntnis- und Vollstreckungsverfahren führen.

Bei genauer Gesetzeslektüre fällt jedoch auf, dass die in dieser Bestimmung eingeräumte Befugnis des Verwalters nicht bei einer Beschlussanfechtungsklage greifen würde, weil sich wegen § 46 Abs. 1 Satz 1 WEG eine Beschlussanfechtungsklage nie gegen alle Wohnungseigentümer richtet, sondern immer gegen alle übrigen Wohnungseigentümer, die nicht Kläger im Anfechtungsverfahren sind. Der BGH (5.7.2013, V ZR 241/12) legt diese Befugnis weit aus und verleiht damit auch im Fall einer Beschlussanfechtungsklage dem Verwalter diese Befugnis.

Nach der herrschenden Meinung ermöglicht diese Befugnis es dem Verwalter, auf Basis seiner gesetzlichen Vertretungsbefugnis gemäß § 27 Abs. 2 Nr. 2 WEG die übrigen Wohnungseigentümer umfassend zu vertreten und einen Rechtsanwalt zu beauftragen (LG Dortmund, 10.9.2013, 1S 416/12). Nach Auffassung des BGH besteht, insbesondere bei größeren Wohnungseigentümergemeinschaften, das praktische Bedürfnis, durch den Verwalter die Rechtsverteidigung der beklagten Wohnungseigentümer zu gewährleisten. Die grundsätzliche Neutralitätspflicht des Verwalters steht dazu nicht im Widerspruch, weil es zu seinen Pflichten gehört, mehrheitlich gefasste Beschlüsse auch gegen den erklärten Willen der Minderheit umzusetzen (§ 27 Abs. 1 Nr. 1 WEG). Im Innenverhältnis bleiben jedoch nach wie vor die beklagten Wohnungseigentümer Herr des Verfahrens mit der Folge, dass der Verwalter sich an die Weisungen der Wohnungseigentümergemeinschaft halten muss.

Im Zuge der Vertretung der übrigen Wohnungseigentümer in einem Passivprozess, das heißt, in dem die Wohnungseigentümer verklagt wurden, ist der Verwalter auch gesetzlich befugt, gemäß § 27 Abs. 2 Nr. 4 bzw. Abs. 3 Nr. 6 WEG mit einem Rechtsanwalt eine Gebührenvereinbarung im Rahmen der Vertretung der Wohnungseigentümer bzw. des Verbands in einem Rechtsstreit zu vereinbaren, um so ggf. einen geeigneten Vertreter der beklagten Wohnungseigentümer zu finden. Die beklagten Wohnungseigentümer müssen jedoch nicht an dem von der Verwaltung beauftragten Rechtsanwalt festhalten, sie gemeinsam – ggf. auch jeder beklagte Wohnungseigentümer für sich alleine – können das Mandatsverhältnis jederzeit nach § 627 BGB kündigen.

3 Kostenerstattung

Bei Obsiegen der beklagten Wohnungseigentümer kommt häufig die Frage auf, wessen Rechtsanwaltskosten erstattet werden, wenn einzelne oder mehrere Wohnungseigentümer nicht den von der Hausverwaltung für sie beauftragten Rechtsanwalt mandatiert haben. § 50 WEG sieht für solche Fälle vor, dass das Kostenrisiko des unterliegenden Klägers begrenzt wird (BGH, 8.7.2010, V ZB 153/09). Die Bestimmung regelt, dass den Wohnungseigentümern zur zweckentsprechenden Rechtsverfolgung oder Rechtsverteidigung nur die notwendigen Kosten für einen bevollmächtigten Rechtsanwalt zu erstatten sind, wenn nicht ausnahmsweise Gründe dafür vorliegen, dass die Vertretung durch mehrere bevollmächtigte Rechtsanwälte geboten war. Im Ergebnis ist der unterliegende Kläger bei der Kostenerstattung so zu behandeln, als wenn die Beklagten insgesamt durch einen einzigen Anwalt vertreten worden wären, auch wenn die übrigen Wohnungseigentümer mehrere Anwälte beauftragt haben (LG Karlsruhe, 26.5.2009, 11 T 292/08).

Der vom Verwalter für die beklagten Wohnungseigentümer beauftragte Rechtsanwalt wird dahingehend privilegiert, dass seine Kostenerstattung als geboten i. S. d. § 50 WEG angesehen wird. Die Kostenerstattung für weitere Rechtsanwälte, die von den übrigen beklagten Wohnungseigentümern beauftragt wurden, dürfen nicht zulasten des Klägers berücksichtigt werden (BGH, 14.7.2011, V ZB 171/10).

Hat der Verwalter keinen Rechtsanwalt beauftragt, sondern haben dies die übrigen Wohnungseigentümer übernommen, sind dessen Kosten zu erstatten. Beauftragen die Wohnungseigentümer verschiedene Rechtsanwälte, ohne dass der Verwalter daran beteiligt ist, so soll der von der Mehrheit der beklagten Wohnungseigentümer beauftragte Anwalt vorrangig die Kostenerstattung erhalten, wenn jedem Wohnungseigentümer hinreichend die Möglichkeit gegeben wurde, auf die Willensbildung Einfluss zu nehmen (BGH, 14.7.2011, V ZB 171/10). Ist dies nicht der Fall, werden die Kosten anteilig unter den Prozessbevollmächtigten und den beklagten Wohnungseigentümern verteilt (BGH, a. a. O).

Dem Rechtsanwalt, der die übrigen Wohnungseigentümer im Beschlussanfechtungsverfahren vertritt, steht die Mehrvertretungsgebühr gemäß Nr. 1008 nach dem Rechtsanwaltsvergütungsgesetz, Anlage 1 Vergütungsverzeichnis (VV RVG) zu. Dabei spielt es keine Rolle, dass der Rechtsanwalt durch den Verwalter für die übrigen Wohnungseigentümer mandatiert wurde (BGH, 15.9.2011, V ZB 39/11).

4 Aktivprozess

Anders stellt sich die Rechtslage dar, wenn die Wohnungseigentümer bzw. der Verband nicht verklagt werden, sondern selbst Klage erheben (Aktivverfahren). In diesem Fall ist darauf hinzuweisen, dass dem Verwalter keine gesetzliche Befugnis zusteht, einen Rechtsanwalt für die Kläger zu beauftragen. Der Verwalter muss dann durch einen Mehrheitsbeschluss gemäß § 27 Abs. 2 Nr. 3 bzw. Abs. 3 Nr. 7 WEG die Beauftragung des Rechtsanwalts als Vertreter der Wohnungseigentümer oder des teilrechtsfähigen Verbands beschließen lassen.

Rechtsschutzbedürfnis

Eine gerichtliche Auseinandersetzung in Wohnungseigentumsangelegenheiten ist nur dann zulässig, wenn der Kläger dafür ein Rechtsschutzbedürfnis vorweisen kann. Voraussetzung dafür, dass er das Gericht in Anspruch nehmen darf, ist demnach sein berechtigtes Interesse. Das Rechtsschutzbedürfnis fehlt, wenn sein Rechtsschutzziel einfacher, billiger oder schneller als mit einer gerichtlichen Durchsetzung seiner Ansprüche erreicht werden kann. Das Rechtsschutzbedürfnis ist Prozessvoraussetzung und in jeder Lage des Prozesses vom zuständigen Gericht von Amts wegen zu prüfen. Fehlt das Rechtsschutzbedürfnis, muss die Klage als unzulässig abgewiesen werden.

Grundsätzlich hat jeder Wohnungseigentümer ein Rechtsschutzbedürfnis, eine Beschlussanfechtungsklage zu erheben, da er damit die Möglichkeit erhält, den Beschluss der Wohnungseigentümergemeinschaft gerichtlich auf seine Gültigkeit überprüfen zu lassen. Die Erhebung einer Beschlussanfechtungsklage dient nach der herrschenden Meinung nicht etwa nur dem persönlichen Interesse des anfechtenden Wohnungseigentümers oder einer überstimmten Minderheit, sondern im Interesse der Wohnungseigentümergemeinschaft der Klärung, ob die beschlossene Maßnahme ordnungsgemäßer Verwaltung entspricht (BGH, 17.7.2003, V ZB 11/03).

Damit ein Rechtsschutzbedürfnis besteht, ist es nicht erforderlich, dass der Kläger durch den Beschluss tatsächlich einen persönlichen Nachteil erleidet. Selbst wenn der betroffene Wohnungseigentümer dem später von ihm angefochtenen Beschluss zugestimmt hat oder er von der Abstimmung gemäß § 25 Abs. 5 WEG ausgeschlossen war, bleibt sein Rechtsschutzbedürfnis erhalten (BGH, 1.6.2012, V ZR 225/11).

BEISPIELE AUS DER RECHTSPRECHUNG

- Zustimmung zur Beschlussfassung
- Durchführung eines Beschlusses: Auch die Umsetzung eines Beschlusses der Wohnungseigentümergemeinschaft, zum Beispiel eine Auftragserteilung im Zuge einer Baumaßnahme, führt nicht dazu, dass der Kläger sein Rechtsschutzbedürfnis verliert (BayObLG, 11.4.2002, 2Z BR 179/01). Auch wenn die angefochtene Maßnahme nicht mehr rückgängig zu machen ist, bleibt dem Kläger das Rechtsschutzbedürfnis erhalten, weil die Klärung der Frage, ob die Beschlussfassung ordnungsgemäßer Verwaltung entsprochen hat, für etwaige Schadenersatzansprüche bzw. Folgenbeseitigungsansprüche von Bedeutung sein kann (BayObLG, 11.4.2002, 2Z BR 179/01). Das Rechtsschutzbedürfnis bleibt auch dann erhalten, wenn der identische Beschluss durch einen anderen Wohnungseigentümer angefochten wurde. In diesem Fall sind die Beschlussanfechtungsklagen vom Gericht zu verbinden (§ 47 Satz 1 WEG).
- Wirtschaftsplan: Bei der Beschlussanfechtungsklage gegen den Wirtschaftsplan entfällt das Rechtsschutzbedürfnis auch dann nicht, wenn das Wirtschaftsjahr abgelaufen oder der Beschluss über die Jahresabrechnung erfolgt ist. Als Anspruchsgrundlage für die beschlossenen Hausgelder gilt weiterhin der Wirtschaftsplan (BayObLG, 12.6.1991, BReg. 2 Z 49/91).
- Mehrhausanlage: Ausnahmsweise fehlt das Rechtsschutzbedürfnis des Anfechtungsklägers dann, wenn er durch den angefochtenen Beschluss in rechtlicher Hinsicht nicht betroffen ist, weil ihm zum Beispiel in der konkreten Beschlussfassung kein Stimmrecht zusteht (BayObLG 25.7.1984, 2 Z 57/84).
- Einberufungsmängel: Genau geprüft werden muss das Rechtsschutzbedürfnis, wenn sich ein Wohnungseigentumer in Kenntnis des Einberufungsmangels ausdrücklich mit der Beschlussfassung einverstanden erklärt (BayObLG, 7.4.1988, BReg. 2 Z 156/87).
- Geschäftsordnungsbeschluss: Kein Rechtsschutzbedürfnis besteht für die Anfechtung eines Geschäftsordnungsbeschlusses, zum Beispiel bei der Änderung der zeitlichen Abfolge von Tagesordnungspunkten, weil sich dieser Beschluss mit der Beendigung der Eigentümerversammlung erledigt hat (BayObLG, 10.7.1987, BReg. 2 Z 47/87).
- Negativbeschluss: Auch bei einem Negativbeschluss ist das Rechtsschutzbedürfnis zu bejahen, weil dieses Rechtsschutzbedürfnis die Gewährleistung einer ordnungsgemäßen Verwaltung, auf die sämtliche

Wohnungseigentümer einen Anspruch haben, zum Gegenstand hat (BGH, 15.1.2010, V ZR 114/09).

- Eigentümerwechsel: Wechselt der Wohnungseigentümer auf der Klägerseite während des Rechtsstreits, berührt dies das Rechtsschutzbedürfnis nicht. Denn der frühere Wohnungseigentümer kann noch ein Interesse daran haben, dass die Unwirksamkeit eines von ihm angefochtenen Beschlusses, der vor dem Verlust seiner Eigentümerstellung erfolgt ist, festgestellt wird (BGH, 26.9.2002, V ZB 24/02). Die zeitliche Zäsur für das Vorliegen des Rechtsschutzbedürfnisses ist der Zeitpunkt, zu dem der Kläger durch den Eigentumsverlust aus der Wohnungseigentümergemeinschaft ausscheidet; für einen nach diesem Zeitpunkt gefassten Beschluss liegt kein Rechtsschutzbedürfnis des ausgeschiedenen Wohnungseigentümers mehr vor.
- Gestaltungsklage nach § 21 Abs. 8 WEG: Zu beachten ist hierbei, dass das Rechtsschutzbedürfnis erst dann vorliegt, wenn der Kläger im Rahmen des ihm Möglichen vor Klageerhebung erfolglos versucht hat, die angestrebte Regelung durch einen Mehrheitsbeschluss herbeizuführen oder wenn von vornherein feststeht, dass das Beschlussbegehren des Klägers von den Wohnungseigentümern abgelehnt werden wird (BGH, 15.1.2010, V ZR 114/09). Dies kann zum Beispiel das Aufstellen einer Hausordnung betreffen. Ähnlich verhält es sich mit einer Klage, in der es um die Bestellung eines Verwalters geht. Hier muss der klagende Wohnungseigentümer zunächst den erfolglosen Versuch unternommen haben, im Rahmen einer Wohnungseigentümerversammlung einen Verwalter zu bestellen.

Rechtsmittel

Inhaltsübersicht

Seit Inkrafttreten der WEG-Rechtsreform richten sich die Rechtsmittel im wohnungseigentumsrechtlichen Verfahren nach den Bestimmungen der ZPO. Sie kennt folgende Rechtsmittel:

- Berufung
- Revision
- Beschwerde

Im wohnungseigentumsrechtlichen Verfahren sind jedoch Besonderheiten zu beachten.

1 Erstinstanzliche Zuständigkeit

Unabhängig vom Streitwert sind in Wohnungseigentumssachen überwiegend die örtlichen Amtsgerichte erstinstanzlich zuständig (§ 43 Abs. 1 Nr. 1 bis 4, 6 WEG). Im Verfahren nach § 43 Abs. 1 Nr. 5 WEG richtet sich die sachliche Zuständigkeit nach der Höhe des Streitwerts. Liegt dieser bei bis zu 5.000 Euro ist das Amtsgericht gemäß § 23 Nr. 2c GVG zuständig; beträgt der Streitwert mehr als 5.000 Euro ist das Landgericht zuständig (§ 23 Nr. 1, § 71 Abs. 1 GVG). Ist die Zuständigkeit zwischen dem Amtsgericht und dem Landgericht streitig, bestimmt das Oberlandesgericht die Zuständigkeit gemäß § 36 Abs. 1 Nr. 6 ZPO.

2 Berufung

Berufung in Wohnungseigentumssachen kann gegen das erstinstanzliche Endurteil des Amtsgerichts bzw. Landgerichts eingelegt werden. In wohnungseigentumsgerichtlichen Verfahren werden Berufungen grundsätzlich vor dem Landgericht geführt, wenn erstinstanzlich das Amtsgericht zuständig war. Eine Ausnahme besteht nur dann, wenn eine Berufung in einem Verfahren nach § 43 Nr. 5 WEG eingelegt wurde und dort der Zuständigkeitsstreitwert über 5.000 Euro hinausging. In solchen Rechtsstreiten ist in der ersten Instanz das Landgericht zuständig, die Berufung gegen das entsprechende Urteil hat zum Oberlandesgericht zu erfolgen (§ 119 Abs. 1 Nr. 2 GVG).

Bei Verfahren nach § 43 Nr. 5 WEG handelt es sich um Klagen Dritter, die sich entweder gegen den Verband der Wohnungseigentümergemeinschaft oder gegen die Wohnungseigentümer selbst richten und sich auf das Gemeinschaftseigentum, dessen Verwaltung oder das Sondereigentum beziehen, zum Beispiel die Klage eines Werkunternehmer, der für die Wohnungseigentümergemeinschaft eine Sanierung am Gemeinschaftseigentum durchgeführt hat, wegen ausstehenden Werklohns.

3 Zuständigkeit/zentrales Berufungsgericht

§ 72 Abs. 1, 2 GVG bestimmt, dass die Berufung und die sofortige Beschwerde gegen die Entscheidung des Amtsgerichts in wohnungseigentumsrechtlichen Verfahren vor dem Landgericht zu erheben sind. In § 72 Abs. 2 GVG ist festgelegt, dass eine Beschwerde oder eine Berufung nicht wie üblich beim örtlich zuständigen Landgericht eingelegt werden muss, sondern eine Konzentration der Berufungen bei den von den Landesgesetzgebern dafür bestimmten Landgerichten erfolgt (sogenannte zentrale Berufungsgerichte). Von dieser Ermächtigung haben mehrere Bundesländer Gebrauch gemacht. In Bayern sind für den OLG-Bezirk München das

LG München I, für den OLG-Bezirk Nürnberg das Landgericht Nürnberg-Fürth und für den OLG-Bezirk Bamberg das LG Bamberg als jeweils zentrales Berufungsgericht zuständig.

Zuständig ist das zentrale Berufungsgericht gemäß § 72 Abs. 2 GVG auch dann, wenn sich der Rechtsstreit zwischen dem Kläger und einem Beklagten, aber nicht im Verhältnis zu einem weiteren Beklagten als ein Wohnungseigentumsverfahren nach § 43 Abs. 1 bis 4, Nr. 6 WEG erweist und das Berufungsverfahren ausschließlich diesen weiteren Beklagten betrifft. Voraussetzung dafür ist jedoch, dass beide in der Entscheidung der ersten Instanz Streitgenossen waren (BGH, 3.7.2014, V ZB 26/14).

Wenn die Berufung bei einem örtlich unzuständigen Landgericht eingelegt und die Berufungsschrift von dem unzuständigen Landgericht nicht unter Berücksichtigung des normalen Geschäftsbetriebs fristgerecht (vgl. BGH, 27.7.2000, II ZB 28/00) an das zuständige Berufungsgericht weitergeleitet wird, ist die Berufung, die dann nicht fristgerecht innerhalb der einmonatigen Berufungsfrist (§ 523 ZPO) erfolgt, als unzulässig zurückzuweisen. Auch eine Wiedereinsetzung in den vorigen Stand (siehe dort) kommt nicht in Betracht, weil die Versäumung der Berufungsfrist, die auf mangelnde Kenntnis von einer abweichenden Zuständigkeit des Berufungsgerichts beruht, als nicht unverschuldet zu beurteilen ist (BGH, 12.4.2010, V ZB 224/09; LG München I, 8.1.2014, 36 S 22208/13 WEG).

Hinweis: Der die Berufung einlegende Rechtsanwalt hat stets selbst zu prüfen, welches Landgericht für die Berufung zuständig ist. Er darf sich auch nicht darauf verlassen, dass die besondere Rechtsmittelzuständigkeit des Landgerichts gemäß § 72 Abs. 2 GVG in Wohnungseigentumssachen besteht, wenn das erstinstanzliche Urteil des Amtsgerichts fälschlicherweise das Verfahren als Wohnungseigentumssache bezeichnet. Eine Wiedereinsetzung in den vorigen Stand (siehe dort) kommt in diesen Fällen ebenfalls nicht in Betracht (BGH, 14.7.2011, V ZB 67/11). Der Rechtsanwalt hat stets in eigener Verantwortung die sachliche und örtliche Zuständigkeit des Rechtsmittelgerichts zu prüfen sowie die fristgerechte Einlegung zu gewährleisten.

4 Beschwer/Zulassung der Berufung

Voraussetzung für eine zulässige Berufung in Wohnungseigentumssachen ist, wie bei jeder anderen Berufung, dass der Wert des Beschwerdegegenstands 600 Euro übersteigt oder das Erstgericht die Berufung im Urteil zugelassen hat (§ 511 Abs. 2 ZPO). Über die Zulassung der Berufung entscheidet gemäß § 511 Abs. 4 Satz 1 ZPO das Gericht des ersten Rechtszugs. An die Entscheidung des Erstgerichts ist das Berufungsgericht gebunden (§ 511 Abs. 4 Satz 2 ZPO).

Falls der Beschwerdewert 600 Euro nicht übersteigt, muss das Erstgericht die Berufung zulassen, wenn die Rechtssache grundsätzliche Bedeutung hat oder die Fortbildung des Rechts oder die Sicherung einer einheitlichen Rechtsprechung eine Entscheidung des Berufungsgerichts erfordert. Hat das Erstgericht einen geringeren Beschwerdegegenstand als 600 Euro angenommen, muss das Berufungsgericht, wenn es die Berufungssumme für nicht erreicht hält, in der Entscheidung über die Zulassung der Berufung dazu Stellung nehmen (BGH, 15.5.2012, V ZB 282/11).

Für die Frage, ob der Beschwerdewert von 600 Euro erreicht ist, kommt es auf die Beschwer des Berufungsklägers an (BGH, 15.5.2012, V ZB 282/11). Beschwert ist der Berufungskläger dann, wenn sein Vermögensinteresse an der Änderung der angefochtenen Entscheidung den Betrag von 600 Euro überschreitet. Erhebt der Berufungskläger eine Beschlussanfechtungsklage gegen eine Jahresabrechnung, so bemisst sich seine Beschwer in der Regel nach dem Anteil seiner Kostenbelastung oder auch eines Teils davon, je nachdem, in welchem Umfang die Jahresabrechnung angegriffen wurde (BGH, 15.5.2012, V ZB 282/11).

5 Berufungsfrist

Die Frist für das Einlegen der Berufung beträgt gemäß § 517 ZPO einen Monat. Mit der Zustellung des vollständigen Urteils des Amtsgerichts beginnt die Frist, spätestens jedoch fünf Monate nach Verkündung der Entscheidung, falls die Zustellung unwirksam oder aber die gerichtliche Entscheidung nicht zugestellt worden sein sollte. Die Berufung wird gemäß § 519 Abs. 1 ZPO durch Einreichung eines Schriftsatzes beim Berufungsgericht eingelegt. Die Berufung muss zu diesem Zeitpunkt nicht begründet werden, ebenfalls nicht, in welchem Umfang das erstinstanzliche Urteil angegriffen wird. In der Berufungsbegründung, die gemäß § 520 Abs. 2 Satz 1 ZPO spätestens innerhalb von zwei Monaten nach der Zustellung der Entscheidung des Erstgerichts erfolgen muss, ist zu begründen, in welchem Umfang das erstinstanzliche Urteil angegriffen wird.

6 Anwaltszwang

Für die Durchführung der Berufung besteht Anwaltszwang gemäß § 78 Abs. 1 Satz 1 ZPO. Wird die Berufung nicht durch einen Rechtsanwalt eingelegt, so muss sie als unzulässig abgewiesen werden (§ 522 Abs. 1 Satz 2 ZPO). Auch eine Anschlussberufung (§ 524 ZPO) ist im wohnungseigentumsrechtlichen Verfahren zulässig.

7 Revision

Mit der Revision gemäß § 542 Abs. 1 i.V.m. § 543 Abs. 1 ZPO können die in der Berufung ergangenen Entscheidungen des Landgerichts und des Oberlandesgerichts angegriffen werden. Gemäß § 133 GVG ist der BGH als Revisionsgericht dafür zuständig. Voraussetzung für die Zulässigkeit einer Revision ist, dass sie vom Berufungsgericht gemäß § 543 Abs. 1 Nr. 1 ZPO zugelassen wurde. Derzeit ist bis zum 31.12.2015 wegen Überlastung des BGH nach § 62 Abs. 2 WEG in den Verfahren gemäß § 43 Nr. 1 bis 4, 6 WEG eine Nichtzulassungsbeschwerde ausgeschlossen. Eine Ausnahme gilt nur, wenn das Berufungsgericht die Berufung als unzulässig verworfen hat (analog § 28 Nr. 8 Satz 2 Einführungsgesetz zur ZPO [EGZPO]); dann ist § 62 Abs. 2 WEG nicht anzuwenden (BGH, 19.7.2012, V ZR 255/11).

Die Frist für das Einlegen der Revision (Revisionsfrist) beträgt einen Monat; sie ist eine Notfrist und beginnt mit der Zustellung des in vollständiger Form abgefassten Berufungsurteils, spätestens aber mit dem Ablauf von fünf Monaten nach der Verkündung (§548 ZPO). Der Revisionskläger muss die Revision begründen; die Frist hierfür beträgt zwei Monate. Sie beginnt mit der Zustellung des in vollständiger Form abgefassten Urteils, spätestens aber mit Ablauf von fünf Monaten nach der Verkündung (§ 551 Abs. 1, 2 ZPO). Nachdem die Revision vor dem BGH zu führen ist, müssen sich die Parteien durch einen beim BGH zugelassenen Rechtsanwalt vertreten lassen (§ 78 Abs. 1 Satz 3 ZPO).

8 Beschwerde/Rechtsbeschwerde

Als drittes Rechtsmittel steht die Beschwerde offen. Dabei ist zwischen der sofortigen Beschwerde und der Rechtsbeschwerde zu unterscheiden. Die sofortige Beschwerde ist nach § 567 Abs. 1 ZPO gegen die im ersten Rechtszug ergangenen Entscheidungen der Amts- oder Landgerichte statthaft, wenn dies im Gesetz ausdrücklich bestimmt ist oder es um eine Entscheidung geht, die ohne mündliche Verhandlung ergehen kann und durch die das Verfahren beendet wird. Die sofortige Beschwerde richtet sich also im Regelfall gegen Beschlüsse, nicht gegen Urteile des erkennenden Gerichts. Als sofortige Beschwerden kommen in Betracht:

- Beschwerde gegen den Kostenfestsetzungsbeschluss (§ 104 Abs. 3 ZPO)
- Beschwerde gegen Ablehnung der Bewilligung der Prozesskostenhilfe (§ 121 Abs. 2 Satz 2 ZPO)
- Ordnungsgeldbeschluss (§ 141 Abs. 3, § 83 Abs. 3 ZPO)
- Erledigungsbeschluss in der Hauptsache betreffend die Kosten (§ 91 Abs. 2 Satz 1 ZPO)

Die sofortige Beschwerde ist binnen einer Notfrist von zwei Wochen ab Zustellung der angefochtenen Entscheidung beim Erstgericht oder Beschwerdegericht einzulegen (§ 569 Abs. 1 Satz 2 ZPO). Die Beschwerde ist schriftlich oder zu Protokoll der Geschäftsstelle gemäß § 569 Abs. 3 Nr. 1 ZPO zu erheben, wenn der Rechtsstreit in der ersten Instanz nicht als Rechtsanwaltsprozess geführt wurde, was gerade in den Verfahren des § 43 Nr. 1 bis 4, 6 WEG sowie je nach Höhe des Streitwerts und in dem Verfahren nach § 43 Nr. 5 WEG der Fall ist.

Die Rechtsbeschwerde ist in den vom Gesetz ausdrücklich vorgesehenen Fällen oder als Zulassungsbeschwerde, wenn das Beschwerdegericht, das Berufungsgericht oder das Oberlandesgericht im ersten Rechtszug sie in dem Beschluss zugelassen hat, statthaft (§ 574 Abs. 1 ZPO). Zuständiges Beschwerdegericht ist der BGH. Die Rechtsbeschwerde ist binnen einer Frist von einem Monat ab Zustellung der angefochtenen Entscheidung einzulegen (§ 575 Abs. 1 Satz 1 ZPO) und binnen eines weiteren Monats zu begründen (§ 575 Abs. 2 ZPO). Für die Rechtsbeschwerde besteht Anwaltszwang (§ 78 Abs. 1 Satz 4 ZPO).

Rechts- und Parteifähigkeit

Parteifähigkeit bedeutet, in einem Rechtsstreit als Kläger oder Beklagter auftreten zu können. Nach § 50 ZPO ist jeder parteifähig, der auch rechtsfähig ist. Rechtsfähigkeit wiederum bedeutet, Träger von Rechten und Pflichten sein sowie eigenes Vermögen bilden zu können. Seit der Rechtsprechung des BGH (2.6.2005, V ZB 32/05) ist anerkannt, dass die Wohnungseigentümergemeinschaft teilrechtsfähig ist. Im Rahmen dieser Eigenschaft (siehe auch „Teilrechtsfähigkeit der Wohnungseigentümer") ist die Wohnungseigentümergemeinschaft Trägerin von Rechten und Pflichten (§ 10 Abs. 6 WEG):

- Sie kann im Rahmen der gesamten Verwaltung des gemeinschaftlichen Eigentums gegenüber Dritten und Wohnungseigentümern selbst Rechte erwerben und Pflichten eingehen.
- Sie kann Inhaberin der von der Gemeinschaft gesetzlich begründeten und rechtsgeschäftlich erworbenen Rechte und Pflichten sein.
- Sie kann die gemeinschaftsbezogenen Rechte der Wohnungseigentümer ausüben.
- Sie kann die gemeinschaftsbezogenen Pflichten der Wohnungseigentümer wahrnehmen.
- Sie kann sonstige Rechte und Pflichten der Wohnungseigentümer wahrnehmen, soweit diese gemeinschaftlich geltend gemacht werden können oder zu erfüllen sind.

Demnach ist zwischen folgenden Rechtssubjekten zu unterscheiden:

- Die teilrechtsfähige Wohnungseigentümergemeinschaft als Verband
- Alle Wohnungseigentümer als Mitglieder der nicht rechtsfähigen Bruchteilsgemeinschaft
- Der Wohnungseigentümer als rechtsfähige Einzelperson

Da die Wohnungseigentümergemeinschaft gemäß § 10 Abs. 6 WEG rechts- und parteifähig ist, scheidet eine gewillkürte Prozessstandschaft aus, das heißt, bei der Geltendmachung von der Gemeinschaft selbst zustehenden Rechten, da keine Notwendigkeit besteht, für die gerichtliche Geltendmachung der Ansprüche beispielsweise den Verwalter zu ermächtigen. Insofern fehlt es dem Ermächtigten auch an einem schutzwürdigen Interesse als weitere Voraussetzung der gewillkürten Prozessstandschaft, da die Wohnungseigentümergemeinschaft selbst klagen kann (LG Berlin, 13.9.2012, 18 O 525/11).

Hinweis: Tritt die Wohnungseigentümergemeinschaft als Verband auf, so muss sie gemäß § 10 Abs. 6 Satz 4 WEG die Bezeichnung „Wohnungseigentümergemeinschaft" gefolgt von der bestimmten Angabe des gemeinschaftlichen Grundstücks führen.

Rede- und Antragsrecht

Das Rederecht und das Antragsrecht des Wohnungseigentümers oder dessen Vertreters gehören zum Inhalt seines auf dem Mitverwaltungsrecht beruhenden Teilnahmerechts. Durch ihr Rederecht können die Versammlungsteilnehmer Einfluss auf die Meinungsbildung nehmen. Jedem Teilnehmer muss es möglich sein, sich an der Diskussion und der Meinungsbildung zu beteiligen und die Argumente vorzutragen, die seiner Ansicht nach für oder gegen den Beschlussantrag sprechen. Auch Stimmrechtsvertreter und diejenigen Eigentümer, die mit ihrem Stimmrecht ausgeschlossen sind, haben ein Antrags- und Rederecht; Letztere dürfen bei der Abstimmung allerdings nicht mitwirken.

Wird das Rede- und Antragsrecht eines Wohnungseigentümers zu Unrecht beschnitten, kann dies einen formellen Grund für eine Anfechtungsklage darstellen. Bei großen Wohnungseigentümergemeinschaften und vielen Wortmeldungen hat der Versammlungsleiter (siehe „Eigentümerversammlung", Abschnitt 2) das Recht, die Redezeit der einzelnen Wohnungseigentümer zu beschränken, um eine zumutbare Dauer der Versammlung sicherzustellen. Die Beschränkung der Redezeit hat sich an der Bedeutung der Materie, der Schwierigkeit des Diskussionsgegenstands sowie der Anzahl der Versammlungsteilnehmer zu orientieren und muss alle Wohnungseigentümer gleich behandeln. Ein Wohnungseigentümerbeschluss, der eine generelle Regelung über die Beschränkung der Redezeit bei Wohnungseigentümerversammlungen enthält, ist im Gegensatz zu einfachen Geschäftsordnungsbeschlüssen (siehe „Beschluss", Abschnitt 12), die sich mit dem Ablauf einer Versammlung erledigen, separat anfechtbar (LG Frankfurt/Main, 5.6.2014, 2-09 S 6/13). In seltenen Fällen enthält bereits die Gemeinschaftsordnung eine Vereinbarung über die Dauer der Redezeit. Eine Beschränkung der Redezeit zu einem einzelnen Tagesordnungspunkt auf fünf Minuten dürfte im Allgemeinen sachgerecht und zulässig sein.

Hält sich ein Versammlungsteilnehmer nicht daran, kann ihm nach vorheriger Abmahnung das Wort entzogen werden. Diese Maßnahme kommt auch in Betracht, wenn sich ein Teilnehmer in beleidigender oder offenkundig unsachlicher Art und Weise äußert. Unangemessenes Benehmen und ein Verstoß gegen allgemeine Anstandsregeln können nicht nur zum Wortentzug führen, sondern der betreffende Wohnungseigentümer kann auch von der Teilnahme an der Wohnungseigentümerversammlung ausgeschlossen werden. Dies darf jedoch nur als letztes Mittel in Betracht gezogen werden, in diesem Fall muss die Störung der Versammlung erheblich sein. Stört beispielsweise ein Wohnungseigentümer den Versammlungsablauf durch beleidigende Zwischenrufe, Lärmen, Missachtung des Wortentzugs oder gar tätliche Angriffe gegen andere Versammlungsteilnehmer, so kann er nach mündlichen Ermahnungen, wenn der weitere ordnungsgemäße Ablauf der Eigentümerversammlung gefährdet ist, nach vorheriger Androhung dieser Konsequenz auch von der Versammlung ausgeschlossen werden. Der Saalverweis ist der schwerwiegendste Eingriff in die Rechte eines Wohnungseigentümers und sollte daher nur als letztes Mittel gewählt werden, wenn auf andere Art der störungsfreie Ablauf der Versammlung nicht gewährleistet werden kann.

Rollladen

Die Montage eines Rollladens bzw. einer Außenjalousie ist regelmäßig eine bauliche Veränderung, da sie einen Eingriff in das gemeinschaftliche Eigentum nach sich zieht und darüber hinaus der optische Gesamteindruck der Wohnanlage auf Dauer verändert wird (OLG Düsseldorf, 30.10.2000, 3 Wx 318/00). Im Einzelfall kann sich nur dann etwas anderes ergeben, wenn der Rollladen kaum erkennbar ist und zudem der einzelne Wohnungseigentümer ein berechtigtes Interesse an dem Einbau der Außenjalousie geltend machen kann (§ 22 Abs. 1 WEG). Dies kann zum Beispiel der Fall sein, wenn ein nachvollziehbares Bedürfnis besteht, die Montage vorzunehmen, zum Beispiel aus Sicherheitsaspekten oder zur Einsparung von Heizenergie. Unabhängig davon darf die Montage der Außenjalousie bzw. des Rollladens die übrigen Wohnungseigentümer nicht über das in § 14 Nr. 1 WEG bestimmte Maß hinaus beeinträchtigen. Dies wird regelmäßig aufgrund der mit der Montage verbundenen nachteiligen optischen Veränderungen des Erscheinungsbilds der Wohnanlage der Fall sein (LG München I, 16.4.2012, 1 S 11654/11 WEG).

Die eigentumsrechtliche Zuordnung von Rollläden bzw. Außenjalousien hängt von der Montageart ab. Rollläden stehen nur dann im Sondereigentum, wenn sie nicht in die Außenfassade integriert werden und sich ohne Beeinträchtigung der äußeren Gestaltung wieder entfernen lassen (AG Würzburg, 22.1.2015, 30 C 1212/14). Die an der Gebäudefassade außen angebrachten Rollladenkästen stehen im gemeinschaftlichen Eigentum, weil sie zu deren Bestandteil werden (OLG Saarbrücken, 4.10.1996, 5 W 286/95-50). Die Rollladengurte an der Innenseite und die Zugvorrichtung stehen dagegen immer im Sondereigentum.

Rücklage

„Instandhaltungsrückstellung/-rücklage"

Ruhen des Stimmrechts

„Stimmrecht"

Ruhezeiten

„Hausordnung"

Sachverständigengutachten

„Selbstständiges Beweisverfahren"

Sanierung

„Instandhaltung und Instandsetzung"
„Modernisierung"

Sanktionen gegen Wohnungseigentümer

„Entziehung des Wohnungseigentums"

Satellitenschüssel

„Digitales Fernsehen/Parabolantenne"

Schallschutz/Trittschall

Inhaltsübersicht

Schallprobleme können die Wohnqualität in einer Wohnungseigentümergemeinschaft sehr beeinträchtigen. Eigentumswohnanlagen werden in der Regel unter Einhaltung der Mindestanforderungen an den Schallschutz errichtet. In Ausnahmefällen ist ein höherer Schallschutz maßgeblich, wenn dies in den Erwerbsverträgen vereinbart wurde; der höhere Schallschutz wird regelmäßig in der Baubeschreibung verankert.

Probleme beim Schallschutz treten meist dann auf, wenn nach Bezug in die Wohnanlage der bestehende Bodenbelag durch einen neuen, meist anderen ersetzt wird. Häufig entsteht dadurch eine Verschlechterung der Trittschallsituation, sodass der Nachbar der entsprechenden Wohnung Geräusche bemerkt, die er zuvor nicht wahrgenommen hat.

1 Abwehransprüche

Ob Abwehransprüche bestehen, zum Beispiel Beseitigungs- und Unterlassungsansprüche des beeinträchtigten Wohnungseigentümers gegen den anderen Wohnungseigentümer, hat die frühere Rechtsprechung unter Berücksichtigung der DIN 4109 (Schallschutz im Hochbau) anhand der Vorgaben zu einer zulässigen Schallbeeinträchtigung entschieden. Obwohl die DIN 4109 keine verbindliche Rechtsvorschrift ist, enthält sie Regelungen über das Schallschutzniveau und hat insoweit Empfehlungscharakter (BGH, 14.6.2007, VII ZR 45/06). Dabei stellt die jeweils geltende Ausgabe der DIN 4109, die den Stand der Technik zum Zeitpunkt der Errichtung der Eigentumswohnanlage darstellt, für die Beurteilung des Mindestschallschutzes die maßgeblichen Grenzwerte auf (BGH, 1.6.2012, V ZR 195/11).

Nach der bisherigen Rechtsprechung musste der jeweilige Tatrichter vorrangig vor der DIN 4109 feststellen, welches Schallschutzniveau in der Eigentumswohnanlage vorherrscht. Maßgeblich ist dabei der Schallschutzstandard im Zeitpunkt der Errichtung des Gebäudes. Nicht abzustellen ist auf die Schallschutzwerte, die bei Veränderung des Bodenbelags maßgeblich sind. In der Konsequenz hatte der BGH damit einen allgemeinen Anspruch auf Beibehaltung eines vorhandenen Trittschallschutzes verneint.

Zur Bestimmung des Gepräges wurden bisher die Baubeschreibung, Regelungen der Gemeinschaftsordnung und auch das tatsächliche Ausstattungsniveau in der Eigentumswohnanlage herangezogen. Danach konnte ein beeinträchtigter Wohnungseigentümer von dem störenden Wohnungseigentümer die Beseitigung bzw. Unterlassung verlangen, wenn der in seinem Sondereigentum stehende Oberbodenbelag zu einer Beeinträchtigung führte, die sich über das bei einem geordneten Zusammenleben unvermeidliche Maß hinaus nachteilig auswirkt. Die Anspruchsgrundlage ist § 1004 Abs. 1 BGB i. V. m. § 15 Abs. 3 WEG und § 14 Nr. 1 WEG (BGH, 1.6.2012, V ZR 195/11).

2 Bedeutung der DIN 4109

In seiner Entscheidung vom 22.2.2015 V ZR 73/14 hat der BGH seine frühere Rechtsprechung aufgegeben, dass sich unabhängig von der zur Zeit der Errichtung des Gebäudes geltenden Ausgabe der DIN 4109 ein höheres einzuhaltendes Schallschutzniveau aus dem besonderen Gepräge der Wohnanlage ergeben könne. Ein solches höheres Schallschutzniveau kann sich nach der neuen Rechtsprechung des BGH nur noch ergeben, wenn sich in der Gemeinschaftsordnung hinreichend konkrete Regelungen zum Schallschutz finden, die über den Mindeststandard hinausgehen. In Abkehr von der früheren Rechtsprechung stellt der BGH fest, dass sich insbesondere nicht aus der Baubeschreibung – die nicht Teil der Gemeinschaftsordnung ist – ein höheres Schallschutzniveau ableiten lässt. Die Baubeschreibung betrifft vielmehr die zwischen dem Bauträger und den Erwerbern geschlossenen Erwerbsverträge und legt nur in diesem Verhältnis die insoweit geschuldeten Leistungen fest.

Der BGH begründet seine Änderung der Rechtsprechung damit, dass der Begriff des Gepräges ein hohes Maß an Rechtsunsicherheit erzeuge, da nicht klar sei, ob etwa eine besondere Ausstattung in allen Wohnungen gleichermaßen vorhanden sein müsse. Hinzu kommt, dass die mit der Feststellung der Erstausstattung verbundenen tatsächlichen Schwierigkeiten beträchtlich seien, insbesondere bei älteren Gebäuden. Weiterhin würde es an einer überzeugenden Begründung fehlen, warum eine Jahre zurückliegende Ausstattung das Schallschutzniveau prägen solle, während eine auf den Wohnungseigentümer zurückgehende jahrelange Nutzung als Zufallsausstattung unbeachtlich sei.

Der BGH argumentiert damit, dass es bei dem von den einzelnen Wohnungseigentümern einzuhaltenden Schallschutz ausschließlich um die Gestaltung des Sondereigentums geht, da der Oberbodenbelag diesem zuzuordnen ist. Auch der Rückgriff auf die Baubeschreibung dient nicht der Rechtssicherheit, weil sie sich letztendlich als ähnlich problematisch erweist wie das Abstellen auf ein besonderes Gepräge in der Wohnanlage. Häufig sei es auch so, dass nicht von einer einheitlichen Ausstattung bei der Errichtung der Eigentumswohnanlage auszugehen ist, da aufgrund von Sonderwünschen verschiedene Bodenbeläge verlegt wurden.

3 Auswirkungen in der Praxis

In der Praxis führt diese Änderung der Rechtsprechung zu mehr Rechtssicherheit. Nach der Entscheidung des BGH lässt sich nunmehr aufgrund einfacher Kriterien, nämlich des maßgeblichen Schallschutzniveaus der geltenden Ausgabe der DIN 4109 bzw. eines erhöhten Schallschutzes zum Zeitpunkt der Errichtung des Gebäudes bzw. der Wohnanlage, der in der Gemeinschaftsordnung eindeutig verankert sein muss, feststellen, ob durch die Veränderung des Bodenbelags den anderen Wohnungseigentümern ein über das unvermeidliche Maß hinausgehender Nachteil i. S. d. § 14 Nr. 1 WEG erwächst und daraus Ansprüche resultieren können.

Schließanlage

Eine Schließanlage ist als gemeinschaftliche Anlage gemäß § 5 Abs. 2 WEG dem Gemeinschaftseigentum zuzuordnen, wenn sie Räume des gemeinschaftlichen Eigentums erschließt. Sie dient der Sicherheit des Gebäudes, weil sie den Zugang zu den Räumlichkeiten durch Unbefugte verhindert. Die dazugehörigen Schlüssel sind ebenfalls Gemeinschaftseigentum, ebenso die Schließzylinder der Hauseingangstüren. Diese Bestandteile ergeben eine Einrichtung des gemeinschaftlichen Gebrauchs des Gemeinschaftseigentum und sind jedenfalls dem Gemeinschaftseigentum zuzuordnen (OLG Hamm, 28.10.2003, 15 W 203/02; BGH, 5.3 2014, VIII ZR 205/13).

Schließt ein Schlüssel sowohl die Hauseingangstür als auch die Wohnungstür, ist er dem Gemeinschaftseigentum zuzuordnen. Sind die Schließanlage sowie die dazugehörigen Schlüssel nur für die Räume des Sondereigentums gedacht, sind sie Sondereigentum. Werden die Schließzylinder einer bestehenden Schließanlage an den einzelnen Wohnungstüren ausgewechselt, liegt eine bauliche Veränderung i. S. d. § 22 Abs. 1 WEG vor.

Schlüsselverlust

Inhaltsübersicht

Der Verlust von Schlüsseln kann zu erheblichen finanziellen Nachteilen führen. Nicht nur im Bereich des Mietrechts, in dem die Rückgabepflicht des § 546 BGB nach der Rechtsprechung des BGH voraussetzt, dass sämtliche, auch selbst angefertigte Schlüssel nach Beendigung des Mietverhältnisses zurückgegeben werden, sondern auch im Wohnungseigentumsrecht ist der Verlust von Schlüsseln ein Ärgernis.

1 Haftung des Wohnungseigentümers

Der BGH hat in seiner Entscheidung vom 5.3.2014 (VIII ZR 205/13) Grundsätze für den Umfang der Haftung bei einem verlorenen (Wohnungs)Schlüssel aufgestellt. Danach haftet der Wohnungseigentümer gegenüber den übrigen Miteigentümern nach § 278 BGB für das Verschulden seiner Mieter und Untermieter. Die Obhuts- und Schutzpflicht des Wohnungseigentümers erstreckt sich auch auf Schließanlagen, die im Gemeinschaftseigentum stehen. Unabhängig von dem gesetzlichen Schuldverhältnis zwischen den Mitgliedern einer Wohnungseigentümergemeinschaft, das auf den Verhaltenspflichten des § 14 WEG gründet, gibt es nach Auffassung des BGH Treue- und Rücksichtnahmepflichten i. S. v. § 241 Abs. 2 BGB. Im Rahmen dieser rechtlichen Sonderverbindung hat der Wohnungseigentümer für das Verschulden von Hilfspersonen nach § 278 BGB einzustehen; darunter fallen auch Fremdnutzer, denen er die Wohnung überlassen hat. Der vermietende Wohnungseigentümer hat daher gegenüber den übrigen Miteigentümern nach § 278 BGB für das Verschulden seiner Mieter und Untermieter einzustehen.

2 Umfang des Schadenersatzanspruchs

Im konkreten Fall hat der BGH allerdings ausgeführt, dass die Wohnungseigentümergemeinschaft gegen den Miteigentümer keinen Schadenersatzanspruch geltend machen kann. Zwar ist nach der Auffassung des BGH anerkannt, dass bei einem Schadenersatzanspruch der Wohnungseigentümergemeinschaft gegen den Miteigentümer bei Verlust des Schlüssels auch die Kosten für den Austausch der gesamten Schließanlage verlangt werden können, wenn eine missbräuchliche Verwendung des verlorenen Schlüssels durch Unbefugte zu befürchten ist. Insoweit ist es auch möglich, gegenüber dem Wohnungseigentümer, der für seinen Mieter einzustehen hat, den Sachschaden nach § 249 Abs. 2 Satz 1 BGB grundsätzlich fiktiv abzurechnen. Voraussetzung dafür ist aber, dass ein erstattungsfähiger Vermögensschaden entstanden ist.

Der BGH schließt sich nicht der Meinung an, dass der Verlust eines einzelnen Schlüssels, der zu einer Schließanlage gehört, an sich zu einem Sachschaden an der Schließanlage führt. Denn die Sachgesamtheit „Schließanlage" ist durch den Verlust eines einzelnen Schlüssels und der damit verbundenen Missbrauchsgefahr in ihrer Funktion nicht beeinträchtigt. Solange die Schließanlage nicht erneuert wird, liegt im juristischen Sinne kein Schaden vor, denn allein die Befürchtung, dass mit dem verlorenen Schlüssel Missbrauch getrieben wird, ist nicht kommerzialisierbar. Vielmehr stelle der Austausch der Schließanlage eine Maßnahme der Schadensverhütung dar, weil sich der Geschädigte damit die bloße Besorgnis weiterer Schäden in Geld erstatten ließe. Die Tatsache, dass die Schließanlage in ihrer Sicherungsfunktion beeinträchtigt sein kann, wenn sich Unbefugte mit dem verlorenen Schlüssel Zutritt verschaffen könnten, ist keine unmittelbare Folge des Substanzeingriffs. Allein die Ersatzbeschaffung eines neuen Schlüssels zeigt, dass die Funktion der Schließanlage durch den Schlüsselverlust nicht beeinträchtigt ist.

Das rein abstrakte Gefährdungspotenzial stellt regelmäßig keinen erstattungsfähigen Vermögensschaden dar. Erst wenn sich der Geschädigte aus objektiver Sicht im konkreten Einzelfall veranlasst sehen darf, mit dem Austausch der Schließanlage eine fortbestehende Missbrauchsgefahr zu verhindern, darf er die Schließanlage ersetzen. Nur in diesem Fall hat sich das Gefährdungspotenzial in einer Vermögenseinbuße realisiert und stellt damit einen ersatzfähigen Schaden dar.

Hinweis: In der Praxis ist häufig festzustellen, dass insbesondere bei größeren Schließanlagen der Wohnungseigentümer oder der Mieter, der einen Schlüssel verloren hat, eine eidesstattliche Versicherung abgibt, in der erklärt wird, dass eine missbräuchliche Verwendung des verloren gegangenen Schlüssels ausscheidet, weil dieser der konkreten Schließanlage der Wohnungseigentümergemeinschaft nicht zuordenbar ist.

Schneeräumen

Das Schneeräumen zählt zur Räum- und Streupflicht (siehe auch dort), die der Wohnungseigentümergemeinschaft im Rahmen ihrer Verkehrssicherungspflicht obliegt. Beim Winterdienst handelt es sich nicht um in den Aufgabenbereich des Verwalters fallende Instandhaltungsmaßnahmen. Eine Verpflichtung des Verwalters besteht nur dann, wenn der Winterdienst auf ihn übertragen wurde. Dies gilt nicht nur für die Räum- und Streupflicht auf öffentlichen Wegen, sondern betrifft auch die Wege auf dem Grundstück selbst (AG Bocholt, 10.10.2011, 4 C 31/11).

Die Wohnungseigentümergemeinschaft muss gewährleisten, dass die Zugänge zur Wohnanlage gefahrlos begangen werden können. Als ausreichend wird erachtet, wenn auf dem Gehsteig ein für den Fußgängerverkehr ausreichend breiter Streifen (circa 1,20 Meter) sowie die Zugänge zum Grundstück gestreut und von Schnee befreit werden. Auf Parkplätzen besteht eine Streupflicht nur, wenn sie belebt sind, sowie in den Bereichen, die von Fußgängern benutzt werden. Kleinere Parkplätze gelten nur dann als belebt, wenn sie einen schnellen Fahrzeugwechsel aufweisen, wobei an einen privaten Parkplatz wie die Tiefgarage eines Mehrfamilienhauses geringere Anforderungen zu stellen sind als an einen öffentlichen Parkplatz. Da ein Privatparkplatz nur einem eingeschränkten Personenkreis zugänglich ist, kann die Streupflicht hier auch ganz entfallen (AG Bocholt, 10.10.2011, 4 C 31/11).

Je nach den örtlichen Vorschriften beginnt die Räumpflicht morgens bei Einsetzen des Tagesverkehrs und endet abends. Bei anhaltendem Schneefall muss nicht stündlich, sondern erst nach angemessener Zeit wieder geräumt und gestreut werden. Eine Räum- und Streupflicht des Hauseigentümers besteht grundsätzlich nur für den normalen Tagesverkehr bzw. den vor dem allgemeinen Tagesverkehr liegenden Hauptberufsverkehr. Lässt sich zu einem Zeitpunkt, zu dem eine Streupflicht zwar besteht, Eisglätte aber noch nicht eingetreten ist, aufgrund der konkreten Wetterlage mit hinreichender Sicherheit vorhersehen, dass es in den folgenden Stunden, in denen keine Räum- und Streupflicht mehr besteht, dazu kommen wird, ist der Hauseigentümer verpflichtet, geeignete Maßnahmen zur Verhinderung der Eisglätte zu treffen.

Bilden sich auf dem Mülltonnenplatz des Grundstücks in einer Tauwetterlage mit Nachtfrost nach Niederschlägen regelmäßig große Pfützen, die bei Temperaturen über null Grad auch während des Tages nicht vollständig abtrocknen und bei Absinken der Temperaturen unter den Gefrierpunkt während des Abends gefrieren, muss der Hauseigentümer angesichts der voraussehbaren Glätte nach dem Ende der Streupflicht bereits vor Eintreten der Glätte intensiv und dauerhaft wirkende Streumittel in der Weise aufbringen, dass die Streuwirkung auch während der Nacht und bis zum nächsten Tag andauert (OLG Frankfurt/Main, 26.11.2003, 21 U 38/03).

Zur Durchführung der Räum- und Streupflicht kann sich die Wohnungseigentümergemeinschaft eines Hausmeisters oder eines Winterdienstes bedienen. Wird auch die Verkehrssicherungspflicht auf diesen Dritten übertragen, gilt eine Kontroll- und Überwachungspflicht der Wohnungseigentümergemeinschaft in Hinblick darauf, dass diese Arbeiten pflichtgemäß durchgeführt werden. Zur tätigen Mithilfe bei der Schneeräumung an den gemeinschaftlichen Flächen ist kein Miteigentümer verpflichtet. Eine Verpflichtung der einzelnen Wohnungseigentümer, die Räum- und Streupflicht im Wechsel zu erfüllen, kann nicht durch Mehrheitsbeschluss, sondern nur durch Vereinbarung begründet werden (BGH, 9.3.2012, V ZR 161/11).

Schriftliche Beschlussfassung

„Umlaufbeschluss"

Selbstständiges Beweisverfahren

Inhaltsübersicht

Das selbstständige Beweisverfahren ist in den §§ 485 ff. ZPO geregelt und auch im Wohnungseigentumsrecht zulässig (OLG Hamm, 20.10.2011, 17 W 23/11). Hier hat es besondere Bedeutung, wenn es um die Geltendmachung von Gewährleistungsrechten im Zusammenhang mit Baumängeln geht.

1 Zweck

Beim selbstständigen Beweisverfahren handelt es sich um ein vorgeschaltetes gerichtliches Verfahren, das es ermöglicht, tatsächliche Feststellungen im Hinblick auf einen späteren Hauptsacheprozess zu sicheRn. Damit ist gewährleistet, dass ein unabhängiger Sachverständiger gerichtsfest Tatsachen feststellt. Denn die von den Streitparteien erbrachten Privatgutachten haben nicht die Beweiskraft wie das im Rahmen eines selbstständigen Beweisverfahrens eingeholte gerichtliche Sachverständigengutachten (§ 493 Abs. 1 ZPO).

Vor allem werden selbstständige Beweisverfahren in der Praxis dann geführt, wenn ein berechtigtes Interesse an der Feststellung der in § 485 Abs. 2 ZPO genannten Tatsachen besteht, zum Beispiel ob eine Tiefgarage vom Bauträger ordnungsgemäß abgedichtet wurde, also Baumängel vorliegen. In diesen Fällen ist es nicht notwendig, bereits ein rechtshängiges Hauptsacheverfahren einzuleiten. Häufig wird eine Beweissicherung auch dann beantragt, wenn gemäß § 485 Abs. 1 ZPO zu befürchten ist, dass ein Beweismittelverlust droht oder der Antragsgegner dem eingeleiteten Verfahren zustimmt.

2 Zuständigkeit

Zuständig für die Einleitung des selbstständigen Beweisverfahrens ist das Gericht der Hauptsache gemäß § 486 Abs. 1 ZPO. In dringenden Fällen, in denen der Verlust des Beweismittels droht, ist gemäß § 486 Abs. 3 ZPO das Amtsgericht zuständig, in der sich die belegene Sache befindet.

3 Antrag

Eingeleitet wird das selbstständige Beweisverfahren entweder durch einen schriftlichen Antrag beim zuständigen Gericht oder der Antrag wird zum Protokoll der Geschäftsstelle erklärt (§ 486 Abs. 4 ZPO). Der Antrag muss die Bezeichnung des Gegners, die Bezeichnung der Tatsachen, über die Beweis erhoben werden soll, die Benennung der nach § 485 ZPO zulässigen Beweismittel sowie die Glaubhaftmachung der Tatsachen, die die Zulässigkeit des selbstständigen Beweisverfahrens und die Zuständigkeit des Gerichts begründen, enthalten. Wird ein Beweissicherungsverfahren nach § 485 Abs. 2 ZPO beantragt, ist ein rechtliches Interesse des Antragstellers darzulegen und glaubhaft zu machen. Das rechtliche Interesse wird im Regelfall bejaht, da es gemäß § 485 Abs. 2 Satz 2 ZPO ausreicht, wenn die zur Beweissicherung beantragten Feststellungen dazu dienen können, einen nachfolgenden Rechtsstreit zu vermeiden.

4 Entscheidungen des Gerichts

Das zuständige Gericht entscheidet nach § 490 Abs. 1 ZPO über den Antrag durch Beschluss. Ist der Antrag zulässig und begründet, erlässt das Gericht einen Beweisbeschluss (§ 490 Abs. 2 Satz 1 ZPO) und stellt diesen dem Antragsgegner zu (§ 490 Abs. 1 ZPO). Der Beschluss ist unanfechtbar (§ 490 Abs. 1 Satz 2 ZPO). Ist der Antrag unzulässig oder unbegründet, wird der Antrag zurückgewiesen.

Nach erfolgreicher Antragstellung kann der Antragsgegner im selbstständigen Beweisverfahren Einwendungen gegen die Zulässigkeit der gestellten Beweisanträge erheben oder die Ergänzung der Beweisbeschlüsse beantragen. Liegt das schriftliche Sachverständigengutachten vor, findet regelmäßig eine mündliche Anhörung des Sachverständigen statt oder es wird den Beteiligten vom Gericht eine Frist zur schriftlichen Stellungnahme zu den gutachterlichen Ausführungen gesetzt (§ 492 Abs. 3 ZPO). Das spätere Gericht der Hauptsache ist an die Ergebnisse des selbstständigen Beweisverfahrens gemäß § 493 ZPO gebunden.

5 Verjährungshemmung

Durch die Zustellung des Antrags auf Durchführung des selbstständigen Beweisverfahrens wird gegen den Antragsgegner gemäß § 204 Abs. 1 Nr. 7 BGB die Verjährung gehemmt. Zu beachten ist, dass die Hemmung gemäß § 204 Abs. 2 BGB sechs Monate nach Beendigung des selbstständigen Beweisverfahrens endet.

6 Kosten

Über die Kosten des selbstständigen Beweisverfahrens wird in dem Verfahren selbst nicht entschieden. Sie gehören zu den Kosten der Hauptsache und werden im Hauptsacheprozess gemäß §§ 91 ff. ZPO verteilt. Nur wenn es nicht zu einem Hauptsacheverfahren kommt, besteht die Möglichkeit gemäß § 494a Abs. 2 Satz 1 ZPO, auf Antrag des Antragsgegners eine Kostenentscheidung im selbstständigen Beweisverfahren herbeizuführen. Dies gilt, wenn die vom Gericht gemäß § 494a Abs. 1 ZPO gesetzte Frist zur Klageerhebung gegenüber dem Antragssteller verstrichen ist.

Bei der Einleitung eines selbstständigen Beweisverfahrens ist zu unterscheiden, über welche Mängel Beweis erhoben werden soll. Sind Mängel am Sondereigentum der Gegenstand des selbstständigen Beweisverfahrens, ist der jeweilige Sondereigentümer Antragssteller. Ausnahmsweise kann auch bei Vorliegen von Mängeln am Gemeinschaftseigentum der Verband der Wohnungseigentümergemeinschaft in gewillkürter Prozessstandschaft, also im eigenen Namen, für den Sondereigentümer auftreten, wenn der Verband dazu ermächtigt wurde und das Verfahren auch wegen Mängel am gemeinschaftlichen Eigentum betrieben wird (OLG Karlsruhe, 1.12.2009, 7 W 34/09).

7 Selbstständiges Beweisverfahren beim Gemeinschaftseigentum

Soll ein selbstständiges Beweisverfahren wegen Mängel am gemeinschaftlichen Eigentum beantragt werden, ist der einzelne Wohnungseigentümer in seiner Eigenschaft als Erwerber aufgrund seines Anspruchs aus dem Erwerbsvertrag zur Erstellung mangelfreien Gemeinschaftseigentums auch ohne besondere Ermächtigung der Wohnungseigentümergemeinschaft befugt, Beweisanträge zur Feststellung von Mängeln am gemeinschaftlichen Eigentum einzuleiten (BGH, 27.8.2014, VII ZB 8/14). Der Wohnungseigentümer ist berechtigt, ein solches Verfahren zu betreiben, solange die Wohnungseigentümergemeinschaft die Durchsetzung dieser gemeinschaftlichen Rechte nicht an sich gezogen hat und keine gekorene Ausübungsbefugnis besteht (BGH, 20.6.2013, VII ZR 71/11).

Unter diesen Umständen hemmt die Einleitung des selbstständigen Beweisverfahrens die Verjährung der Ansprüche unabhängig davon, ob sie gemeinschaftlich verfolgt werden müssen. Etwas anderes gilt nur dann, wenn die Wohnungseigentümer die Geltendmachung dieser Mängel dem Verband der Wohnungseigentümer zugewiesen haben, weil dieser nach § 10 Abs. 6 Satz 3 WEG dann zur Geltendmachung dieser Rechte zuständig ist (BGH, 27.8.2014, VII ZB 8/14).

Sichtblenden, Sichtschutzzaun

Bei massiven und fest installierten Sichtschutzblenden an Balkonen oder Terrassen und Sichtschutzzäunen an Gartenflächen handelt es sich in aller Regel um bauliche Veränderungen (siehe dort). Vor deren Anbringung ist daher grundsätzlich die Zustimmung der übrigen Miteigentümer einzuholen. Darauf kann nur dann verzichtet werden, wenn die Vorrichtung im Einzelfall den optischen Gesamteindruck nicht beeinträchtigt und auch sonst keine Nachteile (siehe dort) für die übrigen Miteigentümer ersichtlich sind.

Entscheidend für eine objektiv nachteilige optische Veränderung ist, ob sich nach der Verkehrsanschauung ein Wohnungseigentümer in der entsprechenden Lage verständlicherweise beeinträchtigt fühlen kann (BGH, 19.12.1991, V ZB 27/90). Bei dieser Beurteilung ist ein strenger Maßstab anzulegen, um die grundrechtlich geschützten Interessen aller Eigentümer an der Beibehaltung des äußeren Erscheinungsbilds ihrer Wohnanlage angemessen zu berücksichtigen. Dies gilt auch vor dem Hintergrund, dass verständige Wohnungseigentümer das Vorliegen eines Nachteils durch eine erhebliche optische Veränderung der Gebäudeansicht im Regelfall unterschiedlich bewerten können, selbst wenn die Veränderung dem gängigen Zeitgeschmack entspricht (BGH, 14.12.12, V ZR 224/11).

Hinweis: Das Aufstellen eines Sonnensegels auf der Dachterrasse einer Penthousewohnung und das Anbringen undurchsichtiger Sichtschutzmatten am Terrassengeländer stellen ebenfalls eine nachteilige und nicht hinzunehmende Veränderung des äußeren Erscheinungsbilds dar, die einen Beseitigungsanspruch rechtfertigen (LG Karlsruhe, 8.8.2014, 11 S 34/14).

Sondereigentum

Sondereigentum sind nach § 5 Abs. WEG die gemäß § 3 Abs. 1 WEG beschriebenen Räume sowie deren Bestandteile,

- sofern diese verändert, beseitigt oder eingefügt werden können,
- ohne dass dadurch das gemeinschaftliche Eigentum oder das Sondereigentum eines anderen Wohnungseigentümers über das in § 14 WEG zulässige Maß hinaus beeinträchtigt oder
- die äußere Gestaltung des Gebäudes verändert wird.

Die Begründung von Sondereigentum erfolgt entweder durch Vertrag der Miteigentümer gemäß § 3 WEG oder durch Teilungserklärung des Alleineigentümers (§ 8 WEG). Aus der Teilungserklärung und dem Aufteilungsplan ergibt sich auch die Abgrenzung zwischen Sonder- und Gemeinschaftseigentum. Diese ist besonders wichtig, wenn es um Instandhaltungen und Instandsetzungen, Modernisierungsmaßnahmen, Gebrauchs- und Nutzungsregelungen sowie die Lasten- und Kostenverteilung geht.

Sondereigentum kann an Wohnungen begründet werden, dann spricht man von Wohnungseigentum. Wird hingegen Sondereigentum an nicht zu Wohnzwecken dienenden Räumen begründet, handelt es sich um Teileigentum, zum Beispiel bei gewerblichen Räumen, Garagen, Kellern, Speicher- oder Hobbyräumen. Die Voraussetzung zur Begründung von Sondereigentum ist jedoch immer, dass in sich abgeschlossene Räume (Abgeschlossenheit) vorliegen. Eine Ausnahme von diesem Grundsatz gilt im Hinblick auf Tiefgaragenstellplätze (Garage). Auch sie gelten als abgeschlossene Räume, wenn ihre Flächen durch dauerhafte Markierungen ersichtlich sind. Werden entgegen § 5 Abs. 2 WEG zwingende Bestandteile des Gemeinschaftseigentums dem Sondereigentum zugeordnet, ist dies unwirksam. Die fehlerhafte Zuordnung kann jedoch in eine entsprechende Kostentragungsverpflichtung im Rahmen der Instandhaltung und Instandsetzung umgedeutet werden (OLG Hamm, 13.8.1996, 15 W 115/96; OLG Karlsruhe, 7.7.2010, 11 Wx 115/08).

Mit seinem Sondereigentum kann der Wohnungseigentümer, sofern nicht das Gesetz oder Rechte Dritter entgegenstehen, nach seinem Belieben verfahren. Enthält die Teilungserklärung oder Gemeinschaftsordnung jedoch bestimmte Nutzungsbeschränkungen (siehe „Gebrauchs- und Nutzungsregelungen"), so sind diese zwingend zu beachten. Sieht zum Beispiel die Zweckbestimmung einen „Keller" vor, ist eine Wohnraumnutzung des betreffenden Raums unzulässig. Mit der Zweckbestimmung Laden (siehe dort) wäre der Betrieb einer Gaststätte, Pizzeria, Imbissstube oder eines Tanzcafés unvereinbar.

BEISPIELE FÜR SONDEREIGENTUM

- Anschlussleitungen für Strom, Gas, Heizung und Abwasser ab Übergang in die Sondereigentumsräume
- Antennensteckdose
- Bad- und Duscheinrichtungen
- Balkone: Balkonraum; Boden-/Plattenbelag, Balkonverkleidungen
- Bodenbeläge (Fliesen, Parkett, Teppich) innerhalb der Wohnung
- Durchlauferhitzer, Einbauküche
- Fenster: Innenanstrich und Beschläge
- Innenputz und Innenanstrich der Decken und Wände
- Kabelanschluss ab Abzweigung in die Sondereigentumseinheit
- Nichttragende Zwischenwände

Sondereigentumsverwaltung

Der Verwalter ist grundsätzlich durch die Verwalterbestellung nur zur Verwaltung des gemeinschaftlichen Eigentums berechtigt und verpflichtet. Mit der Verwaltung von Sondereigentum muss der Verwalter gesondert von dem jeweiligen Sondereigentümer beauftragt werden, da diese Aufgabe ausschließlich den Sondereigentümern zusteht. Sie fällt nicht in den Pflichtenkatalog des Verwalters nach dem Wohnungseigentumsgesetz. Die Verwaltung des Sondereigentums steht jedem Wohnungseigentümer eigenverantwortlich und unabhängig von den übrigen Miteigentümern zu.

In der Praxis übernimmt der Verwalter sehr oft im Rahmen der Hausverwaltung die Mietverwaltung von Sondereigentumseinheiten. Hierbei handelt es sich um ein gesondertes Geschäftsbesorgungsverhältnis zwischen dem jeweiligen Sondereigentum und dem Verwalter, das von den Vorschriften des Wohnungseigentumsgesetzes insofern nicht erfasst wird und daher nach den allgemeinen Regelungen des BGB zu behandeln ist.

Sondernutzungsrecht

Inhaltsübersicht

Ein Sondernutzungsrecht räumt einem oder mehreren Eigentümern durch Vereinbarung in der Teilungserklärung bzw. Gemeinschaftsordnung gemäß § 10 Abs. 1 Satz 2 WEG das Recht ein, einen Teil des Gemeinschaftseigentums unter Ausschluss aller anderen Wohnungseigentümer zu nutzen. Es handelt sich hierbei um eine Gebrauchs- und Nutzungsregelung (siehe dort) gemäß § 15 Abs. 1 WEG. Inhaber eines Sondernutzungsrechts kann nur ein Wohnungseigentümer sein, also ein aktuell im Grundbuch eingetragenes Mitglied der Wohnungseigentümergemeinschaft. Zudem kann ein Sondernutzungsrecht einem Miteigentumsanteil, also nur einem Miteigentümer der Bruchteilsgemeinschaft (siehe dort), an einer Wohnungs- oder Teileigentumseinheit zugeordnet werden. Auch derjenige, der lediglich Miteigentümer einer Wohnungs- bzw. Teileigentumseinheit ist, gehört somit zu dem Kreis der Wohnungs- bzw. Teileigentümer (BGH, 10.5.2012, V ZB 279/11). Ein Sondernutzungsrecht kann auch mehreren Eigentümern unterschiedlicher Wohnungseigentumseinheiten als Mitberechtigten zustehen, ohne dass das Verhältnis der Berechtigten untereinander geregelt werden muss (OLG Düsseldorf, 28.6.2010, I 3 Wx 54/10).

Sondernutzungsrechte werden häufig an Garten- oder Grünflächen, an Terrassen von Dachgeschosswohnungen, Pkw-Stellplätzen im Freien, Garagen und Kellerräumen eingeräumt.

1 Festlegung

Ein Sondernutzungsrecht wird regelmäßig bereits in der Teilungserklärung oder dem Teilungsvertrag gemäß § 3 Abs. 1 WEG festgelegt. Der aufteilende Eigentümer kann sich auch das Recht vorbehalten, Sondernutzungsrechte nachträglich zu begründen. Dann müssen jedoch die Einigung aller Wohnungseigentümer und die Zustimmung der nachteilig betroffenen dinglich Berechtigten sowie der Berechtigten, für die eine Auflassungsvormerkung eingetragen ist, vorliegen. Eine solche Vereinbarung muss, damit sie im Fall des Eigentümerwechsels auch gegenüber dem neuen Eigentümer gilt, in das Grundbuch eingetragen werden. Dabei sind Gegenstand und Inhalt des Sondernutzungsrechts hinreichend bestimmt zu definieren (BGH, 2.2.2012, V ZR 74/11; BGH, 20.1.2012, V ZR 125/11).

Hinweis: Ein im Grundbuch eingetragenes Sondernutzungsrecht unterliegt den Bestimmtheitserfordernissen des Grundbuchrechts und ist daher nur wirksam, wenn für jeden außenstehenden Dritten anhand des Wortlauts der Vereinbarung sowie ggf. der Zeichnungen oder Pläne erkennbar ist, welcher räumliche Bereich des gemeinschaftlichen Eigentums mit dem Sondernutzungsrecht belegt sein soll und welche Befugnisse und Verpflichtungen sich daraus ergeben (OLG Zweibrücken, 1.2.2008, 3 W 3/08).

Ein Mehrheitsbeschluss reicht zur Einräumung eines Sondernutzungsrechts nicht aus, er wäre als gesetzesändernder Mehrheitsbeschluss nichtig. Hierfür besteht keine Beschlusskompetenz. Ein Sondernutzungsrecht kann schuldrechtlich nicht durch einseitigen Verzicht, sondern nur im Wege einer Vereinbarung gemäß § 10 Abs. 1 WEG aufgehoben werden (BGH, 13.9.2000, V ZB 14/00).

Ein im Grundbuch eingetragenes dingliches Sondernutzungsrecht kann durch Einigung und Eintragung gemäß § 873 und § 877 BGB auch von einer auf eine andere Wohnungseigentumseinheit übertragen werden. Es kann aber nicht auf einen Dritten, der nicht Wohnungseigentümer ist, übergehen, da das Sondernutzungsrecht untrennbar mit dem zugehörigen Sonder- oder Teileigentum verbunden ist. Gemäß § 5 Abs. 4 WEG müssen bei einer Übertragung die dinglich Berechtigten an den beteiligten Wohnungseigentumseinheiten zustimmen, hingegen ist die Zustimmung der übrigen Wohnungseigentümer nicht erforderlich.

2 Sondernutzung

Obwohl dem begünstigten Eigentümer durch das Sondernutzungsrecht an Teilen des Gemeinschaftseigentums ein umfassendes Nutzungsrecht eingeräumt wird, muss auch er sich bei der Wahrnehmung dieses Rechts an gewisse Spielregeln halten. Von der Sondernutzung darf jeder Berechtigte nach § 14 Nr. 1 WEG (nur) solange Gebrauch machen, wie andere Eigentümer nicht in vermeidbarer Weise beeinträchtigt werden. Beschränkungen ergeben sich zunächst aus der zugrunde liegenden Vereinbarung über das Sondernutzungsrecht. Regelmäßig wird darin festgelegt, was der Begünstigte tun darf und was er zu unterlassen hat. Auf eine genaue Festlegung des Umfangs eines Sondernutzungsrechts sollte im Interesse aller Beteiligten großer Wert gelegt werden, da sich durch eine eindeutige und klare Regelung von vornherein Streitigkeiten in der Wohnungseigentümergemeinschaft vermeiden lassen. Sollten Zweifel über den Umfang des eingeräumten Sondernutzungsrechts bleiben, ist dieser durch Auslegung zu ermitteln. In solchen Fällen wird auf die Ortsüblichkeit bzw. die Verkehrsanschauung der jeweils eingeräumten Nutzung abgestellt.

Die Regelung, dass bei Veränderungen von Anlagen im Bereich der Sondernutzung alle Eigentümer zustimmen müssen, greift unzulässig in das Sondernutzungsrecht ein; ein solcher Beschluss ist nichtig (BayObLG, 23.10.2003, 2Z BR 63/03). Weitere Beschränkungen des Gebrauchs ergeben sich aus der im Zusammenhang mit der Begründung des Sondernutzungsrechts getroffenen Zweckbestimmung.

BEISPIELE: EINSCHRÄNKUNGEN DURCH ZWECKBESTIMMUNG

- Wird ein Sondernutzungsrecht an einem Spitzboden eingeräumt, bedeutet das nicht, dass der Eigentümer diesen Dachraum zu Wohnzwecken nutzen kann, wohl aber zum Abstellen und Lagern von Gegenständen (LG München I, 18.7.2013, 36 S 20429/12).
- Besteht ein Sondernutzungsrecht an einem Kfz-Abstellplatz, heißt das nicht, dass es dem Berechtigten erlaubt ist, auf dieser Fläche sein Fahrzeug zu reparieren.
- Der Wohnungseigentümer darf sein Sondernutzungsrecht an einem „Hobbyraum" nicht dazu nutzen, ihn mit Sanitär- und Elektroanschlüssen zu versehen, um dort Wohnraum oder einen Büroraum für sich einzurichten (OLG Frankfurt/Main, 8.9.2001, 20 W 516/01).

Besteht für eine Gartenfläche (siehe auch „Garten, Rasenflächen") ein Sondernutzungsrecht, ist der Berechtigte – falls keine anderen Vereinbarungen vorliegen – befugt, die Fläche im üblichen Umfang einer gewöhnlichen Gartennutzung und Gartengestaltung zu nutzen. Zur zulässigen Ausübung des Sondernutzungsrechts an einer Gartenfläche gehört ebenso die übliche gärtnerische Pflege samt fachgerechtem Rückschnitt, das Anpflanzen von Pflanzen und das Entfernen solcher Pflanzen, die nicht das Gesamtbild prägen. Der Sondernutzungsberechtigte darf die Art und Weise der Bepflanzung grundsätzlich selbst bestimmen; nach den Grundsätzen von Treu und Glauben hat er aber den konkreten Zuschnitt der Wohn- und Grünanlage zu berücksichtigen (LG Hamburg, 10.9.2010, 318 S 24/09; BayObLG, 6.10.2000, 2Z BR 53/00). Das Anpflanzen von Blumen und Büschen sowie das Anlegen von Beeten sind daher regelmäßig zulässig. Auch das Anpflanzen einer Hecke kann im Einzelfall erlaubt sein. Zwar stellt dies eine bauliche Veränderung dar, führt aber nicht zwangsläufig zu einer Beeinträchtigung der übrigen Wohnungseigentümer (BayObLG, 28.10.1998, 2Z BR 122/98).

Gegebenenfalls muss der Sondernutzungsberechtigte bei Anpflanzungen die jeweiligen Grenzabstände der nachbarrechtlichen Vorschriften einhalten (BGH, 28.9.2007, V ZR 276/06). Das Anpflanzen stark wachsender Bäume, die Neuanlage eines Plattenwegs oder das Verlegen von Trittsteinen, die Errichtung einer 2,30 Meter hohen Holzwand, die Errichtung eines Steingrillkamins, die Vergrößerung einer Terrasse oder die Errichtung eines Geräteschuppens oder Gartenhauses stellen regelmäßig zustimmungspflichtige bauliche Veränderungen (siehe dort) dar. Die Abgrenzung der Gartenfläche durch einen Zaun ist wegen der damit verbundenen baulichen Veränderung (optischer Gesamteindruck der Wohnanlage) grundsätzlich nicht zulässig (strittig; vgl. BayObLG, 28.10.1998, 2Z BR 122/98).

Sondernutzungsberechtigte Wohnungseigentümer überschreiten die ihnen eingeräumte Befugnis zur ausschließlichen Nutzung des Gartenbereichs, wenn sie auf der Rasenfläche des Gartens einen Weg anlegen und am Wegesrand einen „Skulpturengarten" einrichten. Stellen diese Maßnahmen bauliche Veränderungen dar, die die übrigen Wohnungseigentümer über das in § 14 Nr. 1 WEG bestimmte Maß hinaus nachteilig beeinträchtigen, so können die betreffenden Eigentümer neben der Beseitigung der baulichen Veränderungen die Wiederherstellung des ursprünglichen Zustands verlangen, also die Bepflanzung mit Rasen in dem Bereich, in dem der Rückbau erfolgt (LG Hamburg, 12.12.2012, 318 S 31/12).

3 Kostenverteilung

Die Begründung eines Sondernutzungsrechts ändert zunächst nichts an der Instandhaltungs- und Instandsetzungsverpflichtung sowie Kostentragungspflicht aller Wohnungseigentümer für den Teil des gemeinschaftlichen Eigentums, auf den sich das Sondernutzungsrecht bezieht. Der begünstigte Wohnungseigentümer ist also nicht automatisch verpflichtet, die Kosten und Lasten alleine zu tragen. Die Kosten der Beseitigung eines auf einer Sondernutzungsfläche stehenden Baumes, der ein angrenzendes Garagengebäude beeinträchtigt bzw. beschädigt, muss der Sondernutzungsberechtigte nicht allein tragen, auch wenn die Teilungserklärung bestimmt, dass er die „Instandhaltungs- und Instandsetzungskosten" der Sondernutzungsfläche tragen soll (OLG Düsseldorf, 17.10.2003, I-3 Wx 227/03).

In der Regel ergibt sich die Verpflichtung zur Kostentragung im Hinblick auf die Sondernutzungsflächen zulasten des Berechtigten jedoch aus der Gemeinschaftsordnung. In einem vom BGH (10.10.2014, V ZR 315/13) entschiedenen Fall ging es darum, ob die fehlende Regelung für die Instandhaltung der Gartenfläche in der Gemeinschaftsordnung wenigstens aufgrund einer in der Teilungserklärung enthaltenen Öffnungsklausel (Regelung durch Zweidrittelmehrheit) zulasten des Sondernutzungsberechtigten ergänzt und klargestellt werden kann. Die Wohnanlage besteht aus sechs Einheiten. Zu den beiden im Erdgeschoss gelegenen Wohnungen gehört das Sondernutzungsrecht an der die Wohnung umgebenden und im Aufteilungsplan bezeichneten Gartenflächen. Nach der Teilungserklärung obliegt die Instandhaltung des gemeinschaftlichen Eigentums der Gemeinschaft und ist vom Verwalter durchzuführen. Die Teilungserklärung kann mit Zweidrittelmehrheit geändert werden. Mit vier zu zwei Stimmen beschloss die Gemeinschaft, dass die Gartenpflege- und Reinigungsarbeiten einschließlich der Bewässerung den jeweiligen Sondernutzungsberechtigten obliegen sollten. Zudem sollten sie die Kosten dafür tragen, da aus der Berechtigung zur gärtnerischen Gestaltung nach eigenem Ermessen auch die Verpflichtung folgen solle. Der BGH erklärte den Eigentümerbeschluss insgesamt für unwirksam, nicht nur für erfolgreich anfechtbar. Zwar sei der Eigentümerbeschluss bestimmt genug, um die erforderlichen Aufgaben zu beschreiben. Auch sei die nach der Teilungserklärung erforderliche Zweidrittelmehrheit erreicht. Aber der BGH führte auch aus: Zum Schutz der Minderheit seien bestimmte fundamentale inhaltliche Schranken zu beachten, woran es hier fehle. Zum einen seien die unentziehbaren und unverzichtbaren Individualrechte, die selbst durch Vereinbarung nicht abbedungen werden können, zu beachten. Zum anderen werde die durch eine Öffnungsklausel legitimierte Mehrheitsmacht durch Individualrechte begrenzt, die zwar ebenfalls zu den unentziehbaren Mitgliedschaftsrechten gehören, aber verzichtbar seien. Ein in solche Rechte eingreifender Beschluss sei nur dann wirksam, wenn die hiervon nachteilig betroffenen Wohnungseigentümer zustimmen. Bis dahin sei er schwebend unwirksam. In diesem Fall wurde diese Zustimmung verweigert.

Dafür, den Eigentümern der Erdgeschosswohnungen diese Leistungspflichten aufzuerlegen, ist im Gesetz keine Grundlage zu finden. Entsprechend der Gesetzeslage bestimme laut BGH die Teilungserklärung im konkreten Fall, dass die Instandhaltung des gemeinschaftlichen Eigentums der Gemeinschaft obliege und vom Verwalter durchzuführen sei. Hierzu gehöre auch die Instandhaltung der vom Sondernutzungsrecht umfassten Gartenflächen, weil dieses Recht die sachenrechtliche Zuordnung des Nutzungsgegenstands zum Gemeinschaftseigentum unberührt lasse. Zwar sei es bei Sondernutzungsrechten üblich, dem Sondernutzungsberechtigten die Pflicht zur Instandhaltung auf eigene Kosten aufzuerlegen, weil ein Auseinanderfallen von Nutzungsrecht und Instandhaltungslast als unbefriedigend empfunden wird. Das ändert aber nichts daran, dass eine hiervon abweichende Regelung bereits in der Teilungserklärung bzw. Gemeinschaftsordnung selbst oder im Wege einer späteren Vereinbarung aller Wohnungseigentümer hätte getroffen werden müssen. Da dies nicht geschehen ist, bleibt die Gemeinschaft zuständig. Eine nachträgliche Übertragung der aus dem Sondernutzungsrecht folgenden Pflichten ist nur noch mit Zustimmung der Betroffenen möglich, ansonsten unwirksam und nichtig.

Bisher wurde oftmals angenommen, dass mit einem Sondernutzungsrecht an Gartenflächen, vor allem wenn es die gesamte Erdgeschosseinheit umgibt, also über die Seitenflächen des Grundstücks bis in den Vorgarten reicht, auch das Recht und die Pflicht des betreffenden Wohnungseigentümers verbunden ist, sich im Rahmen des für die Wohnlage Üblichen eigenverantwortlich um die Gartengestaltung — mit Rasenflächen, Blumenrabatten und eventuell kurz gehaltenen Hecken — zu kümmern und die Kosten hierfür zu tragen. Für diese Annahme besteht nach der Rechtsprechung des BGH jedoch kein Raum mehr. In den vielen Fällen, in denen die Bauträger und Notare nicht daran gedacht haben, den Sondernutzungsberechtigten in der Teilungserklärung bzw. Gemeinschaftsordnung auch die Erhaltungspflichten aufzuerlegen, ist es auch bei einer Öffnungsklausel mit Mehrheitsmacht nicht mehr möglich, die Regelung nachträglich einzuführen, sofern auch nur ein betroffener Erdgeschosswohnungseigentümer widerspricht. Anzumerken ist jedoch, dass es sich im Beispiel der gerade erörterten Rechtsprechung des BGH um eine besondere Sondernutzungsfläche handelte, die sehr große Fläche erstreckte sich über circa 500 Quadratmeter.

Sonderrechtsnachfolger

„Eigentümerwechsel"

Sonderumlage

Inhaltsübersicht

Verfügt eine Wohnungseigentümergemeinschaft nicht über ausreichend liquide Mittel, um zum Beispiel die laufenden Kosten aufzubringen oder größere Instandhaltungs-/Instandsetzungsmaßnahmen zu finanzieren, kann mehrheitlich ein Beschluss zur Erhebung einer Sonderumlage ergehen.

1 Beschlussinhalte

Dieser Beschluss muss den Gesamtbetrag und die auf jeden einzelnen Eigentümer entfallenden Beträge ausweisen. Ausnahmsweise genügt es jedoch, wenn Gesamtbetrag und Verteilungsschlüssel angegeben werden, sofern sich daraus der jeweilige Einzelbetrag problemlos errechnen lässt (BayObLG, 20.11.2002, 2 Z BR 144/01).

Wird ein Beschluss, der für die Sonderumlage einen von der Gemeinschaftsordnung abweichenden Verteilungsschlüssel vorsieht, nicht rechtzeitig angefochten, ist er wirksam (BayObLG, 27.2.2003, 2 Z BR 135/02). Um mögliche Anfechtungsklagen zu vermeiden, sollten die Eigentümer daher möglichst umfassend über den Grund und die Höhe der Sonderumlage – die am geschätzten Finanzbedarf auszurichten ist – informiert werden. Die Wohnungseigentümer haben dabei einen weitreichenden Ermessensspielraum.

Bei der Beschlussfassung ist darauf zu achten, dass ein konkreter Fälligkeitszeitpunkt für die Zahlung der Sonderumlage festgelegt wird, damit sich die Wohnungseigentümer darauf einstellen und ggf. Finanzierungsmaßnahmen in die Wege leiten können. Sieht der Beschluss keinen Fälligkeitszeitpunkt vor, wird die Sonderumlage entweder mit der Beschlussfassung oder je nach Auslegung mit Abruf durch den Verwalter fällig. Eine Beschlussanfechtungsklage hat hier keine aufschiebende Wirkung. Solange Beschlüsse über die Erhebung von Sonderumlagen nicht rechtskräftig für ungültig erklärt wurden, sind sie gültig und begründen die Zahlungspflicht der einzelnen Wohnungseigentümer (BGH, 4.4.2014, V ZR 167/13).

Hinweis: Eine Sonderumlage darf nicht erhoben werden, wenn die Gemeinschaft eigentlich über ausreichende Mittel zur Finanzierung verfügt oder eine nicht erforderliche Reparaturmaßnahme ansteht. Eine Sonderumlage ist jedoch dann zulässig, wenn bereits feststeht, dass Hausgeldrückstände eines säumigen Eigentümers nicht beigetrieben werden können.

2 Eigentümerwechsel

Bei einem Eigentümerwechsel gilt, dass der aus der Wohnungseigentümergemeinschaft ausscheidende Eigentümer für die Zahlungen für eine bereits beschlossene Sonderumlage haftet, solange er als Eigentümer im Grundbuch eingetragen ist und die Beiträge zur Sonderumlage während dieses Zeitraums fällig werden (OLG Düsseldorf, 20.11.2000, 9 U 88/00). Hingegen haftet der Erwerber von Wohnungseigentum für die Beiträge zu einer vor seinem Eintreten in die Wohnungseigentümergemeinschaft beschlossenen Sonderumlage, wenn sie fällig werden, nachdem sein Name in das Grundbuch eingetragen wurde (OLG Köln, 31.8.2001, 16 Wx 137/01).

BEISPIELE AUS DER RECHTSPRECHUNG

- Es ist zulässig, für Mehrhausanlagen in der Gemeinschaftsordnung buchungstechnisch getrennte Rücklagen zu bilden, deren Verwendungszweck jeweils die Instandhaltung der einzelnen Gebäude ist (BGH, 17.4.2015, V ZR 12/14).
- Ein Sonderumlagebeschluss schafft nur vorläufige Zahlungspflichten. Bei der Kostenverteilungsregelung haben die Eigentümer ein Ermessen; die endgültige Kostenverteilung erfolgt mit der Jahresabrechnung (LG München I, 25.11.2013, 1 S 1911/13).
- Die Wohnungseigentümer können eine zusätzliche Sonderumlage beschließen, wenn die Ansätze im Wirtschaftsplan unrichtig waren, durch neue Tatsachen überholt werden oder wenn sich der Plan aus anderen Gründen nicht durchführen lässt. Den erforderlichen Umlagebetrag können die Wohnungseigentümer großzügig bemessen (BGH, 13.1.2012, V ZR 129/11).
- Da es bei der Sonderumlage darum geht, liquide Mittel zur Begleichung von Ausgaben zu beschaffen, deren Höhe noch nicht feststeht, muss sie am geschätzten Finanzbedarf ausgerichtet werden. Dabei ist eine Prognose des erforderlichen Bedarfs notwendig, wobei allerdings den Wohnungseigentümern ein weiter Ermessensspielraum zusteht und eine großzügige Handhabung zulässig ist, sodass vertretbare Mehrheitsentscheidungen in diesem Rahmen hinzunehmen sind. Erst wenn erheblich zu niedrige oder erheblich zu hohe Beträge angesetzt werden, sind die Grundsätze ordnungsgemäßer Verwaltung verletzt. Voraussichtliche Zahlungsausfälle zahlungsunfähiger Wohnungseigentümer sind bei der Höhe der Sonderumlage zu berücksichtigen (LG Köln, 5.5.2011, 29 S 222/10).
- Ein Sonderumlagebeschluss, der den Wirtschaftsplan ergänzen soll, widerspricht ordnungsgemäßer Verwaltung, wenn kein wirksamer Beschluss über den Wirtschaftsplan vorliegt (LG München I, 21.6.2010, 1 S 2763/10).
- Wenn bei einer bestimmten Einzelmaßnahme durch Vertrag eine wirksame Kostenschuld des Verbands begründet wurde, stellt dies einen sachlichen Grund für eine Sonderumlage dar. Unter diesen Umständen kommt es nicht mehr darauf an, ob es sich bei der

Maßnahme selbst um einen Akt ordnungsgemäßer Verwaltung handelt.

- Grundsätzlich muss der Beschluss zur Sonderumlage den zutreffenden Verteilungsschlüssel angeben. Ist die Sach- oder Rechtslage im Einzelfall nicht eindeutig, sodass bei vorläufiger Bewertung grundsätzlich verschiedene Verteilungsschlüssel in Betracht kommen, entspricht es regelmäßig ordnungsgemäßer Verwaltung, wenn die Mehrheit sich bei der Sonderumlage für einen davon entscheidet; die endgültige Kostenverteilung erfolgt dann mit der Jahresabrechnung (LG München I, 17.5.2010, 1 T 13364/09).
- Sollen die Kosten eines Beschlussanfechtungsverfahrens dem Verwalter auferlegt werden (§ 49 Abs. 2 WEG), setzt dies neben einem objektiven Pflichtverstoß auch ein subjektives Moment voraus. Es genügt nicht, dass ein Sonderumlagebeschluss mangels Angabe des Verteilungsschlüssels nichtig ist und der Beschluss zudem an einem Einberufungsmangel leidet (LG München I, 29.3.2010, 1 T 5340/10).
- Für Gerichtskosten- und Rechtsanwaltsgebührenvorschüsse können Sonderumlagen beschlossen werden, sofern nur die Beklagten des Beschlussanfechtungsverfahrens hierdurch verpflichtet werden (LG Düsseldorf, 12.1.2009, 25 T 554/08).
- Grundsätzlich muss der Eigentümerbeschluss die Zahlungspflicht des einzelnen Wohnungseigentümers betragsmäßig ausweisen. Ausnahmsweise reicht es aus, wenn die Wohnungseigentümer die geschuldeten Beträge ohne Weiteres selbst errechnen können; dies gilt insbesondere für Eigentümerbeschlüsse über eine Sonderumlage (OLG Hamm, 29.5.2008, I-15 Wx 43/08).
- Es widerspricht ordnungsgemäßer Abrechnung, eine Sonderumlage für konkrete Sanierungsmaßnahmen, die im gleichen Wirtschaftsjahr erhoben und zweckentsprechend verbraucht wurde, als „Zuweisung zur Instandhaltungsrücklage" in der Jahresabrechnung auszuweisen; das gilt auch dann, wenn die Umlage für kurze Zeit auf das Rücklagenkonto gutgeschrieben wurde (OLG München, 21.5.2007, 34 Wx 148/06).
- Ein Beschluss über eine Sonderumlage, die nach Miteigentumsanteilen zu erbringen ist, zur Bezahlung offener Rechtsanwaltskosten entspricht nur dann ordnungsgemäßer Verwaltung, wenn diese Kosten von der Wohnungseigentümergemeinschaft als Verband geschuldet werden (OLG München, 16.11.2006, 32 Wx 125/06).
- Der Eigentümerbeschluss über eine Sonderumlage muss grundsätzlich die Zahlungspflicht des einzelnen Wohnungseigentümers betragsmäßig ausweisen. Ausnahmsweise kann es auch genügen, dass sich der jeweils geschuldete Betrag von den Wohnungseigentümern ohne Weiteres errechnen lässt. Dies trifft jedoch nicht zu, wenn die Teilungserklärung für Instandhaltungsmaßnahmen verschiedene Verteilungsschlüssel vorsieht, sodass die Wohnungseigentümer nicht ohne Weiteres erkennen können, welcher Verteilungsschlüssel für die Sonderumlage gelten soll. Ein solcher Sonderumlagebeschluss ist selbst dann für ungültig zu erklären, wenn bei der Beschlussfassung Einigkeit bestand, dass die Kosten nach Miteigentumsanteilen zu verteilen sind, dieser Umstand jedoch weder aus dem Wortlaut noch nach den Umständen außerhalb des protokollierten Beschlusses erkennbar ist (LG München I, 11.1.2006, 1 T 13749/05).

Speicher

Inhaltsübersicht

Speicherräume können sowohl im gemeinschaftlichen Eigentum als auch im Sondereigentum stehen. Die Eigentumszuordnung erfolgt regelmäßig in der Teilungserklärung, die zum Beispiel einen Speicherraum zum Sondereigentum erklärt (§ 5 Abs. 1 WEG). Häufig werden an Speicherräumen, die sich im Gemeinschaftseigentum befinden, Sondernutzungsrechte begründet, die ebenfalls in der Teilungserklärung vereinbart werden.

1 Zweckbestimmung

Wenn in der Teilungserklärung bzw. Gemeinschaftsordnung der betreffende Raum als Speicherraum bezeichnet ist, legt dies im Regelfall seinen Nutzungszweck fest. Es handelt sich dabei um eine Zweckbestimmung mit Vereinbarungscharakter, die den Rahmen der zulässigen Nutzung dieses Raums vorgibt. Die Nutzung zu Wohnzwecken unterscheidet sich von der als Speicherraum, da sie, weil sie zum Beispiel nicht nur die Aufbewahrung von Gegenständen deckt, erheblich intensiver ist. Das wirkt sich regelmäßig als eine Beeinträchtigung aller anderen Wohnungseigentümer aus (LG München I, 18.7.2013 36 S 20429/12 WEG). Auch wenn zugunsten des jeweiligen Wohnungseigentümers ein Sondernutzungsrecht oder Sondereigentum am Speicherraum besteht, darf der jeweilige Sondernutzungsberechtigte bzw. Wohnungseigentümer den Raum nur in Übereinstimmung mit der Zweckbestimmung, zum Beispiel als Lagerraum, jedoch nicht zu Wohnzwecken nutzen.

2 Umbau

Der Umbau eines Speichers zu einer Wohnung stellt regelmäßig eine bauliche Veränderung dar, da die Umgestaltung bei der grundsätzlich anzunehmenden typisierenden Betrachtungsweise dazu führt, dass die übrigen Wohnungseigentümer durch intensivere Nutzung des Speicherraums zu Wohnzwecken beeinträchtigt werden. Auch kann die Umwandlung eines Speichers in eine Wohnung nicht als Modernisierung i. S. v. § 22 Abs. 3 WEG gelten, weil sie eine wesentliche Umgestaltung des inneren Bestands der Wohnanlage darstellt und damit zu einer Änderung der Eigenart der Wohnanlage führt (§ 22 Abs. 2 WEG).

Sowohl die Wohnungseigentümer als auch der Verband der Wohnungseigentümer können mit entsprechenden Unterlassungs- bzw. Beseitigungsansprüchen den Ausbau eines Speicherraums zu Wohnzwecken oder seiner Nutzung zu Wohnzwecken verhindern, indem sie gerichtlich gegen den Störer vorgehen.

Sprechanlage

„Gegensprechanlage"
„Türsprechanlage"

Stellplatz

„Garage/Kfz-Stellplatz"

Stimmrecht

Inhaltsübersicht

Das Stimmrecht der Wohnungseigentümer ist wesentlicher Bestandteil ihrer Mitgliedschaftsrechte in der Wohnungseigentümergemeinschaft und zählt zum unabdingbaren Kernbereich des Wohnungseigentums. Mit ihrem Stimmrecht können die Wohnungseigentümer an der Gestaltung der Verwaltung der Wohnungseigentümergemeinschaft mitwirken und auf diese Einfluss nehmen.

1 Inhaber

Gemäß § 25 Abs. 2 WEG hat jeder Wohnungseigentümer eine Stimme. Steht ein Wohnungseigentum mehreren gemeinschaftlich zu, so können sie das Stimmrecht nur einheitlich ausüben. Inhaber des Stimmrechts ist der zum Zeitpunkt der Eigentümerversammlung im Grundbuch eingetragene Wohnungseigentümer. Der Erwerber einer Eigentumswohnung, der noch nicht im Grundbuch eingetragen ist, hat kein Stimmrecht, selbst dann nicht, wenn sein Anspruch auf Übereignung durch eine Vormerkung im Grundbuch gesichert ist und Besitz, Nutzen und Lasten auf ihn übergegangen sind (BGH, 1.12.1988, V ZB 6/88). Denn der eingetragene Wohnungseigentümer bleibt bis zur Umschreibung des Eigentums nach § 16 Abs. 2 WEG verpflichtet, die Lasten und Kosten des gemeinschaftlichen Eigentums zu tragen. Aus diesem Grund muss er auch die Möglichkeit haben, mit seinem Stimmrecht auf die Verwaltung des gemeinschaftlichen Eigentums Einfluss zu nehmen. Jedoch kann der werdende Eigentümer vom Veräußerer mit der Vertretung und Ausübung des Stimmrechts bevollmächtigt (Stimmrechtsvertretung) werden.

Abweichendes gilt für den sogenannten Ersterwerber. Ein Ersterwerb liegt beim Kauf vom teilenden Alleineigentümer vor, zum Beispiel beim Kauf vom Bauträger. Wenn zwischen dem Alleineigentümer und dem Erwerber ein gültiger Erwerbsvertrag besteht, der Übergang von Nutzen und Lasten auf den Erwerber erfolgt ist und dieser die Wohnung in Besitz genommen hat, so ist auch er als Mitglied der werdenden Wohnungseigentümergemeinschaft bei der Eigentümerversammlung stimmberechtigt. Weitere Voraussetzung ist, dass die Wohnungsgrundbücher angelegt sind und darin für den Erwerber eine Auflassungsvormerkung eingetragen ist. Eine werdende Eigentümergemeinschaft (siehe „Faktische/werdende Eigentümergemeinschaft") kann jedoch erst entstehen, wenn der Anspruch mindestens eines Erwerbers auf Eigentumsverschaffung an einzelnen Einheiten durch Auflassungsvormerkung gesichert ist. Sie bildet sich nicht, wenn das in Wohnungseigentum aufgeteilte Eigentum insgesamt an einen Erwerber übertragen wird (OLG München, 9.1.2006, 34 Wx 089/05).

Kein Stimmrecht besitzt der Nießbraucher (BGH 7.3.2002, V ZB 24/01; OLG Hamburg, 12.5.2003, 2 Wx 1/01). Das Stimmrecht verbleibt in diesem Fall allein beim Eigentümer. Gleiches dürfte daher bei anderen dinglichen Berechtigungen wie dem Wohnungsrecht (§ 1093 BGB) und dem Dauerwohnrecht (§§ 31 ff. WEG) gelten (OLG Hamburg, 12.5.2003, 2 Wx 1/01).

Der Eigentümer, dessen Wohnung unter Zwangsverwaltung steht, darf die Verwaltung nicht selbst vornehmen; daher ist es erforderlich, den Zwangsverwalter einzuladen. Diesem steht grundsätzlich das Stimmrecht in der Eigentümerversammlung zu (LG Düsseldorf, 3.2.2009, 16 S 54/08; LG Berlin, 29.11.2005, 55 T 152/04). Dem Wohnungseigentümer verbleibt auch kein Teilnahmerecht; dies steht allein dem Zwangsverwalter zu, soweit nicht der Kernbereich des Wohnungseigentums betroffen ist (LG Berlin, 19.9.2008, 85 T 404/07). Wenn über das Vermögen des Eigentümers das Insolvenzverfahren beantragt oder eröffnet ist oder eine zum Nachlass gehörende Wohnung der Testamentsvollstreckung oder Nachlassverwaltung unterfällt, so übt der Insolvenzverwalter bzw. Testamentsvollstrecker (LG Düsseldorf, 29.2.2012, 25 S 139/11) bzw. Nachlassverwalter das Stimmrecht für den Wohnungseigentümer aus. Als Stimmrechtsinhaber können gelten:

- Der aktuell im Grundbuch eingetragene Wohnungseigentümer
- Der werdende Eigentümer bei Ersterwerb; nicht bei Zweiterwerb
- Zwangsverwalter
- Nachlassverwalter, Insolvenzverwalter oder Testamentsvollstrecker

Sie sind hingegen nicht stimmberechtigt:

- Grundschuld- und Hypothekengläubiger
- Nießbraucher
- Mieter oder Pächter

Sind mehrere Personen gemeinsam als Eigentümer im Grundbuch eingetragen, können diese ihr Stimmrecht nur einheitlich ausüben. Eine anteilige Aufspaltung des Stimmrechts ist nicht zulässig. Wird keine Einigung erzielt, entfällt die Stimme.

Auch wenn eine Teilungserklärung bestimmt, dass jeder Miteigentümer eine Stimme hat, führt das Bruchteilseigentum (siehe „Bruchteilsgemeinschaft") mehrerer an einer Wohnungseigentumseinheit nicht zu einer Vermehrung der Stimmrechte (LG Bremen, 9.2.2004, 2 T 560/03). Eine einheitliche Stimmrechtsausübung ist bei folgenden Gemeinschaften erforderlich:

- Bruchteilsgemeinschaft (LG Köln, 4.10.2012, 29 S 91/12)
- Erbengemeinschaft
- Eheliche Gütergemeinschaft

Die einheitliche Stimmrechtsausübung kann entweder durch übereinstimmende Mitwirkung aller Mitberechtigten in der Versammlung erfolgen oder dadurch, dass die Mitberechtigten einen gemeinsamen Vertreter benennen, der die Stimme abgibt.

Die Stimmabgabe kann ungültig sein, wenn an der Ermächtigung durch den oder die übrigen Mitberechtigten Zweifel bestehen und eine Vollmacht nicht vorgelegt wird (BayObLG, 31.3.1994, 2Z BR 16/94; OLG Düsseldorf, 9.7.2003, 3 Wx 119/03). Im Fall von Eheleuten kann die Erklärung des einen mitberechtigten Ehegatten nur dann Wirkungen für und gegen den anderen mitberechtigten Ehegatten entfalten, wenn er die Erklärung zugleich in dessen Namen abgibt. Dies muss nicht ausdrücklich geschehen; vielmehr genügt es nach § 164 Abs. 1 Satz 2 BGB, wenn sich dies aus den Umständen ergibt (BGH, 19.7.2013, V ZR 109/12).

2 Stimmrechtsprinzipien

Es gibt verschiedene Stimmrechtsprinzipien. Statt dem gesetzlich verankerten Kopfprinzip sehen Gemeinschaftsordnungen häufig das Objektprinzip oder das Wertprinzip vor. Durch einen Mehrheitsbeschluss kann das geltende Stimmprinzip nicht abgeändert werden. Wenn die Teilungserklärung bzw. Gemeinschaftsordnung ein abweichendes Stimmprinzip vorsieht, ist bei Abstimmungen, für die das Gesetz eine bestimmte Mehrheit vorsieht, zwingend das Kopfprinzip anzuwenden. Das gilt zum Beispiel, wenn über die Verteilung von Kosten einer Instandhaltungs- oder Instandsetzungsmaßnahme, einer Modernisierung und einer baulichen Veränderung nach § 16 Abs. 4 WEG abgestimmt wird. Diese Regelung kommt gleichfalls für Beschlussfassungen über Modernisierungen des gemeinschaftlichen Eigentums oder dessen Anpassung an den Stand der Technik nach § 22 Abs. 2 WEG zum Tragen.

Hinweis: Bei der Bestellung oder der Abberufung des Verwalters stellt es keine unzulässige Beschränkung dar, wenn das Kopfprinzip durch Vereinbarung zugunsten des Objekt- oder des Wertprinzips abbedungen wurde (BGH, 28.10.2011, V ZR 253/10).

2.1 Kopfprinzip

In § 25 Abs. 2 Satz 1 WEG ist das sogenannte Kopfprinzip verankert. Dies bedeutet, dass die gesetzliche Regelung davon ausgeht, dass jedem Wohnungseigentümer unabhängig von der Größe und des Werts seines Miteigentumsanteils eine Stimme zusteht. Ein Eigentümer hat hiernach immer eine Stimme, selbst wenn er mehrere nach dem Grundbuch selbstständige Wohnungsrechte an einem Grundstück besitzt. Veräußert ein Wohnungseigentümer, dem mehrere Wohnungen gehören, einzelne davon, kommt es bei Geltung des Kopfprinzips zu einer Vermehrung der Stimmrechte (OLG München, 23.8.2006, 34 Wx 58/06). Teilt jedoch ein Miteigentümer in einer Wohnungseigentümergemeinschaft, in der das Kopfstimmrecht gilt, seinen Miteigentumsanteil ohne die Zustimmung der übrigen Miteigentümer auf und veräußert den so neu gewonnenen Anteil an einen Dritten, führt das nicht zu einer Stimmrechtsmehrung, obwohl die Wohnungseigentümergemeinschaft nun aus einem Miteigentümer mehr besteht

(BGH, 27.4.2012, V ZR 211/11; LG München I, 19.102009, 1 S 21731/08).

Sind mehrere Personen gemeinsam Eigentümer einer Eigentumswohnung, zum Beispiel Eheleute, können sie ihr Stimmrecht nur gemeinschaftlich ausüben, da ihnen nur eine Stimme zusteht. Gleiches gilt, wenn Eheleute zwei Eigentumseinheiten als Mitberechtigte je zur Hälfte halten. Gehört einem Ehegatten eine Wohnung allein und gehört die zweite je zur Hälfte beiden, können zwei Stimmrechte geltend gemacht werden, da es sich um verschiedene Rechtsträger handelt. Steht ein Wohnungseigentum zwei Wohnungseigentümern je zur Hälfte zu und teilen diese es in der Weise auf, dass einer von ihnen zugleich Alleineigentümer einer weiteren Wohnung wird, kommt bei gesetzlichem Kopfstimmrecht zu dem der Rechtsgemeinschaft zustehenden Stimmrecht ein durch die Alleinberechtigung begründetes weiteres Stimmrecht hinzu (OLG Düsseldorf, 3.2.2004, I-3 Wx 364/03). Bei unterschiedlichen Auffassungen müssen sich die Berechtigten einigen, da eine Aufspaltung des Stimmrechts nicht möglich ist.

2.2 Wertprinzip

Wurde das Wertprinzip in der Teilungserklärung oder Gemeinschaftsordnung vereinbart, richtet sich die Stimmkraft nach der Größe der im Grundbuch eingetragenen Miteigentumsanteile. In der Praxis wird diese Möglichkeit am häufigsten gewählt. Das Wertprinzip beruht vor allem darauf, dass der Eigentümer mit dem größeren Miteigentumsanteil auch einen höheren Anteil an den Lasten und Kosten des gemeinschaftlichen Eigentums (§ 16 Abs. 2 WEG) zu tragen hat und ihm daher eine höhere Stimmkraft zugebilligt werden soll. Sieht die Teilungserklärung ein Stimmrecht in der Eigentümerversammlung nach Miteigentumsanteilen vor, so führt die Unterteilung eines Wohnungseigentums nicht zu einer Stimmrechtsvermehrung (OLG Hamm, 12.3.2002, 15 W 358/01).

2.3 Objektprinzip

Außerdem besteht die Möglichkeit, das Stimmrecht von der Anzahl der Wohnungs- und Teileigentumseinheiten abhängig zu machen. Jeder Eigentümer hat dann so viele Stimmen, wie er Sondereigentumsrechte hat. Die Größe der Einheiten spielt hierbei keine Rolle. Dies kann dazu führen, dass ein Garageneigentümer die gleiche Stimmkraft hat wie der Eigentümer einer großen Wohnung. Denn wenn in einer Gemeinschaftsordnung das Objektprinzip vereinbart ist, hat auch der Teileigentümer eine Stimme in der Eigentümerversammlung (AG Wiesbaden, 13.1.2012, 92 C 4523/11). Obgleich dies zunächst ungerecht erscheint, da dem Eigentümer der Wohnung eine erheblich höhere Kostenlast trifft, ist die Vereinbarung des Objektprinzips zulässig, denn auch das gesetzliche Kopfprinzip trennt zwischen der wirtschaftlichen Belastung und dem Wert des Stimmrechts.

Die mit dem Objektprinzip verbundene Gefahr einer Majorisierung (Stimmrechtsmissbrauch) der Mehrzahl der Wohnungseigentümer durch einen Wohnungseigentümer oder durch eine kleine Gruppe von Wohnungseigentümern führt für sich allein betrachtet noch nicht zur Aufhebbarkeit eines gefassten Beschlusses. Eine Anfechtungsklage hat allenfalls dann Aussicht auf Erfolg, wenn tatsächlich missbräuchlich von der Stimmmacht Gebrauch gemacht wurde (LG Saarbrücken, 23.7.2012, 5 S 28/11).

3 Stimmrechtsausschluss

In bestimmten Fällen schreibt § 25 Abs. 5 WEG vor, dass ein Wohnungseigentümer von der Ausübung seines Stimmrechts ausgeschlossen ist. Dies gilt in folgenden Fällen:

- Die Beschlussfassung ist auf die Vornahme eines Rechtsgeschäfts mit ihm, das die Verwaltung des gemeinschaftlichen Eigentums berührt, gerichtet.
- Die Beschlussfassung beinhaltet die Einleitung oder Erledigung eines Rechtsstreits der anderen Wohnungseigentümer gegen ihn.
- Er ist gemäß § 18 WEG rechtskräftig zur Veräußerung seines Wohnungseigentums verurteilt.

BEISPIELE FÜR DAS STIMMRECHTSVERBOT

- Abschluss eines Rechtsgeschäfts, Kaufvertrag oder Werkvertrag etc. mit einem Miteigentümer, das auf die Vornahme von Instandsetzungs- und Instandhaltungsmaßnahmen am Gemeinschaftseigentum gerichtet ist.
- Von dem Stimmrechtsverbot nach § 25 Abs. 5 Alt. 2 WEG (Einleitung oder Erledigung eines Rechtsstreits) werden nur Abstimmungen über Beschlussgegenstände erfasst, die verfahrensrechtliche Maßnahmen betreffen. Darunter fallen insbesondere Beschlüsse über die Einleitung des Rechtsstreits, die Art und Weise der Prozessführung und die Frage der verfahrensrechtlichen Beendigung. Dass eine Beschlussfassung Auswirkungen auf den Rechtsstreit in materiell-rechtlicher Hinsicht hat oder haben kann, genügt nicht (BGH, 14.10.2011, V ZR 56/11). Ein Wohnungseigentümer unterliegt in entsprechender Anwendung von § 25 Abs. 5 Alt. 2 WEG einem Stimmverbot, wenn er einen Rechtsstreit gegen die Wohnungseigentümergemeinschaft führt und verfahrensbezogene Maßnahmen Gegenstand der Beschlussfassung sind (BGH, 6.12.2013, V ZR 85/13).
- Vermietung gemeinschaftlichen Eigentums an einen Miteigentümer.

- Bei einem Antrag eines Eigentümers, eine bauliche Veränderung vornehmen zu dürfen, ist er selbst nicht stimmberechtigt (BayObLG, 20.6.1974, 2 Z 22/74). Neuere Ansicht: Bei einem Beschluss über eine bauliche Veränderung, die überwiegend oder sogar ausschließlich einem Miteigentümer zugutekommt, ist dieser grundsätzlich nicht von seinem Stimmrecht ausgeschlossen (BayObLG, 25.9.2003, 2Z BR 161/03).
- Ein Wohnungseigentümer, der zugleich das Verwalteramt innehat, ist nicht stimmberechtigt und auch nicht befugt, einen anderen Wohnungseigentümer bei der Stimmabgabe zu vertreten, wenn seine Abberufung als Verwalter aus wichtigem Grund zur Beschlussfassung steht. Ein Nichtwohnungseigentümer kann einen Wohnungseigentümer dann nicht bei der Stimmabgabe wirksam vertreten, wenn der Vertreter (hier: der Verwalter), wäre er selbst Wohnungseigentümer, einem Stimmverbot unterläge (OLG Düsseldorf, 20.7.2001, 3 Wx 174/01).
- Der Verwalter, der einzelne Wohnungseigentümer vertritt, ist im Hinblick auf seine Entlastung bei der Beschlussfassung nicht stimmrechtsberechtigt (LG Itzehoe, 31.5.2013, 11 S 14/11; OLG Hamm, 20.7.2006, 15 W 142/05; AG Weimar, 1.3.2013, 5 C 839/11). Bei der Abstimmung über die Entlastung kann der Verwalter weder mit eigenen noch mit durch Vollmacht zur Ausübung übertragenen Stimmen mitwirken (AG Neuss, 28.1.2008, 101 C 442/07). Wird zugleich unter demselben Tagesordnungspunkt und in einem Verfahren über eine weitere Frage abgestimmt, zum Beispiel über die Jahresabrechnung, erstreckt sich der Stimmrechtsausschluss des Verwalters auch auf die Abstimmung über diesen Punkt (OLG Köln, 18.11.2006, 16 Wx 165/06).
- Bei einem Antrag über die Entlastung des Verwaltungsbeirats ist dieser von der Abstimmung ausgeschlossen (OLG Zweibrücken, 11.3.2002, 3 W 184/01; LG Itzehoe, 31.5.2013, 11 S 14/11).
- Bei gerichtlicher Geltendmachung von Gewährleistungsansprüchen gegen den Bauträger, wenn er zugleich Miteigentümer ist (BayObLG, WE 1993, 27), oder wenn ein Beweisverfahren gegen ihn eingeleitet wurde (BayObLG, 20.2.1978, 2 Z 5/77; OLG Köln, 10.12.1990, 16 Wx 134/90).
- In der Ausnutzung der Stimmenmehrheit (siehe unten) kann ein nach § 242 BGB unzulässiger Rechtsmissbrauch liegen, wenn ein Wohnungseigentümer zum Verwalter bestellt wird, mit dem als früherem Bauträger Streitigkeiten wegen Baumängeln bestehen. Denn als Verwalter ist er nach § 27 Abs. 1 Nr. 2 WEG unter anderem dazu berufen, Maßnahmen zur ordnungsmäßigen Instandhaltung und Instandsetzung des gemeinschaftlichen Eigentums zu treffen. Dazu gehört auch die Beseitigung von Baumängeln (BayObLG, 19.12.2001, 2Z BR 15/01; OLG München, 23.8.2006, 34 Wx 58/06).
- Bei eingeleitetem Verfahren auf Entziehung des Wohnungseigentums nach § 18 WEG (LG Hannover, NdsRpfl 1992, 119).
- Bei eingeleitetem Rechtsstreit gegen bestimmte Eigentümer wegen Beseitigung von Verunreinigungen an der Fassade (LG München I, 6.12.2010, 1 S 11024/10).

Kein Stimmrechtsausschluss liegt dagegen in folgenden Fällen vor:

- Bei Hausgeldrückständen (BGH, 10.12.2010, V ZR 60/10): Ein Wohnungseigentümer, der mit der Zahlung von Beiträgen in Verzug ist, kann deswegen nicht von der Wohnungseigentümerversammlung ausgeschlossen und ihm kann auch nicht das Stimmrecht entzogen werden. Eine entsprechende Klausel in der Teilungserklärung ist nichtig.
- Kann nach der Gemeinschaftsordnung die Nutzungsänderung eines zum Sondereigentum gehörenden Raums (hier: Keller) mit Mehrheit beschlossen werden, so ist der Wohnungseigentümer, dem dieses Sondereigentum zusteht, grundsätzlich nicht von der Beschlussfassung ausgeschlossen (BayObLG, 22.5.1997, 2Z BR 15/97).
- Ein Miteigentümer wird als Verwaltungsbeirat bestellt (BayObLG, 7.8.2001, 2Z BR 38/01) sowie bei dessen Abberufung, soweit sie nicht aus wichtigem Grund erfolgt.
- Soweit der Verwalter in Ausübung ihm erteilter Vollmachten für die Genehmigung der Jahresabrechnung gestimmt hat, besteht kein Stimmrechtsausschluss (LG Hamburg, 11.5.2011, 318 S 171/10).
- Beschluss über die Abrechnung, wenn der Verwalter auch Miteigentümer ist (BayObLG, 22.6.1995, 2Z BR 48/95).
- Ein Stimmrechtsausschluss kann nicht allein aus dem Umstand abgeleitet werden, dass Wohnungseigentum an nahe Angehörige mit dem Ziel übertragen wird, sich weitere Stimmrechte (bei Kopfprinzip) in der Eigentümerversammlung zu sicheRn. Maßgeblich ist vielmehr, ob in der Ausnutzung der Stimmenmehrheit ein Rechtsmissbrauch zulasten der Minderheit liegt. Derart zustande gekommene Beschlüsse sind auf Antrag für ungültig zu erklären (OLG München, 23.8.2006, 34 Wx 58/06).
- Wenn ein Verwalter nicht selbst Wohnungseigentümer ist, sondern als Vertreter anderer Wohnungseigentümer auftritt und dabei über seine eigene Abberufung abstimmt, geht es um die Ausübung des Stimmrechts der Miteigentümer und damit um deren Recht auf Mitgestaltung der Gemeinschaftsange-

legenheiten. Der Verwalter ist deshalb weder durch § 25 Abs. 5 WEG noch durch den allgemeinen Rechtsgedanken, wonach das Mitglied einer Personenvereinigung nicht an der Entscheidung über Maßnahmen beteiligt sein soll, die die Gemeinschaft ihm gegenüber aus wichtigem Grund vornehmen will, gehindert, an einer solchen Beschlussfassung mitzuwirken (OLG München, 15.9.2010, 32 Wx 16/10).

- Von dem Stimmrechtsverbot nach § 25 Abs. 5 Alt. 2 WEG werden nur Abstimmungen über Beschlussgegenstände erfasst, die verfahrensrechtliche Maßnahmen betreffen. Darunter fallen insbesondere Beschlüsse über die Einleitung des Rechtsstreits, die Art und Weise der Prozessführung sowie die Frage der verfahrensrechtlichen Beendigung. Dass eine Beschlussfassung Auswirkungen auf den Rechtsstreit in materiell-rechtlicher Hinsicht hat oder haben kann, genügt nicht (BGH, 14.10.2011, V ZR 56/11).

Selbst wenn einem Eigentümer wegen § 25 Abs. 5 WEG kein Stimmrecht zusteht, schließt das nicht sein Teilnahme-, Rede- und Antragsrecht (siehe dort) bei der Versammlung aus. Auch ein Stimmrechtsausschluss in der Eigentümerversammlung hat keinen grundsätzlichen Verlust des Anfechtungsrechts zur Folge. Der ausgeschlossene Miteigentümer kann einen formellen Mangel, zum Beispiel den Verstoß gegen den Grundsatz der Nichtöffentlichkeit (Versammlungsort), auch nach erfolgtem Stimmrechtsausschluss rügen (LG Frankfurt/Main, 21.9.2011, 2-13 S 118/10). Soweit ein Wohnungseigentümer von seinem Stimmrecht ausgeschlossen ist, kann er keine dritte Person mit der Ausübung des Stimmrechts bevollmächtigen. Umgekehrt ist er dann auch grundsätzlich nicht befugt, einen anderen Wohnungseigentümer zu vertreten (AG Essen-Steele, 27.10.2014, 21 C 51/13). Sind Ehegatten Miteigentümer eines Wohnungseigentums nach Bruchteilen oder in Gütergemeinschaft und ist einer von ihnen nicht stimmberechtigt, so wirkt der Ausschluss auch gegen den anderen Ehegatten.

Nimmt ein Eigentümer, der eigentlich von seinem Stimmrecht ausgeschlossen ist, dennoch an der Beschlussfassung teil, darf die Stimme nicht gezählt werden. Übersieht der Verwalter dies, ist der Beschluss zunächst nicht nichtig, aber auf Anfechtung für ungültig zu erklären, wenn ohne die Stimme des Ausgeschlossenen keine Mehrheit zustande gekommen wäre. Verhält es sich jedoch umgekehrt, dass also einzelne Wohnungseigentümer zu Unrecht von der Beschlussfassung ausgeschlossen werden, sind die betreffenden Beschlüsse bei Anfechtung für ungültig zu erklären; das gilt unabhängig von der Frage, ob sich die Stimmrechtsausübung des Ausgeschlossenen auf das Beschlussergebnis ausgewirkt hat.

Hinweis: Beteiligen sich an einer Abstimmung nicht stimmberechtigte Personen, führt dies grundsätzlich zur Anfechtbarkeit des Beschlusses einer Eigentümerversammlung, die jedoch nur durchgreift, wenn die Stimmen das Beschlussergebnis verändern würden (AG Essen-Steele, 27.10.2014, 21 C 51/13).

Durch Vereinbarung kann eine Beschränkung des Stimmrechts dahingehend erfolgen, dass zur Vertretung in der Eigentümerversammlung nur bestimmte Personen, zum Beispiel andere Miteigentümer oder nahe Familienangehörige, ermächtigt werden können (Vertretungsbeschränkungen). Dies lässt sich auf den Grundsatz der Nichtöffentlichkeit der Versammlung zurückführen. Insbesondere kommt hier ein Ausschluss des Mieters als Vertretungsberechtigter in Betracht. Ein mehrheitlicher Beschluss reicht für die Beschränkung des Stimmrechts allerdings nicht aus und wäre als gesetzesändernder Mehrheitsbeschluss nichtig.

4 Ruhen des Stimmrechts

Von einem ruhenden Stimmrecht spricht man, wenn der Wohnungseigentümer aus bestimmten Gründen nicht nur punktuell bei einem Beschlussgegenstand, sondern generell bei allen Beschlussfassungen kein Stimmrecht hat. Gesetzlich geregelt ist dieser Fall in § 25 Abs. 5 Alt. 3 WEG, wonach der gemäß § 18 WEG (Entziehung des Eigentums) rechtskräftig verurteilte Wohnungseigentümer sein Stimmrecht verliert.

Neben der gesetzlichen Regelung des § 25 Abs. 5 WEG über Stimmrechtsausschlüsse kann in der Teilungserklärung oder der Gemeinschaftsordnung für bestimmte Fälle das Ruhen des Stimmrechts vereinbart werden. Dabei muss die Vereinbarung allerdings der Bedeutung des Stimmrechts für den einzelnen Wohnungseigentümer Rechnung tragen. Derartige Vereinbarungen müssen hinreichend konkret gefasst sein, damit sich die Wohnungseigentümer darauf einstellen können. Das Ruhen des Stimmrechts kommt in Betracht, wenn sich ein Wohnungseigentümer einer ernsthaften Verletzung der ihm obliegenden Pflichten schuldig macht. Nach früherer Ansicht war dies der Fall, wenn er seiner Verpflichtung zur Zahlung des Hausgeldes in erheblichem Umfang schuldhaft nicht nachgekommen ist. Nach neuerer Ansicht (BGH, 10.12.2010, V ZR 60/10) ist eine Regelung in der Teilungserklärung/Gemeinschaftsordnung, die einen Wohnungseigentümer bei Hausgeldschulden von seinem Stimmrecht ausschließt, gemäß § 134 BGB nichtig, da hier in den Kernbereich elementarer Mitgliedschaftsrechte eingegriffen wird.

5 Stimmenthaltung

Die Ermittlung des Abstimmungsergebnisses erfolgt durch Auszählung der Ja-Stimmen, Nein-Stimmen und

Enthaltungen. Die Stimmenthaltungen werden bei der Feststellung, ob ein Beschluss zustande gekommen ist, nicht berücksichtigt. Für das Beschlussergebnis ausschließlich maßgeblich ist, ob die Anzahl der Ja-Stimmen die Anzahl der Nein-Stimmen übersteigt. Die Beschlussfähigkeit (siehe dort) der Eigentümerversammlung wird durch Stimmenthaltungen nicht beeinträchtigt. Durch ausdrückliche Vereinbarung in der Gemeinschaftsordnung ist es jedoch möglich, Stimmenthaltungen als Nein-Stimmen zu werten. Im schriftlichen Umlaufverfahren (siehe „Umlaufbeschluss") gilt es zu beachten, dass ein Beschluss nur dann zustande kommt, wenn alle Miteigentümer positiv zustimmen. Bei nur einer Enthaltung kommt er hier bereits nicht zustande.

6 Majorisierung, Stimmrechtsmissbrauch

Eine majorisierende Stimmenmehrheit liegt dann vor, wenn ein einzelner Eigentümer die Mehrheit aller berechtigten Stimmen auf sich vereinigt. Nach der gesetzlichen Vorgabe des § 25 Abs. 2 WEG hat jeder Eigentümer bei der Abstimmung nur eine Stimme. Hiervon kann jedoch durch Vereinbarung in der Teilungserklärung/Gemeinschaftsordnung abgewichen werden. Allerdings kann die Stimmrechtsausübung nach dem Wert- oder Objektprinzip unter Umständen dazu führen, dass ein Eigentümer, der viele Sondereigentumseinheiten besitzt, die Mehrheit der Stimmrechte auf sich vereinigt. Übt dieser Eigentümer seine Stimmenmehrheit rechtsmissbräuchlich aus, kann der betreffende Beschluss im Rahmen einer Anfechtungsklage binnen Monatsfrist gerichtlich überprüft und ggf. für ungültig erklärt werden.

Diese Problematik tritt oftmals bei der Verwalterwahl zutage. Von einer rechtsmissbräuchlichen Stimmrechtsausübung ist dann auszugehen, wenn ein Mehrheitseigentümer einen ihm verbundenen Verwalter bestellt, dessen persönliche und fachliche Ungeeignetheit ihm bekannt ist oder wenn bereits vor der Bestellung Interessensgegensätze offenkundig sind und deshalb von vornherein nicht mit der Begründung eines unbelasteten, für die Ausübung des Verwalteramtes erforderlichen Vertrauensverhältnisses gegenüber allen Wohnungseigentümern zu rechnen ist (OLG Düsseldorf, 16.4.1999, 3 Wx 77/99).

Die rechtsmissbräuchliche Majorisierung durch einen Mehrheitseigentümer liegt dann vor, wenn zur Ausübung des Mehrheitsstimmrechts weitere Umstände hinzutreten, die einen Verstoß gegen die Pflicht zur Rücksichtnahme auf die Interessen der Gemeinschaft und damit gegen die Grundsätze ordnungsgemäßer Verwaltung darstellen. Ein solcher Verstoß kann schon anzunehmen sein, wenn der Mehrheitseigentümer eine erheblich teurere Verwaltung wählt, obwohl kein sachlicher Grund für die Bevorzugung bestand (LG Berlin, 23.9.2014, 55 S 302/12). Verfolgt ein Eigentümer private Sonderinteressen bei der Wahl des Verwalters, schließt ihn das grundsätzlich nicht nach § 25 Abs. 5 WEG von der Abstimmung aus, wenn zur Majorisierung nicht weitere Umstände hinzutreten, die eine unangemessene Bevorteilung darstellen (LG Frankfurt/Oder, 18.9.2012, 16 S 9/12).

Eine unzulässige Majorisierung liegt nicht schon vor, wenn der Mehrheitseigentümer mit seinen Stimmen einen Beschluss gegen die Stimmen aller anderen Wohnungseigentümer durchsetzt. Nutzt er ein ihm zustehendes Stimmenübergewicht, wie es sich insbesondere aus der Vereinbarung eines Objektstimmrechts ergeben kann, jedoch, um eine eigennützige, sachlich nicht gerechtfertigte, insbesondere gegen die Grundsätze ordnungsgemäßer Verwaltung verstoßende oder gesetzwidrige Entscheidung herbeizuführen, begründet dies den Vorwurf rechtmissbräuchlichen Verhaltens. Die unter Missbrauch des Stimmrechts abgegebenen Stimmen sind unwirksam, müssen also bei Feststellung des Beschlussergebnisses unberücksichtigt bleiben (LG Mainz, 15.8.2011, 306 T 129/08).

Ebenso liegt nicht allein deshalb ein Stimmrechtsmissbrauch vor, weil ein Mehrheitseigentümer 90 % der Stimmen innehat; auch dann nicht, wenn er selbst oder ein von ihm favorisierter Kandidat als Verwalter zur Wahl steht (vgl. BGH, 19.9.2002, V ZB 30/02). Gleichfalls ist das Abstimmungsverhalten eines Wohnungseigentümers, der über eine Stimmmehrheit verfügt, nicht rechtsmissbräuchlich, wenn für die Stimmabgabe nachvollziehbare und verständliche Gründe vorliegen (BayObLG, 3.5.2005, 2Z BR 143/04, zur Ablehnung der Genehmigung der Jahresabrechnung).

Hinweis: Nur wenn (ausnahmsweise) konkrete Umstände in der Versammlung hervorgetreten sind, die die Annahme eines Stimmrechtsmissbrauchs nahelegen, ist der Verwalter als Versammlungsleiter berechtigt und verpflichtet, die wegen Missbrauchs nichtige Stimme des Mehrheitseigentümers nicht mitzuzählen (BGH, 19.9.2002, V ZB 30/02). Wird in einem solchen Fall ein Beschlussantrag gegen den Willen des Mehrheitseigentümers abgelehnt, muss dieser den Beschluss fristgerecht anfechten, damit er nicht bestandskräftig wird.

7 Stimmrechtsvertretung

Jeder Wohnungseigentümer ist berechtigt, sich durch eine frei wählbare dritte Person bei der Eigentümerversammlung vertreten zu lassen. Soll eine geschäftsunfähige oder minderjährige Person vertreten werden, ist die Vertretung durch den Betreuer gemäß § 1902 BGB bzw. durch die Eltern gemäß § 1626 und § 1629 BGB bereits gesetzlich angeordnet. Minderjährige können ihr Stimmrecht nur dann selbst ausüben, wenn der Beschluss für sie lediglich rechtlich vorteilhaft ist (§ 107 BGB). Bei juristischen Personen wie der Aktiengesellschaft und der GmbH vertritt der gesetzliche Vertreter gemäß § 78 Aktiengesetz (AktG) und § 35 GmbHG die Gesellschaft, bei Personengesellschaften wie der Kommanditgesellschaft (KG), Offenen Handelsgesellschaft (OHG) und GbR der vertretungsberechtigte Gesellschafter oder ein Prokurist, der seine Vollmacht nachweist. Sind mehrere Personen zur Vertretung der Gesellschaft berechtigt, gilt auch hier, dass das Stimmrecht nur einheitlich ausgeübt werden kann.

Liegt keine gesetzliche, sondern eine gewillkürte Stellvertretung vor, so kann, wenn die Gemeinschaftsordnung keine diesbezügliche Vereinbarung enthält, die Person des Vertreters grundsätzlich frei gewählt werden. Als Vertreter kommen beispielsweise der Ehegatte, der Verwalter, ein Mitglied des Verwaltungsbeirats, sonstige Miteigentümer, Rechtsanwälte, Steuerberater oder Vermögensverwalter infrage. Sogar Mieter können bevollmächtigt werden, wobei dies nicht empfehlenswert ist, da oftmals Interessenkollisionen vorliegen können. Ein Wohnungseigentümer kann sich bei der Ausübung seines Stimmrechts auch durch mehrere Bevollmächtigte vertreten lassen. Diese können jedoch nur einheitlich abstimmen, wenn sie gleichzeitig in der Versammlung anwesend sind (BGH, 30.3.2012, V ZR 178/11).

Hinweis: Ist ein Wohnungseigentümer mit seinem Stimmrecht ausgeschlossen, kann dies nicht durch Vertretung umgangen werden. Der Vertreter kann nur die Rechte haben, die sich vom Vertretenen ableiten (BGH, 6.12.2013, V ZR 85/13).

Ein Eigentümerbeschluss, durch den der Vertreter von der Teilnahme an der Versammlung ausgeschlossen wurde, ist als sogenannter Geschäftsordnungsbeschluss (siehe „Beschluss“, Abschnitt 12) nicht anfechtbar. Jedoch kann der Ausschluss die Anfechtbarkeit der in der Versammlung gefassten Beschlüsse begründen, wenn er zu Unrecht erfolgte und nicht ausgeschlossen werden kann, dass die Beschlüsse auch ohne ihn zustande gekommen wären.

Macht der Vertreter eines Wohnungseigentümers in der Eigentümerversammlung von der Stimmrechtsvollmacht keinen Gebrauch, kann der Vollmachtgeber daraus weder Anfechtungs- noch Nichtigkeitsgründe hinsichtlich eines gegen seinen Willen zustande gekommenen Eigentümerbeschlusses herleiten (KG Berlin, 8.1.1997, 24 W 4957/96)

7.1 Vertretungsbeschränkungen

Durch eine Vereinbarung der Wohnungseigentümer in der Gemeinschaftsordnung kann das Recht, eine andere Person zur Ausübung des Stimmrechts zu bevollmächtigen, beschränkt werden. Eine Regelung, die vorsieht, dass eine Vertretung bei der Ausübung des Stimmrechts nur durch Ehegatten, andere Wohnungseigentümer oder den Verwalter stattfinden kann, ist zulässig (BayObLG, 10.8.2000, 2Z BR 36/00; nach OLG Köln, 8.12.2003, 16 Wx 200/03 gilt dies auch für den Lebensgefährten, wenn die nichteheliche Lebensgemeinschaft unstreitig und evident, auf Dauer angelegt und durch gemeinsame Kinder zu einem ehegleichen Verhältnis nach außen dokumentiert ist; BGH, 29.1.1993, V ZB 24/92, dies betrifft dann nicht nur die Stimmabgabe, sondern jede aktive Beteiligung).

Vertretungsbeschränkungen sind bedeutungslos, wenn die Stimmabgabe eines Vertreters in der Versammlung weder von den Miteigentümern noch von dem Versammlungsleiter beanstandet wird (KG Berlin, 20.7.1994, 24 W 3942/94). Darüber hinaus unterliegen Eigentümerbeschlüsse nicht deshalb der Aufhebung wegen formeller Mängel der Beschlussfassung, weil der Verwalter mit der Einladung Stimmrechtsvollmachten ohne Hinweis verschickt hat, dass nach der Teilungserklärung nur ein bestimmter Personenkreis bevollmächtigt werden darf, und ein Wohnungseigentümer in Unkenntnis einen Dritten bevollmächtigt, der dann vom Verwalter von der Stimmabgabe ausgeschlossen wird.

Hinweis: Ist ein Wohnungseigentümer mit seinem Stimmrecht ausgeschlossen (Stimmrechtsausschluss), kann dies nicht durch eine Vertretung umgangen werden. Der Vertreter hat nur die Rechte, die der Vertretene selbst hat. Ein Stimmrechtsverbot des Vertreters selbst ergibt sich aus § 25 Abs. 5 WEG, und zwar dann, wenn er selbst Miteigentümer und von der Stimmrechtsausübung ausgeschlossen ist.

Wird dem Verwalter die Vollmacht erteilt, ist das Selbstkontrahierungsverbot des § 181 BGB zu beachten. Vom Selbstkontrahieren spricht man, wenn jemand als Vertreter eines anderen im eigenen Namen mit sich selbst oder im Namen eines von ihm selbst gleichfalls vertretenen Dritten ein Rechtsgeschäft abschließt. Wenn der Verwalter nicht von § 181 BGB befreit ist, darf er an den Beschlussfassungen über die Abrechnung, die Entlastung, die Kündigung des Verwaltervertrags und andere mit ihm abzuschließende Rechtsgeschäfte nicht beteiligt sein.

7.2 Vollmacht

Dem Vertreter ist eine Vollmacht zu erteilen. Dies kann grundsätzlich formfrei erfolgen, also auch mündlich. Ist der Verwalter von der mündlich erteilten Vollmacht überzeugt, kann er den Vertreter zulassen. Erhebt ein Miteigentümer Einwände, so sollte der Verwalter über die Teilnahme des Vertreters an der Versammlung durch Geschäftsordnungsbeschluss abstimmen lassen. In der

Gemeinschaftsordnung kann vereinbart werden, dass im Fall der Vertretung eine schriftliche Vollmacht vorgelegt und zu den Akten des Verwalters übergeben werden muss. Die Übergabe der Vollmacht zu den Akten kann hierbei als Voraussetzung für die Ausübung des Stimmrechts erachtet werden (OLG München, 1.12.2005, 32 Wx 093/05).

Ist die Vertretung eines Wohnungseigentümers in der Wohnungseigentümerversammlung nach der Gemeinschaftsordnung nur mit dessen schriftlicher Vollmacht zulässig, so muss die Vollmacht im Original bei jeder Versammlung vorliegen; dies gilt auch für eine sogenannte Dauervollmacht. Haben die Wohnungseigentümer und der Verwaltungsbeirat die Vertretung eines Wohnungseigentümers durch einen Bevollmächtigten seit fast fünf Jahren auch ohne Vorlage einer Originalvollmacht hingenommen, obwohl dies der Regelung in der Teilungserklärung zur Vertretung eines Eigentümers in der Eigentümerversammlung widerspricht, darf die Gemeinschaft von der bisherigen Handhabung nur abweichen, wenn gewährleistet ist, dass der betroffene Wohnungseigentümer rechtzeitig für seine ordnungsgemäße Vertretung sorgen kann. Anderenfalls ist der Vertreter nach Treu und Glauben zur Teilnahme an der Versammlung zuzulassen (LG Mainz, 15.8.2011, 306 T 129/08).

Sieht die Vereinbarung in der Gemeinschaftsordnung vor, dass die Vollmacht in Schriftform vorgelegt werden muss, bedeutet das, dass die eigenhändige Unterzeichnung des Vollmachtgebers erforderlich ist. Ein Telegramm, eine E-Mail oder ein Fax reichen dann nicht aus. Kann der Vertreter seine Bevollmächtigung nicht durch Vorlage einer Originalvollmachtsurkunde nachweisen und ist der Verwalter von der Bevollmächtigung nicht überzeugt, kann der Verwalter dessen Stimme zurückweisen (OLG Düsseldorf, 9.7.2003, I-3 Wx 119/03). Dies kann auch durch den Widerspruch eines einzelnen Eigentümers erfolgen. Bei der Feststellung des Beschlussergebnisses darf die abgegebene Stimme dann nicht berücksichtigt werden.

Wird in einer Wohnungseigentümerversammlung der versammlungsleitende Verwalter durch eine Direktbevollmächtigung eines Mehrheitseigentümers tätig und weisen die anderen Wohnungseigentümer mit Blick auf § 174 Satz 1 BGB die Stimmabgabe für den Mehrheitseigentümer mangels Nachweises der Bevollmächtigung durch Vorlage eines Originals der Vollmachturkunde zurück, ist für die Wirksamkeit des Beschlusses unerheblich, ob die direkt erteilte Innenvollmacht tatsächlich bestand. Entscheidend ist vielmehr der Grund, warum die Stimmabgabe durch den Versammlungsleiter für den Mehrheitseigentümer zurückgewiesen wurde. Das gilt insbesondere dann, wenn die übrigen Wohnungseigentümer nicht nur eine Vorlage der Originalvollmacht verlangt haben, sondern nach Ansicht der Kopie erklärt haben, dass die Prüfung der wirksamen Bevollmächtigung mangels Vorlage des Originals nicht möglich sei (LG Landau, 24.6.2013, 3 S 177/12).

Die einem Wohnungseigentümer von einem Miteigentümer erteilte Vollmacht, ihn in allen künftigen Wohnungseigentümerversammlungen bis auf Widerruf zu vertreten (Dauervollmacht), kann sowohl gegenüber dem Bevollmächtigten selbst als auch gegenüber der Eigentümergemeinschaft wirksam widerrufen werden. Der Widerruf kann ausdrücklich oder durch schlüssiges Verhalten erklärt werden, etwa durch Bestellung eines neuen Bevollmächtigten. Erteilt der Wohnungseigentümer dem Verwalter eine speziell auf eine bestimmte Eigentümerversammlung bezogene Vollmacht, so erlischt die einem Miteigentümer bis auf Widerruf erteilte Vollmacht, soweit sie sich auf diese konkrete Versammlung erstreckt (OLG Hamburg, 28.1.2005, 2 Wx 44/04).

Die Vollmacht sollte klar erkennen lassen, welchen Umfang sie zeitlich und inhaltlich hat. Dabei kann bestimmt werden, ob die Bevollmächtigung für einzelne Tagesordnungspunkte, für eine ganze Versammlung oder als sogenannte Dauervollmacht, die auch für alle künftigen Versammlungen gelten soll, angelegt ist. In der Vollmacht können zudem bestimmte Weisungen, inwiefern der Vertreter zu stimmen hat, aufgenommen werden. Enthält sie keine ausdrücklichen Weisungen, ist davon auszugehen, dass die Vollmacht alle auf der Tagesordnung genannten Punkte umfasst. Die Vollmacht betrifft üblicherweise nicht nur das Stimmrecht, sondern gibt dem Vertreter auch ein Rede- und Antragsrecht.

Der Verwaltungsbeirat und jeder einzelne Wohnungseigentümer sind berechtigt, Einblick in die dem Verwalter zur Eigentümerversammlung erteilten Vollmachten zu nehmen (OLG München, 31.10.2007, 34 Wx 60/07) und ggf. zu überprüfen, ob Beschlussfähigkeit und eine ordnungsgemäße Abstimmung gegeben ist.

7.3 Untervollmacht

Es besteht die Möglichkeit, dass der Vertreter eine Untervollmacht erteilt. Dies ist grundsätzlich zulässig, wenn die Gemeinschaftsordnung keine abweichende Regelung enthält. Mangels anderweitiger Bestimmung in der Gemeinschaftsordnung oder in der Vollmacht kann beispielsweise der Verwalter für ihm erteilte Abstimmungsvollmachten Untervollmachten weitergeben, soweit er damit keine Weisungen über die Stimmrechtsausübung verbindet (BayObLG, 5.4.1990, BReg. 2 Z 14/90). Ob jedoch die Vollmachtsurkunde erkennen lassen muss, inwiefern die Unterbevollmächtigung gestattet oder generell zulässig ist, wird in der Rechtsprechung nicht einheitlich beurteilt. Im Einzelfall wird dies durch Auslegung zu ermitteln sein, wobei der höchstpersönliche Charakter einer Vollmacht meist dazu führen wird, dass keine Berechtigung zur Erteilung von Untervollmachten besteht.

Sieht die Gemeinschaftsordnung eine begrenzte Anzahl von Vertretungsmöglichkeiten vor, so muss die Erteilung einer Untervollmacht jedenfalls gestattet werden, weil ansonsten das Stimmrecht des bevollmächtigenden Eigentümers in der Versammlung verloren gehen würde, wenn einem Eigentümer mehr Vollmachten, als nach der Vereinbarung zulässig wäre, erteilt werden. Uneinheitlich wird die Frage beantwortet, ob der vom Stimmrecht ausgeschlossene Wohnungseigentümer ihm erteilte Vollmachten weitergeben, also Untervollmacht erteilen kann. Nach einer Ansicht (BayObLG, 5.4.1990, BReg. 2 Z 14/90) soll der Bevollmächtigte, wenn sich aus der Vollmacht oder entsprechenden Regelungen in der Vereinbarung der Wohnungseigentümer nicht ausdrücklich etwas anderes ergibt, berechtigt sein, Untervollmacht zu erteilen, soweit er dem Unterbevollmächtigten nicht Weisungen über die Stimmrechtsausübung erteilt. Nach anderer Ansicht (OLG Zweibrücken, 14.5.1998, 3 W 40/98) soll der Bevollmächtigte nur dann Untervollmacht erteilen können, wenn ihm dies ausdrücklich gestattet ist. In jedem Fall darf die Untervollmacht nicht mit Weisungen über das Abstimmungsverhalten verbunden werden, da sich ansonsten der in der Person des Vertreters bestehende Interessenkonflikt in der Person des von ihm bestimmten Unterbevollmächtigten fortsetzen und der Stimmrechtsausschluss auf diese Weise umgangen werden würde.

Streitwert

„Gerichtliches Verfahren in Wohnungseigentumssachen"

Tätige Mithilfe

Zur tätigen Mithilfe, zum Beispiel im Bereich der Räum- und Streupflicht (siehe dort) sowie der Reinigungspflicht, sind die Eigentümer nicht verpflichtet. Das Einfordern von Eigenleistungen der Wohnungseigentümer in der Hausordnung ist nicht zulässig; eine solche Verpflichtung kann nur durch Vereinbarung begründet werden (BGH, 9.3.2012, V ZR 161/11). Dies gilt auch im Bereich der Instandhaltung und Instandsetzung. Nach § 16 Abs. 2 WEG haben die Wohnungseigentümer zur Finanzierung der Durchführung gemeinschaftlicher Verwaltung und damit auch zur ordnungsmäßigen Instandhaltung und Instandsetzung durch anteilige Geldleistungen beizutragen. Eine darüber hinausgehende Leistungspflicht gegen den Willen des Wohnungseigentümers kann durch einen Mehrheitsbeschluss der Wohnungseigentümer nicht konstitutiv begründet werden; ein gleichwohl gefasster Mehrheitsbeschluss ist nichtig (BGH, 15.1.2010, V ZR 72/09; BGH, 18.6.2010, V ZR 193/09).

Tagesordnung

„Eigentümerversammlung", Abschnitt 3.1

Teileigentum

Wird Sondereigentum (siehe dort) an nicht zu Wohnzwecken dienenden Räumen in der Teilungserklärung begründet, so handelt es sich um Teileigentum gemäß § 1 Abs. 3 WEG. Das kann zum Beispiel gewerbliche Räume, Garagen, Keller, Speicher- oder Hobbyräume betreffen. Wohnungs- und Teileigentum unterscheidet sich also lediglich im Hinblick auf die Zweckbestimmung der Nutzung. Die Voraussetzung zur Begründung von Sondereigentum ist jedoch immer, dass in sich abgeschlossene Räume vorliegen. Eine Ausnahme von diesem Grundsatz gilt im Hinblick auf Tiefgaragenstellplätze. Auch sie gelten als abgeschlossene Räume, wenn ihre Flächen durch dauerhafte Markierungen ersichtlich sind (siehe „Garage/Kfz-Stellplatz").

Teilnahme Dritter an der Eigentümerversammlung

„Eigentümerversammlung", Abschnitt 4

Teilrechtsfähigkeit der Wohnungseigentümergemeinschaft

Teilrechtsfähigkeit bedeutet, als Rechtssubjekt am Rechtsverkehr aktiv teilnehmen zu können, Träger von Rechten und Pflichten zu sein, im gerichtlichen Verfahren klagen und verklagt werden zu können. Seit der Rechtsprechung des BGH (2.6.2005, V ZB 32/05) ist anerkannt, dass die Wohnungseigentümergemeinschaft teilrechtsfähig ist. Gemäß § 10 Abs. 6 WEG hat die Wohnungseigentümergemeinschaft folgende Rechte und Pflichten:

- Sie kann im Rahmen der gesamten Verwaltung des gemeinschaftlichen Eigentums gegenüber Dritten und Wohnungseigentümern selbst Rechte erwerben und Pflichten eingehen.
- Sie kann Inhaberin der von der Gemeinschaft gesetzlich begründeten und rechtsgeschäftlich erworbenen Rechte und Pflichten sein.
- Sie kann die gemeinschaftsbezogenen Rechte der Wohnungseigentümer ausüben.
- Sie kann die gemeinschaftsbezogenen Pflichten der Wohnungseigentümer wahrnehmen.
- Sie kann sonstige Rechte und Pflichten der Wohnungseigentümer wahrnehmen, soweit diese ge-

meinschaftlich geltend gemacht werden können oder zu erfüllen sind.

Hiernach ist zwischen folgenden Rechtssubjekten zu unterscheiden:

- Teilrechtsfähige Wohnungseigentümergemeinschaft als Verband
- Alle Wohnungseigentümer als Mitglieder der nichtrechtsfähigen Bruchteilsgemeinschaft
- Wohnungseigentümer als rechtsfähige Einzelperson.

Hinweis: Tritt die Wohnungseigentümergemeinschaft als Verband auf, muss sie gemäß § 10 Abs. 6 Satz 4 WEG die Bezeichnung „Wohnungseigentümergemeinschaft" gefolgt von der bestimmten Angabe des gemeinschaftlichen Grundstücks führen.

Die Rechte und Pflichten der Wohnungseigentümergemeinschaft beziehen sich auf die gesamte Verwaltung des gemeinschaftlichen Eigentums, den Gebrauch des gemeinschaftlichen Eigentums (§ 15 WEG) sowie auf die gemeinschaftliche Verwaltung im Zusammenhang mit Maßnahmen zur Entziehung des Wohnungseigentums (§ 18 WEG). Dies betrifft zum einen das Außenverhältnis der Gemeinschaft zu Dritten, zum anderen das Innenverhältnis zu den WohnungseigentümeRn. Mit Außenverhältnis bestehen diejenigen Rechtsverhältnisse, in denen die Wohnungseigentümergemeinschaft gegenüber Dritten auftritt. Hierzu zählen die von der Gemeinschaft gesetzlich begründeten und von ihr rechtsgeschäftlich erworbenen und eingegangenen Rechte und Pflichten. Vertragspartner sind nicht die einzelnen Wohnungseigentümer, sondern die Wohnungseigentümergemeinschaft als Verband. Dem Verwalter obliegt hierbei gemäß § 27 Abs. 3 WEG als Organ der Wohnungseigentümergemeinschaft ihre Vertretung.

Zu den Angelegenheiten der Wohnungseigentümergemeinschaft als Verband im Außenverhältnis zählen insbesondere folgende:

- Verwaltervertrag.
- Beauftragung von Handwerkern im Rahmen von Maßnahmen der Instandhaltung, Instandsetzung oder Modernisierung des Gemeinschaftseigentums.
- Einholung von Kostenvoranschlägen für Sanierungsmaßnahmen.
- Abschluss von Wartungs- oder Dienstleistungsverträgen.
- Bestellung von Heizöl bzw. Abschluss von Energielieferungsverträgen.
- Abschluss eines Hausmeistervertrags.
- Abschluss von Darlehensvertragen (siehe „Darlehen/Kreditaufnahme").
- Mängelansprüche aus Erwerbsverträgen mit Bauträgern, soweit sie grundsätzlich der Gemeinschaft zustehen. Halten jedoch die einzelnen Wohnungseigentümer als Erwerber gegenüber dem Bauträger bereits einen den Vorschussbetrag für Mängelbeseitigung deutlich übersteigenden Betrag zurück, ist der Verband nicht berechtigt, zusätzlich einen Vorschuss zu verlangen (LG Bonn, 20.5.2014, 7 O 351/13).
- Individuelle Mängelansprüche der Wohnungseigentümer, die die teilrechtsfähige Wohnungseigentümergemeinschaft durch Mehrheitsbeschluss an sich gezogen hat. Die Wohnungseigentümer können im Rahmen der ordnungsgemäßen Verwaltung des Gemeinschaftseigentums die Ausübung der auf die ordnungsgemäße Herstellung des Gemeinschaftseigentums gerichteten Rechte der einzelnen Erwerber aus den Verträgen mit dem Veräußerer, die nicht ihrer Natur nach gemeinschaftsbezogen sind, durch Mehrheitsbeschluss auf die rechtsfähige Wohnungseigentümergemeinschaft übertragen (sogenanntes Ansichziehen). Diese ist dann dafür zuständig, die auf die Beseitigung von Mängeln des Gemeinschaftseigentums gerichteten Ansprüche durchzusetzen. Die Eigentümergemeinschaft kann auch dazu ermächtigt werden, eine nur im Verhältnis zu einem Eigentümer vereinbarte Beschaffenheit, die das Gemeinschaftseigentum betrifft, einzufordern (OLG Köln, 30.6.2014, I-11 U 69/14).
- Mängelrechte bzw. Schadenersatzansprüche, die aus Verträgen resultieren, die die Wohnungseigentümergemeinschaft als Verband geschlossen hat, zum Beispiel gegenüber dem Verwalter oder Handwerkern.
- Pflicht zur Verkehrssicherung des gemeinschaftlichen Eigentums, zum Beispiel Räum- und Streupflicht und ausreichende Beleuchtung im Anwesen (OLG München, 24.10.2005, 34 Wx 82/05).
- Erwerb von Immobilien (OLG Hamm, 20.10.2009, I-15 Wx 81/09); im Rahmen der einer Wohnungseigentümergemeinschaft verliehenen Teilrechtsfähigkeit ist auch von ihrer Grundbuchfähigkeit auszugehen (OLG Celle, 26.2.2008, 4 W 213/07; siehe auch „Verwaltungsvermögen").
- Nachbarrechtliche Verstöße; geht eine nachbarliche Eigentumsstörung vom Gemeinschaftseigentum aus, ist die Wohnungseigentümergemeinschaft zu verklagen (LG Berlin, 3.9.2014, 8 O 258/12).
- Vermietung von im gemeinschaftlichen Eigentum stehenden Grundstücksflächen.

Die teilrechtsfähige Gemeinschaft ist auch Inhaberin von Rechten und Pflichten im Innenverhältnis, also gegenüber einzelnen Mitgliedern der Wohnungseigentümergemeinschaft. Zu ihren Angelegenheiten als Verband im Innenverhältnis gehören insbesondere die folgenden:

- Ansprüche auf Zahlung anteiliger Lasten- und Kostenbeiträge (zum Beispiel Hausgeld, Sonderumlagen, Beiträge zur Instandhaltungsrücklage, Nachzahlungen aus Jahresabrechnungen).
- Rückforderung zu viel gezahlter Hausgeldbeiträge.
- Schadenersatzansprüche gegen den Verwalter.
- Klagen auf Entziehung des Wohnungseigentums gemäß § 18 und § 19 WEG.
- Schadenersatzansprüche gegen einzelne Eigentümer wegen Beschädigung gemeinschaftlichen Eigentums, zum Beispiel im Rahmen baulicher Veränderungen eines einzelnen Eigentümers. Eine von einem Wohnungseigentümer eigenmächtig vorgenommene bauliche Maßnahme (hier: Terrassenüberdachung) begründet einen Nachteil für alle Wohnungseigentümer, wenn sie die Instandsetzung des gemeinschaftlichen Eigentums erschwert. Eine angebotene finanzielle Kompensation lässt den Nachteil nicht entfallen, sondern kann nur als Mittel dienen, um die anderen Wohnungseigentümer zu der Erteilung der Zustimmung zu bewegen. Schadenersatzansprüche, die auf die Verletzung des Gemeinschaftseigentums gestützt werden, sind im Interesse einer geordneten Verwaltung des Gemeinschaftseigentums einheitlich geltend zu machen. Es besteht, anders als bei Ansprüchen gemäß § 1004 BGB, eine geborene Ausübungsbefugnis der Wohnungseigentümergemeinschaft, und zwar auch für Wiederherstellungsansprüche gemäß § 823 Abs. 1 i. V. m. § 249 Abs. 1 BGB (BGH, 7.2.2014, V ZR 25/13).
- Klage auf Beseitigung baulicher Veränderungen nach Mehrheitsbeschluss. Ein Wohnungseigentümer verliert mit der beschlossenen Vergemeinschaftung von Störungsbeseitigungsansprüchen seinen diesbezüglichen Individualanspruch, sofern die Störung ausschließlich das gemeinschaftliche Eigentum betrifft und sein Sondereigentum nur indirekt betroffen ist. Den Anspruch kann dann nur noch der teilrechtsfähige Verband geltend machen (BGH, 5.12.2014, V ZR 85/14).
- Klage auf Unterlassung einer zweckbestimmungswidrigen Nutzung nach Mehrheitsbeschluss.

Zu den Individualansprüchen, die den Wohnungseigentümern verbleiben, siehe „Individualansprüche der Wohnungseigentümer"

Nachdem die Wohnungseigentümergemeinschaft als Rechtssubjekt anerkannt ist, können Gläubiger im Hinblick auf gemeinschaftsbezogene Forderungen das Verwaltungsvermögen in Anspruch nehmen und ggf. ihre Forderungen gegen die Wohnungseigentümergemeinschaft als solche gerichtlich geltend machen. Haftungsmasse ist hierbei nicht das Gemeinschafts- oder Sondereigentum, sondern das Verwaltungsvermögen (siehe dort). Die Gläubiger der Wohnungseigentümergemeinschaft können jedoch auch weiterhin einzelne Wohnungseigentümer für die Verwaltungsschulden der Gemeinschaft in Anspruch nehmen.

Die beiden Herangehensweisen können nebeneinander verfolgt werden; es ist nicht erforderlich, dass zuerst ein erfolgloses Verfahren gegen die Wohnungseigentümergemeinschaft durchgeführt wird. Die Haftung des einzelnen Wohnungseigentümers (siehe „Haftung der Eigentümer") beschränkt sich der Höhe nach anteilig auf seinen Miteigentumsanteil am Gemeinschaftseigentum. Der Umfang der Haftung bestimmt sich stets nach der Höhe des Miteigentumsanteils. Wurde ein einzelner Wohnungseigentümer von einem Gläubiger auf Zahlung anteilig in Höhe seines Miteigentumsanteils in Anspruch genommen, so steht ihm im Innenverhältnis gegenüber der Wohnungseigentümergemeinschaft ein Ausgleichsanspruch zu, soweit er seiner Verpflichtung zur Zahlung der fälligen Gelder (Hausgeld, Sonderumlage, Instandhaltungsrücklage etc.) nachgekommen ist.

Teilungsvertrag

„Begründung von Wohnungseigentum"

Terrasse

An einer ebenerdigen, offenen Terrasse kann kein Sondereigentum begründet werden, da keine vertikale Begrenzung zum Grundstück der Wohnungseigentümergemeinschaft besteht und damit der Bezug zum Gebäude fehlt (KG Berlin, 6.1.2015, 1 W 69/14). Darüber hinaus fehlt es an der Raumeigenschaft, wenn die Terrasse mit Platten belegt ist (OLG Köln, 21.4.1982, 2 Wx 13/82; OLG Hamburg: 4.3.2003, 2 Wx 102/99)

Sondereigentum gemäß § 3 Abs. 1 WEG können nur Räume in einem Gebäude, nicht dagegen Grundstücksflächen sein. Gemäß § 3 Abs. 2 WEG soll Sondereigentum lediglich eingeräumt werden, wenn die Wohnungen oder sonstigen Räume in sich abgeschlossen sind, das bedeutet, dass der Herrschaftsbereich des Sondereigentums durch die Abgeschlossenheit nach § 3 Abs. 2 WEG klar und dauerhaft vom Gemeinschaftseigentum abgegrenzt sein soll.

Auch findet nach Auffassung des KG Berlin die Rechtsprechung des BGH (18.7.2008, V ZR 97/07) zu den Luftschranken in diesem Zusammenhang keine Anwendung, weil in diesem Fall das Wohnungseigentum im Grundbuch bereits eingetragen war, es also gar nicht auf die Frage der Abgeschlossenheit ankam. Bei der Terrasse war vielmehr entscheidend, dass es sich bei ihr nicht um einen Raum handelt. Eine analoge Anwendung von § 3

Abs. 2 Satz 2 WEG, die mit der Fiktion eines abgeschlossenen Raums für Garagenstellplätze die Begründung von Sondereigentum ermöglicht, kommt ebenfalls nicht in Betracht. Für Terrassen bestehe ein solches Bedürfnis nicht, da Terrassen, die einer Wohnung zugeordnet sind, nicht verkehrsfähig sein müssen, da sie nicht getrennt von der Wohnung veräußert werden können. Zur Frage, ob Terrassen zwingend Gemeinschaftseigentum und damit nicht sondereigentumsfähig sind, liegt noch keine einschlägige Rechtsprechung des BGH vor. Die weitere Entwicklung hierzu bleibt abzuwarten.

Tiefgarage

„Garage/Kfz-Stellplatz“

Tierhaltung

Die unbeschränkte Tierhaltung in der Eigentumswohnung beinhaltet generell die objektive Gefahr, dass andere Eigentümer unzulässig belästigt werden. Ein generelles Verbot jeglicher Tierhaltung verstößt jedoch gegen § 13 Abs. 1 WEG und ist nichtig. Die Beschränkung der Tierhaltung durch Mehrheitsbeschluss entspricht aber den Grundsätzen ordnungsgemäßer Verwaltung (KG Berlin, 8.4.1998, 24 W 1012/97). Auch wenn die Hausordnung bereits formell in der Gemeinschaftsordnung enthalten ist, können ergänzende Regelungen zur Tierhaltung mehrheitlich beschlossen werden (OLG Saarbrücken, 9.10.1998, 5 W 365/98).

Eine Hausordnung mit dem Verbot, bestimmte Tiere zu halten, ist anfechtbar, nicht nichtig (BGH, 4.5.1995, V ZB 5/95). Im Einzelfall kann jedoch einem solchen Verbot der Grundsatz von Treu und Glauben (§ 242 BGB) entgegenstehen. Nach Abwägung aller Umstände kann es unter Berücksichtigung von Art. 3 Abs. 3 Satz 2 GG dazu führen, dass (etwa bei behinderten Personen) ein solches (grundsätzlich wirksames) Verbot nicht durchgesetzt werden kann (BayObLG, 25.10.2001, 2Z BR 81/01).

Die Haltung dreier Hasen und eines Meerschweinchens hält sich noch im Rahmen des sozial üblichen Bewohnens i. S. d. § 13 Abs. 1 WEG, sofern für die Tiere ein ordentlicher Stall im Zimmer vorgesehen ist. Die Haltung dieser Tiere kann daher nicht durch einen Mehrheitsbeschluss der Wohnungseigentümer untersagt werden. Nach der tradierten soziokulturellen Vorstellung der Allgemeinheit handelt es sich bei einem Schwein, das ein Meter lang, 50 Zentimeter breit und etwa einen Zentner schwer ist, nicht um ein Haustier. Seine Haltung gehört somit nicht zum wesentlichen Inhalt der Nutzung von Wohnungseigentum. Selbst wenn von der Schweinehaltung in der Wohnung keine Geruchsbelästigung ausgehen würde, reichte das bei den Miteigentümern nachvollziehbar vorhandene Unbehagen über diese Tierhaltung aus, um eine Störung des gemeinschaftlichen Zusammenlebens in einem Wohngebäude festzustellen. Die Haltung eines Schweins von dieser Größe in der Wohnung bedeutet somit einen Gebrauch, der sich nicht im Rahmen des § 14 Nr. 1 WEG bewegt; daher darf sie in der Eigentumswohnung durch Mehrheitsbeschluss untersagt werden (LG Stuttgart, 28.11.2011, 2 S 21/11).

Die durch bestandskräftigen Beschluss untersagte Hundehaltung ist vom Eigentümer einzuhalten, soll aber von einem Mieter selbst dann ignoriert werden können, wenn der vermietende Eigentümer gegen den Beschluss im Mietvertrag die Hundehaltung erlaubt hat. Die Eigentümer haben die Hundehaltung dann hinzunehmen, falls nicht vom Hund eine Störung ausgeht, die einen Unterlassungsanspruch nach § 1004 BGB erzeugt (LG Nürnberg-Fürth, 31.7.2009, 19 S 2183/09).

Ein Mehrheitsbeschluss, der Hunde- und Katzenhaltung mit Ausnahme der bereits vorhandenen Tiere in einer Wohnanlage generell verbietet, ist nicht nichtig (OLG Frankfurt/Main, 17.1.2011, 20 W 500/08).

Wohnungseigentümer sind berechtigt, durch Mehrheitsbeschluss Regeln zu setzen, die dazu geeignet sind, bei der Hundehaltung möglicherweise zu erwartende Belästigungen und Beeinträchtigungen auszuschließen oder zu mindeRn. Enthält die Teilungserklärung hinsichtlich der Tierhaltung keine Vorgaben, steht den Eigentümern für die Regelung der Hundehaltung auf den Freiflächen einer Wohnungseigentumsanlage ein weites Ermessen zu, dessen absolute Grenzen das vollständige Tierhaltungsverbot einerseits und die unbeschränkte Tierhaltungserlaubnis andererseits ausmachen (LG Itzehoe, 28.5.2014, 11 S 58/13).

Es gibt keinen Bestandsschutz, wonach bisher in Mehrzahl gehaltene Rudeltiere (zwei „Husky“-Hunde) auch in Zukunft in Mehrzahl gehalten werden können. Im Zweifel müssen beide Tiere abgegeben werden. Die Haustierhaltung gehört gerade nicht zum wesentlichen Inhalt der Nutzung von Wohnungseigentum (OLG Celle, 31.1.2003, 4 W 15/03).

Das Verbot in einer beschlossenen Hausordnung, Tiere im Aufzug zu befördern, ist wirksam. Durch die trotzdem erfolgende Nutzung des Fahrstuhls durch den Hund der Mieter von Wohnungseigentümern wird das Eigentum der Mitwohnungseigentümer beeinträchtigt (LG Karlsruhe, 12.12.2013, 5 S 43/13).

Hunde sind sowohl im Gebäude als auch in den Außenanlagen einer Wohnungseigentumsanlage anzuleinen. Dies ergibt sich aus dem wohnungseigentumsrechtlichen Rücksichtnahmegebot und unmittelbar aus dem Gesetz, sodass der Leinenzwang auch unabhängig von einem entsprechenden Eigentümerbeschluss oder einer Regelung in der Hausordnung gilt. Diese Verpflichtung folgt schon aus den § 15 Abs. 3 und § 14 Nr. 1 WEG. Das Laufenlassen von Hunden in dem Gebäude und auf dem Freigelände einer Wohnungseigentumslage stellt eine Beeinträchtigung der übrigen Eigentümer dar, die über das in § 14 Nr. 1 WEG bestimmte Maß hinausgeht.

Hierzu hat das AG München (19.9.2011, 485 C 1864/11) folgende Position eingenommen: Unabhängig davon, ob die Hunde der Beklagten gefährlich sind oder dazu neigen, aus sonstigen Gründen an Personen hochzuspringen, stellt schon allein der Umstand, dass die Hunde unangeleint herumlaufen, eine nicht unerhebliche Beeinträchtigung der übrigen Eigentümer der Wohnungseigentümergemeinschaft dar. Die übrigen Eigentümer können nur dann, wenn der Hund an der Leine ist, sicher sein, dass dieser nicht auf sie zugelaufen kommt und sie belästigt. Allein die Angst oder die Besorgnis der übrigen Eigentümer, die Hunde würden sie anspringen oder sonst belästigen, ohne dass die Hundehalterin ihre Hunde mangels Leine zurückhalten kann, stellt eine erhebliche Beeinträchtigung dar. Diese müssen die übrigen Eigentümer nicht hinnehmen.

Auch ohne Hausordnungsregelung oder Beschluss der Eigentümergemeinschaft zur Anleinpflicht ergibt sich bereits aus dem Rücksichtnahmegebot unter Wohnungseigentümern, dass ein Hund auf Gemeinschaftsflächen nur angeleint ausgeführt werden darf (AG München, 21.3.2013, 484 C 18498/12). Ob die in einem Mehrheitsbeschluss enthaltene, nicht gegen ein gesetzliches Verbot verstoßende Erlaubnis, Hunde auch unangeleint auf einer Rasenfläche des Gemeinschaftseigentums spielen zu lassen, ordnungsmäßigem Gebrauch entspricht, kann nicht generell bejaht oder verneint werden, sondern muss anhand der konkreten Umstände des Einzelfalls beurteilt werden (BGH, 8.5.2015, V ZR 163/14). Das Urinieren in den Gemeinschaftsgarten muss jedenfalls nicht hingenommen werden (AG München, 7.11.2013, 483 C 33323/12).

Trinkwasserverordnung

Inhaltsübersicht

Die Verordnung über die Qualität von Wasser für den menschlichen Gebrauch (Trinkwasserverordnung, TrinkwV) gilt seit dem 1.11.2003 und ist mit Wirkung vom 31.10.2011 bzw. 6.12.2012 überarbeitet worden. Davon werden Immobilien und damit auch Wohnungseigentumsanlagen erfasst, die über eine zentrale Trinkwasserversorgung sowie eine Anlage zur Trinkwassererwärmung verfügen, aus denen im Rahmen einer gewerblichen oder öffentlichen Tätigkeit Trinkwasser an Verbraucher abgegeben wird und eine Vernebelung von Wasser, zum Beispiel durch Duschen, stattfindet. Als Anlagen zur Trinkwassererwärmung gelten solche, die mit einem Trinkwasserspeicher von mehr als 400 Litern oder Warmwasserleitungen mit mehr als drei Litern Inhalt zwischen dem Abgang aus dem Trinkwassererwärmer und der Entnahmestelle (Wasserhahn oder Ähnliches) ausgestattet sind, ohne Berücksichtigung von sogenannten Zirkulationsleitungen, die ausschließlich der Rückführung von erwärmtem Trinkwasser zum Trinkwassererwärmer dienen (§ 3 Nr. 12 TrinkwV).

Von der Trinkwasserverordnung ausgenommen sind Einfamilienhäuser und Zweifamilienhäuser unabhängig vom Inhalt des Trinkwassererwärmers und den Inhalt der Rohrleitungen. Das gilt auch für eine Immobilie mit zwei Wohneinheiten und einer gewerblichen Einheit. Zudem werden dezentrale Warmwasserversorgungsanlagen nicht erfasst, zum Beispiel Durchlauferhitzer. Bei Etagenheizungen ist allerdings zu prüfen, ob die Leitungen einen Mindestinhalt von drei Litern aufweisen oder nicht.

Hinweis: Von einer gewerblichen Tätigkeit gemäß § 3 Nr. 10 TrinkwV muss ausgegangen werden, wenn in einer Gebäudeanlage mindestens eine Wohneinheit vermietet ist, da mit der Vermietung grundsätzlich eine Gewinnerzielungsabsicht des jeweilig vermietenden Eigentümers verbunden ist. In diesem Fall unterliegt die gesamte Wohnungseigentumsanlage der Trinkwasserverordnung.

1 Selbstgenutzte Anwesen, Übergang zum gewerblichen Handeln

In Wohnungseigentümergemeinschaften, die ausschließlich aus selbstnutzenden Eigentümern bestehen, fehlt das Merkmal der gewerblichen Tätigkeit, sodass die Trinkwasserverordnung hier nicht gilt. Problematisch ist allerdings, dass dann der einzelne Wohnungseigentümer grundsätzlich verpflichtet ist, im Rahmen der Nutzung seines Sondereigentums eine Vermietung gegenüber der Hausgemeinschaft anzuzeigen. Daher empfiehlt es sich, im Rahmen der Verwaltung des gemeinschaftlichen Eigentums einen sogenannten Organisationsbeschluss darüber zu fassen, dass derzeit grundsätzlich von einer Drittnutzung abgesehen wird, allerdings jeder Eigentümer eine Neuvermietung gegenüber der Eigentümergemeinschaft, in der Regel vertreten durch den Verwalter, anzuzeigen hat.

2 Mehrhausanlage

Handelt es sich bei der Wohnungseigentumsanlage um eine Mehrhausanlage (siehe dort) i.S.d. Wohnungseigentumsgesetzes ist die Trinkwasserverordnung nur dann anzuwenden, wenn die Wohnungseigentümergemeinschaft eine gemeinsame Warmwasserversorgungsanlage besitzt und mindestens eine Wohneinheit vermietet ist (siehe oben).

3 Pflichten des Verwalters

Da die zentrale Anlage zur Warmwasserversorgung in der Regel zum Gemeinschaftseigentum gehört, ist der Verwalter als bestellter Vertreter der Wohnungseigentümergemeinschaft verpflichtet, die nach der Trinkwasserverordnung bestehenden Prüf- und Überwachungsaufgaben durchzuführen und die Wohnungseigentümergemeinschaft entsprechend darüber aufzuklären. Die allgemeinen Anzeigepflichten sind in § 13 Abs. 1 TrinkwV festgelegt. Demnach sind dem zuständigen Gesundheitsamt folgende Veränderungen der Wasserversorgungsanlage schriftlich und fristgerecht anzuzeigen:

- Die Errichtung einer Wasserversorgungsanlage spätestens vier Wochen im Voraus
- Die Inbetriebnahme einer Wasserversorgungsanlage spätestens vier Wochen im Voraus
- Die Wiederinbetriebnahme einer Wasserversorgungsanlage spätestens vier Wochen im Voraus
- Eigentümerwechsel einer Wasserversorgungsanlage spätestens vier Wochen im Voraus
- Bauliche und betriebstechnische Veränderungen an trinkwasserführenden Teilen, die auf die Beschaffenheit des Trinkwassers wesentliche Auswirkungen haben können, spätestens vier Wochen im Voraus; allerdings ist nicht jede Veränderung anzuzeigen, sondern nur Maßnahmen, die über eine ordnungsgemäße Instandsetzung und Instandhaltung hinausgehen
- Stilllegung von Wasserversorgungsanlagen oder Teilen davon innerhalb von drei Tagen

4 Trinkwasseruntersuchung

Nach § 14 Abs. 3 Satz 2 TrinkwV besteht für die Inhaber einer Warmwasserversorgungsanlage, auf die die Trinkwasserverordnung Anwendung findet, eine turnusgemäße Untersuchungspflicht. Das Trinkwasser muss seit dem 31.12.2013 mindestens alle drei Jahre an mehreren Probeentnahmestellen entnommen und untersucht werden.

4.1 Durchführung

Der Verwalter muss in einer Wohnungseigentumsanlage, außer es handelt sich um eine rein selbstgenutzte Anlage, eine Beschlussfassung über die Untersuchung des Trinkwassers grundsätzlich herbeiführen. Dies geschieht in der Regel im Rahmen einer Eigentümerversammlung, bei der die Miteigentümer auch über die im Zusammenhang mit der Trinkwasserverordnung bestehenden Pflichten zu informieren sind. Zudem hat die Beschlussfassung über die Auswahl eines Prüflabors, den Zeitpunkt der turnusgemäßen Untersuchungen, die Schaffung der geeigneten Probeentnahmestellen und die Kostentragung hierfür zu erfolgen. Jeder Wohnungseigentümer, der sein Sondereigentum vermietet, hat gemäß § 21 Abs. 4 WEG darauf einen Anspruch, denn dieses Vorgehen entspricht ordnungsmäßiger Verwaltung. Gleichzeitig ist die Wohnungseigentümergemeinschaft verpflichtet, die Bestimmungen bei Anwendbarkeit der Trinkwasserverordnung entsprechend umzusetzen, nur beim Wie besteht ein gewisser Ermessensspielraum (LG Hamburg, 14.12.2012, 318 S 248/10).

4.2 Dokumentationspflichten

Gemäß § 15 Abs. 2 Trinkwasserverordnung hat die Wohnungseigentümergemeinschaft bzw. der Verwalter das Ergebnis von Trinkwasseruntersuchungen und weitere Angaben unverzüglich schriftlich oder auf Datenträger zu dokumentieren. Festzuhalten sind folgende Punkte: Ort der Probeentnahme (Gemeinde, Straße, Hausnummer), Entnahmestelle, Zeitpunkt der Entnahme, Zeitpunkt der Untersuchung der Wasserprobe und das bei der Untersuchung angewendete Verfahren.

Ein positives Untersuchungsergebnis muss unverzüglich dem zuständigen Gesundheitsamt mitgeteilt werden (§ 16 Abs. 1 TrinkwV). Das gilt, wenn die Grenzwerte nicht nur für die generellen, sondern auch für sonstige klinische Parameter nach Anlage 2 TrinkwV überschritten wurden oder wahrnehmbare Veränderungen des Trinkwassers sowie außergewöhnliche Vorkommnisse auftreten, die Auswirkungen auf dessen Beschaffenheit haben können. Unabhängig davon muss der Verwalter mindestens einmal jährlich geeignetes aktuelles Informationsmaterial über die Qualität des Trinkwassers zur Verfügung zu stellen (§ 21 Abs. 1 Satz 1 TrinkwV). Dies kann durch Aushang in der Anlage geschehen.

4.3 Rechtsfolgen bei Zuwiderhandlung

Ein Verstoß gegen die in der Trinkwasserverordnung verankerten Pflichten kann eine Haftung der Wohnungseigentümergemeinschaft und des beauftragten verantwortlichen Verwalters nach sich ziehen. Hier ist insbesondere der Verwalter als Vertreter der Wohnungseigentümeranlage in der Pflicht. Er muss für die Instandhaltung und Instandsetzung sorgen, die Verkehrssicherungspflicht für die Wohnungseigentümergemeinschaft erfüllen sowie entsprechende Maßnahmen ergreifen (§ 27 Abs. 1 Abs. 3 Nr. 5 WEG). Für die Verwaltung bestehen damit zahlreiche Anzeigepflichten und Untersuchungspflichten speziell in Hinblick auf die Trinkwasserverordnung.

Da die Trinkwasserverordnung als Schutzgesetz i. S. d. § 823 BGB angesehen wird, kann bei schuldhaftem Verstoß gegen Auflagen und Verpflichtungen daraus sogar ein deliktischer Schadenersatzanspruch infrage kommen. Das umfasst ggf. auch Schmerzensgeld i. S. d. § 253 Abs. 2 BGB. Dementsprechend empfiehlt es sich, den Dokumentationspflichten umfassend und vollständig nachzukommen. Gemäß § 45 TrinkwV ist ein vorsätzlicher fahrlässiger Verstoß gegen die zahlreichen Anzeigepflichten, Untersuchungspflichten, Aufzeichnungspflichten, Informationspflichten sowie Dokumentations- und Unterrichtungspflichten als Ordnungswidrigkeit zu werten und kann mit einer Geldbuße bis zu 25.000 Euro geahndet werden. Im Einzelfall stellt ein Verstoß gegen diese Pflichten gemäß § 23 TrinkwV auch einen Straftatbestand nach dem Bundesimmissionsschutzgesetz dar, zum Beispiel wenn der Eigentümer vorsätzlich Wasser als Trinkwasser abgibt oder anderen zur Verfügung stellt, das nicht den chemischen oder mikrobiologischen Anforderungen entspricht. Das umfasst zudem den Zusatz nicht zugelassener Aufbereitungsstoffe, beispielsweise in Wasserenthärtungsanlagen. Diese Sanktionen treffen grundsätzlich den Eigentümer, bei Unterlassungen möglicherweise auch den Verwalter, da er Überwachungsverpflichtungen aus dem Verwaltervertrag hat.

Trittschall

„Schallschutz“

Türen

Befinden sich Türen innerhalb des gemeinschaftlichen Eigentums, wie zum Beispiel die zwischen Treppenhaus und Kellerräumen, zählen sie zum gemeinschaftlichen Eigentum. Hinsichtlich der Wohnungseingangstüren hat der BGH (25.10.2013, V ZR 212/12) entschieden, dass sie wesentlicher Bestandteil des Gebäudes i. S. v. § 94 Abs. 2 BGB sind und damit zwingend zum gemeinschaftlichen Eigentum gehören. Etwaige abweichende Regelungen in der Teilungserklärung, die zum Beispiel die Wohnungseingangstüren dem Sondereigentum zuordnen, sind unerheblich (BGH, 26.10.2012, V ZR 57/12, zu Versorgungsleitungen). Enthält die Teilungserklärung eine Aufzählung der zum Sondereigentum gehörenden Bestandteile des Gebäudes, hat dies nur deklaratorischen Charakter; welche wesentlichen Gebäudebestandteile tatsächlich im Sondereigentum stehen, bestimmt sich allein nach den gesetzlichen Regelungen in § 5 Abs. 1 bis 3 WEG.

Obwohl Wohnungseingangstüren räumlich und funktional in einem Zusammenhang sowohl mit dem Sonder- als auch dem Gemeinschaftseigentum stehen, wird erst durch ihre Einfügung die Abgeschlossenheit der dem Sondereigentum zugewiesenen Räume hergestellt. Diese wiederum ist Voraussetzung dafür, dass Sondereigentum entstehen kann (§ 3 Abs. 1 Satz 2, § 7 Abs. 4 Nr. 2 WEG). Wohnungseingangstüren dienen stets der Abgrenzung zwischen Gemeinschafts- und Sondereigentum, daher gehören sie räumlich und funktional einheitlich zum Gemeinschaftseigentum.

Das Gleiche gilt für die an der Außenseite eines Gebäudes gelegenen Wohnungseingangstüren. Denn sie schützen das Gebäude vor Witterungseinflüssen und sind daher für seinen Bestand erforderlich. Hinzu kommt, dass eine Veränderung an dieser Tür regelmäßig die äußere Gestalt des Gebäudes verändern (vgl. § 5 Abs. 1, 2 WEG) und daher die Tür nicht sondereigentumsfähig ist.

Türsprechanlage

Eine Haussprechanlage ist als Einrichtung des gemeinschaftlichen Gebrauchs Teil des gemeinschaftlichen Eigentums (§ 5 Abs. 2 WEG), zumindest bis zur Abzweigung der Leitungen in die einzelnen Sondereigentumseinheiten (BGH, 26.10.2012, V ZR 57/12, zu Versorgungsleitungen). Die Sprechstellen in den einzelnen Sonder- bzw. Teileigentumseinheiten stehen im Sondereigentum (OLG Köln, 26.8.200, 16 Wx 126/02), soweit sie nicht zwingend für den Betrieb der gesamten Türsprechanlage erforderlich sind.

Umlagefähigkeit der Betriebskosten auf den Mieter

Nutzt ein Eigentümer seine Wohnung nicht selbst, sondern vermietet sie, kann im Mietvertrag vereinbart werden, dass der Mieter die auf seine Wohnung anfallenden Betriebskosten, insbesondere die Heizkosten, zusätzlich zur Grundmiete tragen muss. Im Wesentlichen können auf den Mieter die im Katalog des § 2 BetrKV genannten Kosten umgelegt werden:

1. Die laufenden öffentlichen Lasten des Grundstücks, hierzu gehört namentlich die Grundsteuer.
2. Die Kosten der Wasserversorgung, hierzu gehören die Kosten des Wasserverbrauchs, die Grundgebühren, die Kosten der Anmietung oder anderer Arten der Gebrauchsüberlassung von Wasserzählern sowie die Kosten ihrer Verwendung einschließlich der Kosten der Eichung sowie die Kosten der Berechnung und Aufteilung, die Kosten der Wartung von Wassermengenreglern, die Kosten des Betriebs einer

hauseigenen Wasserversorgungsanlage und einer Wasseraufbereitungsanlage einschließlich der Aufbereitungsstoffe.

3. Die Kosten der Entwässerung; hierzu gehören die Gebühren für die Haus- und Grundstücksentwässerung, die Kosten des Betriebs einer entsprechenden nicht öffentlichen Anlage und die Kosten des Betriebs einer Entwässerungspumpe.
4. Die Kosten
   a) des Betriebs der zentralen Heizungsanlage einschließlich der Abgasanlage; hierzu gehören die Kosten der verbrauchten Brennstoffe und ihrer Lieferung, die Kosten des Betriebsstroms, die Kosten der Bedienung, Überwachung und Pflege der Anlage, der regelmäßigen Prüfung ihrer Betriebsbereitschaft und Betriebssicherheit einschließlich der Einstellung durch eine Fachkraft, der Reinigung der Anlage und des Betriebsraums, die Kosten der Messungen nach dem Bundes-Immissionsschutzgesetz, die Kosten der Anmietung oder anderer Arten der Gebrauchsüberlassung einer Ausstattung zur Verbrauchserfassung sowie die Kosten der Verwendung einer Ausstattung zur Verbrauchserfassung einschließlich der Kosten der Eichung sowie der Kosten der Berechnung und Aufteilung, oder
   b) des Betriebs der zentralen Brennstoffversorgungsanlage, hierzu gehören die Kosten der verbrauchten Brennstoffe und ihrer Lieferung, die Kosten des Betriebsstroms und die Kosten der Überwachung sowie die Kosten der Reinigung der Anlage und des Betriebsraums, oder
   c) der eigenständig gewerblichen Lieferung von Wärme, auch aus Anlagen i.S.d. Buchstabens a; hierzu gehören das Entgelt für die Wärmelieferung und die Kosten des Betriebs der zugehörigen Hausanlagen entsprechend Buchstabe a, oder
   d) der Reinigung und Wartung von Etagenheizungen und Gaseinzelfeuerstätten; hierzu gehören die Kosten der Beseitigung von Wasserablagerungen und Verbrennungsrückständen in der Anlage, die Kosten der regelmäßigen Prüfung der Betriebsbereitschaft und Betriebssicherheit und der damit zusammenhängenden Einstellung durch eine Fachkraft sowie die Kosten der Messungen nach dem Bundes-Immissionsschutzgesetz.

5. Die Kosten
   a) des Betriebs der zentralen Warmwasserversorgungsanlage; hierzu gehören die Kosten der Wasserversorgung entsprechend Nummer 2, soweit sie nicht dort bereits berücksichtigt sind, und die Kosten der Wassererwärmung entsprechend Nummer 4 Buchstabe a, oder
   b) der eigenständig gewerblichen Lieferung von Warmwasser, auch aus Anlagen i. S. d. Buchstabens a; hierzu gehören das Entgelt für die Lieferung des Warmwassers und die Kosten des Betriebs der zugehörigen Hausanlagen entsprechend Nummer 4 Buchstabe a, oder
   c) der Reinigung und Wartung von Warmwassergeräten; hierzu gehören die Kosten der Beseitigung von Wasserablagerungen und Verbrennungsrückständen im Inneren der Geräte sowie die Kosten der regelmäßigen Prüfung der Betriebsbereitschaft und Betriebssicherheit und der damit zusammenhängenden Einstellung durch eine Fachkraft.

6. Die Kosten verbundener Heizungs- und Warmwasserversorgungsanlagen
   a) bei zentralen Heizungsanlagen entsprechend Nummer 4 Buchstabe a und entsprechend Nummer 2, soweit sie nicht dort bereits berücksichtigt sind, oder
   b) bei der eigenständig gewerblichen Lieferung von Wärme entsprechend Nummer 4 Buchstabe c und entsprechend Nummer 2, soweit sie nicht dort bereits berücksichtigt sind, oder
   c) bei verbundenen Etagenheizungen und Warmwasserversorgungsanlagen entsprechend Nummer 4 Buchstabe d und entsprechend Nummer 2, soweit sie nicht dort bereits berücksichtigt sind.

7. Die Kosten des Betriebs des Personen- oder Lastenaufzugs; hierzu gehören die Kosten des Betriebsstroms, die Kosten der Beaufsichtigung, der Bedienung, Überwachung und Pflege der Anlage, der regelmäßigen Prüfung ihrer Betriebsbereitschaft und Betriebssicherheit einschließlich der Einstellung durch eine Fachkraft sowie die Kosten der Reinigung der Anlage.
8. Die Kosten der Straßenreinigung und Müllbeseitigung; zu den Kosten der Straßenreinigung gehören die für die öffentliche Straßenreinigung zu entrichtenden Gebühren und die Kosten entsprechender nicht öffentlicher Maßnahmen; zu den Kosten der Müllbeseitigung gehören namentlich die für die Müllabfuhr zu entrichtenden Gebühren, die Kosten entsprechender nicht öffentlicher Maßnahmen, die Kosten des Betriebs von Müllkompressoren, Müllschluckern, Müllabsauganlagen sowie des Betriebs von Müllmengenerfassungsanlagen einschließlich der Kosten der Berechnung und Aufteilung.
9. Die Kosten der Gebäudereinigung und Ungezieferbekämpfung; zu den Kosten der Gebäudereinigung gehören die Kosten für die Säuberung der von den Bewohnern gemeinsam genutzten Gebäudeteile wie

Zugänge, Flure, Treppen, Keller, Bodenräume, Waschküchen, Fahrkorb des Aufzugs.

10. Die Kosten der Gartenpflege; hierzu gehören die Kosten der Pflege gärtnerisch angelegter Flächen einschließlich der Erneuerung von Pflanzen und Gehölzen, der Pflege von Spielplätzen einschließlich der Erneuerung von Sand und der Pflege von Plätzen, Zugängen und Zufahrten, die dem nicht öffentlichen Verkehr dienen.
11. Die Kosten der Beleuchtung; hierzu gehören die Kosten des Stroms für die Außenbeleuchtung und die Beleuchtung der von den Bewohnern gemeinsam genutzten Gebäudeteile wie Zugänge, Flure, Treppen, Keller, Bodenräume, Waschküchen.
12. Die Kosten der Schornsteinreinigung; hierzu gehören die Kehrgebühren nach der maßgebenden Gebührenordnung, soweit sie nicht bereits als Kosten nach Nummer 4 Buchstabe a berücksichtigt sind.
13. Die Kosten der Sach- und Haftpflichtversicherung; hierzu gehören namentlich die Kosten der Versicherung des Gebäudes gegen Feuer-, Sturm-, Wasser- sowie sonstige Elementarschäden, der Glasversicherung, der Haftpflichtversicherung für das Gebäude, den Öltank und den Aufzug.
14. Die Kosten für den Hauswart; hierzu gehören die Vergütung, die Sozialbeiträge und alle geldwerten Leistungen, die der Eigentümer oder Erbbauberechtigte dem Hauswart für seine Arbeit gewährt, soweit diese nicht die Instandhaltung, Instandsetzung, Erneuerung, Schönheitsreparaturen oder die Hausverwaltung betrifft; soweit Arbeiten vom Hauswart ausgeführt werden, dürfen Kosten für Arbeitsleistungen nach den Nummern 2 bis 10 und 16 nicht angesetzt werden.
15. Die Kosten
    a) des Betriebs der Gemeinschafts-Antennenanlage; hierzu gehören die Kosten des Betriebsstroms und die Kosten der regelmäßigen Prüfung ihrer Betriebsbereitschaft einschließlich der Einstellung durch eine Fachkraft oder das Nutzungsentgelt für eine nicht zu dem Gebäude gehorende Antennenanlage sowie die Gebühren, die nach dem Urheberrechtsgesetz für die Kabelweitersendung entstehen, oder
    b) des Betriebs der mit einem Breitbandnetz verbundenen privaten Verteilanlage; hierzu gehören die Kosten entsprechend Buchstabe a, ferner die laufenden monatlichen Grundgebühren für Breitbandanschlüsse.
16. Die Kosten des Betriebs der Einrichtungen für die Wäschepflege; hierzu gehören die Kosten des Betriebsstroms, die Kosten der Überwachung, Pflege und Reinigung der Einrichtungen, der regelmäßigen Prüfung ihrer Betriebsbereitschaft und Betriebssicherheit sowie die Kosten der Wasserversorgung entsprechend Nummer 2, soweit sie nicht dort bereits berücksichtigt sind.
17. Sonstige Betriebskosten; hierzu gehören Betriebskosten i. S. d. § 1, die von den Nummern 1 bis 16 nicht erfasst sind.

§ 556a Abs. 1 BGB sieht vor, dass die umlagefähigen Betriebskosten auf den Mieter nach dem Anteil der Wohnfläche umgelegt werden können. Hat der Verwalter in seiner Abrechnung für eine Wohnungseigentümergemeinschaft die Kosten nach Miteigentumsanteilen verteilt, müsste der vermietende Wohnungseigentümer die Verwalterabrechnung zunächst umrechnen. Dies ist wenig praktisch, daher sollte unbedingt darauf geachtet werden, im Mietvertrag den gleichen Kostenverteilungsschlüssel zu vereinbaren wie für die Verwalterabrechnung. Mietrechtlich zulässig ist neben der Verteilung der Kosten nach Wohnfläche eine Verteilung nach Miteigentumsanteilen, Einheiten oder Personen.

Die Abrechnung mit dem Mieter hat der vermietende Wohnungseigentümer nach § 556 Abs. 3 BGB jährlich innerhalb von zwölf Monaten nach Ende des Abrechnungszeitraums vorzunehmen. Wird diese Frist versäumt, können Nachforderungen gegenüber dem Mieter nicht mehr geltend gemacht werden. Der Verwalter ist nicht verpflichtet, die Abrechnung für den Mieter zu erstellen. Etwas anderes kann gelten, wenn der Verwalter zusätzlich die Sondereigentumsverwaltung übernommen hat.

Die Betriebskostenabrechnung, die ein vermietender Wohnungseigentümer für seinen Mieter erstellen muss, berührt nur mittelbar die Pflicht des Verwalters zur Erstellung einer Jahresabrechnung. Deshalb kann für eine verspätete Betriebskostenabrechnung des Vermieters in der Regel nicht der Verwalter verantwortlich gemacht werden. Dies wäre nur dann der Fall, wenn der Verwalter die Erstellung der Abrechnung trotz Aufforderung durch den Wohnungseigentümer schuldhaft verzögert. In seiner Jahresabrechnung sollte der Verwalter die umlagefähigen und die nicht umlagefähigen Betriebskosten getrennt ausweisen und dem Wohnungseigentümer eine Aufstellung übergeben, die es diesem ermöglicht, eine Betriebskostenabrechnung für den Mieter zu erstellen, ohne dass viele Rückfragen entstehen.

Umlaufbeschluss

Die Wohnungseigentümergemeinschaft hat gemäß § 23 Abs. 3 WEG die Möglichkeit, ihre Willensbildung auch außerhalb der Eigentümerversammlung vorzunehmen, und zwar im sogenannten Umlaufverfahren. Steht nur ein einziger Tagesordnungspunkt zur Debatte, für den eine außerordentliche Eigentümerversammlung einberufen werden müsste, ist dieses Verfahren zweckmäßig, da es die Verwaltung erheblich erleichtert; das gilt vor allem für kleinere Wohnungseigentümergemeinschaften, da sich mit dem Umlaufverfahren Aufwand und Kosten für eine ansonsten erforderliche außerordentliche Eigentümerversammlung vermeiden lassen. Für größere Wohnungseigentümergemeinschaften kann dieses Vorgehen hingegen nicht empfohlen werden. Sind mehrere Wohnungseigentümer beteiligt, ist es unwahrscheinlich, dass alle ihre Zustimmung erklären, sodass letztendlich nur Kosten, aber keine Beschlüsse entstehen.

Die schriftliche Beschlussfassung kann von jedem Eigentümer oder dem Verwalter initiiert werden. Dabei reicht es nicht aus, wenn die Eigentümer lediglich zur Meinungsäußerung aufgefordert werden (OLG Celle, 8.6.2006, 4 W 82/06). Bei einem schriftlichen Beschluss ist kein unmittelbarer Meinungsaustausch wie in der Eigentümerversammlung möglich, daher sollte der Initiator den Beschlussgegenstand und alles Wissenswerte hierzu möglichst konkret bezeichnen, damit sich die Wohnungseigentümer eine Meinung bilden können. Für jeden Eigentümer muss ersichtlich sein, dass es um eine verbindliche Entscheidung und nicht nur um eine unverbindliche Meinungsäußerung geht.

Den Eigentümern eine angemessene Frist für die Abgabe der Erklärung zu setzen ist zulässig und aus Gründen der Rechtssicherheit zu empfehlen. Dazu leisten alle Eigentümer auf einer einheitlichen Urkunde ihre Unterschrift oder jeder einzelne Eigentümer gibt eine eigene Erklärung ab. Die Erklärung muss allerdings eindeutig als Zustimmung zu einem bestimmten Beschlussantrag zuordenbar. Zudem ist die eigenhändige Unterschrift erforderlich, sodass ein Telefax oder Telegramm nicht ausreicht. Wird eine Zustimmungserklärung dennoch per Telefax übermittelt, führt dies nicht zur Nichtigkeit, sondern allenfalls zur Anfechtbarkeit des zustande gekommenen Beschlusses (AG Hamburg-Barmbek, 16.3.2007, 881 II 34/06; strittig).

Rechtswirksam ist ein Beschluss, wenn alle Zustimmungserklärungen in schriftlicher Form und mit eigenhändigen Unterschriften dem Empfangsberechtigten, das ist im Regelfall der Verwalter, zugegangen sind. Maßgeblicher Zeitpunkt für das Zustandekommen des Beschlusses dürfte daher der Eingang der letzten Zustimmungserklärung sein. Nach neuerer Ansicht geschieht dies erst, wenn eine Mitteilung an die Wohnungseigentümer über das Beschlussergebnis ergangen ist (OLG Celle, 8.6.2006, 4 W 82/06; BGH, 23.8.2001, V ZB 10/01). Die Verkündung des Umlaufbeschlusses erfolgt durch Mitteilung des Verwalters an die Eigentümer, beispielsweise in Form eines Rundschreibens.

Hinweis: Die Zustimmungserklärung im schriftlichen Beschlussverfahren ist widerruflich, bis der Beschlussinitiator das Zustandekommen des Beschlusses festgestellt und eine an alle Wohnungseigentümer gerichtete Mitteilung über das Beschlussergebnis veranlasst hat (§ 23 Abs. 3 WEG).

Im schriftlichen Verfahren ist es erforderlich, dass alle Wohnungseigentümer zustimmen (LG München I, 18.7.2013, 36 S 20429/12). Dies gilt auch dann, wenn die Angelegenheit durch Mehrheitsbeschluss geregelt werden könnte. Die von § 23 Abs. 3 WEG geforderte Allstimmigkeit stellt eine Rechtsvorschrift dar, auf deren Einhaltung rechtswirksam nicht verzichtet werden kann. Daher ist ein Beschluss, bei dem es an der Allstimmigkeit fehlt, gemäß § 23 Abs. 4 Satz 1 WEG nichtig (BayObLG, 26.7.2001, 2Z BR 73/01; OLG Zweibrücken, 21.11.2002, 3 W 179/02).

Zu beachten ist darüber hinaus, dass die Wohnungseigentümer nicht nur dem Beschlussantrag zustimmen, sondern sich auch ausdrücklich mit der Beschlussfassung im schriftlichen Verfahren einverstanden erklären müssen. Allerdings wird in der schriftlichen Zustimmung zum Beschlussinhalt zugleich die konkludente Zustimmung zur schriftlichen Beschlussfassung zu sehen sein.

Streitig ist, wie sich ein Stimmrechtsverbot im schriftlichen Verfahren auswirkt. Einerseits wird vertreten, dass die Teilnahme eines Eigentümers ohne Stimmrecht nicht erforderlich sei, da er auch im mündlichen Beschlussverfahren nicht abstimmen dürfe. Da er aber wenigstens auf die allgemeine Willensbildung in der Wohnungseigentümerversammlung Einfluss nehmen kann, hält die herrschende Rechtsauffassung das Stimmrechtsverbot im schriftlichen Verfahren nicht für anwendbar, sodass auch der nicht stimmberechtigte Wohnungseigentümer zustimmen muss (BayObLG, 26.7.2001, 2Z BR 73/01).

Umwandlung bei Wohnungseigentum

Inhaltsübersicht

Grundsätzlich steht die Entscheidung über die Nutzung des gemeinschaftlichen Eigentums allein der Eigentümergemeinschaft zu. Allerdings kann es vorkommen, dass sich im Gemeinschaftseigentum befindliche Räume nicht genutzt werden, sei es durch die Wohnungseigentümergemeinschaft selbst oder wegen Vermietung. Da allerdings die Eigentümergemeinschaft über das gemeinschaftliche Eigentum und dessen Nutzung entscheiden kann, kann sie die eigentumsrechtlichen Zuordnung im Rahmen der sogenannten Umwandlung auch ändern.

1 Umwandlung von Gemeinschaftseigentum in Sondereigentum

Gemäß § 5 Abs. 3 WEG können Räume, die zwingend im Gemeinschaftseigentum stehen, nicht dem Sondereigentum zugeteilt werden. Unter bestimmten Umständen ist eine Umwandlung von Gemeinschaftseigentum in Sondereigentum jedoch möglich. Allerdings kann dies nur in Form der Einigung und Auflassung nach den Bestimmungen des § 4 Abs. 1, 2 WEG i. V. m. § 873 und § 925 BGB geschehen, da es sich hierbei um eine grundlegende Rechtsänderung an Teilen des Gemeinschaftseigentums handelt. Eine Umwandlung kann weder im Beschlussweg noch durch Vereinbarung vorgenommen werden. Bedingung für eine solche dingliche Rechtsänderung ist, dass sie in notarieller Form als Beurkundung und Eintragung im Grundbuch getätigt wird. Das hat zur Folge, dass das Gemeinschaftseigentum nicht ohne Einverständnis sämtlicher Miteigentümer verkleinert werden darf und eine Vereinbarung grundsätzlich nur schuldrechtliche Wirkung ohne Bindung des Sonderrechtsnachfolgers hat (BGH, 4.4.2003, V ZR 322/02).

2 Umwandlung von Wohnungs-/Teileigentum in Gemeinschaftseigentum

Wie bei der Umwandlung von gemeinschaftlichem Eigentum in Sondereigentum ist eine Umwandlung von Wohnungseigentum oder Teileigentum in Gemeinschaftseigentum durch Vereinbarung oder im Beschlusswege nicht möglich. Hier argumentiert der BGH, dass im Umkehrschluss einem Miteigentümer nicht zusätzliches Eigentum „gleichsam aufgedrängt“ werden darf, da es mit einer zusätzlichen Belastung finanzieller Art für ihn verbunden sein kann (BGH, 4.4.2003, V ZR 322/02). Ausgenommen davon sind sämtliche Maßnahmen, die auf gesetzlicher Grundlage eine Umwandlung in gemeinschaftliches Eigentum erfordern, zum Beispiel Versorgungsanlagen der Gemeinschaft wie Heizungsanlage sowie Anlagen zur Wasser- und Stromversorgung, die zuvor in reinem Sondereigentum standen, aber zwingend für das Funktionieren des Gesamtsystems „Wohnungseigentümeranlage“ erforderlich sind. An solchen Teilen entsteht nach Aufteilung gemäß § 5 Abs. 2 WEG in der Regel zwingend Gemeinschaftseigentum.

3 Umwandlung von Wohnungseigentum in Teileigentum

Die Umwandlung von Wohnungseigentum in Teileigentum bedeutet lediglich die Änderung einer Vereinbarung; die Umbenennung von Sondereigentum zu Teileigentum ist als Zweckbestimmung mit Vereinbarungscharakter zu qualifizieren (BayObLG, 12.10.2001, 2Z BR 110/01). Das bedeutet, dass die Wohnungseigentümergemeinschaft die Zweckbestimmung im Rahmen der Aufteilung/Zuteilung entsprechend ändern kann, und zwar grundsätzlich durch Vereinbarung i. S. d. § 5 Abs. 4 und § 10 Abs. 2, 3 WEG. Um eine dingliche Wirkung auch für Sonderrechtsnachfolger zu erzielen, ist eine solche Umwandlung als Rechtsänderung am Grundstück ins Grundbuch einzutragen. Das führt dazu, dass der Eintrag materiell-rechtlich korrekt ist und den Tatsachen entspricht.

Bei der Umwandlung von Teileigentum in Wohnungseigentum gilt das Gleiche. Hier ist allerdings Voraussetzung nach dem Baurecht, dass bei der „Neugründung“ von Wohnraum zusätzlich die Abgeschlossenheitsbescheinigung der jeweiligen Baubehörde vorliegen muss, um die Nutzungsmöglichkeit zu Wohnzwecken zu bestätigen. Außerdem muss die Teilungserklärung ggf. in Hinblick auf die neu entstandenen Miteigentumsanteile im jeweiligen Verhältnis zueinander angepasst werden.

4 Umwandlung von Mietshäusern in Wohnungseigentum

Der Begriff „Mietshaus“ ist definiert als Gebäude, das im Alleineigentum eines einzigen Eigentümers oder im Eigentum mehrerer Eigentümer als sogenannte Bruchteilsgemeinschaft steht. Wenn einzelne Wohnungen jedoch einer oder mehreren Personen zum „alleinigen“ Eigentum zugeordnet werden sollen, muss die Immobilie, die nur insgesamt im Allein- oder Gesamthandseigentum stehen kann, nach den Vorschriften des Wohnungseigentumsgesetzes in Gemeinschafts- und Sondereigentum aufgeteilt werden.

Die Begründung von Wohnungseigentum (siehe auch „Entstehung von Wohnungseigentum“) kann auf unterschiedliche Art und Weise erfolgen. Wohnungseigentum entsteht entweder durch einen Teilungsvertrag i. S. d. § 3 WEG oder durch Teilungserklärung gemäß § 8 WEG. Mit der Teilungserklärung bzw. dem Teilungsvertrag werden die jeweiligen Miteigentumsanteile sowie die Zuordnung zum Gemeinschaftseigentum und zum Sondereigentum bestimmt. In Verbindung mit der Gemeinschaftsordnung wird auch die Zweckbestimmung des jeweiligen Wohnungseigentums und Teileigentums vorgenommen. Dabei entsteht in der Regel Sondereigentum an einer bestimmten Wohnung oder Teileigentum an bestimmten, nicht zu Wohnzwecken dienenden Räumen. Diese Eigentumsrechte werden gemäß § 3 Abs. 1 WEG einem Miteigentümer nach der Begründung zur zweckbestimmten Nutzung zugewiesen.

Im Regelfall erfolgt die Begründung von Wohnungseigentum durch Erklärung des Alleineigentümers eines Grundstücks gegenüber dem Grundbuchamt nach § 8 WEG. Dabei wird festgelegt, wie die Miteigentumsanteile verteilt werden und wie die Anteile mit dem jeweiligen Sondereigentum verbunden werden.

Vorkaufsrecht und Kündigung

Ein Verbot, Mietshäuser in Wohnungseigentum umzuwandeln, gibt es rechtlich gesehen nicht. Diese Entscheidung bleibt einem Eigentümer grundsätzlich unbenommen. Allerdings muss er gewisse Genehmigungsverfahren durchlaufen, wenn er diesen Schritt gehen will. Wird in einem vermieteten Objekt Wohnungseigentum oder Teileigentum begründet, kommen die gesetzlichen Sonderregelungen des Mietrechts aus den §§ 577 und 577a BGB zur Anwendung. In § 577 BGB wird dem Mieter ein Vorkaufsrecht für den ersten Veräußerungsvorgang nach Umwandlung in Wohnungs- bzw. Teileigentum eingeräumt. § 577a BGB enthält besondere Bedingungen für das ordentliche Kündigungsrecht des Vermieters wegen Eigenbedarfs.

Dem vor Begründung von Wohnungseigentum bereits in der Wohnung wohnenden Mieter muss im Fall des Verkaufs an dritte Personen von Gesetzes wegen ein Vorkaufsrecht eingeräumt werden. Wird der aufteilende Alleineigentümer Sondereigentümer, ändert sich an seiner Vermieterstellung nichts. Wird die Wohnung vom aufteilenden Eigentümer einer Sondereigentumseinheit hingegen an einen Dritten verkauft, greift automatisch die Kündigungsbeschränkung gemäß § 577a BGB. Demnach kann der Erwerber Eigenbedarf erst nach Ablauf von drei Jahren seit der Veräußerung anmelden. Das gilt nicht, wenn der Mietvertrag zu einem Zeitpunkt abgeschlossen wurde, zu dem die angemietete Sondereigentumseinheit oder die jeweilige Wohnung schon gemäß dem Wohnungseigentumsgesetz aufgeteilt war. Dann verbleibt es bei den allgemeinen Regeln der Kündigung von Wohnraum.

Sperrfrist und Erhaltungssatzungen

Speziell in Ballungsräumen kann die sogenannte Wartefrist oder Sperrfrist zum Ausspruch einer Kündigung wegen Eigenbedarfs des Erwerbers bis zu zehn Jahren betragen. Das gilt, wenn die jeweilige Kommune durch Verordnung der jeweiligen Landesregierung zu einer Gemeinde mit besonders gefährdeter Wohnraumversorgung bestimmt wurde (§ 577a Abs. 2 BGB). Damit soll der Gefahr einer spekulativen Verdrängung von Mietern durch Umwandlung und Aufteilung von Mietshäusern in Eigentumswohnungen/-anlagen begegnet werden. Gemäß § 172 BauGB ist es den Kommunen möglich, solche Erhaltungssatzungen einzuführen. Diese können dem aufteilenden Eigentümer vorschreiben, dass er ggf. bei der zuständigen Baubehörde vor Aufteilung der Immobilie in Miteigentumsanteile beim Grundbuchamt eine entsprechende Genehmigung einholen muss.

Erhaltungssatzungen dienen meist dem Zweck, speziell in gewachsenen Stadtstrukturen die Zusammensetzung der Bewohner und die Ordnung im Rahmen der Wohnungspolitik und Stadtplanung unter dem Begriff des Milieuschutzes zu sicheRn. Die Erhaltungssatzung ist für Kommunen ein Instrument, um Mietsteigerungen zu bremsen und damit eine Aufwertung in bestimmten Gebieten zu verlangsamen und damit den Wandel sozial verträglicher zu gestalten. Daher darf die Genehmigung zur Aufteilung bzw. Umwandlung gemäß § 172 Abs. 4 BauGB nur versagt werden, wenn die Zusammensetzung der Wohnbevölkerung aus besonderen städtebaulichen Gründen erhalten bleiben soll. Damit kann für die in einem strukturell intakten Gebiet wohnenden Menschen der Bestand der Umgebung gesichert und so die Bevölkerungsstruktur in einem bestimmten Stadtviertel vor unerwünschten Veränderungen geschützt werden (BVerfG, 26.1.1987, 1 BvR 969/83).

Umzugskostenpauschale

Umzüge gehen mit einer gesteigerten Inanspruchnahme des gemeinschaftlichen Eigentums einher, was zumindest bei typisierender Betrachtung wahrscheinlich dazu führt, dass besondere Kosten anfallen. Davon sind insbesondere Treppenhäuser und Aufzüge betroffen, in der Regel entsteht ein zusätzlicher Reinigungsaufwand. In solchen Fällen kann eine Umzugskostenpauschale verlangt werden, darunter versteht man eine vom Wohnungseigentümer bei einem Ein- oder Auszug zu leistende Sonderzahlung. Sie wird dazu eingesetzt, um die durch einen Umzug regelmäßig verursachten Spuren und Beschädigungen zu beheben.

In einer Grundsatzentscheidung hat der BGH (1.10.2010, V ZR 220/09) entschieden, dass die Erhebung von Umzugskostenpauschalen mit den Grenzen ordnungsgemäßer Verwaltung vereinbar sind. Gemäß § 21 Abs. 7 WEG ist es möglich, eine solche Pauschale in angemessener Höhe mehrheitlich zu beschließen. Demnach können Wohnungseigentümer durch Mehrheitsbeschluss Regelungen in Bezug auf die Kosten für Sondernutzungen des gemeinschaftlichen Eigentums treffen. Dies betrifft Nutzungen i. S. v. § 21 Abs. 7 WEG, die mit einer gesteigerten Inanspruchnahme des Gemeinschaftseigentums einhergehen und zumindest bei typisierender Betrachtung den Anfall besonderer Kosten wahrscheinlich machen. Allerdings entsprechen pauschalierende und typisierende Regelungen nur dann ordnungsgemäßer Verwaltung, wenn die Pauschale nicht zu einer ungerechtfertigten Ungleichbehandlung der Wohnungseigentümer führt. Weiterhin ist zu beachten, dass die Pauschale angemessen sein muss, laut BGH (1.10.2010, V ZR 220/09) kann sie bei 50 Euro pro Umzug liegen.

Hinweis: Beschlüsse zur Erhebung einer Umzugskostenpauschale, die vor dem 1.7.2007 gefasst wurden, sind als gesetzesändernde Mehrheitsbeschlüsse nichtig. Erst seit Inkrafttreten des § 21 Abs. 7 WEG am 1.7.2007 können Beschlüsse zur Umzugskostenpauschale wirksam gefasst werden.

Unabdingbare Vorschriften im Wohnungseigentumsgesetz

„Wohnungseigentumsgesetz, unabdingbare Vorschriften"

Unauflöslichkeit der Gemeinschaft

Gemäß § 11 WEG ist die Wohnungseigentümergemeinschaft unauflöslich. Die Auflösung kann daher von keinem Eigentümer verlangt werden, auch nicht aus wichtigem Grund. Sie kommt ausnahmsweise nur dann in Betracht, wenn die Wohnungseigentümer eine entsprechende Vereinbarung für den Fall treffen, dass das Gebäude ganz oder teilweise zerstört ist und eine Verpflichtung zum Wiederaufbau nicht besteht.

Untergemeinschaft

„Mehrhausanlage"

Unterlassungsansprüche

„Beseitigungs- und Unterlassungsansprüche"

Unterteilung von Wohnungseigentum

Inhaltsübersicht

Jeder Wohnungseigentümer kann sein Wohnungseigentum in mehrere Einheiten unterteilen, wenn die bestehende Einheit teilungsfähig ist (BGH, 27.4.2012, V ZR 211/11), also neue abgeschlossene Einheiten entstehen (OLG München, 27.5.2011, 34 Wx 161/11). Unterteilt werden können nur Einheiten, die bereits im Sondereigentum des Wohnungseigentümers stehen (OLG Karlsruhe, 16.12.2013, 14 Wx 47/13). Die Unterteilung muss vollständig sowohl in Bezug auf den Miteigentumsanteil als auch auf alle zum Sondereigentum gehörenden Räume erfolgen. Das heißt, es darf keine Resteinheit, zum Beispiel ein Kellerraum oder ein Speicher, übrig bleiben, da sonst ein isoliertes Miteigentum zugunsten einer Sondereigentumseinheit bestehen bleibt oder Mitsondereigentum geschaffen werden würde, was ebenfalls nicht zulässig ist (BGH, 30.6.1995, VZR 118/94).

Hinweis: Falls ein Wohnungseigentümer zwei Einheiten besitzt, ist er befugt, Räume der einen Einheit abzuteilen und seinem anderen Wohnungseigentum zuzuordnen.

1 Vollzug

Vollzogen wird die Unterteilung durch eine einseitige Erklärung analog § 8 WEG des aufteilenden Wohnungseigentümers gegenüber dem Grundbuchamt in Form des § 29 GBO. Im Zuge der Unterteilung kann auch eine Veräußerung der neu gebildeten Einheit erfolgen.

Mit der Erklärung müssen dem Grundbuchamt ein geänderter Aufteilungsplan sowie die dazugehörige Abgeschlossenheitsbescheinigung für alle neu gebildeten Sondereigentumseinheiten vorgelegt werden. Ausnahmsweise ist das nicht nötig, wenn bereits vor der Unterteilung in sich abgeschlossene Räume vorgelegen haben (OLG München, 27.5.2011, 34 Wx 161/11).

2 Zustimmung

Eine Zustimmung der übrigen Wohnungseigentümer zur Unterteilung ist grundsätzlich nicht erforderlich (BGH, 27.4.2012, V ZR 211/11). Möglich ist allerdings, dass die Unterteilung durch Vereinbarung der Wohnungseigentümer oder gemäß Teilungserklärung der Zustimmung der übrigen Wohnungseigentümer bedarf oder von der Zustimmung eines Dritten, zum Beispiel des Verwalters, abhängig gemacht wird (OLG München, 27.5.2011, 34 Wx 161/11). Unter diesen Umständen darf die Zustimmung zur Unterteilung nur aus wichtigem Grund versagt werden; dies gilt auch für die Zustimmung des Verwalters gemäß § 12 WEG (LG München, 24.7.2013, 34 Wx 210/13).

Ein Beschluss der übrigen Wohnungseigentümer, die Unterteilung zu untersagen, ist nichtig, weil keine Beschlusskompetenz besteht (BayObLG, 6.3.2003, 2Z BR 90/02). Auch die Zustimmung dinglich Berechtigter ist entbehrlich, weil sich die eingetragenen Belastungen an dem ursprünglichen Wohnungseigentum an den unterteilten Einheiten fortsetzen (OLG München, 5.7.2013, 34 Wx 155/13).

3 Auswirkung auf Stimmrechte

Die Unterteilung des Wohnungseigentümers führt nicht zu einer Vermehrung der Stimmrechte (BGH, 27.4.2012, V ZR 211/11). Wurde in der Teilungserklärung abweichend von der gesetzlichen Regelung des § 25 Abs. 2 Satz 1 WEG das Kopfprinzip vereinbart, wird das Stimmrecht anteilig aufgeteilt. Nur so kann verhindert werden, dass es zu einer Vermehrung der Stimmrechte zulasten der übrigen Wohnungseigentümer kommt. Gleiches gilt, wenn die Teilungserklärung vorsieht, dass pro Eigentumseinheit eine Stimme besteht, also das Objektprinzip zum Tragen kommt (BGH, 7.10.2004, V ZB 22/04). Eine abweichende Regelung zur Verteilung muss in der Teilungserklärung festgelegt sein.

Gilt das Wertprinzip, hat die Unterteilung der Wohnungseigentumseinheit lediglich zur Folge, dass das Stimmrecht, das sich nach den Miteigentumsanteilen richtet, auf die neu zu bildenden Einheiten anteilig übertragen wird. Eine Vermehrung des Stimmrechts ist damit nicht verbunden.

Unwirksamer Beschluss

„Anfechtung von Beschlüssen“

Veräußerungszustimmung

Inhaltsübersicht

Die rechtsgeschäftliche Veräußerung von Wohnungs- und Teileigentum kann gemäß § 12 Abs. 1 WEG durch Vereinbarung vom Erfordernis einer Veräußerungszustimmung abhängig gemacht werden. Sinn und Zweck dieser Vorschrift ist es, das Eindringen unerwünschter Personen in die Gemeinschaft zu verhindern, und für Schutz davor zu sorgen, dass Wohnungseigentum in die Hand eines persönlich oder finanziell unzuverlässigen Miteigentümers gerät.

1 Verweigerung aus wichtigem Grund

Jedoch darf die Zustimmung nur aus wichtigem Grunde versagt werden. Ein solcher liegt dann vor, wenn der Erwerber im Hinblick auf seine Person oder seine wirtschaftliche Leistungsfähigkeit für die Wohnungseigentümergemeinschaft unzumutbar ist, weil konkrete Anhaltspunkte objektiv begründete Zweifel daran entstehen lassen, dass der Erwerber willens oder in der Lage sein wird, seinen Pflichten gegenüber der Wohnungseigentümergemeinschaft nachzukommen und die Rechte der anderen Wohnungseigentümer zu achten (BayObLG, 6.3.2003, 2Z BR 90/02; OLG Köln, 6.8.2009, I-16 Wx 133/08, I-16 Wx 134/08, 16). Gleiches gilt, wenn die Übertragung des Wohnungseigentums auf den Erwerber für die übrigen Miteigentümer eine gemeinschaftswidrige Gefahr mit sich bringt. Diese Gefahr muss ihre Ursache in der Person des Erwerbers haben, ohne dass es auf deren Verschulden ankommt (LG Braunschweig, 21.9.2010, 6 S 113/10; OLG Frankfurt/Main, 27.7.2005, 20 W 493/04). Die Zustimmung ist auch erforderlich, wenn der Erwerber bereits Mitglied der Wohnungseigentümergemeinschaft ist. Hat dieser rechtswidrige bauliche Veränderungen vorgenommen sowie erhebliche Wohngeldrückstände auflaufen lassen, liegt ein wichtiger Versagungsgrund vor (LG Köln, 19.3.2009, 29 S 45/08; a. A. OLG Brandenburg, 12.1.2009, 5 Wx 49/07).

Wenn bereits einigermaßen konkret absehbar ist, dass erhebliche finanzielle Belastungen aufgrund umfangreicher Sanierungsmaßnahmen auf den einzelnen Eigentümer zukommen, entspricht es einem berechtigten Interesse des Verwalters, auch die diesbezügliche Bonität zu klären. Die mangelnde Sicherheit für die Erfüllung der Lastenbeitrags- und Finanzierungsverpflichtungen ist ein anerkannter wichtiger Grund i. S. v. § 12 Abs. 2 WEG (LG Köln, 8.9.2014, 29 T 96/14). Gemäß § 12 Abs. 2 WEG kann ein wichtiger Grund in der Unfähigkeit des Erwerbers liegen, sich in eine Gemeinschaft einzugliedern, zum Beispiel wegen nachgewiesener Streitsucht. Meinungsverschiedenheiten zwischen dem Erwerber und einem Wohnungseigentümer reichen hierzu allerdings in der Regel nicht aus (OLG Frankfurt/Main, 27.7.2005, 20 W 493/04).

Gibt es nur zwei Wohnungseigentümer und veräußern beide ihr Wohnungseigentum gleichzeitig, so unterfallen die Verfügungen nicht einem nach § 12 Abs. 1 WEG vereinbarten Zustimmungserfordernis (OLG Saarbrücken, 7.11.2011, 5 W 214/11-96). Bloße Konkurrenzschutzerwägungen werden in der Regel nicht als wichtiger Grund zur Versagung der Veräußerungszustimmung durch einen Wohnungseigentümer i. S. d. § 12 Abs. 2 WEG angesehen (OLG Frankfurt/Main, 1.2.2007, 20 W 8/06).

Verweigern die Wohnungseigentümer durch Mehrheitsbeschluss die Zustimmung zur Veräußerung, ohne dass ein wichtiger Grund tatsächlich vorliegt, ist sich die vorgenannte Rechtsprechung einig, dass ein solcher Beschluss nichtig ist. Nach nunmehr neuerer Ansicht des BGH (20.7.2012, V ZR 241/11) ist dies nicht der Fall. Gibt die Teilungserklärung, wie in dem hier zu entscheidenden

Fall, den richtigen Maßstab für einen wichtigen Grund vor und gehen die Wohnungseigentümer von diesem aus, ist der gefasste Beschluss nicht gemäß § 23 Abs. 4 Satz 1 WEG nichtig, wenn ein wichtiger Grund tatsächlich nicht vorlag. Ein anderes Ergebnis wäre mit den Interessen der Beteiligten und dem Erfordernis der Rechtssicherheit unvereinbar.

Da die Verweigerung der Genehmigung rechtsgestaltend auf das schwebend unwirksame Veräußerungsgeschäft einwirkt, muss zu einem nachprüfbaren Zeitpunkt feststehen, ob der Veräußerungsvertrag endgültig unwirksam wird. Dies gilt umso mehr, als die Frage, ob ein Grund als wichtig einzuordnen ist, in der Regel von Wertungen abhängt. Anderenfalls müssten die Wohnungseigentümer, die insoweit die Beweislast tragen, das Vorliegen eines wichtigen Grundes, bezogen auf den Zeitpunkt der Beschlussfassung, ohne zeitliche Grenzen nachweisen können. Der Beschluss kann allenfalls dann nichtig sein, wenn er auf ersichtlich sachfremden Erwägungen beruht, die offenkundig keinen wichtigen Grund darstellen. Im Regelfall ist jedoch anzunehmen, dass die Wohnungseigentümer bei ihrer Entscheidung von den Vorgaben des Gesetzes bzw. der Teilungserklärung ausgegangen sind. In diesem Fall kann nur mit der fristgebundenen Anfechtungsklage überprüft werden, ob der Grund, der sie zur Versagung der Zustimmung bewogen hat, tatsächlich als wichtig anzusehen ist.

2 Verwalterzustimmung und Nachweis der Verwalterstellung

Zur Umschreibung des Eigentums im Wege der Veräußerung muss weiterhin nicht nur die Zustimmung des Verwalters nachgewiesen werden, sondern auch die Verwalterstellung des Zustimmenden. Dies erfolgt regelmäßig gemäß § 26 Abs. 3 WEG i. V. m. § 24 Abs. 6 Satz 2 WEG durch Vorlage des entsprechenden Bestellungsbeschlusses mit den beglaubigten Unterschriften des Versammlungsleiters und eines Wohnungseigentümers sowie – wenn bestellt – des Vorsitzenden des Verwaltungsbeirats bzw. dessen Vertreters. Die Eintragung ins Grundbuch ist erst möglich, wenn die Zustimmung zur Veräußerung gegenüber dem Grundbuchamt gemäß § 29 GBO in notariell beglaubigter Form nachgewiesen wird.

Die Verwalterzustimmung muss von dem Verwalter der Wohnungseigentümergemeinschaft erteilt werden, der bei Eingang des Umschreibungsantrags aktuell (noch) das Verwalteramt innehat (OLG Hamburg, 15.3.2011, 13 W 15/11; OLG Hamm, 12.5.2010, I-15 W 139/10). Nach anderer Ansicht ist die Zustimmung des Verwalters nach § 12 WEG wirksam und nicht mehr widerruflich, sobald sie gegenüber den Vertragsparteien oder dem mit dem Vollzug beauftragten Notar erklärt und der schuldrechtliche Vertrag abgeschlossen ist. Entfällt die Zustimmungsberechtigung – etwa durch einen Verwalterwechsel –, bevor der Umschreibungsantrag gestellt wurde, bleibt hiervon die fortdauernde Wirksamkeit der im Zeitpunkt der Abgabe wirksamen Erklärung unberührt (OLG München, 27.6.2011, 34 Wx 135/11; OLG Düsseldorf, 11.5.2011, I-3 Wx 70/11). Nach BGH (11.10.2012, V ZB 2/12) ist die Zustimmung des Verwalters zu der Veräußerung von Wohnungseigentum nach § 12 Abs. 1, 3 WEG auch dann noch wirksam, wenn die Bestellung des Verwalters vor dem in § 878 BGB genannten Zeitpunkt endet.

3 Zustimmung des Verwaltungsbeirats

Verhindert ein Beirat durch Verweigerung der Protokollunterzeichnung über die Verwalterwahl die nach der Teilungserklärung gebotene Verwalterzustimmung zu Veräußerungen, so kann dies einen wichtigen Grund zur Beiratsabberufung darstellen (AG Düsseldorf, 3.9.2014, 291a C 2476/14). Besteht der Verwaltungsbeirat einer Wohnungseigentümergemeinschaft lediglich aus einer Person und hat das Grundbuchamt hiervon gesicherte Kenntnis, wird die Bestellung des Verwalters durch eine lediglich von dem Versammlungsleiter und dem Verwaltungsbeirat unterschriebene Niederschrift über den in der Versammlung gefassten Beschluss nicht geführt. Die Niederschrift muss von einem weiteren Wohnungseigentümer unterschrieben sein (KG Berlin, 20.1.2015, 1 W 580/14). Ist durch die Gemeinschaftsordnung bestimmt, dass die Veräußerung eines Sondereigentums zusätzlich der Zustimmung durch den Verwaltungsbeirat bedarf, muss auch hier zusätzlich die Bestellung der Erklärenden zu Beiratsmitgliedern nachgewiesen werden (OLG Hamm, 13.3.2013, I-15 W 311/12).

4 Aufhebung

Gemäß § 12 Abs. 4 Satz 1 WEG kann eine in einer Teilungserklärung/Gemeinschaftsordnung enthaltene Regelung über die Veräußerungszustimmung durch einfachen Mehrheitsbeschluss aufgehoben werden. Die Einführung oder auch Wiedereinführung einer Veräußerungszustimmung ist jedoch nur durch eine Vereinbarung möglich. Die Beschlusskompetenz zur Aufhebung einer Veräußerungsbeschränkung steht nach der gesetzlichen Regelung nur der Eigentümerversammlung der Gesamtgemeinschaft zu (OLG Hamm, 13.6.2012, I-15 W 368/11). Für die Aufhebung nach § 14 Abs. 1 Satz 1 WEG reicht ein sachlicher Grund aus. Die Eigentümergemeinschaft hat insoweit einen weiten Beurteilungsspielraum, der nur bei Vorliegen besonderer Gründe in einem Einzelfall und einem deutlichen Überwiegen der Schutzgesichtspunkte der Veräußerungsbeschränkung überschritten werden kann (LG Frankfurt/Oder, 13.4.2015, 16 S 133/14). Aus der Niederschrift der Eigentümerversammlung muss sich eindeutig ergeben, dass bei der Versammlung die Aufhebung der Beschränkung mehrheitlich beschlossen wurde

(OLG München, 9.8.2011, 34 Wx 248/11; BGH, 23.8.2001, V ZB 10/01).

Vereinbarung

Gemäß § 10 Abs. 2 WEG bestimmt sich das Verhältnis der Wohnungseigentümer untereinander nach den Vorschriften des Wohnungseigentumsgesetzes und den Vorschriften des BGB über die Gemeinschaft. Die Wohnungseigentümer können jedoch von den Vorschriften des Wohnungseigentumsgesetzes abweichen, soweit nicht etwas anderes ausdrücklich bestimmt ist. So existieren auch unabdingbare Vorschriften (siehe „Wohnungseigentumsgesetz, unabdingbare Vorschriften") im Gesetz, von denen in der Teilungserklärung/Gemeinschaftsordnung nicht abgewichen werden kann. Bei der Vereinbarung handelt es sich um einen schuldrechtlichen Kollektivvertrag, deren Inhalt durch die Eintragung in das Grundbuch als Inhalt des Sondereigentums verdinglicht wird. Einer Vereinbarung müssen daher sämtliche im Grundbuch eingetragenen Eigentümer zustimmen.

Die Eintragung der Vereinbarung im Grundbuch bewirkt, dass auch Sonderrechtsnachfolger, also neu in die Gemeinschaft eintretende Wohnungseigentümer, an sie gebunden sind (§ 10 Abs. 3 WEG). Fehlt ein solcher Eintrag, müssen sich an die Vereinbarung nur diejenigen Eigentümer halten, die im Zeitpunkt des Zustandekommens der Vereinbarung Mitglied der Gemeinschaft sind.

Weiterhin ist zu beachten, dass bei Änderungen von Vereinbarungen die Zustimmung dinglich Berechtigter erforderlich sein kann. Dies ist gemäß § 5 Abs. 4 WEG bei der Begründung, Veränderung, Aufhebung oder Übertragung von Sondernutzungsrechten (siehe dort) der Fall. Voraussetzung ist die Zustimmung derjeniger, zu deren Gunsten eine Hypothek, Grund- oder Rentenschuld oder eine Reallast besteht.

Eine in der Teilungserklärung/Gemeinschaftsordnung enthaltene Vereinbarung kann grundsätzlich auch nur durch eine Vereinbarung abgeändert werden (BGH, 20.9.2000, V ZB 58/99), es sei denn sie enthält eine Öffnungsklausel (siehe dort) oder das Gesetz weist den Eigentümern eine Beschlusskompetenz (siehe dort) zu, so beispielsweise in § 12 Abs. 4 WEG zur Aufhebung einer Veräußerungsbeschränkung, zur abweichenden Kostenverteilung nach § 16 Abs. 3 und 4 WEG oder aber in Geldangelegenheiten nach § 21 Abs. 7 WEG (siehe auch „Beschluss").

Die Änderung einer Vereinbarung kommt ebenfalls in Betracht, wenn ein Wohnungseigentümer einen Änderungsanspruch gemäß § 10 Abs. 2 Satz 3 WEG geltend macht. Danach kann jeder Wohnungseigentümer eine vom Gesetz abweichende Vereinbarung oder die Anpassung einer Vereinbarung verlangen, soweit ein Festhalten an der gesetzlichen Regelung aus schwerwiegenden Gründen unter Berücksichtigung aller Umstände des Einzelfalls, insbesondere der Rechte und Interessen der anderen Wohnungseigentümer, unbillig erscheint. Das ist dann der Fall, wenn die gesetzliche Regelung bei objektiver Betrachtung die unterschiedlichen Interessen der Wohnungseigentümer nicht in einen angemessenen Ausgleich bringt, weil einzelne Eigentümer übervorteilt oder ohne sachlichen Grund benachteiligt werden. Der Änderungsanspruch erstreckt sich jedoch nur auf Vereinbarungen; sachenrechtliche Regelungen, also die Abgrenzung und Zuordnung von Sonder- und Gemeinschaftseigentum, unterliegen nicht dem gesetzlichen Änderungsanspruch.

Am häufigsten kommt in der Praxis die Frage danach auf, wenn es um eine höhere finanzielle Belastung durch veränderte Kostenverteilung geht. Als Grenze, ab welcher Kostenmehrbelastung Unbilligkeit und ein Abänderungsanspruch gegeben sein könnten, wird ein Schwellenwert von circa 25 % herangezogen (BT-Drucks. 16/887, S. 17 f.; KG Berlin, 14.6.2004, 24 W 32/04). Dieser Wert stellt jedoch keine feste Grenze dar, sondern ist lediglich eine Orientierungsgröße. Allerdings ist das Maß der Kostenmehrbelastung nicht alleiniges Kriterium bei der Entscheidung, ob das Festhalten an der geltenden Regelung unbillig sein könnte. Selbst wenn der Schwellenwert von 25 % nicht erreicht wird, können Umstände vorliegen, die einen Anspruch auf Änderung des Kostenverteilungsschlüssels begründen. Gleiches gilt für den umgekehrten Fall: Selbst wenn der Schwellenwert von 25 % erreicht bzw. überschritten wird, können Umstände vorliegen, die eine Änderung des Kostenverteilungsschlüssels nicht rechtfertigen. Entscheidend sind stets alle Umstände des konkreten Einzelfalls, die gegeneinander abzuwägen sind (BGH, 11.6.2010, V ZR 174/09). Für einen Änderungsanspruch können folgende Umstände sprechen:

- Aufgrund der bestehenden unbilligen Regelungen ist ein angemessener Gebrauch des Sondereigentums oder ein Mitgebrauch des Gemeinschaftseigentums nicht möglich; jedoch führt der Umstand allein, dass ein Wohnungseigentümer einen bestimmten Bereich des Gemeinschaftseigentums nicht nutzt oder nutzen kann, nicht dazu, dass er von den Kosten des Gebrauchs sowie der Instandhaltung und Instandsetzung freigestellt werden muss (OLG Hamburg, 29.11.2005, 2 Wx 46/05; OLG Schleswig, 26.4.2006, 2 W 234/05).
- Die Vereinbarung erweist sich von Anfang an als verfehlt oder unzweckmäßig (BGH, 17.12.2010, V ZR 131/10).
- Die tatsächlichen oder rechtlichen Umstände, die dem in der Gemeinschaftsordnung enthaltenen Ver-

teilungsschlüssel zugrunde lagen, haben sich verändert (BGH, 17.12.2010, V ZR 131/10).

- Die Wohnungseigentumseinheit ist wegen der geltenden Kostenverteilungsregelung wirtschaftlich wertlos, da das zu zahlende Wohngeld die nachhaltig zu erzielende Miete dauerhaft und deutlich übersteigt.
- Die Unbilligkeit ist erst durch eine nachträgliche Änderung der Gemeinschaftsordnung entstanden, bei der die Wohnungseigentümer offensichtlich rechtlich oder tatsächlich bedeutsame Aspekte übersehen haben.

In folgenden Fällen kommt ein Änderungsanspruch eher nicht infrage:

- Die Auswirkungen einer unbilligen Regelung waren beim Erwerb des Wohnungseigentums erkennbar (LG München I, 8.6.2010, 36 S 19150/09).
- Die Ursache für die Unbilligkeit liegt im Risikobereich des betroffenen Wohnungseigentümers, zum Beispiel beim Scheitern eines geplanten Dachausbaus oder wenn Räume leer stehen.
- Die mit einer unbilligen Regelung verbundenen Nachteile werden durch anderweitige Vorteile kompensiert, zum Beispiel wenn ein Eigentümer bei einer Kostenart unbillig benachteiligt wird, bei einer anderen aber nur einen verhältnismäßig geringen Anteil tragen muss.
- Bei einer gebotenen längerfristigen Betrachtungsweise ist zu erwarten, dass es zu einem wirtschaftlichen Ausgleich einer einmaligen Kostenmehrbelastung kommt.
- Die Gemeinschaftsordnung wurde bereits geändert, ohne die beanstandete Unbilligkeit zu beseitigen, woraus geschlossen werden könnte, dass die Wohnungseigentümer den rechtlichen Zustand gebilligt haben (LG Nürnberg-Fürth, 26.8.2009, 14 S 3582/09).

Wird ein Änderungsanspruch nach § 10 Abs. 2 Satz 3 WEG geltend gemacht und haben die Wohnungseigentümer in dieser Angelegenheit nach dem Gesetz, zum Beispiel nach § 16 Abs. 3 oder 4 WEG, oder nach einer ggf. vorhandenen Öffnungsklausel Beschlusskompetenz, so ist zunächst eine Vorbefassung durch die Eigentümerversammlung erforderlich. Das heißt, der Wohnungseigentümer, der eine Änderung beansprucht, muss versuchen, eine Änderung im Wege eines Beschlusses zu erreichen (BGH, 15.1.2010, V ZR 114/09).

Verweigern die anderen Wohnungseigentümer die Zustimmung und kommt daher ein Negativbeschluss (siehe „Beschluss", Abschnitt 9) zustande, muss Anfechtungsklage gegen diesen Beschluss verbunden mit einer Gestaltungsklage gemäß § 21 Abs. 8 WEG erhoben werden mit dem Ziel, durch eine gerichtliche Entscheidung einen abändernden Beschluss zu erwirken.

Welche Klageart die richtige ist, hängt davon ab, ob Beschlusskompetenz vorliegt. Besteht für den Gegenstand des Antrags Beschlusskompetenz, kommt nur die Gestaltungsklage gemäß § 21 Abs. 8 WEG in Betracht, wenn der in der Eigentümerversammlung abgelehnte Antrag gerichtlich weiterverfolgt werden soll. Besteht hingegen keine Beschlusskompetenz und verweigern Eigentümer die Zustimmung zu einer vereinbarungsändernden Regelung, sind diese Eigentümer gemäß § 10 Abs. 2 Satz 3 WEG auf Zustimmung zur beantragten Änderung in Anspruch zu nehmen.

Verfahren in Wohnungseigentumssachen

„Gerichtliches Verfahren im Wohneigentum"

Vergleiche in Wohnungseigentumssachen

Inhaltsübersicht

Die Parteien eines Wohnungseigentumsrechtsstreits können einen gerichtlichen Vergleich i. S. d. § 794 Abs. 1 Nr. 1 ZPO eingehen. Dessen Gegenstand ist dann, dass die Parteien eine Einigung im anhängigen Verfahren erzielen und den Rechtsstreit beenden. Vorteil des Prozessvergleichs ist, dass er einen vollstreckbaren Titel zur Folge hat (§ 794 Abs. 1 Nr. 1 ZPO).

Nach herrschender Meinung ist der Vergleich ein Prozessvertrag und darüber hinaus ein schuldrechtlicher Vertrag i. S. d. § 779 BGB. Damit ein Prozessvergleich wirksam ist, müssen sowohl die entsprechenden materiell-rechtlichen Bedingungen als auch die verfahrensrechtlichen Anforderungen erfüllt sein. Fehlt eine dieser beiden Komponenten, liegt kein gerichtlicher Vergleich vor und der Rechtsstreit wird nicht beendet.

1 Bindungswirkung

Der gerichtliche Vergleich ist nicht als gerichtliche Entscheidung i. S. v. § 10 Abs. 4 WEG zu verstehen, sondern als Prozessvertrag zwischen den Parteien des Rechtsstreits. Diese Einordnung hat zur Folge, dass der gerichtliche Vergleich nur die Prozessbeteiligten und nicht über § 10 Abs. 4 WEG auch die Sondernachfolger bindet (BayObLG, 29.1.1990, BReg. 1b Z 4/89). Dieses Problem kann dadurch behoben werden, dass die Wohnungseigentümergemeinschaft im Rahmen ihrer Beschlusskompetenz einen entsprechenden Beschluss fasst, den Vergleich zu genehmigen. Dies geschieht in der Praxis so, dass nach Abschluss eines Vergleichs, der vor Gericht im Regelfall widerruflich abgeschlossen wird, die Wohnungseigentümergemeinschaft durch entsprechende Beschlussfassung den Vergleichstext genehmigt, damit tritt die Bindungswirkung für den Sondernachfolger gemäß § 10 Abs. 4 WEG ein. Alternativ besteht die Möglichkeit, dass die Wohnungseigentümer eine Vereinbarung i.S.v. § 10 Abs. 3 WEG abschließen und diese ins Grundbuch eintragen lassen, was in der Praxis eher der Ausnahmefall sein wird.

2 Vergleichswiderruf

Wenn die Einigung durch Vergleich in einer mündlichen Verhandlung vor dem Gericht erfolgt – wie in der Praxis meistens der Fall –, sollten die Beteiligten darauf achten, dass dieser zunächst nur widerruflich abgeschlossen wird und die Wohnungseigentümer die Möglichkeit haben, die Annahme des Vergleichs zu beschließen. Sinnvollerweise sollte daher die Vergleichswiderrufsfrist mehr als einen Monat betragen, da ggf. die Beschlussfassung von einem Wohnungseigentümer binnen der Anfechtungsfrist von einem Monat des § 46 Abs. 1 WEG angefochten werden kann. Dies könnte dann wiederum zur Folge haben, dass sich in einem späteren Rechtsstreit herausstellt, dass die genehmigende Beschlussfassung für ungültig erklärt wird. Die Widerrufsfrist sollte also so bemessen sein, dass ausreichend Zeit besteht, ab Beschlussfassung zu prüfen, ob die Annahme des Vergleichstextes auch bestandskräftig wird. Im Regelfall dürften fünf Wochen ab Beschlussfassung genügen. Weiterhin kann der gerichtliche Vergleich unter der aufschiebenden Bedingung geschlossen werden, dass er von der Eigentümerversammlung binnen einer vereinbarten Frist bestandskräftig genehmigt wird.

Weiter ist zu beachten, dass sich die Vollmacht des Verwalters aus § 27 Abs. 2 Nr. 2 und Abs. 3 Satz 1 Nr. 2 WEG grundsätzlich nicht auf den Abschluss eines Vergleichs für die beklagten Wohnungseigentümer bezieht. Hingegen ist der von der Wohnungseigentümergemeinschaft beauftragte Rechtsanwalt gemäß § 81 ZPO berechtigt, einen Vergleich abzuschließen. Er sollte aber auch in jedem Fall vor Abschluss eines unwiderruflichen Vergleichs sinnvollerweise eine Beschlussfassung der Wohnungseigentümergemeinschaft zu dieser Frage einholen.

Hinweis: Besonders ist darauf zu achten, ob bei einer Beschlussfassung, die den widerruflich abgeschlossenen Vergleich bestätigen soll, die Wohnungseigentümer überhaupt die notwendige Beschlusskompetenz haben, denn das hängt vom Vergleichsgegenstand ab (zum Beispiel OLG München, 23.5.2007, 32 Wx 30/07).

Vergütung des Verwalters

„Verwaltervergütung“

Verjährung

Inhaltsübersicht

Wie nach BGB können auch nach Wohnungseigentumsrecht Ansprüche der Verjährung unterliegen. Dabei gelten die allgemeinen Regelungen des BGB zur Verjährung. In § 194 Abs. 1 BGB ist vorgesehen, dass das Recht, von einem anderen ein Tun oder Unterlassen zu verlangen, also ein Anspruch, der Verjährung unterliegt.

Die Verjährung ist eine Einrede, die von dem Schuldner im Rechtsstreit erhoben werden muss, da sie vom Gericht nicht von Amts wegen geprüft wird. Wurde sie in begründeter Weise erhoben, kann der Schuldner gemäß § 214 Abs. 1 BGB die von ihm geforderte Leistung verweigeRn. Hingegen kann er, wenn er in Kenntnis einer bestehenden Verjährung die Leistung bereits an den Gläubiger erbracht hat, diese gemäß § 214 Abs. 2 BGB nicht zurückfordeRn. Besteht für den Gläubiger die Möglichkeit, gegen den Schuldner aufzurechnen, so sind ihm weder die Geltendmachung der Aufrechnung noch eines Zurückbehaltungsrechts versagt, wenn der Anspruch des Gläubigers noch nicht verjährt war, als erstmals aufgerechnet oder die Leistung verweigert werden konnte (§ 215 BGB).

1 Regelmäßige Verjährungsfrist

Die regelmäßige Verjährungsfrist beträgt gemäß § 195 BGB drei Jahre und beginnt gemäß § 199 BGB mit dem Schluss des Jahres, in dem der jeweilige Anspruch entstanden ist. Voraussetzung für den Beginn der dreijährigen Verjährungsfrist ist jedoch, dass der Gläubiger den Anspruch und die Person des Schuldners kennt oder in grob fahrlässiger Weise nicht kannte.

2 Beispielsfälle

Anhand der folgenden Beispiele werden die wichtigsten verjährungsrechtlichen Probleme erläutert.

2.1 Beitragsansprüche der Wohnungseigentümergemeinschaft

Hierbei handelt es sich um Ansprüche der Wohnungseigentümergemeinschaft wegen Nachzahlungsansprüchen aus einer beschlossenen Jahresabrechnung oder Sonderumlage (BGH, 24.6.2005, V ZR 350/03). Für sie gilt die allgemeine Verjährungsfrist des §§ 195 ff. BGB, das heißt, sie verjähren in drei Jahren.

Gemäß § 199 Abs. 1 BGB beginnt die Verjährungsfrist mit dem Schluss des Jahres, in dem der Anspruch entstanden ist, also fällig wurde, und der Gläubiger von den anspruchsbegründenden Umständen sowie der Person des Schuldners Kenntnis erlangt hat oder ohne grobe Fahrlässigkeit erlangen musste. Dies gilt auch für Hausgeldvorschüsse, die gemäß § 28 Abs. 2 WEG auf Grundlage eines Wirtschaftsplans beschlossen und fällig gestellt wurden. Dabei gilt, dass der Beschluss über die Jahresabrechnung der Wohnungseigentümergemeinschaft nicht zum Neubeginn der Verjährung führt (BGH, 1.6.2012, V ZR 171/11).

Gemäß § 21 Abs. 7 WEG können die Wohnungseigentümer regeln, wann die Hausgeldzahlungen fällig werden. Häufig beschließt die Wohnungseigentümergemeinschaft auch sogenannte Verfallsklauseln bei verspäteter oder ausbleibender Zahlung mit der Folge, dass die gesamte Zahlung der Hausgeldvorauszahlungen auf das Wirtschaftsjahr sofort mit Beginn des Jahres bzw. mit einer Beschlussfassung fällig wird. In diesen Fällen ist ebenfalls das Jahresende für den Beginn der Verjährung entscheidend.

Erfolgt ein Eigentümerwechsel vor der entsprechenden Beschlussfassung über die Beitragsforderungen der Wohnungseigentümergemeinschaft, ist für den Beginn der Verjährungsfrist darauf abzustellen, ob der Verwalter im selben Kalenderjahr Kenntnis oder grob fahrlässige Unkenntnis von der Person des Beitragsschuldners hat. Die Kenntnis bzw. die grob fahrlässige Unkenntnis des Verwalters, der als Organ der Wohnungseigentümergemeinschaft gemäß § 27 Abs. 1 Nr. 4 und Abs. 3 Satz 1 Nr. 4 berechtigt ist, die Beitragsforderungen vom Schuldner anzufordern, ist der Wohnungseigentümergemeinschaft analog § 166 Abs. 1 und § 199 Abs. 1 Nr. 2 BGB zuzurechnen (OLG München, 7.2.2007, 34 Wx 129/06; BGH, 4.7.2014, V ZR 183/13). Für den Verjährungsbeginn dieser Beitragsforderungen ist somit entscheidend auf das Jahr abzustellen, in dem der Verwalter von dem Wechsel des Eigentümers Kenntnis erlangt hat bzw. ohne grobe Fahrlässigkeit hätte Kenntnis erlangen müssen. Als Ultimoverjährung, das heißt, wenn keine Kenntnis vorhanden war oder nicht grob fahrlässig die Kenntnis fehlte, verjähren die Beitragsansprüche der Wohnungseigentümergemeinschaft gemäß § 199 Abs. 4 BGB innerhalb von zehn Jahren ab ihrer Entstehung bzw. ab ihrer Fälligkeit. Der Beginn der Verjährung liegt hier nicht zwingend am Schluss des Kalenderjahres (§ 199 Abs. 1 BGB), sondern sie fängt mit Entstehen des Anspruchs an zu laufen (BGH, 4.7.2014, V ZR 183/13; BGH, 7.4.2006 V ZR 144/05), regelmäßig also bereits im jeweils laufenden Jahr.

2.2 Beseitigungsansprüche

Beseitigungsansprüche gemäß § 1004 Abs. 1 BGB i. V. m. § 15 Abs. 3 WEG wegen unzulässiger baulicher Veränderungen unterliegen ebenfalls der dreijährigen Regelverjährung gemäß § 195 und § 199 Abs. 1 BGB. § 902 Abs. 1 Satz 1 BGB, nach dem Ansprüche aus eingetragenen Rechten nicht der Verjährung unterliegen, ist auf Beseitigungsansprüche nicht anwendbar (BGH, 28.1.2011, V ZR 141/10; LG Hamburg, 9.4 2014, 318 S 117/13).

Bei Beseitigungsansprüchen ist zu beachten, dass durch Vornahme der baulichen Veränderung regelmäßig eine abgeschlossene Störungshandlung vorliegt. Sie ist für den Beginn der Verjährungsfrist hinsichtlich der Vornahme der Handlung, die zur baulichen Veränderung geführt hat, maßgeblich. Eine Dauerstörung oder auch das neue Entstehen der Verjährungsfrist lässt sich nicht dadurch begründen, dass die vorgenommene bauliche Veränderung fortwirkt (LG Hamburg, 9.4.2014, 318 S 117/13). Die Verjährung beginnt also zu dem Zeitpunkt, zu dem die bauliche Veränderung begonnen wurde und die durch die Störung beeinträchtigten Wohnungseigentümer von der baulichen Veränderung Kenntnis erlangt haben oder ohne grobe Fahrlässigkeit hätten Kenntnis erlangen müssen.

Auch hier ist die Zurechnung einer etwaigen Kenntnis des Verwalters analog § 166 BGB möglich. Noch nicht geklärt ist hingegen, ob auch eine Zurechnung der Kenntnis des Verwaltungsbeirats möglich ist, da dieser den Verwalter bei der Durchführung seiner Aufgaben nur unterstützt (§ 29 Abs. 2 WEG; OLG Düsseldorf, 9.11.2001, 3 Wx 13/01, zur Wissenszurechnung des Verwaltungsbeirats bei der Entlastung des Verwalters). Voraussetzung für eine Zurechnung ist generell, dass es um gemeinschaftsbezogene Ansprüche i. S. v. § 10 Abs. 6 Satz 3 Fall 1 WEG geht oder die Gemeinschaft Ansprüche der Wohnungseigentümer nach § 10 Abs. 6 Fall 2 WEG an sich gezogen hat (BGH, 4.7.2014, V ZR 183/13).

Hinweis: Auch bei Beseitigungsansprüchen gilt die Ultimoverjährung von zehn Jahren gemäß § 199 Abs. 4 BGB bei fehlender Kenntnis bzw. nicht grob fahrlässiger Unkenntnis.

Wenn das entsprechende Wohnungseigentum des Gläubigers verkauft wird, also eine Rechtsnachfolge eintritt, muss der Verkäufer sich den Kenntnisstand des Käufers und damit eine bereits eingetretene Verjährung zurechnen lassen. Auch bei der Universalsukzession gemäß § 1922 BGB, also einer Vererbung der Wohnung mit sämtlichen Rechten und Pflichten, ist der Ablauf der Verjährung dem Rechtsnachfolger zuzurechnen, wobei allerdings gemäß § 211 BGB der Ablauf der Verjährung für sechs Monate gehemmt ist.

Hinweis: Die Rechtslage, dass eine vorgenommene bauliche Veränderung vom Störer nicht beseitigt werden muss, weil der Beseitigungsanspruch bereits verjährt ist, ändert nichts daran, dass die bauliche Veränderung an sich rechtswidrig bleibt. Die Wohnungseigentümergemeinschaft kann daher den Rückbau der unzulässigen baulichen Veränderung beschließen, denn dies entspricht ordnungsgemäßer Verwaltung. Nach einer entsprechenden Beschlussfassung kann die Wohnungseigentümergemeinschaft den Rückbau auf eigene Kosten veranlassen, was der Störer im Regelfall entschädigungslos dulden muss (BGH, 28.1.2011, V ZR 141/10; AG Rosenheim, 20.3.2012, 12 C 1082/11).

2.3 Unterlassungsansprüche

Unterlassungsansprüche gemäß § 1004 Abs. 1 BGB i. V. m. § 15 Abs. 3 WEG unterliegen ebenfalls der dreijährigen Regelverjährung gemäß § 195 und § 199 Abs. 1 BGB. Ein solcher Anspruch entsteht mit der Zuwiderhandlung (§ 199 Abs. 5 BGB). Im Unterschied zu den Beseitigungsansprüchen ist hier davon auszugehen, dass die zweckwidrige Nutzung, zum Beispiel einer Teileigentumseinheit als Wohnraum, eine störende Dauerhandlung darstellt. Sie führt entweder dazu, dass die Verjährungsfrist nicht in Gang gesetzt wird, weil die Störung fortbesteht, solange die zweckwidrige Nutzung anhält, oder dass die fortlaufende zweckwidrige Nutzung als wiederholte Handlung jeweils neue, nicht verjährte Unterlassungsansprüche auslöst.

Der BGH hat diese Frage mit der Entscheidung vom 8.5.2015 (V ZR, 178/14) nicht abschließend geklärt. Im Ergebnis ist er aber der Auffassung, dass die Verjährung nicht eintritt, solange der Störer seine Sondereigentumseinheit insgesamt zweckwidrig nutzt. Entscheidend sei, dass die übrigen Wohnungseigentümer nicht nur durch die Aufnahme der zweckwidrigen Nutzung gestört würden, sondern die Beeinträchtigung in gleicher Weise erhalten bleibe, solange die zweckwidrige Nutzung stattfindet (BGH, 16.6.2011, V ZA 1/11). Dies gilt unabhängig davon, ob der jeweilige Sondereigentümer selbst oder sein Mieter für das Aufrechterhalten der zweckwidrigen Nutzung verantwortlich ist (BGH, 8.5 2015, V ZR 178/14).

2.4 Anspruch auf ordnungsgemäße Verwaltung

Der BGH hat mit seiner Entscheidung vom 27.4.2012 (V ZR 177/11) die Streitfrage geklärt, ob der Anspruch eines Wohnungseigentümers auf ordnungsgemäße Verwaltung gemäß § 21 Abs. 4 WEG grundsätzlich unverjährbar ist: Er geht von der Unverjährbarkeit eines solchen Anspruchs aus. Ist eine Maßnahme im Interesse ordnungsgemäßer Verwaltung notwendig, erfordert diese ständige Durchführung. Eine solche gleichsam ständig neu entstehende Dauerverpflichtung kann nicht verjähren. Die Verjährungsvorschriften, die einen Schuldner davor bewahren sollen, wegen länger zurückliegender Vorgänge in Anspruch genommen zu werden, die er ggf. nicht mehr aufklären kann, weil ihm Beweismittel für begründete Einwendungen abhandengekommen oder Zeugen nicht mehr auffindbar sind, sind nicht einschlägig. Diese Erwägungen treffen auf den Anspruch der Wohnungseigentümer auf ordnungsgemäße Verwaltung allerdings nicht zu. Der Fünfte Senat des BGH, der für das Wohnungseigentumsrecht zuständig ist, hat sich mit dieser Entscheidung dem Wohnraummietsenat (BGH, 17.2.2010, VIII ZR 109/09) angeschlossen.

2.5 Anspruch auf Instandhaltung und Instandsetzung

Nach wie vor ist streitig, ob der Anspruch auf Instandhaltung eines Wohnungseigentümers aus § 14 Nr. 1 WEG bzw. auf Instandhaltung bzw. Instandsetzung des gemeinschaftlichen Eigentums gemäß § 21 Abs. 5 Nr. 2 WEG der Verjährung gemäß § 195 und § 199 BGB unterliegt. Das OLG Braunschweig (8.2.2010, 3 W 1/10) vertritt die Auffassung, dass diese Ansprüche der Regelverjährung unterliegen, weil sie nicht unter die unverjährbaren Ansprüche gemäß § 902 Abs. 1 Satz 1 BGB fallen. Nachdem aber der BGH (27.4.2012, V ZR 177/11) die Auffassung vertreten hat, dass der Anspruch auf ordnungsgemäße Verwaltung gemäß § 21 Abs. 4 WEG unverjährbar ist, stellt sich die Frage, ob diese Auffassung weiter aufrechterhalten werden kann. Schließlich ist der Anspruch auf Instandhaltung aus § 14 Nr. 1 WEG bzw. auf Instandhaltung und Instandsetzung des gemeinschaftlichen Eigentums aus § 21 Abs. 5 Nr. 2 WEG ein Unterfall des Anspruchs auf ordnungsgemäße Verwaltung gemäß § 21 Abs. 4 WEG. Daher spricht vieles dafür, dass auch diese Ansprüche unverjährbar sind. Weiter ist darauf hinzuweisen, dass gerade der vermietende Wohnungseigentümer die ihm vom Wohnraumsenat des BGH aufgebürdete dauerhafte Instandhaltungspflicht gegenüber seinem Mieter nicht mehr erfüllen könnte, wenn er nicht dauerhaft im Verhältnis zur Wohnungseigentümergemeinschaft verlangen könnte, etwaige Mängel im Gemeinschaftseigentum, die die Mietsache beeinträchtigen, beheben zu lassen.

Verkauf von Wohnungseigentum

„Kaufvertrag über Wohnungseigentum“

Vermietete Eigentumswohnung

Inhaltsübersicht

Gemäß § 13 WEG können Wohnungseigentümer ihr Wohnungseigentum grundsätzlich nach Belieben nutzen. Sie können die Wohnung selbst bewohnen oder sie vermieten. Vermietungsbeschränkungen oder sogar ein -ausschluss in der Teilungserklärung/Gemeinschaftsordnung sind grundsätzlich zulässig. In der Gemeinschaftsordnung kann bestimmt werden, dass ein Wohnungseigentümer seine Wohnung nur mit Zustimmung eines anderen Wohnungseigentümers einem Dritten zum Gebrauch überlassen darf. Eine solche Zustimmung darf aber nur aus wichtigem Grund versagt werden (BayObLG, 14.9.1987, BReg. 2 Z 38/87; BayObLG, 23.10.2003, 2Z BR 141/03). Es kann sogar durch Vereinbarung geregelt werden, dass ein Wohnungseigentümer zur Vermietung seines Sondereigentums verpflichtet ist (BayObLG, 10.3.1988, 2 Z 123/87). Auch die Vermietung an täglich oder wöchentlich wechselnde Feriengäste stellt grundsätzlich eine zulässige Form der Wohnnutzung dar und bedarf daher nicht der Zustimmung der übrigen Eigentümer. Etwas anderes gilt nur, wenn ein entsprechendes Verbot gemäß § 10 Abs. 2 Satz 2 WEG vereinbart wurde (BGH, 15.1.2010, V ZR 72/09).

Das Recht zur Vermietung des Wohnungseigentums erlaubt es, den Mitgebrauch (siehe „Mitgebrauchsrecht“) an den gemeinschaftlichen Anlagen, Räumen und Einrichtungen wie Treppenhaus, Außenanlagen, Waschkeller oder Trockenraum auf den Mieter zu übertragen (BayObLG, 25.6.1987, 2 Z 68/86; BayObLG, 9.10.1997, 2Z BR 90/97; OLG Düsseldorf, 6.11.1995, 3 Wx 324/95).

1 Unterschiede zwischen den Regelungen in BGB und WEG

Ein Wohnungseigentümer hat gemäß § 14 Nr. 2 WEG dafür zu sorgen, dass auch die zu seinem Hausstand oder Geschäftsbetrieb gehörenden Personen von den im Sondereigentum stehenden Gebäudeteilen sowie von dem gemeinschaftlichen Eigentum nur in solcher Weise Gebrauch machen, dass dadurch keinem der übrigen Wohnungseigentümer ein Nachteil erwächst, der über das bei einem geordneten Zusammenleben unvermeidliche Maß hinausgeht. Diesen Pflichten sind auch Mieter unterworfen. Zusätzlich zu den Vorschriften des Wohnungseigentumsgesetzes sind die Vorschriften des Mietrechts zu beachten. Das führt in der Praxis häufig zu Problemen, da die beiden Rechtsgebiete – WEG und Mietrecht – vom Gesetzgeber nicht aufeinander abgestimmt wurden und häufig Diskrepanzen vorliegen. So bestimmt § 536a Abs. 2 BGB beispielsweise, dass der Mieter einen Mangel der Mietsache selbst beseitigen und vom Vermieter Ersatz der erforderlichen Aufwendungen verlangen kann, wenn der Vermieter mit der Mängelbeseitigung in Verzug ist. In einer Wohnungseigentumsanlage ist aber der Mieter – ebenso wie der Vermieter – zur Selbstbeseitigung gar nicht berechtigt, wenn der Mangel nicht im Bereich des Sondereigentums, sondern im Bereich des Gemeinschaftseigentums liegt, zum Beispiel das Erneuern von alten, blind gewordenen Isolierglasscheiben oder Behebung der Undichtigkeit von Außenfenstern, und das Einverständnis der Eigentümergemeinschaft nicht vorliegt.

Zudem gelten unterschiedliche Verjährungsfristen bei der Geltendmachung von Schadenersatzansprüchen gegenüber dem Mieter. Der Vermieter bzw. Wohnungseigentümer haftet für Schäden, die sein Mieter versursacht hat, gegenüber der Wohnungseigentümergemeinschaft für das Verschulden des Mieters. Er muss sich dessen Verschulden gemäß § 278 BGB zurechnen lassen, soweit er sich des Mieters zur Erfüllung seiner Pflichten aus dem Gemeinschaftsverhältnis bedient (KG Berlin, 15.7.2002, 24 W 21/02). Dieser Schadenersatzanspruch der Wohnungseigentümergemeinschaft verjährt gemäß § 195 und § 199 BGB in drei Jahren. Die Ersatzansprüche des Vermieters wegen Veränderungen oder Verschlechterungen der Mietsache gegenüber dem Mieter dagegen verjähren gemäß § 548 BGB in sechs Monaten. Die Verjährung beginnt mit dem Zeitpunkt, in dem er die Mietsache zurückerhält. Der Vermieter kann etwaige vorhandene Schadenersatzansprüche gegenüber seinem Mieter also nur innerhalb sehr kurzer Zeit geltend machen, während der gegenüber der Gemeinschaft drei Jahre haftet. Die verkürzte Verjährungsfrist von sechs Monaten des § 548 BGB gilt jedoch nur für Ansprüche zwischen Vermieter und Mieter. Auf die Wohnungseigentümergemeinschaft findet diese Vorschrift keine Anwendung (BGH, 29.6.2011, V ZB 236/10). Das bedeutet die Wohnungseigentümergemeinschaft kann ihre Ansprüche gegenüber dem Mieter ggf. auch direkt mit längerer Frist geltend machen.

Widersprüchlichkeiten des WEG und des BGB werden hier deutlich, außerdem enthalten die mietrechtlichen Bestimmungen keine Regelungen zu Problemen, die sich für den Wohnungseigentümer aufgrund des Mietverhältnisses mit anderen Wohnungseigentümern in der Anlage ergeben. Umso wichtiger ist daher eine sinnvoll und darauf ausgerichtete Gestaltung des Mietvertrags. Die Eigentümerpflichten sowie die Mieterpflichten müssen in Einklang gebracht werden, was häufig problematisch ist, da der Mieterschutz deutlich weiter geht.

2 Vorgaben in der Teilungserklärung bzw. Gemeinschaftsordnung

Regelungen durch Vereinbarungen in der Teilungserklärung/Gemeinschaftsordnung oder auch durch Mehrheitsbeschluss können nach den mietrechtlichen Bestimmungen oder der Rechtsprechung Schwierigkeiten bereiten oder gar unzulässig sein.

BEISPIELE

- In der Wohnanlage ist durch Vereinbarung der Wohnungseigentümer bzw. durch nicht angefochtenen Mehrheitsbeschluss die Haltung von Hunden verboten. Einem Eigentümer, der die Wohnung erst erworben hat, ist dieser Beschluss, der auch aus dem Grundbuch nicht ersichtlich ist, nicht bekannt. Er erlaubt dem Mieter die Haltung eines Hundes.
- Dem Mieter mit ausländischer Staatsangehörigkeit wird zum Empfang von Heimatsendern die Montage einer Parabolantenne erlaubt, obwohl die Eigentümergemeinschaft das Anbringen zusätzlicher Antennen durch Beschluss untersagt hat. Gleiches gilt zum Beispiel für die Musikausübung in der Wohnung oder die Nutzung von Freiflächen, zum Beispiel zum Abstellen von Fahrzeugen.
- Dem Mieter wird eine Wohnung als Büro oder — umgekehrt — das in der Teilungserklärung als „Büro" bezeichnete Teileigentum als Wohnung oder als Arztpraxis vermietet. Diese Nutzung ist unzulässig.

3 Regelungen im Mietvertrag

Dementsprechend sollte der Mietvertrag keine der Gemeinschaftsordnung (siehe dort) oder der Hausordnung (siehe dort) widersprechenden Regelungen enthalten und ausdrücklich regeln, dass die Benutzung des Gemeinschaftseigentums durch den Mieter auf die dem Vermieter zustehenden Rechte beschränkt ist. Insbesondere die Hausordnung sollte zum wesentlichen Bestandteil des Mietvertrags gemacht werden. Hierzu ist es erforderlich, eine Kopie der Hausordnung als Anlage fest mit dem Mietvertrag zu verbinden.

Ein vermietender Wohnungseigentümer muss bei der Vermietung seiner Eigentumswohnung darauf achten, dass die Hausordnung in der jeweils geltenden Fassung Bestandteil jedes Mietvertrags wird; er darf dabei nicht auf den unveränderten Bestand einer Hausordnung vertrauen (LG München I, 10.1.2013, 36 S 8058/12, zur Einführung eines Grillverbots in der Hausordnung). In Hinblick auf eventuelle Änderungen sollte der Mietvertrag sowieso eine Anpassungsklausel enthalten, wonach der Mieter auch künftige Beschlüsse der Wohnungseigentümer zu beachten hat. Ein Änderungsvorbehalt im Rahmen eines Formularmietvertrags hat allerdings nur Wirksamkeit, wenn eine Änderung für den Mieter unter Abwägung der beiderseitigen Interessen zumutbar ist (§ 308 Nr. 4 BGB). Das wiederum ist dann der Fall, wenn lediglich bereits bestehende Verpflichtungen des Mieters konkretisiert werden, zum Beispiel Festlegung bestimmter Ruhezeiten im Haus, nicht aber bei Begründung neuer Pflichten des Mieters, zum Beispiel zur Treppenreinigung. Gleiches gilt für die Beschränkung wesentlicher Mieterrechte, beispielsweise Tierhaltung. Als Individualvereinbarung dürfte eine solche Klausel jedenfalls zulässig sein.

Enthält der Mietvertrag keine Anpassungsklausel und fasst die Wohnungseigentümergemeinschaft Beschlüsse, die den Mieter in seinen Rechten einschränken, so wirken sich diese Änderungen zunächst grundsätzlich nicht auf das bestehende Mietverhältnis aus. So kann der Mieter trotz Beschlusses der Eigentümergemeinschaft beispielsweise auf dem ihm vertraglich eingeräumten Recht zur Tierhaltung oder zu baulichen Änderungen wie der Montage einer Parabolantenne oder das Anbringen einer Markise bestehen. Falls ihn die Eigentümergemeinschaft auf Unterlassung in Anspruch nimmt, kann er bei seinem Vermieter Mietminderung geltend machen oder Schadenersatz verlangen.

4 Der Mieter als Störer

Stört der Mieter, kann die Wohnungseigentümergemeinschaft gegen ihn wie gegen den vermietenden Wohnungseigentümer vorgehen. Die Wohnungseigentümer haben einen direkten Anspruch gegen den Mieter, der ein Sonder- oder Teileigentum zweckwidrig nutzt, auf Unterlassung gemäß § 1004 BGB. Die Zweckbestimmung in einer Teilungserklärung/Gemeinschaftsordnung ist durch Eintragung in das Grundbuch zum Inhalt des Sondereigentums geworden und entfaltet auch gegenüber dem Mieter dingliche Wirkung. Eine mietvertraglich gestattete, aber der Zweckbestimmung widersprechende Nutzung entfaltet jedoch gegenüber den gestörten Eigentümern keine bindende Wirkung und der Unterlassungsanspruch gemäß § 1004 BGB i. V. m. § 15 Abs. 3 WEG ist begründet (BayObLG, 15.1.2004, 2Z BR 225/03; KG Berlin, 13.12.2004, 24 W 298/03).

Allerdings kann der Mieter dann gegenüber seinem Vermieter die Zahlung der Miete verweigern, das Mietverhältnis wegen Vorliegens eines Rechtsmangels und dementsprechend wegen Nichtgewährens des vertragsgemäßen Gebrauchs fristlos kündigen (§ 543 Abs. 2 Nr. 1 BGB) und vom Vermieter Schadenersatz wegen Nichterfüllung verlangen, das heißt Ersatz des Kündigungsfolgeschadens. Dies gilt für den Fall, dass zum Beispiel ein anderer Wohnungseigentümer den Mieter unter Androhung gerichtlicher Schritte auffordert, die mietvertraglich vereinbarte Nutzung der Wohnung zu bestimmten Zwecken wegen Verstoßes gegen die Teilungserklärung zu unterlassen (so OLG Düsseldorf, 8.7.1998, 10 U 159/97; BGH, 24.1.2001, XII ZR 213/98, ZMR 2001, 344).

Auch bei sonstigen Störungen des Hausfriedens, zum Beispiel durch Lärmbelästigungen, Verschmutzungen oder Geruchsimmissionen, kann der Mieter direkt in Anspruch genommen werden. Gleiches gilt für Beseitigungsansprüche, wenn beispielsweise der Mieter eigenmächtig bauliche Veränderungen vorgenommen hat. Zudem kann der Mieter auf Duldung der Störungsbeseitigung in Anspruch genommen werden, wenn der vermietende Wohnungseigentümer die bauliche Veränderung vorgenommen hat (BGH, 1.12.2006, V ZR 112/06). Der Mieter kann sich hierbei grundsätzlich nicht auf ein Recht zur Störung gemäß § 1004 Abs. 2 BGB i.V.m. § 986 Abs. 1 Satz 2 BGB berufen, da dieses nur vom Vermieter abgeleitet werden kann, wenn dieser zu solchen Störungen berechtigt wäre (OLG München, 25.2.1992, 25 U 3550/91; OLG Stuttgart, 30.9.1992, 8 W 256/92; OLG Karlsruhe, 22.9.1993, 6 U 49/93; OLG Frankfurt/Main, 18.3.1993, 2 U 124/92).

Außerdem kann die Wohnungseigentümergemeinschaft vom vermietenden Wohnungseigentümer die Unterlassung der vertragswidrigen Nutzung oder sonstigen Störungen verlangen, da jeder das Wohnungseigentum nur in der Weise nutzen darf, dass den übrigen Wohnungseigentümern kein über das Maß eines ordnungsgemäßen Zusammenlebens hinausgehender Nachteil erwächst. Hat der Mieter eine unzulässige bauliche Veränderung vorgenommen, kann der vermietende Wohnungseigentümer darauf in Anspruch genommen werden, dass die bauliche Veränderung beseitigt wird (OLG Düsseldorf, 13.2.2006, I-3 Wx 181/05; OLG Köln, 14.4.2000, 16 Wx 58/00; OLG Düsseldorf, 6.12.2000, 3 Wx 400/00). Der vermietende Wohnungseigentümer ist auch verpflichtet, darauf hinzuwirken, dass der Mieter den störenden Gebrauch unterlässt. Er muss dabei alle zumutbaren Maßnahmen ergreifen, um den unzulässigen Gebrauch zu beenden (BGH, 4.5.1995, V ZB 5/95, zur Hundehaltung; OLG Schleswig, 27.12.2003, 2 W 165/03), beispielsweise den Ausspruch einer Abmahnung oder Kündigung gegenüber dem Mieter. Dem vermietenden Wohnungseigentümer kann jedoch grundsätzlich nicht vorgeschrieben werden, auf welche Weise er die Unterlassung des unzulässigen Verhaltens seines Mieters erreicht (OLG Köln, 15.1.1997, 16 Wx 275/96; OLG Karlsruhe, 20.9.2000, 14 Wx 98/00).

Als mittelbarer Handlungsstörer kann der Eigentümer für Störungshandlungen seines Mieters nur verantwortlich gemacht werden, wenn er diesem den Gebrauch seiner Sache mit der Erlaubnis zu den störenden Handlungen überlassen hat oder wenn er es unterlässt, den Mieter von dem laut Mietvertrag unerlaubten, fremdes Eigentum beeinträchtigenden Gebrauch der Mietsache abzuhalten (BGH, 27.1.2006, V ZR 26/05).

BEISPIEL

Die Wohnungseigentümer beschließen ein Verbot der Hundehaltung (ausgenommen sind Blindenhunde) mit der Maßgabe, dass die vermietenden Wohnungseigentümer dieses Verbot jeweils in die künftigen Mietverträge aufnehmen sollen. Versäumt ein Eigentümer dies bei Abschluss des Mietvertrags, kann nach Auffassung des LG Nürnberg-Fürth (31.7.2009, 19 S 2183/09) vom Mieter nicht die Unterlassung einer (nicht störenden) Hundehaltung aufgrund des Beschlusses der Wohnungseigentümer verlangen, wonach die Hundehaltung generell untersagt wird.

Dementsprechend ist es für Wohnungseigentümer problematisch, einen Unterlassungsanspruch gegen einen anderen Wohnungseigentümer gemäß § 15 Abs. 3 WEG durchzusetzen, wenn dieser nicht seinerseits einen Anspruch gegen seinen Mieter hat. Der Unterlassungsanspruch kann sich auch und gerade auf die Kündigung des Mietverhältnisses mit anschließender möglicher Räumungsklage richten, wenn dies die einzige geeignete Maßnahme ist, um den störenden Zustand zu beenden (OLG Düsseldorf, 21.10.2008, I-3 Wx 240/07).

Aus der gerichtlichen Entscheidung kann grundsätzlich durch Festsetzung eines Ordnungsgeldes vollstreckt werden, wenn der Eigentümer der Entscheidung nicht nachkommt (§ 890 ZPO). Das wohnungseigentumsrechtliche Verfahren gegen den Vermieter hat aber für das Verfahren vor dem Zivilgericht gegen den Mieter keinerlei Bindungswirkung. Wenn der Wohnungseigentümer trotz bestehenden Unterlassungsanspruchs der Eigentümergemeinschaft nicht zur Kündigung des Mietverhältnisses berechtigt ist (BGH, 29.11.1995, XII ZR 230/94) und die Verhängung des Ordnungsgeldes ein schuldhaftes Verhalten des Eigentümers voraussetzt, das ebenso nicht gegeben ist, und wenn der Eigentümer alles getan hat, um den Mieter zur Unterlassung bzw. zur Räumung zu veranlassen, geht ein Vorgehen gegen den Eigentümer häufig ins Leere.

Zur Umlagefähigkeit von Kosten und Lasten, die in der Wohnungseigentümergemeinschaft entstehen, auf den Mieter siehe „Umlagefähigkeit der Betriebskosten auf den Mieter“.

Vermietung von Gemeinschaftseigentum

Über die Vermietbarkeit von in Gemeinschaftseigentum stehenden Räumen einer Wohnungseigentumsanlage kann im Wege der Gebrauchsregelung durch Mehrheitsbeschluss entschieden werden, soweit nicht eine Vereinbarung entgegensteht und den Wohnungseigentümern kein Nachteil (siehe dort) erwächst (BGH, 29.6.2000, V ZB 46/99). Bei der Vermietung von Gemeinschaftseigentum handelt es sich um eine Gebrauchs- und Nutzungsregelung (siehe dort) i. S. v. § 15 Abs. 2 WEG. Vertragspartner ist dabei die teilrechtsfähige Gemeinschaft der Wohnungseigentümer. Zwar werden durch die Vermietung die übrigen Wohnungseigentümer von der Nutzung ausgeschlossen, sie erhalten aber einen Gegenwert durch die erzielten Mieteinnahmen, die dem Verwaltungsvermögen zufließen. Da Mietverhältnisse regelmäßig kündbar sind, entsteht den Wohnungseigentümern auch kein Nachteil.

BEISPIELE AUS DER RECHTSPRECHUNG

- Der Beschluss der Wohnungseigentümer über die Vermietung oder Verpachtung des rückwärtigen Gartenbereichs der Wohnungseigentumsanlage zum Betrieb einer Außengastronomie (Biergarten) mit Kinderspielplatz in den Sommermonaten ist ungültig, weil er eine unzulässige Gebrauchsregelung beinhaltet. Denn die zu erwartenden Lärmbelästigungen stellen einen Verstoß gegen das Gebot der gegenseitigen Rücksichtnahme dar, das die Grenze einer zulässigen Gebrauchsregelung in einer Wohnungseigentümergemeinschaft bildet (AG Hamburg-St. Georg, 22.1.2009, 980B C 41/08).
- Beschließt die Eigentümerversammlung mit Mehrheit, einen Teil des Gemeinschaftseigentums (hier: eine Außenfläche) an einen Teileigentümer zwecks Untervermietung an dessen gewerblichen Mieter zu vermieten, handelt es sich nicht um die Einräumung eines Sondernutzungsrechts, sondern um eine Gebrauchsregelung nach § 15 Abs. 2 WEG, über die durch Mehrheitsbeschluss entschieden werden kann, soweit keine Vereinbarung entgegensteht und den Wohnungseigentümern kein Nachteil erwächst (OLG Hamburg, 10.3.2004, 2 Wx 144/01).

Für einen Wohnungseigentümer stellt der Verlust der unentgeltlichen Eigennutzung von Flächen des Gemeinschaftseigentums grundsätzlich kein Nachteil i. S. v. § 14 Nr. 1 WEG dar, weil § 13 Abs. 2 WEG kein Recht zum Eigengebrauch des gemeinschaftlichen Eigentums gewährt, sondern nur das Maß der Mitbenutzung bei geregelter Benutzungsart bestimmt. Eine Verteilungsgerechtigkeit bezüglich eines unzureichenden Parkplatzangebots lässt sich kaum anders als durch Vermietung erreichen. Dies gilt umso mehr, wenn die Vermietung nach dem Beschluss der Wohnungseigentümer vorrangig an die Wohnungseigentümer oder deren Mieter erfolgen soll; damit ist ein zeitweiliger Ausschluss bestimmter Wohnungseigentümer von der Nutzung der Stellplätze nicht auf Dauer festgeschrieben. Auch bei Mietverträgen auf unbestimmte Zeit ist angesichts kurzfristiger Kündigungsmöglichkeit ein dauerhafter Entzug des Mitgebrauchs nicht zu befürchten (OLG Hamburg, 6.2.2003, 2 Ws 74/99).

Versammlungsleiter

„Eigentümerversammlung", Abschnitt 2

Versammlungsprotokoll

„Protokoll der Eigentümerversammlung"

Versicherungen

Inhaltsübersicht

Zu einer ordnungsgemäßen Verwaltung des Gemeinschaftseigentums zählt gemäß § 21 Abs. 5 Nr. 3 WEG der Abschluss einer Feuerversicherung sowie einer Haus- und Grundbesitzerhaftpflichtversicherung. Der Verwalter schließt den Versicherungsvertrag im Namen der teilrechtsfähigen Gemeinschaft der Wohnungseigentümer ab, also für den Verband, da die Versicherung des gemeinschaftlichen Eigentums eine Verwaltungsmaßnahme darstellt. Bei den Versicherungsbeiträgen handelt es sich um Kosten der Verwaltung gemäß § 16 Abs. 2 WEG.

Weitere Versicherungen sieht das Wohnungseigentumsgesetz nicht vor, jedoch entspricht der Abschluss anderer Versicherungen in aller Regel ordnungsmäßiger Verwaltung, dies gilt insbesondere für den Abschluss einer Leitungswasserversicherung, Sturmschadenversicherung, Glasversicherung und Gewässerschaden-Haftpflichtversicherung. Ob und wenn ja welche Versicherungen sonst noch abzuschließen sind, kann sich aus der Gemeinschaftsordnung ergeben oder die Wohnungseigentümer fassen hierüber einen Beschluss und ermächtigen den Verwalter zum Abschluss einer entsprechenden Versicherung.

1 Feuerversicherung

Die gesetzliche Regelung sieht zunächst nur die Versicherung des gemeinschaftlichen Eigentums zum Neuwert vor. Soll das Sondereigentum mitversichert werden, so bedarf dies einer Vereinbarung der Wohnungseigentümer und einer entsprechenden vertraglichen Gestaltung des Versicherungsvertrags.

Abhängig von den konkreten vertraglichen Vereinbarungen bietet die Feuerversicherung in der Regel Versicherungsschutz gegen Schäden durch Brand, Blitzschlag, Explosion, Anprall und Absturz von Luftfahrtzeugen sowie deren Folgeschäden, die durch Rauch, Ruß und Löschwasser sowie das Niederreißen und Aufräumen der Gebäude entstehen. Gegenstände innerhalb des Sondereigentums sind nicht mitversichert. Hier empfiehlt sich der Abschluss einer Hausratversicherung.

2 Gewässerschaden-Haftpflichtversicherung

Das Wasserhaushaltsgesetz (§ 22 WHG) sieht vor, dass jeder Schäden, die er durch die Verschmutzung von Fluss-, Bach-, See- oder Grundwasser hervorruft, zu ersetzen hat. Diese Haftung gilt unabhängig vom Verschulden. Insbesondere in Wohnanlagen, in denen eine Ölzentralheizung betrieben wird, sollte eine solche Versicherung abgeschlossen werden. Denn das Risiko, dass Heizöl wegen einer Undichtigkeit des Öltanks oder aus anderen Gründen in das Grundwasser eindringt, kann nie ausgeschlossen werden.

3 Haus- und Grundbesitzerhaftpflichtversicherung

Sie schützt die Wohnungseigentümergemeinschaft vor den finanziellen Folgen, falls sie aufgrund gesetzlicher Haftpflichtbestimmungen privatrechtlichen Inhalts bei Verletzung der ihr obliegenden Pflichten von einem Dritten wegen Personen- und/oder Sachschäden auf Schadenersatz in Anspruch genommen wird. Es besteht Versicherungsschutz für Personen- und Sachschäden, die insbesondere auftreten können, wenn die Wohnungseigentümergemeinschaft ihrer Verkehrssicherungspflicht nicht nachkommt. Als Ursache für Schäden kommen beispielsweise folgende in Betracht:

- Vernachlässigung der Räum- und Streupflicht im Winter
- Schadhafte oder unzureichende gemeinschaftliche Anlagen und Einrichtungen, zum Beispiel unzureichende oder fehlerhafte Beleuchtung von Hauseingang, Hausflur und Treppenhäusern
- Bauliche Schäden am Gebäude, zum Beispiel wenn ein Fußgänger durch einen herunterfallenden Dachziegel verletzt wird
- Nicht ordnungsgemäße Pflege oder Wartung gemeinschaftlicher Anlagen und Einrichtungen oder mangelhafte Instandhaltung oder Instandsetzung

4 Leitungswasserschadenversicherung

Der Versicherungsschutz umfasst Schäden, die durch Leitungswasser verursacht werden, das infolge von Rohrbruch, Frost, Korrosion oder sonstigen Undichtigkeiten aus den Zu- und Ableitungen der Wasserversorgung, der Heizung oder Sprinkleranlagen ausgetreten ist, sowie Frostschäden an Badeeinrichtungen, Wasserarmaturen, Boilern, Heizkörpern und Heizkesseln. Grundwasserschäden, Schäden aus stehenden und fließenden Gewässern, durch Hochwasser und Niederschlag sind nicht erfasst. Diese Schäden können durch den Abschluss einer Elementarschadenversicherung abgedeckt werden.

5 Sturmschadenversicherung

Versichert werden Schäden aus unmittelbarer Sturm- und Hagelschlageinwirkung auf das Gebäude sowie Schäden durch Gebäudeteile, Bäume und andere Gegenstände, die wegen Sturmeinwirkung einen Schaden an Gebäuden verursachen. Oftmals wird diese Versicherung durch eine Gebäudeglasversicherung vertraglich ergänzt. Nicht versichert sind Risiken durch eindringende Feuchtigkeit bei Regen, Hagel und Schnee an nicht sturmverursachten Schadensstellen.

6 Vermögensschaden-Haftpflichtversicherung

Bei Abschluss von Verwalterverträgen ist darauf zu achten, dass der Verwalter verpflichtet wird, eine ausreichende Vermögensschaden-Haftpflichtversicherung zu unterhalten. Den Versicherungsbeitrag bezahlt der Verwalter selbst. Versichert sind Vermögensschäden, die aus der Tätigkeit als Verwalter für die Gemeinschaft resultieren können.

Versicherungsschäden, Abwicklung

Bei Schäden am Gemeinschaftseigentum hat der Verwalter folgende Pflichten:

- Schaden feststellen
- Den Schaden dem Versicherer anzeigen
- Die Eigentümer unterrichten und eine Beschlussfassung über die erforderlichen Sanierungsmaßnahmen herbeiführen
- In eiligen Fällen Schadensbeseitigungsmaßnahmen sofort beauftragen

Soweit der Verwaltervertrag keine andere Regelung vorsieht, ist der Verwalter nicht verpflichtet, die Schadensabwicklung von Schäden im Sondereigentum zu übernehmen. Ist das Sondereigentum mitversichert, kann der geschädigte Wohnungseigentümer seine Ansprüche direkt gegenüber der Versicherung geltend machen.

Versorgungsleitungen

Inhaltsübersicht

Versorgungsleitungen, zum Beispiel für Wasser, Abwasser und Gas, stehen im gemeinschaftlichen Eigentum (BGH, 26.10.2012, V ZR 57/12). Der BGH hat in seiner Entscheidung ausgeführt, dass Versorgungsleitungen, die wesentliche Bestandteile des Gebäudes sind, zwingend im Gemeinschaftseigentum stehen, soweit sie in dessen räumlichen Bereich verlaufen. Dabei kommt es nicht darauf an, ob – wie häufig in der Praxis anzutreffen – die Teilungserklärung regelt, dass die Versorgungsleitungen von der Abzweigung der Hauptleitung an im Sondereigentum stehen sollen. Durch die Teilungserklärung kann nämlich nach Auffassung des BGH Sondereigentum an wesentlichen Bestandteilen des Gebäudes gemäß § 93 und § 94 BGB, zu denen die innerhalb des Gebäudes verlegten Versorgungsleitungen zählen, nicht begründet werden (§ 5 Abs. 2 WEG).

Welche wesentlichen Gebäudebestandteile zum Sondereigentum zählen, regelt nicht die Teilungserklärung, sondern allein § 5 Abs. 1 bis 3 WEG. Die Teilungserklärung hat nur die Funktion, dass sie durch rechtsgeschäftliche Vereinbarung nach § 3 Satz 1 und § 8 Abs. 1 WEG bestimmt, welche Räume Gegenstand des Sondereigentums sind, sodass die zu diesen Räumen gehörenden Bestandteile nach § 5 Abs. 1 WEG kraft Gesetzes ebenfalls Sondereigentum werden. Wesentliche Gebäudebestandteile werden davon jedoch nicht erfasst.

Weiterhin ist es möglich, in der Teilungserklärung festzulegen, dass Bestandteile, die nach § 5 Abs. 1 WEG im Sondereigentum stehen, dem Gemeinschaftseigentum gemäß § 5 Abs. 3 WEG zugeordnet werden. Nicht möglich ist hingegen der umgekehrte Weg, das heißt, durch die Teilungserklärung können wesentliche Gebäudebestandteile nicht zum Sondereigentum erklärt werden. Eine solche Möglichkeit sieht das Wohnungseigentumsgesetz nicht vor. Die Teilungserklärung kann die Grenze zwischen dem gemeinschaftlichen Eigentum und Sondereigentum nur zugunsten, nicht zuungunsten des gemeinschaftlichen Eigentums verschieben. Damit bleiben wesentliche Bestandteile des Gebäudes, die nicht kraft Gesetzes im Sondereigentum stehen, zwingend dem gemeinschaftlichen Eigentum zugeordnet (§ 5 Abs. 2 WEG).

Des Weiteren führt der BGH aus, dass es nicht darauf ankommt, ob die Versorgungsleitungen in tragenden Wänden verlegt sind, also in denen des gemeinschaftlichen Eigentums, weil sie rechtlich als Einheit anzusehen sind. Denn sie dienen der Bewirtschaftung und Versorgung des Gebäudes und stellen damit eine Anlage i. S. v. § 5 Abs. 2 WEG dar. Diese Auffassung entspricht auch der natürlichen Betrachtung und trägt der Interessenlage der Wohnungseigentümergemeinschaft Rechnung, da sie zum Beispiel Instandsetzungsarbeiten oder Modernisierungsarbeiten an dem Versorgungsnetz einfacher vornehmen kann. Auch kommt es insoweit nicht darauf an, dass einzelne Teile des Leitungsnetzes, obwohl sie sich im räumlichen Bereich des gemeinschaftlichen Eigentums befinden, nur eine Sondereigentumseinheit versorgen (sogenannte Exklusivversorgung). Hinzu kommt, dass schützenswerte Interessen eines einzelnen Sondereigentümers, sich Zugriffsmöglichkeiten auf Leitungen, die sich außerhalb seiner Räume befinden, zu verschaffen, üblicherweise nicht vorhanden sind. Die Versorgung einzelner Sondereigentumseinheiten ändert nichts daran, dass der sie versorgende Strang sowie das gesamte Leitungsnetz dem gemeinschaftlichen Eigentum zuzuordnen ist. Zum im Gemeinschaftseigentum stehenden Versorgungsnetz gehören die Leitungen auch nicht bis zu ihrem Eintritt in den räumlichen Bereich des Sondereigentums, sondern die Abgrenzung beginnt erst dort, wo der Sondereigentümer die Versorgung seiner Sondereigentumseinheit selbstständig regulieren kann, zum Beispiel durch ein Absperrventil.

1 Rechtssicherheit bei der Eigentumszuordnung

In der Praxis bedeutet diese Entscheidung, dass nunmehr Rechtssicherheit hinsichtlich der Eigentumsverhältnisse an den Versorgungsleitungen herrscht, auch für den Fall, dass ein Leitungsstrang nur der Versorgung einer Sondereigentumseinheit dient. Die Wohnungseigentümergemeinschaft hat diesbezüglich Beschlusskompetenz und kann unproblematisch die Instandsetzung dieses Leitungsstrangs beschließen, ggf. auch gegen den Willen des Sondereigentümers, da das gesamte Versorgungsnetz eine untrennbare Einheit bildet, die dem Gemeinschaftseigentum zugewiesen ist.

Hinweis: Ob sich eine unwirksame Zuordnung der Versorgungsleitung zum Sondereigentum in der Teilungserklärung im Einzelfall ggf. in eine Regelung zur Kostentragung des Sondereigentümers umdeuten lässt, sodass der Sondereigentümer für die Kosten der Instandsetzung des Teils der Leitung, die ihn exklusiv versorgt, alleine aufkommen muss, ergibt sich durch Auslegung der Regelungen in der Teilungserklärung im konkreten Einzelfall.

2 Duldungspflicht nach § 14 Nr. 4 WEG

Erfolgt eine entsprechende Beschlussfassung zur Instandhaltung oder Instandsetzung der Versorgungsleitungen und ist dafür der Zutritt zur Wohnung eines Sondereigentümers erforderlich, muss dieser gemäß § 14 Nr. 4 WEG alle Maßnahmen dulden, die zur Schadenserforschung und Schadensbehebung erforderlich sind. Nach § 14 Nr. 4 WEG hat die Gemeinschaft dem Sondereigentümer dann die Schäden, wie sie zum Beispiel durch das Aufschlagen der Wände an den Fliesen entstehen, zu erstatten. Dabei ist zu beachten, dass der Sondereigentümer den Schaden nur insoweit geltend machen kann, als seine Beteiligungsquote an den Kosten als Abzug zu berücksichtigen ist. Die dabei entstehenden Kosten sind Kosten der Verwaltung des gemeinschaftlichen Eigentums, die nach dem in der jeweiligen Wohnungseigentümergemeinschaft geltenden Kostenverteilungsschlüssel umzulegen sind.

Versorgungssperre

Inhaltsübersicht

Die Verhängung einer Versorgungssperre bedeutet, dass die Wohnungseigentümergemeinschaft die Versorgungsleitungen eines einzelnen Wohnungseigentümers absperrt (sogenanntes Ausfrieren, Austrocknen). Dadurch kann erheblicher Druck auf den säumigen Wohnungseigentümer ausgeübt werden, der ihn zur Zahlung der ausstehenden Beitragsrückstände bewegen soll.

1 Rechtsgrundlage

Der Grund dafür, diese drastische Maßnahme durchzuführen, sind regelmäßig Beitragsrückstände des betreffenden Wohnungseigentümers. In der Rechtsprechung ist anerkannt, dass der Wohnungseigentümer ganz von der Versorgung beispielsweise mit Wasser und Heizenergie ausgeschlossen werden kann, wenn er mit den fälligen Hausgeldzahlung in erheblichem Umfang in Rückstand ist (BGH, 10.6.2005, V ZR 235/04). Es ist strittig, ob eine Versorgungssperre greifen kann, wenn der Versorgungsvertrag direkt zwischen Wohnungseigentümer und Stromlieferanten besteht, wie es in der Praxis häufig beim Bezug von Strom der Fall ist. Unter diesen Umständen liegt kein gegenseitiges Vertragsverhältnis zwischen dem säumigen Wohnungseigentümer und der Wohnungseigentümergemeinschaft vor, sodass die Wohnungseigentümergemeinschaft kein Zurückbehaltungsrecht an den Versorgungsleistungen geltend machen kann.

Rechtsgrundlage für das Verhängen der Versorgungssperre ist § 273 BGB. Die Versorgungssperre kann daher nur dann durchgeführt werden, wenn dem Wohnungseigentümer die unterbrochenen Versorgungsleistungen, im Regelfall Heizenergie und Wasser, zwar nicht direkt von der Wohnungseigentümergemeinschaft erbracht werden, die Kosten dafür jedoch über den Wirtschaftsplan und die Jahresabrechnung gegenüber dem Wohnungseigentümer bevorschusst und schließlich in Rechnung gestellt werden (LG München I, 8.11.2010, 1 S 10608/10, zur Unterbrechung des Strombezugs).

Die Versorgungssperre ist ein effizientes Mittel, um zu verhindern, dass die Wohnungseigentümergemeinschaft für die Versorgungsleistungen für den säumigen Wohnungseigentümer weiter in Vorleistung tritt, obwohl die Wohngeldzahlungen ausbleiben. Da die Versorgungssperre einen massiven Eingriff in die Rechte des einzelnen Wohnungseigentümers bedeutet, ist ihre Verhängung nur unter engen Voraussetzungen zulässig.

2 Voraussetzungen

Notwendig ist ein erheblicher Zahlungsrückstand an Hausgeldern, er muss eine Höhe von mehr als sechs Monatsbeträgen erreichen. Dabei ist ohne Belang, ob das laufende Hausgeld bezahlt wird oder ebenfalls säumig ist (KG Berlin, 8.8.2005, 24 W 112/04). Nicht notwendig ist, dass die ausstehenden Hausgelder tituliert sind (OLG Frankfurt/Main, 21.2.2006, 20 W 56/06), also der säumige Schuldner bereits rechtskräftig zur Zahlung verurteilt wurde.

Für Hausgelder besteht häufig eine Vorfälligkeitsklausel, das heißt, die Gemeinschaftsordnung regelt diese oder die Vorfälligkeit gemäß § 27 Abs. 7 WEG wurde mehrheitlich von der Wohnungseigentümergemeinschaft beschlossen. Wurden also zum Beispiel zwei Raten des Hausgeldes nicht bezahlt, werden die restlichen Raten des Hausgeldes für das angebrochene Wirtschaftsjahr sofort zur Zahlung fällig. Auch unter diesen Bedingungen ist eine Versorgungssperre möglich.

3 Androhung

Dem säumigen Wohnungseigentümer ist die Versorgungssperre anzudrohen. Gleichzeitig muss ihm eine ausreichende Zahlungsfrist gesetzt werden, bis diese vollzogen wird (BGH, 10.6.2005, V ZR 235/04). Zur Androhung der Versorgungssperre genügt es, wenn der säumige Wohnungseigentümer im Rahmen der Beschlussfassung einer Eigentümerversammlung oder, wenn er nicht anwesend ist, durch Übersendung des Beschlussprotokolls davon Kenntnis nehmen kann.

4 Beschlussfassung

Die Versorgungssperre kann mit einfacher Mehrheit der Wohnungseigentümergemeinschaft beschlossen werden, der entsprechende Beschluss kann also vor dem Wohnungseigentumsgericht angefochten werden. In diesem Fall muss das Wohnungseigentumsgericht nicht nur prüfen, ob die formellen Voraussetzungen für die Beschlussfassung erfüllt sind, sondern auch, ob die Verhängung der Versorgungssperre gerechtfertigt ist.

5 Aufhebung

Die Versorgungssperre wird aufgehoben, wenn der betreffende Wohnungseigentümer das ausstehende Hausgeld gezahlt hat, ggf. auch dann, wenn dies zu einem Großteil geschehen ist. Darüber hinaus muss die Versorgungssperre aufgehoben werden, sobald der Wohnungseigentümer sein Wohnungseigentum veräußert und der neue Erwerber ins Grundbuch eingetragen ist. Dies gilt auch im Fall einer Zwangsversteigerung des betroffenen Wohnungseigentums.

6 Versorgungssperre bei vermietetem Wohnungseigentum

Strittig ist das Verhängen einer Versorgungssperre bei einer vom säumigen Wohnungseigentümer vermieteten Einheit. Die herrschende Meinung in der Rechtsprechung lässt auch eine Versorgungssperre gegenüber dem Mieter zu (KG Berlin, 26.11.2001, 24 W 7/01). Diese Auffassung ist berechtigt, da nicht einzusehen ist, dass dem Mieter des betroffenen Wohnungseigentümers mehr Rechte zustehen können als dem säumigen Wohnungseigentümer selbst. Würde man in diesen Fällen eine Versorgungssperre ausschließen, könnte der säumige Wohnungseigentümer durch eine Vermietung, zum Beispiel an einen Angehörigen, unproblematisch diese Konsequenz umgehen. Eine solche Privilegierung ist nicht gerechtfertigt, denn so könnte ein säumiger Wohnungseigentümer zum Beispiel mit der Vermietung Einnahmen erzielen und dennoch sein säumiges Hausgeld nicht an die Wohnungseigentümergemeinschaft entrichten. Außerdem kann die Wohnungseigentümergemeinschaft nicht verpflichtet werden, Versorgungsleistungen gegenüber dem Mieter zu erbringen, obwohl sie mangels vertraglicher Beziehung von dem Mieter dafür keine Gegenleistung erhält (vgl. zum Ganzen ausführlich Suilmann, ZWE 2012, 111).

Der Mieter ist allerdings berechtigt, statt Miete an den säumigen Wohnungseigentümer die rückständigen Hausgelder an die Wohnungseigentümergemeinschaft zu bezahlen (§ 267 Abs. 1 BGB). Falls dadurch die fälligen Hausgeldrückstände vollständig ausgeglichen werden, erlischt das Zurückbehaltungsrecht der Wohnungseigentümergemeinschaft und die Versorgungssperre ist umgehend aufzuheben. Lehnt die Wohnungseigentümergemeinschaft die Zahlung des Mieters gemäß § 267 Abs. 2 BGB ab, ist das Aufrechterhalten der Versorgungssperre rechtsmissbräuchlich (LG Berlin, 19.6.2007, 53 T 51/07).

7 Zutritt zur Wohnung/Duldungspflicht des Mieters

Problematisch ist die Umsetzung der verhängten Versorgungssperre bei vermietetem Sondereigentum dann, wenn die Wohnung des Mieters betreten werden muss, um die Versorgung zu unterbrechen. Nach der Rechtsprechung ist der Mieter nicht verpflichtet, den Zugang zu seiner Wohnung zu dulden (KG Berlin, 26.1.2006, 8 U 208/05). Ein Duldungsanspruch der Wohnungseigentümergemeinschaft gegen den Mieter kann eben gerade nicht auf § 14 Nr. 4 WEG gestützt werden, denn die darin enthaltene Duldungspflicht wirkt nur im Verhältnis der Wohnungseigentümer untereinander. Nachdem auch keine sonstigen gesetzlichen oder vertraglichen Schuldverhältnisse zwischen der Wohnungseigentümergemeinschaft und dem Mieter bestehen, kann die verhängte Versorgungssperre gegenüber dem Mieter nur mit dessen Einverständnis erfolgen (strittig). Im Ergebnis bleibt also festzuhalten, dass die Umsetzung der Versorgungssperre problematisch werden könnte, wenn dazu der Zugang zu den Versorgungsleitungen innerhalb der vermieteten Sondereigentumseinheit notwendig ist.

Verteilungsschlüssel

„Kostenverteilung"

Vertretung in der Eigentümerversammlung

„Stimmrecht"

Verwalterabberufung

„Abberufung des Verwalters"

Verwalteraufgaben

„Aufgaben und Befugnisse des Verwalters“

Verwalterbefugnisse

„Aufgaben und Befugnisse des Verwalters“

Verwalterbestellung

„Bestellung des Verwalters“

Verwalterentlastung

„Entlastung des Verwalters“

Verwalterhaftung

„Haftung des Verwalters“

Verwalterhonorar

Inhaltsübersicht

Das Verwalterhonorar wird in der Regel bei der Beschlussfassung zur Bestellung des Verwalters gemäß dessen Angebot und der anschließenden vertraglichen Vereinbarung festgesetzt. Fehlt eine Vereinbarung zur Höhe der Vergütung, richtet sie sich nach § 612 BGB. Danach gilt im Zweifel ein Verwalterhonorar als stillschweigend vereinbart, dessen Höhe von der sonst üblichen Vergütung abhängt, sofern es sich nicht wie so oft um eine unentgeltliche Tätigkeit handeln soll. Was in solchen Fällen üblich ist, lässt sich nur schwer ermitteln. Daher wird das Verwalterhonorar in der Regel in einem gesonderten Verwaltervertrag zwischen Wohnungseigentümergemeinschaft und Verwalter vereinbart. Dabei wird meist eine feste Pauschale pro zu verwaltender Einheit zugrunde gelegt; diese bemisst sich nach der Größe der Wohnanlage, Anzahl der Wohneinheiten, Umfang des Gemeinschaftseigentums, Standard, Komplexität und weiteren Faktoren, die den Aufwand bei der Verwaltung und die Vergütung in ein angemessenes Verhältnis bringen sollen.

Der Verwaltervertrag ist zugleich Rechtsgrundlage für den Individualanspruch des Verwalters gegenüber der Wohnungseigentümergemeinschaft, der eine nachträgliche und ggf. verändernde Beschlussfassung hierüber an sich durch die bereits zuvor erfolgte Bestellung und die damit in der Regel einhergehende Beauftragung des Verwaltungsbeirats oder einzelner Miteigentümer zum Abschluss des Verwaltervertrags sowie über die Höhe der Vergütung oder sonstige Vertragsinhalte nicht zulässt (LG Hamburg, 1.9.1987, 20 T 26/87; OLG Düsseldorf, 17. 6. 1998, 3 Wx 107/98). Die Wohnungseigentümergemeinschaft haftet aufgrund ihrer Teilrechtsfähigkeit als Vertragspartner für das Verwalterhonorar, es ist daher Bestandteil der gemeinschaftlichen Kosten. Dementsprechend muss das Verwalterhonorar in der Jahresabrechnung und im Wirtschaftsplan gesondert bei den Ausgaben ausgewiesen werden.

Hinweis: Selbst die Schlechterfüllung des Verwaltervertrags führt nicht automatisch dazu, dass das Verwalterhonorar bzw. die Verwaltervergütung entfallen oder gemindert werden kann. Sie löst grundsätzlich nur Schadenersatzansprüche der Eigentümergemeinschaft gegenüber dem Verwalter aus.

1 Sondervergütung

Neben dem Verwalterhonorar, das im Rahmen des allgemeinen nach Bestellungsbeschluss abgeschlossenen Verwaltervertrags festgelegt wurde, kann der Verwalter eine darin nicht enthaltene Sondervergütung nur dann verlangen, wenn er sie wirksam mit der Eigentümergemeinschaft vereinbart hat. Das kann sich zum Beispiel auf besondere Leistungen beziehen, die der Verwalter erbringt, ohne dass sie in seinem Vertrag so vorgesehen sind, zum Beispiel auf den Ersatz von Aufwendungen. Enthält der Verwaltervertrag allerdings eine soweit abschließende Vergütungsregelung, darf der Verwalter eine zusätzliche Vergütung oder sogar eine Kostenerstattung gerade nicht verlangen (OLG Düsseldorf, 6.1.2003, 3 Wx 364/02).

1.1 Anlässe

Sondervergütungen können dem Verwalter unter Umständen dann zustehen, wenn ihm durch entsprechenden Mehrheitsbeschluss Aufgaben zugewiesen wurden, die im Vertrag nicht vereinbart sind bzw. die die vertragliche Grundlage im Verwaltervertrag oder die gesetzlichen Befugnisse und Aufgaben unter Umständen übersteigen, zum Beispiel:

- Außerordentliche Wohnungseigentümerversammlung (sofern nicht im Vertrag geregelt)
- Anmahnung ausstehender Wohngelder einzelner Miteigentümer (sofern dies nicht Bestandteil der vertraglichen Aufgaben ist)

- Zustimmung zur Veräußerung gemäß § 12 WEG, falls in der Gemeinschaftsordnung vereinbart
- Überwachung von Baumaßnahmen/Bauüberwachung
- Gerichtliche Vertretung der Wohnungseigentümergemeinschaft in der ersten Instanz

Eine Sondervergütung kann anfallen, wenn der Verwalter Instandsetzungsmaßnahmen durchführt, deren Umfang die Vorgaben in § 27 Abs. 1 Nr. 2 WEG übersteigt. Das kann der Fall sein, wenn bereits bei der Vorbereitung einer Maßnahme sowie bei der Durchführung dritte Personen eingeschaltet werden müssen, zum Beispiel Architekten, Bauingenieure, Controller und ähnliche Spezialisten. Hier zeichnet sich ein deutlich erhöhter Aufwand bei der Verwaltung ab. Das gilt auch, wenn der Verwalter damit beauftragt wird, nach Neuerstellung eines Objekts Mängelgewährleistungsansprüche gegenüber dem Bauträger geltend zu machen, da solche Tätigkeiten nicht von § 27 WEG an sich umfasst sind.

1.2 Beschluss

Die Wohnungseigentümer können mit Stimmenmehrheit über die Vereinbarung einer solchen Sondervergütung beschließen und einen Miteigentümer dazu ermächtigen, einen gesonderten Vertrag hierüber mit dem Verwalter abzuschließen.

Bei Beschlussfassung der Wohnungseigentümergemeinschaft, durch die der Verwalter ein Sonderhonorar für die gerichtliche und außergerichtliche Geltendmachung ihrer Ansprüche erhalten soll, zum Beispiel wenn es um offene Wohngeldforderung gegenüber einzelnen Miteigentümern geht, ist im Rahmen der ordnungsmäßigen Verwaltung zu differenzieren. Sofern es sich um Tätigkeiten des Verwalters i. S. d. § 27 Abs. 2 Nr. 3 und Abs. 3 Satz 1 Nr. 7 WEG handelt, ist eine Sondervergütung aufgrund der durch das Gesetz zugewiesenen Aufgaben und Befugnisse des Verwalters wohl unzulässig. Der Grund dafür ist, dass der Verwalter bereits von Gesetzes wegen verpflichtet ist, diese Beschlüsse zu vollziehen, dies gehört zu seinem durch Gesetz zugewiesenen Tätigkeitsbereich.

Ein Beschluss der Wohnungseigentümergemeinschaft, der es dem Verwalter erlaubt, als Prozessstandschafter im eigenen Namen Ansprüche der Wohnungseigentümergemeinschaft durchzusetzen, ohne einen Rechtsanwalt zu beauftragen, kann mit einer gesonderten Vergütung einhergehen. Die Höhe der für die selbstständige Verhandlungsführung vor dem Amtsgericht bewilligten Sondervergütung muss sich in einem angemessenen Rahmen halten und den voraussichtlichen besonderen Zeit- und Arbeitsaufwand angemessen berücksichtigen. Hier hat der BGH zum Beispiel eine Vergütung, die sich am Wert des jeweiligen Streitgegenstands und der entsprechenden Gebührentatbestände des Rechtsanwaltsvergütungsgesetzes orientiert, für passend erachtet (BGH, 6.5.1993, V ZB 9/92).

Verwaltervertrag

Mit dem Beschluss der Hauseigentümerversammlung wird der Verwalter rein im wohnungseigentumsrechtlichen Sinne bestellt. Unabhängig davon zu betrachten ist der schuldrechtliche Verwaltervertrag, der sodann zwischen dem Verwalter und der Wohnungseigentümergemeinschaft geschlossen wird. Strenggenommen sind diesbezüglich zwei getrennte Willenserklärungen der Wohnungseigentümergemeinschaft (Bestellung und Abschluss eines Verwaltervertrags) nötig.

Der Verwaltervertrag wird erst mit der Unterzeichnung der beteiligten Vertragsparteien rechtswirksam. Wegen des in der Wohnungseigentümerversammlung gefassten Mehrheitsbeschlusses über die Bestellung sind in der Regel gleichzeitig mehrere Wohnungseigentümer bzw. der Verwaltungsbeirat ermächtigt, das entsprechende Vertragswerk zu unterzeichnen und damit abzuschließen.

In der Praxis wird den Miteigentümern oft mit der Einladung zur Eigentümerversammlung vorab ein Vertragsentwurf übersandt, sodass ihnen die Vertragsbestandteile bereits vor Beschlussfassung zur Bestellung des Verwalters bekannt sind. Unter diesen Umständen ist davon auszugehen, dass gleichzeitig mit dem Bestellungsbeschluss der Verwaltervertrag von der Eigentümergemeinschaft genehmigt und der vorliegende Vertragstext nachträglich nicht mehr geändert werden soll.

Anders liegt der Fall, wenn die Wohnungseigentümergemeinschaft lediglich den Beschluss fasst, dass einzelne Miteigentümer oder der Verwaltungsbeirat damit beauftragt werden, ein entsprechendes Vertragswerk mit dem Verwalter auszuhandeln. Wenn zumindest vor der mehrheitlichen Beschlussfassung darüber, einzelne Miteigentümer oder den Verwaltungsbeirat mit dem Aushandeln eines solchen Vertrags zu beauftragen, die groben Eckdaten wie Zeitraum und Vergütung bekannt sind, ist es wohl zulässig, einen solchen Beschluss zu fassen. Ein so zustande gekommener Mehrheitsbeschluss ist jedenfalls nicht nichtig, aber unter Umständen i. S. d. § 23 Abs. 4 WEG anfechtbar (OLG Köln, 13.7.2000 1, 16 Wx 115/01; OLGR Köln 2001, 415 f.; OLG Köln, 20.9.2002, 16 Wx 135/02; LG Bonn, 3.11.2003, 8 T 113/03). Allerdings ist in Rechtsprechung und Literatur umstritten, ob eine derartige Beschlussfassung auch in dem Fall nicht nichtig sein soll, wenn sich im Nachhinein herausstellt, dass die beauftragten Personen oder der Beirat Vertragsinhalte vereinbart haben, die unter Umständen ordnungsmäßiger Verwaltung widersprechen. In dem Fall wird vertreten, dass die Wirksamkeit eines so ausgehandelten Verwaltervertrags grundsätzlich von der bestätigten Beschlussfassung der nächsten Wohnungseigentümerversammlung abhängig zu machen wäre (LG Stuttgart, 17.8.1993, 2 T 490/93; OLG München, 21.6.2006, 34 Wx 28/06).

Der BGH hat entschieden, dass die Auswahl des Verwalters auch im Fall der Wiederbestellung des alten Verwalters und der darauffolgende Beschluss der Eigentümerversammlung im Wesentlichen von den wirtschaftlichen Eckpunkten des Verwaltervertrags bestimmt werden. Bislang hatte der BGH der Wohnungseigentümergemeinschaft eine getrennte Beschlussfassung über die Bestellung des Verwalters an sich und die Eckpunkte des sodann abzuschließenden Verwaltervertrags zugebilligt (BGH, 22.6.2012, V ZR 190/11). Nun hat er bestätigt, dass es ordnungsmäßiger Verwaltung widerspricht, wenn der Verwalter bestellt wird, ohne dass zugleich zumindest die vertraglich geschuldete Vergütung und die Dauer des Verwaltervertrags mitbeschlossen werden. Diese Eckpunkte müssen bei der Bestellung zumindest in wesentlichen Umrissen geregelt bzw. der Eigentümerversammlung bekannt sein. Der BGH stellt fest, dass diese beiden Gesichtspunkte nicht nur für den Verwaltervertrag an sich, sondern auch für den Bestellungsbeschluss im Rahmen der Auswahlentscheidung der Wohnungseigentümergemeinschaft von wesentlicher Bedeutung sind (BGH, 27.2.2015, V ZR 114/14).

Verwalterzustimmung

Inhaltsübersicht

Siehe auch „Veräußerungszustimmung"

1 Vereinbarung der Zustimmungspflicht

Eine Zustimmung des Verwalters beispielsweise zu einzelnen Maßnahmen oder Rechtsgeschäften sieht das Wohnungseigentumsgesetz aufgrund der Selbstverwaltungshoheit der Wohnungseigentümergemeinschaft aus § 21 Abs. 1 WEG nicht vor. Soll die Zustimmung des Verwalters zu einzelnen Rechtsgeschäften erforderlich sein, muss dies in der Gemeinschaftsordnung gesondert vereinbart sein. In der Regel geht es dabei um Zustimmungserklärungen bei der Veräußerung und Vermietung von Wohnungseigentum und Teileigentum. Weiterhin kann sich aus der Gemeinschaftsordnung ergeben, dass vom Verwalter entsprechende Zustimmungserklärungen bei baulichen Veränderungen i.S.d. § 22 Abs. 1 WEG oder Verfügungsbefugnisse über gemeinschaftliche Gelder i.S.d. § 27 Abs. 1 Nr. 6 und Abs. 3 Nr. 5 WEG gewollt sind.

2 Delegation der Verwaltung

Die Bestellung des Verwalters durch die Wohnungseigentümergemeinschaft ist auf die natürliche oder juristische Person des Verwalters beschränkt. Nur derjenige kann Verwalter sein, dessen Bestellung wirksam beschlossen wurde. Gemäß § 26 Abs. 1 Satz 5 WEG kann die Wohnungseigentümergemeinschaft die Bestellung des Verwalters nicht auf dritte Personen übertragen. Ein solcher Beschluss wäre nichtig (OLG Saarbrücken, 10.10.1997, 5 W 60/97; siehe auch „Bestellung des Verwalters").

Daraus ergibt sich, dass sich ein bestellter Verwalter im Rahmen der Vereinbarungen des Verwaltervertrags nicht vorbehalten kann, die ihm übergebene Verwalterstellung teilweise oder ganz auf eine andere Person oder Firma zu übertragen, ohne dass die Wohnungseigentümergemeinschaft an dieser Entscheidung beteiligt ist (BayObLG, 19.6.1997, 2Z BR 35/97). Für eine Übertragung der Verwalterstellung gleich in welcher Form bedarf es immer einer vorherigen Zustimmung der Wohnungseigentümergemeinschaft, zudem hängt deren Wirksamkeit von der Übereinstimmung mit den Vorgaben in § 26 WEG ab. Die Stellung des Verwalters kann auch nicht im Rahmen der Gesamtrechtsnachfolge im Erbfall gemäß § 1922 und § 1967 BGB auf dessen Erben übergehen, da die Bestellung höchstpersönlich gilt und mit Tod der bestellten Person endet (BayObLG, 7.2.2002, 2Z BR 161/01).

Allerdings ist es möglich, dass der Verwalter die ihm übertragene Verwaltung nicht persönlich führt, sondern sich bei der Erfüllung einzelner Verwaltungsaufgaben anderer Personen als sogenannte Erfüllungsgehilfen i.S.d. § 278 BGB bedient. Das ist in der Regel bei Angestellten der Fall, da sie gegenüber dem Verwalter als organisatorisch Vorgesetztem weisungsabhängig sind. Bei der Abberufung des Verwalters endet auch automatisch die Befugnis dieser dritten (Hilfs)Personen, die übertragenen Aufgaben auszuführen.

Eine Umfirmierung oder Umwandlung (Identitätswechsel) der natürlichen oder juristischen Rechtsperson, die zur Verwaltung bestellt wurde, führt nach bisheriger Meinung speziell bei juristischen Personen dazu, dass die Verwalterstellung aufgrund der Höchstpersönlichkeit endet (LG Frankfurt/Main, 20.8.2012, 9 S 97/11). Das bedeutet, dass bei der Umwandlung der Firma eines Einzelkaufmanns in eine GmbH oder in eine Genossenschaft oder bei der Verschmelzung mit einer anderen Firma, wenn der Verwalter selbst der übertragene Rechtsträger ist, die Verwalterstellung aufgrund der Höchstpersönlichkeit nicht übergehen kann. Die Verwalterbestellung ist geprägt durch das Vertrauen in die Person des Vertragspartners. Dieses Vertrauen muss nicht gleichermaßen einer juristischen Person entgegengebracht werden, selbst wenn die gleichen organschaftlichen Vertreter und Angestellten tätig werden wie bei den früheren Handlungen des Einzelkaufmanns (BayObLG, 24.1.2001, 2Z BR 112/00).

In der neueren Literatur wird diese Meinung zum Teil nicht mehr vertreten, da bei der Bestellung einer natürlichen Person als Verwalter zwar ein gewisses Vertrauen vorausgesetzt wird, dieses bei der Beauftragung einer Firma aber eben gerade nicht mehr ausschlaggebend sein müsste. Daher wird auch die Meinung vertreten, dass bei einer juristischen Person, zum Beispiel einer GmbH, die Bestellung ebenso endet wie beim Tod einer natürlichen Person. Ein sogenannter identitätswahrender Formwechsel, also beispielsweise die Änderung der Rechtsform der Firma vom eingetragenen Kaufmann hin zu einer GmbH unter Beibehaltung der personellen Struktur, nach §§ 190 ff. Umwandlungsgesetz (UmwG) soll für das Fortbestehen der Verwalterbestellung unschädlich sein und nur für den Fall etwas anderes gelten, dass als zukünftige Rechtsform eine Gesellschaft bürgerlichen Rechts vorgesehen ist (Göhmann, RNotZ 2012, 251, 262). Die Weiterentwicklung diesbezüglich bleibt abzuwarten.

3 Zustimmungsverpflichtung, Rückdelegation, Aufklärungspflicht des Verwalters

Lange Zeit war es umstritten, ob sich der Verwalter von der durch Gemeinschaftsordnung übertragenen Befugnis zur Erklärung der Zustimmung oder gerade der Verpflichtung zur Erteilung der Zustimmung im Rahmen einer „Rückdelegation" zurückziehen kann. Da eine solche „Vorschaltung" des Verwalters nichts an der gesetzlichen Entscheidungsgewalt der Wohnungseigentümerversammlung ändert, kann der Verwalter grundsätzlich die Weisung der Wohnungseigentümergemeinschaft durch eine gesonderte Beschlussfassung einholen. Das steht ihm zu, wenn er ernsthafte Zweifel hat und diese objektiv nachprüfbar bestehen, unabhängig davon, ob ein wichtiger Grund zur Versagung oder zur Erteilung der Zustimmung vorliegt oder nicht (BGH, 21.12.1995, V ZB 4/94).

Wenn der Verwalter von der ihm durch die Gemeinschaftsordnung eröffneten Befugnis Gebrauch macht, sich durch einen Beschluss rückzuversichern, muss er die Wohnungseigentümer entsprechend umfassend über die möglicherweise aufgetretenen Zweifel und Auswirkungen in tatsächlicher und rechtlicher Hinsicht aufklären. Wenn dabei Rechtsfragen zu klären sind, hat dies sehr sorgfältig zu erfolgen. Falls sich aus dieser Ausübung der Befugnis eine falsche Entscheidung ergeben haben sollte, haftet der Verwalter also für mögliche Nachteile nur dann, wenn er bei der Prüfung der Rechtsfrage nicht mit der erforderlichen Sorgfalt vorgegangen ist (BGH, 21.12.1995, V ZB 4/94).

Verwaltung des Sondereigentums

Inhaltsübersicht

Die Verwaltung des gemeinschaftlichen Eigentums (siehe „Gemeinschaftseigentum") obliegt gemäß § 20 Abs. 1 WEG den Wohnungseigentümern nach den Bestimmungen der §§ 21 bis 25 WEG selbst, dem Verwalter gemäß den § 26 ff. WEG und dem Verwaltungsbeirat gemäß § 29 WEG, sofern ein Verwaltungsbeirat durch die Eigentümerversammlung im Wege der Beschlussfassung bestellt wurde. Die Verwaltung des Gemeinschaftseigentums steht den Wohnungseigentümern gemeinschaftlich zu. Für das Sondereigentum (siehe „Sondereigentumsverwaltung") ist der jeweilige Miteigentümer, dem das Sondereigentum zugewiesen ist, im Rahmen der durch die Teilungserklärung zugewiesenen Sondereigentumsrechte und der in der Gemeinschaftsordnung geregelten Verfahrensweisen ausschließlich selbst verantwortlich. Das Sondereigentum, das in sich abgeschlossen ist und über das der Eigentümer grundsätzlich selbst verfügen kann, bildet nach den §§ 1, 3, 5 und 8 WEG durch vertragliche Einräumung oder Teilung das individuelle Besitz- und Eigentumsrecht des einzelnen Miteigentümers am Gemeinschaftseigentum.

1 Übertragung der Verwaltung

In der Praxis geschieht es jedoch relativ häufig, dass insbesondere der vermietende Sondereigentümer die Verwaltung, zum Beispiel seiner Wohnung, an Dritte, beispielsweise an einen Verwalter, überträgt. Dieser nimmt sodann die Pflichten des Vermieters in Vertretung bzw. je nach vertraglicher Ausgestaltung im Auftrag wahr.

Der Verwalter, der sich um die Vermietung und/oder den Verkauf einzelner Sondereigentumseinheiten kümmert, tritt in dieser Rolle allerdings nicht als Verwalter i.S.d. Wohnungseigentumsgesetzes auf, sondern ist dann als gewerblicher Makler zu betrachten. In der Regel ist dazu eine gesonderte Gewerbeerlaubnis nach § 34c GewO erforderlich, da der Verwalter dann nicht in seiner Eigenschaft als bestellter Verwalter der Wohnungseigentümergemeinschaft i.S.d. § 27 WEG auftritt. Nach den Vorschriften des Wohnungseigentumsgesetzes ist diese Doppeltätigkeit des Verwalters nicht von vornherein ausgeschlossen. Allerdings kann es in konkreten Einzelfällen dazu kommen, dass aufgrund eventueller Interessenkollisionen oder aus sonstigen Gründen damit ein wichtiger Grund zur Abberufung als WEG-Verwalter vorliegt. Das ist zum Beispiel der Fall, wenn der Verwalter, dessen Zustimmung zur Veräußerung einer Sondereigentumseinheit laut Gemeinschaftsordnung erforderlich ist, als Makler gegen Provision am Verkauf mitgewirkt hat und sich hierbei über den erklärten Willen der Wohnungseigentümer hinwegsetzt (BayObLG, 26.7.2001, 2Z BR 88/01; siehe auch „Abberufung des Verwalters").

2 Rechtliche Position des Verwalters

In seiner Tätigkeit als Makler steht der Verwalter jedem Dritten gleich, insofern kann er sich auch eine Maklerprovision i. S. d. § 652 BGB versprechen lassen. Allerdings ist darauf zu achten, dass der Käufer die Verflechtung zwischen Verwaltertätigkeit und Maklertätigkeit kennt (BGH, 6.2.2003, III ZR 287/02; BGH, 28.4.2005, III ZR 387/04). Tritt der Verwalter als Makler für den Nachweis und die Vermittlung von Wohnraummietverträgen auf, entsteht auch daraus ein Provisionsanspruch, das hat der BGH mittlerweile ebenfalls klargestellt. Dem steht auch § 2 Abs. 2 Wohnungsvermittlungsgesetz (WoVermRG) nicht entgegen, da nach gefestigter Rechtsprechung der Verwalter in diesem Fall nicht Verwalter i. S. d. WEG ist (BGH, 13.3.2003, III ZR 299/02; BGH, 2.10.2003, III ZR 5/03).

Verwaltungsbeirat

Inhaltsübersicht

Gemäß § 20 Abs. 1 WEG obliegt die Verwaltung des gemeinschaftlichen Eigentums den Wohnungseigentümern und dem Verwalter. Soweit ein Verwaltungsbeirat bestellt wurde, ist auch dieser nach Maßgabe des § 29 WEG verantwortlich. Der Beirat stellt daher ein Organ der Wohnungseigentümergemeinschaft dar. Seine hauptsächliche Funktion besteht darin, den Verwalter bei der Durchführung seiner Aufgaben zu unterstützen und Wirtschaftspläne, Abrechnungen, Rechnungslegungen und Kostenvoranschläge zu prüfen.

1 Bestellung/Abberufung

Gemäß § 29 Abs. 1 Satz 1 WEG können die Wohnungseigentümer durch Stimmenmehrheit die Bestellung eines Verwaltungsbeirats beschließen; sie müssen dies jedoch nicht, da die Wahl eines Verwaltungsbeirats nicht zwingend ist. Es bleibt den Wohnungseigentümern überlassen, ob sie einen Beirat bilden möchten oder nicht. Häufig findet sich gar kein Wohnungseigentümer, der dieses Amt übernehmen möchte.

Durch Vereinbarung in der Teilungserklärung kann auch die Bestellung eines Verwaltungsbeirats auf Dauer ausgeschlossen werden (BayObLG, 21.10.1993, 2Z BR 103/93). Ein Mehrheitsbeschluss, gegen die Regelungen in der Gemeinschaftsordnung einen Beirat zu bestellen, ist nichtig (LG München I, 12.4.2010, 36 S 16624/09). Enthält die Teilungserklärung/Gemeinschaftsordnung hingegen eine Bestimmung, dass ein Verwaltungsbeirat zu bestellen ist, hat jeder Wohnungseigentümer gemäß § 21 Abs. 4 WEG einen Anspruch darauf.

Nach § 29 Abs. 1 Satz 2 WEG besteht der Beirat aus einem Wohnungseigentümer als Vorsitzenden und zwei weiteren Wohnungseigentümern als BeisitzeRn. Die Wahl eines aus nur zwei Personen bestehenden Beirats ist ordnungswidrig, aber nicht nichtig (AG Erfurt, 16.7.2014, 5 C 1/13). Entziehungsgründe (siehe „Entziehung des Wohneigentums") nach § 18 und § 19 WEG sind kein Hindernis für die Bestellung zum Verwaltungsbeirat (LG Baden-Baden, 12.2.2009, 3 T 87/07). Werden Nichtmitglieder der Wohnungseigentümergemeinschaft zum Beirat gewählt oder wird ein Beirat mit mehr oder weniger als drei Mitgliedern gewählt, ist der entsprechende Beschluss auf Anfechtung hin wegen Verstoßes gegen § 29 Abs. 1 Satz 2 WEG für ungültig zu erklären (BayObLG, 8.5.2003, 2Z BR 8/03; LG Karlsruhe, 13.3.2009, 11 S 22/09). Wird der Beschluss hingegen nicht angefochten, dürfte er wirksam sein. Ein Nichtigkeitsgrund liegt nicht vor (BGH, 5.2.2010, V ZR 126/09; LG Köln, 9.6.2011, 29 S 219/10).

Sowohl von der Bestimmung, dass die Mitglieder des Beirats Wohnungseigentümer sein müssen, als auch von der zahlenmäßigen Zusammensetzung kann durch Vereinbarung in der Teilungserklärung bzw. Gemeinschaftsordnung abgewichen werden. Umgekehrt kann die Wahl eines Wohnungseigentümers zum Beirat mit Aussicht auf Erfolg angefochten werden, wenn schwerwiegende Gründe gegen die Person sprechen und zu befürchten ist, dass sie ihr Amt zum Nachteil der übrigen Miteigentümer missbrauchen wird. Dass ein Wohnungseigentümer mit einem anderen in Streit lebt, nimmt ihm nicht von vornherein die Eignung, Mitglied des Verwaltungsbeirats werden zu können (OLG Köln, 30.8.1999, 16 Wx 123/99).

An ein Beiratsmitglied sind nicht die gleichen persönlichen Anforderungen wie an einen Verwalter zu stellen. In der Wohnungseigentümergemeinschaft widerspricht die Wahl einer Person als Beirat nur dann den Grundsätzen ordnungsmäßiger Verwaltung, wenn schwerwiegende Umstände in der Person gegen sie sprechen. Zwistigkeiten in der Gemeinschaft reichen regelmäßig nicht aus, ebenso der Umstand, dass bei der überstimmten Minderheit das Vertrauen in die persönliche Eignung des Kandidaten fehlt. Auch das Verfolgen eigener Interessen oder die einer Mehrheitsgruppe genügt nicht, um die Qualifikation als Beiratsmitglied zu beseitigen (KG Berlin, 28.1.2004, 24 W 3/02).

Da nach § 24 Abs. 3 WEG der Vorsitzende des Beirats oder sein Vertreter unter bestimmten Voraussetzungen eine Eigentümerversammlung einberufen kann (siehe

„Eigentümerversammlung", Abschnitt 1 „Einberufung"), empfiehlt es sich, einen Vorsitzenden sowie dessen Vertreter zu bestimmen. Wird ein Nichteigentümer zum Vorsitzenden des Beirats gewählt, führt dies nur zur Anfechtbarkeit des Beschlusses, nicht hingegen zu dessen Nichtigkeit. Wurde der Beschluss nicht fristgerecht angefochten, ist er bestandskräftig; eine Verpflichtung zur Neuwahl kann nicht erreicht werden (LG Dortmund, 19.11.2013, 1 S 296/12).

Der Vorsitzende des Beirats kann von der Wohnungseigentümerversammlung gewählt werden oder die Mitglieder des Verwaltungsbeirats bestimmen ihren Vorsitzenden selbst. Gemäß § 29 Abs. 4 WEG beruft der Vorsitzende den Verwaltungsbeirat nach Bedarf ein. Wurde im Verwaltungsbeirat kein Vorsitzender bestimmt, so muss die Einberufung der Eigentümerversammlung durch sämtliche Mitglieder des Verwaltungsbeirats erfolgen (OLG Köln, 29.12.1999, 16 Wx 181/99).

Gemäß § 29 Abs. 1 Satz 1 WEG beschließen die Wohnungseigentümer die Bestellung eines Verwaltungsbeirats durch Stimmenmehrheit. Umstritten ist, ob die einzelnen Beiratsmitglieder durch einen jeweils eigenen Beschluss zu bestellen sind oder ob es genügt, den Beirat als Ganzes zu wählen („Blockwahl"). Gegen eine solche Blockabstimmung sollen zumindest dann keine Bedenken bestehen, wenn kein Wohnungseigentümer die Einzelabstimmung verlangt (KG Berlin, 29.3.2004, 24 W 194/02) oder aber von vornherein nur drei Kandidaten zur Auswahl stehen (AG Hamburg-Harburg, 28.12.2007, 611 C 144/07). Nach anderer Ansicht werden die Wohnungseigentümer bei einer Blockwahl gezwungen, ihnen möglicherweise nicht genehme Kandidaten, denen sie bei einer Einzelwahl nicht ihre Stimme geben würden, mitzuwählen. Dies sei mit den auch innerhalb einer Wohnungseigentumsgemeinschaft geltenden demokratischen Prinzipien nicht vereinbar (LG Düsseldorf, 6.5.2004, 19 T 42/04).

Hinweis: Da die Rechtsprechung nicht einheitlich ist, empfiehlt sich die Einzelwahl. Ein Beschluss durch Blockwahl ist nicht nichtig, sondern — falls man der Rechtsmeinung folgt, eine Blockwahl sei unzulässig nur anfechtbar. Der Wohnungseigentümer, der sich zur Wahl stellt, kann bei der Wahl mitstimmen.

Eine Bestelldauer gibt das Gesetz nicht vor; im Regelfall erfolgt die Bestellung auf unbestimmte Zeit. Dann bleibt der Beirat so lange im Amt, bis eine Neuwahl erfolgt. Eine Neuwahl wird als Abberufung des bisherigen Beirats zu verstehen sein. Ist eine Amtsdauer nicht vereinbart, kann der Beirat durch Mehrheitsbeschluss jederzeit abberufen werden. Auch das Gericht kann den Verwaltungsbeirat abberufen. Ein Antrag auf gerichtliche Abberufung der Mitglieder des Verwaltungsbeirats ist ohne vorherige Anrufung der Wohnungseigentümerversammlung zulässig, wenn feststeht, dass ein entsprechender Antrag abgelehnt werden würde (OLG München, 28.9.2006, 32 Wx 115/06). Der Beirat kann auch von vornherein auf bestimmte Zeit bestellt werden.

Wenn die Teilungserklärung/Gemeinschaftsordnung Regelungen zur Bestellung und Abberufung vorsieht, müssen diese beachtet werden. Bei seiner Bestellung und Abberufung ist der Verwaltungsbeirat stimmberechtigt, etwas anderes gilt nur beim Beschluss über seine Entlastung oder bei einer außerordentlichen Abberufung aus wichtigem Grund. Verhindert beispielsweise ein Beirat durch Verweigerung der Protokollunterzeichnung über die Verwalterwahl die nach der Teilungserklärung gebotene Verwalterzustimmung zu Veräußerungen (siehe „Veräußerungszustimmung"), kann dies ein solcher wichtiger Grund sein (AG Düsseldorf, 3.9.2014, 291a C 2476/14).

Mit dem Ausscheiden aus der Wohnungseigentümergemeinschaft endet die Eigenschaft als Beirat. Außerdem gilt, dass ein Beirat sein Amt ohne Angabe von Gründen jederzeit niederlegen kann. Scheidet ein Beiratsmitglied aus, ist die Gemeinschaft zur Nachwahl verpflichtet.

2 Aufgaben und Befugnisse

§ 29 Abs. 3 WEG regelt, dass der Verwaltungsbeirat den Wirtschaftsplan, die Abrechnung über den Wirtschaftsplan, Rechnungslegungen und Kostenanschläge prüfen und mit einer Stellungnahme versehen soll, bevor diese Unterlagen der Wohnungseigentümerversammlung zur Beschlussfassung vorgelegt werden. Aus dieser Vorschrift ergibt sich für den Verwaltungsbeirat nicht nur ein Prüfungsrecht, sondern auch eine Prüfungsverpflichtung. Unterlässt der Verwaltungsbeirat eine angemessene Prüfung, können ihm Schadenersatzansprüche drohen, wenn einer Wohnungseigentümergemeinschaft ein Schaden wegen der unterlassenen Prüfung entsteht. Da es sich unter diesem Gesichtspunkt oft als schwierig erweist, Miteigentümer für das Amt des Verwaltungsbeirats zu gewinnen, empfiehlt es sich, dass die Wohnungseigentümergemeinschaft für ihren Beirat eine in der Regel kostengünstige Vermögensschaden-Haftpflichtversicherung abschließt. Ein Mehrheitsbeschluss über den Abschluss einer solchen Versicherung entspricht regelmäßig ordnungsmäßiger Verwaltung (KG Berlin, 19.7.2004, 24 W 203/02).

Weiterhin unterstützt gemäß § 29 Abs. 2 WEG der Verwaltungsbeirat den Verwalter bei Durchführung seiner Arbeit, die Aufgaben und Befugnisse des Verwalters kann er selbst jedoch nicht ausüben. Seine Unterstützung ist insbesondere bei der Vorbereitung der Tagesordnung für die Eigentümerversammlung, beim Einhalten der Hausordnung und bei der Abstimmung über Reparatur- und Modernisierungsarbeiten gefragt.

Der Verwaltungsbeirat soll die entsprechenden Unterlagen nach Überprüfung mit einer Stellungnahme versehen. Diese kann mündlich oder schriftlich noch in der Versammlung abgegeben werden. Der Verwalter ist dazu verpflichtet, die erforderlichen Auskünfte zu geben, damit der Beirat sein Prüfungsrecht ausüben kann. Er hat insbesondere auch Einsicht in die Unterlagen zu gewähren.

Ein gerichtlich durchsetzbarer Anspruch gegen den Beirat auf Erstellung eines Prüfberichts besteht nicht. Kommt der Beirat seiner Prüfungspflicht nicht nach, empfiehlt es sich, ihn abzuwählen. Zu beachten ist zudem, dass der Beirat Nachforschungen betreiben muss, wenn er Unregelmäßigkeiten feststellt. Haben sich bei der Prüfung der Abrechnung Mängel ergeben, hat der Verwaltungsbeirat die Wohnungseigentümergemeinschaft hierüber zu informieren (BayObLG, 22.6.1995, 2Z BR 48/95).

Die Aufgaben und Befugnisse des Beirats können sowohl erweitert als auch beschränkt werden, allerdings nur durch Vereinbarung, üblicherweise in der Teilungserklärung/Gemeinschaftsordnung. Durch Vereinbarung, nicht aber durch Mehrheitsbeschluss können Befugnisse der Gemeinschaft auf den Beirat übertragen werden. Abweichend von diesem Grundsatz hat die Eigentümerversammlung die Möglichkeit, per Beschluss eine solche Kompetenzverlagerung vorzunehmen, wenn dadurch der mit der gesetzlichen Regelung beabsichtigte Schutzzweck der selbstbestimmten Verwaltung durch die Wohnungseigentümer nicht ausgehöhlt wird. Insoweit wird dem praktischen Bedürfnis gerade großer Wohnungseigentümergemeinschaften nach flexibleren Regelungen Rechnung getragen. Zu beachten ist, dass der Schutzzweck der gesetzlichen Regelung nur gewahrt bleibt, wenn diese Ermächtigung lediglich zu einem begrenzten und für die einzelnen Wohnungseigentümer überschaubaren finanziellen Risiko führt (LG Itzehoe, 1.7.2014, 11 S 10/13, zur unwirksamen Entscheidung, auf den Beirat ein Auftragsvolumen zwischen mindestens 1.000 Euro und höchstens 10.000 Euro zu übertragen).

Ein solches Delegieren findet seine Grenze dort, wo Befugnisse zwingend den Wohnungseigentümern zustehen. So kann zum Beispiel die Genehmigung der Jahresabrechnung nicht durch Mehrheitsbeschluss dem Verwaltungsbeirat übertragen werden, ebenso wenig die Bestellung oder Abberufung des Verwalters. Zu trennen ist hiervon ein Beschluss, der den Beirat oder andere Eigentümer beauftragt und bevollmächtigt, den in den Hauptinhalten bereits festgelegten Vertrag mit dem Verwalter abzuschließen oder eine beschlossene Kündigungserklärung gegenüber dem Verwalter abzugeben. Es ist zumindest zweifelhaft, ob es ordnungsgemäßer Verwaltung entspricht, den Abschluss eines Verwaltervertrags ohne weitere Vorgaben auf den Verwaltungsbeirat zu übertragen. Der Beirat kann nicht ohne Vorgabe von Eckdaten zur Laufzeit und zur Vergütung dazu ermächtigt werden, einen Verwaltervertrag auszuhandeln und abzuschließen (LG Köln, 31.1.2013, 29 S 135/12).

Wird ein derartiger Beschluss nicht angefochten, so ist ein auf seiner Grundlage abgeschlossener Verwaltervertrag gleichwohl wirksam (vgl. OLG Köln, 20.9.2002, 16 Wx 135/02). Der Vertreter, also der Beirat, bleibt jedoch beim Abschluss des Vertrags an die Grundsätze ordnungsmäßiger Verwaltung gebunden. Bei einem Verstoß hiergegen überschreitet er seine Vertretungsmacht. Zur Vermeidung von Haftungsansprüchen gegen den Beirat als vollmachtslosen Vertreter (§ 179 Abs. 2 BGB) liegt es daher auch im Interesse des Beirats, dass die Wohnungseigentümer über die Eckdaten des Vertrags beschließen.

Hinweis: Weiterhin hat der Vorsitzende des Beirats oder sein Vertreter die Pflicht, das Protokoll (siehe „Protokoll der Eigentümerversammlung“) über die Wohnungseigentümerversammlung zu unterschreiben (§ 24 Abs. 6 Satz 2 WEG).

Nach dem Ausscheiden aus dem Amt muss der Verwaltungsbeirat gemäß § 667 BGB sämtliche Verwaltungsunterlagen, Gelder und sonstige Gegenstände, die er aufgrund seiner Beiratstätigkeit erlangt hat, herausgeben (OLG Hamm, 20.2.1997, 15 W 295/96).

3 Haftung

Die Tätigkeit des Verwaltungsbeirats ist durchaus haftungsträchtig. Zwischen Wohnungseigentümern und Beirat entsteht ein Auftragsverhältnis i. S. d. § 662 BGB, das durch den Bestellungsbeschluss der Wohnungseigentümerversammlung und die Annahme der Bestellung zustande kommt. Verletzt der Beirat seine Verpflichtungen schuldhaft, haftet er für den dadurch entstandenen Schaden. Haftungsmaßstab ist die im Geschäftsverkehr erforderliche Sorgfalt. Werden Wohnungseigentümer aufgrund ihrer beruflichen Tätigkeit als Architekt, Steuerberater oder Rechtsanwalt als Beirat bestellt, so ist der entsprechende berufsübliche Haftungsmaßstab zugrunde zu legen.

Jedes einzelne Mitglied des Verwaltungsbeirats haftet individuell für den durch eigenes Verschulden verursachten Schaden. Außer den Beiratsaufgaben kann die Eigentümerversammlung allen oder einzelnen Beiratsmitgliedern ebenso wie jedem Dritten weitere Aufgaben, zum Beispiel das Überwachen größerer Modernisierungsarbeiten, zur Erledigung übertragen. Auch in diesem Fall ergibt sich die Haftung aus dem Auftragsrecht, mehrere Verantwortliche haften als Gesamtschuldner (OLG Düsseldorf, 24.9.1997, 3 Wx 221/97). Zur Vermeidung von Beiratshaftungen empfiehlt es sich, eine Vermögensschaden-Haftpflichtversicherung abzuschließen; dafür reicht ein einfacher Mehrheitsbeschluss aus. Die Freistellung erstreckt sich jedoch nur auf leicht fahrlässiges Handeln, bei grober Fahrlässigkeit und Vorsatz tritt die Versicherung nicht ein (§ 152 Versicherungsvertragsgesetz [VVG]).

4 Entlastung

Damit gegen ihn keine Schadenersatzansprüche aufkommen, hat auch der Verwaltungsbeirat – ähnlich wie der Verwalter – ein Interesse daran, jedoch keinen Anspruch darauf, sich für seine Tätigkeit innerhalb eines bestimmten Zeitraums entlasten zu lassen. Der Entlastungsbeschluss hat die Wirkung eines negativen Schuldanerkenntnisses (§ 397 Abs. 2 BGB). Das bedeutet, dass sämtliche Schadenersatzansprüche gegen den Beirat, die bis zur Entlastung entstanden sind und den Wohnungseigentümern bei der Beschlussfassung über die Entlastung bekannt waren oder bei zumutbarer Sorgfalt hätten erkannt werden können, ausgeschlossen sind. Die mehrheitliche Beschlussfassung der Wohnungseigentümer über die Entlastung entspricht grundsätzlich dann ordnungsmäßiger Verwaltung, wenn erkennbar ist, dass Schadenersatzansprüche gegen den Beirat nicht bestehen (BayObLG, 17.9.2003, 2Z BR 150/03). Eine Entlastung des Verwaltungsbeirats kommt jedoch nicht in Betracht, wenn er seine Pflichten verletzt hat und daraus Schadenersatzansprüche in Betracht kommen (BGH, 4.12.2009, V ZR 4/99). Es stellt keine Pflichtverletzung der Beiratsmitglieder dar, wenn sie ohne besondere Ermächtigung durch die Eigentümergemeinschaft Gegenstände und Materialien wie Gartengeräte, Pflanzen oder Farben für die Gemeinschaft anschaffen und sich ihre Auslagen von der Verwaltung erstatten lassen. Kann eine Bereicherung auf Kosten der Gemeinschaft nicht festgestellt werden, kommen auch keine Schadenersatzansprüche in Betracht (LG Köln, 9.12.2010, 29 S 114/10).

Solange ein Ersatzanspruch gegen Mitglieder des Beirats im Zusammenhang mit der Prüfung einer Jahresabrechnung oder eines Wirtschaftsplans möglich erscheint, entspricht eine Entlastung nicht den Grundsätzen ordnungsgemäßer Verwaltung (LG Baden-Baden, 12.2.2009, 3 T 87/07; BayObLG, 30.6.2004, 2Z BR 058/04; BayObLG, 25.5.2001, 2Z BR 133/00). Der Verwaltungsbeirat kann auch verantwortlich sein, wenn er bei der Prüfung Fehler in der Jahresabrechnung übersieht (KG Berlin, 31.1.2000, 24 W 7617/99) oder bei der Prüfung der Jahresabrechnung auf die Kontrolle der Kontenbelege verzichtet (OLG Düsseldorf, 24.9.1997, 3 Wx 221/97). Schon mögliche Ersatzansprüche gegen einen Verwaltungsbeirat rechtfertigen die Ungültigerklärung des Entlastungsbeschlusses (OLG München, 11.7.2008, 32 Wx 87/08).

Nach erfolgter Entlastung können bis dahin entstandene und bekannte oder erkennbare Schadenersatzansprüche nicht mehr geltend gemacht werden. Bei der Frage, ob eine Eigentümergemeinschaft über Regressansprüche gegen den Verwalter bei vorbehaltlos erteilter Entlastung Bescheid wusste, muss sie sich im Übrigen die Kenntnis des gleichzeitig entlasteten Verwaltungsbeirats zurechnen lassen (OLG Köln, 27.6.2001, 16 Wx 87/01). Bei der Abstimmung über die Entlastung des Verwaltungsbeirats sind dessen Mitglieder mit ihrem Stimmrecht, auch mit erteilten Vollmachten ausgeschlossen (OLG Zweibrücken, 11.3.2002, 3 W 184/01).

5 Vergütung

Die Beiratsmitglieder sind grundsätzlich ehrenamtlich tätig. Gemäß § 670 BGB besteht jedoch ein Anspruch auf Aufwendungsersatz. Hierzu sollte bereits bei Bestellung des Beirats eine Regelung getroffen werden. Ein Mitglied des Verwaltungsbeirats kann von den Wohnungseigentümern Ersatz der Aufwendungen oder Auslagen verlangen, die er im Zusammenhang mit seiner Tätigkeit hatte und den Umständen nach für erforderlich halten durfte. Dieser Anspruch kann aus Zweckmäßigkeitsgründen auch mit einer Pauschale abgegolten werden (OLG Schleswig, 13.12.2004, 2 W 124/03, 20 Euro pro Sitzung und Fahrkostenerstattung analog der Erstattung für Dienstreisen). Durchaus üblich und zulässig ist auch die Zahlung von Aufwandspauschalen für die im Rahmen der ehrenamtlichen Tätigkeit üblicherweise anfallenden Kosten (BayObLG, 30.4.1999, 2Z BR 153/98). Die Rechtsprechung zur Angemessenheit der Pauschalen ist jedoch nicht einheitlich:

- Eine pauschale Entschädigung von 200 Euro je Beirat und Jahr entspricht ordnungsmäßiger Verwaltung (AG Hattingen, 23.1.2014, 28 C 30/1).
- Eine Jahresvergütung von 500 Euro für den Beiratsvorsitzenden widerspricht Grundsätzen ordnungsmäßiger Verwaltung (KG Berlin, 29.3.2004, 24 W 194/02).
- Bei einer großen Wohnungseigentümergemeinschaft (hier: 340 Wohneinheiten) ist es nicht zu beanstanden, wenn die Mitglieder des Verwaltungsbeirats für ihre Tätigkeit eine Vergütung erhalten. Dies gilt insbesondere dann, wenn die besondere Fachkunde eines Beiratsmitglieds in Anspruch genommen wird. Ein jährliches Entgelt von insgesamt 3.579,04 Euro für alle drei Beiratsmitglieder ist bei einer so großen Eigentümergemeinschaft angemessen und entspricht noch ordnungsmäßiger Verwaltung (LG Hannover, 10.1.2006, 4 T 78/05).
- Ein pauschalierter Aufwendungsersatz in Höhe von 3.000 Euro pro Jahr ist unangemessen und kann nicht mehrheitlich beschlossen werden (AG Kiel, 11.8.2005, 105 II 25/2004).

Verwaltungsübergabe

Ist die Bestellung des Verwalters abgelaufen und das Ende der Bestellungszeit erreicht, muss der Verwalter bei fehlender Wiederbestellung sämtliche Unterlagen, die die verwaltete Wohnungseigentümergemeinschaft betreffen, an die Wohnungseigentümergemeinschaft oder den neu bestellten Verwalter herausgeben. Dieses ergibt sich direkt aus den §§ 675, 666 und 667 BGB (BayObLG, 23.3.2001, 2Z BR 6/01).

Der scheidende Verwalter hat dafür zu sorgen, dass die laufenden Tätigkeiten möglichst zeitnah und reibungslos an die neue Verwaltung übergehen, unabhängig davon, ob eine dritte Person oder ein Miteigentümer bzw. die Wohnungseigentümergemeinschaft die Verwaltung übernimmt. Die Wohnungseigentümergemeinschaft soll damit in die Lage versetzt werden, nahtlos ihre Selbstverwaltung in welcher Form auch immer vornehmen zu können.

Übergeben werden müssen insbesondere Sachen, Gegenstände und Geräte, die der Gemeinschaft gehören, zum Beispiel Kontounterlagen, Gelder, Sparbücher, Wertpapiere, erteilte Vollmachtsurkunden; Gemeinschaftsordnung, Teilungserklärung und Aufteilungsplan; Abgeschlossenheitsbescheinigungen der Baubehörde; Baupläne und Bauzeichnungen; Abnahmeprotokolle; Eigentümerlisten, Schriftverkehr zu den durchgeführten Eigentümerversammlungen, die Beschlusssammlung, Abrechnungsunterlagen der jeweiligen Abrechnungsperioden, Wirtschaftspläne, Jahresabrechnungen; sämtliche mit dritten Personen für die Wohnungseigentümergemeinschaft vereinbarte Vertragsunterlagen. Das gilt insbesondere auch für die Nachweise und Belege des laufenden Wirtschaftsjahres, da der neue Verwalter erst nach dem abgelaufenen Zeitraum der jeweils vereinbarten bzw. kalenderjährlichen Wirtschaftsperiode die Abrechnung für die Wohnungseigentümer und die Wohnungseigentümergemeinschaft erstellen muss (siehe auch „Jahresabrechnung“ und „Einzelabrechnung“).

Der Verwalter hat sämtliche bei ihm vorhandenen Unterlagen an die Wohnungseigentümergemeinschaft bzw. den neu bestellten Verwalter herauszugeben, egal ob die von ihm verwalteten Maßnahmen bereits abgeschlossen sind oder noch laufen. Es steht ihm insofern nach Ablauf der Bestellung wohl kein Zurückbehaltungsrecht zu; allerdings ist das derzeit noch nicht höchstrichterlich geklärt. Aufgrund der Teilrechtsfähigkeit der Wohnungseigentümergemeinschaft steht nur ihr der Herausgabeanspruch zu. Der einzelne Miteigentümer wäre in einem Prozess nicht aktivlegitimiert und kann daher nicht die Herausgabe an sich als einzelnes Mitglied der Wohnungseigentümergemeinschaft und Miteigentümer verlangen, es sei denn, die Wohnungseigentümergemeinschaft hat ihn im Beschlusswege dazu ermächtigt.

Verwaltungsvermögen

Gemäß § 10 Abs. 7 WEG gehört das Verwaltungsvermögen der Wohnungseigentümergemeinschaft. Es besteht aus den im Rahmen der gesamten Verwaltung des gemeinschaftlichen Eigentums gesetzlich begründeten und rechtsgeschäftlich erworbenen Sachen und Rechte sowie aus den entstandenen Verbindlichkeiten. Zum Verwaltungsvermögen gehören insbesondere die Ansprüche und Befugnisse aus Rechtsverhältnissen mit Dritten und mit Wohnungseigentümern sowie die eingenommenen Gelder. Vereinigen sich sämtliche Wohnungseigentumsrechte in einer Person, geht das Verwaltungsvermögen auf den Eigentümer des Grundstücks über. Als Teile des Verwaltungsvermögens gelten im Einzelnen:

- Gegenstände wie Gartengeräte, Rasenmäher, Werkzeuge, Spielplatzgeräte, Schneeräummaschinen, Waschmaschinen und Trockner
- Waschmünzenerlöse
- Heizöl- und Gasvorräte
- Gemeinschaftliches Geldvermögen, zum Beispiel Guthaben bei Kreditinstituten, Instandhaltungsrücklagen, Festgelder, sonstige Geldanlagen, Zinserträge
- Einkünfte aus Vermietung des gemeinschaftlichen Eigentums
- Gemeinschaftliche Verwaltungsunterlagen
- Gemeinschaftliche Forderungen und Ansprüche gegenüber Dritten und Wohnungseigentümern
- Gemeinschaftliche Verbindlichkeiten
- Durch den Verband erworbene Immobilien

Das Sondereigentum und das Gemeinschaftseigentum gehören nicht zum Verwaltungsvermögen (OLG Hamm, 19.7.2011, 15 Wx 120/10).

Bei einem Eigentümerwechsel verbleiben die Gegenstände, Forderungen, Ansprüche und Verbindlichkeiten des Verwaltungsvermögens bei der teilrechtsfähigen Wohnungseigentümergemeinschaft. Das Verwaltungsvermögen besteht unabhängig vom jeweiligen Mitgliederbestand der Wohnungseigentümergemeinschaft, das heißt, eine gesonderte Übertragung auf den Sonderrechtsnachfolger findet nicht statt. Soll das Verwaltungsvermögen im Wege der Zwangsvollstreckung verwertet werden, muss ein Titel gegen die Gemeinschaft als Verband erwirkt werden. Der vollstreckbare Anspruch eines Gläubigers der Wohnungseigentümergemeinschaft beschränkt sich auf das Verwaltungsvermögen.

Videoüberwachung

Inhaltsübersicht

Nach der Rechtsprechung des BGH kann eine Videoüberwachung des gemeinschaftlichen Eigentums ordnungsgemäßer Verwaltung entsprechen.

1 Voraussetzungen

Der BGH hat für eine Reihenhausanlage, die in Form von Wohnungseigentum begründet wurde, einem Wohnungseigentümer zugestanden, in dem seinem Sondernutzungsrecht zugewiesenen Garten eine Videoüberwachung zu installieren (BGH, 21.10.2011, V ZR 265/10). Voraussetzung ist jedoch, dass sich die Überwachung sicher nur auf den Sondereigentums- bzw. Sondernutzungsbereich bezieht und keinesfalls benachbartes Sondereigentum oder öffentliche Flächen überwacht werden. Weitere Voraussetzung für die Zulässigkeit einer Videoüberwachung laut BGH (8.4.2011, V ZR 210/10): Der nachträgliche Einbau einer Videoanlage im gemeinschaftlichen Klingeltableau gemäß § 22 Abs. 1 WEG kann verlangt werden, wenn die Kamera nur durch Betätigung der Klingel aktiviert wird, eine Bildübertragung allein in die Wohnung erfolgt, bei der geklingelt wurde, die Bildübertragung nach spätestens einer Minute unterbrochen wird und die Anlage nicht das dauerhafte Aufzeichnen von Bildern ermöglicht.

Nachdem die Installation einer Videoüberwachungsanlage eine bauliche Veränderung i. S. d. § 22 Abs. 1 WEG darstellt, ist die Zulässigkeit unter zwei Gesichtspunkten zu überprüfen. Ob die Videoüberwachung als bauliche Veränderung das Interesse eines einzelnen Wohnungseigentümers über das in § 14 Nr. 1 WEG bestimmte Maß hinaus beeinträchtigt, ist am Maßstab des § 6b Bundesdatenschutzgesetz (BDSG) zu prüfen (BGH, 4.5.2013, V ZR 220/12). Darüber hinaus kommt es darauf an, ob die an sich zulässige Videoüberwachung im Einzelfall eine bauliche Veränderung darstellt, weil sich durch die Videoüberwachungsanlage das Erscheinungsbild der Wohnungseigentumsanlage erheblich negativ optisch verändert. Liegt lediglich eine dieser beiden Voraussetzungen vor und stimmen dennoch alle Wohnungseigentümer der Videoüberwachung zu, entspricht die Installation nicht ordnungsgemäßer Verwaltung, wenn sie den Anforderungen des § 6b BDSG nicht genügt. Begründet wird diese Ansicht damit, dass die Videoüberwachung die Rechtsgüter einzelner Wohnungseigentümer sowie unbeteiligter Dritter, zum Beispiel Besucher der Wohnungseigentumer oder Lieferanten, beeinträchtigen kann.

2 Vorgaben zum Beschluss

Um den Anforderungen des § 6b BDSG gerecht zu werden, muss der Beschluss der Wohnungseigentümergemeinschaft zum Einbau einer Videoanlage auch verbindlich vorsehen, wie der Betrieb und die Bedingungen für die Überwachung gestaltet werden. Weiterhin müssen Regelungen zu Art und Umfang der Überwachung, die Aufbewahrungsdauer der Videodokumentation und der Zugang zum Überwachungsmaterial getroffen werden. All diese Maßnahmen müssen dem verfolgten Zweck, zum Beispiel Abschreckung, Verhinderung von Straftaten oder das Herstellen einer Sicherheitslage im Interesse der Wohnungseigentümer und den betroffenen Dritten, unter Berücksichtigung der Persönlichkeitsrechte gerecht werden.

Vollmacht

„Stimmrecht“, Abschnitt 7.2

Vorkaufsrecht

Inhaltsübersicht

Der Mieter hat gemäß § 577 BGB die Möglichkeit, ein Vorkaufsrecht auszuüben, wenn die vermieteten Wohnräume, an denen nach der Überlassung an den Mieter Wohnungseigentum begründet wurde oder werden soll, an einen Dritten verkauft werden.

1 Voraussetzungen

Voraussetzung für das Zustandekommen des Vorkaufsrechts des Mieters ist, dass die Wohnung nach Abschluss des Mietvertrags während der Überlassung an den Mieter in eine Eigentumswohnung umgewandelt wird. Es muss dabei eine Teilung des Grundstücks nach § 3 oder § 8 WEG erfolgen. Ein Verkauf i. S. d. § 577 BGB liegt dann vor, wenn mehrere Miteigentümer ein Grundstück in Wohnungseigentum aufteilen oder Sondereigentum einzelnen Miteigentümern übertragen. Als Voraussetzung dafür gilt grundsätzlich, dass sich beim Verkauf eines mit einem Mehrfamilienhaus bebauten ungeteilten Grundstücks der Veräußerer vertraglich zur Durchführung der Aufteilung gemäß § 8 WEG verpflichtet und ferner die von dem Vorkaufsrecht erfasste zukünftige Wohnungseigentumseinheit in dem Vertrag bereits hinreichend bestimmt oder zumindest bestimmbar ist (BGH, 22.11.2013, V ZR 96/12).

Hinweis: Das Vorkaufsrecht des Mieters entsteht in der Regel nicht, wenn erst die Erwerber Wohnungseigentum begründen sollen, und zwar auch dann nicht, wenn diese beabsichtigen, die neu geschaffenen Einheiten jeweils selbst zu nutzen (BGH, 22.11.2013, V ZR 96/12, Erwerbermodell).

Nach der Rechtsprechung des BGH ist das Vorkaufsrecht auch im Fall der Realteilung eines Grundstücks analog anzuwenden, zum Beispiel wenn ein real geteiltes Grundstück mit mehreren Einfamilienhäusern in selbstständige Grundstücke aufgeteilt werden soll und die einzelnen Häuser im Anschluss zum Verkauf stehen (BGH, 28.5.2008, VIII ZR 126/07).

Auf das gesetzliche Vorkaufsrecht des Mieters finden die für das vertragliche Vorkaufsrecht geltenden Bestimmungen der §§ 463 ff. BGB Anwendung, soweit nichts anderes bestimmt ist (§ 577 Abs. 1 Satz 3 BGB). Das Vorkaufsrecht gilt nur für Wohnräume, und zwar sowohl für frei finanzierte als auch für öffentlich geförderte Wohnungen; bei Geschäftsräumen findet es keine Anwendung. Liegt ein Mischmietverhältnis vor, ist darauf abzustellen, in welchem Bereich der Schwerpunkt der mietvertraglichen Regelung liegt. Überwiegt die Wohnraumnutzung, besteht ein Vorkaufsrecht. Entscheidend ist der Inhalt des jeweiligen Mietvertrags, daher kommt es nicht darauf an, ob die angemieteten Räume in der Teilungserklärung als Sondereigentum oder als Teileigentum ausgewiesen sind.

2 Ausschluss

Ein Vorkaufsrecht ist ausgeschlossen, wenn der Vermieter die Wohnung einem Familienangehörigen oder einem Angehörigen seines Haushalts verkauft (§ 577 Abs. 1 Satz 2 BGB). Gleiches gilt, wenn der Verkauf durch den Wohnungseigentümer erfolgt, der jedoch nicht der Vermieter ist. Auch hier muss an einen Familien- oder Haushaltsangehörigen verkauft werden.

Gemäß § 471 BGB ist das Vorkaufsrecht zudem ausgeschlossen, wenn der Verkauf im Wege der Zwangsvollstreckung, durch den Insolvenzverwalter oder im Wege der Zwangsverwaltung erfolgt. Das Vorkaufsrecht besteht nur für die erste rechtsgeschäftliche Veräußerung. Erfolgt die erste Veräußerung im Wege der Zwangsversteigerung, besteht für nachfolgende rechtsgeschäftliche Veräußerungen kein Vorkaufsrecht des Mieters (BGH, 14.4.1999, VIII ZR 384—397; BGH, 29.3.2006, VIII ZR 250/05). Dies gilt auch dann, wenn der Erstverkauf nach § 577 Abs. 1 Satz 2 BGB deshalb zu keinem Vorkaufsrecht geführt hat, weil der Vermieter an einen Familien- oder Haushaltsangehörigen veräußert hat (BGH, 20.6.2007, V ZR 269/06).

3 Vorkaufsberechtigter

Als vorkaufsberechtigt gilt der Mieter, der vor der Umwandlung in die Eigentumswohnung Mieter war und es zum Zeitpunkt des Verkaufs noch ist. Entscheidender Zeitpunkt für die Umwandlung ist die Anlegung des Wohnungsgrundbuches. Für den Zeitpunkt des Verkaufs wird auf die Protokollierung des Kaufvertrags abgestellt, das heißt, wenn die Wohnung erst nach Anlegung der Wohnungsgrundbücher angemietet wird, besteht kein Vorkaufsrecht.

Zum Zeitpunkt des Verkaufs muss mit dem Mieter ein Wohnraummietverhältnis bestehen. Nicht erforderlich ist, dass der Mieter im Besitz der Wohnung ist. Bei einem gekündigten Mietverhältnis endet der Mietvertrag mit Ablauf der Kündigungsfrist, nach diesem Zeitpunkt kann der Mieter kein Vorkaufsrecht mehr ausüben.

Das Vorkaufsrecht geht, falls der Mieter stirbt, auf denjenigen über, der in das Mietverhältnis nach § 563 Abs. 1 oder Abs. 2 BGB eintritt. Das bedeutet, dass der Erbe des Mieters nicht das Vorkaufsrecht ausüben kann, denn es ist nach § 472 BGB nicht übertragbar. Allein die Sonderrechtsnachfolger nach § 563 Abs. 1, 3 BGB können aufgrund § 577 Abs. 4 BGB das Vorkaufsrecht ausüben.

4 Ausübung

Das Vorkaufsrecht wird durch Erklärung gegenüber dem Vorkaufsrechtsverplichteten, also dem Verkäufer ausgeübt (§ 464 Abs. 1 BGB). Gemäß § 577 Abs. 3 BGB ist hierzu eine schriftliche Erklärung erforderlich. Wird das Vorkaufsrecht ausgeübt, kommt der Verkauf zwischen dem Berechtigten und dem Verpflichteten unter den Bedingungen zustande, die der Verpflichtete mit dem Dritten vereinbart hat. Der Mieter muss auch eine mit dem Verkäufer vereinbarte Maklerprovision übernehmen (BGH, 28.11.1962, VIII ZR 236/61, BGH 14.12.1995, III ZR 34/95).

Der Verpflichtete, also der Verkäufer, hat dem Vorkaufsberechtigten, hier dem Mieter, den Inhalt des mit dem Dritten geschlossenen Vertrags unverzüglich mitzuteilen (§ 469 Abs. 1 BGB). Dazu gehören insbesondere alle Informationen, die sich auf die mit dem Verkäufer vereinbarte Gegenleistung beziehen. Kommt der Verkäufer dieser Verpflichtung nicht nach, macht er sich ggf. schadenersatzpflichtig. Der Verpflichtete hat in diesem Fall dem Mieter auch für die Verletzung der Informationspflicht durch den Notar nach § 278 BGB einzustehen, zum Beispiel wenn dieser ihm nicht den richtigen und vollständigen Inhalt des Kaufvertrags zur Kenntnis bringt (BGH, 17.1.2003, V ZR 137/02).

5 Ausübungsfrist

Das Vorkaufsrecht des Mieters kann gemäß § 569 Abs. 2 BGB nur bis zum Ablauf von zwei Monaten nach dem Empfang der Mitteilung des Verpflichteten ausgeübt werden. Die Frist beginnt mit dem Zugang der Mitteilung; erforderlich ist allerdings, dass die Mitteilung zugleich die Unterrichtung über das Vorkaufsrecht enthält. Die Frist endet zwei Monate nach Zugang der Mitteilung, spätestens zu diesem Zeitpunkt muss dem Verkäufer die Erklärung des Mieters über die Ausübung des Vorkaufsrechts zugegangen sein.

6 Zustimmung nach § 12 WEG

Ist gemäß § 12 WEG eine Veräußerungsbeschränkung im Grundbuch eingetragen, muss berücksichtigt werden, dass der Verwalter oder Dritte die Zustimmung zur Veräußerung des Wohnungseigentums abzugeben haben. Gemäß § 12 Abs. 3 Satz 2 WEG gilt das Zustimmungserfordernis ebenfalls bei der Ausübung des Vorkaufsrechts des Mieters, weil dieser Erwerbsvorgang auf einer gesetzlichen Grundlage beruht. Wenn der Verwalter bereits den ursprünglichen Kaufvertrag mit dem Dritten genehmigt hat, muss bei der Ausübung des Vorkaufsrechts durch den Mieter erneut seine Zustimmung eingeholt werden. Denn die Zustimmung des Verwalters zur Veräußerung stellt auf den jeweiligen Erwerber ab.

7 Paketverkauf

Werden in einem Paket mehrere Eigentumswohnungen veräußert, ist der jeweilige Mieter hinsichtlich seiner Wohnung zum Vorkauf berechtigt. In diesem Fall muss der Mieter bei Ausübung des Vorkaufsrechts einen auf die Wohnung entfallenden verhältnismäßigen Anteil des Gesamtpreises bezahlen (§ 467 BGB). Wird der Kaufpreis einer Wohnung besonders hoch festgesetzt, um den Mieter von der Ausübung des Vorkaufsrechts abzuhalten, kommt der Kaufvertrag mit Ausnahme des erhöhten Kaufpreises zustande, da die Vereinbarung insoweit sittenwidrig ist (BGH, 15.6.2005, VIII ZR 271/04).

Warmwasserzähler/ Wärmemengenzähler

Da nach § 4 Abs. 1 HeizkV der Warmwasserverbrauch gesetzlich zwingend durch Erfassungsgeräte zu ermitteln ist, sind die Kosten für das Anbringen der Warmwasserzähler gemäß § 3 Satz 2, 3 HeizkV nach § 16 Abs. 2 WEG so zu verteilen, wie es den Miteigentumsanteilen entspricht oder ggf. durch abweichende Vereinbarung in der Teilungserklärung vereinbart ist. Zu den Kosten des Betriebs einer zentralen Warmwasserversorgungsanlage (siehe auch „Heizkosten, Heizkostenverordnung“) gehören nach § 8 Abs. 2 der Heizkostenverordnung die Kosten der Wasserversorgung, soweit sie nicht gesondert abgerechnet werden, sowie die Kosten der Wassererwärmung entsprechend den Kosten des Betriebs der zentralen Heizungsanlage. Damit zählen zu den Kosten der Wasserversorgung auch die Kosten des Wasserverbrauchs, die Grundgebühren und die Zählermiete, die Kosten der Verwendung von Zwischenzählern (siehe auch „Eichpflicht“) sowie die Kosten des Betriebs einer hauseigenen Wasserversorgungsanlage und Wasseraufbereitungsanlage einschließlich der Aufbereitungsstoffe. Insofern fallen die Zähler, die zur verbrauchsabhängigen Erfassung der erzeugten Menge von Warmwasser nötig sind, auch darunter.

Warmwasserzähler sind zwingend gemeinschaftliches Eigentum, wenn sie im Innenverhältnis der Wohnungseigentümergemeinschaft der Erfassung und der Abrechnung des Wasserverbrauchs nach § 16 Abs. 2, 3 WEG dienen, auch wenn sie im Bereich der Sondereigentumseinheiten installiert sind. Denn sie stellen sicher, dass der korrekte Verbrauch ermittelt und diese Werte entsprechend in die Abrechnung eingehen können. Die zur Erfassung der verbrauchten Heizwärme nötigen Wärmemengenzähler sind nach überwiegender Ansicht in Literatur und Rechtsprechung dem Gemeinschaftseigentum zuzuordnen, denn diese Erfassungsgeräte dienen der Gemeinschaft durch die Zurverfügungstellung von Daten als Grundlage für die Heizkostenabrechnung im Rahmen der ordnungsmäßigen Verwaltung (OLG Düsseldorf, 6.2.2009, 21 U 63/07; BayObLG, 6.9.2001, 2Z BR 86/01).

Wasserkosten

„Heizkosten, Heizkostenverordnung“

Werdende Eigentümergemeinschaft

„Faktische/werdende Eigentümergemeinschaft“

Wiederaufbau

Inhaltsübersicht

Ist das Gebäude einer Wohnungseigentumsanlage zu mehr als die Hälfte seines Werts zerstört und dieser Schaden nicht durch eine Versicherung oder in anderer Weise gedeckt, so kann der Wiederaufbau nicht gemäß § 21 Abs. 3 WEG mehrheitlich beschlossen oder gemäß

§ 21 Abs. 4 WEG nicht von einem einzelnen Wohnungseigentümer verlangt werden.

1 Bestimmung des Störungsgrads

Um den Grad der Zerstörung zu bestimmen, wird der Verkehrswert des Gebäudes unmittelbar vor der Zerstörung herangezogen. Der Wert des Grundstücks bleibt dabei unberücksichtigt. Es ist umstritten, ob bei der Ermittlung des Werts das Gemeinschaftseigentum und das Sondereigentum heranzuziehen sind oder nur der Wert des zerstörten Gemeinschaftseigentums Bewertungsgrundlage sein soll (Bärmann, Kommentar WEG, § 22 Rn. 374).

Ein Gebäude gilt als zerstört, wenn es in erheblichem Maß in seiner Funktionsfähigkeit teilweise oder ganz beeinträchtigt ist. Liegt lediglich eine Beschädigung des Gebäudes vor, muss geprüft werden, ob diese im Einzelfall als eine Zerstörung des Gebäudes anzusehen ist. Dabei wird als Maßstab die Beeinträchtigung der Funktionsfähigkeit des Gebäudes angesetzt, zum Beispiel in Hinblick auf die Statik des Gebäudes nach einem Brandschaden.

Der Zerstörungsgrad wird in der Praxis durch ein Sachverständigengutachten festgestellt. Dabei ermittelt der Gutachter den Wert des Gebäudes nach dessen Fertigstellung. Unter Berücksichtigung der Abnutzung und der Wertsteigerung des Gebäudes wird im Anschluss daran der Verkehrswert des Gebäudes unmittelbar vor dem Schadenseintritt bemessen. Auf dieser Basis erfolgt dann die Ermittlung des Werts des zerstörten Gebäudes.

2 Rechtsfolgen

Ergibt sich, dass das Gebäude der Wohnungseigentümergemeinschaft zu mehr als die Hälfte zerstört ist, und lässt sich der Schaden nicht anderweitig decken, besteht keine Wiederaufbaupflicht. In diesem Fall bleibt die Wohnungseigentümergemeinschaft dennoch bestehen und wandelt sich nicht automatisch in eine Bruchteilsgemeinschaft an dem Grundstück um. Die Aufhebung der Wohnungseigentümergemeinschaft erfolgt nur unter den Voraussetzungen des § 11 Abs. 1 Satz 3 WEG. Danach kann jeder Wohnungseigentümer die Aufhebung der Wohnungseigentümergemeinschaft verlangen, wenn dies, zum Beispiel durch eine Regelung in der Gemeinschaftsordnung, vorgesehen ist. Wenn eine solche Vereinbarung nicht existiert, liegen entsprechend die Voraussetzungen des § 11 Abs. 1 Satz 3 WEG nicht vor. Vereinbaren die Wohnungseigentümer auch nicht im Nachhinein, dass sie bei Zerstörung des Gebäudes die Wohnungseigentümergemeinschaft auflösen können, bleibt die Wohnungseigentümergemeinschaft bestehen, obwohl das wirtschaftlich gesehen sinnlos ist. In diesen Fällen werden die Eigentümer mit einfacher Mehrheitsentscheidung die Auflösung der Gemeinschaft beschließen können. Jedem Wohnungseigentümer steht dann das Recht aus § 21 Abs. 4 WEG zu, die Aufhebung der Gemeinschaft zu verlangen. Diesen Anspruch kann jeder Wohnungseigentümer gemäß § 43 Nr. 1 WEG gerichtlich gegen die übrigen Wohnungseigentümer geltend machen (Bärmann, Kommentar WEG § 42 Rn. 374).

3 Abweichende Regelungen

Von der Regelung des § 22 Abs. 4 WEG kann abgewichen werden (siehe BayObLG, 19.10.1995, 2Z BR 110/95). Es ist möglich, in der Gemeinschaftsordnung zu vereinbaren, dass der Wiederaufbau des Gebäudes der Wohnungseigentümergemeinschaft auch bei einem prozentual höheren Zerstörungsgrad oder in jedem Fall erfolgen muss. Ebenso kann der Wiederaufbau bei einer geringfügigen Zerstörung von der Zustimmung aller Wohnungseigentümer oder bei teilweiser Zerstörung die Zustimmung vom Erreichen eines bestimmten Mehrheitserfordernisses abhängig gemacht werden (BayObLG, 18.9.1997, 2Z BR 85/97, zur Zweidrittelmehrheit).

Wiedereinsetzung in den vorigen Stand

Inhaltsübersicht

Wurde die Klagefrist des § 46 Abs. 1 Satz 2 WEG von einem Monat versäumt, so wird der Beschluss bestandskräftig und kann von einem Wohnungseigentümer nicht mehr mit einer Beschlussanfechtungsklage angefochten werden. Eine verfristet erhobene Beschlussanfechtungsklage weist das Wohnungseigentumsgericht als unbegründet ab. Eine Ausnahme gilt nur dann, wenn die angegriffene Beschlussfassung ausnahmsweise nicht lediglich anfechtbar, sondern nichtig ist. In diesem Fall gilt die Ausschlussfrist des § 46 WEG nicht.

Bei der Monatsfrist des § 46 Abs. 1 Satz 2 WEG handelt es sich um eine materielle Ausschlussfrist. Deshalb hat der Gesetzgeber in § 46 Abs. 1 Satz 3 WEG angeordnet, dass die Vorschriften über die Wiedereinsetzung (§§ 233 bis 238 ZPO) entsprechend gelten. Die Wiedereinsetzung in den vorigen Stand kann sowohl wegen Versäumung der Klagefrist als auch wegen Versäumung der Klagebegründungsfrist, die zwei Monate nach der Beschlussfassung endet (§ 46 Abs. 1 Satz 2 HS 2 WEG), beantragt werden.

1 Voraussetzungen

Eine Wiedereinsetzung in den vorigen Stand setzt voraus, dass das Versäumen der Anfechtungs- oder Begründungsfrist unverschuldet war. Ein Fristversäumnis ist dann unverschuldet, wenn unter Berücksichtigung der im Verkehr erforderlichen und zumutbaren Sorgfalt nicht verhindert werden konnte, die erforderlichen Maßnahmen einzuleiten, also die Klage fristgerecht zu erheben oder die Klagebegründung rechtzeitig einzureichen.

Unterliegt der Kläger einem Rechtsirrtum oder ist er über die Rechtslage nicht ausreichend informiert, kann das Versäumnis nur dann unverschuldet sein, wenn er alle zumutbaren Erkundigungen angestellt hat, um sich über die Rechtslage zu informieren. Das Verschulden seines Prozessbevollmächtigten, der einem Rechtsirrtum unterliegt, wobei ein strenger Maßstab anzulegen ist, muss sich der anfechtende Wohnungseigentümer zurechnen lassen (LG München I, 8.1.2014, 36 S 22208/13 WEG).

Durch die Rechtsprechung haben sich einige Fallgestaltungen, die im konkreten Einzelfall auf einen vergleichbaren Sachverhalt zu prüfen sind, herausgebildet.

BEISPIELE AUS DER RECHTSPRECHUNG

- Falsche Information des Verwalters: Informiert der Verwalter den Kläger über die Wirksamkeit eines Beschlusses unrichtig, kann dies eine Wiedereinsetzung begründen (BayObLG, 30.11.2000, 2Z BR 81/00).
- Plötzliche Erkrankung des Klägers: Ist der Kläger plötzlich erkrankt und kann er deswegen die Frist nicht einhalten und ist auch daran gehindert, sich an einen Rechtsanwalt oder das Gericht zu wenden, kann dies die Wiedereinsetzung begründen.
- Unterlassene Einladung zur Eigentümerversammlung: Wird der anfechtende Wohnungseigentümer nicht zur Eigentümerversammlung geladen und hat deswegen keine Kenntnis von dem Termin der Eigentümerversammlung und den dort gefassten Beschlüssen, kann dies die Wiedereinsetzung begründen (LG Berlin, 20.2.2001, 85 T 69/00). Alleine die verspätete Zusendung des Protokolls der Eigentümerversammlung stellt keinen Entschuldigungsgrund für einen Wiedereinsetzungsantrag dar. Ist der Wohnungseigentümer zur Eigentümerversammlung geladen worden und hat nicht teilgenommen, besteht für ihn die Pflicht, sich rechtzeitig vor Ablauf der Anfechtungsfrist zu erkundigen, ob und welche Beschlüsse gefasst wurden. Er darf nicht auf die Zusendung des Protokolls warten, da der Verwalter grundsätzlich nicht verpflichtet ist, die Niederschrift der Eigentümerversammlung zu übersenden, außer wenn das im Verwaltervertrag vorgesehen ist (BayObLG, 13.11.2003, 2 Z BR 165/03). Darüber hinaus kann jeder Wohnungseigentümer seit der WEG-Reform 2007 die Beschlusssammlung nach § 24 Abs. 7 WEG einsehen und sich so über die gefassten Beschlüsse informieren (BayObLG, 30.6.2004, 2Z BR 113/04).

2 Antrag und Fristen

Liegt ein Wiedereinsetzungsgrund vor, muss der Antrag auf Wiedereinsetzung innerhalb einer Frist von zwei Wochen (§ 234 Abs. 1 Satz 1 ZPO) dem Gericht, dem die Entscheidung über die nachgeholte Prozesshandlung zusteht (§ 237 ZPO), eingereicht werden. Die Zweiwochenfrist beginnt mit dem Tag, an dem das Hindernis behoben wurde (§ 234 Abs. 2 ZPO). Davon ist auszugehen, wenn das Hindernis, das für die Fristwahrung verantwortlich war, beseitigt wurde oder wenn sein Fortbestehen nicht mehr als unverschuldet angesehen werden kann.

Der Wiedereinsetzungsantrag muss die Gründe für die Wiedereinsetzung darlegen, sie müssen bei der Antragstellung bzw. im Verfahren glaubhaft gemacht werden (§ 236 Abs. 1 Satz 1 ZPO). Im Fall der Beschlussanfechtungsklage muss also der anfechtende Wohnungseigentümer den Klageantrag und die Anfechtungsbegründung innerhalb der zweiwöchigen Frist des § 234 Abs. 1 Satz 1 ZPO nachholen. Unter diesen Umständen kann die Wiedereinsetzung auch ohne ausdrücklichen Antrag gewährt werden (§ 236 Abs. 1 Satz 2 ZPO). Die Wiedereinsetzung in den vorigen Stand kann nach Ablauf eines Jahres vom Ende der versäumten Frist an gerechnet nicht mehr beantragt werden (§ 234 Abs. 3 ZPO).

Hinweis: Bei einem erfolgreichen Wiedereinsetzungsantrag entscheidet das für die Beschlussanfechtungsklage ausschließlich zuständige Amtsgericht (§ 237 ZPO) in einem Zwischenurteil gemäß § 238 Abs. 1 Satz 1 ZPO und setzt das Beschlussanfechtungsverfahren trotz der Verfristung fort.

Wirtschaftsplan

Inhaltsübersicht

Der Verwalter muss gemäß § 28 Abs. 1 Nr. 1 WEG über ein zukünftiges Wirtschaftsjahr einen Wirtschaftsplan aufstellen. Diese Verpflichtung umfasst die Aufstellung eines Gesamtwirtschaftsplans und der daraus abzuleitenden Einzelwirtschaftspläne, die nach der Rechtsprechung zwingender Bestandteil des Wirtschaftsplans sind (BGH, 2.6.2005, V ZB 32/05).

1 Beschluss des Wirtschaftsplans, Rechtsfolgen

Sobald der Wirtschaftsplan durch die Wohnungseigentümer beschlossen wurde, werden die einzelnen Wohngeldansprüche fällig. Nur auf dieser Grundlage kann der einzelne Miteigentümer verpflichtet werden, Wohngeldvorauszahlungen zu leisten. Ohne Beschlussfassung über den Wirtschaftsplan kann die Wohnungseigentümergemeinschaft keine Wohngeldvorauszahlungen verlangen, für bereits gezahlte Wohngelder fehlt der Rechtsgrund (BGH, 20.11.1992, V ZR 279/91).

Nach überwiegender Ansicht in Rechtsprechung und Literatur ist die Verpflichtung aus § 28 WEG zur Aufstellung eines Wirtschaftsplans nicht zwingend, sondern weitgehend modifizierbar und sogar abdingbar (LG München I, 2.6.2014, 1 S 3223/12; BayObLG, 17.8.2005, 2Z BR 229/04). Allerdings reicht dazu ein einfacher Mehrheitsbeschluss nicht aus, insbesondere die Verpflichtung zur Aufstellung des Wirtschaftsplans lässt sich daher nur durch eine entsprechende Vereinbarung der Wohnungseigentümer abbedingen (LG München I, 2.6.2014, 1 S 3223/12; BayObLG, 17.8.2005, 2Z BR 229/04; BGH, 20.9.2000, V ZB 58/99). Kommt der Verwalter seiner Pflicht zur Aufstellung des Wirtschaftsplans nicht nach, kann jeder einzelne Wohnungseigentümer im Rahmen seines Anspruchs auf ordnungsmäßige Verwaltung i.S.d. § 21 Abs. 5 Nr. 5 WEG dies verlangen und ggf. auch gerichtlich einfordern (BayObLG, 17.8.2005, 2Z BR 229/04; LG Bielefeld, 14.12.2010, 23 T 442/10).

2 Zeitrahmen, Wirtschaftsperiode

Grundsätzlich sieht das Gesetz das Kalenderjahr als Wirtschaftsperiode vor (§ 28 Abs. 1 WEG). Durch Vereinbarung kann davon abgewichen und ein anderer Zeitraum als Wirtschaftsperiode/Geschäftsjahr i.S.d. § 10 Abs. 2, 3 WEG vereinbart werden. Ein Mehrheitsbeschluss reicht hierfür nicht aus und wäre mangels Beschlusskompetenz wohl als gesetzesändernd nichtig, wenn der betreffende Beschluss auf Dauer und generell die Wirtschaftsperiode abweichend vom Kalenderjahr festlegt (BGH, 20.9.2000, V ZB 58/99). Allerdings wird auch die Ansicht vertreten, dass ein solcher Beschluss lediglich anfechtbar, aber nicht nichtig sein soll, wenn im konkreten Fall ein von der gesetzlichen Regelung abweichender Wirtschaftsplan für eine bestimmte Abrechnungsperiode mehrheitlich beschlossen wird (Merle, DWE 2001, 46). Allerdings empfiehlt es sich, die gesetzliche Regelung über das Wirtschaftsjahr im Kalenderjahr beizubehalten, da über den gleichen Zeitraum eine Jahresabrechnung erstellt werden muss.

Zur abweichenden Wirtschaftsperiode und Rückkehr zur kalenderjährlichen Abrechnung siehe „Jahresabrechnung", Absatz 2.

3 Vorlage

Der Wirtschaftsplan legt die Vorschusszahlungen auf das Wohngeld für das laufende Kalenderjahr bzw. die vereinbarte Wirtschaftsperiode fest, daher muss der Verwalter den Wirtschaftsplan vor oder spätestens zu Beginn des jeweiligen Geschäftsjahres zur Beschlussfassung der Eigentümergemeinschaft vorlegen; in der Regel in den ersten drei Monaten zu Beginn der jeweiligen Wirtschaftsperiode, spätestens aber nach sechs Monaten. Das bedeutet, dass der Verwalter den Wirtschaftsplan im Fall der Übereinstimmung von Wirtschaftsperiode und Kalenderjahr in der Regel bis Ende März, spätestens jedoch bis Ende Juni zur Beschlussfassung vorlegen soll. Ein erst im Dezember vorgelegter Wirtschaftsplan entspricht grundsätzlich nicht ordnungsmäßiger Verwaltung (BayObLG, 13.12.2001, 2Z BR 93/01).

4 Wesen

Der Wirtschaftsplan ist sozusagen der Haushaltsplan für die Eigentümergemeinschaft, er soll die Handlungsfähigkeit für das anstehende Wirtschaftsjahr sicheRn. In der Regel wird er für ein Wirtschaftsjahr, das meist dem Kalenderjahr entspricht, aufgestellt; ggf. bei vorangegangener unterjähriger Wirtschaftsperiode und anschließender Rückkehr zum Kalenderjahr über das Rumpfjahr. Daraus ergibt sich auch, dass das Aufstellen von Wirtschaftsplänen für einzelne Zeiträume, zum Beispiel ein Quartal oder Halbjahr eines Kalenderjahres, unzulässig ist; das gilt auch, wenn ein Verwalterwechsel ansteht (OLG Düsseldorf, 26.9.2006, 3 Wx 120/06). Die Wohnungseigentümergemeinschaft ist allerdings nicht an den Entwurf eines Wirtschaftsplans gebunden und muss ihn nicht zwingend in der vom Verwalter zur Verfügung gestellten Fassung genehmigen. Aufgrund der Selbstverwaltungshoheit der Wohnungseigentümergemeinschaft ist es jederzeit im Beschlusswege möglich, einen Wirtschaftsplan mit entsprechenden Änderungen abzuändern und die durch den Verwalter vorgestellte Fassung nicht zu genehmigen.

Hinweis: Aus der Aufstellung für ein Kalenderjahr ergibt sich, dass sich der Wirtschaftsplan grundsätzlich immer nur auf eine Wirtschaftsperiode bezieht. Soll er darüber hinaus fortgelten, bedarf es einer gesonderten ausdrücklichen Beschlussfassung (BayObLG, 16.6.2004, 2Z BR 58/04).

5 Inhalt und Form

Der Wirtschaftsplan muss alle in der kommenden Wirtschaftsperiode tatsächlich zu erwartenden Kosten und Lasten sowie Einnahmen enthalten. Zu den Ausgaben in Form von Kosten zählen in der Regel Betriebskosten, Kosten der Verwaltung, Aufwandsentschädigungen, Kontoführungsgebühren, eventuelle Rechtsverfolgungskosten, Kosten für möglicherweise bereits beschlossene bauliche Veränderungen und/oder Modernisierungen, Zinsaufwendungen, Zuführungen zur Instandhaltungsrücklage und ggf. sonstige anfallende Verwaltungskosten. Bei den Einnahmen sind regelmäßig die Vorauszahlungen der Wohnungseigentümer auf das Wohngeld zu berücksichtigen, zudem Erträge aus Vermietung und Verpachtung, Nutzungsentgelte, Sonderumlagen und ggf. Zinseinnahmen und Ähnliches.

Da sich nicht exakt voraussagen lässt, welche Kostenpositionen und Kosten im künftigen Wirtschaftsjahr entstehen werden, kann der Wirtschaftsplan nur eine Prognose sein, die in der Regel auf den Erfahrungswerten aus den vergangenen Wirtschaftsjahren basiert. Insofern wird der Verwaltung zur Vermeidung von Liquiditätsengpässen der Eigentümergemeinschaft ein weites Ermessen zugebilligt. Allerdings entspricht der Wirtschaftsplan dann nicht ordnungsmäßiger Verwaltung, wenn er zu wesentlich überhöhten Wohngeldforderungen und Nachzahlungsverpflichtungen der einzelnen Miteigentümer führt (BayObLG, 20.3.2001, 2Z BR 101/00; BayObLG, 11.3.1998, 2Z BR 12/98).

Zu den Einnahmen, die in den Wirtschaftsplan aufzunehmen sind, zählen zum Beispiel:

- Hausgeldvorschüsse
- Erträge aus Vermietung und Verpachtung
- Nutzungsentgelte
- Sonderumlagen
- Zinseinnahmen
- Krediteinnahmen

Als Ausgaben kommen zum Beispiel infrage:

- Betriebskosten
- Heizkostenvorschüsse
- Verwaltungskosten
- Kontoführungsgebühren
- Kosten von konkret beschlossenen baulichen Veränderungen/Modernisierungen
- Sonstige Verwaltungskosten
- Zuführung zur Instandhaltungsrücklage
- Kontoführungsgebühren
- Aufwandsentschädigungen/Honorare des Verwaltungsbeirats
- Zinsen

Wie bei der Jahresabrechnung gibt es für den Wirtschaftsplan keine gesetzliche Formvorschrift. Da er aber der Wohnungseigentümergemeinschaft vor der Beschlussfassung zur Einsicht zur Verfügung gestellt werden muss, ist mindestens Textform erforderlich; Schriftform empfiehlt sich schon aus Nachweisgründen. Dabei ist der Wirtschaftsplan gemäß § 28 Abs. 1 WEG übersichtlich darzustellen.

6 Prüfung durch den Beirat, Beschlussfassung

Gemäß § 29 Abs. 3 WEG soll der Wirtschaftsplan vor der Beschlussfassung vom Beirat geprüft und mit einer Stellungnahme versehen werden. Der Verwalter ist daher gehalten, dem Beirat den Entwurf des Wirtschaftsplans rechtzeitig vor der Eigentümerversammlung an die Hand zu geben. Die Prüfung und Stellungnahme sind allerdings nicht gesetzlich verpflichtend, hierbei handelt es sich um eine sogenannte Sollvorschrift. Es besteht also kein zwingendes Erfordernis, die Prüfung und Stellungnahme durch den Beirat zur Wirksamkeitsvoraussetzung für die Genehmigung eines Wirtschaftsplans zu machen. Das bedeutet, dass die Unterlassung der Prüfung und der Stellungnahme durch den Verwaltungsbeirat an sich den Genehmigungsbeschluss der Eigentümergemeinschaft nicht anfechtbar macht (KG Berlin, 25.8.2003, 24 W 110/02). Daraus ergibt sich jedoch, dass der Beirat im Fall einer schuldhaften Pflichtverletzung, zum Beispiel bei einer unvollständigen Prüfung des Wirtschaftsplan oder völliger Unterlassung dieser, von der Eigentümergemeinschaft persönlich schadenersatzpflichtig werden kann, was unter Umständen auch seine Abberufung ermöglicht (OLG München, 7.2.2007, 34 Wx 147/06; OLG Düsseldorf, 24.9.1997, 3 Wx 221/97).

7 Einzelwirtschaftspläne

Aus dem Gesamtwirtschaftsplan ergeben sich die Einzelwirtschaftspläne für die jeweiligen Miteigentümer. Sie sind ebenfalls zwingend der Beschlussfassung zuzuführen, sofern keine andere Vereinbarung hierzu besteht (§ 28 Abs. 1 Nr. 2 WEG). Damit sind die Einzelwirtschaftspläne unerlässlicher Bestandteil eines ordnungsgemäßen Wirtschaftsplans. Im Gesamtwirtschaftsplan muss für jede benannte Ausgabe im Einzelwirtschaftsplan der anteilige Betrag angegeben werden, der auf den jeweiligen Eigentümer entfällt, selbst wenn diese Kostenposition im Einzelfall für ihn gar nicht entsteht. In solchen Fällen ist ggf. bei der Erläuterung zum Verteilungsschlüssel der Betrag von null Euro auszuweisen.

Im Übrigen gelten für die Einzelwirtschaftspläne die gleichen Anforderungen wie für den Gesamtwirtschaftsplan. Auch für den einzelnen Miteigentümer müssen alle Kostenpositionen, die konkret anfallen, als Anteil an den Gesamtkosten dargestellt und die jeweiligen Verteilungsschlüssel erklärt werden. Jeder Miteigentümer muss aus den Einzelwirtschaftsplänen erkennen können, wie die Gesamtkosten auf die einzelnen Miteigentümer, speziell auf ihn selbst, aufgeteilt werden, welcher Verteilungsschlüssel zugrunde gelegt wird und welche wirtschaftlichen Aufwendungen auf ihn zukommen.

8 Rechtsfolge und Wirksamkeit

Sobald der Gesamtwirtschaftsplan samt Einzelwirtschaftsplänen beschlossen und bestandskräftig geworden ist, bilden sie gemeinsam die Anspruchsgrundlage für die Vorauszahlungen auf das Hausgeld, die die Miteigentümer jeweils schulden. Allerdings kann die Wohnungseigentümergemeinschaft gemäß § 21 Abs. 7 WEG Regelungen zur Art und Weise von Zahlungen, zur Fälligkeit und zu den Folgen eines Verzugs beschließen. Insofern hat die Wohnungseigentümergemeinschaft Beschlusskompetenz.

Selbst wenn der Wirtschaftsplan durch eine Beschlussanfechtung der gerichtlichen Überprüfung zugeführt wird, bleibt dieser bis zur rechtskräftigen Entscheidung zunächst wirksam. Dementsprechend haben bis dahin alle Wohnungseigentümer die sich daraus ergebenden Zahlungsverpflichtungen in beschlossener Höhe zu erfüllen. Sollte der Genehmigungsbeschluss später für ungültig erklärt werden, kann es allerdings dazu kommen, dass bei gerichtlicher Feststellung von Differenzbeträgen diese zurückzuerstatten sind. Damit entfällt jedoch nicht rückwirkend die Zahlungsverpflichtung der einzelnen Miteigentümer. Der Verwalter ist in diesem Fall verpflichtet, unverzüglich einen neuen Wirtschaftsplan aufzustellen bzw. den bisherigen Wirtschaftsplan entsprechend zu korrigieren.

Für die Fortgeltung des Wirtschaftsplans über das Kalenderjahr hinaus bedarf es grundsätzlich eines ausdrücklichen Beschlusses der Wohnungseigentümer (BayObLG, 16.6.2004, 2Z BR 85/04). Eine an den erkennbaren Interessen der Wohnungseigentümer ausgerichtete Auslegung des Beschlusses über den Haushaltsplan für ein Kalenderjahr kann dafür sprechen, dass eine Fortgeltung über das Kalenderjahr hinaus bis zur Beschlussfassung über einen neuen Haushaltsplan gewollt war (OLG Hamburg, 23.8.2002, 2 Wx 4/99).

9 Fehlen eines Wirtschaftsplans

Wenn die Wohnungseigentümer keinen Wirtschaftsplan aufstellen, kann an ihrer Stelle das Gericht in einem Rechtsstreit gemäß § 43 WEG nach billigem Ermessen entscheiden und dies übernehmen (§ 21 Abs. 8 WEG). Die Aufstellung eines solchen Wirtschaftsplans liegt im Ermessen des Gerichts, letztendlich kann es auch nur schätzen, welche Finanzmittel für das Wirtschaftsjahr nötig sein werden. Daher sollte die Wohnungseigentümergemeinschaft tunlichst dafür sorgen, aus eigenem Wissen heraus einen Wirtschaftsplan aufzustellen bzw. ihn durch die Verwaltung aufstellen lassen.

Wohngeld

„Hausgeld“

Wohnungseigentumsgesetz, unabdingbare Vorschriften

Zu den unabdingbaren Vorschriften des Wohnungseigentumsgesetzes zählen solche, die die Wohnungseigentümer weder durch Beschluss noch durch eine Vereinbarung abändern können. Das ist bei einigen Bestimmungen explizit vorgesehen, diese werden nun genauer dargestellt.

§ 11 Abs. 1 Satz 2 WEG

Danach kann keiner der Wohnungseigentümer die Aufhebung der Gemeinschaft verlangen, auch nicht aus wichtigem Grund. Eine abweichende Vereinbarung ist nur für den Fall zulässig, dass für das Gebäude ganz oder teilweise die Verpflichtung zum Wiederaufbau besteht.

§ 12 Abs. 2 Satz 1 WEG

Gemäß § 12 Abs. 1 WEG können die Wohnungseigentümer vereinbaren, dass ein Wohnungseigentümer zur Veräußerung seines Eigentums der Zustimmung anderer Wohnungseigentümer oder eines Dritten, zum Beispiel des Verwalters, bedarf. § 12 Abs. 4 WEG ermöglicht es, eine solche Veräußerungszustimmung durch Mehrheitsbeschluss wieder aufzuheben. Der Ausschluss dieser Beschlusskompetenz, zum Beispiel durch eine entsprechende Vereinbarung der Wohnungseigentümer in der Gemeinschaftsordnung, ist unabdingbar (§ 12 Abs. 4 Satz 2 WEG).

§ 16 Abs. 5 WEG

Seit der Reform des Wohnungseigentumsgesetzes 2007 können die Wohnungseigentümer gemäß § 16 Abs. 3, 4 WEG durch Mehrheitsbeschluss die Verteilung der Betriebskosten für das Gemeinschafts- und Sondereigentum abweichend von der gesetzlichen Kostenverteilungsregelung des § 16 Abs. 2 WEG oder einer davon abweichenden Kostenverteilungsregelung in der Gemeinschaftsordnung beschließen. Zudem haben die Wohnungseigentümer nach § 16 Abs. 4 WEG bezüglich der Kosten einer konkreten Instandhaltungs-, Instandsetzungs- oder Modernisierungsmaßnahme sowie einer baulichen Veränderung im Einzelfall die Beschlusskompetenz, im Einzelfall eine abweichende Kostenverteilungsregelung zu beschließen. Für diese Beschlussfassung ist nach dem Wortlaut in 16 Abs. 4 WEG eine doppelqualifizierte Mehrheit erforderlich. Sie setzt voraus, dass mindestens drei Viertel aller stimmberechtigten Wohnungseigentümer nach dem gesetzlichen Kopfprinzip des § 25 Abs. 2 WEG für den Beschluss stimmen und damit gleichzeitig mehr als die Hälfte der Miteigentumsanteile zustimmt. Diese eingeräumten Beschlusskompetenzen können gemäß § 16 Abs. 5 WEG nicht durch Vereinbarung der Wohnungseigentümer eingeschränkt oder ausgeschlossen werden.

§ 18 Abs. 4 WEG

§ 18 Abs. 1 WEG regelt die Voraussetzungen für die Entziehung von Wohnungseigentum. Der störende Wohnungseigentümer muss sich einer derart schwerwiegenden Pflichtverletzung schuldig gemacht haben, dass den restlichen Wohnungseigentümern die Fortsetzung der Gemeinschaft mit ihm nicht mehr zugemutet und von diesem die Veräußerung seines Wohnungseigentums verlangt werden kann. Die dazu erforderliche Beschlusskompetenz der betroffenen Wohnungseigentümer kann gemäß § 18 Abs. 4 WEG weder eingeschränkt noch ausgeschlossen werden. Zulässig ist es hingegen, die Tatbestandsvoraussetzungen zur Entziehung des Wohnungseigentums (siehe dort) näher zu konkretisieren.

§ 20 Abs. 2 WEG

Gemäß § 20 Abs. 1 WEG obliegt die Verwaltung des gemeinschaftlichen Eigentums nach Maßgabe der §§ 21 bis 25 WEG den Wohnungseigentümern und darüber hinaus dem Verwalter nach Maßgabe der §§ 26 bis 28 WEG. Nach der gesetzlichen Regelung ergibt sich aus § 20 Abs. 1 WEG keine Verpflichtung der Wohnungseigentümer, tatsächlich einen Verwalter zu bestellen. Nicht zulässig ist es aber gemäß § 20 Abs. 2 WEG, durch Beschluss oder Vereinbarung die Bestellung eines Verwalters auszuschließen.

§ 22 Abs. 2 Satz 2 WEG

Durch die im Zuge der WEG-Reform 2007 neu geschaffene Beschlusskompetenz können die Wohnungseigentümer, wie in § 16 Abs. 4 WEG festgeschrieben, mit einer doppeltqualifizierten Mehrheit Maßnahmen der Modernisierung bzw. zur Anpassung an den Stand der Technik des gemeinschaftlichen Eigentums beschließen (§ 22 Abs. 2 Satz 1 WEG). Diese Beschlusskompetenz kann gemäß § 22 Abs. 2 Satz 2 WEG nicht durch Vereinbarung der Wohnungseigentümer eingeschränkt oder ausgeschlossen werden.

§ 26 Abs. 1 Satz 5 WEG

Gemäß § 26 Abs. 1 Satz 2 WEG darf ein Verwalter maximal für fünf Jahre bestellt werden. Bei der Bestellung eines Erstverwalters nach der Begründung von Wohnungseigentum beträgt die Höchstdauer drei Jahre. Dabei kann die Abberufung des Verwalters derart beschränkt werden, dass dafür ein wichtiger Grund vorliegen muss. Gemäß § 26 Abs. 1 Satz 5 WEG sind andere Beschränkungen der Bestellung oder Abberufung des Verwalters nicht zulässig. Demnach kann die Bestellung eines Verwalters auch nicht durch Vereinbarung über drei bzw. fünf Jahre hinaus verlängert werden. Zudem können höhere Anforderungen an die mehrheitliche Beschlussfassung für die Bestellung eines Verwalters nicht vereinbart werden. Unzulässig ist es darüber hinaus, die Bestellung des Verwalters an ein anderes Organ als die Eigentümerversammlung zu delegieren, zum Beispiel an den Verwaltungsbeirat.

§ 27 Abs. 4 WEG

Die gesetzlichen Aufgaben und Befugnisse des Verwalters sind in § 27 Abs. 1 bis 3 WEG vorgegeben. Gemäß § 27 Abs. 4 WEG können die dem Verwalter gemäß § 20 Abs. 1 bis Abs. 3 WEG zustehenden Aufgaben und Befugnisse nicht durch Vereinbarung der Wohnungseigentümer eingeschränkt oder ausgeschlossen werden. So soll die Stellung des Verwalters gestärkt und damit die Handlungsfähigkeit der Wohnungseigentümergemeinschaft sichergestellt werden.

§ 23 Abs. 3 WEG

Ein Beschluss der Wohnungseigentümer ohne Versammlung, also im Umlaufverfahren (siehe dort), ist nur gültig, wenn alle Wohnungseigentümer ihre Zustimmung zu diesem Beschluss schriftlich erklären. Von dieser Vorgabe kann nicht durch Vereinbarung abgewichen werden (OLG Köln, 21.8.1979, 16 Wx 80/79; BayObLG, 28.10.1980, BReg. 2 Z 63/80, strittig; a.A. Bärmann, Kommentar WEG, § 23 Rn. 121).

§ 24 Abs. 2 WEG

Gemäß § 24 Abs. 2 WEG kann das sogenannte Minderheitenquorum, das aus mindestens einem Viertel der Wohnungseigentümer nach Köpfen bestehen muss, verlangen, dass eine Eigentümerversammlung einberufen wird. Diese Befugnis ist unabdingbar und dient dem Minderheitenschutz (BayObLG, 5.10.1972, BReg. 2 Z 54/72).

§ 6 WEG

§ 6 Abs. 1 WEG gibt vor, dass das Sondereigentum ohne den Miteigentumsanteil an dem Grundstück, zu dem es gehört, weder veräußert noch belastet werden kann. Mit dieser Bestimmung wird die untrennbare Verbindung von Sonder- und Gemeinschaftseigentum geregelt. Eine entsprechende Vereinbarung oder Verfügung, die diese Verbindung aufhebt, wäre unwirksam, da die Vorschrift unabdingbar ist (BayObLG, 5.10.1972, BReg. 2 Z 54/72).

Zustellungsvertreter

„Ersatzzustellungsvertreter“

Zwangsversteigerung

Inhaltsübersicht

Im Zuge der WEG-Reform hat sich seit dem 1.7.2007 die Stellung der Wohnungseigentümergemeinschaft bei einer Zwangsvollstreckung wegen bestehender Hausgeldforderungen gegen den insolventen Wohnungseigentümer deutlich verbessert. Zuvor war es an der Tagesordnung, dass die Miteigentümer die nicht gezahlten Hausgeldforderungen durch Sonderumlagen ausgleichen mussten, weil der Wohnungseigentümergemeinschaft diese Beträge sonst gefehlt hätten. Dennoch waren die Grundpfandgläubiger, das heißt die finanzierenden Banken, bei der Zwangsversteigerung des betreffenden Sondereigentums in der Regel bei der Verwertung bevorrechtigt.

1 Privilegierung der Wohnungseigentümergemeinschaft

Durch die Neufassung des § 10 Abs. 1 Nr. 2 ZVG sind nunmehr die Forderungen der Wohnungseigentümergemeinschaft gemäß § 16 Abs. 2 und § 28 Abs. 2, 5 WEG, die bestandskräftig beschlossen und fällig gestellt sind – beispielsweise Wohngeldforderungen, Zahlungen aus Jahresabrechnungen und Sonderumlagen – bevorrechtigt zu befriedigen. § 10 Abs. 1 ZVG räumt der Wohnungseigentümergemeinschaft ein begrenztes Vorrecht für die Realisierung dieser Ansprüche ein, soweit die Forderungen den Anteil von 5 % des Einheitswerts der Wohnung nicht übersteigen und teilt sie der Rangklasse 2 zu. Damit werden bei der Verteilung des Erlöses aus der Zwangsversteigerung des Sondereigentums die Forderungen der Wohnungseigentümergemeinschaft vor den öffentlichen Lasten in der Rangklasse 3 und den dinglichen Ansprüchen der Grundpfandgläubiger in der Rangklasse 4 berücksichtigt. Mit Rangklasse 1 sind daher lediglich die Verfahrenskosten und der Erhaltungsaufwand vor den Zahlungsansprüchen der Wohnungseigentümergemeinschaft zu berücksichtigen.

Die privilegierte Befriedigung der Wohnungseigentümergemeinschaft bezieht sich auf die laufenden Beiträge, die nach der Beschlagnahme durch Anordnung der Zwangsversteigerung gemäß § 20 Abs. 1, 22 ZVG fällig werden. Hinzu kommen die Forderungen der Wohnungseigentümergemeinschaft aus den letzten zwei Kalenderjahren vor dem Jahr der Beschlagnahme. Privilegiert sind damit die Forderungen der Wohnungseigentümergemeinschaft, die im Jahr der Beschlagnahme und in den beiden Kalenderjahren zuvor fällig geworden sind.

Hinweis: Wie erwähnt ist das Vorrecht der Wohnungseigentümergemeinschaft einschließlich aller Nebenleistungen der Höhe nach auf 5 % des Verkehrswerts des Sondereigentums, der durch das Vollstreckungsgericht gemäß § 74a Abs. 4 ZVG festgesetzt wird, begrenzt. Bei der Berechnung sind die Zinsen sowie etwaige Anwalts- oder Prozesskosten des Wohngeldverfahrens zu berücksichtigen.

2 Verfahren

Die Wohnungseigentümergemeinschaft kann ihre Ansprüche selbst beitreiben, indem sie die Zwangsversteigerung beim Vollstreckungsgericht beantragt. Voraussetzung ist hierfür gemäß § 10 ZVG und § 45 ZVG, dass der Wohnungseigentümergemeinschaft ein vollstreckbarer Titel vorliegt, aus dem sich die Verpflichtung des Schuldners zur Zahlung, die Art und der Bezugszeitraum des Anspruchs sowie seine Fälligkeit ergeben (§ 10 Abs. 3 Satz 2 ZVG). Weitere Voraussetzung für die Einleitung der Zwangsversteigerung aus der Rangklasse 2 ist, dass die titulierten Forderungen einschließlich aller Nebenleistungen 3 % des Einheitswerts des Wohnungseigentums übersteigen (§ 10 Abs. 3 Satz 1 HS 1 ZVG). Die Wohnungseigentümergemeinschaft kann durch Vorlage des Einheitswertbescheids des Finanzamts glaubhaft machen, dass diese Umstände gegeben sind. Besteht bereits ein vollstreckbarer Titel der Wohnungseigentümergemeinschaft, so kann die Gemeinschaft vom Finanzamt die Mitteilung des Einheitswerts anfordern, ohne dass dem § 30 AO (Steuergeheimnis) entgegenstehen würde (§ 10 Abs. 3 Satz 1 HS 2 ZVG).

Hinweis: Erfolgen im Hinblick auf die eingeleitete Zwangsversteigerung Zahlungen des Wohngeldschuldners auf die titulierten Forderungen, verliert die Wohnungseigentümergemeinschaft dadurch nicht das Recht, die Zwangsversteigerung in der Rangklasse 2 weiter zu betreiben. Das gilt auch dann, wenn die Forderung den Wert von 3 % des Einheitswerts unterschreitet.

Macht die Wohnungseigentümergemeinschaft nicht von ihrem Recht Gebrauch, die Zwangsversteigerung zu betreiben, kann sie ihre bevorrechtigten Forderungen gemäß § 45 Abs. 3 ZVG in dem laufenden Zwangsversteigerungsverfahren anmelden. Diese Möglichkeit besteht unabhängig davon, ob die Forderungen tituliert sind oder nicht. Sie werden dann automatisch in der Rangklasse 2 bei der Verteilung des Versteigerungserlöses berücksichtigt. Nachdem es sich dabei um Ansprüche der teilrechtsfähigen Wohnungseigentümergemeinschaft handelt, muss der Verwalter die Ansprüche gemäß § 27 Abs. 3 Nr. 2 WEG anmelden, und zwar schriftlich gegenüber dem Vollstreckungsgericht oder zu Protokoll der Geschäftsstelle des Vollstreckungsgerichts.

Wenn nicht alle Forderungen tituliert sind, müssen die übrigen Forderungen gegenüber dem Vollstreckungsgericht in sonstiger Weise glaubhaft gemacht werden, zum Beispiel durch Vorlage der Einzeljahresabrechnungen, des Einzelwirtschaftsplans sowie der entsprechenden Protokolle der Eigentümerversammlung. Aus diesen Unterlagen muss hervorgehen, dass die Wohnungseigentümergemeinschaft die entsprechenden Beschlüsse gefasst hat. Die Anmeldungen der bevorrechtigten Forderungen hat spätestens im Versteigerungstermin zu erfolgen (§ 110 ZVG). Bei verspäteter Anmeldung werden die betreffenden Forderungen nicht mehr privilegiert berücksichtigt, sie scheiden bei der Verteilung des Versteigerungserlöses aus.

Zwangsverwaltung

Inhaltsübersicht

Die Zwangsverwaltung unterscheidet sich von der Zwangsversteigerung darin, dass nicht aus der Substanz des Wohnungseigentums, sondern aus den laufenden erwirtschafteten Erträgen hieraus, zum Beispiel Miet- oder Pachteinnahmen, die Forderungen der Wohnungseigentümergemeinschaft befriedigt werden. Auch besteht die Möglichkeit, im Rahmen der Zwangsverwaltung die rückständigen Forderungen des säumigen Wohnungseigentümers aus den letzten zwei Jahren zu realisieren. Da bei der Verteilung von Überschüssen aus der Zwangsverwaltung die Rangklasse des § 10 Abs. 1 ZVG berücksichtigt werden muss, kann die neue Zuweisung für die Vollstreckung in das Wohnungseigentum eine vorrangige Befriedigung dieser Ansprüche gewährleisten.

Hinweis: Läuft bereits ein Zwangsverwaltungsverfahren, das von der Wohnungseigentümergemeinschaft oder einem Dritten beantragt wurde, kann die Wohnungseigentümergemeinschaft gemäß § 10 Abs. 3 und Abs. 1 Nr. 2 ZVG auch nicht titulierte Beitragsforderungen anmelden, wenn diese den Betrag des § 18 Abs. 2 Nr. 2 WEG übersteigen.

1 Antrag

Voraussetzung für die Zwangsvollstreckung ist ein entsprechender Antrag beim Vollstreckungsgericht, das heißt beim Amtsgericht, in dessen Bezirk sich die Wohnung befindet (§ 1 Abs. 1 ZVG). Dieses Gericht ordnet die Zwangsverwaltung, die Teil der Immobiliarvollstreckung ist, durch Beschluss an, wenn der Antrag der Wohnungseigentümergemeinschaft auf einem vollstreckbaren Zahlungstitel gegen den säumigen Wohnungseigentümer beruht. Die Zwangsverwaltung kann parallel zur Zwangsversteigerung beantragt werden.

2 Anordnung

Die Anordnung der Zwangsverwaltung wird ins Grundbuch eingetragen und führt zu einer Beschlagnahme des Wohnungseigentums. Davon bleiben die Eigentumsverhältnisse an diesem Wohnungseigentum unberührt, das heißt, der betroffene Wohnungseigentümer bleibt auch nach der Beschlagnahme Beitragsschuldner für die Forderungen der Wohnungseigentümergemeinschaft. Die Zwangsverwaltung führt aber dazu, dass dem säumigen Wohnungseigentümer gemäß § 148 Abs. 2 ZVG die Verwaltung und Nutzung seines Wohnungseigentums entzogen wird. An die Stelle des säumigen Wohnungseigentümers tritt dann der Zwangsverwalter, der gemäß § 150 Abs. 1 ZVG die nach Anordnung der Zwangsverwaltung fälligen Beitragsforderungen der Wohnungseigentümergemeinschaft leisten muss. Der Zwangsverwalter hat, sofern nach Abzug der Verfahrens- und Verwaltungskosten Überschüsse verbleiben, zum Beispiel aus der Miete, diese an die Wohnungseigentümergemeinschaft abzuführen.

3 Vorteile

In der der Praxis macht die Anordnung der Zwangsverwaltung insbesondere bei einer vermieteten Sondereigentumseinheit Sinn, da dort laufende Einnahmen erzielt werden, zum Beispiel durch Miete, und der Zwangsverwalter gemäß § 156 Abs. 1 Satz 2 ZVG verpflichtet ist, aus den Mieteinnahmen die laufenden Hausgelder an die Wohnungseigentümergemeinschaft zu bezahlen. Der Zwangsverwalter tritt gemäß § 152 Abs. 2 ZVG in den Mietvertrag ein, sodass aus den damit verbundenen Einnahmen die laufenden Beitragsforderungen der Wohnungseigentümergemeinschaft bezahlt werden können. Darüber hinaus können im Zuge der Verteilung von Einnahmen auch die Rückstände der letzten zwei Jahre, die bei der Wohnungseigentümergemeinschaft entstanden sind, bezahlt werden.

Vorteil der Zwangsverwaltung ist im Vergleich zu den herkömmlichen Vollstreckungsmaßnahmen, zum Beispiel der Pfändung der Miete des säumigen Wohnungseigentümers, dass die Zwangsverwaltung der Mobiliarpfändung oder einer abgetretenen Mietforderung gemäß § 1124 BGB vorgeht. Daraus folgt, dass die vollstreckende Wohnungseigentümergemeinschaft angesichts des im Rahmen der Forderungspfändung geltenden Prioritätsprinzips nicht mehr die Befriedigung früherer Gläubiger hinnehmen muss, sondern von ihrer privilegierten Stellung, nämlich der Rangklasse 2 des § 10 ZVG, profitiert.

Hinweis: Ist das betreffende Sondereigentum des säumigen Wohnungseigentümers bei Antragstellung nicht vermietet, sondern steht leer, muss der Zwangsverwalter es vermieten (§§ 5, 6 Zwangsverwalterverordnung [ZwVwV]), um die Zahlung der ausstehenden Forderungen sicherzustellen.

Auch die Zwangsverwaltung einer vom säumigen Wohnungseigentümer selbst genutzten Sondereigentumseinheit ist zu erwägen. Denn der Zwangsverwalter kann zumindest eine eigengenutzte Gewerbeeinheit durch das Benutzungsverbot des § 148 ZVG zulasten des Schuldners räumen lassen und damit die Vermietung der Gewerbeeinheit erreichen, um titulierte Forderungen der Wohnungseigentümergemeinschaft zu befriedigen.

Bei einer selbstgenutzten privaten Eigentumseinheit des säumigen Wohnungseigentümers kann die Anordnung der Zwangsverwaltung ebenfalls sinnvoll sein. Zwar ist dem säumigen Wohnungseigentümer gemäß § 149 Abs. 1 ZVG die selbstgenutzte private Sondereigentumseinheit kostenlos zu belassen, jedoch kann ihm gemäß § 149 Abs. 2 ZVG die Räumung aufgegeben werden, falls er die Wohnung oder deren Verwaltung gefährdet. Dies kann zum Beispiel dann gelten, wenn die laufenden Wohngeldzahlungen nicht einmal soweit bezahlt werden, dass die laufenden Verbrauchs- und/oder Instandhaltungskosten der Wohnungseigentümergemeinschaft gedeckt werden können.

Zweckbestimmung

„Gebrauchs- und Nutzungsregelungen"

Zweiergemeinschaft

Inhaltsübersicht

Auch die Zweiergemeinschaft ist eine Wohnungseigentümergemeinschaft, daher muss das Wohnungseigentumsgesetz uneingeschränkt angewendet werden. Allerdings gelten aufgrund der Tatsache, dass die Wohnungseigentümergemeinschaft lediglich aus zwei Wohnungseigentümern besteht, einige Besonderheiten. In einer Zweiergemeinschaft ist es zum Beispiel nicht notwendig, dass eine Beschlussfassung zur Entziehung des Wohnungseigentums gemäß § 18 Abs. 3 WEG erfolgt. Denn es würde sich dabei um eine reine Formalie handeln, da die für einen solchen Beschluss erforderliche absolute Mehrheit nach Köpfen nicht erreicht werden kann (BGH, 22.1.2010, V ZR 75/09). Anstelle dieses Beschlusses tritt die Klage des anderen Wohnungseigentümers gegen den Störer auf Veräußerung (§ 18 Abs. 1 Satz 2 WEG).

1 Handlungsfähigkeit

In der Praxis treten in einer Zweiergemeinschaft häufig Probleme auf, wenn die Gemeinschaftsordnung keine vom gesetzlichen Kopfprinzip des § 25 Abs. 2 WEG abweichende Stimmrechtsverteilung vorsieht. Gilt in der Zweiergemeinschaft das Kopfprinzip, entstehen erhebliche Probleme bei der Beschlussfassung, wenn zwischen den beiden Wohnungseigentümern kein Konsens besteht. Eine Beschlussfassung ist nur dann möglich, wenn beide Wohnungseigentümer dabei einheitlich abstimmen oder sich einer der beiden Wohnungseigentümer der Stimme enthält.

Das gleiche Problem tritt auf, wenn in der Gemeinschaftsordnung zwar das Wertprinzip hinsichtlich der Stimmrechte vereinbart ist — das heißt, dass sich das Stimmrecht nach der Größe der Miteigentumsanteile richtet —, aber die beiden Miteigentumsanteile gleich groß sind. In einer solchen Pattsituation gestaltet sich die Verwaltung einer Zweiergemeinschaft schwierig.

2 Majorisierung

Besteht aufgrund des vereinbarten Wertprinzips bei der Stimmrechtsausübung ein überwiegender Stimmrechtsanteil, besteht das Problem, dass der Mehrheitseigentümer jede Beschlussfassung zu seinen Gunsten entscheiden kann, es kann also ein Fall der Majorisierung durch den Mehrheitseigentümer vorliegen. Allerdings ist darauf hinzuweisen, dass die Stimmrechtsausübung des Mehrheitseigentümers nicht per se rechtsmissbräuchlich ist. Um von einer unzulässigen Majorisierung ausgehen zu können, müssen besondere Umstände hinzukommen, die eine Verletzung der Rücksichtnahmepflicht des Mehrheitseigentümers gegenüber der Gemeinschaft darstellen. Vorstellbar wären Fälle, in denen sich der Mehrheitseigentümer unangemessene Vorteile verschafft oder für die Bestellung eines persönlich ungeeigneten oder fachlich unfähigen Verwalters sorgt (BGH, 19.9.2002, V ZB 30/02). In diesem Fall würde die betreffende Beschlussfassung nicht als Maßnahme ordnungsgemäßer Verwaltung gewertet werden können (BGH, 19.9.2002, V ZB 30/02).

Hinweis: Vor allem bei Zweiergemeinschaft hat die Rechtsprechung anerkannt, dass besonders sorgfältig geprüft werden muss, ob ein Stimmrechtsmissbrauch vorliegt, also eine unzulässige Majorisierung, wenn der beherrschende Miteigentümer mit seinem Stimmenübergewicht den unterliegenden Wohnungseigentümer überstimmt hat (LG Karlsruhe, 23.6.2010, 11 S 60/09; OLG Düsseldorf, 28.7.1995, 3 Wx 210/95).

Stellt das Wohnungseigentumsgericht fest, dass die Stimmrechtsausübung des Mehrheitseigentümers einen Rechtsmissbrauch darstellt, ist die von ihm abgegebene Stimme unwirksam und bei der Feststellung des Beschlussergebnisses nicht zu berücksichtigen (BGH, 19.9.2002, V ZB 30/02). Liegt eine rechtsmissbräuchliche Majorisierung des Mehrheitseigentümers vor, muss die entsprechende Beschlussfassung durch eine Beschlussanfechtungsklage angegriffen werden, da sie nicht nichtig ist, sondern lediglich anfechtbar (BGH, 13.1.2012, V ZR 129/11; BGH, 19.9.2002, V ZB 30/02).

3 Direkte Kostenerstattung

In einer Zweiergemeinschaft muss der Wohnungseigentümer, der gemeinschaftliche Kosten und Lasten vorgestreckt hat, nicht erst einen Beschluss über die Jahresabrechnung oder den Wirtschaftsplan gemäß § 28 WEG fassen lassen, der ohnehin regelmäßig am Widerstand des anderen Wohnungseigentümers scheitern wird. Er kann vielmehr, ggf. mit einer Klage, die anteilige Erstattung direkt vom anderen Wohnungseigentümer verlangen (LG München I, 2.2.2009, 1 S 10225/08).

Zweitbeschluss

„Beschluss“, Abschnitt 10

Zweitversammlung

Sind bei Eröffnung der Erstversammlung nicht mehr als die Hälfte der stimmberechtigten Miteigentumsanteile vertreten, ist die Versammlung nicht beschlussfähig (siehe „Beschlussfähigkeit“). § 24 Abs. 4 WEG bestimmt, dass dann eine sogenannte Zweitversammlung oder Wiederholungsversammlung mit gleichem Gegenstand, also mit der gleichen Tagesordnung, einzuberufen ist (siehe „Eigentümerversammlung“, Abschnitt 1.7 „Eventualeinberufung“). Die Einladung kann erst erfolgen, wenn die Beschlussunfähigkeit der ersten Eigentümerversammlung festgestellt wurde, die folgende Versammlung ist dann beschlussfähig ohne Rücksicht darauf, wie viele Anteile vertreten sind. Hierauf ist in der Einladung zur Zweitversammlung hinzuweisen.

Durch eine Vereinbarung in der Teilungserklärung/Gemeinschaftsordnung kann die Vorschrift des § 25 Abs. 3 WEG abbedungen werden. Eine Vereinbarung ist möglich, dass die Erstversammlung in jedem Fall, also unabhängig von den erschienenen bzw. vertretenen Miteigentumsanteilen, beschlussfähig ist (LG Berlin, 11.5.2012, 55 S 322/11). Ebenso kann vereinbart werden, dass bei der Mehrheitsberechnung auf die Kopfzahl der Eigentümer oder die Anzahl der von ihnen gehaltenen Wohnungseinheiten abgestellt wird (KG Berlin, 10.11.1993, 24 W 6075/92, 24 W 6297/92).

Zwischenablesung

Bei einem Nutzer- oder Mieterwechsel während einer Wirtschaftsperiode bzw. des Kalenderjahres muss gemäß § 9b HeizkV zwingend eine Zwischenablesung zur exakten Verbrauchserfassung erfolgen. Bei Vermietung ist der Eigentümer entsprechend verpflichtet, bei einem Nutzerwechsel innerhalb eines Abrechnungszeitraums eine Ablesung zur Feststellung des bisherigen Verbrauchs vorzunehmen. Das bedeutet allerdings nicht, dass auch eine Zwischenabrechnung erstellt werden muss; bei Vermietung hat der Eigentümer als Vermieter nach Ablauf des Erfassungszeitraums zwölf Monate Zeit, eine Abrechnung zu erstellen (§ 556 Abs. 3 BGB). Bei einer unterjährigen Abrechnung der Verbrauchskosten für Heizung und Warmwasser wird die sogenannte Gradtagszahlentabelle herangezogen, dabei muss die Anzahl der Tage exakt berücksichtigt und aufgeführt werden. Für die verbrauchsabhängige Abrechnung für Kaltwasser gilt dies nicht, da die Heizkostenverordnung hier nicht einschlägig ist.

Inklusive Arbeitshilfen online

Exklusiv für Buchkäufer!

Ihre Arbeitshilfen zum Download:

- http://mybook.haufe.de/
- Buchcode: FM5-PBR6